HEIDEGGER

CHARLES B. GUIGNON
(ORG.)

HEIDEGGER

EDITORA
IDEIAS&
LETRAS

Coleção Companions & Companions

Título original: *The Cambridge Companion to Heidegger*

ISBN: 978-0-521-52888-7 (Paperback) / 978-0-521-82136-0 (Hardback)

1ª impressão

EDITORA IDEIAS & LETRAS

Rua Oliveira Alves, 164
Ipiranga – São Paulo/SP
Cep: 04210-060
Televendas: 0800 777 6004
Editorial: (11) 3862-4831
vendas@ideiaseletras.com.br
www.ideiaseletras.com.br

Dados Internacionais de Catalogação na Publicação (CIP) de acordo com o ISBD

H465 Heidegger / organizado por Charles B. Guignon ; traduzido por Luís Gabriel Provinciatto. – São Paulo : Ideias & Letras, 2024.

528 p. ; 16cm x 23cm. – (Companions & Companions)

Tradução: *The Cambridge Companion to Heidegger*
Inclui bibliografia e índice.

ISBN: 978-65-87295-75-6

1. Filosofia. 2. Heidegger. 3. Fenomenologia. 4. Ser. I. Guignon, Charles B. II. Provinciatto, Luís Gabriel. III. Título. IV. Série.

2024-1810 CDD 100
CDU 1

Elaborado por Vagner Rodolfo da Silva - CRB-8/9949

Índices para catálogo sistemático:

1. Filosofia 100
2. Filosofia 1

Sumário

Colaboradores

WILLIAM BLATTNER, professor associado de Filosofia na *Georgetown University*, especializado na primeira fase do pensamento de Heidegger e no pragmatismo americano, especialmente John Dewey. Autor de *Heidegger's Temporal Idealism* (1999) e *Heidegger's "Being and Time"* (2006). Também publicou artigos sobre temporalidade, Heidegger e Dewey.

JOHN D. CAPUTO, professor "David R. Cook" de filosofia em Villanova, é autor de *Radical Hermeneutics* (1987), *Heidegger and Aquinas* (1982), *The Mystical Element in Heidegger's Thought* (1978) e *Demythologizing Heidegger* (1993), bem como de um conjunto de artigos sobre Heidegger. Seus livros mais recentes incluem *More Radical Hermeneutics* (2000) e *On Religion* (2001).

TAYLOR CARMAN é professor de filosofia no *Barnard College* e na Universidade de Columbia, especializado na filosofia continental dos séculos XIX e XX. É autor de *Heidegger's Analytic: Interpretation, Discourse, and Authenticity in "Being and Time"* (2003), escreveu sobre vários temas em fenomenologia e é coeditor do *The Cambridge Companion to Merleau-Ponty* (2005).

ROBERT J. DOSTAL, professor "Rufus M. Jones" de filosofia no *Byrn Mawr College*, é autor de um conjunto de artigos sobre Kant, Heidegger e hermenêutica. É editor do *The Cambridge Companion to Gadamer* (2002).

HUBERT L. DREYFUS é professor de filosofia na Universidade da California, Berkeley. É autor de *Being-in-the-world: A Commentary on Heidegger's "Being and Time", Division I* (1991) e coeditor de *Heidegger:*

A Critical Reader (1992), de *Blackwell Companion to Heidegger* (2005), de *Companion to Phenomenology and Existentialism* (2006) e dos quatro volumes da coletânea *Heidegger Re-examined* (Routledge, 2002).

DOROTHEA FREDE é professora de filosofia na Universidade de Hamburgo, Alemanha. Sua principal área de atuação é a filosofia antiga, com ampla publicação em filosofia clássica e helenista. Também publicou textos sobre Heidegger, enfatizando a crítica do filósofo à história da filosofia ocidental, bem como sua dependência dela.

CHARLES B. GUIGNON, professor de filosofia na Universidade do Sul da Flórida, é autor de *Heidegger and the Problem of Knowledge* (1983) e *On Being Authentic* (1983). É editor ou coeditor de um conjunto de coletâneas, tais como *Existentialism: Basic Writings* (2ª edição, 2001) e *The Existentialists* (2004).

PIOTR HOFFMAN é professor de filosofia na Universidade de Nevada, Reno. Seus mais recentes livros incluem *Violence in Modern Philosophy* (1989) e *Doubt, Time and Violence* (1987). Ele também escreveu um conjunto de artigos sobre o tempo na primeira fase do pensamento de Heidegger.

DAVID COUZENS HOY, professor de filosofia na Universidade da Califórnia, Santa Cruz, é autor de *The Critical Circle: Literature, History and Philosophical Hermeneutics* (1978), editor de *Foucault: A Critical Reader* (1986) e coautor com Thomas McCarthy de *Critical Theory* (1994). Sua obra mais recente: *Critical Resistance: From Poststructuralism to Post-Critique* (2005).

THOMAS SHEEHAN é professor no Departamento de Ciências da Religião da *Stanford University*. É editor de *Heidegger: The Man and the Thinker* (1981), autor de *Karl Rahner: The Philosophical Foundations* (1987) e coeditor de *Edmund Husserl, Psychological and Transcendental Phenomenology and the Confrontation with Heidegger (1927-1931)* (1997). Autor de vários artigos sobre Heidegger.

CHARLES TAYLOR lecionou na Universidade de Oxford e na *McGill University* e, atualmente, é professor de direito e filosofia na *Northwestern University*. Seus escritos incluem o volume dois de *Philosophical Papers* (1985), *Sources of the Self* (1989) e, mais recentemente, *Varieties of Religion Today* (2002) e *Modern Social Imaginaries* (2004).

MARK A. WRATHALL, professor de filosofia na *Brigham Young University*, especialista em filosofia da mente e em filosofia europeia moderna. Editor, com Hubert L. Dreyfus, de coleções e compêndios sobre Heidegger e a fenomenologia; editor de *Religion after Metaphysics* (2003). Seu próximo livro se intitula *How to Read Heidegger* (2005).

JULIAN YOUNG é professor de filosofia na Universidade de Auckland, Nova Zelândia. Especialista em estética e filosofia continental, especialmente Schopenhauer, Nietzsche e Heidegger; colaborou na tradução inglesa de *Off the Beaten Track* [*Holzwege*] (2002), de Heidegger. É autor de *Heidegger, Philosophy, Nazism* (1997), *Heidegger's Philosophy of Art* (2001) e *Heidegger's Later Philosophy* (2001).

MICHAEL E. ZIMMERMAN é professor de filosofia na *Tulane University*. Publicou diversos trabalhos acadêmicos sobre Heidegger, bem como dois livros: *Eclipse of the Self* (edição revisada, 1986) e *Heidegger's Confrontation with Modernity* (1990). Também escreveu sobre ecologia radical e pós-modernidade.

Abreviações: Obras de Heidegger

BP – *The Basic Problems of Phenomenology*. Traduzido por A. Hofstadter. Bloomington: Indiana University Press, 1982; edição revisada, 1988.

BQP – *Basic Questions of Philosophy: Select "Problems" of "Logic"*. Traduzido por Richard Rojcewicz e André Schuwer. Bloomington: Indiana University Press, 1994.

BT – *Being and Time*. Traduzido por John Macquarrie e Edward Robinson. Nova Iorque: Harper & Row, 1962.

BW – *Basic Writings*. Editado por David F. Krell. Nova Iorque: Harper & Row, 1977.

DT – *Discourse on Thinking*. Traduzido por John M. Anderson and E. Hans Freund. Nova Iorque: Harper & Row, 1975.

EGT – *Early Greek Thinking*. Traduzido por David F. Krell e Frank Capuzzi. Nova Iorque: Harper & Row, 1975.

EP – *The End of Philosophy*. Traduzido por Joan Stambaugh. Nova Iorque: Harper & Row, 1973.

ER – *The Essence of Reasons*. Traduzido por Terrence Malick. Evanston, IL: Northwestern University Press, 1969.

FCM – *Fundamental Concepts of Metaphysics: World, Finitude, Solitude*. Traduzido por William McNeil e Nicholas Walker. Bloomington: Indiana University Press, 1995.

G – *Gelassenheit*. Pfullingen: Neske, 1959.

GA 1 – *Gesamtausgabe*, vol. 1: *Frühe Schriften*. Editado por Friedrich-Wilhelm von Herrmann. Frankfurt am Main: Klostermann, 1977.

GA 4 – *Gesamtausgabe*, vol. 4: *Erläuterungen zu Hölderlins Dichtung*. Editado por Friedrich-Wilhelm von Herrmann. Frankfurt am Main: Klostermann, 1991.

GA 5 – *Gesamtausgabe*, vol. 5: *Holzwege*. Editado por Friedrich-Wilhelm von Herrmann. Frankfurt am Main: Klostermann, 1977.

GA 9 – *Gesamtausgabe*, vol. 9: *Wegmarken*. Editado por Friedrich-Wilhelm von Herrmann. Frankfurt am Main: Klostermann, 1976.

GA 12 – *Gesamtausgabe*, vol. 12: *Unterwegs zur Sprache*. Editado por Friedrich-Wilhelm von Herrmann. Frankfurt am Main: Klostermann, 1985.

GA 13 – *Gesamtausgabe*, vol. 13: *Aus der Erfahrung des Denkens*. Editado por Hermann Heidegger. Frankfurt am Main: Klostermann, 1983.

GA 14 – *Gesamtausgabe*, vol. 14: *Zur Sache des Denkens*. Editado por Friedrich-Wilhelm von Herrmann. Frankfurt am Main: Klostermann, 1962.

GA 20 – *Gesamtausgabe*, vol. 20: *Prolegomena zur Geschichte des Zeitbegriffs*. Editado por Friedrich-Wilhelm von Herrmann. Frankfurt am Main: Klostermann, 1976.

GA 21 – *Gesamtausgabe*, vol. 21: *Logik: Die Frage nach der Wahrheit*. Editado por Friedrich-Wilhelm von Herrmann. Frankfurt am Main: Klostermann, 1976.

GA 24 – *Gesamtausgabe*, vol. 24: *Die Grundprobleme der Phänomenologie* (preleções de 1927). Editado por Friedrich-Wilhelm von Herrmann. Frankfurt am Main: Klostermann, 1989.

GA 26 – *Gesamtausgabe*, vol. 26: *Logik: Metaphysische Anfangsgründe der Logick im Ausgang von Leibniz*. Editado por Friedrich-Wilhelm von Herrmann. Frankfurt am Main: Klostermann, 1990.

GA 29/30 – *Gesamtausgabe*, vol. 29/30: *Die Grundbegriffe der Metaphysik: Welt, Endlichkeit, Einsamkeit*. Editado por Friedrich-Wilhelm von Herrmann. Frankfurt am Main: Klostermann, 1983.

GA 34 – *Gesamtausgabe*, vol. 34: *Vom Wesen der Wahrheit. Zu Platons Höhlengleichnis und Theätet*. Editado por Friedrich-Wilhelm von Herrmann. Frankfurt am Main: Klostermann, 1988.

GA 39 – *Gesamtausgabe*, vol. 39: *Hölderlins Hymnen "Germanien" und "Der Rhein"*. Editado por Friedrich-Wilhelm von Herrmann. Frankfurt am Main: Klostermann, 1989.

GA 40 – *Gesamtausgabe*, vol. 40: *Einführung in die Metaphysik* (preleções de 1935). Editado por Petra Jaeger. Frankfurt am Main: Klostermann, 1983.

GA 42 – *Gesamtausgabe*, vol. 42: *Schelling: Vom Wesen der menschlichen Freiheit*. Editado por Ingrid Schlüssler. Frankfurt am Main: Klostermann, 1988.

GA 52 – *Gesamtausgabe*, vol. 52: *Hölderlins Hymn "Andenken"*. Editado por Curd Ochwadt. Frankfurt am Main: Klostermann, 1992.

GA 56/57 – *Gesamtausgabe*, vol. 56/57: *Zur Bestimmung der Philosophie* (preleções de 1919 em Friburgo). Editado por Bernd Heimbüchel. Frankfurt am Main: Klostermann, 1987.

GA 61 – *Gesamtausgabe*, vol. 61: *Phänomenologische Interpretationen zu Aristoteles. Einführung in die phänomenologische Forschung* (preleções de 1921-1922). Editado por Walter Bröcker e Käte Bröcker-Oltmanns. Frankfurt am Main: Klostermann, 1985.

GA 65 – *Gesamtausgabe*, vol. 65: *Beiträge zur Philosophie (Vom Ereignis)*. Editado por Friedrich-Wilhelm von Herrmann. Frankfurt am Main: Klostermann, 1989.

HCT – *History of the Concept of Time: Prolegomena*. Traduzido por Theodore Kisiel. Bloomington: Indiana University Press.

HE – "Hölderlin and the Essence of Poetry". *In*: *Existence and Beings*. Editado por Werner Brock. Londres: Vision, 1949, p. 291-315.

I – *Hölderlin's Hymn. "The Ister"*. Traduzido por William McNeil e J. Davis. Bloomington: Indiana University Press, 1996.

ID – *Identity and Difference*. Traduzido por Ralph Manheim. New Haven, Conn.: Yale University Press, 1959.

IM – *An Introduction to Metaphysics*. Traduzido por Ralph Manheim. New Haven, Conn.: Yale University Press, 1959.

KPM – *Kant and the Problem of Metaphysics*. Traduzido por James Churchill. Bloomington: Indiana University Press, 1962.

KPM_2 – *Kant and the Problem of Metaphysics*. 5ed. Traduzido por Richard Taft. Bloomington: Indiana University Press, 1997.

MFL – *The Metaphysical Foundations of Logic*. Traduzido por Michael Heim. Bloomington: Indiana University Press, 1984.

N_1 – *Nietzsche I: The Will to Power as Art*. Editado e traduzido por David F. Krell. Nova Iorque: Harper & Row, 1979.

N_2 – *Nietzsche II: The Eternal Recurrence of the Same*. Editado e traduzido por David F. Krell. Nova Iorque: Harper & Row, 1984.

N_3 – *Nietzsche III: The Will to Power as Knowledge and as Metaphysics*. Traduzido por Joan Stambaugh, David F. Krell e Frank A. Capuzzi. Nova Iorque: Harper & Row, 1987.

N_4 – *Nietzsche IV: Nihilism*. Editado por David F. Krell; traduzido por Frank A. Capuzzi. Nova Iorque: Harper & Row, 1982.

OGSU – "Only a God Can Save Us": *Der Spiegel's* Interview with Martin Heidegger. Traduzido por Maria P. Alter e John D. Caputo. *Philosophy Today*, 20 (verão de 1976): 267-284.

OHF – *Ontology: The Hermeneutics of Facticity*. Traduzido por John van Buren. Bloomington: Indiana University Press, 1999.

OWL – *On the Way to Language*. Traduzido por Peter D. Hertz. Nova Iorque: Harper & Row, 1971.

P – *Pathmarks*. Editado por William McNeil. Cambridge: Cambridge University Press, 1998.

PIK – *Phenomenological Interpretation of Kant's Critique of Pure Reason*. Traduzido por Parvis Emad e Kenneth Maly. Bloomington: Indiana University Press, 1997.

PLT – *Poetry, Language, Thought*. Traduzido por Albert Hofstadter. Nova Iorque: Harper & Row, 1971.

PT – *The Piety of Thinking*. Traduzido por James Hart e John Maraldo. Bloomington: Indiana University Press, 1976.

QCT – *The Question Concerning Technology and Other Essays*. Traduzido por William Lovitt. Nova Iorque: Harper & Row, 1977.

SD – *Zur Sache des Denkens*. Tübingen: Niemeyer, 1969.

SG – *Der Satz vom Grund*. Pfullingen: Neske, 1971.

Sp – *"Nur noch ein Gott kann uns retten". Spiegel-Gespräch mit Martin Heidegger am 23 September, 1966. Der Spiegel*, 26 (31 de maio de 1976): 193-219.

SZ – *Sein und Zeit*. 15ed. Tübingen: Max Niemeyer Verlag, 1979.

TB – *On Time and Being*. Traduzido por Joan Stambaugh. Nova Iorque: Harper & Row, 1972.

TK – *Die Technik und die Kehre*. Pfullingen: Neske, 1962.
US – *Unterwegs zur Sprache*. Pfullingen: Neske, 1965.
VA – *Vorträge und Aufsätze*. Pfullingen: Neske, 1959.
WM – *Wegmarken*. Frankfurt am Main: Klostermann, 1967.

Cronologia

26 de setembro de 1889 – Nasce em Messkirch, Baden-Württemberg.

1903-1911 – Estuda para o sacerdócio no Seminário da Arquidiocese de Friburgo.

1903-1909 – Simultaneamente, cursa o ensino secundário: *Gymnasium* estadual, Constança (1903-1906); *Berthold Gymnasium*, Friburgo (1906-1909).

1907 – Recebe uma edição da obra de Franz Brentano, *Sobre os múltiplos sentidos do ser em Aristóteles* (1862), o livro que o levou a formular a "questão do ser".

1909 – Passa duas semanas no noviciado jesuíta em Feldkirch, Áustria; deixa o seminário por falta de saúde.

1909-1913 – Estuda na Universidade de Friburgo; Teologia até 1911, depois Matemática e Filosofia.

1912 – Primeira publicação filosófica: "O problema da realidade na filosofia moderna" e "Nova investigação sobre lógica".

1913 – É-lhe conferido o doutorado sob a orientação de Arthur Schneider (catedrático); tese: "A doutrina do juízo no psicologismo".

1915 – Livre-docência (tese de qualificação para o ensino) sob a orientação de Heinrich Rickert, "A doutrina das categorias e do significado em Duns Scotus".

1915-1923 – *Privatdozent* (professor habilitado) na Universidade de Friburgo.

1915-1918 – Serviço militar.

1917 – Casa-se com Elfride Petri.

1919-1923 – Assistente de Husserl em Friburgo.

1919, 1920 – Nascimento dos filhos Jörg e Hermann.

1923-1928 – Professor associado na Universidade de Marburgo.

1927 – Publicação de *Sein und Zeit* (*Ser e tempo*).

1928 – Nomeado sucessor de Husserl, professor catedrático de filosofia da Universidade de Friburgo.

1929 – Rompe com Husserl.

1929 – Publica *Kant und das Problem der Metaphysik* (*Kant e o problema da metafísica*), *Was ist Metaphysik?* (*O que é metafísica?*) e *Vom Wesen des Grundes* (*A essência do fundamento*).

22 de abril de 1933 – Torna-se reitor da Universidade de Friburgo.

1 de maio de 1933 – Adere ao Partido Nacional Socialista.

11 de novembro de 1933 – Comunicação na rádio apoiando a separação da Alemanha de Hitler da Liga das Nações.

27 de abril de 1934 – Demite-se como reitor.

1934-1942 – Preleções sobre Hölderlin e Nietzsche.

1935 – Conferência: *Der Ursprung des Kunstwerkes* (*A origem da obra de arte*); e preleções: *Einführung in die Metaphysik* (*Introdução à metafísica*).

1936-1938 – Escreve *Beiträge zur Philosophie* (*Contribuições à filosofia*).

Novembro de 1944 – Recrutado para o Batalhão Popular (*Volkssturm*).

1945 – Audiências de desnazificação; proibido de lecionar.

1946 – Esgotamento nervoso.

1947 – Publicação de *Brief über den Humanismus* (*Carta sobre o humanismo*).

1950 – Reintegrado ao cargo docente.

1951 – Concedido o *status* de emérito.

1953 – Publicação de *Einführung in die Metaphysik* (*Introdução à metafísica*).

1957 – Publicação de *Der Satz vom Grund* (*O princípio do fundamento*).

1959 – Publicação de *Unterwegs zur Sprache* (*A caminho da linguagem*).

1961 – Publicação dos dois volumes de *Nietzsche*.

26 de maio de 1976 – Morre em Friburgo.

PREFÁCIO À SEGUNDA EDIÇÃO

Preparar a segunda edição de um volume que se tornou uma espécie de referência se mostra mais difícil do que se poderia suspeitar. Por um lado, é difícil selecionar, dentre os mais novos e inteligentes heideggerianos em cena, um número limitado de autores que irão escrever os capítulos recém solicitados. Muito mais difícil foi satisfazer a exigência editorial de que algumas das contribuições inéditas [da primeira edição] fossem removidas. Todos os ensaios inéditos provaram ser valiosos ao longo dos anos, de modo que nenhum deles parecia "dispensável". Além disso, foi necessário revisar a bibliografia, catalogando a *Edição Integral* (*Gesamtausgabe*), agora finalmente elaborada, e selecionar as significativas obras da maciça produção sobre Heidegger nos últimos doze anos. Por fim, houve a um pouco aflitiva tarefa de reler minha própria *Introdução* ao volume da edição de 1993. Tantos novos textos de Heidegger se tornaram disponíveis desde então e tantas ideias interessantes apareceram na literatura que a introdução original está mostrando sua idade. Neste prefácio à segunda edição, limitarei minha discussão a cada uma dessas tarefas, sucessivamente.

O momento mais significativo na compilação da segunda edição veio da leitura dos ensaios dos relativamente novos acadêmicos que trabalham com [a obra de] Heidegger. A primeira adição é a de Taylor Carman, "O princípio da fenomenologia", um estudo detalhado e informativo a respeito da relação de Heidegger com o fundador da fenomenologia, Edmund Husserl. O capítulo de Carman ajuda a entender a compreensão de Heidegger sobre o método fenomenológico, ao mesmo tempo que mostra como tal compreensão difere da concepção original de Husserl. Ao longo dos anos, tornou-se cada vez mais evidente que avaliar o papel e a força da fenomenologia é uma das tarefas cruciais para aqueles que querem fazer da perspectiva heideggeriana parte de sua própria perspectiva.

"Fundamentando a metafísica: a apropriação de Kant por Heidegger", de William Blattner, traz um acréscimo muito necessário ao volume original. Embora Heidegger tenha se baseado em muitas fontes para compor *Ser e tempo*, a mais marcante e filosoficamente interessante parece ser Kant. Com grande cuidado e precisão, Blattner examina o raciocínio encontrado nas preleções de 1927/1928 de Heidegger em Marburgo, *Interpretações fenomenológicas da "Crítica da Razão Pura" de Kant*, ministradas no mesmo período em que *Ser e tempo* apareceu e pouco antes da publicação mais conhecida, porém notoriamente difícil, *Kant e o problema da metafísica.*[1] A história frequentemente contada é a de Heidegger, desconfortavelmente instalado entre os neokantianos de Marburgo, tentando "superá-los" ao interpretar a primeira *Crítica* pelas lentes de sua "ontologia fundamental" fenomenológica. Dado seu sólido domínio de Kant e Heidegger, Blattner é capaz de mostrar os acertos e as insuficiências da tentativa heideggeriana de curta duração de se apropriar de Kant. Com essa interpretação do kantianismo de Heidegger, podemos obter uma melhor compreensão do vocabulário kantiano e dos movimentos feitos em *Ser e tempo*, bem como um entendimento da veemente rejeição de tudo o que é "transcendental" na autocrítica de Heidegger em sua posterior obra *Contribuições à filosofia (do acontecimento-apropriador)*.[2] Dentre suas outras valiosas contribuições, Blattner nos dá uma pista de por que o "tempo" parecer sair de sua posição privilegiada nos escritos posteriores a *Ser e tempo*.

Nenhum conceito na obra de Heidegger é mais crucial e mais controverso que a noção de "verdade". Encontrando as raízes para esse conceito na antiga concepção grega de *aletheia*, um termo que etimologicamente sugere "não-esquecimento" ou "não-encobrimento", Heidegger busca

---

1 As preleções de 1927/1928, *Phenomenological Interpretation of Kant's "Critique of Pure Reason"* [*Interpretações fenomenológicas da "Crítica da Razão Pura" de Kant*]. Bloomington: Indiana University Press, 1997. Foram traduzidas para o inglês por Parvis Emad e Kenneth Maly. A quinta edição revisada da obra de Heidegger de 1929, *Kant and the Problem of Metaphysics* [*Kant e o problema da metafísica*] (Bloomington: Indiana University Press), traduzida para o inglês por Richard Taft, também foi publicada em 1997.

2 Essa tradução da importante obra, *Beiträge zur Philosophie (Vom Ereignis)* [*Contribuições à filosofia (do acontecimento-apropriador)*], feita por Parvis Emad e Kenneth Maly (Bloomington: Indiana University Press), foi publicada em 1999.

mostrar que a compreensão comum de verdade, como correspondência entre proposição e fato, depende de outra compreensão mais fundamental de verdade, como abertura, a inter-relação do não-encobrir e do encobrir. O que quer que se pense a respeito desse trecho da derivação etimológica, o conceito heideggeriano de verdade levanta uma série de problemas vinculados ao já conhecido debate "realismo/antirrealismo". De maneira mais marcante, surge a questão sobre podermos ou não dizer, por exemplo, que "água é H_2O" é *verdadeiro* em sentido puro, não-relativista, em que tendemos a pensar o que é verdadeiro. Mark Wrathall, em seu rigoroso e bibliograficamente bem fundamentado capítulo, "A verdade e a essência da verdade no pensamento de Heidegger", mostra como Heidegger cuidadosamente pensou questões desse tipo. O resultado é um relato plausível e filosoficamente perspicaz das visões de Heidegger.

Uma das limitações da primeira edição do *Cambridge Companion to Heidegger* era a escassez de estudos acerca do Heidegger "tardio", que diz respeito às obras produzidas por Heidegger após meados de 1930. Uma razão para essa lacuna era a dificuldade em encontrar o tipo de interpretação clara e evidente de tais obras e que fosse acessível ao público que o compêndio pretendia alcançar. Por isso, estou particularmente satisfeito por acrescentar, nesta edição, o notável capítulo de Julian Young, "A quadratura". Nos últimos anos, Young tem escrito um conjunto de obras sobre Heidegger, provando ser um dos mais esclarecidos e mais engajados acadêmicos nesta área.[3] Sua contribuição para este volume reflete a maestria e a perspicácia características de todos os seus escritos. Usando exemplos vívidos extraídos de práticas culturais e formas de pensamento habituais (alguns deles de sua casa na Nova Zelândia), Young lança luz sobre conceitos heideggerianos tais como terra, céu, mortal, deuses e, acima de tudo, morada e lugar. Nas mãos de Young, textos obscuros de Heidegger ganham vida e exibem sua relevância contemporânea.

Acrescentar novos capítulos me levou a reorganizar o volume como um todo. Nesta nova edição, os primeiro oito capítulos tratam principalmente das fontes e dos temas das obras de Heidegger até *Ser e tempo*,

3 Veja-se os três livros de Julian Young listados na bibliografia.

inclusive. Os capítulos de nove a treze abordam assuntos e tópicos que abrangem o trabalho de vida de Heidegger. E o capítulo final enfoca temas dos escritos tardios.

Para mim, a tarefa mais desafiadora ao repensar o volume foi determinar quais capítulos remover. Senti-me tranquilo ao remover o ensaio de Richard Rorty, pois se trata de um texto facilmente acessível em seu *Philosophical Papers*[4] [*Ensaios filosóficos*]. O ensaio de Harrison Hall, "Intencionalidade e mundo: a Seção I de Ser e tempo", um texto que particularmente considero útil para estudantes e não-especialistas, encontrou abrigo em minha coletânea recentemente publicada, *The Existentialists* [*Os existencialistas*], e, portanto, ainda está disponível.[5] Por fim, Frederick A. Olafson produziu um amplo conjunto de valorosas obras sobre Heidegger que vale a pena ler como um todo.[6]

Revisar a bibliografia requiriu incorporar algumas das melhores fontes secundárias que surgiram desde 1993. Isso também significou excluir algumas obras que apareceram na primeira edição. Ao trabalhar na bibliografia, e em muitas outras tarefas ligadas à produção da segunda edição, fui auxiliado por Kevin Aho, Indrani Bhattercharjee, Chris Kirby e Richard Polt. Meus profundos agradecimentos a eles por sua ajuda.

Além das novas entradas na bibliografia, gostaria de destacar aqui algumas novas obras excepcionalmente boas que surgiram nos últimos doze anos: *Thinking in the Light of Time: Heidegger's Encounter with Hegel* [*Pensar à luz do tempo: o encontro de Heidegger com Hegel*], de Karin de Boer (Albany: State University of Nova Iorque Press, 2000); *A Parting of the Ways: Carnap, Cassirer, and Heidegger* [*Uma cisão de caminhos: Carnap, Cassirer e Heidegger*], de Michel Friedman (Chicago: Open Court, 2000);

4 Veja-se o terceiro capítulo de *Essays on Heidegger and Others* [*Ensaios sobre Heidegger e outros*], de Rorty, volume 2 de seu *Philosophical Papers*. Cambridge: Cambridge University Press, 1991.

5 GUIGNON, Charles (ed.). *The Existentialists: Critical Essays on Kierkegaard, Nietzsche, Heidegger and Sartre*. Lanham, MD: Rowman & Littlefield, 2004, p. 103-118.

6 OLAFSON, Frederick A. *What is Human Being? A Heideggerian View*. Cambridge: Cambridge University Press, 1995; *Heidegger and the Ground of Ethics: A Study of Mitsein*. Cambridge: Cambridge University Press, 1998; e sua magistral obra, *Heidegger and the Philosophy of Mind*. New Haven, CT: Yale University Press, 1987.

Enigmatic Origins: Tracing the Theme of Historicity through Heidegger's Works [*Origens enigmáticas: traçando o tema da historicidade nas obras de Heidegger*], de Hans Ruin (Estocolmo: Almqvist & Wiksell International, 1994); os dois volumes de Theodore Kisiel, *The Genesis of Heidegger's "Being and Time"* [*A gênese de "Ser e tempo" de Heidegger*] (Berkeley: Univeristy of California Press, 1995) e *Heidegger's Way of Thought: Critical and Interpretative Signposts* [*O caminho do pensamento de Heidegger: indicações críticas e interpretativas*] (Nova Iorque: Continuum, 2002); *The Young Heidegger: Rumor of the Hidden King* [*O jovem Heidegger: rumor do rei oculto*], de John van Buren (Bloomington: Indiana University Press, 1994); e uma série de artigos de Thomas Sheehan. Também me beneficiei imensamente das obras e das conversas com Iain Thomson, Hubert Dreyfus, Julian Young, Taylor Carman, Stephen Crowell, Richard Polt e Benjamin Crowe. Essas influências, junto com as publicações nos novos volumes da *Gesamtausgabe* e suas traduções inglesas, contribuíram muito para mudar minha forma de pensar sobre Heidegger nos últimos anos. Apesar dessas pressões para mudar minha interpretação, escolhi não revisar minha *Introdução* à primeira edição, exceto por algumas mínimas alterações. Acredito que defenderia a maioria das coisas que disse naquela época, incluindo minha posição acerca do envolvimento de Heidegger com os nazistas. Porém, se fosse escrever uma introdução para o compêndio hoje, ela certamente seria diferente daquela que escrevi. Talvez algumas indicações de como minha visão mudou possam ser interessantes.

Em primeiro lugar, graças aos escritos de Michael Friedman e Theodore Kisiel sobre Lask e Heidegger, estou cada vez menos inclinado a pensar em Heidegger como um antirrealista em sentido forte. O que me enganou na minha primeira consideração sobre Heidegger foi a tendência, por parte dos tradutores, a ler o termo técnico *Seiende* como "ente" [*beings* ou *entities*]. Tais traduções ignoram que *das Seiende* [o ente] é singular e se refere não ao conjunto de itens ou (ainda de maneira mais enganosa) "coisas" ou "objetos". Convenci-me de que a melhor forma de traduzir esse termo é traduzi-lo como em algumas das primeiras traduções para o inglês dos escritos de Heidegger: como "o-que-é" [*what-is* – doravante traduzido por *ente*].[7] Em contraposição ao construtivismo da tradição kantiana, que trata os objetos da experiência como construídos a partir de uma multiplicidade de intuições, Heidegger sustenta que o *Dasein* se encontra "sempre já" lançado no meio do ente, já condicionado por algo que ele não pode dominar ou compreender totalmente. Entendendo dessa forma, então, a questão que Heidegger faz não é "como os objetos são constituídos a partir de algo puramente dado?", mas, na verdade, "quais são as condições que nos possibilitam compreender o ente da maneira como o compreendemos?". Em seus primeiros escritos, isso foi pensado como *mundo*; posteriormente, passou a ser pensado mais como *linguagem*; e, na apropriação tardia do pensamento grego primitivo, isso passou a ser pensado nos termos do antigo e rico conceito de *logos*.

Quando a questão norteadora da obra de Heidegger é vista como o perguntar sobre a possibilidade de compreensão, então se torna evidente que o que está em discussão em seu pensamento não é o "ser", quando entendido no sentido tradicional de *essentia* e *existentia* ou como mistificado em alguma invenção cripto-teológica. Em vez disso, o que está em discussão é a possibilidade de qualquer coisa vir à presença *como* isso e aquilo, ou seja, ser assumida *como* uma coisa ou outra. O que interessa a Heidegger é o jogo de identidade e diferença, o esquema de "isso-e-não--aquilo", que proporciona a "abertura", espaço de ação ou de jogo livre, em virtude do qual as coisas podem ser libertadas e podem se mostrar de alguma maneira distinta. Na abordagem de Heidegger, os humanos, ocupando um lugar no meio do ente (isto é, por "ser aí"), desempenham um papel crucial nesse evento do vir-à-presença. Contudo, eles não *criam* "ente" no sentido de produzi-lo. É melhor dizer que os humanos são participantes em um evento de emergência e que eles são tanto dependentes do evento quanto este é dependente deles.[8] Nessa interpretação do

---

7 Essa tradução aparece, por exemplo, na de R. F. C. Hull e Alan Crick a "*On the Essence of Truth*" [*Sobre a essência da verdade*] e a "*What is Metaphysics?*" [*O que é metafísica?*] no volume *Existence and Being* [*Existência e ser*], editado por Werner Brock. Chicago: Henry Regnery Co., 1949.

8 Minha visão geral superficial a respeito da abrangente visão de Heidegger se deve graças a um conjunto de ensaios de Thomas Sheehan, especialmente *Kehre and Ereignis: A Prolegomenon to "Introduction to Metaphysics"*, disponível em *A Companion to Heidegger's*

pensamento de Heidegger, é impossível considerar sua visão como "idealista" ou "anti-idealista" no sentido de uma afirmação metafísica a respeito da origem de todos os entes subsistentes. A finitude do *Dasein* inclui seu ser-lançado em meio ao ente e seu ser-condicionado pelo ente. Por isso, nos escritos tardios, os seres humanos ("mortais") constituem apenas um ponto em um campo de forças chamado "a quadratura".

Essa mudança na ênfase na interpretação do corpus heideggeriano tem consideráveis consequências para o estudo acadêmico de Heidegger. Em primeiro lugar, agora é possível ver a discussão acerca do "disponível-à-mão" e do "ser-simplesmente-dado", que parecia tão importante em *Ser e tempo*, mas que nunca mais foi retomada depois dessa obra, como um exemplo de como o ente pode se mostrar e como um modo de manifestação pode ser derivado de outro.[9] Em segundo lugar, podemos ver mais claramente a importância das afirmações de Heidegger de que certamente existem formas cruciais de ser para os humanos – inicialmente, ele menciona a angústia e o tédio, posteriormente o "espanto" ou "choque" (*Erschreken*) – nas quais somos capazes de compreender o ente em seu puro "*fato de ser*". Parece, então, que Heidegger também deixa espaço para um tipo de realismo, de acordo com o qual podemos obter algum acesso ao ente como ele é em si mesmo, independentemente de qualquer perspectiva humana.[10]

"Introduction to Metaphysics", editado por Richard Polt e Gregory Fried. New Haven, CT: Yale University Press, 2001, p. 3-16; e "A paradigm Shift in Heidegger Research", *Continental Philosophy Review*, 34 (2001): 182-202.

9 Por essa razão, não diria mais, como fiz na nota de rodapé número 10 da *Introdução* à primeira edição, que o disponível-à-mão é "mais real" que o ser-simplesmente-dado. Certamente, é verdade que descobrir o ente como disponível-à-mão é "mais originário" que o descobrir como ser-simplesmente-dado, e isso é presumivelmente menos construtivo e distorcivo. No entanto, a partir disso, não podemos concluir que o disponível-à-mão é "o real". Ao mesmo tempo, contudo, eu ainda discordaria do "realismo hermenêutico mínimo sobre a natureza" de Dreyfus. Não há justificativa para igualar o ente com a natureza, no sentido "naturalista" desse termo.

10 O comprometimento de Heidegger com o realismo nesse sentido foi defendido por Piotr Hoffman em sua introdução, intitulada "How Todes Rescues Phenomenology from the Threat of Idealism", disponível em *Body and World*, de Samuel Todes. Cambridge, MA: The MIT Press, 2001.

Por fim, o conceito de o-que-é, apreendido de diferentes formas, dadas diferentes posturas do *Dasein*, torna possível distinguir (I) modos de apreensão que velam mais do que revelam de (II) modos de apreensão que libertam as coisas para que elas possam vir a ser propriamente *tal como* o que elas são. Nos termos dessa distinção, podemos deixar mais nítido o contraste de Heidegger entre técnica, que trata tudo como um "estado-de-reserva" disponível para nosso uso, e "serenidade" (*Gelassenheit*), uma postura em relação ao que-é que deixa ele ser o que pode e deve ser.[11] O que importa é assumir uma posição em relação às coisas, propõe Heidegger, é manter a *questionabilidade* a respeito de tudo aquilo que é, se quisermos deixar as coisas se mostrarem como o que elas são "propriamente" (um significado da palavra alemã *eigen* [próprio]).[12]

Deveria ser óbvio que essa interpretação da abrangente perspectiva da obra de Heidegger gera uma série de desafios sobre relativismo, verdade e sobre a ideia de uma "coisa-em-si-mesma". Esses são os tipos de desafios que os estudiosos de Heidegger vão querer resolver antes de poderem avaliar a plausibilidade geral do pensamento dele. Porém, o fato de o pensamento de Heidegger levar a interessantes questões como estas mostra porque ele provou ser um terreno tão fértil para escavações filosóficas.

---

11 O termo *Gelassenheit* aparece nas preleções heideggerianas de 1929/1930, *The Fundamental Concepts of Metaphysics: World, Finitude, Solitude* [*Os conceitos fundamentais da metafísica: mundo, finitude, solidão*], traduzido para o inglês por William McNeil e Nicholas Walker (Bloomington: Indiana University Press, 1995, p. 91) em uma discussão sobre o devido método da fenomenologia.

12 Iain Thomson, em sua obra *Heidegger on Ontotheology: Technology and the Politics of Education* (Cambridge: Cambridge University Press, 2005), mostra quão importante é o ideal de manter a questionabilidade para a filosofia da educação de Heidegger. Por causa desse papel de questionamento aberto em todo pensamento, Heidegger chama seus escritos de "caminhos, não obras" (*Wege, nicht Werke*).

Introdução

Charles B. Guignon

À medida que o século XXI inicia, fica cada vez mais evidente que Heidegger se destacará como um dos maiores filósofos de todos os tempos. Suas obras tiveram um forte impacto não só na Europa e no mundo de língua inglesa, mas também na Ásia.[1] E sua influência foi sentida em áreas tão diversas como a teoria literária, a psicanálise, a retórica, a ecologia e a teologia. A contínua irrupção de interesse em Heidegger surpreendeu até mesmo seus mais fervorosos admiradores. Nas décadas de 1950 e 1960, ainda era possível classificar Heidegger na categoria "Fenomenologia e Existencialismo" do currículo filosófico, tratando-o como discípulo de Husserl e precursor de Sartre. Seu discurso sobre a angústia, a culpa, a morte e a necessidade de ser autêntico parecia colocar a sua obra bem fora da gama de temas que compõem o tradicional currículo anglo-americano. Embora fosse lido na França, ele era praticamente ignorado no mundo de língua inglesa.

Nas últimas décadas, no entanto, uma série de acontecimentos levou a uma apreciação mais ampla do trabalho desse pensador fértil e complexo. Em primeiro lugar, na América do Norte, os trabalhos de figuras tão influentes como Richard Rorty, Charles Taylor e H. L. Dreyfus nos ajudaram a ver Heidegger como uma figura seminal do que David Hoy chamou de "virada hermenêutica", uma nova orientação com profundas repercussões em temas como a natureza das ciências humanas, a possibilidade da inteligência artificial e as prospecções para uma cultura pós-fundacionalista. À medida que teóricos tão respeitados como Clifford

1 O ensaio de Zimmerman (capítulo 11) traz pormenores dessa influência. Veja-se, especialmente, *Heidegger and Asian Thought*, organizado por Graham Parkes. Honolulu: University of Hawaii Press, 1987.

Geertz, Thomas Kuhn, Michael Walzer e Roy Schafer passam a descrever suas abordagens como "hermenêutica", há uma maior tendência a voltar aos textos seminais que moldaram a hermenêutica contemporânea. Em segundo lugar, o crescente interesse por filósofos continentais que partem de Heidegger – incluindo Gadamer, em seus debates com Habermas, e pensadores "pós-modernos", como Derrida, Foucault, Irigaray e Bourdieu – provocou curiosidade acerca da figura que é presença constante em todas as suas obras.[2] Em terceiro lugar, e mais recentemente, as últimas revelações a respeito do grau de envolvimento de Heidegger com os nazistas levaram a uma onda de reflexões sobre a relação de seu pensamento – e da filosofia em geral – com a política e a cultura.[3]

A grande ambição de Heidegger era rejuvenescer a filosofia (e, ao mesmo tempo, a cultura ocidental), limpando as rubricas conceituais que se acumularam ao longo de nossa história, a fim de recuperar uma compreensão mais clara e rica do que as coisas são. Uma vez que isso exige a apropriação das ideias subjacentes que formaram nossa cultura, seu pensamento entrelaça fios históricos bastante distintos. Os ensaios escritos para essa coletânea revelam o complexo leque de fontes do pensamento de Heidegger. Ele se aproxima de São Paulo, dos Pré-socráticos, de Aristóteles, Agostinho, Tomás de Aquino, Duns Scotus, Mestre Eckhart, Kant, Hegel, Schelling, Schleiermacher, Kierkegaard, Nietzsche, Dilthey,

2 Hoy resume parte dessa discussão no sexto capítulo. Para uma percepção de como Heidegger pode ser tratado como a fonte de movimentos hodiernos, veja-se John D. Caputo, *Radical Hermeneutics: Repetition, Deconstruction, and the Hermeneutic Project*. Bloomington: Indiana University Press, 1987.

3 A nova onda de interesse no envolvimento de Heidegger com o nazismo foi despertada pela publicação, em 1987, de *Heidegger et le nazisme*, de Victor Farías, traduzido para o inglês como *Heidegger and Nazism*, editado por J. Margolis e T. Rockmore (Philadelphia: Temple University Press, 1989). Thomas Sheehan oferece uma excelente resenha do livro de Farias em *New York Review of Books*, 16 de junho de 1988, p. 38-47. Para uma visão geral dos textos-chave sobre Heidegger e a política, veja-se Michael Zimmerman, "The Torn in Heidegger's Side: The Question of National Socialism", *Philosophical Forum* 20 (verão de 1989): 326-365. Especialmente úteis dentre as muitas obras que examinam Heidegger como homem e seus envolvimentos políticos estão a de Hugo Ott, *Martin Heidegger: A Political Life*, traduzida para o inglês por Allan Blunden. Nova Iorque: Basic Books, 1993; e a de Rüdiger Safranski, *Martin Heidegger: Between Good and Evil*, traduzida para o inglês por Ewald Osers. Cambridge, MA: Harvard University Press, 1998.

Bergson, Husserl e Scheler, e faz isso para formular uma alternativa aos pressupostos que formam a tradição que se estende de Platão a Descartes e ao naturalismo científico contemporâneo. O mais impressionante na apropriação das fontes históricas feita por Heidegger é o modo como ele combina pontos de vista geralmente tidos como irreconciliavelmente opostos. Assim, encontramos a paixão kierkegaardiana combinada com um comprometimento com o rigor sistemático; um interesse romântico pela realização individual juntamente com um comunitarismo hegeliano; um profundo respeito pelo Idealismo Alemão junto de um realismo prático; e uma consciência da historicidade e finitude da vida com a busca de um "fundamento" seguro.

Tais temas, que se justapõem, se desenvolvem continuamente ao longo de uma trajetória filosófica de quase setenta anos. Considerando a diversidade e o escopo dos escritos de Heidegger, não surpreende que sua influência tenha sido tão extensa. Seu pensamento contribui com a fenomenologia (Merleau-Ponty, Levinas), o existencialismo (Sartre, Ortega y Gasset), a hermenêutica (Gadamer, Ricoeur), a teoria política (Hannah Arendt e a fase inicial de Marcuse), a teoria da psicoterapia (Medard Boss, Ludwig Binswanger, Rollo May), a teologia (Rudolf Bultmann, Paul Tillich), bem como com as correntes pós-modernas e neopragmáticas.

Heidegger rejeitou explicitamente o epigonismo e a erudição pedante, convocando os pensadores a, ao invés de refletirem sobre as palavras dele, percorrerem os caminhos que ele percorreu. Por conseguinte, o trabalho acadêmico mais refinado a respeito de seus escritos tende a refletir interpretações amplamente divergentes daquelas oferecidas por Heidegger. E mais, a sua afirmação de que o mais importante em qualquer pensador é o que permanece "não dito", juntamente com sua crença de que a interpretação autêntica requer fazer "violência" aos textos, alimentam ainda mais as chamas do conflito de interpretações que atualmente cerca suas obras. As contribuições para este volume, escrito por filósofos cujo principal objetivo é enriquecer nossa compreensão a respeito de nós próprios e de nosso mundo, mostram muitas maneiras diferentes de compreender o que Heidegger tem a dizer.

Meu objetivo nesta introdução é esboçar um quadro geral da obra de Heidegger, a fim de fornecer um pano de fundo para os ensaios que se seguem. A primeira seção trata da importância do "*Dasein*" (existência humana) e da mundidade do mundo em *Ser e tempo*. As duas seções seguintes abordam a "virada" para o chamado Heidegger tardio e o seu envolvimento com o Nacional-Socialismo nos anos de 1930. Devo dizer aqui que minha posição a respeito da cumplicidade de Heidegger com os nazistas representa minha própria perspectiva pessoal sobre este assunto e que seu tom benevolente está em desacordo com o brilhante e perspicaz trabalho de Sheehan e Caputo, bem como com a maioria dos outros comentadores deste tema.[4] Meu objetivo, porém, não é justificar as ações de Heidegger (considero-as vergonhosas e desprezíveis), mas tentar entender como um estudioso acadêmico do interior da Alemanha – uma pessoa admirada durante sua vida por pessoas decentes, que o consideraram um amigo – poderia ter se envolvido em tais horrores. Obviamente, ao apresentar mais uma consideração sobre esse tema tão calorosamente debatido, não pretendo ter dito a última palavra sobre ele.

A ontologia fundamental em *Ser e tempo*

Ser e tempo (1927) ainda é a obra mais conhecida e mais influente de Heidegger. Apesar do tom teutônico e o estilo tortuoso (especialmente na tradução inglesa), *Ser e tempo* parece trazer um sopro de ar fresco aos tradicionais desafios filosóficos. A percepção de Heidegger é que muitos dos nós no pensamento que caracteriza a filosofia são devedores de um modo específico de compreender a essência da realidade, uma perspectiva que surgiu na aurora da história ocidental e domina nosso pensamento até os dias atuais. Essa perspectiva é aquela que Dorothea Frede, em seu ensaio, chama de "ontologia da substância": a visão que o que é real, afinal, é aquilo que está subjacente às propriedades – o que "está sob" (*sub-stantia*) e permanece

4 Além da resenha de Sheehan mencionada na nota de rodapé n. 3, veja-se John D. Caputo, "Thinking, Poetry and Pain", disponível em *Heidegger and Praxis*, editado por Thomas J. Nenon, 1989. "Spindel Conference", suplemento de *Southern Journal of Philosophy*, 28 (1990): 155-181.

continuamente presente durante toda mudança. Por causa de sua ênfase na presença contínua, essa ontologia tradicional também é chamada de "metafísica da presença". Encontra-se, por exemplo, na noção platônica de forma, na substância primeira de Aristóteles, no Criador da crença cristã, na *res extensa* e *res cogitans* de Descartes, no *noumena* de Kant e na matéria física pressuposta pelo naturalismo científico. Desde Descartes, essa ontologia da substância criou um conjunto de alternativas, que geraram os chamados problemas da filosofia: ou existe mente/espírito ou tudo é apenas matéria; ou nossas ideias representam objetos ou nada existe fora da mente; ou algo em mim permanece constante através da mudança ou não há identidade pessoal; ou os valores têm existência objetiva ou tudo é permitido. Essas alternativas estabelecem um quadro de possíveis movimentos e contramovimentos em um jogo filosófico que, eventualmente, pode começar a parecer tão previsível e enfadonho quanto um jogo da velha.

O objetivo de Heidegger é minar todo o jogo, desafiando a ideia de que a realidade deve ser pensada nos termos da ideia de substância. Sua alegação não é que mente e matéria não existem, mas que uma e outra são modos derivados e regionais de ser das coisas, os detritos de alguma teorização de alto nível, que está distante da existência concreta e vivida. Como observa Thomas Sheehan, Heidegger, em 1919, já considerava a perspectiva objetificante como originada não tanto da ciência da natureza quanto da própria atitude teorética: "não é apenas o naturalismo, como [Husserl] pensava, [...] mas a dominação geral do *teorético* que está atrapalhando a problemática real" (GA 56/57: 87). Portanto, é possível ver a história da filosofia desde Platão até o naturalismo contemporâneo – e inclusive a própria fenomenologia husserliana – como uma extensa interpretação equivocada da essência da realidade. Essa interpretação equivocada é inevitável quando se adota o distanciado ponto de vista da reflexão teorética, pois quando recuamos e tentamos obter uma visão imparcial e objetiva das coisas, o mundo, por assim dizer, morre para nós – as coisas perdem o sentido definitivo de seu ser no cotidiano mundo-da-vida. Seguindo a direção do influente movimento da virada do século, denominado "filosofia da vida" (visto, à época, como incluindo

Nietzsche, Bergson e Dilthey), Heidegger esperava recuperar um sentido mais originário das coisas, pondo de lado a visão da realidade que obtemos ao teorizar e, ao invés disso, focalizar na maneira como as coisas se mostram no fluxo de nossas atividades cotidianas pré-reflexivas.

Para preparar o caminho para uma nova compreensão de nós próprios e do mundo, *Ser e tempo* inicia colocando a questão posta pela ontologia tradicional: o que é o ser do ente? Contudo, Heidegger rapidamente observa que a ontologia enquanto tal, a questão do ser, "permanece ela mesma ingênua e opaca" se falhar em investigar primeiro o *sentido* do ser (BT, 31). Em outras palavras, já que o que as coisas *são* (seu ser) é acessível só na medida em que elas se tornam compreensíveis a nós (na medida em que elas se mostram a nós como relevantes ou importantes de alguma determinada forma), precisamos de uma "ontologia fundamental" que esclareça o sentido (isto é, as condições de compreensibilidade) das coisas em geral. E, uma vez que *nossa* existência ou "ser-aí" (*Dasein*) é "o horizonte no qual algo como o ser em geral se torna compreensível", a ontologia fundamental deve começar por "esclarecer a possibilidade de haver qualquer compreensão de ser em geral – uma compreensão pertencente à constituição do ente denominado *Dasein*" (BT, 274). Essa pergunta sobre as condições de possibilidade de haver qualquer compreensão constitui a parte publicada de *Ser e tempo*, a analítica do *Dasein*. A investigação começa, então, com uma pergunta sobre nosso próprio ser, à medida que somos o ente que possui alguma compreensão de ser, e a faz com o propósito de lançar as bases para perguntar sobre o ser do ente em geral (pedras, martelos, esquilos, números, constelações, sinfonias).[5]

Assim, a questão do ser é reformulada como uma questão sobre as condições de acessibilidade e compreensibilidade das coisas. As constantes referências a Kant nos ensaios que se seguem (especialmente nos de Blattner, Hoy, Dostal e Frede) mostram de que forma esse projeto pode

5 As contribuições de Frede, Zimmerman e Caputo para este volume são especialmente úteis para mostrar como a visão de Heidegger acerca do vínculo entre ser e compreensão humana se baseia no pensamento medieval e, notadamente, na abordagem de Scotus do vínculo entre o *modus intelligendi* das coisas (como elas são compreendidas) e seu *modus essendi* (tipo de objetividade).

ser visto como uma continuação da "revolução copernicana" de Kant, a mudança do entender a mente como tentando se vincular ao mundo previamente dado pela consideração do mundo como sendo transformado para se adequar às demandas da mente. Mas a analítica do *Dasein* feita por Heidegger também marca uma importante ruptura com Kant e com o Idealismo Alemão em geral. Isso porque Heidegger coloca entre parênteses a suposição de que existe algo como uma mente ou consciência, algo imediatamente presente para si mesmo na introspecção, algo que deve ser tomado como o ponto de partida autoevidente para qualquer explicação da realidade. Em vez disso, embora seja verdade que o ponto de vista da primeira pessoa é fundamental (como Carman e Hoffman bem mostram), não é o mental que é fundamental, mas aquilo que Taylor denomina "ação engajada". Começamos a partir de uma descrição de nós próprios, tal como somos nos afazeres práticos do dia a dia, antes mesmo de qualquer divisão entre mente e matéria. A nossa investigação deve começar a partir do sentido "existentivo" (concreto, específico, local) que temos de nós próprios como apanhados no meio de um mundo prático (no sentido dado a esse termo pelo "mundo-da-vida" e que se encontra em expressões tais como "o mundo da academia" ou "mundo dos negócios").

Na visão de Heidegger, não há um ponto de vista externo e puro para o qual possamos recuar a fim de obter um ângulo desinteressado e livre de pressuposições sobre as coisas. Desse modo, a ontologia fundamental começa com uma descrição dos "fenômenos", cujo significado é aquilo que "se mostra", que "torna-se manifesto" e se *nos* "apresenta", em relação aos nossos propósitos, conforme estes são moldados por nossas formas de vida.[6] No entanto, essa necessidade de iniciar a partir de uma

6 Parece que Heidegger definiu essa concepção de fenômeno não tanto a partir de Husserl, mas de Aristóteles. Como Martha Nussbaum pontua, Aristóteles sustentava que a filosofia parte de fenômenos definidos como "o mundo como aparece para, como é experienciado por observadores como nós". Os fenômenos são encontrados em "interpretações, quase sempre reveladas no uso linguístico". O objetivo da filosofia, na visão de Aristóteles, não é chegar a algo detrás das aparências, mas apreender aquilo em virtude de que as aparências são unificadas e compreensíveis. Nesse sentido, "as aparências se estendem até o fim". Veja-se Nussbaum, *The Fragility of Goodness: Luck and Ethics in Greek Tragedy and Philosophy* (Nova Iorque: Cambridge University Press, 1986), p. 24-45,

perspectiva interior não é nenhuma restrição. Pelo contrário, como mostra Taylor, é apenas porque somos/estamos "já sempre" em um modo de vida, engajados em lidar cotidianamente com as coisas em um trivial mundo-da-vida, que temos certa "pré-compreensão" do que as coisas são. É o nosso ser, como partícipes em um mundo prático compartilhado, que primeiro nos dá uma janela para nós próprios e para a realidade.

A analítica existencial, portanto, começa com uma descrição da nossa cotidianidade mediana, como agentes em contextos práticos. Os primeiros escritos de Heidegger estão repletos de atividades mundanas tais como martelar em uma oficina, girar uma maçaneta, ouvir motocicletas e manejar o sinal de seta de um carro. Porém, o objetivo da investigação é identificar as "estruturas essenciais" que compõem a "estrutura (*Gerüst*) formal" de qualquer *Dasein*. Por essa razão, a fenomenologia da cotidianidade está vinculada a uma hermenêutica ou interpretação destinada a trazer à luz o fundamento oculto da unidade e da compreensibilidade do mundo-da-vida prático. Como a interpretação revela aquilo em virtude de que (*woraufhin*) tudo se sustenta, Heidegger diz que ela formula "generalizações transcendentais" a respeito das condições para quaisquer interpretações ou visões de mundo (BT, 244). Como pontua Hoy, a *Interpretierung* [interpretação] visa revelar a "compreensão originária de mundo", que fundamenta e possibilita nossas interpretações (*Auslegungen*) existentivas do dia a dia. Uma vez que o objetivo da investigação não é dar conta do ente, mas apreender o ser do ente (o que permite que as coisas sejam o que são, o que "determina o ente como ente" em seus vários modos de ser), a fenomenologia procura o que geralmente "não se mostra", o "sentido e fundamento" ocultos do que se mostra (BT, 25, 59). No curso dessa investigação, fica evidente que o ente, fundamental para determinadas ciências regionais – por exemplo, os objetos materiais nas interações causais da mecânica clássica –, é um construto teorético sem posição privilegiada para nos ajudar a captar a essência da realidade.

---

251. Heidegger, mais do que uma vez, expressou a sua dívida para com o método fenomenológico de Aristóteles (cf. BP, 232; TB, 79).

Na medida em que nossa perspectiva de senso comum é permeada por teorias passadas e, em especial, pela ontologia cartesiana da modernidade, a ontologia fundamental envolverá "*fazer violência*" às complacentes suposições do senso comum. Em nenhum outro lugar esse desafio ao senso comum está mais evidente que na descrição de Heidegger do ser humano, ou *Dasein.*[7] Essa descrição é radicalmente oposta à imagem dos humanos que herdamos de Descartes. De acordo com a visão cartesiana, somos, basicamente, mentes localizadas em corpos. E esta é, de fato, a maneira pela qual tendemos a pensar sobre nós mesmos quando recuamos e refletimos sobre nosso ser. A oposição binária entre espírito e matéria dá cor a todo o nosso pensamento no mundo moderno e leva a uma espécie de extorsão cartesiana que nos diz que, se questionarmos a existência da substância mental, desceremos ao nível de materialistas grosseiros, que nunca podem explicar a experiência e a ação humana.

O modo de Heidegger lidar com essa extorsão é subvertendo a oposição binária que estabelece, em primeiro lugar, o estreito leque de alternativas. Em meu próprio ensaio (capítulo 10), tento mostrar que, ao invés de definir o *Dasein* como uma coisa ou um objeto de qualquer tipo, Heidegger descreve a existência humana como um "acontecimento", uma história de vida que se desenvolve "entre o nascimento e a morte" (BT, 427). Essa concepção da existência como a "historicidade" ou a "temporalização" de um decurso de vida surge muito naturalmente quando refletimos sobre a natureza da ação humana. Assim, o que uma pessoa está *fazendo* em qualquer momento pode ser considerado uma ação (e

7 Concordo plenamente com a definição de Dreyfus do "*Dasein*" como a estrutura fundamental dos seres humanos: *que* o próprio modo de ser de cada ser humano é um problema para ele. Assim, quando Heidegger diz "*mais originária que o homem é a finitude do Dasein nele*" (KPM, 237), percebo que o significado de *Dasein qua* finitude, embora instanciado em cada ser humano (normal), é conceptualmente distinto do ente antropológico, *Homo sapiens*. A meu ver, dizer que o *Dasein* torna possível o mundo, no qual os entes podem se mostrar, não é sugerir que *cada Dasein* tem seu próprio mundo monádico, mas, na verdade, é *porque* uma "compreensão de ser como finitude essencialmente existente" (KPM, 238) surgiu e está agora depositada e conservada em práticas comuns, monumentos, bibliotecas etc., que há um campo de compreensibilidade, no qual vários tipos de coisas se mostram (para todos nós) de maneira familiar.

não só um movimento inadvertido) apenas por causa do modo como isso está aninhado no contexto mais amplo de uma história de vida. Por exemplo, o que estou fazendo agora só pode ser visto como a ação de escrever um ensaio filosófico por causa da relação de minha atividade atual com meu contexto (minha formação, minha carreira acadêmica) e com minha orientação futura (o resultado dessa atividade em relação aos meus compromissos em geral). De fato, parece que o mais importante para um evento ser uma ação não são as crenças e desejos que passam numa substância mental, já que todos os tipos de coisas podem estar passando pela minha mente enquanto escrevo aqui. Na verdade, o que é crucial para esse movimento ser *ação* é seu enraizamento em contextos significativos do passado e a sua orientação para algum estado final futuro (apesar de isso estar provavelmente longe de minha "mente" quando estou ativamente engajado em atividades cotidianas).

Quando pensamos no ser humano como o desenvolvimento temporal de um decurso de vida, podemos identificar três elementos estruturais que constituem a existência humana. Primeiro, o *Dasein* se encontra sempre "lançado" em uma situação concreta e em sintonia com um contexto cultural e histórico, no qual as coisas já importam de determinadas formas em relação às práticas de uma comunidade. Esse prévio ser-lançado no meio da compreensibilidade compartilhada, revelada em nossas disposições afetivas, constitui a "facticidade" do *Dasein*. Segundo, a ação é "discursiva" no sentido de que, em nossas atividades, articulamos o mundo e interagimos com situações de acordo com as diretrizes de interpretações incorporadas em nossa linguagem comum. Terceiro, o *Dasein* é "compreensão", no uso específico que Heidegger faz desse termo: o *Dasein* sempre assumiu alguma posição em sua vida à medida que ocupou (ou se desviou) das vocações, papéis, estilos de vida, relações pessoais e de outras coisas que dão conteúdo à sua vida. Porque nossas atividades pessoais qualificadas incluem um tácito "saber fazer" em geral, uma noção de que as coisas são em relação aos nossos interesses práticos, diz-se que assumir uma posição é um "projeto" de possibilidades de sentido das coisas e de nós mesmos.

Tendo assumido uma posição, a existência do *Dasein* é "futura" no sentido de estar a caminho da realização de algum desfecho (mesmo que essa orientação em direção a um objetivo possa nunca vir expressamente à mente). Assim, a ação se caracteriza como "ir-em-direção" (*zu-kommend*) à realização das próprias empreitadas, ou seja, como ser-em-direção ao futuro (*Zu-kunft*). Por exemplo, participo de uma reunião de pais e professores como parte de meu "projeto" de ser um pai cuidadoso, e faço isso mesmo que esse jeito de fazer as coisas esteja tão arraigado em mim, tão "automático", que nunca penso sobre o *porquê* estou fazendo isso. De acordo com Heidegger, o futuro tem prioridade sobre o passado e sobre o presente na definição do ser do si mesmo. Isso acontece, primeiramente, porque aquilo que uma pessoa busca alcançar na vida determina tanto como o passado pode ser encontrado para fornecer recursos para o presente quanto como o presente pode se mostrar na condição de uma situação que exige ação. Porém, o futuro também tem prioridade pois, na medida em que minhas ações me comprometem com um leque de possíveis modos de ser no futuro, a orientação-para-o-futuro de tais ações define o que minha vida – isto é, meu "ser" – está somando para perfazer uma totalidade, "até mesmo o fim".

De acordo com essa descrição, a identidade pessoal ou o "ser" do *Dasein* se define pelas posições que ele assume ao agir em situações cotidianas ao longo de sua vida. Heidegger expressa isso ao dizer que o *Dasein* é um "poder ser", que se realiza apenas através dos modos pelos quais se volta para "possibilidades" concretas, ou seja, pelo modo como se dirige a papéis específicos, relações, traços de personalidade, estilos de vida etc., na medida em que esses aspectos se tornaram acessíveis em seu contexto cultural.[8] Assim, quando seguro a porta aberta para um amigo ou entro na fila do teatro, estou me constituindo como uma pessoa razoavelmente bem-educada, na medida em que isso é assim compreendido em minha cultura. Aqui, *sou* apenas o que faço de mim mesmo ao me encaixar em padrões comuns de ação e reação ao longo de minha vida.

---

8 A compreensão do *Dasein* é um "ser que se projeta em direção a seu poder-ser mais próprio. Esse poder-ser é aquilo em virtude de que qualquer *Dasein* é como é. Em cada caso, o *Dasein*, em seu ser, já se colocou junto com uma possibilidade de si mesmo" (BT, 236).

A concepção da existência humana como um vir-à-presença propicia um entendimento a respeito da compreensão do ser que Heidegger tenta elaborar, uma concepção que Zimmerman chama de "fenomenalismo ontológico". Meu ser – quem sou – nada mais é do que aquilo que se desenvolve no decorrer de minhas interações com o mundo ao longo de minha vida. Ao afirmar que "a 'essência' do *Dasein* reside em sua existência" (BT, 67), Heidegger propõe que não há papel a ser desempenhado pela noção de uma substância subjacente ou de uma essência oculta supostamente necessária para explicar os fenômenos externos. O que torna a ação possível não é algum substrato subjacente, tampouco alguma substância mental, mas, na verdade, o modo como nossas histórias de vida se desenvolvem relativamente ao cenário de práticas de um mundo compartilhado e significativo. Do ponto de vista de Heidegger, então, a possibilidade de pensarmos em nós mesmos como mentes localizadas em corpos físicos é uma autointerpretação altamente especializada, radicada em teorizações deslocadas, uma interpretação sem quaisquer implicações mais amplas para compreender a existência humana.

A força da extorsão cartesiana está na sua capacidade de nos manter em ordem, dizendo-nos que as dúvidas a respeito da mente levam ao materialismo grosseiro. Heidegger contorna esse movimento ao sugerir que não só a mente, mas também a matéria é um construto teorético sem papel indispensável para que o mundo-da-vida cotidiano faça sentido. Para ultrapassar esse ponto, ele empreende uma descrição de como as coisas se mostram a nós "originariamente" no decurso de nossas relações cotidianas com o mundo. Em seu já conhecido exemplo do martelar em uma oficina, Heidegger sugere que o que encontramos quando estamos absortos em tal atividade não é uma "coisa-martelo", dotada de propriedades às quais atribuímos um valor de uso. Pelo contrário, aquilo que se mostra a nós, a princípio, é o martelo, que serve "para" pregar tábuas, "para" construir uma estante e, por último, "para o bem de", digamos, uma pessoa com um escritório organizado. Em nossas relações cotidianas com as coisas, o mundo-do-trabalho como um todo – a luz da sala, a mesa de trabalho, a serra, a cola – se mostra em sua funcionalidade interligada em relação aos nossos projetos.

Segue-se, então, que o que se "dá" nas cotidianas relações medianas com o mundo é uma "totalidade instrumental" holística, uma rede de relações funcionais nas quais as coisas são encontradas em suas funções interdependentes e nos termos de sua relevância para o que estamos fazendo. O martelo é o que é em virtude de sua referência a esses pregos e tábuas, martelando nesta bancada, sob esta luz, com este propósito. No vocabulário heideggeriano, o mundo da cotidianidade mediana não é um agregado de objetos "simplesmente-dados", coisas que simplesmente ocorrem, mas trata-se de um contexto holístico de relações, o "disponível-à-mão", onde aquilo que alguma coisa *é* – sua "definição ontológica" – se determina por seu papel nos projetos em andamento dentro da oficina.[9] A totalidade dessas relações funcionais – a estrutura geral de "para" isso ou aquilo, "serve para", "para que" e "para o bem de" tal como estabelecido em nossas práticas culturais – Heidegger chama de "mundidade" do mundo. Em meu entendimento, sua afirmação é que as coisas "simplesmente-dadas", tomadas como fundamentais pela teorização tradicional (por exemplo, os objetos físicos e suas relações causais), são derivadas de e dependentes do mundo compreendido como um contexto de envolvimentos voltado para a concretização das coisas. De acordo com Heidegger, pensar que há, "a princípio", meras coisas simplesmente-dadas "em um espaço em geral", que depois se concatenam em relações instrumentais, é uma "ilusão" (BT, 421) (embora possa ser útil supor que tais coisas existam para propósitos de certas investigações regionais).[10]

9 Para análises pormenorizadas da concepção heideggeriana de mundidade, veja-se Hubert L. Dreyfus, *Being-in-the-world: A Commentary on Heidegger's "Being and Time", Division I* (Cambridge, MA: MIT Press, 1991) e Mark Okrent, *Heidegger's Pragmatism: Understanding, Being, and the Critique of Metaphysics* (Ithaca, NY: Cornell University Press, 1988).

10 Quando digo que Heidegger é um "realista", então, quero dizer algo diferente do que Dreyfus diz em sua obra *Being-in-the-world* (p. 251-265) quando fala do "realismo hermenêutico mínimo sobre a natureza" de Heidegger. De acordo com minha interpretação, a afirmação de Heidegger é que o mundo disponível-à-mão das coisas habituais é real (ou é "tão real quanto qualquer coisa pode ser"), enquanto os entes tidos como existentes pelas ciências da natureza são produtos de trabalho sobre ou de redescrição desses entes de uso habitual para determinados fins. Em minha interpretação, Heidegger parece bastante próximo do que John Dewey diz em sua distinção entre água e H_2O, nos capítulos iniciais de *The Quest for Certainty* (Nova Iorque: Putnam's, 1960).

A descrição da cotidianidade mediana nos leva a ver que o mais fundamental é um mundo de "significância", no qual as coisas se mostram como *importando* ou *tendo sentido* em relação a nossos afazeres práticos. Esse mundo-da-vida significativo é inseparável da orientação-futura do *Dasein*, sendo "para seu próprio bem" nas várias interpretações de si mesmo e nos papéis recolhidos do público "mundo-da-gente" em que é lançado. Diz-se que o *Dasein* é uma "clareira" ou uma "iluminação" através da qual o ente pode se manifestar *como* isso e aquilo. Em outras palavras, porque assumimos uma posição a respeito de nosso ser no mundo – porque somos "compreensão", no específico uso que Heidegger faz desse termo –, engajamo-nos em práticas específicas em contextos cotidianos e, assim, abrimos um livre espaço de ação ou de jogo (*Spielraum*), onde as coisas podem se destacar como importantes ou significativas de algumas determinadas maneiras. Por exemplo, dada minha compreensão de mim mesmo como cozinheiro na cozinha, manuseio ali as coisas de tal forma que a espátula e a frigideira se destacam como significativas, enquanto o linóleo e o lambril recuam para a insignificância.

Esse projeto de possibilidades aberto pela compreensão se realiza e se concretiza na "interpretação" (*Auslegung*, literalmente "trazer para fora"). Interpretação é a nossa forma de nos "apropriar explicitamente" do mundo, "fazendo preparativos, arrumando, consertando, melhorando [e] completando", ou seja, em nossas atividades triviais em contextos ordinários. A interpretação apreende o conjunto de possibilidades previamente estabelecido pela "estrutura-para" da compreensão e o transforma em uma concreta "estrutura-como" de uso – usando a frigideira para fritar um ovo, por exemplo, ao invés de usá-la para preparar um molho branco (BT, §§31-32). Dada essa descrição da cotidianidade, percebemos por que Heidegger afirma que o *ser* do utensílio cotidiano em uso – seu ser-à-mão – é definido pelos nossos modos de usar as coisas no decurso de nossas atividades pré-reflexivas.

Agora deve ficar clara a razão de Heidegger nos dizer que o ser-no-mundo é um "fenômeno em unidade". Por um lado, o ser dos contextos funcionais cotidianos é inseparável dos usos específicos que damos às coisas no decurso de nossos envolvimentos práticos compartilhados no mundo. Por outro lado, quem *eu sou* como agente se determina pelos contextos instrumentais e pelas formas comuns de vida que constituem a "morada" mundana na qual me encontro. Uma vez que não há causa ou fundamento último para a rede holística de sentido que constitui o ser-no-mundo, Heidegger propõe que o sentido do ser (isto é, o fundamento de toda compreensibilidade) é uma "ausência de fundamento" ou "abismo" (*Abgrund*) (BT, 194).[11]

Dada tal imagem do ser-no-mundo, o que deve ser explicado, como aponta Hoy, não é como um sujeito inicialmente desprovido de mundo pode se ligar com um conjunto previamente dado de objetos "fora daí", em um sistema neutro de coordenadas espaciotemporais. Na verdade, em primeiro lugar, o que precisamos mostrar é porque a tradição ignorou esse fenômeno unificado e como a disjunção entre o si mesmo e as coisas sempre aparece. Para explicar a atração da ontologia da substância, Heidegger descreve como a atitude de observação e a ontologia objetificadora resultam de uma "ruptura" na cotidianidade mediana. Ele propõe que, quando tudo está correndo bem no lugar de trabalho, o ente disponível-à-mão e o circundante mundo-do-trabalho se mantêm discretos e despercebidos. Heidegger diz que o ente disponível-à-mão deve "retirar-se" em sua usabilidade "para *ser* propriamente disponível-à-mão" (BT, 99). Por assim dizer, vemos por meio disso o que pretendemos realizar.

No entanto, quando algo dá errado no espaço de trabalho, há uma "mudança" no modo como as coisas se mostram a nós. Se o pegador da panela quebrar ou a espátula estiver faltando, todo o projeto fica parado e somos colocados na posição de apenas olhar ao redor para ver o que fazer a seguir. Quando as coisas estão temporariamente indisponíveis-à-mão, podemos vislumbrar a rede de relações funcionais em que tais coisas desempenharam um papel. Assim, uma ruptura torna possível avistar a mundidade do mundo. Se a ruptura persistir, contudo, os objetos podem começar a se perder em sua inusabilidade e podemos olhar para as coisas como objetos puramente dados para serem investigados a partir de

11 O ensaio de Hoffman (oitavo capítulo) mostra como nos tornamos conscientes dessa derradeira ausência de fundamento na experiência da angústia.

uma perspectiva teórica. Ao adotarmos uma postura na qual as coisas são explicitamente notadas, podemos ser levados a acreditar que o que havia ali "o tempo todo" eram objetos sem valor, sem sentido, cuja utilidade era meramente um produto de nossos próprios interesses e nossas necessidades subjetivas. Heidegger observa, no entanto, que essa concepção da realidade, como sendo composta por objetos essencialmente desprovidos de contexto, só pode surgir como derivada de um modo mais "originário" de ser absorto no mundo-da-vida significativo.[12] Tais objetos desprovidos de contexto são subprodutos da "desmundificação do mundo" e, portanto, não podem ser pensados como os componentes fundamentais a partir dos quais o mundo é construído.

De acordo com a fenomenologia heideggeriana do ser-no-mundo, o que há de mais originário não é nem os seres humanos nem os objetos, mas a "clareira", na qual formas específicas de existência humana, junto de tipos específicos de contexto de usabilidade, vêm-à-presença em sua interdependência recíproca. O ente em geral – as ferramentas em uma oficina, o desconhecido elemento no béquer do químico, até mesmo os tipos precisos de sensação e emoção que podemos ter – pode se mostrar *como* aquilo que *é* (isto é, em seu *ser* isso e aquilo) apenas no contexto das práticas interpretativas de uma cultura histórica particular. Contudo, também é verdade que *nós* só podemos ser o tipo de pessoas que somos em nossos afazeres cotidianos em virtude dos contextos práticos de engajamento mundano em que nos encontramos. Na cozinha, posso ser um artista culinário ou um desastre, mas não posso ser um líder mundial assinando um tratado. Assim, "si mesmo e mundo se co-pertencem no ente singular, no *Dasein*. Si mesmo e mundo não são dois entes, como sujeito e objeto; [...] (pelo contrário) si mesmo e mundo são as determinações fundamentais do *Dasein* na unidade da estrutura do ser-no-mundo" (BP, 297).

Com essa ênfase em nossa facticidade, no ser-lançado e no embasamento em um mundo concreto, poderíamos pensar que a ontologia

12 Taylor (sétimo capítulo) mostra como esse tipo de afirmação de "originariedade" é similar ao argumento kantiano de que experienciar determinadas sensações como sensações deriva e é dependente de um contexto no qual experienciamos um mundo de coisas reais e concretas.

fundamental de Heidegger se move em direção a uma "reação ptolomaica" à revolução copernicana de Kant. Os seres humanos não constroem o mundo. Na verdade, os humanos *e* as coisas são constituídos pela totalidade daquilo que Heidegger, em seus primeiros escritos, chamou de "mundanização do mundo". E *ser* é compreendido não como uma propriedade essencial das coisas, nem como o simples fato de elas ocorrerem, tampouco como algo dado pelos humanos às coisas. Em vez disso, *ser* passa a ser considerado como um evento temporal, um "movimento à presença", inseparável da compreensão de ser, encarnada na forma de vida do *Dasein*. Trata-se do evento (*Ereignis*) de abertura no qual os entes são apropriados na compreensibilidade.[13]

Por conseguinte, a partir da consideração de Heidegger acerca da cotidianidade mediana, não pode haver conhecimento isento de pressupostos, tampouco um acesso do tipo que os filósofos buscavam quando sonhavam em alcançar a "realidade em si mesma". Somos sempre apanhados por um "círculo hermenêutico": embora nosso sentido geral das coisas dependa do que encontramos no mundo, apenas podemos descobrir algo como significante de alguma determinada maneira porque assimilamos uma "compreensão pré-ontológica" sobre como as coisas em geral podem importar ao estarem inseridas nas práticas e linguagens de nossa cultura.

Óbvio que dizer que sempre encontramos entes *em certa condição de* importância não implica que, de alguma forma, um véu tenha sido puxado sobre as coisas para que nunca mais possamos entrar em contato com elas. Pelo contrário, uma vez que os modos como as coisas se mostram – as aparências – são precisamente o que tais coisas realmente *são*, então o acesso àquilo que aparece é exatamente o acesso a tais coisas. Heidegger tenta esclarecer esse ponto considerando o que está implicado quando uma cidade "apresenta uma visão esplêndida" a partir de determinado ponto de vista panorâmico. Aqui, trata-se da própria cidade se

13 Thomas Sheehan mostra que Heidegger, em seu seminário de 1928 sobre a *Física* de Aristóteles, já pensava o ser (ou *physis*) como um "movimento" ou "evento" (*Ereignis*), o "evento de abertura" da "apropriação na compreensibilidade" para sair do encobrimento. Veja-se Sheehan, "On Movement and the Destruction of Ontology", *Monist*, 64 (outubro de 1981): 534-542.

apresentando "a partir desse ou daquele ponto de vista" (IM, 104). Não é necessário dizer que continua a ser verdade que a cidade pode apresentar *esse* panorama só porque *nós* a estamos vendo a partir de uma determinada posição. Porém, essa relatividade a um ponto de vista não implica que nos separemos da cidade, acessando, digamos, só a uma imagem mental dela. Afinal, não se trata de uma representação da cidade que encontramos, mas uma *apresentação* da cidade conforme ela se mostra desse determinado ponto de vista.

Esse exemplo mostra como Heidegger tenta rebater o ceticismo tradicional a respeito do mundo externo, minando, em primeiro lugar, o modelo representacionalista que o sustenta. Os modos de acesso em perspectiva à cidade, longe de serem barreiras entre a realidade e nós, são, na verdade, as condições que possibilitam qualquer acesso às coisas. Eles *situam* a cidade diante de nós e *nos* situam no cenário, deixando-nos ser os observadores que somos. Assim, não faz sentido a ideia de alcançar uma "vista da cidade como ela *realmente* é", independente de todos os pontos de vista e perspectivas. Pois até mesmo fotografias aéreas e mapas de ruas são apenas mais pontos de vista; eles não são privilegiados, indicadores "puramente objetivos" de como a cidade "realmente" é. A ideia de um sítio geográfico ou geológico puro, incolor, objetivo, distinto de todos os modos possíveis de apresentação, é uma ilusão gerada pelo domínio do representacionalismo em nosso pensamento. Como resultado, a apreciação que Heidegger oferece da relatividade do *Dasein* acerca do ser do ente equivale a um realismo pleno, que afirma a realidade daquilo que se mostra a nós. *O* mundo é apenas o mundo humano em suas diversas manifestações.[14]

---

14 Contudo, não estou convencido de que a tentativa de Heidegger de puxar o tapete do cético seja a última palavra sobre o ceticismo. Pode-se ainda indagar, por exemplo, como devemos lidar em casos de apresentações ou aparências *conflitantes* – isto é, com disputas envolvendo perspectivas incompatíveis –, uma vez que abjuramos da noção tradicional de uma "verdade" final. Além disso, as repetidas afirmações de Heidegger de que o ente existe independente da compreensão do *Dasein*, juntamente com a suposição plausível de que ele pode se tornar compreensível a nós apenas porque possui aquilo que Dorothea Frede, no primeiro capítulo, chama de uma "adequação" aos nossos modos de compreensão, parecem abrir caminho para questões sobre a natureza desse ente. Novamente, a *Ding an sich* [coisa em si] kantiana ameaça ressurgir.

A virada em direção à história do ser

Após *Ser e tempo*, o pensamento de Heidegger começou a mudar de direção de maneira significativa, movendo-se rumo aos escritos muitas vezes desconcertantes do período tardio. Heidegger mesmo fala de uma "virada" (*Kehre*) em seu pensamento, uma mudança que começa com o texto de 1930, *Sobre a essência da verdade*. Para tentar entender essa virada, podemos distinguir dois fios estreitamente entrelaçados dessa mudança de direção em sua perspectiva ao longo da década de 1930. Primeiro, existem as tentativas do próprio Heidegger em responder as acusações de que *Ser e tempo* é meramente um novo movimento na tradição da filosofia transcendental originada em Kant – que é "antropocêntrica" e trata o *Dasein* como uma fonte separada, "sem ponto de apoio", da qual "a totalidade do ser [...] não idêntico ao *Dasein*" pode ser derivada (ER, 99). Segundo, existem as respostas de Heidegger à "revolução conservadora" na Alemanha, que levou os nazistas ao poder em 1933. Como veremos, estes fios são interdependentes e, em última análise, chegarão ao mesmo ponto.

A primeira fonte de mudança consiste no afastamento da ontologia fundamental, com seu foco no *Dasein* como fonte da compreensibilidade das coisas, em direção ao projeto de pensar a "história do ser", na qual os humanos e seus modos de compreensão são eles mesmos tratados como ramificações de um desdobramento histórico mais amplo. Na nova abordagem *seynsgeschichtlich* [histórica do ser], que tomou forma em meados de 1930, o ser é visto como um "acontecimento" complexo que, embora "precise" dos e "use" os humanos, não deve ser pensado como algo que estes criam. Como expõe Caputo no capítulo 12, o *ser* tem de ser pensado como um "evento de manifestabilidade, o acontecimento da verdade do ser, a passagem da história das manifestações epocais do ser". E porque ser *é* precisamente a história do desdobramento de épocas de manifestação por si mesmas, Heidegger diz que "a história do ser é o próprio ser" (EP, 82). Os humanos, então, são vistos mais como respondentes, "chamados" para a tarefa de "salvaguardar" o ser, do que como criadores que formam o ser. Nesse sentido, o ser é muito semelhante à linguagem. Quando falamos uns com os outros, dizemos coisas que são bastante originais e inventivas. Porém, só podemos fazer isso recorrendo aos recursos linguísticos de nossa linguagem. O que podemos dizer, então, é sempre previamente formado pelas articulações e esquematizações construídas no interior de nossa linguagem histórica. Da mesma forma, nossas ações e pensamentos contribuem para a transmissão da história, mas mesmo nossas articulações e criações mais originais são guiadas e reguladas pela genérica compreensão tácita incorporada nas práticas de nossa cultura histórica. Essa compreensão formativa do ser "acontece pelas nossas costas", levando-nos, por vezes, a recapitular muitos padrões que gostaríamos de superar.

Para entender a virada heideggeriana em direção à história do ser, temos de traçar os contornos gerais de sua história em termos históricos. Essa história parte do pressuposto, baseado na leitura dos textos pré-socráticos, de que, na aurora da civilização ocidental, houve um "primeiro início", no qual os gregos trouxeram à luz a diferença ontológica – a diferença entre ser e ente – ao colocar a pergunta: "o que é o ente?" ou: "o que é o *ser* do ente?" Essa tem sido a "*pergunta diretriz*" (*Leitfrage*) do pensamento ocidental até hoje em dia. A primeira resposta a tal pergunta foi *physis*, ou a presença compreendida como "emergente e permanente", como "emergência desabrochando por si própria [...], desdobrando-se, que se manifesta em tal desdobramento e nele persevera e perdura" (IM, 14). Segundo essa antiga experiência grega, ser é "*aparência* como modo definitivo de manifestação emergente por si mesma" em que as coisas emergem do encobrimento para a "*verdade*, no sentido do não-encobrimento" (IM, 109).

Uma análise da *Ode ao homem*, de Sófocles, indica que os gregos estavam cientes, mesmo que de forma obscura e confusa, do papel das práticas humanas e da linguagem na articulação do modo como as coisas podem importar no interior de um mundo. Para os primeiros gregos, o mais-que-humano, o "impulso avassalador", "é manifestado e posto em evidência" por meio da "reunião" e da "coleta do que pode ser coletado", ocasionada pelo comportamento de um povo histórico (IM, 171). Por meio do "capturar e do subjugar que abrem o ente *como* mar, *como* terra, *como* animal", os humanos "comprometem-se a governar e conseguem governar o poder do [que é] avassalador" (IM, 157, 172). Heidegger considera essa visão da conexão entre o vir-à-presença do ente e o papel das práticas humanas na articulação do que se mostra como fundamental para a compreensão do ser. Em sua "essência histórica, aberta historicamente", ele escreve, "o ser humano é *logos*, a reunião e apreensão do ser do ente" (IM, 171). O evento do ser – *que*, por exemplo, as coisas se apresentem como sagradas ou como recursos naturais – é possibilitado pela compreensão de ser incorporada nas práticas de uma cultura histórica, por exemplo, *que* há povos que adorem ou povos que desafiem as forças da natureza.

O primeiro início constitui o que a não publicada "desconstrução da história da ontologia" em *Ser e tempo* se propôs a encontrar quando falou em restabelecer as "fontes" da nossa compreensão de ser, "aquelas experiências originárias nas quais alcançamos nossos primeiros modos de determinar a essência do ser – os modos que nos guiaram desde então" (BT, 44).[15] Porque essas experiências iniciais moldaram o modo como os ocidentais compreendem o ser até hoje, Heidegger pode afirmar que "o início, concebido de modo originário, é o próprio ser" (*Der Anfang – anfänglich begriffen – ist das Seyn selbst*) (58).[16] Uma vez que o primeiro

15 De fato, parece que, em *Ser e tempo*, as fontes originárias se encontravam na experiência do cristianismo das origens, especialmente na experiência paulina do *kairos*, e que Parmênides já representava um estágio inicial do esquecimento (cf. BT, 133). Como Caputo mostra, no entanto, essa prioridade dada à experiência cristã tinha sido abandonada, nos anos 1930, em favor da noção de "experiência originária", que é, de fato, uma leitura cristianizada do pensamento pré-socrático. A possibilidade de que, no cerne da civilização ocidental, haja essencialmente uma dissensão, um *conflito* de culturas e tradições (grega, judaico-cristã, africana etc.), é algo que Heidegger nunca considerou, talvez por ter assumido que a história, que certa vez chamou de "mitologia" (IM, 155), reivindica um início unificado, com vistas a ter uma estrutura narrativa coerente.

16 Nesta "Introdução", todas as citações com apenas o número da página entre parênteses são de *Beiträge zur Philosophie (Vom Ereignis)* [*Contribuições à filosofia (do acontecimento-apropriador)*], volume 65 da *Gesamtausgabe*, publicado pela primeira vez em 1989. Para minha interpretação dessa obra, sou profundamente grato ao excelente estudo de Richard Polt, "Heidegger and the Place of Logic" (Tese de doutorado, University of Chicago, 1991). Também fiz uso da obra de F. W. von Herrmann, "Technology, Politics and Art in Heidegger's *Beiträge zur Philosophie*", disponível em *Martin Heidegger: Politics, Art, and Technology*, editado por Karsten Harries e Christoph Jamme (Nova Iorque: Holmes

início definiu previamente todos os modos subsequentes de experienciar as coisas, segue-se que as interpretações historicamente mutáveis do ser em nossa cultura foram, todas elas, permutações na compreensão que tomou forma na aurora de nossa civilização. Assim, a compreensão do ser, que os primeiros gregos tinham como *physis,* não é uma perspectiva entre outras. Pelo contrário, ela define quem somos como partícipes na história do Ocidente. Por conseguinte, qualquer novo início envolverá recapitular as percepções provindas dessa "fonte" inicial da compreensão, que estabeleceu o curso de nossa civilização: o novo início é "realizável apenas em um diálogo (*Auseinandersetzung*) com o *primeiro* [início]" (58).

Não obstante, o desdobramento de diferentes "épocas" da compreensão do ser ao longo do último milênio – a "história da metafísica" – envolveu um progressivo mascaramento ou encobrimento do que foi revelado naquela experiência originária. Ao perguntar sobre o ente e ao experienciá-lo como aquilo que vem à presença, os gregos esqueceram o que torna a presença possível – isto é, o "tornar-se presente" do que está presente. Assim, segundo a história de Heidegger, o próprio *ser* "permanece esquecido" no primeiro início (IM, 18). Ao invés de pensar no ser (*Sein*, ou como Heidegger começa a escrevê-lo, *Seyn*), os gregos se centraram na "entidade" (*Seiendheit*), compreendida como a propriedade essencial do ente existente de fato.

A história da metafísica, portanto, é uma história do esquecimento ou do "afastamento", na qual o ente adentra como realmente existindo e possuindo propriedades essenciais, ao passo que o ser – aquilo que primeiro possibilita a qualquer coisa se mostrar em sua *existentia* e *essentia* – permanece encoberto. Esse afastamento se evidencia na interpretação platônica da entidade do ente como aspecto (*idea*) ou protótipo perfeito, cognoscível através da contemplação puramente racional, que produz

---

and Meier, 1994). Desde que essa introdução foi escrita, o *Beiträge* foi traduzido para o inglês por Parvis Emad e Kenneth Maly como *Contributions to Philosophy (From Enowning)* (Bloomington: Indiana University Press, 1999). Nesta segunda edição, mantive minhas próprias traduções. Para um extensivo estudo das *Contribuições*, ver a obra de Richard Polt, *The Emergence of Being: On Heidegger's "Contributions to Philosophy"* (Ithaca, NY: Cornell University Press, 2006).

as diversas coisas materiais que vêm a ser em nosso mundo sensível. Desenvolvimentos posteriores levaram a uma concepção do ente como "aquilo que foi produzido" e do ser como "ser produzido" (pela natureza ou por Deus). Na época moderna, essa produção é vista como aquilo que "está diante" (*vorstellend*) de um sujeito ou de uma vontade. *Ser*, então, é ser o produto persistente e estável de um ato produtor – aquilo que "jaz diante" do produtor, como seu produto.[17]

Como resultado dos primeiros movimentos da aurora da história, o *ser* passa a ser pensado como aquilo que perdura, que permanece, que está sempre aí. Trata-se da presença contínua da substância (*ousia*) – aquilo que "permanece" através de todas as mudanças (como, mais tarde, coloca Descartes ao refletir sobre a essência de um pedaço de cera, na segunda *Meditação*). Na medida em que se concentra na "entidade" e fica cega às condições que deixam qualquer coisa se mostrar, a metafísica é dominada pelo "erro" ou por "extravios". Em função de Platão ter inaugurado essa interpretação da entidade, toda a história da metafísica pode ser chamada de "platonismo". E já que Nietzsche ainda opera nesse leque de oposições aberto por Platão, Heidegger pode afirmar que Nietzsche é "o mais desmedido platônico".[18] Segue-se, então, que toda a história do Ocidente consiste em variações sobre a resposta inicial à pergunta "o que é o ente?": "o primeiro início e seu fim abrangem toda a história da pergunta diretriz de Anaximandro a Nietzsche" (232).

No entanto, é importante ter em mente que a história da metafísica, longe de ser algo que as pessoas *fizeram* ao longo dos séculos, é algo que acontece a partir do próprio ser *para* os humanos, embora suas práticas desempenhem um papel nesta realização. Na história do ser, as épocas são ocasionadas através do que Heidegger chama de *Ereignis*, uma palavra

17 Zimmerman traça sucintamente esse desenvolvimento no capítulo 11. Para uma abordagem esclarecedora do pensamento de Heidegger como uma reflexão sobre a "metafísica producionista", veja-se o livro de Zimmerman, *Heidegger's Confrontation with Modernity: Technology, Politics, and Art* (Bloomington: Indiana University Press, 1990).

18 "Platon Lehre von der Wahrheit", *Wegmarken*, p. 133. Citado em Robert J. Dostal, "Beyond Being: Heidegger's Plato" ["Para além do ser: o Platão de Heidegger"], *Journal of the History of Philosophy*, 23 (janeiro de 1985): 71-98, p. 79.

que significa "evento", mas ligada à ideia de "pertença" ou "apropriação" (*eigen*), sugerindo, então, "um evento de vir-para-o-que-lhe-é-próprio". Se o não-encobrimento resulta de um evento no ser e, portanto, não é algo que os humanos fazem, então o encobrimento que percorre a história da metafísica *também* consiste em algo que acontece no próprio ser. Nesse sentido, o encobrimento, inevitavelmente, acompanha cada vir-à-presença: assim como os objetos em uma sala só podem se tornar visíveis se a luz que os ilumina permanece invisível, também as coisas podem se tornar manifestas apenas se essa própria manifestação "não aparecer" ou "se afastar". Esse encobrimento de primeira ordem é inevitável e inócuo. Porém, agrava-se com um encobrimento de segunda ordem, que ocorre quando o próprio encobrimento original é encoberto. Ou seja, na medida em que os humanos esquecem o fato de que toda abertura envolve encobrimento, eles caem na ilusão de pensar que nada está oculto e que tudo está totalmente à vista. Então, tomando um exemplo comum, a saber, o surgimento do individualismo moderno, ao tornar possível um modo de compreensão própria como individualismo, ele encobre o papel das práticas sociais compartilhadas. Esse encobrimento inicial, por sua vez, leva à certeza complacente de que o individualismo é a verdade última e incontestável sobre a realidade humana, bem como leva à certeza de que qualquer tipo de práticas sociais e coletivas deve ser explicado em termos agregados artificiais de indivíduos inicialmente isolados. Esse esquecimento de segunda ordem reforça e sustenta o encobrimento inicial, que, em primeiro lugar, abriu a compreensão individualista da vida.

Como o encobrimento ocorre quando uma determinada forma de ser-presente passa a ser tomada como verdade última sobre as coisas, Heidegger diz que o ser (como aparição) "se disfarça *de* aparência na medida em que se mostra *como* ser" (IM, 109, ênfase minha). Em outras palavras, o que se mostra em um determinado tempo apresenta-se como a última palavra sobre a realidade, como "a única opção disponível", de modo que a atual interpretação epocal da realidade é assumida como autoevidente e indiscutível. Quando uma compreensão totalizante e homogeneizante das coisas passa a ser tão óbvia, não havendo mais qualquer espaço para reflexão acerca do ser do ente, nada mais está genuinamente *em jogo* ou *em causa* para um povo. Toda a significância do que se mostra no mundo se esmaece. À medida que o mundo se torna mais contraído e inflexível, tudo o que se torna presente é um conjunto de objetos fixos, que nos são acessíveis para uso ou descarte, como quisermos. Essa preocupação míope a respeito do ente, compreendido como objeto fixo e dado previamente, apenas acessível para nosso uso, encobre, por um lado, o "mundo" (definido como o espaço aberto de possibilidades, no qual mora um povo histórico) e, por outro, aquilo que resiste a todo domínio humano, a "terra". Onde tudo é nivelado ao comum e trivial, as coisas – "reais" – não são mais "possíveis" e não nos são mais desafiadoras.

A característica da nossa época é que o inevitável afastamento do ser foi agravado pelo completo "abandono" na forma da técnica moderna. O diagnóstico tardio de Heidegger sobre a técnica, discutido detalhadamente por Dreyfus (capítulo 13), começou a tomar forma em *Beiträge zur Philosophie* [*Contribuições à filosofia*]. De acordo com essa obra, nossa época se caracteriza pelo fato de que "nada é mais essencialmente impossível ou inacessível. Tudo 'pode ser feito' e 'deixa-se fazer' [*'wird gemacht' und 'lässt sich machen'*], contanto que se tenha vontade para tanto" (108). Na época moderna, a postura em relação às coisas é a da "maquinação" (*Machenschaft*), que interpreta todos os entes como representáveis (*Vorstellbar*) e capazes de serem trazidos à tona na produção. A técnica, então, é "a *prioridade* da maquinação, da disciplina e do método sobre *aquilo* que entra em cena e é por eles tocado"; é "a prioridade da ordem sobre o que se supõe executar" (336, 397).

O domínio da ordem assume a forma de "enquadramento" ou "configuração" (*Gestell*), que reduz todos os entes, incluindo os humanos, ao homogeneizado nível de recursos disponíveis para serem ordenados e usados com a máxima eficiência. Esse fascínio pela ordem, por si só, colore todas as nossas formas de compreender as coisas. Como afirma Heidegger, "a *imediata* apreensibilidade, utilidade e praticidade [...] constitui, evidentemente, *o que está sendo* e o que não" (30). O ente "é pressuposto como aquilo que pode ser arranjado, produzido e determinado (*idea*)"

(493). A compreensão do ente, como tudo aquilo que está à nossa disposição, reforça a própria certeza da "grandeza do sujeito" no subjetivismo moderno (441). Experienciamos a realidade na condição de uma "imagem-de-mundo" colocada diante de nós (*vorgestellt*) e a nós mesmos na condição de sujeitos que podem desafiar e controlar o que quer que seja. O resultado desse abandono do ser é que "os entes aparecem na condição de meros objetos prontos para uso, como se o ser não fosse [*als ob Seyn nicht wese*]" (115). O ser – aquilo que confere centralidade, coerência, sentido de pertença e uma riqueza de possibilidades às coisas – desaparece de vista. Esse afastamento do ser é evidente no processo de objetificação da moderna ciência da natureza, que encobre a "plenitude [*Wesensfülle*] essencial da natureza" (QCT, 174), ou seja, as ricas possibilidades de vinculação e de pertença abrigadas nas coisas. Quando o ente é tratado na condição de uma peça substituível, separado de qualquer lugar ou "região" própria à qual pertence, ele é "não-ente", desprovido do tipo de vinculação ao horizonte de sentido que o poderia deixar se manifestar em seu ser.

Somente experienciando plenamente o perigo desse abandono do ser, podemos começar a ir além do modo de compreensão dominado pela técnica e pela metafísica. Heidegger fala de um "novo" ou de "outro" início, que se coloca como possibilidade diante de nós, contanto que possamos ouvir o "eco" (*Anklang*) do ser. Esse "outro início" irá transformar a relação entre os humanos e o ser. Ao nos colocar frente a frente com o próprio encobrimento, a transição para um novo início irá nos levar a experienciar precisamente o que foi esquecido na metafísica: a *verdade* do ser. Nas palavras de Heidegger, "o *primeiro início* experiencia [experienciou] e postula [postulou] a *verdade dos entes*, sem perguntar a respeito da verdade enquanto tal [...] O *outro início* experiencia a verdade do ser e pergunta sobre o ser da *verdade*, para assim fundar a essenciação do ser" (179). Em vez de a "pergunta diretriz" dizer respeito à entidade do ente (o que é o ente?), haverá a "pergunta fundamental" (*Grundfrage*) que questiona "sobre o ser no que diz respeito ao seu fundamento" (IM, 32) – O que é a verdade do ser? O que é o próprio ser? Ou, como Sheehan propõe, "como a verdade acontece?".

Como foi o caso do primeiro início, esse novo início não será algo feito por humanos, mas algo que acontece no próprio ser. Nos escritos de Heidegger dos anos 1930, os humanos são sempre partícipes de um evento mais amplo. O projeto, por exemplo, não é mais descrito como uma estrutura da ação humana, mas como algo que *acontece* aos humanos no "ser-lançado em uma... clareira" (448). E a *verdade*, compreendida no sentido da palavra grega para verdade, cujo significado é desvelamento ou não-encobrimento,[19] é o que deixa os humanos se mostrarem no meio das coisas: "a verdade contém e garante aquilo que *é*, garante os entes no meio dos quais o próprio homem é um ente, de tal modo que ele se relaciona com os entes" (N 3, 24). O novo início, por reconhecer esse embasamento e essa dívida, carregará consigo um intenso sentido dos humanos como "lançados" num espaço aberto (*Dasein*, ou "ser-aí"), de modo que a tarefa destes é preservar e proteger o ser no ente. Em resposta aos críticos de *Ser e tempo*, que entendiam a obra como uma continuação da tradicional filosofia transcendental, Heidegger insiste que a compreensão humana não deve ser pensada como uma condição transcendental em qualquer sentido. Ele afirma que é necessário "ultrapassar a *transcendência* e perguntar, originariamente, pelo ser e pela verdade" (250-251). A "experiência do ser-lançado e do pertencimento ao ser" marca a "essencial diferença" dessa forma de pensar em relação a "todas as formas *transcendentais* de conhecimento" (239).

Como mostra Dreyfus, podemos obter uma pista do aspecto do novo início no ensaio heideggeriano *A origem da obra de arte*. De acordo com esse texto, uma grande obra de arte consiste em um evento de transformação do mundo, [um evento] que cristaliza uma compreensão de ser para um povo, dando-lhe um ponto de convergência e uma direção coerente para sua vida. A descrição heideggeriana do templo grego mostra como uma obra central, o que Dreyfus denomina de "paradigma cultural", define como as coisas podem *importar* para uma comunidade:

> Aí em pé, o monumento mantém seu fundamento contra a furiosa tempestade acima de si e, assim, faz a própria tempestade se

19 Em *The Fragility of Goodness*, Martha Nussbaum mostra que a palavra grega para verdade, *aletheia*, significa etimologicamente "o que é retirado do encobrimento" (p. 241).

> manifestar em sua violência. Só o brilho e o fulgor da pedra [...] trazem à luz a luz do dia [...] As árvores e o relvado, a águia e o touro, a cobra e o grilo conseguem, pela primeira vez, alcançar suas formas distintas e aparecer como aquilo que são (PLT, 42).

Nessa descrição, o que Heidegger quer que vejamos é o modo como uma obra definidora de mundo abre, pela primeira vez, uma clareira, na qual as coisas se tornam acessíveis e compreensíveis, e, com isso, como o *ser* do ente se realiza em um mundo. Àquilo que inicialmente era apenas incipiente e parcial é dada uma forma e permitido mostrar-se *como* uma coisa ou outra. "Porém, os homens e os animais, as plantas e as coisas, nunca estão [apenas] presentes como objetos imutáveis, apenas para representarem, acidentalmente, um ambiente apropriado para o templo, que um belo dia também se soma ao que já está lá". Pelo contrário, a aparência do templo deixa que as coisas se mostrem como tendo uma articulação definida e, assim, como *pertencendo*, de alguma determinada maneira, à totalidade do mundo: "o templo, em seu estar aí em pé, oferece às coisas, pela primeira vez, seu aspecto e aos homens a perspectiva acerca de si mesmos" (PLT, 42-43).

O relato do trabalho do templo, no antigo mundo grego, mostra como um "evento de ser" pode trazer à realização um mundo de forma particular. Aqui não faz sentido pensar num mundo como algo humanamente criado, uma vez que é esse mundo, recém-emergido, que, pela primeira vez, *deixa os humanos serem o tipo de ente que eles são* no mundo. Somente à luz do mundo aberto pelo templo é que os humanos podem compreender a si mesmos na condição de – e, assim, *ser* – construtores e criadores do que eles são. O mundo é descrito como "a abertura que se abre propriamente dos largos caminhos das decisões simples e essenciais do destino comum de um povo histórico" (PLT, 48). Ao abrir um mundo, o templo define a "medida" (*Mass*) ou os padrões que inauguram o modo de as coisas estarem *em jogo* para um povo. Ao mesmo tempo, isso chama a atenção para aquilo que é "sem medida para tal povo", aquilo que ainda "não foi dominado, algo que está encoberto, confuso" e, por isso, necessita de uma decisão (PLT, 55).

Heidegger diz que, porque a verdade sempre acontece por estar articulada ou composta (*gedichtet*, literalmente "condensada" ou "unida"), toda [obra de] arte é essencialmente "poesia" (*Dichtung*), no sentido mais amplo do termo (PLT, 70). Contudo, poesia, em sentido estrito, como uma arte linguística, tem uma posição especial entre as artes. A poesia se apoia no "dizer" (*Sagen*) de fundo de um povo – ou seja, em seus provérbios, relatos e tradições orais, mas também em interpretações tácitas incorporadas em seus costumes, rituais e festivais – e transforma esse "dizer" em uma configuração que articula para um povo a sua compreensão da realidade. A poesia "transforma o dizer do povo de tal maneira que cada palavra viva trava uma batalha e obriga a decidir o que é sagrado e o que é profano, o que é grande e o que é pequeno, o que é corajoso e o que é covarde" (PLT, 43). Assim, a poesia épica de Homero, os salmos de Davi ou o Sermão da Montanha não são meros ornamentos esteticamente aprazíveis ligados a uma forma de vida prosaica previamente existente. Pelo contrário, eles formulam e concretizam o que é capaz de definir uma forma de vida de um povo.

Uma grande obra de arte, portanto, pode inaugurar um novo início para uma comunidade. O que antes era enfadonho e evidente por si mesmo se apresenta, de súbito, como estranho e desafiador, como um resultado dessa reconfiguração do mundo: a obra [de arte] contém "a riqueza não-descerrada do desconhecido e do extraordinário, o que significa que ela também contém uma contenda com o que é familiar e ordinário" (PLT, 76). Por meio da obra [de arte], "o mundo que irrompe faz aparecer o que ainda não está decidido e o que é sem medida, e, com isso, descerra a necessidade encoberta de medida e de estar-decidido" (PLT, 63).

Desse modo, as grandes obras poéticas de uma comunidade histórica exercem o papel de "fundar" a existência dessa comunidade. A obra de arte é fundamental, antes de tudo, no sentido de ela ser um "dom" que define as tarefas dos futuros "guardiões", cujo mundo foi aberto pela obra. Na obra poética, "a verdade é lançada em direção aos guardiões vindouros, isto é, em direção à comunidade histórica humana". A obra esboça previamente "os conceitos da essência histórica do povo, isto é, de seu pertencimento à história do mundo", e, assim, ela transporta "um povo para [sua] respectiva tarefa" (PLT, 75, 77). Podemos ver isso no modo como os Evangelhos, ao abrirem uma nova compreensão do propósito de vida no mundo antigo, estabeleceram de antemão o que é exigido aos futuros cristãos. Porém, em segundo lugar, as obras que definem um mundo são também fundamentais no sentido de estabelecerem um "início" (*Anfang*), compreendido não apenas como o primeiro evento em uma sequência, mas como um evento originário, que, cheio de promessas, "já traz consigo o fim latente". Um "início genuíno", diz Heidegger, "é sempre um salto adiante, no qual tudo que está por vir já está ultrapassado, mesmo se como algo disfarçado" (PLT, 76). Nesse sentido, as possibilidades de ser cristão estão sempre antecipadas em seu início, embora caiba aos cristãos futuros realizarem e definirem o que estava implícito e "disfarçado" nesta origem.

Ao esboçar o dom e as tarefas de uma comunidade, a obra de arte dá a um povo um esquema narrativo que lhe permite tecer sua própria vida em um desenvolvimento histórico mais amplo, direcionado para o futuro e, portanto, orientador da vida. Para Heidegger, o início fundador do Ocidente aconteceu, "pela primeira vez, na Grécia. O que, no futuro, seria chamado de 'ser' foi posto em obra de um modo que definiu a medida" para o que viria (PLT, 76-77). Heidegger aponta que, na medida em que a força de um início nunca pode sustentar a si mesmo, o "declínio" é inevitável,[20] de modo que o início precisa ser "repetido" ou "recuperado" (*wiederholt*), contanto que sua promessa seja levada à realização. "Somente pela repetição pensante [*denkende Wiederholung*] podemos lidar apropriadamente com o início" (IM, 191), resgatando o que está sempre lá, mesmo que de forma encoberta. Isso reivindica que atuemos como "guardiões", que, levando adiante o que foi feito na aurora da nossa civilização, trabalham para realizar suas possibilidades latentes. E isso, por sua vez, significa superar o esquecimento que permeia a existência moderna. Uma vez que a compreensão do ser na era da técnica é rígida e calcificada, mais uma fonte

20 Em *Ser e tempo*, esta parece ser a razão da afirmação que, "no campo da ontologia, qualquer 'surgir' é degeneração" (BT, 383).

de encobrimento do que de genuína abertura, o que se faz necessário agora é um novo poeta, capaz de poetizar o fundo do mesmo modo que os primeiros poetas e pensadores gregos fizeram no primeiro início.

Heidegger encontra essa repoetização em Hölderlin, especialmente em seus últimos hinos, os quais, segundo Heidegger, impactaram a si e a outros "como um terremoto" quando eles foram publicados pela primeira vez em uma edição de Norbert von Hellingrath, em 1914 (OWL, 78). Frank H. W. Edler considera a leitura heideggeriana como se baseando na interpretação que Hellingrath faz da poesia mais tardia de Hölderlin, como uma tentativa de trazer à linguagem "uma Alemanha oculta ou secreta [*das geheime Deutschland*]", que, embora ainda não exista, define a essência da Alemanha que ainda está por vir.[21] A poesia de Hölderlin fornece uma linguagem que pode encontrar novos nomes para invocar os deuses da antiguidade: "os antigos deuses estão mortos [e] vivem somente na linguagem [*Sage*] mítica, mas as suas sombras se reúnem à volta de um novo nascimento".[22] A própria concepção heideggeriana de linguagem como um dizer (*Sage*), cuja "voz silenciosa" tem o poder de convocar o que está esquecido ou encoberto (OWL, 124), parece estar em sintonia com essa leitura de Hölderlin.

O mais impressionante nesta leitura de Heidegger sobre a "história do ser", na década de 1930, é a "metanarrativa" soteriológica e apocalíptica que parece estar subjacente. A história é vista como um "acontecimento" monolítico que, irrompendo das origens primordiais, passa por uma "noite escura da alma" do esquecimento, mas incorpora as prospectivas de redenção, na restauração final de suas origens encobertas. Assim como a "futuridade" é fundamental para a temporalidade humana, também o futuro é definitivo na história. Como afirma Heidegger, "a história, como um acontecimento, é um agir e um sofrer pelo que, passando pelo presente, *é determinado pelo futuro* e assume o passado" (IM, 44, ênfase minha).

21 HELLINGRATH, Norbert von. *Hölderlin: Zwei Vorträge*. 2 ed. Munique: Hugo Bruckmann, 1922, p. 41, 47. Citado em Frank H. W. Edler, "Philosophy, Language, and Politics: Heidegger's Attempt to Steal the Language of the Revolution in 1933-34", *Social Research*, 57 (primavera de 1990): 197-238, p. 208.

22 *Ibidem*, p. 44, citado em Edler, "Philosophy, Language, and Politics", p. 214.

Essa concepção de história já estava articulada em *Ser e tempo*. Nesta obra, Heidegger afirmava que a historiografia devia começar projetando possibilidades "monumentais" para o futuro, com o propósito de servir de base para formular o nosso sentido de direção da história como uma totalidade. Esse momento futuro é inevitável, pois é apenas em termos de uma visão prévia do estado final do desenvolvimento da história que temos um alicerce para *selecionar* os eventos que podem ser considerados historicamente relevantes ao formularmos nossa narrativa a respeito daquilo que está sendo acrescido à história. Ou seja, podemos narrar o confuso conjunto de eventos passados, com vistas a encontrar neles alguma significância, apenas sobre o alicerce de alguma concepção do resultado futuro da história. O sentido projetado da concretização possível da história nos permite ver aquilo que, do passado, deve ser "reverentemente preservado", como registro histórico de nossas realizações culturais (BT, 447-448). Por isso, o *Dasein* deve "escolher seu herói", se quiser identificar o que é digno de ser retomado a partir do passado (BT, 437). E é somente sobre a base de tal compreensão monumentalizada do passado que podemos ter, então, um ponto de vista para criticar o "hoje". A historiografia, em sentido próprio, é, necessariamente, uma "crítica do presente", "um modo de, dolorosamente, nos separarmos do decadente caráter público do 'hoje'" (BT, 449). A consideração de Heidegger, ao que parece, consiste em uma crítica do presente, que pode tão somente ser realizada sobre a base de uma concepção de alternativos modos de viver que nos são possíveis, uma concepção "utópica" que poderia ser *traçada apenas a partir de nossa compreensão do passado*. Em outras palavras, só podemos criticar o que *somos hoje* em função de uma imagem monumentalizada do que, dada nossa história, *poderíamos ser*.

O objetivo da filosofia é "restaurar o *Dasein* histórico da humanidade – e isso sempre inclui nosso próprio *Dasein futuro* na totalidade da história que nos foi atribuída – ao domínio do ser, que, originariamente, era incumbência dos humanos abrir para si mesmos" (IM, 41-42, ênfase minha). Compreender a tarefa que o futuro nos impõe lança-nos de volta à necessidade de "reconquistar nossas raízes históricas", de ter "uma visão criativa a respeito de [nossa] tradição" e "repetir o início [...], com vistas a transformá-lo em um novo início" (IM, 38-39). Colocar a questão do ser, então, não é simplesmente se envolver em uma busca acadêmica abstrata. Pelo contrário, a questão abre o "acontecimento" da existência humana a "possibilidades ainda não questionadas, a futuros e, ao mesmo tempo, vincula-a a seu início passado, aguçando-o e dando-lhe força no presente" (IM, 44). Por trás desse pensamento, parece existir uma crença de que o evento que se desdobra do ser é, ele mesmo, escatológico: porque "o próprio ser é escatológico de maneira inerente", escreveu Heidegger, em 1950, "devemos, algum dia, antecipar o antigo alvorecer no alvorecer vindouro" (EGT, 18). Contudo, a partir desses escritos, também fica claro que nunca pode haver qualquer tipo de narrativa final e conclusiva a respeito do ser: "a essência do ser nunca é conclusivamente dizível" (460). O máximo que podemos fazer é tentar pensar juntamente com o poeta, que, ouvindo o que é dito no silente dizer (*Sagen*) da linguagem, pode "compô-lo" em uma poesia, que desperta uma renovada experiência da verdade do ser.

Heidegger e os nazistas

Uma das vertentes da "virada" no pensamento de Heidegger nos anos 1930, então, se encontra em seu afastamento de uma abordagem do ser centrada no *Dasein*, indo em direção a uma que parte da história do ser. Essa primeira vertente está intimamente ligada a um segundo aspecto da virada, a mudança ligada ao seu envolvimento com os nazistas. Na grande expansão de acalorados debates que se seguiram à publicação da obra de Victor Farias, *Heidegger e o nazismo*, em 1987, o que tem faltado, não raras vezes, é uma reflexão sobre o lugar de Heidegger no amplo campo de acontecimentos da época.[23] Certamente, observar que Heidegger era, na

23 O ensaio de Sheehan (segundo capítulo) é uma exceção. Outras notáveis exceções são: *The Political Ontology of Martin Heidegger*, de Pierre Bourdieu, traduzido para o inglês por P. Collier (Stanford, CA: Stanford University Press, 1991), publicada pela primeira vez, em francês, em 1975; *Heidegger's Confrontation with Modernity*, de Zimmerman; *Heidegger's Crisis: Philosophy and Politics in Nazi Germany* (Cambridge, MA: Harvard University Press, 1993); e *Heidegger, Philosophy, Nazism*, de Julian Young (Cambridge: Cambridge University Press, 1997).

maioria dos aspectos, um ator consideravelmente menor, quase risível, em uma onda muito mais ampla de apoio a Hitler, não *justifica* seu comportamento. No contexto da chamada revolução conservadora que conduziu os nazistas ao poder, da revolta contra a modernização e o liberalismo, que firmemente se constituiu na Alemanha entre os anos 1870 e 1933, as próprias contribuições de Heidegger parecem relativamente desprezíveis.[24]

Talvez seja difícil imaginarmos o choque e a perplexidade que acompanharam a unificação da Alemanha e a súbita expansão da industrialização e da urbanização no final do século XIX. A época da juventude de Heidegger foi um período de mudanças abruptas e impactantes, uma época na qual "a Alemanha foi transformada de uma nação relativamente atrasada e predominantemente agrícola em uma das maiores potências industriais do mundo".[25] Principalmente entre os intelectuais descontentes e as pessoas que viviam em áreas rurais, o resultado foi um clima de desespero com o colapso da cultura tradicional. Podemos ver essa resposta na correspondência entre Wilhelm Dilthey e Conde Yorck, que causou uma impressão tão forte no jovem Heidegger.[26] Dilthey e Yorck lamentam a secularização da vida cotidiana, a perda de todo senso de hierarquia, a ascendência da *Naturwissenschaften* [Ciências da natureza] e os inerentes perigos daquilo que chamam "nietzscheanismo", um termo referente, ao que parece, principalmente, às reflexões céticas de Nietzsche sobre a história, em sua primeira obra, *O uso e abuso da história*. A reação contrária à modernização também se evidencia naquele levante espontâneo, o Movimento Jovem, na virada do século. A procura pelo *Bunderlebnis*, ou um "sentimento de pertencimento", a tônica na juventude, na natureza, na saúde, na vida simples e, sobretudo, a busca por valores estáveis e o

24 Segundo Hans Sluga, "o registro histórico mostra [...] que [Heidegger] não tinha importância central dentro do mundo da filosofia nazista e que era, quando muito, um estranho na situação filosófica da época". "Metadiscourse: German Philosophy and National Socialism", *Social Research*, 56 (inverno de 1989): 795-818, p. 817.

25 RINGER, Fritz K. *The Decline of the German Mandarins: The German Academic Community, 1890-1933*. Cambridge, MA: Harvard University Press, 1969, p. 43.

26 Heidegger dedica um parágrafo inteiro de *Ser e tempo* (§77) à discussão do pensamento de Conde Yorck acerca da história, formulada em *Briefwechsel zwischen Wilhelm Dilthey und dem Grafen Paul Yorck von Wartenburgh, 1877-1897* (Halle: Niemeyer, 1923).

"anseio por um César, por uma autoridade suprema",[27] eram os ideais que os jovens *Wandervögel* (pássaros errantes) estabeleceram contra aquilo que consideravam como a decadência dos seus pais burgueses. Perpassando esses movimentos conservadores estava o tema da recuperação da essência do *Volk* (povo) – os únicos laços antigos de "sangue e terra" do povo alemão – das forças da ocidentalização.[28]

Nas primeiras décadas do século XX, essa corrente de desconfiança em relação à modernidade continuou se espalhando pelos círculos intelectuais. Heidegger fala daqueles "excitantes anos entre 1910 e 1914", que trouxeram a primeira edição completa de *Vontade de poder*, de Nietzsche, e a tradução das obras de Kierkegaard e Dostoiévski (FS, X). Seria difícil sobre-estimar o impacto de Dostoiévski nos intelectuais alemães, em geral, e, creio, sobre Heidegger, em particular.[29] Como observa Stern: "além de Nietzsche, nenhum outro autor moderno teve um grande impacto no pensamento alemão como Dostoiévski". Parte desse impacto deveu-se à influência do editor das obras completas de Dostoiévski, Arthur Moeller van den Bruck. Em suas introduções às traduções, Moeller citou Dostoiévski dizendo: "nós somos revolucionários saídos do conservadorismo"; e retratou a Rússia como oferecendo uma saída ao Ocidente "pela via da teologia de Kierkegaard".[30] A crítica de Dostoiévski ao individualismo liberal e ao coletivismo secularizado abriu caminho à visão do próprio Moeller sobre uma "terceira via" entre capitalismo e marxismo (o que ele, em 1922, chamou *das dritte Reich* [o terceiro reinado] em seu livro homônimo), um socialismo alemão, verdadeiramente nacional.

---

27 STERN, Fritz. *The Politics of Cultural Despair: A Study in the Rise of the Germanic Ideology*. Berkeley e Los Angeles: University of California Press, 1961, p. xxviii.

28 Ver George L. Mosse, *The Crisis of German Ideology: Intellectual Origins of the Third Reich* (Nova Iorque, Schocken Books, 1981), para um estudo de como a ideologia *völkische* [popular] contribuiu para o antissemitismo nazista.

29 De acordo com Otto Pöggeler, Heidegger sustentava que, dentre todos os primeiros críticos da tradição europeia, "a maior importância pertencia certamente a Dostoiévski". Veja-se Pöggeler, *Martin Heidegger's Path of Thinking*, traduzido para o inglês por D. Magurshak e S. Barber (Atlantic Highlands, NJ: Humanities Press, 1987), p. 265. Karl Löwith recorda que dos dois porta-retratos que Heidegger mantinha em sua mesa no escritório, um era de Dostoiévski. "The Political Implications of Heidegger's Existentialism", *New German Critique*, 45 (outono de 1988): 117-134, p. 121.

30 STERN. *Politics of Cultural Despair*, p. 209-210.

A derrota na Grande Guerra e as crises econômicas aparentemente intermináveis sob a República de Weimar intensificaram o ressentimento latente dos conservadores. Com a inflação dos anos 1920 e o colapso dos anos 1930, a República parecia dividida, indefesa, desgastada e irremediavelmente instável. Em contraste, o conservador Culto da Juventude – a "rebelião dos jovens *pela* autoridade, não *contra* a autoridade" – pareceu prometer [senso de] comunidade, rejuvenescimento, pureza, vigor e *Bodenständigkeit* (enraizamento na terra).[31] Nos anos 1930, a democracia parlamentar parecia ser um fracasso, e extremistas tanto da esquerda quanto da direita sufocavam os defensores da República. Naquilo que na maior parte do tempo se via como um confronto entre os bolcheviques e os conservadores, foram os conservadores que pareceram oferecer uma opção mais efetivamente alemã. Os conservadores "buscavam um avanço em direção ao passado e esperavam por uma nova comunidade, na qual velhas ideias e instituições voltassem a comandar a lealdade universal". Seu objetivo de "destruir o desprezível presente para recapturar um passado idealizado em um futuro imaginário"[32] faz paralelo com a nostálgica e apocalíptica visão de Heidegger acerca da história. Nas palavras de um título de um recente livro, o apelo dos conservadores estava na "nova política de velhos valores".

Criado em uma família de classe média-baixa, em uma região agrária e majoritariamente católica da Floresta Negra, Heidegger era, não surpreendentemente, de perspectiva conservadora e quase sempre provinciana. Como muitos outros habitantes da zona rural da Alemanha, que haviam sofrido as maiores perdas econômicas com a súbita industrialização, Heidegger votou em um partido regional conservador, o partido dos vinicultores de Württemberg, até a eleição do Reichstag, em 1932.[33]

31 *Ibidem*, p. 224-225.

32 *Ibidem*, p. xvi.

33 De acordo com uma carta do filho de Heidegger, Dr. Hermann Heidegger, conforme relatado por Edler em *Philosophy, Language, and Politics* (p. 237-238). O registro sugere que os nazistas conseguiram a maioria do apoio em pequenos partidos locais. V. R. Berghahn mostra que, na eleição do Reichstag de 1930, os menores partidos locais e conservadores representavam cerca de 21% do eleitorado, enquanto apenas 15% votaram nos nazistas. Em novembro de 1932, o apoio mudou para 10% para partidos locais e de direita, em oposição a 27% para os nazistas. Veja-se V. R. Berghahn, *Modern Germany:*

Nas primeiras décadas do século XX, as visões de Heidegger estavam geralmente em sintonia com as correntes predominantes do desalento cultural. Seus ataques à atitude teorética e a adoção do vocabulário da filosofia da vida foram motivados pela sensação de "perda de sentido", associada à ascendência das ciências naturais e da modernização em geral.

Em 1919, Heidegger lecionou a seus estudantes sobre a "des-vivificação" (*Ent-lebnis*) da vida nas atividades científicas contemporâneas e sobre a "extinção da situação" (*Situation*) no atual contexto de vida (*Lebenszusammenhang*). A "situação" é o que confere unidade e sentido ao fluxo natural da vivência. Heidegger fala de três características fundamentais de uma situação: (I) uma situação é "um 'evento' ['*Ereignis*'], não um 'processo' ['*Vorgang*']"; (II) uma situação é relativamente fechada (*Geschlossenheit*); e (III) em uma situação, o "eu" nunca é "separado" ou "não-engajado" (*Unabgehobenheit*) – "o 'eu' nunca precisa aparecer, [pois] ele navega na situação" (GA 56/57, 205-206).

O nosso ser-em-uma-situação, onde as coisas estão claramente *em jogo*, é o que dá direção e foco às nossas vidas. No entanto, no presente momento, a característica de haver uma situação está desaparecendo: "a unidade da situação explode. As experiências não possuem unidade de sentido, nem unidade de conteúdo [*Sacheinheit*]; elas perdem a unidade que a situação lhes deu" (GA 56/57, 206). Somente onde a vida é marcada por genuínas possibilidades de motivação se produz uma "intensificação da vida". Tal intensificação é encontrada no "Movimento Jovem por uma Alemanha Livre", embora não naquelas (presumivelmente internacionalistas) formas de "ativismo" (*Activismus*), que nada mais são do que "maquinação" (*Machenschaft*). Quando a situação entra em colapso, porém, os conteúdos da experiência se tornam presentes como meros estados de coisas, cindidos de qualquer relevância clara para nossas vidas. Tudo é nivelado ao indiferente, ao comum, ao habitual (GA 56/57, 208-209).

Foi durante esse período que Heidegger rompeu com a Igreja Católica e se lançou no radicalismo religioso, que ele encontrou na

---

Society, Economy and Politics in the Twentieth Century (Cambridge: Cambridge University Press, 1982), p. 113.

escatologia paulina, em Kierkegaard, em Dostoiévski e, sobretudo, em Lutero.[34] Seus escritos desse período indicam que podemos recuperar um sentido do peso da nossa existência "fática", no mundo secularizado, tão somente retomando algo como a "aventura de fé" que define um mundo, como a do próprio cristianismo primitivo. Para Heidegger, nossa existência "mundana", como "cotidianidade mediana", se caracteriza pela "queda", a tendência a nos absorvermos nas ocupações do dia a dia e nos desviarmos junto com os modismos e tendências da multidão – o anônimo "impessoal" ou "qualquer um" (*das Man*). Nesse cotidiano monótono, a vida é nivelada ao mais baixo denominador comum de se fazer o que "se" faz em circunstâncias típicas e triviais. Como aponta Piotr Hoffman, somos "substituíveis", meros pontos de intersecção dos papéis e funções sociais que compartilhamos com os outros. Ocupando lugares no mundo público, ficamos presos na turbulência dos negócios sem importância, mas, ao mesmo tempo, somos "tranquilizados", complacentemente seguros de que tudo já está resolvido e de que nada necessita, de fato, de uma decisão.

Em meu ensaio (capítulo 10), percorro a descrição heideggeriana de existência inautêntica. Heidegger nos diz que a interpretação totalizante de senso comum reduz todos os empreendimentos ao nível do que é "adequado e apropriado" (BT, 239). Em contextos que exigem ação, o "impessoal" conhece apenas "regras e normas de caráter público" e, portanto, "priva o *Dasein* particular de suas responsabilidades [*Verantwortlichkeit*]" pelo que faz (BT, 165, 334). "Esse nivelamento das

34 No capítulo 12, Caputo descreve essa mudança em direção ao protestantismo como a "primeira virada" de Heidegger. Interessante que, segundo Hans-Georg Gadamer, Heidegger, certa vez, disse que o objetivo de sua vida era "ser um novo Lutero" (comunicação pessoal). O teólogo Rudolf Bultmann, cujo seminário sobre São Paulo, em 1923, Heidegger frequentou, descreveu Heidegger como "*o* especialista em Lutero" e disse que "ele [Heidegger] vem do catolicismo, mas é totalmente protestante". Ver Hugo Ott, *Martin Heidegger: Unterwegs zu einer Biographie* (Frankfurt: Campus, 1988), p. 11, 123. Karl Löwith relata que Heidegger "conhecia as obras de Lutero melhor do que muitos teólogos profissionais" ("The Political Implications of Heidegger's Existentialism", p. 122). Que Heidegger se via como protestante contra a cristandade dominante está evidente em suas observações, em 1928, referentes à "enorme religiosidade falsa" da época (MFL, 165n).

possibilidades do *Dasein* ao que está imediatamente e sempre disponível também resulta em uma *diminuição do possível enquanto tal*" (BT, 239, ênfase minha). Em outras palavras, na complacência da existência mundana, ficamos tão absorvidos nas coisas que se mostram no momento presente – assumindo-as como a "última palavra" sobre o que é real –, que perdemos de vista nossa própria contribuição para abrir a clareira das possibilidades, nas quais as coisas, primeiramente, podem se apresentar *como* isso e aquilo. Preocupados com os entes que se mostram na luz, ficamos cegos para o que torna possível que haja qualquer luz. Na cotidianidade mediana, diz Heidegger, o *Dasein* "torna-se cego a suas possibilidades e se tranquiliza com o que é meramente 'real'" (BT, 239).

O que é necessário, então, é uma forma de recuperar um sentido de abertura do possível e de nossa própria responsabilidade, como indivíduos, ao articular e concretizar os contextos mundanos, nos quais nos encontramos. E isso significa sermos capazes de experienciar a nossa condição, não como um mero conjunto de "circunstâncias" (*Lage*) subsumíveis sob princípios válidos universalmente (e, por isso, anônimos), mas como uma "situação" em que a escolha que nos é exigida se define por características concretas do próprio contexto. Tornar-se um indivíduo autêntico significa alcançar o tipo de resolução lúcida e comprometida que, primeiro, "*dá* a si mesmo a situação e se *coloca* nela", definindo como as coisas devem importar em relação à sua postura. Em contraste com o "impessoal", que "conhece apenas as '*circunstâncias gerais*' [e] se perde nas '*oportunidades*' que lhe estão mais próximas", o indivíduo resoluto já se encontra em uma *situação* de "agir" e, por isso, vê diretamente o que a situação exige (BT, 347, 355).

Qual tipo de posição assumir nessa situação? Heidegger responde: "*apenas* a própria resolução pode oferecer a resposta [...] *a resolução é, precisamente, o projeto que descerra e a determinação do que é faticamente possível no momento*" (BT, 345). A resolução nos permite ter lucidez sobre aquilo que é possível e é exigido na situação presente, pois nos imerge totalmente nesse cenário. Não mais "*se* perdendo no objeto de sua ocupação", o *Dasein* autêntico, em um *instante de visão*, "torna a situação autenticamente presente". Essa presença autêntica se mantém ligada tanto ao futuro quanto ao passado e, assim, provê o tipo de coerência, continuidade e "*constância* do si mesmo" que dá, a cada um, "tempo *para* o que a situação exige" (BT, 463). Somente uma postura tão intensa e unificada dá à história de uma vida a "firmeza" necessária para entender o que está verdadeiramente *em jogo* na situação e, assim, se posicionar "*em relação* àquilo que pertence à história do mundo em [cada uma de suas] situações" (BT, 442).

O que se exige de nós, enquanto indivíduos, de acordo com a concepção inicial de Heidegger, é a coragem para nos "simplificarmos" e assumirmos a vida como nosso "destino". A autenticidade "nos retira da infinita multiplicidade de possibilidades que se oferecem como mais próximas [...] e traz o *Dasein* para a simplicidade de seu *destino*" (BT, 435). O destino, por sua vez, está sempre ligado a uma "luta" (*Kampf*), que compõe o *destino comum* de cada um "em e com [sua] 'geração'" (BT, 436). Essa luta, provavelmente, exigirá "*violência* [...] em relação às pretensões da interpretação cotidiana, ou em relação à sua complacência e à sua tranquila evidência" (BT, 399). E, como deixa claro *A origem da obra de arte*, corre-se o risco de "se extraviar" na "indelével gravidade do erro" (PLT, 55). Porém, é apenas derrubando o que está calcificado e estagnado – o trivial, o habitual, o ordinário – que uma nova "medida" (*Mass*) pode ser encontrada, uma nova ordem mundial pode ser levada a cabo.

Para Heidegger, no início dos anos 1930, o movimento nazista parecia prometer uma espécie de rejuvenescimento, através da recuperação imaginada em sua visão apocalíptica da história. Igual a muitos outros alemães conservadores, Heidegger deve ter "admirado profundamente o idealismo terrorista do movimento de Hitler",[35] convencido de que as condições haviam chegado a um estado tão desesperado que somente um ato de violência poderia levar a um avanço em direção a uma forma de vida mais pura e mais estável. Pelo menos, isso é o que parece estar implícito no Discurso do Reitorado de Heidegger, proferido em maio de 1933, quando fala do "destino alemão em sua mais extrema urgência" e da necessidade de recuperar "o *início* de nosso ser histórico-espiritual",

35 STERN, *Politics of Cultural Despair*, p. xxx.

esse "primeiro início" inaugurado pelos gregos.[36] Esse início "ainda *é*", diz Heidegger. "Ele não jaz *atrás* de nós, como algo que foi há muito tempo, mas está *diante* de nós. Como o que há de maior, o início passou antecipadamente para além de tudo o que há de vir [...] O início invadiu nosso futuro. Aí ele nos espera, como uma ordem distante que nos incita a resgatar nossa grandeza". Então, faz parte da "missão espiritual do *povo* alemão submeter-se, resolutamente, a essa ordem distante para resgatar a grandeza do início".[37] Aquilo que antes era tratado unicamente como tarefa do indivíduo agora é visto como a tarefa de toda uma nação. As constantes referências que Heidegger faz em suas falas e em seus escritos populares ao *Volk* [povo], ao ideal de *völkische Wissenschaft* (ciência do povo) e à proteção do *Volkstrum* (caráter do grupo cultural) revelam sua adesão à ideologia *völkische* [popular] do nazismo e sua crença no destino comum e na essência do povo alemão.[38]

Em 1936, no entanto, Heidegger estava se retirando de seu envolvimento com o campo político. Ainda há discursos apocalípticos acerca do obscurecimento do mundo e a necessidade de rejuvenescimento. A nossa tarefa, de acordo com o *Beiträge*, é "a renovação do mundo por meio da salvação da terra" e, para tanto, precisamos nos preparar "para o aparecimento do último deus" (411-412).[39] Os humanos ainda exercem um papel central nessa restauração. A verdade do ser pode acontecer, afirma Heidegger, somente se tomarmos a decisão de atingir a *Inständigkeit*, isto é, a "insistência", um firme "permanecer-em-um-local", que deixa tal local ser uma situação na qual as coisas possam se mostrar de forma mais

36 "The Self-Assertion of the German University", traduzido para o inglês por K. Harries, *Review of Metaphysics*, 38 (março de 1985): 467-502, p. 471.

37 *Ibidem*, p. 473, 476.

38 Veja-se, por exemplo, a "Declaração de apoio a Adolf Hitler e ao Estado Nacional-Socialista", de 11 de novembro de 1933; "Uma palavra da Universidade", de 6 de janeiro de 1934; ou "Educação Nacional-Socialista", de 22 de janeiro de 1934, presente em Guido Schneeberger, *Nachlese zu Heidegger: Dokumente zu seinem Leben und Denken* (Berna: Suhr, 1962), e traduzido para o inglês por W. S. Lewis, disponível em Richard Wolin, "Martin Heidegger and Politics: A Dossier", *New German Critique*, 45 (outono de 1988): 91-114.

39 No capítulo 13, Dreyfus tenta esclarecer essa importante noção da vinda de um novo "deus". Veja-se também a abordagem de Young sobre os "deuses" no capítulo 14.

plena. "A verdade do ser [...] vem-a-ser [*west*] somente no firme permanecer-em-um-local [*Inständigkeit*] do *Dasein*, na experiência do ser-lançado no aí a partir do chamamento [*Zuruf*] do *Ereignis*" (233). A insistência estabelece uma "relação fundamentada" com o ser, uma relação que possibilita a "salvaguarda do ser naquilo que [...] mostra-se como um ente na clareira do aí" (467). A ideia aqui parece ser que a condição necessária para o ente manifestar plenamente seu ser é que não tratemos as coisas como peças no mosaico de uma imagem de mundo expostas diante de nossa representação (*Vostellen*) desconexa, mas, em vez disso, que experienciemos nosso ser-lançado em um contexto, no qual somos "chamados" à tarefa de deixar as coisas se mostrarem em sua plena significância e pertencimento. A esse modo de "insistente ocupação" [*Besorgung*] (71) Heidegger chama, posteriormente, de "habitar", um modo de permanecer na terra, que abre uma clareira, na qual as coisas podem "reunir" o ambiente circundante em um todo coeso (uma "região" ou "jogo-de-espaço-tempo" [*Zeit-Spiel-Raum*]). O ensaio *Construir, habitar, pensar*, por exemplo, fala do modo como a morada dos camponeses, incorporada em uma casa de campo construída há séculos, contribuiu para "a força [que] deixou terra e céu, divindades e mortais, serem nas coisas, *em simples unidade*", e, assim, ordenou a casa no mundo da Floresta Negra (PLT, 160).

Desse novo ponto de vista, no entanto, o *Volk* [povo] (e os humanos, em geral) passou a ser tratado mais como facilitador e partícipe no evento mais amplo de uma "quadratura", na qual mortais, deuses, terra e céu se reúnem em uma "pertença" ao mundo. Agora, o termo *Dasein* se refere não aos humanos, mas ao "próprio meio aberto da interação de chamamento e pertencimento; [...] o *entre* entre humanos [...] e deuses [...]" (311). Cada vez mais, trata-se das *coisas* desempenhando um papel central no deixar um mundo acontecer, enquanto os humanos "são *chamados pela* coisa como coisa", precisamente porque "sómos coisados [*bedingt*], condicionados pela coisa" (PLT, 181, ênfase minha).

O *Beiträge* ainda fala da necessidade de tomarmos uma "decisão". Essa necessidade, no entanto, se revela não ao refletirmos acerca da atual situação política, mas ao nos reconciliarmos com a história do ser.

"Certamente, esse 'fato' fundamental da nossa história [isto é, a necessidade de uma decisão] torna-se aparente não através de uma 'análise' da 'situação espiritual' ou 'política' da época". De fato, uma absorção nas correntes intelectuais e políticas encobre a necessidade de experienciar "propriamente a história – a luta [*Kampf*] da apropriação [*Ereignung*] da humanidade pelo ser" (309). O envolvimento político – incluindo o nacional-socialismo – começa agora a ser considerado mais como um sintoma de abandono e niilismo do que como sua potencial cura.

Em 1936, a preocupação com o *Volk* [povo] é abordada meramente como uma continuação da dominação do subjetivismo e do humanismo da metafísica ocidental. O *Volk* "nunca pode ser o objetivo e o propósito", diz Heidegger. Pelo contrário, a crença na prioridade do povo é "apenas a expansão '*völkische*' [popular] do pensamento 'liberal', 'centrado no si mesmo', e da representação econômica da manutenção da 'vida'" (319). O slogan nazista "Tudo ao serviço do povo" trivializa o ente ao nível do que é útil e do que está à nossa disposição (30). Porém, isso mostra que o próprio movimento nazista não passa de mais um estágio na contínua história do abandono do ser na metafísica. Quando o ser se retira, há uma "*idolatria* das *condições* do ser histórico – do *Völkisch* [elemento populista], por exemplo, em toda sua ambiguidade – ao [nível do] *incondicional*" (117). O anti-humanismo de Heidegger é agora formulado em completa oposição ao núcleo das crenças dos nazistas. Em resposta ao que se entende como niilismo – a perda de objetivos que definem a vida –, os nazistas transformaram o povo no mais elevado objetivo. Ao fazer isso, no entanto, Heidegger diz, eles assumem o que é, de fato, meramente um *meio* para alcançar os objetivos – o *Volk* – e tratam isso como se fosse o *próprio objetivo* (139). A futilidade do nazismo se evidencia, porém, quando reconhecemos que é justamente essa tendência humanista de tratar os humanos como objetivo último que, em vez de os considerar como um meio para alcançar o verdadeiro objetivo, criou o sentido da falta de objetivo e o niilismo da existência moderna. O interesse em resgatar os objetivos, por exemplo, colocando a cultura à disposição de toda a gente ou proporcionando ricas e significativas "experiências", cria, na verdade, um niilismo maior: a "ruidosa embriaguez com 'experiências'" – vista nas "reuniões *gigantescas*", organizadas para superar os medos do povo – "é o maior de todos os niilismos, a cegueira organizada ante a ausência de objetivo da humanidade" (139).

Heidegger despreza a ideia de uma "filosofia do povo", a ideia de que a filosofia é uma conquista cultural entre outras, como se fosse um estilo de se vestir ou uma cozinha regional. Com seu característico tom paradoxal, Heidegger afirma que um povo não cria uma filosofia, mas, na verdade, uma filosofia cria um povo (42-43). Da mesma forma, o ideal de uma "ciência *völkische*" [popular] é apenas outro sintoma do niilismo, assim como a ideia de que "sangue e raça" são os agentes e suportes da história – como se fosse a "*pré*-história que desse validade à história" (493). Daí o veredito de Heidegger: a "revolução" nazista é desenraizada, incapaz de, para se sustentar, enfrentar sua própria falta de fundamento, sua própria *Bodenlosigkeit* [ausência de solo] (122).

A tarefa que se apresenta a nós, segundo Heidegger, é a de "abrir a simplicidade e a grandeza" do ente e assegurar "a verdade do ser no ente, para assim dar um *objetivo* à humanidade histórica: *tornar-se fundador e guardião da verdade do ser, ser* o aí como o fundamento que é usado pela própria essência do ser" (16). A questão dessa obscura passagem parece ser que, uma vez que os humanos são participantes ao nível mais alto em um esquema mais amplo das coisas (o que será chamado de quadratura da terra, céu, humanos e deuses, descrito por Young), a sua adequada função consiste em articular e preservar uma clareira, na qual as coisas podem se manifestar em sua "simplicidade" e "grandeza". Os humanos têm um objetivo genuíno, então, na medida em que abandonam sua busca por engrandecimento pessoal e, em vez disso, realizam suas funções ao fazer aquilo a que foram chamados pelo "destino" (*Geschick*) do ser. Faz-se necessário, pois, o *cuidado* (*Sorge*) genuíno com vistas a "ser simplesmente '*por causa do ser*', não em prol do [ser do] homem, mas a favor do ser do ente na totalidade" (16, cf. 99).

Para alcançar esse sentido de propósito, de acordo com Heidegger, precisamos nos experienciar como destinatários do "dom" do ser. O que aqui se propõe é a ideia de valorizar as coisas pelo que elas são e não pelo que elas podem fazer por nós. Os melhores exemplos do que Heidegger imagina como esse "novo começo" são, talvez, as experiências não-ocidentais, tal qual o sentido Hopi da terra como um dom a ser cuidado e devolvido no final de nossa morada neste mundo; ou a experiência japonesa dos "tesouros nacionais", que as pessoas são encarregadas de preservar. Tais experiências de receber um dom são o que Heidegger tenta captar quando fala de um tipo de pensamento que é agradecimento. No entanto, porque a metafísica ocidental é antropocêntrica desde a primeira interpretação equivocada da *physis*, é difícil, para nós, evocar experiências comparáveis de nossa própria herança. As lembranças de Heidegger dos templos do passado ou as antecipações de novas maneiras de encontrar um cântaro no futuro dão-nos apenas indícios do que o novo início pode trazer. Os últimos escritos, como os ensaios de Caputo e Zimmerman mostram, se movem em direção a um modo ideal de comportamento chamado *Gelassenheit* [serenidade], uma maneira não-manipulativa e não-impositiva de "deixar as coisas serem" o que elas são.

Ao considerar Heidegger como um produto de seu tempo, corremos o risco de banalizar seu pensamento, reduzindo-o a suas causas sócio-históricas, ou de "continuar explicando" suas ações como "o que todos fizeram" naquela altura. É evidente que certamente não é verdade que "todos fizeram" o que ele fez nos anos 1930. Os amigos de Heidegger, nessa época, sentiram que suas tentativas de "trabalhar dentro do sistema" e de oferecer uma liderança às caóticas revoltas políticas foram, na melhor das hipóteses, ingênuas e muito possivelmente oportunistas e interesseiras. O fato de ter sido, em grande parte, ignorado pelos nazistas, torna quase patético seu sonho de uma "religião nacional" capaz de transformar a vida. No entanto, pelo menos um amigo, Hans-Georg Gadamer, pergunta se a sua própria maneira de lidar com os acontecimentos – mantendo um perfil discreto e esperando tudo isso passar – era realmente a melhor.[40]

Dadas as ações de Heidegger e sua firme crença de que tais ações decorreram naturalmente de sua filosofia, não há como aceitar sua filosofia

40 O comentário foi feito quando, com a característica franqueza, Gadamer relembrou o passado com seus ex-alunos em uma conferência em Heidelberg, em 1989.

sem ponderar profundamente sobre suas implicações morais e políticas. Devemos ter em mente que, como acontece com Nietzsche, não há como tornar o pensamento de Heidegger consonante com nossos sentimentos democráticos mais profundos sem distorcê-lo. Sua perspectiva não-igualitária é evidente, por exemplo, até mesmo em seu ensaio de 1950, *A coisa*, no qual ele afirma que, dentre "a massa desmedida dos homens como seres vivos", deve haver alguns "seres vivos [que podem] *se tornar* mortais" e, por isso, podem estar na correta relação com o ser (PLT, 179, 182). E a sua crença de toda a vida na possibilidade de uma nova época do ser deixa inumeráveis questões sobre por qual razão devemos considerar que um tal evento será *bom* em qualquer sentido, uma vez que o ser se diferencia da providência cristã ou do racionalismo estoico. No entanto, assim como não há modo de minimizar as inquietações morais levantadas pelo pensamento de Heidegger, também não há como negar que este homem, por vezes desconcertante, vindo do interior da Alemanha, redesenhou, mais de uma vez, o mapa filosófico, traçando as linhas de questionamento para as gerações vindouras.

1 A questão do ser: o projeto de Heidegger

DOROTHEA FREDE

Um estar a caminho nos caminhos do campo em direção ao mutável questionar da múltipla questão do ser.[1]

Pode permanecer para sempre um tema de debate quanta verdade há na velha afirmação de que todo importante pensador tem essencialmente uma ideia fundamental. No caso de filósofos famosos, a sua defesa pode nos obrigar a resumir a "grande ideia" em termos tão gerais que a tornem quase insignificante. O que provavelmente se pode afirmar com mais justificativa é que para a maioria das grandes mentes houve *uma questão* que orientou seu pensamento ou investigação. Isso certamente se aplica a Martin Heidegger; e a questão que o fascinou durante sua longa vida filosófica pode ser enunciada de forma simples: qual é o sentido do ser? A ontologia, de forma mais ampla possível, foi o seu maior interesse ao longo da vida. Isso não significa, é claro, que ele estava sempre à procura de uma resposta para a mesma velha pergunta. À medida que seu pensamento se desenvolveu, o sentido da pergunta mudou; porém, até o final de sua vida, Heidegger permaneceu convicto de que a "questionabilidade" da *Seinsfrage* [questão do ser] era o principal impulso de sua obra (cf. GA 1, 438).

Tão impressionante quanto a singularidade pode parecer, a frase "sentido do ser", num exame cuidadoso, parece tão vaga que filósofos e não-filósofos podem se perguntar que tipo de pergunta é essa. O sentido

---

1 Últimos comentários de Heidegger sobre sua obra, encontrados em suas notas inacabadas para o prefácio da edição de suas obras reunidas (*Gesamtausgabe letzter Hand*), escritas pouco antes de sua morte em 1976, em *Frühe Schriften* (GA 1, 437). Todas as traduções ou paráfrases são de minha autoria.

do ser? Isso se refere a todo ente, seja o que for que digamos que *é* – pedras, árvores, nuvens, cores, sons, sonhos ou um número irracional de coisas semelhantes? Ou a questão pressupõe algum alto conceito metafísico como Ser [*Being*] enquanto tal, como parece ser indicado pelo fato de as traduções inglesas normalmente utilizarem a letra "B" [no caso, "*S*", em português] maiúscula? Heidegger assumiu como sua a tarefa de mostrar que há um conceito significativo do ser de todo ente, uma concepção que subjaz a toda nossa compreensão da realidade. Como Heidegger afirma, esse conceito é o alvo de todo pensamento metafísico, mesmo que nem sempre tenha sido devidamente compreendido. A busca por uma resposta permaneceu como uma busca por um esclarecimento da questão, como mostra a referência de Heidegger à "mudança do questionar" na epígrafe deste capítulo.

Em um breve ensaio, não é possível traçar o sentido dessa questão ao longo da vida de Heidegger – por que ele continuou pensando na sua pertinência e por que ela lhe pareceu tão furtiva. A discussão aqui terá que se limitar a um esclarecimento sobre o sentido em que a "questão do ser" passou a incomodar o jovem Heidegger e por qual razão ele tratou a "negligência" de tal questão, após um início promissor na originária filosofia grega, como a omissão mais grave na história da filosofia ocidental. Basear as origens dos problemas com os quais ele lida na antiga filosofia grega é mais do que uma homenagem convencional feita aos gregos pelos alemães instruídos da geração de Heidegger. Compreender a referência de Heidegger a essa tradição é indispensável para uma compreensão adequada da questão do próprio sentido do ser.[2] Como ele não cansava de repetir, o problema do sentido do ser, a estrela orientadora de seu pensamento filosófico, começou a preocupá-lo quando ainda era estudante do secundário. Esse interesse surgiu quando um de seus professores o presenteou com o livro de Franz Brentano, *Sobre os múltiplos sentidos do ser em Aristóteles*.[3]

---

2 Dado o espaço limitado, este ensaio apresenta apenas um esboço muito geral do desenvolvimento de Heidegger, sem qualquer discussão detalhada sobre a influência formativa dos pré-socráticos, Platão, Aristóteles, os escolásticos, Descartes, Kant ou Husserl. Também não aborda a questão de se a leitura desses filósofos lhes faz justiça.

3 *Von der mannigfachen Bedeutung des Seienden nach Aristoteles* (Freiburg: Herder, 1862), tradução inglesa de Rolf George (Berkeley; Los Angeles: University of California

Uma breve síntese fornecerá um quadro genérico da história da ontologia aristotélica, pois, em suas ramificações tradicionais, esta é a concepção a que Heidegger se opõe com sua afirmação de que o sentido da questão do ser deve ser revivido. Portanto, este capítulo procurará apontar, em uma forma de discussão dialética, como Heidegger se relaciona com a tradição.

A questão do ser nos primeiros trabalhos de Heidegger

Certas peculiaridades da língua grega favoreceram o desenvolvimento da ontologia, a "ciência do ser", como Aristóteles chamou a metafísica. Mesmo no grego pré-filosófico, era bastante comum se referir ao "ente", àquilo "que existe", tanto no sentido de "coisas" quanto no do que chamaríamos "estados de coisas". O fato de existir uma evidente distinção linguística entre "ente", *ta onta*, referido pelo particípio com o artigo definido, o verbo "ser", *einai*, e o substantivo abstrato "ser", *ousia* (a natureza do ente), torna o desenvolvimento de tal disciplina filosófica muito mais natural do que nossas representações inventadas em inglês (ou em alemão, neste caso) sugeririam.[4] Uma vez alcançado certo nível de abstração e reflexão conceptual, tornou-se natural levantar a questão de se há um sentido unívoco de *ser* que esteja presente em todo ente (em contraposição àquilo "que não é") ou se o *ser* tem irredutivelmente muitos sentidos distintos que se enquadram em diferentes categorias, dependendo do tipo de entidade que está sob investigação. Tornou-se natural perguntar se há um conceito unitário significativo que demarca o campo do ser enquanto tal.

Press, 1975). A obra de Brentano permanece um clássico (na época moderna, ele foi o primeiro a enfatizar a importância da particular relação do "sentido focal" do ser como centrado na substancialidade; cf. 56ss.) e Heidegger estava plenamente ciente de sua importância. Ele não poderia ter encontrado melhor introdução à metafísica de Aristóteles. No que diz respeito à apreciação de Heidegger, veja-se GA 1, 56: "a questão da unidade da multiplicidade do ser que motivou então, obscuramente, hesitantemente, irremediavelmente, permaneceu, ao longo de muitas reviravoltas, errâncias e indecisões, a fonte persistente que conduziu a *Ser e tempo*, que apareceu duas décadas depois". Sua admiração inicial pelo trabalho de Brentano sobre Aristóteles não diminuiu por sua postura crítica em relação ao trabalho posterior de Brentano na tradição do psicologismo (cf. GA 1, 155ss.).

4 Para uma discussão abrangente dos diferentes sentidos de "ser" e da importância da distinção entre os sentidos copulativo, existencial e veritativo do "é" para o desenvolvimento da filosofia, veja-se C. H. Kahn, *The Verb "Be" in Ancient Greek* (Dordrecht: Reidel, 1973).

Platão foi o primeiro a levantar esta questão explicitamente no *Sofista*; ele chama o problema do ser uma *gigantomachia*, uma "batalha entre gigantes", que precisa ser resolvida para que haja alguma chance de resolver problemas sobre o sentido do não-ser. Indagar se a concepção de ser como "aquilo que tem a capacidade de agir ou receber a ação", oferecida como um compromisso no *Sofista* (242ss), é, na verdade, a resposta do próprio Platão não pode ser examinado aqui.[5] Heidegger estava ciente do embate de Platão com esse problema, já que usou a passagem do *Sofista* como ponto de partida em *Ser e tempo* (BT, 19). No entanto, seja qual for o pensamento de Platão sobre a "unidade do ser", foi a doutrina *aristotélica* de uma *multiplicidade* de sentidos do ser que veio a dominar a história da metafísica ocidental. É à doutrina aristotélica das *categorias* do ente que Heidegger se refere quando apresenta a sua concepção do desenvolvimento histórico do pensamento ocidental que terminou no completo "esquecimento da questão do ser". Para entender a reação de Heidegger a esta tradição que fez da concepção de "substância" seu principal foco, temos de analisar de maneira pormenorizada a teoria de Aristóteles.

Aristóteles distinguiu tantos sentidos de "ser" quanto o número de categorias de entes. Há a categoria primária de *substância*, que designa "coisas" naturais que existem por si mesmas,[6] enquanto todos os outros entes são *atributos de substâncias* que lhes são inerentes ou que mantêm alguma outra relação com eles (qualidade, quantidade, relação, lugar, tempo, ação, paixão, posse, posição). Embora não seja inteiramente evidente como Aristóteles chegou à sua lista de categorias de todas as coisas que existem, é bastante óbvio que ele usou critérios linguísticos como um de seus guias. Assim, quando tomamos um objeto independente que existe naturalmente (por exemplo, uma pedra) e tentamos determinar quais predicados lhe atribuímos, quais características tem, obtemos diferentes tipos de respostas

---

5 O que Platão quis dizer com sua afirmação de que "ser" é o "gênero que permeia tudo ou se combina com tudo" (*Sofista*, especialmente 251d ss.) ainda é motivo de debate, por isso é difícil afirmar se o ser que se permeia em tudo que é tem *um* sentido definível para Platão.

6 "Então, dizemos que não apenas animais e plantas e suas partes são substâncias, mas também corpos naturais como fogo e água e terra e todas as coisas dessa espécie" (*Metafísica* Z 2, 1028b9 ss.). Pela última, Aristóteles não se refere a "tipos", mas a "partes" individuais que realmente existem e apresentam suas próprias funções características.

sobre a sua natureza em todos os seus aspectos (a sua quantidade, qualidades, lugar, tempo etc.). O fato de a maneira como falamos sobre os entes dar a orientação para a sua classificação não implica, no entanto, que Aristóteles considerasse o seu sistema de categorias como um esquema conceptual criado pelo ser humano. Ele considerava as categorias como distinções contidas na natureza das coisas; elas são deduzidas da natureza e não são esquemas interpretativos ou esquemas impostos por nós à natureza.

Portanto, Aristóteles permaneceu um realista metafísico no que diz respeito à sua "descoberta" da estrutura natural da realidade. Esta estrutura é baseada na *primazia das substâncias*, entes *independentes* que existem naturalmente e que formam os blocos de construção do universo de Aristóteles. As substâncias são os únicos entes que podem existir por si mesmos, enquanto todos os outros entes são atributos que precisam de substâncias como o substrato de sua existência. Então, "ser" significa tanto ser uma substância quanto ser (um dos outros nove tipos de) atributo de uma substância. E visto que o ser de uma substância, a qualidade, a quantidade, ou outros atributos são *irredutivelmente diferentes*, não há um sentido unívoco de "ser" que possa ser predicado de itens em todas as categorias. Há apenas uma "analogia de ser", a qual, recentemente, foi chamada de "sentido focal", para indicar a centralidade da substância, sem permitir uma definição unívoca do termo "ser".

Desde que esse foco da concepção de ser na *substancialidade* determinou o desenvolvimento futuro da metafísica, não apenas na antiguidade tardia, mas ao longo da Idade Média até a época moderna, "substância" permaneceu o termo central na ontologia tradicional, e substâncias ou "coisas", entes naturais com atributos e capacidades de interagir de modo causal uns com os outros, continuaram a ser os blocos de construção – e tornaram-se o principal desafio de Heidegger.[7]

O aparente incômodo do jovem Heidegger diante da "desordem" dessa ordem alegadamente natural das coisas, com seu resultante vazio do

7 A identificação irrefletida de "ser" com "coisidade" ou "realidade" – derivada da palavra latina "*res*" (a mesma etimologia se aplica ao termo alemão "*Realität*"), designando "coisa" como um ente independente que ocorre indistintamente ou como um portador de atributos – é o principal ponto de crítica da ontologia tradicional em *Ser e tempo* (cf. BT, 240, *passim*). É apenas nesse sentido que Heidegger recusou ser chamado de "realista".

próprio conceito de ser, aumentou quando ele imergiu na filosofia me dieval. Ele pôde ver quão fortemente a doutrina cristã se inclinou sobre a metafísica aristotélica, como o neotomismo faz até hoje em dia. Apesar de todas as mudanças na adaptação da filosofia grega à teologia cristã, a serva exerceu uma influência decisiva sobre sua senhora: a ontologia orientada pela substância dos aristotélicos dominou a discussão medieval e determinou quais soluções eram consideradas viáveis.

Heidegger levou algum tempo para encontrar seu próprio caminho e superar essa tradição fundada por Aristóteles e levada adiante pelos aristotélicos, uma tradição que continuou exercendo a sua influência até sobre a filosofia kantiana e pós-kantiana. Teremos que seguir mais alguns passos no desenvolvimento de Heidegger para ver o que ele descobriu de tão pernicioso na "ontologia da substância" e como ele chegou à solução dessas dificuldades. Sua perplexidade contínua e autodeclarada relativa à questão do ser ajuda a explicar uma característica surpreendente de sua biografia filosófica. Um contemporâneo do jovem Heidegger que avaliasse seus primeiros trabalhos publicados (antes de *Ser e tempo*) não poderia ter a menor ideia de que ele se tornaria um dos filósofos mais importantes e influentes do século XX. Seu primeiro trabalho, se não efetivamente maçante, é pelo menos bastante convencional e, à primeira vista, deve parecer como de interesse histórico, na melhor das hipóteses. Nem sua tese, "A doutrina do juízo no psicologismo" (1913), nem sua monografia, *A teoria das categorias e do significado de Duns Scotus* (1915), aparentavam prometer grande originalidade, muito menos um pensamento revolucionário. Se Heidegger não tivesse feito mais nada, ele certamente teria desaparecido sem deixar vestígios nos arquivos.

Um olhar mais detido sobre esses primeiros escritos (nos quais apenas podemos tocar aqui) mostraria, no entanto, que Heidegger não estava desperdiçando seu tempo. Já em sua tese, a sua crítica ao psicologismo – ainda naquela época uma tendência em voga na filosofia da mente na Alemanha – mostra que ele estava firmemente convencido de que a chave para o *sentido* não pode estar na observação empírica dos processos psicológicos reais que constituem nossos pensamentos. Essa convicção fundamentou sua posterior ligação à fenomenologia husserliana. O ato de julgar não deve ser confundido com o sentido daquilo que se julga (GA 1, 110). Se quisermos saber *sobre* o que são nossos pensamentos (o que os filósofos posteriores a Brentano chamam de "intencionalidade" dos atos de consciência), devemos analisar o próprio *conteúdo do pensamento*, como algo distinto dos eventos psíquicos que estão em ação.

No entanto, Heidegger obteve percepções valiosas relativas à *Seinsfrage* [questão do ser] a partir dessa análise de uma filosofia que ele considerava como fundamentalmente equivocada. Suas reflexões a respeito das explicações dos filósofos psicologistas sobre como os processos psicológicos constituem os objetos de nossos pensamentos o forçaram a refletir de forma detida sobre a conexão entre o ato de pensar em contraposição ao *sentido* do pensamento e sobre sua relação com a *linguagem*, na qual o pensamento se expressa. Os resultados preliminares dessas reflexões se encontram em apontamentos marginais, que indicam que Heidegger se movia em direção a uma caracterização do "ser" bastante diferente daquela gestada na ontologia naturalista aristotélica.

Ele prevê que a futura tarefa da teoria do conhecimento seja "dividir todo o âmbito do 'ser' em seus diferentes *modos de realidade* [*Wirklichkeitsweisen*]" e considera a epistemologia como crucial para tal divisão: "as características das diferentes formas de realidade devem ser nitidamente destacadas e determinadas, incluindo o método apropriado do conhecimento [*Art ihrer Erkenntnis*] e suas limitações" (GA 1, 186). A "divisão do ser" nos âmbitos físico, psíquico, metafísico e lógico (GA 1, 160)[8] não exige abrangência, no entanto; é bastante provisória e segue linhas convencionais. Heidegger ainda está claramente longe de encontrar qualquer meio para assegurar a possibilidade de um sentido unificado de ser. Porém, apesar de defender uma separação estrita entre o âmbito do psíquico e o da validade lógica, o que lhe interessa é a questão de como o *sentido* como um todo está integrado na vida da pessoa que pondera um pensamento; a distinção entre os diferentes "âmbitos" não é tão rígida como sua adesão à terminologia pode sugerir.

8 Por "lógico", Heidegger geralmente se refere à *análise conceitual*, em conformidade com a tradição alemã que remonta aos escolásticos; o mesmo significado pode ser encontrado em Kant e Hegel e ainda é pressuposto por Husserl. A lógica formal é geralmente chamada de "logística" ou "lógica matemática".

Um grande passo em frente na busca de uma concepção mais clara dos diferentes sentidos do ser pode ser encontrado na segunda monografia de Heidegger, a discussão da teoria das categorias e do significado em Duns Scotus. O que o intrigou, em específico, foi por qual razão Duns Scotus passou a entender o sistema aristotélico das categorias como apenas um de vários desses sistemas, uma subclasse que se encaixa em uma parte especial ou em um *âmbito específico* do ser, mas que não esgota a realidade enquanto tal. A necessidade de uma ampliação das categorias ontológicas parece ter ocorrido a Scotus primeiro por razões teológicas. Se, de fato, os conceitos mais fundamentais se aplicam a Deus, então eles só o podem fazer num sentido análogo, pois Deus não é uma substância como outras substâncias, nem os conceitos de unidade, verdade e bondade podem se aplicar a ele no mesmo sentido que se aplicam a outros entes (GA 1, 260, 263). Mas não foi apenas uma ampliação e uma diversificação o que separou o tratamento que Scotus deu ao problema das categorias de ser do tratamento tradicional dado pelos aristotélicos. No entendimento de Heidegger, Scotus não atribuiu apenas diferentes âmbitos da realidade aos diferentes temas das diferentes disciplinas; em vez disso, ele viu a necessidade de uma nova concepção de *realidade* enquanto tal. Por trás desta revisão está a percepção de que, se a diferentes disciplinas importam diferentes (sentidos das) categorias, então as categorias da realidade não podem simplesmente ser *deduzidas* da natureza, como o foram por Aristóteles, mas, obviamente, elas são *interpretadas* na natureza por nós, ou melhor, na realidade como um todo. A "questão do ser" torna-se, então, a questão da doação do objeto ao sujeito. Para Scotus, portanto, as condições da *subjetividade* (como o sujeito apreende ou interpreta seus objetos?) ganha importância central. Se todos os "objetos" dependem do sentido que lhes é conferido pelo sujeito, e se eles sempre fazem parte de uma rede mais ampla de uma totalidade referencial, então deve ser tarefa do filósofo descobrir de que maneira existe uma *estrutura de sentido* que está em relação ou condiciona o que se pode chamar de *estrutura da realidade*.

Ao mesmo tempo, Scotus percebeu que todos os significados encontram sua expressão em sinais linguísticos; isso explica a importância que ele atribuiu à reflexão sobre a linguagem como ferramenta para descobrir a estrutura dos sentidos. A questão de saber se a linguagem, particularmente sua estrutura gramatical, impõe uma *forma* analisável definitiva ao nosso pensamento adquiriu especial importância, uma vez que Scotus estava ciente do fato de que ela fornece os conceitos fundamentais que mantêm unidos os diferentes âmbitos da realidade, de tudo o que "pode ser experienciado e pensado".[9] Então, a questão é como o significado dos termos linguísticos (a *ratio significandi*) reflete e condiciona as concepções da mente (a *ratio intelligendi*), e como ambos são fundamentados e constituem, ao mesmo tempo, o modo de ser do objeto realmente existente que é compreendido (a *ratio essendi*). Para expressá-lo em termos menos abstratos e escolásticos: o significado do nome "Sócrates" e o aspecto sob o qual Sócrates é referido pelo orador são interdependentes (por exemplo, se Sócrates é considerado um indivíduo vivo, uma figura da história ou apenas um suplente que exemplifica qualquer ser humano, como era o uso comum na filosofia medieval). O exemplo deixa claro por que o "ser" em questão é, em cada caso, determinado pelo *modo* como ele é referido em um juízo: apenas a afirmação inteira determina em que sentido e se estamos, na verdade, nos referindo ao Sócrates individual. "Ser", então, significa "doação de objeto", o aspecto sob o qual o ente é compreendido ("Trata-se da função da forma no complexo de sentido a dar ao objeto seu *ser*" [GA 1, 325; cf. 215, 266]). O significado dos conceitos empregados, a estrutura formal dos juízos como um todo funcional, revela o aspecto dado dos objetos.

De acordo com Heidegger, a descoberta dessa estrutura de sentido também fez com que Scotus percebesse que essa "realidade lógica"

9 A própria teoria pode ser chamada de "escotista" apenas em um sentido qualificado, pois Heidegger (seguindo o renomado linguista H. Steinthal, *Einleitung in die Psychologie und Sprachwissenschaft*; veja-se GA 1, 303-304) usa como uma de suas principais fontes a *Grammatica speculativa*, agora comumente considerada como a obra de Thomas de Erfurt, assim como o igualmente espúrio *De rerum principio*. Porém, a interpretação de Heidegger também se fundamenta em escritos genuínos de Duns Scotus: extensas referências são feitas às *Quaestiones subtilissimae super libros Metaphysicorum Aristotelis*, à *Reportata* e à *Ordinatio*. Heidegger está ciente de que sua tentativa de demarcar a realidade pode ultrapassar o escopo do que Scotus claramente viu e sistematizou, mas afirma que segue pelo menos as intenções de Scotus (GA 1, 211).

pretendida pelo sujeito não pode ser idêntica ou isomórfica à realidade *empírica* daquilo que está fora do âmbito do sentido. Assim, Scotus distingue entre o "*ens rationis*" e o "*ens naturae*", o ser da razão e o ser da natureza, e ele começa a perceber que não pode haver nenhuma simples teoria da correspondência da verdade, como se nossos pensamentos pudessem ser um espelho da realidade. Os sinais "representam", mas não têm qualquer semelhança com aquilo que significam, assim como a placa que anuncia vinho fora de uma taverna não precisa se parecer com o próprio vinho (GA 1, 265ss, 271). Seguindo Scotus, Heidegger logo rejeitou as "teorias de espelho" da linguagem e da verdade. As categorias de "tudo que é" tornam-se as categorias da *nossa compreensão de ser*: as categorias tornam-se "os elementos e os meios da interpretação do sentido do que é experienciado" (GA 1, 400). O realismo metafísico de Aristóteles foi desafiado.

A sutileza do filósofo escolástico Duns Scotus não é nosso tema aqui. Se seguimos a recepção de Heidegger da teoria das categorias e da significação de Scotus, é porque este percebeu claramente que a realidade *objetiva* é determinada pela compreensão do *sujeito* pensante (cf. GA 1, 318-319, 337). Que pode haver "subjetividade objetiva" e que há uma ordem e estrutura geral subjacente a toda "doação de objeto" é o princípio mais importante na análise estrutural de Scotus sobre o que significam os diferentes aspectos da linguagem. A importância da interdependência entre linguagem, interpretação e "realidade exterior", que se tornará tão crucial em *Ser e tempo*, pode ter impressionado Heidegger aqui pela primeira vez. A interligação entre o significado e o objeto pretendido também chamou a atenção de Heidegger para a questão do que constitui o "encaixe" entre o âmbito do significado e o objeto real no mundo. Então, encontramos aqui várias indicações de ideias seminais que ganharão grande importância em *Ser e tempo*, nomeadamente, que é *nossa* compreensão que atribui uma "significância" ao objeto e que o objeto deve ser capaz de suportar tal significância, que, por sua vez, é determinada pelo contexto de nossa compreensão e de nossas atividades, sejam elas de natureza prática ou teórica.[10]

---

10 Já encontramos aqui parte da terminologia que Heidegger usou mais tarde em *Ser e Tempo*, por exemplo, "*Bewandtnis*" para "significância" (veja-se: GA 1, 223, 346, 387).

A doutrina de Scotus sobre a *intencionalidade* da natureza de todos os objetos é de especial importância – que todas as coisas têm de ser consideradas como objetos intencionais de atos de compreensão e, portanto, dependem da estrutura geral da nossa compreensão (GA 1, 281). Heidegger percebeu, no entanto, que tal tentativa de "fixar" os diferentes tipos de significados, definitivamente, de uma maneira puramente formal, deve permanecer estéril, desde que não inclua a "vivência" de quem fala, em cuja compreensão toda intencionalidade deve ser fundamentada.[11] Como ele enfatiza, toda compreensão é, ao mesmo tempo, compreensão do espírito vivo historicamente condicionado (GA 1, 405, 407). A qualificação crítica mais importante de Heidegger, na sua admiração pelo esforço de Duns Scotus em superar a "pobreza dos sistemas categoriais" como tal, consiste no reconhecimento de que o pensamento medieval, com sua orientação transcendente para o ser de Deus e sua rígida divisão do ser em duas categorias fundamentais, de "ser criado" e "ser não-criado", não era flexível o suficiente para acomodar o condicionamento histórico e individual.

Se seu trabalho sobre Duns Scotus representa um avanço decisivo em direção à percepção de que o sentido do ser deve ser buscado na compreensão humana (isto é, que ser significa "ser compreendido como algo"), Heidegger ainda tinha um longo caminho a percorrer no desenvolvimento de sua própria ontologia fundamental. Embora tenha percebido a esterilidade de uma investigação abstrata por categorias de ser que não levasse em conta a "vivência" individual, em sua obra sobre Scotus, Heidegger segue voluntariamente a divisão do ser em diferentes "âmbitos de ser e realidade" (*Seinsbereiche, Wirklichkeitsbereiche* [GA 1, 211]) que existem mais ou menos confortavelmente, mas lado a lado, *sem conexão.* Cada um dos âmbitos da realidade matemática, natural, metafísica, lógica e psíquica tem sua própria estrutura e ordem, as quais dependem de um ponto de vista particular (cf. *Scotus*, Cap. 1 e 2). Ainda que Heidegger tenha percebido que não pode haver significância isolada de qualquer

11 Ele destaca a necessidade de permitir "a peculiar mobilidade do sentido que é constituído pelo discurso vivo e pelo enunciado" – "*eine durch die lebendige Rede und Aussage gegebene eigentümliche Beweglichkeit der Bedeutung*" (GA 1, 336). Essa ênfase pode o ter tornado cético em relação à abordagem fenomenológica bastante abstrata de Husserl desde cedo.

objeto porque ela sempre faz parte de uma totalidade referencial (GA 1, 212, 202), ele não vai além da compartimentalização de Scotus do ser em diferentes âmbitos com seus sentidos separados e sistemas de ordem.

Por enquanto, não há sinal da concepção holística própria de Heidegger da existência humana como "*Dasein*", ou seja, como ser-no--mundo, ou do "cuidado" como sentido de nossa existência, que abrange e unifica em sua compreensão todas as diferentes concepções do que existe, muito menos da temporalidade como o horizonte transcendental do sentido geral do ser enquanto tal. O que está claro, contudo, é que a investigação sobre Duns Scotus não pôs fim ao antigo interesse de Heidegger a respeito dos múltiplos sentidos do ser, mas, ao contrário, aguçou a percepção de suas dificuldades. O próprio fato de considerar a esquematização e a estruturação formal escotistas inadequadas para captar a vivência como um todo, ou para superar o que ele denomina de "impressão de um vazio mortal de todos os prévios sistemas de categorias" (GA 1, 399, 408), mostra que Heidegger estava procurando um modo de ir além dos esquemas abstratos de classificação. Sua conclusão indica que ele já estava ciente de uma grande falha subjacente a todas essas categorizações puramente formais do ser: o fato de elas considerarem a atitude *teorética* como a única que dá forma à realidade. Ele chama isso de erro fatal (GA 1, 406). Remover esse erro se tornará uma das principais tarefas da filosofia madura de Heidegger.

A questão do ser em *Ser e tempo*

O que fez a diferença? O que conduziu ao "grande avanço" que deu a Heidegger a pista para abordar a questão do sentido do ser de uma nova maneira, tão nova que ele achou necessário inventar uma linguagem filosófica original para evitar qualquer confusão de sua nova abordagem com linhas tradicionais de pensamento? Frequentemente, afirma-se que o "novo Heidegger", que não publicou nada por doze anos antes de produzir a monumental obra *Ser e tempo*, deve o incentivo para sua própria filosofia à influência de Edmund Husserl, a quem conheceu pessoalmente apenas após a conclusão de seus primeiros trabalhos. Mas isso é verdade apenas em um sentido muito limitado. Em primeiro lugar, a fenomenologia de

Husserl claramente (e com o conhecimento de Heidegger) já formava o contexto da crítica de Heidegger ao psicologismo, e havia lhe fornecido a estrutura conceitual necessária para a discussão da teoria de Scotus a respeito da linguagem e do sentido. Heidegger, de fato, relata que já ficara intrigado com as *Investigações Lógicas* de Husserl quando era estudante, mas, naquela época, não conseguia ver como isso o ajudaria a resolver seu problema do *ser*. Somente quando teve contato pessoal com Husserl e com a prática do método fenomenológico é que ele percebeu mais nitidamente o que a fenomenologia poderia fazer – bem como suas deficiências, conforme transcorriam os anos. Como veremos, foram essas deficiências que o orientaram no caminho em direção às ideias desenvolvidas em *Ser e Tempo*.

Uma breve caracterização da fenomenologia de Husserl será necessária para esclarecer a questão. Husserl adotou a concepção de Brentano de intencionalidade ("direcionamento para") de todos os atos mentais, de maneira a dar uma representação abrangente de todos os fenômenos como *objetos de* – ou, mais precisamente, conteúdos de – diferentes tipos de atos de consciência. Cada objeto deve ser interpretado assim como é apreendido por um ato de compreensão na consciência; é algo pensado, desejado, duvidado, imaginado, visto, ouvido ou conhecido. Se quisermos compreender a natureza de todos os fenômenos, portanto, temos que compreender a maneira precisa pela qual a consciência intenciona seus objetos.

Na concepção de Husserl, essa precisa descrição do funcionamento da consciência deve nos fornecer uma compreensão adequada de todos os *tipos* ou modos de intencionar os objetos da consciência.[12] Essa afirmação se fundamenta na noção, familiar desde Descartes, de que o conteúdo da consciência é transparente e indubitável para o *eu* puro, ou *ego*, que forma a base da consciência, enquanto fatos sobre o mundo são, no máximo, prováveis.

12 Uma vez que Husserl elaborou e reelaborou sua concepção de fenomenologia durante sua longa vida, há considerações bastante diferentes sobre ela. Para os não iniciados, a descrição mais acessível se encontra em um artigo curto que apareceu na *Encyclopaedia Britannica* em 1927. Husserl havia preparado nada menos que quatro versões em alemão, das quais três foram reimpressas, com comentários de Heidegger, a pedido de Husserl, disponíveis em *Phänomenologische Psychologie*, *Husserliana*, vol. 9, ed. W. Biemel (The Hague: Nijhoff, 1962), p. 237-301.

Para Husserl, o exame preciso dos objetos intencionais leva à compreensão de seu ser ou *essência*; se quisermos saber o que os fenômenos realmente são, temos que olhar para a própria consciência, em vez de olhar para os resultados das ciências empíricas. Portanto, Husserl tentou estabelecer a filosofia como uma ciência estritamente *egocentrada* que fornece a todas as outras disciplinas as condições *a priori* de seus modos específicos de cognição. Por isso, Husserl pode ser caracterizado como um "subjetivista transcendental"; isto é, ele sustentava a visão de que o *sujeito* fornece as condições de todas as determinações dos *objetos* da experiência e do pensamento. As reflexões sobre os atos de consciência deveriam resultar na essência, não apenas dos próprios atos de consciência, mas também dos objetos, enquanto questões de fatos externos reais da experiência deveriam ser deixadas de lado. A importância do mundo real que transcende a consciência não foi negada por Husserl, mas foi "suspensa", ou posta entre parênteses, para fins fenomenológicos; apenas a experiência do sujeito e o *conteúdo* dos atos intencionais da consciência deveriam ser estudados.

Heidegger concordou com Husserl que o "ser" de todo ente está no sentido que obtemos dele em nossa compreensão. Ele compartilhou essa posição tanto com o *subjetivismo transcendental* de Husserl quanto com o *antropocentrismo* moderno. O que Heidegger viu como dificuldades cruciais na abordagem de Husserl (além do fato de que a fenomenologia de Husserl o deixa ainda com uma multiplicidade não analisada de sentidos do ser) pode ser resumido em três pontos inter-relacionados. (1) Ele criticou o tratamento do sujeito, em cuja compreensão toda ontologia deve se centrar, como um *ego transparente* e impessoal que é infalível em suas intuições sobre a atividade e o conteúdo de sua consciência. O fato de o "eu" estar, de certa forma, mais próximo de mim, não significa que eu o compreenda; podemos estar muito longe de possuir tal autotransparência. Como Heidegger tanto se esforça para mostrar, nossa compreensão de nós mesmos, na verdade, geralmente não é autêntica. (2) Heidegger questionou a viabilidade ou conveniência de "suspender" o *mundo*. Ele considerava o "imanentismo" de Husserl como equivocado, uma vez que perigosamente se aproximava de transformar os objetos da consciência exclusivamente em objetos *na* consciência, o que fez Husserl renunciar à questão dos vínculos com o mundo real, que transcende a consciência. (3) Para Heidegger, apesar da tentativa husserliana de captar todos os modos de consciência, incluindo atitudes emocionais, o fato de os objetos da consciência serem assumidos como simplesmente dados no fluxo da consciência, e serem estudados em uma "visão" ou "intuição" distinta, mostrava que a ontologia de Husserl permanecia ligada à postura teorética e à ontologia tradicional do "subsistente". Dado que todos esses pontos são questões cruciais para Heidegger, eles podem ser usados como chave para compreender o que é característico da ontologia heideggeriana em *Ser e tempo*.

(1) A percepção de Heidegger de que a imagem que formamos de nós mesmos pode ser influenciada (e até distorcida) por nossos interesses pessoais e propensões, e que ela é condicionada pela situação histórica geral, fez parecer questionável se existe um "eu" transcendental neutro que subjaz a todos os atos de consciência. Por isso, ele adotou uma abordagem que se pode chamar de *suspeita sistemática* (para distinguir da dúvida sistemática cartesiana), que considera que possamos não ser transparentes para nós mesmos – que o "eu" do ato intencional pode estar longe de qualquer compreensão apropriada de si mesmo (para sua crítica à doação do "eu", veja-se BT, §25, 150ss.). O fato de os fenômenos poderem nos ser familiares, mas não serem devidamente compreendidos, leva à particular abordagem que Heidegger adota em *Ser e tempo*, ou seja, começando com uma caracterização dos seres humanos em sua *cotidianidade*. Sua abordagem tem uma dupla vantagem. Em primeiro lugar, ele pode evitar "passar por cima" da peculiar natureza desses laços que temos com o mundo, laços que se perdem quando adotamos a distinta postura teorética do filósofo de gabinete. Em segundo lugar, ele pode transformar as distorções que estamos propensos a introduzir em nossa "cotidianidade mediana" no objeto de sua investigação fenomenológica.

Visto que Heidegger discordou da posição de Husserl de que há um ego transcendental impessoal que nos fornece verdades incontestáveis, ele teve que descobrir *quem* é realmente esse ente que, por sua própria natureza, se ocupa com a questão do ser. Porque não quis mais impor uma construção artificial a esse ente em sua própria interpretação, Heidegger iniciou sua investigação fenomenológica capturando o fenômeno que todos os filósofos antes dele haviam "passado por cima", por ser algo trivial e indigno de atenção teórica, a saber, a existência cotidiana. O vocabulário que ele introduziu para caracterizar as várias características da existência cotidiana e sua estrutura foi projetado para evitar quaisquer associações com a terminologia filosófica comum; não foi projetado para ser transformado em uma doutrina secreta aberta apenas aos iniciados. Sua terminologia, embora muitas vezes incomum em alemão, é muito mais fácil de entender do que seu equivalente em inglês, porque Heidegger joga com relações habituais e etimológicas facilmente compreensíveis, as quais frequentemente não existem em inglês.

Esse método de suspeita explica a particular inflexão metodológica que Heidegger dá à sua fenomenologia. Mesmo reconhecendo seu débito com Husserl (as análises minuciosas de seu professor parecem ter aguçado muito sua sensibilidade para a importância da precisão na descrição fenomenológica), ele não acredita que os fenômenos possam simplesmente ser deduzidos a partir da maneira como são dados nos atos de consciência. Ao invés disso, eles devem ser examinados como algo que pode estar apenas implicitamente contido em nossa compreensão. Assim, Heidegger estava olhando para os fenômenos por trás das aparências superficiais – para o que está oculto por trás do que encontramos como sendo familiar e consideramos como "natural em uma primeira abordagem e no mais das vezes", como ele afirma. Esse método de suspeita explica a predileção de Heidegger por um vocabulário arqueológico em sua descrição do método fenomenológico: que a tarefa de sua análise é "desencobrir" os fenômenos que foram encobertos, soterrados ou ocultos, de forma que tenham de ser "libertos" ou "postos a nu". A mesma concepção forma o cenário de sua famosa teoria da verdade como "desvelamento" e da compreensão como uma forma de "abertura" em geral. O método de "desencobrir" de Heidegger funciona em dois níveis. Ele distingue entre: (a) o nível "ôntico" do factual (para a existência humana, Heidegger introduz o termo especial "*existentiell*" [existentivo]), que está aberto à observação, o nível de estudos de campo para o fenomenólogo, e (b) o nível "ontológico", a descrição fenomenológica das estruturas profundas que subjazem e explicam o ôntico (para a estrutura da existência humana, Heidegger introduziu o termo "*existentiale*" [existencial]). Embora o próprio Heidegger dê poucos exemplos sobre o nível ôntico ou *existentiell*, ele sempre enfatiza que todas as reivindicações ontológicas devem encontrar sua "confirmação ôntica".

Apesar de nossas tendências para "encobrir" os fenômenos, Heidegger entendeu como necessário iniciar com a análise da existência humana, uma vez que a compreensão humana é a única entrada e a chave para a natureza do ser, pois já estamos sempre ocupados tanto conosco quanto com nossos arredores ("o mundo") e já sempre temos uma compreensão pelo menos implícita do ser, tanto de nós mesmos quanto do mundo. Devido a essa autoconsciência e consciência do mundo, ele introduziu o termo técnico "*Dasein*" para designar os seres humanos. Embora o termo "*Dasein*" tenha se tornado tão comum em inglês que não precise de mais apresentações, é útil manter em mente o sentido literal do alemão "ser--aí", uma vez que ele é concebido para significar que a "abertura" daquilo que está ao nosso redor, e, portanto, uma tendência natural a formar pelo menos uma compreensão pré-ontológica, consiste na característica mais decisiva dos seres humanos para Heidegger.

O objetivo da descrição fenomenológica de Heidegger sobre nossa cotidianidade é explicitar as estruturas fundamentais subjacentes a essa compreensão prévia. Se a chave para qualquer compreensão do ser reside na abertura do mundo do *Dasein*, então uma análise do *Dasein* deve preceder uma "ontologia fundamental" geral. Como Heidegger indica, seu plano original para *Ser e tempo* era proceder através de uma "análise fundamental preparatória" do ser do *Dasein* em direção a uma explicação de como o tempo fornece um "horizonte transcendental" para a questão do ser enquanto tal. Ele nunca concluiu essa tarefa (para o esboço original, veja-se BT, 63-64); ou seja, ele nunca foi além da análise do *Dasein*, por razões às quais teremos que retornar posteriormente. A publicação de *Ser e tempo*, com seu foco na análise das condições da existência humana, tornou Heidegger imediatamente famoso após 1927. Dentro dos limites, esse foco é o que justifica chamá-lo de filósofo *existencialista*, rótulo que ele sempre rejeitou, pois considerava a ontologia fundamental como sua verdadeira tarefa.

(2) Se o puro "eu" é uma abstração que não permite uma compreensão adequada nem do *Dasein* nem do embasamento de todo sentido e compreensão no cotidiano, então fica evidente por que Heidegger chegou à conclusão de que qualquer *suspensão* do *mundo* factual na fenomenologia deve ser um erro crucial. Para Heidegger, que se ocupou com uma análise aguda de como nos relacionamos com o mundo e conosco como entes com um mundo, toda abstração da forma como o *Dasein* realmente experiencia o mundo deve destruir o fenômeno de "ter um mundo", pois o mundo é precisamente o contexto no qual encontramos os entes e a *nós mesmos*, de modo que esse encontro determina o que os entes *são* para a nossa compreensão.

A análise heideggeriana da estrutura *a priori* de nosso ter um mundo, portanto, consiste em exibir o modo como lidamos com o mundo, com os entes presentes nele, conforme os encontramos em nossa existência real. Como Heidegger observou, não somos "coisas pensantes" que, em distintas ocasiões, podem estabelecer diferentes relações com diversas coisas em atos intencionais diferentes. Em vez disso, nosso próprio ser é definido pelo fato de que somos ser-em-um-mundo. Essa análise existencial consiste em uma investigação de duas vertentes que elucidam não apenas em que sentido encontramos os entes no mundo e o que os torna aptos para tais encontros, mas também o que *em nós* constitui tais encontros, o que em nossa compreensão torna possível descerrar os entes para nós mesmos dessa maneira. Trata-se de uma análise transcendental no sentido kantiano de expor as condições que nos possibilitam encontrar o que quer que seja, de modo a darmos "sentido" aos fenômenos, porque todos esses encontros são formas de determinar o ser dos entes no mundo. Não há outro "sentido" ou "significado do ser" senão aquele que conferimos aos entes em nossa compreensão. É assim que Heidegger define repetidamente sua compreensão "do *sentido* do ser": "sentido é aquilo em que se sustenta a compreensibilidade de algo" (BT, 193).

Essa investigação transcendental não se destina a nos proporcionar novas percepções sobre o mundo, mas a reconstruir e articular o modo como "sempre já" compreendemos aquilo com que lidamos. Se "ser" significa "já ser compreendido como", então é necessária uma investigação minuciosa de todos os diferentes tipos de *compreensão* que subjazem à nossa lida com o mundo. Isso explica a importância que a *interpretação* tem para Heidegger, pois em todas as interpretações que fazemos de nossas atividades, baseamo-nos na compreensão implícita do sentido que as coisas têm, sem estarmos plenamente cientes disso. O fenomenólogo deve rastrear os diferentes modos através dos quais lidamos com o "dado" e trazê-los à articulação. Então, Heidegger tenta simplesmente trazer à luz o que, de certa forma, sempre sabemos "em nossa pele", como Ryle expressou em sua recensão de *Ser e tempo*.[13]

(3) Uma vez que nossa compreensão implícita do ser não é apenas a base da própria interpretação de Heidegger, mas, como ele entendia, o traço onipresente que caracteriza a humanidade em geral, sempre houve uma compreensão pelo menos vaga da "questão do ser". Heidegger não reivindica originalidade aqui. Na verdade, o que precisa de uma explicação é por que essa compreensão vaga nunca foi totalmente desenvolvida antes, de modo que uma boa parte da originalidade de Heidegger consiste em sua explicação do que ele denomina de "esquecimento" do ser.

O esquecimento é duplo. Há o esquecimento de nossa compreensão cotidiana, a qual sequer tenta obter alguma compreensão autêntica, mas assume as interpretações prontas que encontra em seu ambiente, as explicações e avaliações de sua própria sociedade e época. Na maior parte do tempo, simplesmente adotamos nosso modo de vida e nossa compreensão a respeito de nós mesmos em conformidade com os padrões gerais: comportamo-nos, falamos e damos valor como "se" fala, comporta-se e se dá valor. A descrição heideggeriana da abrangente influência do "se" (o pronome impessoal) público e anônimo é um dos parágrafos mais interessantes de *Ser e tempo* (Primeira Seção, Cap. 4). A tradução inglesa

13 "Review of *Sein und Zeit*", *Mind*, 38 (1929): 355-370. Reimpresso em G. Ryle, *Collected Papers* (Nova Iorque: Hutchinson, 1971), vol. 1, p. 197-214.

de *das Man* como "eles" [*They*] é enganosa, pois não mostra que normalmente não há nenhuma separação desse modo fundamental de existência que "qualquer um" compartilha. Faz-se necessário um esforço especial para livrar-se do jugo dessa interpretação pública a fim de alcançar uma compreensão autêntica; para Heidegger, a experiência de lidar com nossa finitude na *angústia* de encarar a morte é a situação crucial que nos força a nos afastarmos da dominação exercida pela compreensão pública e anônima (Segunda Seção, Cap. 1). Como ele reitera, não há modo de viver permanentemente na autenticidade, pois temos que aceitar como certos o mundo cotidiano e sua rotina em todas as nossas ocupações práticas.

Se o "esquecimento do ser" em nossa absorção cotidiana no mundo parece natural, o específico esquecimento que Heidegger atribui aos filósofos parece muito menos natural, uma vez que é tarefa deles refletir explicitamente sobre essa questão; e eles, de fato, têm refletido sobre ela desde que os gregos, pela primeira vez, puseram a questão: o que é ser? Se os filósofos até a época de Heidegger perderam o ponto crucial, deve haver uma razão específica para esse monumental equívoco. E Heidegger pensava mesmo que poderia apontar o erro crucial: o erro está na abordagem *teorética* como tal.

Como mencionado anteriormente, a postura adotada na teorização permite ao pensador ter um ponto de vista distanciado. O pensador pode tratar os objetos de sua investigação como coisas que "ocorrem/subsistem indistintamente",[14] que existem independentemente da observação, assim

14 Prefiro traduzir "*Vorhandenheit*" como "ocorrência" [*occurrence*], mesmo que "presença-à-mão" [*presence-at-hand*] (cf. BT, 67) tenha se tornado comum e preserve as conotações etimológicas, assim como o paralelo com o caráter de "disponível-à-mão" dos utensílios. Porém, o paralelo entre "Vor*handenheit*" e "Zu*handenheit*" não pode ser imitado em inglês. Em alemão, "*Vorhandenheit*", embora originalmente signifique estar "à mão", perdeu toda conotação de proximidade (pode-se dizer de qualquer estrela distante na Via Láctea que ela está "*vorhanden*"), daí minha preferência por "ocorrência". Em contraposição, "*Zuhandenheit*" significa a "manualidade" do utensílio para uso. "Subsistência" [*Extant*] substituiu "presença-à-mão" em algumas recentes traduções (por exemplo, em *Basic Problems of Phenomenology* [*Problemas fundamentais da fenomenologia*]), mas pode sugerir erradamente um contraste com o que foi extinto [*extinct*]. [N.T.: embora a tradução de *occurrence* por "ocorrência" esteja correta do ponto de vista da literalidade, não encontramos o termo "ocorrência" ou similar nas traduções de *Vorhandenheit* para o português; nas traduções de *Ser e tempo* disponíveis em português, *Vorhandenheit* foi

como o observador, por sua vez, é livre para se deter sobre qualquer objeto. Assim, observador e observado, pensador e objeto de seu pensamento, são considerados como coisas que "subsistem indistintamente" lado a lado. E essa postura teorética, segundo Heidegger, não foi superada pela ontologia centrada no sujeito na tradição kantiana; nem mesmo foi superada pela insistência de Husserl de que todos os objetos sejam tratados como objetos intencionais, ou seja, como objetos representados na consciência. Como Heidegger observa, na análise fenomenológica de Husserl, os objetos na consciência retêm a condição de mera subsistência, assim como a própria consciência permanece em um estado ontologicamente não interpretado, pois é tratada como um ente que simplesmente subsiste. Portanto, em Husserl, o *ser* teria que ser definido como o correlato "subsistente" da série de sentidos, uma vez que eles são determinados separadamente por cada ato de intuir uma essência revelada pela análise fenomenológica.

Heidegger não nega que a postura teorética se justifica para o próprio teórico. Na verdade, seria bastante inócuo se cientistas e, especialmente, filósofos a reconhecessem pelo que é: um modo *derivado* de ser, constituído pelo modo específico de visar os objetos de sua investigação. Ao confundi-lo com *o* modo significativo de ser que subjaz a todo ente, no entanto, eles se tornam culpados de suprimir a descoberta dos outros modos de ser que Heidegger tanto se esforça para elaborar. Além da "mera subsistência" ("ser-simplesmente-dado") da compreensão teorética, há também o "disponível-à-mão" que constitui nossa compreensão prática de lidar com utensílios, o "ser-com" outros seres humanos e o "a-cada-vez-meu", a relação com e a ocupação conosco que somos e temos de ser.

Para Heidegger, nossa vida cotidiana é determinada, em grande parte, pela nossa compreensão de todo ente em termos de nossas ocupações práticas, propósitos e projetos, o que inclui nossas relações com outros seres humanos e conosco. Entre os quatro modos de ser, portanto, a postura

traduzido por Márcia Sá Cavalcante por "ser-simplesmente-dado", que utilizamos para traduzir *present-at-hand*, e por Fausto Castilho por "subsistência", que utilizamos para traduzir *extant*. Como em português o contraste entre *extant* e *extinct* não acontece igual na língua inglesa, optamos por traduzir *occurrence* por "subsistência", mantendo uma certa coesão com as opções de tradução já existentes em obras primárias de Heidegger.]

teorética se fixa no menos característico, aquele que Heidegger chama de "fundado" ou "derivado", porque ela entra em jogo apenas quando ignoramos o que ele chama de "totalidade referencial" daquelas ocupações práticas e pessoais constituintes do mundo cotidiano (cf. BT, §13).

O modo de ser que atribuímos a diferentes entes nem sempre é o mesmo, pelo menos não no nível "ôntico". Uma e a mesma "coisa" pode ser tratada como um utensílio com um sentido prático, como uma obra de arte ou como objeto de investigação científica. Outros seres humanos podem ser assumidos como "objetos científicos" (como números em estatísticas) ou como meras ferramentas (algo disponível-à-mão) ao invés de como "*Dasein*-com". O contexto, portanto, determina seu "ser". Pode até haver (onticamente) uma certa indeterminação sobre qual das possibilidades ontológicas será adotada em tais tratamentos sob determinado aspecto. O que não está aberto à decisão no contexto específico é a *estrutura* pré-existente dessas diferentes possibilidades, pois ela forma a estrutura ontológica de nossa própria natureza.

A dupla tarefa de Heidegger

Se Heidegger descobriu modos de ser complementares importantes que determinam nossa existência no mundo, pode-se perguntar por que ele considera o antigo comprometimento com a ontologia da *Vorhandenheit* (subsistência) como um erro tão fatídico, a ponto de retornar a ele repetidas vezes. Se seus predecessores omitiram algo importante, não seria suficiente suprir o que foi omitido sem insistir tanto na omissão? Contudo, o ponto crucial é que suprir simplesmente o que foi omitido não será o bastante. O que se faz necessária, na verdade, é uma revisão completa em dois aspectos. O primeiro diz respeito à interpretação da história da filosofia; o segundo trata da busca adequada da própria concepção do "ser", ou seja, a verdadeira empreitada de Heidegger. Esta é, de fato, a *dupla tarefa* que Heidegger estabeleceu para si mesmo em *Ser e tempo*, a tarefa que ele chama de "analítica ontológica do *Dasein* como pôr a descoberto o horizonte para uma interpretação do sentido do ser em geral" e a tarefa de "destruir a história da ontologia" (cf. BT, 36-49).

Uma clarificação dessa dupla tarefa, mesmo que modesta, proporcionará uma melhor compreensão do projeto de Heidegger como um todo. Vamos começar com a segunda tarefa, a de destruir a história da ontologia. Heidegger não tem a intenção de ser violento com a história ou importunar seus predecessores por sua cegueira. A palavra alemã "*Destruktion*" [destruição] não é tão violenta quanto sua equivalente em inglês. Essa "destruição" não é uma *desconstrução*, como alguns a entenderiam atualmente, mas uma análise destinada a mostrar onde se deram os passos decisivos do descarrilamento em Kant, Descartes e Aristóteles. Heidegger não possui o distanciamento dos desconstrucionistas em relação à tradição: ele acredita que ela pode ser dominada e corrigida, mesmo reconhecendo que os "passos em falso" eram inevitáveis. Sua ênfase na continuidade na história do ser (através de todas as vicissitudes históricas) também se opõe à ideia de recrutá-lo para o campo "historicista", agora em moda. Um Heidegger historicista não poderia se considerar o herdeiro por direito de Parmênides, o descobridor do elo entre ser e pensar; ele não poderia procurar por problemas contínuos através de diferentes períodos da história, mas apenas notaria curiosas coincidências doxográficas tão externas e acidentais quanto a semelhança entre um tricerátops e um rinoceronte.

O interesse de Heidegger se concentra no "desenrolar" da história da ontologia com vistas a mostrar os passos decisivos que levam à dominação da ontologia da *Vorhandenheit* e ao esquecimento do "ser", ou seja, ao juízo prévio de que o ser não tem sentido concreto porque é a "mais geral das generalidades" (BT, 29). Se, no passado, de uma maneira ou de outra, esse juízo prévio foi derivado da visão da ontologia aristotélica, segundo a qual o *ser* transcende as categorias e, portanto, não pode ter nenhum conteúdo "real", hoje ele assenta na visão de que "ser" se aplica indistintamente a qualquer coisa que possamos introduzir pelo indicador existencial ou incluir em nosso universo de discurso.

Reiterando, o que Heidegger considera mais crucial no desenvolvimento da filosofia ocidental é a orientação para o ser como "*realidade*" ou "coisidade" (BT, 96), pois isso faz do mundo um conjunto de entes *independentes* que existem para sujeitos observadores na medida em que tais sujeitos conseguem entrar em contato com esses entes. Heidegger culpa essa ontologia por todas as dificuldades que os filósofos não conseguiram resolver ao longo das muitas mudanças que a filosofia sofreu desde sua origem com os gregos, dificuldades que persistiram mesmo quando a filosofia se tornou "centrada no sujeito" na tradição cartesiana-kantiana. Basicamente, se há dois entes separados, sujeito e objeto, que subsistem lado a lado, a questão de como é possível o contato entre o sujeito pensante e os objetos independentemente existentes permanece um problema insolúvel, mesmo que se garanta que o sujeito de alguma maneira confira a "forma" ou o "sentido" aos objetos. Pois a pergunta permanece: como pode haver verdade se ela é concebida como a *correspondência* entre nossos pensamentos (ou o conteúdo de nossa consciência) e o mundo exterior? Em outras palavras, o que garante a objetividade de nossas impressões subjetivas? Mesmo o realista crítico permanece sobrecarregado com a questão do que podemos saber sobre o mundo e, acima de tudo, com o problema de como podemos ter certeza da existência do "mundo fora de nós". Apesar de sua "virada copernicana" em direção à subjetividade, Kant deixou intacto o principal aspecto da ontologia antiga: a centralidade da substância, a *coisidade* da coisa, permaneceu incontestada. Ou seja, para Kant, a substância independente que perdura ao longo do tempo continua sendo o bloco fundamental de toda a realidade. A "coisa" independente, que é abordada e categorizada em toda a nossa experiência e determinada pelo pensamento científico, permanece, em seu próprio *ser*, separada do sujeito. A tentativa de provar a existência do mundo externo é tratada por Heidegger, em específico, como uma nítida indicação de que Kant não questionou rigorosamente o fundamento da ontologia tradicional.[15]

O idealista, por sua vez, parece estar condenado ao *imanentismo*, ao problema de explicar a "transcendência" dos objetos em relação às nossas mentes, de tal modo que até faz sentido falar sobre o mundo natural fora de

15 Para uma discussão mais extensa desse problema, consulte meu texto "Heidegger and the Scandal of Philosophy", *Human Nature and Natural Knowledge*, ed. A. Donagan, A. Perovich, e M. Wedin (Dordrecht: Reidel, 1986), p. 129-151.

nós. Diz-nos Heidegger que todos esses problemas surgem apenas se postularmos uma *ruptura* fundamental entre o sujeito ou a "mente" isolados e um âmbito de objetos independentemente existentes. Para Heidegger, tal ruptura não é uma pressuposição necessária; antes, trata-se do resultado da "postura teorética" equivocada do filósofo e leva ao que Heidegger chama de "fragmentação do fenômeno" (BT, 170). Não há como superar a divisão entre o que subsiste dentro de nós e o que subsiste fora enquanto "subsistência junto a" for a única categoria ontológica disponível.

Porque, na *teoria*, apenas "contemplamos" o que aparece como um objeto isolado, somos levados a considerar essa "coisificação" como o modo natural de ser desse "objeto". Essa perspectiva dissociada é suficientemente justificada para a "visão teorética", desde que não esqueçamos que se trata de uma perspectiva artificial isolada e percebamos plenamente que ela não é a única perspectiva nem aquela capaz de justificar os outros modos pelos quais as coisas nos são "dadas". Por séculos, como a postura teorética era considerada a única digna do cientista-filósofo, nenhum outro modo de compreensão, e, ao mesmo tempo, por isso, nenhum outro modo de *ser* dos objetos, foi sequer considerado. A ontologia das "coisas meramente subsistentes", portanto, é reduzida por Heidegger e relegada ao ponto de vista específico dos cientistas como um "modo fundado" ou uma derivada compreensão do ser. Esse ponto de vista derivado, que nos concebe como sujeitos inicialmente *desprovidos de mundo* que de alguma forma estabelecem contato cognitivo com objetos separados, deveria ser compreendido como uma versão particular do modo mais original de nos compreendermos como entes *com um mundo,* que se caracteriza como um "ser-entre" ou como uma conjuntura no mundo do disponível-à-mão.

A prometida "destruição" da história da ontologia, como Heidegger havia planejado inicialmente, nunca foi realizada (cf. BT, 64). A Segunda Parte de *Ser e tempo*, que devia conter uma análise a respeito da "doutrina do esquematismo e do tempo de Kant", "do fundamento ontológico do '*cogito sum*' de Descartes" e "do ensaio de Aristóteles sobre o tempo, como proporcionando um meio de distinguir o fundamento fenomênico e os limites da ontologia antiga", nunca apareceu e, na melhor das hipóteses, pode ser reconstruída a partir de algumas de suas publicações posteriores. Parece evidente que a abordagem da própria história não foi o obstáculo. Heidegger se viu cada vez mais perdido sobre como concluir sua primeira tarefa, a de "pôr a descoberto o horizonte para uma interpretação do sentido do ser enquanto tal", pois ele nunca publicou a Terceira Seção da Primeira Parte de *Ser e Tempo*, a divisão que ele alegou ter apenas "retido" (BT, 17) quando foi forçado a publicar seu manuscrito mais cedo do que o planejado. Essa seção deveria trazer o "reverso" de *Ser e tempo*, ou seja, *Tempo e ser*. Por qual razão Heidegger estava tão insatisfeito com essa última parte talvez nunca seja conhecido, uma vez que ele não consentiu que ela fosse incluída em sua edição póstuma. Tentaremos aqui não entrar em especulações, mas seguir Heidegger em seu projeto inicial até onde ele o levou.

A consequência mais grave da omissão de uma compreensão adequada do "ser" na ontologia da subsistência consiste no fato de que ela não permite o desenvolvimento do que se poderia chamar de uma ontologia *dinâmica* em vez de *estática*. Isso não pode levar a um devido desenvolvimento da concepção de tempo ou temporalidade, como Heidegger a concebe. Elaborar essa concepção é a tarefa última de *Ser e tempo*, tal como o temos. Para Heidegger, conforme vimos, um ser humano nunca é um sujeito isolado, desprovido de mundo, mas um ente que, em sua essência, é constituído por seu *mundo*. Precisamos entender o que isso significa. Até agora, os modos de ser do subsistente, do disponível-à-mão, do ser-com e do ser-si-mesmo não parecem formar um todo significativo. Nem formam uma unidade se olharmos para os tipos correspondentes de compreensão nos quais estão fundamentados: compreensão teorética, ocupação prática, solicitude e os muitos modos de comportamento em relação ao nosso si mesmo. Como Heidegger explica, todos esses modos de comportamento são diferentes tipos de "visão", diferentes maneiras de "esclarecimento" sobre o mundo.[16] Até este ponto em sua análise, eles não formam uma

16 É impossível traduzir adequadamente para o inglês todos os termos que Heidegger deriva das raízes alemãs "*Licht*" e "*Sicht*". Há a "visão" com a qual lidamos com os utensílios (*Umsicht* = circunvisão), ou com os outros (*Rücksicht*), e a perspectiva de nossa projeção para o futuro em visão prévia (*Vorsicht*). Metáforas de luz são usadas quando o *Dasein* é comparado a uma "clareira" (*Lichtung*) ou é "iluminado" (*gelichtet*). Heidegger

unidade que constituiria algo como *o* sentido do ser. Parece apenas que temos diferentes modos de compreender os *entes*, assim como na análise fenomenológica de Husserl. Se Heidegger não tivesse ido além, a única diferença entre ele e Husserl seria que Heidegger se deteve em diferentes "modos radicais" de compreensão, com ênfase em nossa conjuntura direta no mundo, em vez de "intuir" as essências dos entes na consciência.

Mas Heidegger não deixou as coisas por aí. Primeiramente, introduziu um conceito unificador – "cuidado" – para designar a nossa característica fundamental, aquela que constitui todas as nossas conjunturas no mundo (BT, Primeira Seção, Cap. 6). A análise da estrutura do cuidado lhe permite afirmar que nosso ser é concomitantemente "ser-no-mundo" como um todo orgânico. Essa concepção holística de "cuidado" deve considerar o *sentido* geral que damos à nossa existência como ser-no-mundo, em virtude do qual ela é um todo integrado. A característica decisiva em nossa relação com o mundo enquanto tal, relação que inclui a nós mesmos como nosso último ponto de referência, é condicionada pelo cuidado, que nos permite abordar cada coisa como parte de nosso *projeto*, no sentido mais amplo da palavra. Essa característica conduz à interpretação temporal da estrutura de nosso ser-no-mundo. Projetamos a nós mesmos, toda a nossa existência, no mundo e compreendemos a nós próprios, bem como a todas as coisas no mundo, em termos das *possibilidades* dentro do esquema ou "projeção" [*projection*] que fazemos de nós mesmos. (Visto que a tradução de *Entwurf* como "projeção" [cf. BT, 184] pode sugerir associações equivocadas com a projeção psicológica, "esquema", no sentido de um esboço de arquiteto, é talvez um sinônimo menos enganador.)

Tudo aquilo com que lidamos encontra seu sentido dentro dessa projeção e as coisas possuem um sentido apenas na medida em que fazem parte dessa projeção. Nesse "projeto" que fazemos de nós mesmos, tudo tem seu sentido e, portanto, seu *ser*. O projeto, como o termo sugere, se dirige para o futuro: projetamo-nos em um futuro antecipado como o objetivo final de nossos esforços. Mas essa não é a única dimensão temporal

---

se vê em uma antiga tradição, pois se refere à teoria antiga da *lumen naturale* como uma antecipação de seu próprio entendimento de nossa abertura natural (cf. BT, 171).

que está em jogo em nossa projeção, porque nossa projeção não é uma escolha arbitrária do futuro. Segundo Heidegger, não podemos fazer tais projeções sem a existência de uma compreensão do mundo e de nós mesmos nele, uma compreensão determinada pelo passado que fomos e ainda somos. Por isso, não apenas carregamos nosso passado conosco, como se carregássemos memórias importantes, mas sempre já compreendemos a nós e a nossos projetos em termos do passado e a partir do passado. Finalmente, em todas as nossas empreitadas, seja lá quais forem, estamos vinculados ao presente, porque estamos no e com o mundo que nos absorve e nos prende às nossas atividades cotidianas. A absorção pelo aqui e agora constitui a nossa (na maioria das vezes) inevitável conjuntura no modo inautêntico, ou "em queda", de compreender o mundo nos termos do impessoal (BT, §§27, 71).

Em poucas palavras, essa é a estrutura que Heidegger chama de nossa "temporalidade". Por temporalidade, ele não quer dizer que estamos, como todas as outras coisas, confinados ao tempo, nem que temos uma noção de tempo, mas que existimos como três dimensões temporais simultaneamente: estamos à frente de nós mesmos no futuro, recorrendo ao nosso passado, enquanto nos ocupamos com o presente que constitui nosso ser. A forma como nos projetamos no futuro (*à frente de nós mesmos*) enquanto trazemos conosco nosso passado (*já sendo em*) em nossa imersão no presente (*estar familiarizado com*) é o que Heidegger designa como as "*ekstases*" da temporalidade. Não há nada de "extático" nisso. Tudo isso significa que já estamos "estendidos" para fora em dimensões temporais e, portanto, nunca estamos contidos em um aqui e agora "pontual" (cf. BT, 370ss).

Como não somos pontos estáticos em um universo indiferente pré-existente nem estamos confinados a um segmento de uma linha infinita de tempo, mas somos entes cuja verdadeira compreensão constitui as dimensões temporais de nossa existência, essa temporalidade é a condição transcendental de o *Dasein* ter um universo de entes significativos. Assim, o "sentido do ser", conforme constituído por nossa compreensão, se fundamenta na estrutura temporal que subjaz a ela. Nesse sentido, a temporalidade devia fornecer a fundamentação para a posterior análise de Heidegger sobre o "horizonte transcendental" do ser enquanto tal, ou seja, do ser que vai além do *Dasein*. O *Dasein* dá acesso ao ser na compreensão à medida que o descerramos, mas nossa compreensão não é idêntica ao ser enquanto tal, tampouco o *cria*. De que modo Heidegger havia planejado completar esse passo em direção a uma análise do ser enquanto tal é algo que não está claro. A parte publicada de *Ser e tempo* se encerra após a repetição da análise da cotidianidade em termos de temporalidade, da explicação de nossa ocupação com a história, e as referências à nossa "historicidade", e da concepção cotidiana do tempo.

Seria necessário um levantamento da obra tardia de Heidegger, navegando pelo alto mar da especulação, para descobrir por que ele, quando escreveu *Ser e tempo*, não deu o último passo da temporalidade do *Dasein* em direção ao ser. Em certa altura, ele mencionou as dificuldades presentes na linguagem.[17] Isso seria um problema genuíno, porque a linguagem e os conceitos que descrevem o "horizonte de compreensibilidade" necessariamente seriam derivados da linguagem e dos conceitos que usamos para descrever os âmbitos ônticos presentes nesse horizonte. Teríamos que descrever as condições de toda compreensão – do ser enquanto tal – em termos do que é condicionado pelo horizonte, ou seja, as fundamentações nos termos do que é fundado sobre eles. Duvida-se que isso possa ser feito de maneira não metafórica.

Em anos posteriores, Heidegger parece ter se tornado cada vez mais cético em relação à empreitada de uma ontologia fundamental que "põe a descoberto" as estruturas do ser enquanto tal, pois isso agora lhe parece uma espécie de empreitada "fundacional" que se assemelha à metafísica, o projeto de estabelecer um fundamento último para todas as coisas. Fazer da compreensão humana a chave para uma tal investigação transcendental traz consigo muitos perigos, pois, de alguma forma, isso sugere que

17 Uma versão posteriormente revista de suas preleções em 1927, *Os problemas fundamentais da fenomenologia*, complementa *Ser e tempo*, mas não traz o "reverso" ou a "virada" prometida. As últimas observações de Heidegger em *Tempo e ser*, tradução inglesa de J. Stambaugh (Nova Iorque: Harper & Row, 1972), contêm alguns comentários do Heidegger tardio sobre as dificuldades do Heidegger mais jovem: "(isso) deve ainda, de certa forma, falar a linguagem da metafísica".

estamos no *controle* do "ser" de todos os entes, se o sentido do que quer que seja dado depende da nossa compreensão.

Se Heidegger aparenta desenvolver uma espécie de antropocentrismo transcendental em *Ser e tempo*, como tentei mostrar, então também devemos enfatizar o fato de que, para ele, isso pode ser apenas metade da história, pois é apenas em um sentido limitado que *depende de nós* como compreendemos o "ser" de todo ente. As metáforas heideggerianas "da luz" e da "visão", e termos como "abertura" e "desvelamento", mostram que não criamos nosso próprio universo, nem mesmo seu sentido. A compreensibilidade reside tanto nas "coisas" que propriamente vêm ao encontro quanto na compreensão que reside em nós, e essa "correspondência" não se deve a nenhum mérito nosso. A *clareira* (*Lichtung*) é algo que simplesmente nos *acontece*, e, nesse sentido, o "ser" está completamente fora de nosso controle. Trata-se de uma "abertura", um "dom", como Heidegger gostava de dizer posteriormente em sua vida; tudo o que podemos tentar fazer é "apropriar-nos dele" em uma compreensão autêntica. Heidegger sempre insistiu que há "ser" apenas à medida que há compreensão de ser no *Dasein*, mas que os próprios entes não dependem dessa compreensão (BT, 261ss). Que somos destinatários passivos do "ser" parece ser um argumento forte contra as tentativas recentes de interpretar Heidegger como um precursor do "novo pragmatismo" que faria do "ser" um tema de construção social. Heidegger concordaria que, *onticamente*, cada época articula (constrói) suas próprias interpretações, mas isso não justifica uma concepção pragmática da própria *ontologia*. De fato, ele nos advertiu contra a nossa hodierna submissão ao espírito da técnica. Que sentido fazem tais advertências e a saudosa reivindicação de que "apenas um Deus pode nos salvar" na boca de um pragmatista?[18]

Por que somos entes iluminados, por que o ser "nos fala", está envolto em mistério para Heidegger, um mistério que ele tendeu a expressar em termos cada vez mais enigmáticos em seus últimos anos. É inegável que seu ceticismo crescente acerca da viabilidade do raciocínio transcendental como tal, bem como sua convicção de que o *Dasein* está preso ao "fim

18 "*Nur noch ein Gott kann uns retten*". Entrevista a *Der Spiegel*, 26 (maio de 1976): 193-219.

receptor" do ser, representa uma mudança significativa no pensamento de Heidegger após *Ser e tempo*. Apesar disso, pode-se questionar com boas razões se essa "virada" se trata de uma mudança radical em relação ao projeto de *Ser e tempo*. Em seu prefácio à edição de 1953, Heidegger reafirmou que "o caminho que tomou permanece ainda hoje um caminho necessário, se o nosso *Dasein* deve ser motivado pela questão do ser" (BT, 17). Qucm há dc contradizer esse testemunho?

2 Lendo uma vida: Heidegger e os tempos difíceis

Thomas Sheehan

O fim de um filósofo católico

Foi pouco antes da véspera de Natal – segunda-feira, 23 de dezembro de 1918 – quando a jovem Sra. Heidegger, grávida de oito meses, decidiu enfrentar o terrível frio de Friburgo, atravessar a cidade e dar a má notícia ao Padre Krebs. Engelbert Krebs, um padre católico e professor de teologia na Universidade de Friburgo, era um amigo próximo de seu marido, o professor de filosofia Martin Heidegger. Na verdade, Krebs tinha oficiado o casamento católico dos Heidegger na Catedral de Friburgo em 21 de março de 1917.

Na época desse casamento, o Padre Krebs já estava cético. Era um casamento confessional "misto" – Elfride Petri era luterana, Martin Heidegger católico – e, embora a noiva tivesse declarado solenemente sua intenção de se converter ao catolicismo e educar seus filhos na fé romana, o Padre Krebs tinha suas dúvidas. Por isso, não ficou totalmente surpreso quando, um ano e meio depois, a mãe de 24 anos se sentou à sua frente em seu escritório e desabafou seus sentimentos:

> Meu marido perdeu sua fé na Igreja e eu não encontrei a minha. Na época do nosso casamento, sua fé já estava minada por dúvidas. Mas eu insisti no casamento católico, esperando que, com a ajuda dele, eu encontrasse a fé. Nós lemos, conversamos, pensamos e rezamos muito juntos, e o resultado é que ambos agora pensamos apenas como protestantes – ou seja, acreditamos em um Deus pessoal e rezamos a Ele, mas sem nenhum vínculo dogmático e à parte da ortodoxia protestante ou católica. Nessas

circunstâncias, consideraríamos desonesto deixar nosso filho ser batizado na Igreja Católica. Mas senti que era meu dever informá-lo disso antecipadamente.[1]

Duas semanas depois, em 9 de janeiro de 1919, Martin Heidegger decidiu escrever ao Padre Krebs e explicar a transformação pessoal e filosófica pela qual passou nos últimos dois anos.

O que causou essas mudanças em Heidegger? Foi a cataclísmica Grande Guerra, que havia terminado poucas semanas antes, custando 16 milhões de vidas? Ou seus próprios quatro meses desastrosos na Frente Ocidental, que terminaram, como se simbolicamente, com sua promoção a cabo no dia em que os generais alemães pediram um armistício? Ou o papel que desempenhou como meteorologista na preparação de ataques de gás venenoso contra soldados americanos durante seu avanço final de Verdun a Sedan no início de outubro?[2] Edmund Husserl pensaria assim. "A guerra e as dificuldades subsequentes conduzem os homens ao misticismo", ele disse alguns anos depois (13 de agosto de 1931), após seu amargo rompimento com Heidegger.[3]

Mas em sua carta de 1919 ao Padre Krebs, Martin Heidegger não fez referência a todos os eventos mundiais que haviam ocorrido nos últimos dois anos – a guerra, por exemplo, ou a Revolução Bolchevique, ou o fim da dinastia Hohenzollern e a proclamação de uma república socialista na Alemanha, ou a eclosão, em janeiro de 1919, de uma virtual guerra civil entre a Liga Spartacus de esquerda e os Corpos Francos reacionários com seus sombrios esquadrões da morte, os Feme.

Sim, eram tempos difíceis para a Alemanha, mas, em sua carta, Heidegger não mencionou nada disso. Afinal, ele era um filósofo, até com aspectos de um teólogo – em qualquer caso, um homem profundamente religioso –, e, ao escrever ao Padre Krebs, abordou o que presumivelmente

1 OTT, Hugo. *Martin Heidegger: Unterwegs zu seiner Biographie*. Frankfurt: Campus, 1988, p. 108.

2 *Ibidem*, p. 104-105. Para relatos informais sobre os efeitos desses ataques de gás nos soldados americanos, veja-se Elaine George Collins (ed.), *If Not for War*. Redwood City, Calif.: Collins, 1989, p. 86-87, 123-124.

3 CAIRNS, Dorion. *Conversations with Husserl and Fink*. The Hague: Nijhoff, 1976, p. 9.

lhe era mais importante. Desde 1916, Heidegger lecionava filosofia católica na Universidade de Friburgo, ocasionalmente em conjunto com Krebs, e construíra uma reputação como filósofo católico do futuro. Porém, agora ele tinha que contar a Krebs que havia abandonado o catolicismo dogmático tanto na filosofia quanto em sua vida pessoal:

> Friburgo, janeiro de 1919
>
> Prezado Professor,
>
> Nos últimos dois anos, deixei de lado todo trabalho científico especializado e, em vez disso, me esforcei por um esclarecimento fundamental de minha posição filosófica. Isso me levou a resultados que eu não poderia ser livre para defender e ensinar se estivesse vinculado a posições que vêm de fora da filosofia.
>
> Perspectivas epistemológicas que perpassam a teoria do conhecimento histórico tornaram o *sistema* do catolicismo problemático e inaceitável para mim – mas não o cristianismo e a metafísica, embora eu a considere em um novo sentido.
>
> Acredito que eu – talvez mais do que aqueles que trabalham oficialmente no assunto – percebi os valores que a Idade Média Católica carrega consigo, valores que ainda estamos longe de explorar verdadeiramente. Minhas investigações em fenomenologia da religião, que entrarão a fundo na Idade Média, devem provar de forma indiscutível que, ao transformar meu ponto de vista fundamental, não me deixei arrastar para abandonar meu juízo nobre e objetivo e minha estima pelo mundo da vida católico, em favor das polêmicas vazias de um apóstata amargurado.
>
> Por isso, é especialmente importante para mim – e quero lhe estender meus sinceros agradecimentos por isso – não perder o bem de sua inestimável amizade. Minha esposa, que primeiro lhe contou sobre isso, e eu também gostaríamos de preservar a confiança muito especial que compartilhamos consigo. É difícil viver como filósofo – a íntima veracidade consigo mesmo e com aqueles a quem se supõe ensinar exige sacrifício, renúncia e lutas que permanecem sempre estranhas ao "comerciante" acadêmico.

Acredito que tenho um chamado interior para a filosofia e, ao cumpri-lo na pesquisa e no ensino, um chamado para a vocação eterna do homem interior – *e apenas por isso* sinto-me chamado a realizar o que está em meu poder e, assim, justificar, perante Deus, minha própria existência e atividade.

Com cordiais agradecimentos,

Atenciosamente,

Martin Heidegger

P.S. Minha esposa envia seus melhores cumprimentos.[4]

Notamos que Heidegger não diz que perdeu sua fé religiosa ou rompeu com a visão de mundo católica e os valores que nela ele percebe. Tampouco diz que abandonou a Igreja Católica, entendida como uma comunidade de pessoas com tradições e rituais compartilhados. (Posteriormente, ele diria a um confidente que nunca tinha deixado a Igreja Católica: "*Ich bin niemals aus der Kirche getretten*" ["nunca abandonei a Igreja"].)

Na verdade, Heidegger anuncia sua ruptura com o *sistema do catolicismo dogmático* e, em específico, com sua maneira de policiar a liberdade de seus membros para pesquisar e ensinar conforme julguem adequado. Uma vez livre das restrições eclesiásticas, Heidegger pretende continuar trabalhando para resgatar o sentido que encontrou latente no cristianismo e na metafísica tradicional, mesmo que diga que agora compreende a metafísica de maneira diferente do que antes. E ele propõe apresentar os resultados positivos de suas investigações em um estudo dedicado à fenomenologia da religião.

Essa carta é um divisor de águas no desenvolvimento filosófico e religioso de Martin Heidegger, à época com 29 anos. Firme e decisivamente, isso marca o fim de sua promissora carreira como o ascendente "filósofo católico", uma reputação que vinha cultivando cuidadosamente ao redor da Universidade de Friburgo desde quando, em 1913, obteve ali seu doutorado em filosofia.[5]

---

4 Ott, *Martin Heidegger*, p. 106-107.

5 Sobre a educação e a carreira de Heidegger até julho de 1915, veja-se Thomas Sheehan, *"Heidegger's Lehrjahre"*, disponível em *The Collegium Phaenomenologicum:*

Martin Heidegger nasceu em 26 de setembro de 1889, em Messkirch, sudoeste da Alemanha, o primeiro filho de um casal católico relativamente pobre, aldeões modestos que viveram os tempos difíceis da *Kulturkampf* de Bismarck. Depois da escola primária, ele passou sete anos e meio de seu currículo acadêmico estudando para o sacerdócio católico romano: seis anos como seminarista do ensino secundário (1903-1909), duas semanas em um noviciado jesuíta (de 30 de setembro a 13 de outubro de 1909, sendo dispensado por motivos de saúde), seguido por um ano e meio de estudos de teologia na Universidade de Friburgo.

No entanto, em fevereiro de 1911, um problema cardíaco obrigou Heidegger a deixar o seminário e abandonar todos os planos de se tornar padre. Em outubro de 1911, iniciou estudos em matemática e, sob a forte influência do professor Heinrich Rickert, em filosofia. Em 26 de julho de 1913, Heidegger recebeu o doutorado em filosofia com uma dissertação intitulada "A doutrina do juízo no psicologismo".

Algumas semanas depois, membros do corpo docente da Faculdade de Filosofia, particularmente o professor de filosofia Arthur Schneider e o professor de história Heinrich Finke, começaram a preparar o promissor jovem acadêmico, então com 23 anos, para assumir a Cátedra de Filosofia Católica da Universidade de Friburgo. Conseguiu-se uma bolsa da Igreja Católica para sustentar Heidegger por dois anos, enquanto escrevia a requisitada "dissertação de habilitação" (*Habilitationsschrift*), que lhe garantiria uma licença para lecionar na universidade como *Privatdozent*, ou professor não remunerado. Os termos da bolsa estipulavam que, para receber a quantia de 1.000 marcos por ano, Heidegger tinha que prometer seguir a orientação da Igreja e "manter-se fiel ao espírito da filosofia tomista".

Além disso, os mentores de Heidegger indicaram que, se ele quisesse a cátedra de filosofia católica, deveria alterar o tema de sua dissertação de habilitação, intitulada "A essência lógica do conceito de número" (a qual refletia seu interesse na filosofia da matemática, inspirado pela leitura de Edmund Husserl e Heinrich Rickert), para um da filosofia medieval.

The First Ten Years, ed. John Sallis, Giuseppina Moneta e Jacques Taminiaux. Amsterdã: Kluwer, 1988, p. 77-137.

Heidegger decidiu escrever sobre a doutrina das categorias e do significado de Duns Scotus, baseando-se no *Tractatus de modis significandi*, que mais tarde se descobriu ter sido escrito não por Scotus (1266-1308), mas por seu seguidor, Thomas de Erfurt, por volta de 1379.

Esses eram tempos difíceis para os intelectuais católicos. Durante a maior parte do século anterior [séc. XIX], a visão de mundo católica tradicional – especial, mas não exclusivamente, sua interpretação fundamentalista da Bíblia – esteve em uma posição crítica, severamente abalada pela revolução no pensamento religioso e filosófico que o Vaticano, muito genericamente, denunciou como "Modernismo". Lançando seu contra-ataque no verão e outono de 1907, o Papa Pio X atacou as supostas tendências modernistas nos círculos universitários católicos e, no processo, mergulhou a Igreja em um de seus períodos mais sombrios e repressivos. Entre outras coisas, o Vaticano exigiu (setembro de 1910) que certos professores católicos fizessem um voto antimodernista de fidelidade às formulações tradicionais da doutrina sobre coisas como milagres, a fundação da Igreja e a natureza da fé.

Mesmo Heidegger, quando tinha 20 anos e ainda era estudante de seminário, se aliou ao Vaticano nessa questão. Ele condenou publicamente o Modernismo e defendeu a autoridade de ensino da Igreja em um discurso que fez em Hausen im Tal, perto de Messkirch, em 6 de setembro de 1909 (três semanas antes de entrar para os jesuítas), e em um artigo publicado na revista católica conservadora *Der Akademiker*, em maio de 1910.[6]

No entanto, quatro anos depois, enquanto estava envolvido na escrita de sua dissertação de habilitação, Heidegger aparentemente começou a sentir os efeitos da cruzada antimodernista da Igreja e mudou de ideia. Em uma carta ao seu amigo Padre Krebs (julho de 1914, apenas duas semanas antes do início da Grande Guerra), ele comentou ironicamente como o Vaticano poderia garantir a conformidade entre os intelectuais

6 FARIAS, Victor. *Heidegger et le nazisme*. Tradução inglesa de Myriam Benarroch e Jean-Baptiste Grasset. Lagrasse: Verdier, 1987, p. 51-52. Veja-se também: Ott, *Martin Heidegger*, p. 63-64.

católicos: "a demanda filosófica poderia ser atendida instalando máquinas de venda na estação de trem (gratuitamente para os pobres)" e "todos aqueles que sucumbissem a ter pensamentos independentes poderiam ter seus cérebros retirados e substituídos por espaguete".[7]

Não obstante, Heidegger, na incessante busca pela cátedra de filosofia católica, continuou assegurando aos escritórios administrativos da arquidiocese católica de Friburgo, por escrito e presumivelmente com convicção, que seu trabalho acadêmico seria dedicado a "pesquisar e ensinar a filosofia cristã-escolástica" (20 de setembro de 1914), que ele se via "a serviço da filosofia cristã-escolástica e da visão de mundo católica" (23 de novembro de 1914), e que sua carreira filosófica seria dedicada a "tornar as riquezas intelectuais armazenadas no escolasticismo disponíveis e utilizáveis para a batalha espiritual do futuro acerca do ideal de vida cristão-católico" (13 de dezembro de 1915). Além disso, em um *curriculum vitae* manuscrito que apresentou ao departamento de filosofia em 2 de julho de 1915, ele declarou que suas "convicções filosóficas fundamentais [permanecem] aquelas da filosofia aristotélico-escolástica" e que sua obra seria dedicada (aqui encontramos um leve afastamento do neoescolasticismo em direção a Husserl) a "uma apresentação abrangente da lógica e da psicologia medievais à luz da fenomenologia moderna".[8]

Por isso, um ano após concluir com sucesso sua dissertação sobre filosofia medieval e após lhe ser dito por três anos que era o favorito interno para a cátedra de filosofia católica da Universidade de Friburgo, foi um grande choque e uma amarga decepção para Martin Heidegger quando, em junho de 1916, viu o departamento de filosofia conceder a cátedra a Josef Geyser, um professor neoescolástico de segunda categoria da Universidade de Münster.

Parece que, entre junho de 1916 e março de 1917, Heidegger passou pela conversão pessoal e filosófica que culminou em seu abandono do catolicismo dogmático. Vários fatores, incluindo uma crise pessoal de fé, contribuíram para essa virada protestante.

7 A carta completa está traduzida em Sheehan, *"Heidegger's Lehrjahre"*, p. 113.
8 *Ibidem*, p. 114, 137 n. 178, e 80-81.

Em primeiro lugar (e provavelmente relacionado à sua decepção por ter sido preterido para a cadeira católica), havia a crescente tensão que Heidegger sentia entre, por um lado, a conformidade à autoridade eclesiástica exigida pela campanha antimodernista do Vaticano e, por outro, a "veracidade interior consigo mesmo e com aqueles que se supõe ensinar" (como ele diria mais tarde ao Padre Krebs), que era exigida por sua vocação à filosofia. É significativo que o *Privatdozent* Heidegger, após um ano ministrando cursos de filosofia católica, tenha passado o verão de 1917 lendo o teólogo protestante Friedrich Schleiermacher (1768-1834) e estudasse, em breve, Martinho Lutero.

Outro fator foi o encontro de Heidegger com Edmund Husserl, que chegou à Universidade de Friburgo, em abril de 1916, para assumir a cadeira de filosofia não-católica. Os primeiros encontros pessoais de Heidegger com Husserl, de julho de 1916 até o outono de 1917, foram decepcionantes. Certamente, Husserl ficou feliz em ajudar o jovem a conseguir algum lugar de ensino de meio período na universidade. No entanto, ele leu desinteressadamente a dissertação de habilitação de Heidegger e, em outubro de 1917, enviou ao Professor Natorp, da Universidade de Marburgo, uma avaliação sem entusiasmo, na melhor das hipóteses, das perspectivas de Heidegger como acadêmico.[9]

Novamente, uma das principais questões era a religião. Husserl, que se autodenominava um "cristão livre" e um "protestante não-dogmático" e que certa vez denunciou o que nomeou de "Internacional Católica", era veementemente contra a interferência eclesiástica na investigação filosófica. "O trabalho científico seria privado de sua liberdade", disse ele em 16 de janeiro de 1920, fazendo referência explícita ao Vaticano, "se tivéssemos que temer ser censurados por alguma comissão instruída". O ponto é que, até outubro de 1917, Husserl, não estando familiarizado com a transformação religiosa pela qual Heidegger passava, pensava que o jovem docente ainda se apresentava em Friburgo como um filósofo católico.[10]

---

9 Veja-se Thomas Sheehan (ed.), *Heidegger, the Man and the Thinker*. Chicago: Precedent, 1981, p. 7-8.

10 Quanto às citações neste parágrafo, veja-se Thomas Sheehan, "Heidegger's 'Introduction to the Phenomenology of Religion', 1920-1921", *Personalist*, 60 (julho de 1979): 312-324, p. 314; e Ott, *Martin Heidegger*, p. 113, 110.

Somente entre novembro e dezembro de 1917 é que Husserl soube por seu aluno, Heinrich Ochsner, que era um amigo íntimo de Heidegger, como as visões deste sobre o catolicismo haviam mudado radicalmente. Esse foi o ponto de virada. Husserl então começou a se abrir para Heidegger tanto pessoal quanto profissionalmente. No entanto, após apenas algumas semanas, os contatos pessoais diretos entre eles foram interrompidos quando Heidegger foi convocado, em 17 de janeiro de 1918, para o serviço militar ativo e, posteriormente, no final de agosto de 1918, foi enviado para o Fronte Ocidental.[11]

De qualquer forma, Husserl ficou claramente satisfeito quando pôde finalmente anunciar ao Professor Natorp que, até 1917, o jovem Dr. Heidegger havia "se libertado do catolicismo dogmático" e havia "se retirado – clara, energética e ainda com sutileza – da carreira segura e fácil de um 'filósofo da visão de mundo católica'". Mas a mudança não foi fácil. Em uma carta ao Professor Rudolf Otto, também da Universidade de Marburgo, Husserl lembraria – como se descrevesse a conversão de um moderno Santo Agostinho – os tempos difíceis pelos quais Heidegger passou e as "difíceis lutas interiores" que o levaram a "mudanças radicais em [suas] convicções religiosas fundamentais". Porém, o resultado, escreveu Husserl, foi feliz: Heidegger havia "migrado para o terreno do protestantismo".[12]

Sem dúvida, seu romance, durante o verão de 1916, com a estudante protestante Thea Elfride Petri, ajudou o atribulado jovem acadêmico a traçar seu curso através da crise. Estudante de economia, ela vinha acompanhando seus cursos de filosofia desde o outono de 1915. No final do verão de 1916, estavam de férias juntos em Reichenau; no Natal, estavam noivos; e três meses depois – ambos em profunda crise religiosa – estavam casados.

11 De acordo com as declarações escritas que ele fez em 1915 e 1928, Heidegger já havia servido no exército três vezes antes, uma vez como voluntário (2 a 10 de agosto de 1914) e duas vezes como convocado (2 a 10 de outubro de 1914 e de 18 de agosto a 16 de outubro de 1915), sendo dispensado todas as vezes por motivos de saúde. Veja-se a documentação em Sheehan, *"Heidegger's Lehrjahre"*, p. 119 n. 2, 121 n. 13.

12 Veja-se Sheehan, *"Heidegger's 'Introduction to the Phenomenology of Religion'"*, p. 313-314.

O fenomenólogo radical

Em 7 de fevereiro de 1919, em meio ao caos social e político do colapso e regeneração da Alemanha, Heidegger iniciou, com grande determinação, suas primeiras preleções após a guerra. "Hoje, não estamos prontos para uma reforma *real* da universidade", anunciou aos seus estudantes. "E amadurecer o suficiente para a tarefa levará uma *geração inteira*" (GA 56/57, 4).[13]

Esses eram tempos difíceis para a Alemanha, tanto econômica quanto politicamente. Esquadrões da morte de extrema direita haviam acabado de assassinar Rosa Luxemburgo e Karl Liebknecht, e os corpos de outras vítimas de esquerda estavam aparecendo aos montes. A moeda estava perdendo valor e, em novembro de 1923, tinha um câmbio de 4,4 trilhões por dólar. A Conferência de Paz de Versalhes estava ocupada reduzindo 10% da população da Alemanha, 13% de seu território nacional e 100% de suas colônias, bem como impondo (além da dívida de guerra da Alemanha, que havia reduzido a riqueza nacional em 25%) uma conta de reparações de guerra que valia, nas taxas de câmbio atuais, 220 bilhões de dólares.[14]

Renovar a nação, em geral, e a universidade, em específico, afirmou o *Privatdozent* Heidegger, no primeiro dia de aula, exigiria um "retorno às origens autênticas do espírito", o que não significava voos de teoria rarefeita, mas uma imersão concreta nas experiências práticas da vida real para chegar ao cerne do que significa ser autenticamente humano. "Homem, torne-se essencial!" exclamou, citando o místico alemão Angelus Silesius (1624-1677). E citando uma figura um tanto mais conhecida: "quem puder compreender isso, que compreenda!" (5).

O que estava acontecendo? Certamente, a intensidade impetuosa do estilo de aula de Heidegger anunciava que havia uma nova força a ser reconhecida na Universidade de Friburgo. Mas algo mais estava em curso. Apenas duas semanas antes, logo após sua "carta de renúncia" ao Padre Krebs,

---

13 A menos que estejam anotadas de outra forma, todas as referências de página nesta seção são de GA 56/57.

14 BERGHAHN, V. R. *Modern Germany: Society, Economy, and Politics in the Twentieth Century*, 2 ed. Cambridge: Cambridge University Press, 1987, p. 72.

Heidegger fora nomeado o novo professor assistente de Edmund Husserl, ocupando o lugar deixado por Edith Stein. E, no entanto, quase tudo o que o jovem professor tinha a dizer em seu primeiro curso, "A ideia da filosofia e o problema da visão de mundo", parecia rejeitar, ou pelo menos reinterpretar radicalmente, as próprias posições de Husserl sobre a fenomenologia.

O principal ataque de Heidegger foi à primazia que Husserl atribuía à teoria sobre a vivência e ao ego transcendental puro, a que, neste ponto, Heidegger chamou de "ego histórico" e "ego da situação" (205-206) e que, mais tarde, ele nomearia de "*Dasein*". "Encontramo-nos em uma encruzilhada metodológica", disse em 14 de março, "onde será decidido se a filosofia viverá ou morrerá" (63). E tudo depende de esclarecer primeiro qual é o verdadeiro tema da filosofia. "O que está atrapalhando a verdadeira problemática não é apenas o naturalismo, como alguns pensam", afirmou com referência explícita a Husserl, "mas a dominação geral e a primazia do *teórico*" (87).

Para Heidegger, a orientação teórica do ego puro da fenomenologia husserliana tira a vitalidade do *Umwelt* [mundo circundante] ricamente texturizado, o mundo circundante da vivência (*Erleben*), no qual originariamente existimos e realizamos tarefas práticas. Neste mundo circundante, as coisas não estão apenas "aí" e não têm "valor", a princípio. Sequer são apenas "coisas". Elas são "o *significativo* – isso é o que vem primeiro. [...] Quando você vive no mundo circundante, tudo lhe vem carregado de sentido, por toda parte e o tempo todo, tudo é tomado pelo mundo, '*mundifica-se*'" (73). Aqui, não nos conhecemos como egos que observam os entes ao nosso redor. Pelo contrário (essa era a releitura de Heidegger da intencionalidade), somos o ato de "*viver em direção a algo*", o que não tem "absolutamente nada a ver com um *ego*" (68-69). E este nível originário de experiência é intensamente pessoal: "somente nas ressonâncias do próprio 'eu' individual algo circundante é experienciado, apenas aí 'mundifica-se', e onde e quando o mundo acontece para mim, de alguma forma, *eu* estou inteiramente aí" (73; para a discussão de Heidegger sobre socialidade, veja-se 210).

Contudo, este mundo circundante, ricamente texturizado, perde toda vida (*ent-lebt*), significado (*ent-deutet*) e história (*ent-geschichtlich*) quando é infectado (*Infizierung*) pela teoria (89). O "acontecimento" (*Ereignis*) dinâmico, pessoal e histórico do mundo, intimamente ligado ao viver e se apropriar da própria vida, é reduzido a um "processo" (*Vorgang*) de conhecimento objetivo. Por fim, o ser humano é reduzido a um nível de experiência que é "absolutamente sem mundo, alheio ao mundo, uma esfera onde o fôlego lhe é tirado e não se pode viver" (75, 78, 112; cf. 205). "Nos atos teóricos, deixo minha vivência para trás. Certamente, algo do vivencial ainda vem comigo – mas ninguém sabe o que fazer com isso, então, inventam-lhe o conveniente rótulo de 'irracional'" (117).

Para preservar o mundo circundante da vivência dos estragos da teorização, incluindo o mundo da experiência religiosa (207, 211), Heidegger reinterpretou radicalmente o "princípio de todos os princípios" que Husserl estabeleceu para a fenomenologia no §24 de suas *Ideias para uma fenomenologia pura e para uma filosofia fenomenológica* (1913). Se, segundo o mestre, a intuição imediata é o ponto de partida da fenomenologia, então essa intuição ("mesmo que Husserl não diga isso em tantas palavras") não é algum tipo de comportamento teórico, mas uma "intuição que compreende, uma *intuição hermenêutica*", da qual a teoria é apenas um resíduo que precipita (117). Essa intuição hermenêutica, que já compreende o mundo antes de qualquer teorização e que é o fundamento de todo o rigor que a fenomenologia reivindica para si, é

> a intenção originária da vida autêntica, o comportamento originário da vivência e da vida enquanto tal, a absoluta *simpatia com a vida* que é idêntica à vivência. Antes de qualquer outra coisa – ou seja, se seguirmos esse caminho longe da teoria e cada vez mais nos libertarmos dela – *vemos* sempre esse comportamento fundamental, temos uma orientação *para* ele. Este comportamento fundamental é absoluto, mas apenas se vivemos nele diretamente. E nenhum sistema conceitual, por mais elaborado que seja, pode alcançá-lo. Apenas a vida fenomenológica, à medida que se intensifica continuamente, pode chegar a ele (110).

Mas esse *Urhabitus*, ou modo-de-ser fundamental, que Heidegger chama de vida fenomenológica, "não pode ser adquirido de um dia para o outro, como se se vestisse um uniforme". Não se trata de um método e não tem nada a ver com adotar "pontos de vista" (isso, diz ele, seria o "pecado mortal" que arruína tudo). Pelo contrário, a fenomenologia, assim como a vivência, "pode se tornar autêntica e se provar apenas por si mesma", ou seja, apenas em seu *viver* (110).

Isso era bastante ousado, mas não prometia uma adesão fiel à tradicional fenomenologia husserliana. Em todo caso, Heidegger não apenas continuou o ataque durante o semestre seguinte em seu curso "Fenomenologia e filosofia transcendental do valor" (de 9 de maio a 25 de julho de 1919), mas até mesmo deixou Husserl saber sobre o que afirmava. Em meados de junho, em um dos encontros matinais de sábado que Husserl costumava realizar em sua casa em Friburgo com seus colegas mais próximos, Heidegger disse publicamente a Husserl que o tão aclamado ego puro da fenomenologia husserliana era "derivado" do ego histórico pela "repressão" da historicidade e da concretude, e que o ego puro se limitava ao papel de ser o "sujeito" apenas de "atos teóricos".[15]

Alguns anos depois, Husserl diria que, naqueles primeiros anos, pensava que Heidegger realmente concordava com ele (Husserl costumava dizer a Heidegger: "você e eu somos a fenomenologia") e que o único problema era que ele não entendia a linguagem de Heidegger.[16] Porém, o jogo já estava claramente decidido desde o início, embora Husserl tenha levado mais dez anos (até o verão de 1929) para perceber o quanto Heidegger tinha realizado sozinho.

Qual caminho Heidegger tomou? Desde seus estudos de doutorado, Heidegger foi cativado não pela obra *Ideias* de Husserl, com sua virada neokantiana em direção à subjetividade transcendental, e muito menos pela virada cartesiana nos anos 1920, mas pela obra inicial e inovadora do mestre, *Investigações lógicas* (1900-1901). Nela, Husserl aprimorou a noção de intencionalidade de Franz Brentano – a ideia de que todos os atos

15 Veja-se a carta de Gerda Walther para Alexander Pfänder, de 20 de junho de 1919, Arquivos de Husserl, Leuven, citada em "'Introductory Note' to Martin Martin Heidegger, 'The Understanding of Time in Phenomenology and in the Thinking of the Being-Question'", *Southwestern Journal of Philosophy,* 10 (verão de 1979): 199-200, p. 199.

16 Cairns, *Conversations with Husserl and Fink*, p. 9, 106.

mentais se caracterizam pelo direcionamento a um objeto intencionado – e consolidou isso na problemática fundamental da *correlação fenomenológica* entre os atos intencionais e os objetos mentais que eles revelam. E Husserl fez isso especificamente com referência a atos de intencionalidade lógico-teóricos e seus correlatos lógico-teóricos. No entanto, Heidegger deu pelo menos sete passos importantes em comparação com o trabalho inicial de Husserl e seus interesses teóricos.

Em primeiro lugar, Heidegger voltou-se para os gregos antigos e passou a entender a relacionalidade intencional da fenomenologia husserliana apenas como uma transposição imperfeita do que Aristóteles já havia elaborado em termos de atos humanos de "descerrar" o ente (em grego: *aletheuein*). Assim, "o que investigações fenomenológicas recentemente descobriram como sendo a postura subjacente do pensamento acaba por ser o aspecto fundamental do pensamento grego, com efeito, da filosofia como tal" (SD, 87; TB, 79).

Além disso, enquanto os interesses de Husserl pela intencionalidade permaneciam focados principalmente no comportamento teorético, Heidegger começou a investigar os atos intencionais *pré*-teoréticos operantes na vivência cotidiana, como trabalho, conversa, ocupação consigo mesmo e fé. Ele sustentou que primeiro encontramos as coisas em contextos históricos de significação, que estão, a princípio, relacionados com nossas ocupações pré-teoréticas e interesses práticos. E, nesse ponto, está em ação um *logos* "hermenêutico" mais originário: conhecemos os objetos presentes da ocupação prática ao alcançar os propósitos e objetivos antecipadamente compreendidos "além" deles. Heidegger afirmou encontrar pistas para essa compreensão "hermenêutica" imediata nas análises de Aristóteles sobre o agir autorreferencial (*praxis-phronesis*) e o criar (*poiesis-techne*) na *Ética a Nicômaco* VI.[17]

17 Heidegger abordou amplamente o tema na primeira parte de seu curso *Interpretation platonischer Dialoge (Sophistes, Philebus)* [*Interpretação de diálogos platônicos (Sofista, Filebo)*], semestre de inverno de 1924/1925, e resumiu-o em sua conferência *Dasein und Wahrsein nach Aristoteles: Interpretationen von Buch VI der Nikomachischen Ethik* [*Ser-aí e ser-verdadeiro segundo Aristóteles: interpretações do Livro VI da Ética a Nicômaco*], ministrada na Universidade de Colônia em 2 de dezembro de 1924, a convite de Max Scheler.

Em segundo lugar, Husserl já havia argumentado nas *Investigações lógicas* VI, 6, que a intencionalidade ou o comportamento que descerra revela não apenas entes, mas também, e sobretudo, a *essência* do ente, seu "ser". Seguindo Husserl, Heidegger interpretou esse "ser" (*Sein* ou *Seiendheit*) não mais objetivamente como a quididade do ente, como boa parte da metafísica tradicional fez. Pelo contrário, ele o leu fenomenologicamente, ou seja, em correlação com os atos de intencionalidade que descerram, como se referindo ao "como" (*das Wie*) ou ao "modo de ter" (*die Habe*) dos entes: o modo como, a qualquer momento, eles são descerrados para... e são "tidos" nas ações humanas que correalizam esse descerramento. Mas, uma vez que a atividade prática diz respeito à antecipação prévia de um objetivo ou propósito, os modos originários do ser de um ente não são os modos de presença do "estar aí" diante de um sujeito estático, mas, na verdade, os modos orientados-para-o-futuro do "ser para" os propósitos postulados pela existência humana que supera a si mesma.

Terceiro, a intensa releitura heideggeriana da filosofia grega, em geral, e da *Metafísica* IX, 10, em específico, conduziu-o ao princípio mais importante, embora implícito, do pensamento grego, a saber, que os entes, à medida que são "naturais" (*physei on*), apresentam-se intrinsecamente a si mesmos, ou seja, são acessíveis e compreensíveis – *on hos alethes* – mesmo que essa acessibilidade e compreensibilidade sejam sempre permeadas pela finitude.

Em quarto lugar, Heidegger conjugou essa perspectiva "aletheiológica" dos gregos com aquelas perspectivas fenomenológicas que aprendeu com Husserl e Aristóteles: os entes se descerram a si mesmos (*alethes*) apenas na medida em que estão em *correlação* com os vários modos de correalização humana de descerramento (*aletheuein*), sobretudo os modos práticos. Assim, a correlação fenomenológica se tornou a correlação "aletheiológica" e Heidegger a encontrou já nomeada, em Heráclito, como *logos* (Frag. 50) e *physis* (Frag. 123), e, em Parmênides, como a "identidade" (*to auto*) do pensar e do ser (Frag. 3). Esse "evento" de compreensibilidade em sua facticidade se tornou, para Heidegger, a "coisa mesma" que a filosofia tinha de interrogar. Ele pensava que era o *a priori* originário, o "princípio" de tudo a respeito do mundo humano, e, portanto (para aqueles com sensibilidade para isso), o fato mais óbvio de todos.[18] Mesmo assim, ele geralmente é ignorado, não por alguma falha humana, a princípio, mas, acima de tudo, porque "prefere se ocultar" (Heráclito, Frag. 53), no sentido de ser, no fim das contas, insondável. Em todo caso, o "acontecimento" dessa correlação – o apoderamento sempre-já operante, do essencial caráter-de-em-conjunto do comportamento humano que descerra e dos entes *qua* acessíveis – consiste no que Heidegger, de forma hesitante em seus primeiros cursos e audaciosa em seus escritos finais, chamou de *Ereignis*.

Em quinto lugar, visto que a intencionalidade revela o ser do ente, a fenomenologia se tornou, para Heidegger, apenas um método para explorar mais profundamente a questão não resolvida da metafísica sobre a essência ou o sentido do ser, ou seja, sobre a unidade analógica subjacente a todos os diversos modos de ser do ente. No entanto, dada sua leitura fenomenológica da tradição, Heidegger então reformulou a questão sobre o sentido do ser naquela sobre a essência da correlação fenomenológica, isto é, sobre a unidade analógica subjacente a todos os modos possíveis nos quais os entes podem se fazer presentes e, assim, serem humanamente apropriados. Se o "mundo" humano é, no fundo, uma questão da correlação que descerra, ou *aletheia*, então como a *aletheia* vem à tona? Qual é a essência, a proveniência e a "causa" do descerramento do ente que acontece na e com a natureza humana?

Sexto, ao trabalhar a essência dessa correlação fenomenológico-aletheiológica a partir da natureza humana e de sua compreensão "hermenêutica" pré-teorética das coisas (como ele fez principalmente na década de 1920), Heidegger se aprofundou nas estruturas husserlianas da consciência intencional pura com sua suposta imanência, autotransparência e autodoação apodítica, detalhando os aspectos mais primordiais da queda e da finitude, da mortalidade e da temporalidade, que ele viu

18 Veja-se *Física* B 1 193b 3-6 e *Metafísica* 1006a 5-11. Veja-se também a citação de GA 56/57, 110, presente acima, onde Heidegger diz que "nós *vemos* sempre esse comportamento fundamental...".

como a essência *a priori* ou "destinada" da existência humana e de suas compreensões hermenêuticas.

Em sétimo lugar, ao desenvolver a questão sobre a essência da correlação que descerra, com ênfase em como isso acontece (a questão do *Ereignis*, que ele abordou explicitamente na década de 1930), Heidegger percebeu que o *dar-se a priori*, fático e inexplicável da correlação – seu "destino", atrás do qual não se pode ir – estava ele mesmo relacionado à finitude *a priori*, fática e inexplicável que é a essência da existência humana. A essa situação – o destino insondável da correlação fenomenológica em conjunto com o destino inexplicável da finitude humana –, ele chamou de *lethe* no cerne da *aletheia*.

Heidegger se ocupou dessas questões por um período de sete anos, primeiro em Friburgo, onde permaneceu como *Privatdozent* e assistente de Husserl de 1919 até 1923, e depois em Marburgo, onde foi nomeado professor associado no outono de 1923 e lecionou até o verão de 1928. Entre 1916 e 1917, Heidegger não publicou absolutamente nada e, aos olhos de alguns colegas, isso o impediu de ser nomeado para a cátedra de filosofia que Nicolai Hartmann estava prestes a deixar vaga na Universidade de Marburgo no outono de 1925.

Porém, Edmund Husserl saiu em defesa de Heidegger. Em uma carta ao Professor Jaensch da Faculdade de Filosofia de Marburgo (30 de junho de 1920), ele afirmou que, "na nova geração, [Heidegger] é a única personalidade filosófica com uma originalidade tão criativa e talentosa". "Aos meus olhos", escreveu Husserl, "Heidegger é, sem dúvida, o mais significativo daqueles que estão em ascensão" e está "predestinado a ser um filósofo de grande estilo. [...] Ele ficou em silêncio por anos para estar apto a publicar apenas o que está completamente maduro e é definitivamente convincente. Suas publicações, que em breve serão lançadas, mostrarão o quanto ele tem a dizer e o quão original é".[19]

---

19 A carta manuscrita por Husserl e enviada de Friburgo, datada de terça-feira, 30 de junho de 1925, em resposta à carta de Jaensch de 24 de junho, destinava-se a responder à pergunta levantada pelo Professor Wedekind na reunião de 24 de junho da Faculdade de Filosofia de Marburgo sobre o quão pouco Heidegger havia publicado. A carta de Husserl e outros documentos relacionados à candidatura de Heidegger para a cátedra de Hartmann

Apesar da sonora recomendação de Husserl, Heidegger não conseguiu a nomeação. No entanto, sua reputação como fenomenólogo radical continuou a crescer. No final de abril de 1927, a pergunta de Heidegger sobre a essência da correlação fenomenológico-aletheiológica veio à tona – um pouco prematuramente, como ele mesmo mais tarde admitiu – em sua obra mais famosa, *Ser e tempo*. A fama desse livro lhe garantiu a nomeação para a cátedra de Hartmann em Marburgo, no outono de 1927, e, em seguida, no outono de 1928, para a posição que ele mais almejava: sucessor de Husserl na cátedra de filosofia da Universidade de Friburgo.

Levaria dois anos até Husserl ler *Ser e tempo* e só então perceber o quanto o caminho de Heidegger se afastou do seu. Mesmo antes disso, porém, tensões pessoais estavam se criando entre esses dois fenomenólogos tão distintos, agora juntos na mesma cidade provinciana de Friburgo, um aposentado, o outro no auge de sua carreira. Husserl começou a suspeitar de seu pupilo; Heidegger, a evitar seu antigo mestre; e, para piorar, suas esposas pareceram perder a afinidade.

Mas eles mantiveram as aparências. Em 8 de abril de 1929, celebrou-se o septuagésimo aniversário de Husserl, e Heidegger, em nome dos colaboradores mais próximos de Husserl, ofereceu-lhe publicamente um *Festschrift*, uma coletânea de ensaios em sua homenagem. Entretanto, o breve discurso de Heidegger nesta ocasião festiva estava repleto de ambiguidade e dava fortes indícios de que ele acreditava estar deixando o mestre para trás. Ele disse, em um trecho:

> Os trabalhos que estamos lhe oferecendo são apenas um testemunho de que *queremos* seguir sua orientação, não uma prova de que tivemos êxito ao fazê-lo. Pois não é o caso de que sua investigação

---

estão no *Staatsarchiv Marburg, "Akten der Philipps-Universität Marburg: Philosophie und Pädagogik, 1922–1943"* (Bestand 307d: Acc. 1966/10, n. 28) e *"Akten Universität Marburg betreffend die Professoren der philosophischen Fakultät..."* (305a: Acc. 1950/9, n. 646). Veja-se Thomas Sheehan, "'Time and Being', 1927–1928", disponível em *Thinking about Being: Aspects of Heidegger's Thought*, ed. Robert W. Shahan e J. N. Mohanty (Norman: University of Oklahoma Press, 1984), p. 180-183; e Theodore Kisiel, "Why the First Draft of *Being and Time* Was Never Published", *Journal of the British Society for Phenomenology*, 20 (janeiro de 1989): 3-22, p. 31.

> tenha, em primeiro lugar, criado um espaço totalmente novo para o questionar filosófico, com novas demandas, avaliações transformadas, um novo olhar para os poderes ocultos da grande tradição da filosofia ocidental? Sim, precisamente isso![20]

A mensagem de Heidegger foi clara e Husserl finalmente a entendeu. Dois meses depois, tendo afinal lido *Ser e tempo* durante as férias no Lago de Como (julho-agosto de 1929), Husserl pegou um lápis e escreveu na página de título, sem dúvida com tristeza, "*Amicus Plato, magis amica veritas*": "Platão é meu amigo, mas a verdade é uma amiga maior".[21]

O ativista político

Quatro anos depois, a Alemanha estava em revolução, mas não para melhor. Em 30 de janeiro de 1933, o Presidente Paul von Hindenburg nomeou Adolf Hitler chanceler da República Alemã. Passado um mês, após o incêndio do edifício do Reichstag em 27 de fevereiro de 1933, Hitler conseguiu que o Parlamento suspendesse a Constituição Alemã e a substituísse por um estado de emergência permanente, no qual direitos civis fundamentais como a liberdade de expressão, a liberdade de reunião e a privacidade das correspondências foram cancelados. No intervalo de uma semana (7 de março), Hitler prendeu todos os oitenta e um deputados comunistas que, no dia anterior, tinham sido devidamente eleitos para o Reichstag e os confinou nos recém-abertos campos de concentração. Em 23 de março, o Reichstag aprovou a Lei de Concessão, dando plenos poderes legislativos a Hitler, e, com isso, nasceu a ditadura nazista. A isso se seguiu, em 5 de abril, as "leis de purificação" nazistas, destinadas a excluir judeus e marxistas do funcionalismo público.

Então, na segunda-feira, 1 de maio – um dia antes de Hitler prender centenas de líderes trabalhistas e os jogar em campos de concentração –, Martin Heidegger, o recém-eleito reitor da Universidade de Friburgo,

20 HEIDEGGER, Martin. "Edmund Husserl zum 70. Geburtstag", *Akademische Mitteilung: Organ für die gesamten Interessen der Studentschaft an der Albert-Ludwigs-Universität in Freiburg/Br.*, 4. Folge, 9. Semester, 4 (14 de maio de 1929): 46-47, p. 46.

21 Cf. *Ética a Nicômaco*, A6 1096a 14-17.

juntou-se muito ostensivamente ao Partido Nacional Socialista dos Trabalhadores Alemães.

No mesmo dia, o Professor Emérito Edmund Husserl e sua esposa Malvine, que estavam de férias perto de Locarno, receberam uma carta da Sra. Elfride Heidegger, datada de 28 de abril. Eram tempos difíceis para os judeus. Devido às "leis de purificação", Husserl, que nasceu judeu e se converteu ao protestantismo em sua juventude, fora forçado a renunciar à Universidade de Friburgo duas semanas antes. Nesses tempos difíceis, escreveu a Sra. Heidegger, ela e seu marido queriam confirmar aos Husserl sua gratidão contínua por toda a ajuda no passado.

Husserl estava próximo da raiva. Em 4 de maio, Husserl escreveu ao seu velho amigo, Professor Dietrick Mahnke, da Universidade de Marburgo, para contar o que sentia. Muitos de seus alunos e colegas ao longo dos anos haviam sido um consolo para ele, escreveu, mas,

> com outros, sofri as piores experiências – o último caso (e o mais doloroso) foi Heidegger: o mais difícil, porque eu depositei confiança (que não consigo mais entender) não apenas em seu talento, mas também em seu caráter. A conclusão mais lamentável dessa suposta íntima amizade entre filósofos foi sua entrada pública no partido nazista (muito teatral, de fato) em 1 de maio. Antes disso, houve sua ruptura comigo iniciada por ele (de fato, logo após sua nomeação [em Friburgo]) e, nos últimos anos, seu antissemitismo, que ele passou a expressar com vigor crescente – até mesmo contra o grupo de seus alunos mais entusiasmados, bem como ao redor do departamento. Foi difícil superar isso.[22]

Heidegger vinha apoiando o partido nazista nas urnas pelo menos desde a primavera de 1932 e, em 1936, disse ao seu ex-aluno Karl Löwith que o fundamento para seu envolvimento político com os nazistas era seu conceito filosófico muito central de "historicidade" (*Geschichtlichkeit*).[23] Embora pareça que ele não tenha aceitado a ideologia do partido em

---

22 O texto alemão está disponível em Bernd Martin (ed.), *Martin Heidegger und das "Dritte Reich": Ein Kompendium*. Darmstadt: Wissenschaftiche Buchgesellschaft, 1989, p. 149.

23 LÖWITH, Karl. *Mein Leben in Deutschland vor und nach 1933*. Stuttgart: Metzler, 1986, p. 57.

sua totalidade, Heidegger apoiou fortemente seu anticomunismo. Ele entendia o nazismo como uma força para destruir o marxismo e como um meio para concretizar a visão ultraconservadora de um de seus teóricos políticos favoritos, Friedrich Naumann (1860-1919), ou seja, um nacionalismo forte combinado com um "socialismo" militantemente anticomunista sob a orientação de um líder carismático. O objetivo era criar um império central europeu que preservasse o espírito e as tradições da Alemanha wilhelmiana contra o que Heidegger entendia como o avanço devastador da técnica global.[24]

De abril de 1933 a abril de 1934, Heidegger atuou como reitor severo e controverso da Universidade de Friburgo, emprestando, nos primeiros meses de seu mandato, não apenas seu nome e seus esforços para a revolução nazista, mas também se tornando um propagandista eloquente da política externa e interna de Hitler. Durante esse período, ele correu para estabelecer o princípio do *Führer* na Universidade (1 de outubro de 1933), tornando-se, assim, o ditador virtual do campus. Ele aplicou as "leis de purificação" nazistas ao corpo discente da Universidade de Friburgo (3 de novembro) e, com isso, acabou com a ajuda financeira para "estudantes judeus ou marxistas" ou qualquer pessoa que se enquadrasse na descrição de "não-ariano" na lei nazista. No mesmo dia, disse aos estudantes reunidos que "o próprio *Führer*, e somente ele, *é* a realidade alemã e sua lei, hoje e para o futuro", e uma semana depois (10 de novembro), foi à rádio instar a ratificação da retirada da Alemanha da Liga das Nações por parte de Hitler.[25]

Em privado, ele se envolveu no trabalho mais desprezível de informante nazista. Em 29 de setembro de 1933, denunciou secretamente um colega, o Professor Hermann Staudinger, por ter sido pacifista durante a Grande Guerra, e quando a Gestapo confirmou sua informação, Heidegger pediu silenciosamente ao governo que demitisse o homem sem pensão (10 de fevereiro de 1934). Também escreveu uma carta secreta e condenatória

24 Veja-se Thomas Sheehan, "Heidegger and the Nazis", *Nova Iorque Review of Books*, 16 de junho de 1988, p. 44.

25 Estes textos estão publicados em Guido Schneeberger, *Nachlese zur Heidegger: Dokumente zu seinem Leben und Denken*. Berna: Suhr, 1962, p. 136-137, 144-146.

ao chefe de uma organização nazista contra um antigo amigo e colega de trabalho, o Professor Eduard Baumgarten (que, segundo ele, "frequentava muito ativamente o Comunidade Judaica"), e, assim, ajudou a suspender o homem do emprego de professor (16 de dezembro de 1933). Mais tarde, em 1938, ele impediu que o jovem Max Müller conseguisse um cargo acadêmico, informando a administração da Universidade de Friburgo que Müller "encarava desfavoravelmente" o regime nazista.[26]

E quase sempre imperceptivelmente, havia o cheiro do antissemitismo. Em 2 de outubro de 1929, uns três anos antes de Hitler chegar ao poder, ele escreveu uma carta à Sociedade de Apoio à Ciência Alemã recomendando seu assistente, o mesmo Eduard Baumgarten (quando ainda eram amigos), apresentando suas razões de por que a Sociedade deveria ajudar financeiramente este jovem acadêmico, que não era judeu:

> Nesta carta, eu gostaria de dizer mais claramente o que só poderia apontar indiretamente em meu relatório: não é nada menos que a consideração urgente de que estamos diante de uma escolha, por um lado, proporcionar à nossa vida intelectual *alemã* uma vez mais verdadeiros talentos e educadores radicados em nosso próprio solo, ou, por outro, entregar essa vida intelectual de uma vez por todas à crescente influência dos judeus [*Verjudung*], em sentido amplo e estrito. Encontraremos nosso caminho de volta apenas se pudermos, sem interrupção e sem argumentos inúteis, auxiliar os talentos em seu desenvolvimento.
>
> Considerando este importante objetivo, ficaria especialmente grato se o Sr. Baumgarten, a quem escolhi para ser meu assistente, pudesse ser auxiliado com uma bolsa.[27]

E, em 1 de julho de 1933, em algo que pareceria ser uma expressão típica de sua mente, Heidegger anunciou sua crença de que "há uma perigosa

---

26 MARTIN, Bernd; SCHRAMM, Gottfried. "Ein Gespräch mit Max Müller", *Freiburger Universitätsblätter*, 92 (junho de 1986): 13-31, p. 27-29.

27 O texto em alemão está disponível em Ulrich Sieg, "Die Verjudung des deutschen Geistes", *Die Zeit*, "Feuilleton", 22 de dezembro de 1989, p. 50. O termo "Verjudung" se tornou um termo nazista de desprezo ("judaização") nos anos 1930.

aliança internacional de judeus" – isso para Karl Jaspers, cuja esposa era judia.[28] Além disso, a partir de 1934, Heidegger se recusou a orientar as teses de estudantes judeus. Cinquenta anos depois, o amigo próximo de Heidegger, Heinrich Petzet, escreveu (como se nenhuma outra explicação fosse necessária) que Heidegger se sentia desconfortável com a vida na cidade grande,

> e isso era especialmente verdade para o espírito mundano dos círculos judeus, que se sentem em casa nos centros metropolitanos do Ocidente. Mas essa sua atitude não deve ser mal compreendida como antissemitismo, embora tenha sido frequentemente interpretada dessa maneira.[29]

Depois de Heidegger renunciar ao reitorado em abril de 1934, ele continuou apoiando o regime nazista, embora mais silenciosa e talvez mais criticamente. Na primavera e verão de 1936, ele ainda pensava que Hitler e o Nacional-Socialismo eram o caminho certo para a Alemanha (embora criticasse algumas formas da burocracia nazista) e falava positivamente das realizações tanto de Mussolini quanto de Hitler na batalha contra o niilismo (GA 42, 40-41). E, a julgar por suas preleções públicas, ele aparentemente apoiava os objetivos de guerra de Hitler, pelo menos até a inevitabilidade de uma vitória dos Aliados se tornar óbvia.[30]

Após a guerra, a Comissão de Estado para Purificação Política declarou Heidegger um "simpatizante" nazista e o proibiu de lecionar. No entanto, a Universidade de Friburgo veio em sua defesa e, em 1951, ele recebeu o status de emérito e foi autorizado a lecionar novamente na universidade.

28 JASPERS, Karl. *Philosophische Biographie*, edição estendida. Munique: Piper, 1977, p. 101; também seu *Notizien zu Martin Heidegger*, ed. Hans Saner. Munique: Piper, 1978, p. 15, 257, 284.

29 PETZET, Heinrich Wiegand. *Auf einen Stern zugehen*. Frankfurt: Societät, 1983, p. 40.

30 A crítica de Heidegger à burocracia nazista é mencionada em Löwith, *Mein Leben in Deutschland*, p. 57. A declaração positiva de Heidegger sobre Hitler e Mussolini foi intencionalmente omitida da primeira edição alemã de seu curso de 1936, *Schellings Abhandlung über das Wesen der menschlichen Freiheit* (1809) [*O tratado de Schelling sobre a essência da liberdade humana*] (Tübingen: Niemeyer, 1971), e, portanto, está ausente da tradução para o inglês de Joan Stambaugh, *Schelling's Treatise on the Essence of Human Freedom* (Atenas: Ohio University Press, 1988). Ela foi reposta na *Gesamtausgabe*, GA 42, 40-41.

Em textos publicados postumamente – alguns preparados em 1946 para a comissão de desnazificação, outros para a eventual publicação em *Der Spiegel* –,[31] Heidegger tentou explicar o que chamou de seu "erro" político. Do contrário, ele manteve um silêncio hermético sobre os motivos, a responsabilidade e as formas específicas de seu envolvimento com o Nacional-Socialismo. Mas, em 1953, publicou o texto das preleções de 1935, nas quais tentou distinguir brevemente, por um lado, o nazismo vulgar e, por outro, a "verdade inerente e a grandeza" do movimento nazista, ou seja, seu alegado esforço de fazer a mediação entre os seres humanos e a técnica global. No entanto, o parágrafo estava tão repleto de ambiguidade e até de subterfúgios que o próprio Heidegger tentou convencer, sem sucesso, a editora da Universidade de Yale a retirá-lo da eventual tradução inglesa, *Introduction to Metaphysics*.[32]

Em geral, Heidegger atribuía a culpa (se assim podemos chamá-la) pela tragédia da Segunda Guerra Mundial e do Holocausto não a quaisquer movimentos político ou individual, mas a uma força planetária impessoal, a Vontade de Poder, que ele pensava estar além da responsabilidade ou controle de qualquer pessoa. Essa força trouxera uma forma nova e infeliz de natureza humana: o "trabalhador", considerado como orientado pela técnica, pela subjetividade dominadora do mundo. Heidegger frequentemente afirmava que, nos anos 1930 e 1940, a obra *Der Arbeiter* (*O Trabalhador*, 1932), de Ernst Jünger, lhe abrira os olhos para uma visão suprametafísica do verdadeiro sentido da ordem social, política e econômica moderna: "do ponto de vista da realidade da Vontade de Poder, eu entendi, naquela época (em 1939-1940), o que *é*", escreveu Heidegger.[33] E ele tentou registrar esse

31 A entrevista a *Der Spiegel* foi traduzida para o inglês por William J. Richardson: "Only a God Can Save Us", e está disponível em Sheehan (ed.), *Heidegger, the Man and the Thinker*, p. 45-67.

32 O contestado texto aparece em Martin Heidegger, *Einführung in die Metaphysik* [*Introdução à metafísica*] (originalmente publicado em 1953), republicado em 1983 como GA 40, 208; tradução inglesa de Ralph Manheim, *Introduction to Metaphysics* (New Haven, Conn.: Yale University Press, 1959), p. 119; ele é discutido em Sheehan, *Heidegger and the Nazis*, p. 42-43. Em relação ao incidente de Yale, veja-se Elisabeth Young-Bruehl, *Hannah Arendt: For Love of the World* (New Haven, Conn.: Yale University Press, 1982), p. 443.

33 HEIDEGGER, Martin. *The Rectorate 1933/34: Facts and Thoughts*, tradução inglesa de Karsten Harries, *Review of Metaphysics*, 38 (março de 1985): 481-502, p. 485.

entendimento em um texto manuscrito, datado do final dos anos 1930, recentemente encontrado entre seus documentos nos Arquivos em Marbach:

> A "forma do trabalhador" não é *qualquer homem* – nem mesmo um tipo de homem, a princípio. Antes, como um tipo, é apenas uma forma de *subjetividade*, cuja essência consiste na *certeza* do cálculo. Como a Vontade de Poder é uma forma, a *última* forma, *da "verdade" do ente como um todo*. Portanto, em essência, é a *techne*, mas uma essência mais profunda do que aquela que Jünger vê: ele fica girando em torno de um círculo superficial, mas não percebe o redemoinho. O "trabalhador" é o *serviçal* incondicional que se tornou o *senhor* sem limites, ou seja, o "livre" e moderno protagonista da *techne*, esta última tomada como o planejamento, cultivo, cálculo e, finalmente, a garantia do ente como um todo (incluindo os seres humanos) dentro de seu próprio poder de fabricar – uma atualização completa do que está à mão, mas uma atualização de sua essência. O "trabalhador" e a subjetividade ilimitada de tal antropomorfismo completo consistem nisso: o ser acontece como poder-produzir.[34]

Foi esse poder de dominar tudo que Heidegger, em seu papel de filósofo político, viu como contagiando todas as formas políticas modernas sem diferenciação. "Hoje, tudo está de acordo com esta realidade, quer seja chamada de comunismo, fascismo ou democracia mundial".[35]

Para dizer o mínimo, Heidegger nunca foi um grande defensor da democracia, seja antes ou depois da guerra. Ele denunciou o "declínio democratizado" das instituições alemãs do pós-guerra e se declarou não convencido de que a democracia fosse o melhor sistema político para a época moderna.[36] Ele costumava citar Homero (*Ilíada*, II, 204): "a regra da maioria não é boa; haja um governante, um rei", e, pelo menos por um tempo, quer estivesse finalmente satisfeito com isso ou não, ele aparentemente viu seu desejo se concretizar.

34 O texto transcrito, com uma foto do original, está disponível em Heimo Schwilk (ed.), *Ernst Jünger: Leben und Werk in Bildern und Texten*. Stuttgart: Klett Cotta, 1988, p. 131.

35 *Idem*, *The Rectorate*, p. 485.

36 *Op. Cit.*, *Auf einen Stern zugehen*, p. 82; cf. p. 232.

O que Heidegger teria sido?

O período pós-guerra viu a disseminação das obras de Heidegger por todo o mundo intelectual, em uma explosão de interesse que atravessou fronteiras de idioma, cultura e disciplinas acadêmicas. Até o momento de sua morte, em 26 de maio de 1976, aos 86 anos, suas obras e ensaios haviam sido traduzidos para todos os idiomas ocidentais, além do chinês, japonês e árabe, e a volumosa *Edição integral* de suas obras já estava em andamento.

No entanto, ao longo de todas essas obras, Heidegger afirmou ser o pensador de "um único pensamento", que assumiu muitas formas de expressão: Qual é a proveniência do descerramento? Qual é a essência do "mundo"? Qual é a "causa" da correlação que permite aos seres humanos terem acesso significativo aos entes? Em uma palavra, como é possível a *aletheia*?

Ao longo dos cinquenta anos de sua carreira filosófica, Heidegger, em grande parte, conseguiu estabelecer as estruturas da existência humana que são essenciais para esse evento-de-compreensibilidade e também elaborou as linhas gerais de suas formas e épocas históricas. Entretanto, ele insistiu que a pergunta sobre a proveniência originária dessa correlação que descerra – o "como-e-porquê-isso-acontece" – era finalmente irrespondível. Não podemos dizer por que, de onde ou com qual fim existe o descerramento (ou seja, por que *es gibt Sein* [o ser se dá]) sem já o presumir e, assim, movemo-nos em círculos. Com isso, a essência da *aletheia* é *lethe*; a proveniência do descerramento é insondável.

Insondável, sim, mas algo pode ser dito sobre essa correlação na medida em que ela sempre afeta a existência humana e permanece, embora amplamente despercebida, sua principal ocupação. Em primeiro lugar, Heidegger chama a "origem" do descerramento de *das Ereignis*, que podemos traduzir por "apropriação": o evento que reúne o comportamento que descerra e os entes que podem ser descerrados em sua "propriedade" (*proprius, eigen*) assintótica, ou seja, na abertura do descerramento.

Em segundo lugar, ele fala da "origem" do descerramento como *diferença* (*diaphora*, em grego; *Unterschied*, em alemão), ou seja, aquilo que é responsável pelo fato de a existência humana e o mundo humano serem sempre não-imediatos e não coincidirem consigo mesmos – até a própria não-coincidência que se registra dramaticamente na mortalidade humana e que nos condena a sentidos inevitavelmente finitos, derivados de uma mediação incessante.

Terceiro, a respeito da "origem" do descerramento, Heidegger insiste no simples fato de que *es gibt Sein*, "o descerramento simplesmente acontece por acontecer". Nesse contexto, parece não haver espaço real para a história no sentido comum. Em vez disso, Heidegger chama o acontecimento *a priori* da correlação de *das Geschick des Seins* [o destino do ser], a "destinação" inerente ao descerramento ou a doação para a natureza humana, com base no qual os entes são acessíveis. E quando ele considerou essa doação *a priori* em suas várias formas epocais, ele a chamou de *die Geschichte des Seins* [a história do ser], as "dispensações" do descerramento.[37]

Quarto, a facticidade da existência humana é sua condição de ser inevitavelmente ligada a essa doação *a priori* do descerramento. A facticidade é o destino humano de ser "lançado" na mediação incessante e finita necessitada pela diferença, sem poder saber por que essa mediação incessante é necessária.

E quinto, porque o descerramento já sempre está em ação em toda a parte no mundo humano, todos os entes estão, a princípio, abertos à apropriação humana. Ou seja, tudo está incessantemente acessível, exceto o *fato de que* tudo está incessantemente acessível. A esta conjuntura agora alcançada, a qual é o resultado da intrínseca insondabilidade da correlação aletheiológica, Heidegger chamou de "niilismo" e sugeriu que os seres humanos não sejam menos, mas mais niilistas.[38]

---

37 O verbo alemão *schicken*, usado na forma transitiva, significa enviar ou despachar e, na forma reflexiva, significa acontecer. Do sentido transitivo, provém o substantivo *das Geschick*: destino comum [*destiny*], destino [*fate*], fortuna. Do sentido reflexivo, provém o substantivo *die Geschichte*: evento ou acontecimento; história [*history*]; estória [*story*]. O verbo deponente latino *fari* significa dizer ou falar algo a alguém. O particípio passado *fatum*, tomado como um substantivo, significa aquilo que é "dito" (destinado, fadado) a alguém.

38 Veja-se Thomas Sheehan, "Nihilism, Facticity, and the Economized *Lethe*", disponível em *Heidegger: A Centenary Appraisal*, ed. Edward S. Casey, Samuel Ijsseling, Thomas Sheehan e Jacques Taminiaux (Pittsburgh, PA: Duquesne University, Simon Silverman Center, 1990), p. 28-61.

Heidegger pensava que os antigos poetas e pensadores gregos compreenderam implicitamente essa acessibilidade incessante, mas finita, das coisas e estabeleceu tal entendimento contra todas as tradições teológicas que fundamentariam a compreensibilidade dos entes na compreensibilidade *plena* de Deus. Sim, "a pertença-conjunta de sujeito e objeto [surge] de algo que primeiro importa à natureza de ambos... e, por consequência, trata-se de algo anterior ao âmbito de sua reciprocidade". Mas não, essa "fonte" da reciprocidade aletheiológica "não quer... ser chamada pelo nome de Zeus" (Heráclito, Frag. 32); isto é,

> ela *não* admite ser propriamente chamada de Zeus e, portanto, ser rebaixada ao nível de existir como um ente presente entre outros – mesmo que o "entre" tenha o caráter de "acima de todos os outros entes presentes".[39]

Heidegger pensava que o "velamento" ou "esquecimento" da correlação que descerra levou a que ela fosse cada vez mais despercebida ao longo da história ocidental, a ponto de, em nossos dias, ter sido completamente esquecida e não servir para nada. Ele considerou como sua missão redespertar um novo sentido para o mistério insondável que, quer seja observado ou não, se abre como um abismo sob o pequeno e ordenado mundo da certeza burguesa – tudo isso em prol de ajudar a promover uma revolucionária transformação da natureza humana.

E conforme afirma, ele, de alguma forma, começou a ver o Nacional-Socialismo de Hitler como um movimento que poderia ajudar nesse redespertar, pelo menos na Alemanha.

O grau em que as convicções políticas e as ações de Heidegger eram um reflexo fiel de sua filosofia – e vice-versa – é motivo de muito debate atualmente. Muitos de seus seguidores mais devotos acreditam que seu trabalho intelectual não está significativamente relacionado, muito menos contaminado, pelo seu apoio ao nazismo, mesmo que Heidegger

---

39 HEIDEGGER, Martin. *Early Greek Thinking*, tradução inglesa de David Krell e Frank Capuzzi (Nova Iorque: Harper & Row, 1984): compreensibilidade finita, p. 107-108; "pertença-conjunta", p. 103; "fonte", p. 102; Zeus, p. 74.

tenha embasado esse apoio em sua própria noção central de historicidade. Outros heideggerianos afirmam que "a metafísica o fez fazer isso"; ou seja, explicam seu "erro" político como resultado de ele se tornar vítima do velamento intrínseco ao descerramento, que, na forma de "errância" (*Irre*), inevitavelmente tende a desencaminhar as pessoas, quase como uma forma secularizada do Pecado Original. Outros ainda afirmam que, por um tempo, Heidegger ficou preso no pesadelo do "humanismo" metafísico, do qual lutava para despertar – com os corolários, primeiro, de que o erro político de Heidegger é, na verdade, uma prova concreta de tudo o que ele tinha a dizer sobre o lado sombrio do esquecimento do descerramento e, segundo, que a suposta "superação" da metafísica em seu pensamento tardio se trata de uma garantia de que tal erro não aconteceria novamente.

No entanto, outros argumentam que as razões para o apoio de Heidegger a Hitler e aos nazistas eram muito mais simples – e muito mais fundamentais – do que dizem essas explicações tão especulativas e que, para entender seus motivos políticos e ações desprezíveis durante o Terceiro Reich, é preciso começar investigando os tempos difíceis pelos quais ele passou e, especificamente, os concretos fatores econômicos e sociais que condicionaram suas decisões.

Se o próprio Heidegger insistiu que seu envolvimento com o nazismo decorreu da própria essência de sua filosofia, talvez seus seguidores devessem acreditar nele neste ponto. Se o próprio Heidegger se sentiu livre, mesmo que por um tempo, para colocar não apenas sua pessoa, mas também as principais categorias de seu pensamento filosófico a serviço da política nazista interna e externa, então seria bom questionar se tais categorias são realmente tão livres de interesses econômicos, sociais e políticos como a maioria dos heideggerianos sustenta.[40]

O ponto não é condenar um homem por seu passado, mas aprender algo sobre si mesmo no presente, não descartar o trabalho filosófico de Heidegger sem mais nem menos, mas também não se juntar às Sociedades de Adoração Perpétua que atualmente prosperam entre os

40 Veja-se, por exemplo, o texto de 11 de novembro de 1933, disponível em Schneeberger, *Nachlese*, p. 148-150.

fiéis heideggerianos na Europa e na América. A tarefa, para aqueles a quem importa retirar algo de Heidegger, é aprender a lê-lo criticamente, tanto sua vida quanto suas obras, não engolir o todo de sua filosofia, mas filtrá-la no que ainda tem valor e no que não tem.

Isso implicaria perguntar se a busca obstinada de Heidegger pela *essência* do descerramento não o cegou para problemas cruciais relacionados a *modos específicos* de descerramento, especialmente nas ordens econômica, social e política. Implicaria perguntar se corre-se o risco de perpetuar essa mesma cegueira à medida que se permanece fiel à linha metaontológica de questionar de Heidegger. Talvez não seja prudente – seja em tempos difíceis ou fáceis – ser o pensador de "um pensamento apenas".

Como Derrida pontua, a tarefa de reler criticamente Heidegger exige "mostrar – sem limites, se possível – a ligação profunda dos textos de Heidegger (sejam escritos ou ditos) à possibilidade e atualidade de todos os nazismos",[41] mesmo aqueles, pode-se sugerir, que se fazem passar sob a aparência de promover a "democracia ocidental", de preservar o "modo americano de vida" ou de instituir vários tipos de "Ordem Mundial", antiga ou nova.

Heidegger já está morto há alguns anos e ainda não está totalmente claro quem ele era ou o que ele pretendia dizer. Suas obras estão aí, uns setenta e tantos volumes delas, não estando totalmente claro também o que elas significam. O princípio hermenêutico que o próprio Heidegger sugeriu para ler textos, sejam eles livros ou vidas, foi: "a possibilidade é superior à realidade". O modo como lemos sua vida e suas obras em nossos próprios tempos difíceis pode ajudar a determinar, em um futuro muito distante, quem e o que Heidegger teria sido.

---

41 DERRIDA, Jacques. "Heidegger, l'enfer des philosophes". *Nouvel Observateur*, 6-12 de novembro de 1987, p. 173.

3 O princípio da fenomenologia

Taylor Carman

Heidegger se notabilizou não apenas por sua originalidade filosófica, mas também pela amplitude e profundidade de sua resposta à tradição. Ele aprendeu enormemente e se envolveu de formas instigantes com figuras que abrangem toda a história da filosofia antiga, medieval e moderna, desde os Pré-socráticos até Nietzsche. E, no entanto, talvez inevitavelmente, em relação a outros importantes pensadores, permaneceu indiferente ou hostil – por exemplo, Spinoza, Rousseau, Fichte, Schopenhauer, Marx, Freud, Frege, Wittgenstein, Carnap, sem mencionar praticamente toda a tradição anglo-americana, de Hobbes a Dewey.

Em qual dos dois grupos o fundador da fenomenologia, Edmund Husserl, se encontraria, caso não tivesse aceitado a nomeação como catedrático na Universidade de Friburgo, em 1916, e se tornado uma espécie de mentor profissional de seu colega mais jovem? Heidegger assumiu a cátedra em Friburgo após a aposentadoria de Husserl em 1928; de fato, a associação de seus nomes já se tornara um fato histórico mesmo antes da publicação de *Ser e tempo* no *Jahrbuch* [*Anuário*] de Husserl, completado com sua dedicatória a Husserl "em admiração e amizade". No entanto, a significância filosófica da afiliação permanece obscura. Além das circunstâncias que os uniram, havia realmente alguma afinidade profunda entre suas questões, valores, métodos, ambições? Já em 1916, antes de se conhecerem, Heidegger escreveu a um amigo lamentando a nomeação de Husserl em Friburgo, descrevendo-o como "sem a amplitude de visão necessária".[1] Em 1923, escreveu a Karl Löwith, com sua característica

1 Carta a Ernst Laslowski, janeiro de 1916. Citado em Hugo Ott, *Martin Heidegger: A Political Life*. Tradução inglesa de A. Blunden (Nova Iorque: Basic Books, 1993), p. 90.

aspereza: "agora, estou convencido de que Husserl nunca foi um filósofo, nem por um segundo em sua vida".[2] Finalmente, para Jaspers, em 1926, ao concluir *Ser e tempo*, ele anunciou: "se o tratado é escrito 'contra' alguém, é contra Husserl".[3]

A fenomenologia de Husserl inspiraria a ontologia fundamental de Heidegger, como parece ter ocorrido, caso eles nunca tivessem se cruzado em Friburgo, como aconteceu? Ou isso não aconteceria, embora tenha ocorrido de fato? Ou apenas pareceu assim? A pergunta contrafactual não tem resposta e a amplitude e profundidade precisas da influência de Husserl sobre Heidegger podem ser impossíveis de determinar. Em qualquer caso, uma investigação extensa seria necessária para desembaraçar todos os fios que perpassam este capítulo peculiar na história das ideias.[4] Em vez disso, o que quero discutir aqui são as linhas gerais da influência de Husserl, contrastadas com os modos particulares pelos quais, filosoficamente falando, os dois pensadores permaneceram tão profundamente em desacordo. Quero propor que, embora a fenomenologia de Husserl tenha sido uma influência formativa crucial em *Ser e tempo*, ela o foi apenas em um nível bastante abstrato e programático, não tocando o cerne nem os detalhes do projeto de Heidegger.

As coisas elas mesmas

O que *era* a fenomenologia para Husserl e Heidegger? Em sua carta para William Richardson, frequentemente citada, Heidegger explicitamente distancia a fenomenologia hermenêutica de *Ser e tempo*

---

2 Carta a Löwith, 20 de fevereiro de 1923. Citado em Husserl, *Psychological and Transcendental Phenomenology and the Confrontation with Heidegger (1927–1931)*, edição e tradução inglesa de T. Sheehan e R. E. Palmer (Dordrecht: Kluwer, 1997), p. 17.

3 Carta a Jaspers, 26 de dezembro de 1926. *Briefwechsel 1920-1963*. Ed. W. Biemel e H. Saner (Munique: Piper, 1993). Para mais informações sobre as relações pessoais entre Husserl e Heidegger, veja-se Hugo Ott, *Martin Heidegger: A Political Life*, p. 172-86; e Rüdiger Safranski, *Martin Heidegger: Between Good and Evil*, tradução para o inglês de E. Osers (Cambridge, MA: Harvard University Press, 1998), capítulo 5, *passim*.

4 Veja-se *Psychological and Transcendental Phenomenology* para uma coletânea abrangente de documentos condizentes à relação intelectual entre Husserl e Heidegger.

da perspectiva a-histórica de Husserl: "a 'fenomenologia', no sentido de Husserl," ele escreve, "se desenvolveu a partir de uma posição filosófica específica já antecipada por Descartes, Kant e Fichte. A historicidade do pensar permaneceu totalmente estranha a ela". Husserl herdou, do racionalismo e do idealismo, uma concepção de filosofia como uma disciplina ou ciência (*Wissenschaft*) de rigor[5] e esse ideal metodológico, argumenta Heidegger, obscureceu a visão de Husserl a respeito dos fenômenos desde o início, contrariando seus próprios objetivos declarados. "A questão do ser, desenvolvida em *Ser e tempo*", continua ele, "se colocou contra essa posição filosófica e sobre a base daquilo que eu ainda hoje acredito ser uma observância mais fiel ao princípio da fenomenologia".[6]

Qual era "o princípio da fenomenologia"? Existem pelo menos três versões do princípio que merecem ser distinguidas. Em sua formulação mais famosa e menos objetável, o princípio da fenomenologia era simplesmente a memorável exortação de Husserl aos filósofos para retornar "às coisas mesmas!". Que coisas? Não coisas físicas (*Dinge*) ou fatos empíricos (*Tatsachen*) em contraste com formas ou essências ideais (*Wesen*), mas quaisquer coisas (*Sachen*) imediatamente acessíveis, suscetíveis à descrição concreta, em oposição a hipóteses ou explicações. O que Husserl queria dizer era que, por muito tempo, a filosofia não considerou seriamente a forma e o conteúdo da aparência ou opinião (*doxa*) como fenômenos dignos de descrição em si mesmos, em vez de serem apenas considerados como algo superficial ou ilusório a serem explicados por uma metafísica ou teoria do conhecimento totalmente objetiva.

Embora o desprezo filosófico pela *doxa* seja tão antigo quanto Platão, a máxima de Husserl era, acima de tudo, uma acusação direcionada ao naturalismo insidioso do pensamento moderno desde a Revolução Científica. Em última análise, um mundo físico totalmente objetivo de causas e efeitos mecânicos cegos parece não deixar espaço para a mente, o sentido, o valor, a normatividade. Contudo, essas categorias são indispensáveis para

5 Veja-se Husserl, "Philosophy as Rigorous Science", disponível em *Husserl: Shorter Works*, ed. F. Elliston e P. McCormick (Notre Dame: Notre Dame University Press, 1981).

6 HEIDEGGER, Martin. "Prefácio a Richardson". *In*: *Heidegger: Through Phenomenology to Thought*. The Hague: Nihhiff, 1963, p. xiv.

nossa compreensão de nós mesmos e do mundo, incluindo nossa compreensão teórica da natureza física. Frequentemente, filósofos e psicólogos se veem tentando explicar como é possível que tais fenômenos surjam, ou até *pareçam* surgir, a partir do mundo material desprovido de cor e de sentido descrito pelas ciências naturais. Husserl pensava que tais pressupostos naturalistas distorciam a ordem da investigação filosófica e Heidegger concordava, pelo menos até certo ponto. Então, quando Husserl escreveu, em 1911, "o impulso para a pesquisa deve proceder não das filosofias, mas das coisas e dos problemas relacionados a elas", Heidegger escreveu na margem: "levamos Husserl a sério".[7] Heidegger permaneceu fiel, "mais fiel" que o próprio Husserl, na verdade, conforme posteriormente afirmou, à ideia de filosofar a partir de um conhecimento direto dos fenômenos, ao invés de articular hipóteses e construir explicações.

Certamente, como já vimos, o lema muito genérico e programático "às coisas mesmas!" precisa de interpretação. O que exatamente *são* "as coisas mesmas"? Que compreensão dos fenômenos já devemos ter para reconhecê-los quando os vemos? Não surpreendentemente, talvez, a concepção de Husserl sobre os fenômenos, ao ser examinada mais de perto, baseia-se em pressuposições que Heidegger nunca poderia aceitar, pois o princípio da fenomenologia – ou talvez devêssemos agora dizer uma segunda versão mais refinada do princípio – identifica fenômenos com aparências (*Erscheinungen*). Husserl pontua que o termo "fenômeno" é ambíguo "entre o *ato de aparecer* e *aquilo que aparece*". Mas a fenomenologia não se interessa por objetos transcendentais enquanto tais, apenas por nossa consciência imanente deles. Assim, embora "*phainomenon* (fenômeno), em seu sentido próprio, signifique aquilo que aparece", Husserl escreve, "ele é usado principalmente para a própria aparência, o fenômeno subjetivo".[8] Para Husserl, fenômenos são aparências, ou seja, os conteúdos *da* ou *na* consciência, não as coisas elas mesmas aparecendo *à* consciência. Os fenômenos são subjetivos e a fenomenologia consiste essencialmente em uma investigação sobre

7 Citado por Sheehan, *Psychological and Transcendental Phenomenology*, p. 4.

8 HUSSERL, Edmund. *Die Idee der Phänomenologie: Fünf Vorlesungen*. Ed. W. Biemel, 2 ed. The Hague: Martinus Nijhoff, 1958, p. 14.

a natureza da subjetividade em si mesma, em rigorosa distinção no que diz respeito aos entes e estruturas objetivas estudadas pelas ciências empíricas e formais, abstraindo-nos de nossa experiência deles.

E a distinção entre subjetividade e objetividade de maneira propriamente dita? Ela é dada fenomenologicamente? Se sim, de que maneira? Trata-se de um fato autoevidente ou um juízo prévio teórico irrefletido que sustenta as noções de Husserl sobre fenômeno e fenomenologia? Assim como Nietzsche antes e Wittgenstein depois, Heidegger rejeitou todas as distinções metafísicas gerais entre aparência e realidade, pois qualquer noção de parecer pressupõe alguma noção de ser.[9] Aparências não podem ser coerentemente separadas de nossa compreensão originária das coisas que se mostram de alguma forma, que se manifestam, ou seja, que *são* de algum modo: "aparência é apenas possível *com base em* algo que se mostra", escreve Heidegger. "Se alguém diz então que, com a palavra 'aparência', referimo-nos a algo em que algo aparece sem ser ele mesmo uma aparência, então o conceito de fenômeno não está definido, mas *pressuposto*" (SZ, 29).[10]

Na fenomenologia heideggeriana, portanto, um fenômeno não é uma aparência em contraposição com algo que aparece, mas "aquilo que se mostra em si mesmo, o manifestado" (SZ, 28), uma noção originária que, ele afirma, "não tem absolutamente nada a ver com o que se chama de 'aparência' ou mesmo de 'mera aparência'" (SZ, 29).[11] Mais importante

9 Em uma seção de *Crepúsculo dos ídolos* intitulada "Como o 'mundo verdadeiro' finalmente se tornou uma fábula", Nietzsche infere a incoerência do conceito metafísico de aparência a partir da incoerência do realismo metafísico: "*com o mundo verdadeiro nós também abolimos o mundo aparente*". Em um espírito semelhante, Wittgenstein escreve: "começar a ensinar a alguém 'isso parece vermelho' não faz sentido. Pois é isso que ele deve dizer espontaneamente, uma vez que aprendeu o significado de 'vermelho' [...]. Por que não ensinar a uma criança, desde o início, a linguagem do jogo 'isso parece vermelho para mim'? Por que ainda não é capaz de compreender a distinção mais refinada entre parecer e ser?". *Zettel*, ed. G. E. M. Anscombe e G. H. von Wright (Oxford: Blackwell, 1967), §§418, 422 (tradução minha).

10 Neste capítulo, todas as traduções de Heidegger são minhas. Para textos que não sejam *Ser e tempo*, também cito os números das páginas correspondentes das traduções inglesas.

11 Por "mera aparência", Heidegger quer dizer a aparência do "que essencialmente *nunca* se manifesta" (SZ, 30). Nesse sentido, o que Kant chama de "fenômeno" é uma mera aparência, já que o que aparece através dele é uma coisa em si, ou *noumenon*, que nunca se mostra como tal.

ainda, os fenômenos não são, para Heidegger, algo essencialmente subjetivo; eles não são, como são para Husserl, os conteúdos internos da experiência consciente que mantêm relações que representam ou que se referem aos objetos externos que aparecem em tais conteúdos internos ou por meio deles. Óbvio que a frase "aquilo que se mostra em si mesmo, o manifestado" diz respeito àquilo que Heidegger chama de "indicador formal", um mero identificador temporário, que ele então complementa com um conceito mais substancial ou "fenomenológico" de fenômeno. E os fenômenos, no sentido forte fenomenológico, não são algo acessível de forma autoevidente à reflexão consciente, mas os aspectos ocultos do que jaz aberto à vista, aspectos ocultos que precisam ser evocados e interpretados. No sentido heideggeriano, um fenômeno é,

> a princípio, algo que precisamente *não* se mostra, algo que, em contraste com o que a princípio se mostra, está *oculto*, mas é, ao mesmo tempo, algo que pertence essencialmente ao que a princípio se mostra e lhe pertence de tal maneira que constitui seu sentido e fundamento (SZ, 35).

A tarefa própria da fenomenologia, então, não é o tipo de descrição "pura" instigada por Husserl, mas uma tentativa de extrair e destacar aspectos velados, porém fundamentais, do que se mostra. Além disso, apropriadamente, Heidegger interpreta o termo grego *logos* como "deixar algo ser visto" (SZ, 33), de modo que a fenomenologia consiste precisamente em permitir que os aspectos ordinariamente *não vistos* do que é visto *sejam vistos*. E tal *permitir que seja visto* é um trabalho inevitavelmente interpretativo ou *hermenêutico*.

Para Husserl e Heidegger, a fenomenologia é essencialmente uma empreitada descritiva, não hipotética ou explicativa. Heidegger até afirma que a expressão "fenomenologia descritiva" é uma tautologia.[12] No entanto,

---

12 Veja-se também seu comentário, algumas páginas depois, de que o termo "filosofia da vida" (*Lebensphilosophie*) "diz praticamente o mesmo que a botânica das plantas" (SZ, 46). A questão substantiva mais profunda, é claro, é o que é a *vida*, assim como a questão metodológica mais profunda para a fenomenologia é precisamente o que a *descrição* implica.

enquanto Husserl aspira ao que chama de "uma morfologia sistemática e eidética" dos atos intencionais,[13] Heidegger renuncia explicitamente a qualquer concepção puramente observacional da descrição. Na verdade, como se estivesse com a metáfora de Husserl especificamente em mente, ele escreve: "a descrição aqui não significa um procedimento no estilo da, digamos, morfologia botânica" (SZ, 35). Em vez disso, "o sentido da descrição fenomenológica, como um método, é a *interpretação*". Em uma palavra, "a fenomenologia do *Dasein* é uma *hermenêutica*" (SZ, 37).

Todavia, a concepção hermenêutica de Heidegger a respeito da fenomenologia como interpretação, em oposição à mera descrição observacional, é ainda mais evidentemente inconsistente com uma terceira versão do princípio da fenomenologia, o que o título do §24 de *Ideias I* de Husserl chama de "o princípio de todos os princípios", a saber:

> que toda intuição (*Anschauung*) originariamente doadora é uma fonte de legitimação do conhecimento, que tudo o que se faz presente originariamente em nossa "intuição" (por assim dizer, em sua realidade encarnada) deve ser aceito simplesmente como o que se faz presente ser, mas também apenas dentro dos limites em que se faz presente (Id. I, 43-44).[14]

Esse princípio de fundamentar as descobertas em intuições primárias e autoevidentes consiste em uma aplicação metodológica de uma doutrina mais ampla e sistemática, central para a fenomenologia de Husserl desde cedo até seus últimos escritos. Ela aparece nas *Investigações lógicas* como o conceito de "intuição categorial"; em *Ideias I*, torna-se "intuição de essência" (*Wesenserschauung*) ou simplesmente a "visão" (*Sehen*) das essências. Segundo Husserl, "a 'visão' imediata, não apenas a visão sensível, experiencial, mas a visão em geral, como consciência originariamente doadora, não importa qual a sua espécie, é a fonte última de legitimidade

13 HUSSERL, Edmund. *Ideen zu einer reinen Phänomenologie und phänomenologischen Philosophie: Allgemeine Einführung in die reine Phänomenologie*. Tübingen: Max Niemeyer Verlag, 1913; 5 ed., 1993, p. 302. Adiante citado como: Id. I, traduções minhas.

14 Heidegger se refere explicitamente a este trecho cerca de quarenta anos depois (SD, 69-70; TB, 63).

de todas as afirmações racionais" (Id. I, 36). Como se presume amplamente que Heidegger herda essa noção de intuição de Husserl e a aceita sem questionamentos, com ou sem tentar torná-la coerente com sua própria abordagem hermenêutica, vale a pena lembrar o que ele diz de fato sobre isso e em qual posição ele se encontra em relação a isso, a terceira e mais forte versão do principal princípio de Husserl.

A intuição categorial

Conforme ele mesmo relata, Heidegger ficou fascinado desde cedo pela teoria e prática da visão fenomenológica, particularmente conforme Husserl a descreve na Sexta Investigação das *Investigações lógicas*. O início da obra magna de Husserl parecia emanar uma "magia", um "encanto" que cativou o jovem Heidegger, em parte devido à sua promessa de oferecer um entendimento sobre a intencionalidade ao traçar um caminho intermediário entre lógica e psicologia, entre o puramente formal e o empiricamente concreto (GA 14, 81-86; TB, 74-78).

No entanto, Husserl sentiu que poderia justificar suas próprias afirmações intuitivas sobre a intencionalidade apenas mostrando que a própria intuição é uma fonte legítima de evidência filosófica, capaz de fornecer conteúdos gerais e inteligíveis, não apenas particulares e brutos. Ele reiterava, portanto, que dispomos não apenas de intuições sensíveis, mas também de intuições categoriais ou intuições logicamente estruturadas. Vemos objetos (tais como cães) e suas propriedades (como preto), mas também vemos – e não apenas em sentido metafórico – que o cão *é* (ou *não é*) preto. De forma similar, sem precisar ver a caneta e o papel (em dois atos distintos), vemos a caneta *e* o papel juntos sobre a mesa; vemos literalmente a sua conjunção ou caráter-de-em-conjunto. Do mesmo jeito, vemos que *se* o copo cair, *então* o vinho se derramará no tapete, ou que *ou* o copo *não* cairá *ou* o vinho se derramará.[15] De acordo com

15 Cf. o exemplo de Sartre de *ver* que Pierre não está aqui no café às quatro horas, em oposição ao juízo fútil de que o Duque de Wellington e Paul Valéry não estão. *L'Être et le néant* (Paris: Éditions Gallimard, 1943), p. 43ss. *Being and Nothingness: An Essay on Phenomenological Ontology*, tradução inglesa de H. Barnes (Nova Iorque: Washington Square Press, 1966), p. 40ss.

Husserl, temos intuições concretas que satisfazem ou preenchem antecipações cujos conteúdos incluem elementos formais como *é* e *não*, os conectivos lógicos *se*, *então*, *e*, *ou* e quantificadores como *todos*, *alguns*, *muitos*, *poucos*, *um* e *nenhum*. Ao contrário dos empiristas, não podemos derivar o conteúdo lógico ou conceitual das sensações simplesmente por meio de um processo de abstração. Em vez disso, devemos perceber os estados de coisas logicamente estruturadas que tornam nossos juízos de ordem superior verdadeiros ou falsos.[16]

Heidegger ficou intrigado e impressionado com essa noção de um conhecimento concreto da estrutura da compreensibilidade, em particular com a ideia de Husserl de que temos uma intuição direta não apenas do ente, mas do *ser* (e não-ser). Compreensivamente, ele se viu particularmente interessado na explicação "da origem do conceito de ser" no §44 da Sexta Investigação. Em tal parágrafo, Husserl argumenta que não derivamos uma noção de ser a partir da reflexão acerca de nossos próprios estados mentais, como se nossa compreensão de que algo é (ou não é) se fundamentasse em uma observação introspectiva de nossas próprias mentes. Pelo contrário, mais simplesmente, compreendemos o que está contido no "*é*" precisamente ao estarmos cientes dos estados de coisas mesmos. Não são reflexões sobre nossas experiências, então, mas intuições de coisas no mundo que são a fonte de nossa compreensão de que as coisas *são*.

A teoria de Husserl sobre a intuição categorial, em *Investigações lógicas*, é crucial para entender o desenvolvimento filosófico de Heidegger. Não apenas ressoava com sua antiga fascinação pela questão do sentido do ser, mas também oferecia um poderoso antídoto ao intelectualismo das contemporâneas teorias neokantianas da mente, segundo as quais toda experiência deve ser mediada por conceitos e juízos. De fato, para Heidegger, o verdadeiro interesse da concepção de Husserl estava não tanto em sua afirmação da primazia da intuição quanto em sua indicação de que nossa compreensão fundamental do ser é algo pré-conceitual, anterior não apenas à reflexão e introspecção, mas aos atos conceituais e proposicionais enquanto tais. Por essa razão, posteriormente, Heidegger

16 HUSSERL, Edmund. *Logische Untersuchungen*, II/2, 5 ed. Tübingen: Niemeyer, 1980, §40.

observaria que, apesar de sua importância, a percepção essencial de Husserl já havia sido "pensada mais originariamente por Aristóteles e em todo o pensamento grego", que, aliás, estava livre dos pré-juízos cartesianos ainda presentes na obra de Husserl. Heidegger prossegue:

> Quanto mais decisivamente essa percepção se tornou clara para mim, mais urgente se tornou a pergunta: de onde e como se determina o que deve ser experienciado como "a coisa mesma" (*die Sache selbst*), de acordo com o princípio da fenomenologia? Trata-se da consciência e de sua objetividade ou do ser do ente em seu caráter de não-encobrimento e encobrimento? (GA 14, 87; TB, 79)

Se Heidegger permaneceu fiel ao espírito do princípio da fenomenologia, foi apenas repudiando a letra da teoria de Husserl sobre a intuição categorial e, com isso, o posicionamento de "as coisas mesmas" nos conteúdos da consciência. Em *Ser e tempo*, Heidegger reitera que a ênfase de Husserl na intuição é, em si, parte de uma contínua obsessão cartesiana com a mente compreendida como uma região do ser contida em si mesma, abstraída da inserção prática das disposições afetivas e compreensões no mundo natural e social:

> Sob a hegemonia ininterrupta da ontologia tradicional, o modo genuíno de apreender o que verdadeiramente é já se decidiu antecipadamente. Este se encontra no *noein*, "intuição" no sentido mais amplo, da qual *dianoein*, "pensamento" (*Denken*), se deriva simplesmente como uma forma fundada. E, a partir dessa orientação ontológica fundamental, Descartes faz sua "crítica" do modo ainda possível de acesso intuitivo àquilo que é, *sensatio* (*aisthésis*), em oposição à *intellectio* (SZ, 96).

Além disso, Heidegger argumenta que a restrição da intencionalidade à intuição e ao pensamento faz parte do preconceito ontológico que ele mais se ocupa em reverter, a saber, a suposição de que todos os entes *são*, em virtude de serem tidos como objetos ou "subsistentes" (*vorhanden*), por conseguinte, idealmente acessíveis a atos teóricos tais como observação e juízo. Apesar da medida louvável de retornar a uma descrição concreta dos fenômenos, a fenomenologia de Husserl, aos olhos de Heidegger, se trata apenas de mais um caso da fixação da tradição intelectual ocidental na intuição, na presença e no presente temporal:

> A tese de que todo conhecimento tem seu objetivo na "intuição" possui o sentido temporal de que todo conhecimento é um tornar presente (*Gegenwärtigen*). Aqui, ainda não ficará decidido se toda ciência, ou mesmo o pensamento filosófico, visa a um tornar presente. Husserl usa a expressão "tornar presente" para caracterizar a percepção sensível [...]. Sem dúvida, foi a análise *intencional* da percepção e da intuição em geral que indicou essa caracterização "temporal" do fenômeno. A seção a seguir mostrará que e como a intencionalidade da "consciência" se *funda* na temporalidade ekstática do *Dasein* (SZ, 363, nota de rodapé).

Em *Ser e tempo*, Heidegger tenta superar antigos preconceitos metafísicos e epistemológicos, incluindo aqueles ainda em vigor na fenomenologia de Husserl, através de uma explicação hermenêutica da compreensão como projeto situado em possibilidades futuras. Tal explicação visa trazer à tona a insustentabilidade da ideia de que toda compreensão se fundamenta em pensamentos e intuições direcionados a objetos e a estados de coisas objetivos. A alusão a Husserl é inconfundível:

> Ao mostrar como toda visão se funda originariamente na compreensão [...] retiramos da intuição pura sua primazia, que, noeticamente, corresponde à primazia do subsistente na ontologia tradicional. "Intuição" (*Anschauung*) e "pensamento" são ambos derivados distantes da compreensão. Mesmo a "intuição da essência" (*Wesensschau*) fenomenológica se funda na compreensão existencial (SZ, 147).

Assim como sua posterior noção de "intuição essencial" (*Wesenserschauung*), a teoria de Husserl sobre a intuição categorial não encontra lugar na fenomenologia hermenêutica de Heidegger. Assumido simplesmente como um compromisso de filosofar, atentando-se a fenômenos concretamente descritíveis, o princípio da fenomenologia foi e continuou sendo uma fonte de inspiração para a ontologia fundamental de *Ser e tempo*. Como uma tese sobre a primazia da intuição na experiência cotidiana e em nossa compreensão do ser, não foi aceita.

As reduções fenomenológicas

A afirmação de Husserl de que a mente humana intui não apenas objetos e características, mas também estruturas lógicas que constituem estados de coisas compreensíveis, ressurge nas principais inovações metodológicas de suas obras intermediárias e tardias, as famosas "reduções" fenomenológicas. A discordância de Heidegger com Husserl se torna mais evidente em sua rejeição das reduções, particularmente as duas que figuram de forma mais proeminente em *Ideias I*: a redução transcendental e a redução eidética.[17]

A redução mais conhecida é a *epoché* fenomenológica, ou redução transcendental (Id. I, §§31-34, §§56-64), que consiste em suspender, ou colocar metodicamente entre parênteses, tudo o que é transcendente ou externo à consciência, em favor do conteúdo imanente, ou acessível de maneira transparente, da própria consciência, conteúdo disponível para a mente mediante a reflexão.[18] Husserl acredita que há uma "diferença essencial", de fato, uma diferença fenomenologicamente autoevidente, "entre *ser enquanto experiência* e *ser enquanto coisa*" (Id. I, 76). Na verdade, aqui, "a distinção fundamental entre modos de ser, a mais fundamental que existe, se revela: aquela entre *consciência* e *realidade*" (Id. I,

---

17 A descrição de Heidegger do "ser-com" (*Mitsein*), no §26 de *Ser e tempo*, também equivale a um repúdio do que, no §44 das *Meditações cartesianas*, Husserl chama de redução à "esfera da propriedade". Se o *Dasein* é essencialmente mundano e social, então, uma abstração total do sentido do circundante e do cultural, no modelo que Husserl concebe, deixaria nada compreensível sobre nós mesmos.

18 Para várias abordagens ligeiramente diferentes das reduções, veja-se também a quarta versão de Husserl do artigo que escreveu para a *Enciclopédia Britânica*, §§3-5 e 9, bem como a reelaboração desse texto em suas Preleções de Amsterdã de 1928 sobre "Psicologia Fenomenológica", §§6, 8, 13. Ambos disponíveis em *Psychological and Transcendental Phenomenology*.

77). Consciência e mundo são radicalmente distintos: "entre consciência e realidade há um verdadeiro abismo de sentido" (Id. I, 93). A subjetividade transcendental é fundamentalmente desigual em relação a qualquer coisa natural ou positiva: "tudo o que é puramente imanente à experiência [...] está separado de toda natureza e toda física, e não menos de toda psicologia, por um abismo – e até mesmo essa imagem, tão naturalista, não é forte o suficiente para indicar a diferença" (Id. I, 184). A redução transcendental consiste em afastar-se de tudo o que é mundano ou externo à consciência e, em vez disso, focar no que lhe é interno. A redução equivale a uma forma especial de reflexão, na qual nos ocupamos não com os objetos comuns de nossos atos intencionais, mas com os conteúdos imanentes desses próprios atos. A consciência pura, então, é onde residem os fenômenos da fenomenologia husserliana.

Para Heidegger, todavia, a intencionalidade deve ser compreendida como uma característica distintiva dos seres humanos, entes cujo próprio ser é ser-no-mundo. Ao contrário de Husserl, que propõe a "heterogeneidade entre consciência e realidade" (Id. I, 77) e para quem sujeitos e objetos são separados por um "abismo", Heidegger reitera que, "para o *Dasein*, não há um exterior, de modo que, por isso, também não faz sentido falar sobre um interior" (GA 24, 93; BP, 66). Heidegger não nega que haja algo como um abismo separando os seres humanos de outros entes, no sentido de que todos eles não podem ser assimilados nas mesmas categorias ontológicas. No entanto, o argumento de Husserl diz que os próprios seres humanos estão divididos internamente entre a imanência de sua consciência e a transcendência de seus corpos.[19] Para Husserl, a distinção ontológica relevante não é entre entes humanos e não-humanos, mas entre consciência e *mundo*. A intencionalidade é interna, o mundo é externo, e a redução transcendental se centra na primeira, excluindo o segundo.

Assumida em si mesma, no entanto, a virada interior da redução transcendental não seria suficiente para distinguir a fenomenologia da

19 Para uma discussão da concepção husserliana de corpo, no Segundo Livro das *Ideias*, veja-se meu artigo "The Body in Husserl and Merleau-Ponty", *Philosophical Topics*, 27 (1999): 205-226.

psicologia introspectiva. O que se faz necessário acrescentar é uma virada dos fatos empíricos da consciência em direção a suas estruturas essenciais; da matéria ou conteúdo da experiência para as formas inteligíveis que, conforme Husserl argumenta, tornam nossa consciência genuinamente intencional ou direcionada a objetos.[20] Essa redução do conteúdo à forma, ou do fato à essência, é o que Husserl chama de redução "eidética" (do grego *eidos*), uma abstração dos fatos contingentes às formas ou essências e às necessidades que eles implicam (Id. I, 4, *passim*). A redução eidética não direciona nossa atenção para eventos mentais "reais" (que ocorrem no tempo), mas para aspectos "ideais" (abstratos, atemporais) da subjetividade. O que importa para a fenomenologia não são episódios experienciais concretos, mas as essências que esses exemplos particularizam. Portanto, Husserl pode escrever:

> uma doutrina fenomenológica da essência não se interessa mais pelos métodos pelos quais o fenomenólogo poderia constatar a *existência* de algumas experiências [...] do que a geometria se interessa por como a existência das figuras no quadro ou os modelos na prateleira poderiam ser metodicamente confirmados (Id. I, 153).

Estritamente falando, para Husserl, *que* os fenômenos intencionais são é indiferente; o único interesse da fenomenologia a respeito da redução eidética está relacionado com *o que* eles são.

Porém, essa suspensão da existência em favor da essência se trata precisamente do que Heidegger acredita cegar Husserl para o caráter ontológico distintivo do *Dasein*, cuja própria essência, Heidegger reitera, "*está em sua existência*" (SZ, 42). A questão não é, como Sartre depois argumentaria, que a existência humana precede ou determina, de algum modo, sua própria essência por meio de uma escolha radicalmente livre.[21] Pelo contrário, como

20 Esta distinção entre os aspectos reais e ideais dos fenômenos mentais foi a principal ocupação de Husserl em *Investigações lógicas*, antes de sua elaboração da *epoché*, vários anos depois, sua ênfase subsequente na condição "transcendental" da subjetividade e sua eventual, embora apenas temporária, autoidentificação como um "idealista transcendental", por exemplo, em *Cartesian Meditations: An Introduction to Phenomenology*, de 1929, tradução inglesa de D. Cairns (Haia: Martin Nijhoff, 1960), §41.

21 SARTRE, Jean-Paul. *L'Existencialisme est un humanisme*. Paris: Les Éditions Nagel, 1970, p. 17; *Existentialism and Humanism*, tradução inglesa de P. Mairet. Brooklyn: Haskell

Heidegger afirma em suas preleções de 1925, os conceitos tradicionais de *essentia* [essência] e *existentia* [existência], o ser-o-que [*whatness*] e o ser-que [*thatness*], precisamente por admitirem uma distinção conceitual nítida, não conseguem capturar o modo como o próprio *ser* dos seres humanos está inextricavelmente ligado *àquilo que* eles se consideram ser. O método eidético de Husserl, na prática, enterra o fenômeno na obscuridade desde o início:

> na contemplação e elaboração da consciência pura, apenas o *conteúdo-quiditativo* é trazido à tona, sem indagar sobre o ser dos atos, no sentido de sua existência. Nas reduções, tanto transcendental quanto eidética, não apenas essa pergunta não é formulada, mas *se perde precisamente por meio delas*. A partir do quê, eu nunca experiencio nada sobre o sentido e a maneira do que é (GA 20, 151-152; HCT, 110).

Se o próprio fato de nossa existência se constitui por nossa compreensão de nós mesmos, então a redução eidética suprime o que é *mais essencial* à intencionalidade, a saber, seu instante *existencial*. Como "o sentido da redução é precisamente não fazer uso da realidade do intencional [...] desconsiderar a realidade da consciência como tal", ela não pode compreender a intencionalidade em seu ser. De fato, "o sentido da redução é precisamente renunciar ao fundamento somente sobre o qual o ser do intencional poderia ser questionado" (GA 20, 150; HCT, 110).

> A concepção de Husserl sobre a ideação, prescindindo da individuação real, prospera na crença de que o conteúdo de qualquer ente deve ser definido ao prescindir de sua existência. Mas, se houvesse um ente *cujo "o quê" fosse precisamente ser e nada mais que ser*,

---

House, 1977, p. 26. Na "Carta sobre o 'Humanismo'", Heidegger, para começar, rejeita a formulação sucinta de Sartre como a mera inversão de uma tese expressa em termos metafísicos inadequados. O pensamento metafísico, desde Platão, sustentou que a essência precede a existência. Sartre diz, ao contrário, que, pelo menos para os seres humanos, a existência precede a essência. Contudo, "a inversão de uma proposição metafísica permanece uma proposição metafísica" (GA 9, 325; P, 250). Ou seja, nenhuma tese compreende adequadamente a peculiar ontologia do ente cujo próprio ser, sendo constituído por uma *compreensão* de ser, torna possível a metafísica.

> então essa contemplação ideativa de tal ente, ao contrário, equivaleria a um fundamental equívoco. Mostrar-se-á que esse equívoco é dominante na fenomenologia e, além disso, domina devido à predominância da tradição (GA 20, 151-152; HCT, 110).

A identidade do *Dasein*, cujo ser é precisamente ser-no-mundo e cuja essência "está em seu *ser*" (SZ, 42), não é simplesmente passível de conceitos analíticos distintos de *essentia* e *existentia*.

O argumento de Heidegger, então, não é que a redução eidética falha porque não podemos evitar nos postularmos como coisas objetivamente presentes ao lado de outras coisas. Pelo contrário, precisamente porque Husserl confunde a existência humana com mera presença objetiva, ele erroneamente infere que a essência da intencionalidade pode ser apreendida à parte de qualquer interesse em sua existência. No que ele chama de "atitude natural", Husserl escreve, o mundo "é continuamente 'subsistente' (*vorhanden*) para mim e eu mesmo sou parte dele" (Id. I, 50). "Como algo subsistente, continuamente encontro a realidade espaço-temporal à qual pertenço, como todos os outros seres humanos que se encontram nela e que estão relacionados a ela como eu estou" (Id. I, 52). Em síntese, "eu, o ser humano real, sou um objeto real como outros no mundo natural" (Id. I, 58). Sintomaticamente, o próprio Husserl chama o ponto de vista natural de uma "atitude teórica" (Id. I, 7), não uma postura ou orientação prática. De fato, a atitude que Husserl tem em mente não é tanto natural quanto naturalista, fixada sobre entes geralmente como meras partes da natureza, partes discretas de um mundo objetivo homogêneo. Além disso, para Husserl, as "ciências positivas" são meras extensões da "posição geral que caracteriza a atitude natural" (Id. I, 53).

Porém, quão "natural" é tal atitude? Normalmente, compreendemo-nos tão somente como peças da natureza objetiva? Ou a descrição de Husserl da experiência cotidiana é uma distorção dos fenômenos teoricamente motivada? Citando Husserl diretamente, Heidegger comenta o seguinte em suas preleções de 1925: "como estou dado na atitude natural, na descrição de Husserl? Sou 'um objeto real, como outros no mundo natural', ou seja, como casas, mesas, árvores, montanhas. Assim, os seres humanos se apresentam *realiter* [realmente] no mundo, entre eles, eu mesmo" (GA 20, 131; HCT, 96). De forma primordial, Heidegger propõe que não compreendemos as coisas, sobretudo nós mesmos, dessa maneira objetiva e insípida. Em vez disso, fazemos uso das coisas, contamos com elas, as aproveitamos, as damos como certas ao manusear, ajustar, vestir, pisar e ignorar. Apenas raramente elas se apresentam a nós como meros objetos. Em síntese, não as *intuímos* simplesmente como "subsistentes" (*vorhanden*), as *tratamos* como "disponíveis" (*zuhanden*).

Então, a descrição husserliana da atitude natural é, no máximo, uma descrição de uma espécie de ponto de vista reflexivo que podemos adotar ao nos afastarmos de nossas conjunturas cotidianas com as coisas e passarmos a considerá-las como meros objetos. Somente se tomarmos como certa tal interpretação objetivamente orientada da compreensão ordinária é que ele é capaz de descrever as reduções transcendental e eidética como abstrações plausíveis da objetividade mundana para a consciência pura. Por outro lado, somente ao rejeitar a fenomenologia subjacente à teoria de Husserl é que Heidegger é capaz de rejeitar as reduções como aparatos metodológicos incoerentes para descobrir as estruturas essenciais da intencionalidade.

A crítica imanente de Heidegger a Husserl

A profunda insatisfação de Heidegger com a fenomenologia de Husserl fica especialmente evidente na "crítica imanente" que ele desenvolve em suas preleções de 1925. Heidegger afirma que a teoria de Husserl sobre a intencionalidade carece de uma apreciação adequada do *ser* dos fenômenos intencionais. Buscando "uma definição mais radical da tarefa da investigação fenomenológica", ele afirma: "a crítica imanente ao curso da própria investigação fenomenológica permite que a questão do ser apareça" (GA 20, 124; HCT, 91).

Heidegger pergunta: "como Husserl realiza a elaboração fundamental e explícita do campo temático da fenomenologia?" (GA 20, 129; HCT, 94). A questão diz respeito

> à individuação concreta da intencionalidade, dos comportamentos, das experiências; agora, trata-se de uma determinação do campo no qual os comportamentos se tornam acessíveis em primeiro lugar. [...] A questão é: como os comportamentos, dos quais a estrutura da intencionalidade deve ser deduzida, tornam-se acessíveis? Como algo como a intencionalidade, a estrutura da experiência, a [própria] experiência, é inicialmente dado? Inicialmente dado, isso significa: dado para a assim chamada *atitude natural* (GA 20, 130-131; HCT, 95).

A questão é transcendental. Heidegger pergunta: o que nos permite compreender os fenômenos intencionais *como* intencionais? E como a intencionalidade se torna compreensível na postura reflexiva do fenomenólogo? Heidegger fez a mesma pergunta a Husserl dois anos depois, na colaboração de ambos no artigo da *Enciclopédia Britânica*: "qual é o modo de ser do ente no qual o 'mundo' se constitui?". Heidegger chama isso de "o problema central de *Ser e tempo* – ou seja, uma ontologia fundamental do *Dasein*".[22] Para Heidegger, então, a questão do ser não é apenas um problema ontológico em separado, distinto da e irrelevante para a fenomenologia. Na verdade, assim como "a ontologia é possível apenas como fenomenologia" (SZ, 35), também a fenomenologia inevitavelmente expressa uma compreensão do ser dos fenômenos que investiga. Sem um reconhecimento da questão do ser, argumenta Heidegger, a fenomenologia de Husserl não será apenas incompleta, mas "fenomenologicamente inadequada" (GA 20, 140; HCT, 102).

Husserl considera como certo que a intencionalidade se manifesta tão somente na consciência, em oposição ao "comportamento" (*Verhaltung*) explícito ou à atividade corporificada. Então, como ele concebe o modo de ser da consciência? Heidegger encontra quatro pressupostos centrais na teoria de Husserl: (1) a consciência é "imanente" ou transparente para si mesma; (2) ela é dada "absolutamente" ou sem perspectiva; (3) ela é "absoluta", ou conceitualmente autossuficiente, compreensível para si mesma

---

22 Veja-se Husserl, *Phänomenologische Psychologie*, ed. W. Biemel, *Husserliana* IX (Haia: Nijhoff, 1968), p. 601; *Psychological and Transcendental Phenomenology*, p. 138.

de forma não-relacional; e (4) ela é "pura", seus conteúdos são ideais. Essas "determinações do ser", Heidegger pergunta, "emergem de um olhar para a coisa mesma (*die Sache selbst*)? São determinações do ser retiradas a partir da consciência e do ente a que este termo se refere?" (GA 20, 142; HCT, 103). Não. Em vez disso, ele sustenta, Husserl as assumiu como parte integrante de uma noção cartesiana de "ciência absoluta", um modo de proceder metódico destinado a gerar conhecimento totalmente objetivo da mente, sem nenhum traço de relatividade contextual ou indeterminação interpretativa.

A princípio, o conceito husserliano de "imanência" significa simplesmente a inclusão ou inerência de uma coisa dentro de outra. Ele descreve uma relação entre coisas, mas não diz nada sobre que tipos de coisas *são*. Descreve os entes em relação um ao outro, mas não em seu modo de ser enquanto tal, ou seja, não *como* entes: "essa relação se caracteriza como [ser-] *em-outro real*, mas nada é dito sobre o ser desse ser-em-outro, sobre a realidade (*Reellität*), sobre o ente como um todo nesta região. Aqui se define uma relação de ser entre entes, não o ser enquanto tal" (GA 20, 142; HCT, 103).

Da mesma forma, a "doação absoluta" da consciência descreve apenas a relação de uma experiência com outra no mesmo domínio fenomênico imanente, mas não diz nada sobre o modo de ser dessas experiências enquanto tais:

> Com a primeira característica, a imanência, se identificou uma relação de ser entre atos da mesma região, agora se trata do modo particular de ser-um-objeto que um ente na região da experiência pode ter para outro. Novamente, não é o ente em si que se torna tema, mas o ente na medida em que é um objeto possível de reflexão (GA 20, 143; HCT, 104).

Tudo isso diz que uma experiência proporciona acesso completo e transparente a outra. Isso não nos diz o que a consciência *é*, ou seja, como ela é compreensível para nós, a princípio. Em terceiro lugar, dizer que a consciência é ela mesma "absoluta" ou autossuficiente é concordar com Descartes que ela não pressupõe nada em relação ao mundo além dela. De fato, em sua descrição da consciência, Husserl recorre explicitamente à definição de Descartes de substância como aquilo que não depende de nenhuma outra coisa para sua própria existência: "o ser imanente é, portanto, indubitavelmente ser absoluto", escreve Husserl, "no sentido de que, por princípio, o ser imanente *nulla 're' indiget ad existendum* [não precisa de nenhuma 'realidade' para existir]" (Id. I, 92). Consequentemente, "enquanto o ser da consciência [...] seria, de fato, necessariamente modificado por uma aniquilação do mundo das coisas físicas, sua própria existência não seria tocada" (Id. I, 91). Para Husserl, explica Heidegger, "a consciência é o primeiro, o *a priori*, no sentido cartesiano e kantiano". O "ser absoluto" da consciência, com isso, equivale à "primazia da subjetividade frente a toda objetividade":

> Esta terceira determinação – ser absoluto – não é, novamente, uma que define o ente mesmo em seu ser, mas uma que apreende a região da consciência na ordem de constituição e, no interior dessa ordem, lhe concede uma primazia formal anterior a todo objetivo. Ao mesmo tempo, essa determinação e concepção da consciência é o ponto onde o idealismo e a problemática idealista, mais precisamente, o idealismo no sentido do neokantismo, entram na fenomenologia. Consequentemente, essa determinação do ser também não é originária (GA 20, 145; HCT 105-106).

A concepção de Husserl da autossuficiência da consciência não é extraída de uma investigação aberta sobre "as coisas mesmas", mas de uma tradição filosófica que considerava a subjetividade como o ponto de partida intrinsecamente compreensível para toda investigação filosófica.

Por fim, Heidegger considera a "pureza" da consciência, ou seja, a idealidade do conteúdo intencional como revelado pela redução eidética, em contraposição com o fluxo real da experiência isolado pela redução transcendental. Em *Ideias I*, Husserl define o conteúdo intencional, abstraindo dos atos mentais que o realizam, a fim de estabelecer "uma distinção entre dois âmbitos de ser que são radicalmente opostos e, mesmo assim, essencialmente relacionados entre si", de modo que "a consciência, tomada universalmente, deve ser aceita como uma região própria do ser". Como resultado, Husserl diz, "notamos que, enquanto os simples objetos (entendidos no sentido não-modificado) estão fundamentalmente sob diferentes gêneros mais elevados, todos os sentidos de objeto e todos os *noemata*, tomados completamente, pertencem por princípio a um único gênero supremo, não importa o quão diferentes possam ser" (Id. I, 265).[23] Fenômenos psicológicos, considerados como eventos reais no tempo, são múltiplos e variados, mas os sentidos ideais constituem um todo sistemático e exibem uma estrutura racional. Heidegger observa: "com essa característica do ser, a consciência como pura, torna-se notoriamente evidente que ela se refere [...] não à determinação do ente que tem a estrutura da intencionalidade, mas à determinação do ser da própria estrutura, como algo em si separado" desse ente (GA 20, 146; HCT, 106). Da mesma forma, em *Ser e tempo*, Heidegger se refere com desdém à "separação ontologicamente não esclarecida do real e do ideal" (SZ, 217; cf. 156, 229).

Na avaliação de Heidegger, então, a descrição husserliana da consciência não está adequadamente fundamentada nos fenômenos: "todas as quatro determinações do ser da região fenomenológica", ele conclui, "não são, de forma alguma, retiradas do ente mesmo" (GA 20, 146; HCT, 106). A verdadeira fonte da explicação de Husserl não são as coisas mesmas, mas o ideal cartesiano de certeza científica: "todas essas determinações do ser são, na verdade, obtidas com o objetivo de elaborar *o contexto experiencial como uma região de contemplação científica absoluta*". Heidegger continua:

> A pergunta primordial de Husserl simplesmente não se ocupa com o caráter de ser da consciência, em vez disso, ele é guiado pelo seguinte interesse: *como a consciência pode se tornar o objeto possível de uma ciência absoluta?* O interesse primordial que o orienta é *a ideia de uma ciência absoluta*. Essa ideia, *de que a consciência deve ser a região de uma ciência absoluta*, não é simplesmente inventada, mas é a ideia da qual se ocupa a filosofia *moderna* desde Descartes. A elaboração da consciência pura como o campo temático da fenomenologia *não se obtém fenomenologicamente voltando-se para as coisas*

23 Cf. *Logische Untersuchungen*, II/2, §§30–35, p. 102-127.

> *mesmas*, mas voltando-se para uma ideia tradicional da filosofia. Por essa razão, nenhuma das características definidas, apresentadas como determinações do ser das experiências, é originária [...] as quatro características do ser que são dadas para a consciência não resultam da própria consciência (GA 20, 147; HCT, 107).

"Na tarefa fundamental de determinar seu próprio campo", conclui Heidegger, "a fenomenologia é *não-fenomenológica*!" (GA 20, 178; HCT, 128). Husserl não foi suficientemente fiel ao princípio da fenomenologia que ele mesmo articulou no lema: "às coisas mesmas!". Como afirma Heidegger, em *Ser e tempo*: "as ideias de um '*eu puro*' e de uma 'consciência em geral' comportam tão pouco do *a priori* da subjetividade 'real' (*wirklich*) que elas sobrepassam, ou nem mesmo reconhecem, as características ontológicas da facticidade e da constituição do ser do *Dasein*" (SZ, 229).

O espanto dos espantos

Então, embora pareça que Husserl e Heidegger estejam lado a lado em uma contínua tradição filosófica, as diferenças entre eles são marcantes, no fundo. No entanto, há também uma maneira de entender seus respectivos projetos como fluindo da mesma fonte profunda: o espantar-se filosófico. Platão e Aristóteles disseram que a filosofia começa no espantar-se;[24] e para Husserl, "o espanto de todos os espantos é o eu puro e a consciência pura".[25] De fato, apreciar a contribuição de Husserl à filosofia, acima de tudo o impacto de sua obra não apenas em Heidegger, mas também em Sartre e Merleau-Ponty, exige que tenhamos em mente o enigma da intencionalidade, ao qual ele se dedicou ao longo de sua carreira. Como é possível, afinal – de fato, como é até mesmo compreensível –, que nossas percepções, pensamentos, expectativas, memórias, imaginações sejam

24 PLATÃO. *Teeteto*, 155d. ARISTÓTELES. *Metafisica*, A2, 982b12.

25 HUSSERL, Edmund. *Ideen zu einer reinen Phänomenologie und phänomenologischen Philosophie. Drittes Buch: Die Phänomenologie und die Fundamente der Wissenschaften*. Ed. M. Biemel, *Husserliana* V. The Hague: Nijhoff, 1952, p. 75. Cf. *Erste Philosophie*, I: 27; *Phänomenologische Psychologie*, 174; *Analysen zur passiven Synthesis: Aus Vorlesungs- und Forschungsmanuskripten (1918–1926)*. Ed. M. Fleischer, *Husserliana* XI. Dordrecht: Nijhoff, 1970, p. 13, 21, 213.

capazes de se estender além de si mesmas, por assim dizer, e entrar em contato com coisas diferentes delas mesmas, coisas que lhes são alheias? E não é simplesmente incoerente falar sobre algo literalmente se expandindo ou se estendendo "além de si mesmo"? O que isso pode significar? O mistério da intencionalidade é um desses problemas profundos na filosofia que nos fazem sentir que estamos pressionando contra os limites do pensamento.[26] O que Husserl fez com essa dádiva tão estranhamente familiar da consciência?

O que distingue Husserl de seus predecessores na filosofia moderna, incluindo seu mentor, Brentano, é precisamente sua disposição em confrontar a intencionalidade como um fenômeno genuíno, de fato, como a característica que define a própria mente. Ao descrever, talvez até mesmo pretender explicar, a relação entre mente e mundo nos termos da mera presença de ideias ou representações na consciência, filósofos e psicólogos simplesmente enterraram a questão ou a adiaram indefinidamente. Pois se, contrariamente ao senso comum, os verdadeiros objetos de nossa consciência imediata não são coisas fora de nós, mas ideias dentro de nós, então qual é a relação da mente com suas próprias ideias? Trata-se de uma relação intencional? Se sim, então retornamos ao ponto de partida. Ou se trata literalmente de uma espécie de contenção ou presença de algum signo mental real na cabeça? Então, o enigma da intencionalidade parece mais obscuro do que nunca.

Husserl avançou significativamente desmantelando essa imagem epistemológica ao reiterar a *imediaticidade* de nossa consciência das coisas e ao se recusar a contornar o problema da intencionalidade postulando sinais ou indicadores mentais intermediários, o que só levanta a questão de como nossa consciência consegue ser uma consciência *de* qualquer coisa em primeiro lugar:

26 Em uma forma similar, Merleau-Ponty frequentemente busca descrever a intencionalidade da percepção e da ação como uma espécie de "magia" ou "dádiva" mundana. Merleau-Ponty, *Phenomenology of Perception*, tradução inglesa de C. Smith (Londres: Routledge, 1962), p. 94, 112, 139, *passim*; *Signs*, tradução inglesa de R. McCleary (Evanston: Northwestern University Press, 1964), p. 66.

> Trata-se de um erro sério traçar qualquer tipo de distinção real entre objetos "meramente imanentes" ou "intencionais", de um lado, e objetos "reais" ou "transcendentes", possivelmente correspondentes a eles, do outro [...]. Basta dizer isso e todos reconhecerão *que o objeto intencional da representação é o mesmo que seu objeto real, ocasionalmente externo, e que é absurdo distinguir entre os dois*. O objeto transcendente não seria o objeto *desta* representação de forma alguma, se não fosse *seu* objeto intencional.[27]

De forma similar, no §43 de *Ideas I*, Husserl sustenta que se trata de um "erro fundamental supor que a percepção [...] não chega à coisa mesma". Pois "a percepção não torna presente algo não-presente, como se fosse uma memória ou fantasia; ela presentifica (*gegenwärtigt*), ela apreende uma [coisa] mesma (*ein Selbst*) em sua presença em carne e osso" (Id. I, 78-79). Se, na percepção, o conceito de imediaticidade é compreensível, então a percepção é direta e Husserl é um realista direto, se alguém o for.[28]

O que é peculiar a respeito dos atos intencionais, obviamente, é que eles preservam sua intencionalidade mesmo na ausência de seus (supostos) objetos. Você pode temer o diabo ou procurar a fonte da juventude, mesmo que tais coisas não existam. Essa noção da indiferença da mente à existência de seus objetos pode parecer colocar a própria ideia de intencionalidade em desacordo com a concepção de Heidegger sobre a existência humana como ser-no-mundo. E, de certa forma, é claro, isso acontece, pois Heidegger insistiria que tais exemplos ocasionais de indiferença não justificam, de forma alguma, a distinção geral que Descartes e Husserl querem traçar entre sujeito e objeto, consciência e mundo. No entanto, a possibilidade de intencionar objetos inexistentes serve como um lembrete do que é verdadeiramente inquietante a respeito da intencionalidade, a

27 Husserl, *Logische Untersuchungen*, II/1, 424-425 (Apêndice aos §§11 e 20).

28 Note que o realismo direto é compatível com a clara distinção que Husserl faz entre a imanência da consciência e a transcendência do mundo. A questão não é que somos mundanos o tempo todo, como Heidegger argumentaria, mas que a intencionalidade é uma característica da consciência *vis-à-vis* ao mundo, não uma relação interna que mantemos com o conteúdo de nossas próprias mentes.

saber, que *compreendemos que os entes são*, quer existam ou não. Percebemos as coisas *como* existentes, sem precisar *ajuizar* se elas realmente existem.

Não deve ser surpresa, então, que Heidegger ficou tão impressionado com o trabalho de Husserl, apesar de suas reservas sobre a direção sistemática que ele tomou, pois, embora discordem de imediato a respeito de como proceder na sequência dessa concepção inicial do mistério da intencionalidade, eles claramente começam com uma fascinação compartilhada pelo fato de que somos *nós*, de fato, que registramos e reconhecemos, de alguma forma, *que* e *o que* as coisas *são*. Os objetos podem existir independentemente de nós, mas apenas na experiência e na compreensão há algo como *verdade* e *falsidade*, convergência e divergência em relação às coisas, abertura e encobrimento.

Heidegger recorre a isso, o que justamente poderia ser chamado de sua inspiração filosófica comum, em seus comentários sobre o segundo rascunho de Husserl do artigo da *Enciclopédia Britânica*, no qual tentaram, em vão, trabalhar juntos em 1927. Onde Husserl luta para separar a subjetividade transcendental de toda existência objetiva, incluindo a existência de fato da própria consciência, Heidegger o insta a entender as dimensões mundanas e constituintes-de-mundo do *Dasein* como necessariamente interconectadas, em oposição a princípios meramente heterogêneos, coincidindo no que Husserl chama, em outro lugar, de "paradoxo da subjetividade".[29] Heidegger afirma:

> A constituição transcendental é uma possibilidade central da existência do si mesmo fático. Isso, o ser humano concreto como tal – como um ente, nunca é um "fato mundano real" porque o ser humano nunca é meramente subsistente, mas existe. E o que é "espantoso" é o fato de que a constituição existencial do *Dasein* torna possível a constituição transcendental de tudo o que é positivo.[30]

29 HUSSERL, Edmund. *The Crisis of European Sciences and Transcendental Phenomenology: An Introduction to Phenomenological Philosophy*. Tradução inglesa de D. Carr. Evanston: Northwestern University Press, 1970, §53.

30 Disponível em Husserl, *Phänomenologische Psychologie*, p. 601-602; *Psychological and Transcendental Phenomenology*, p. 138.

A questão heideggeriana do ser não é a mesma que ele chama de "a questão fundamental da metafísica", a saber, *por que existe algo em vez de nada*?[31] Esse fato é surpreendente o suficiente. Ainda mais inquietante, no entanto, é o fato de que um ente existente entre outros *sabe* que algo existe e se pergunta *por quê*. O que é verdadeiramente espantoso é a possibilidade do espanto, ou seja, nossa compreensão do ser e nossa capacidade de fazer as questões da metafísica.

Então, além de seu compromisso compartilhado com um programa filosófico de descrição concreta, em oposição a hipóteses e explicações, dificilmente há um "princípio" da fenomenologia, digno desse nome, comum a Husserl e Heidegger. E, no entanto, debaixo das discordâncias substantivas e metodológicas que os afastaram, há uma fonte duradoura de inspiração filosófica movendo seus projetos desde o início: o enigma da experiência e da compreensão humanas.

31 Veja-se GA 40; *Introduction to Metaphysics*, tradução inglesa de G. Fried e R. Polt (New Haven, CT: Yale University Press, 2000), capítulo 1.

4 Tempo e fenomenologia em Husserl e Heidegger

Robert J. Dostal

Uma concepção comum da história da filosofia continental do século XX se configura da seguinte forma: no início do século, Edmund Husserl, perturbado pelo que via como o aumento do relativismo e do historicismo da cultura ocidental, introduziu o método fenomenológico como uma forma de garantir que a filosofia chegasse a verdades derradeiras e incontestáveis. Fenomenologia significa principalmente descrição – descrição das coisas que se fazem presentes em nossa experiência e descrição de nossa experiência delas. O movimento fenomenológico foi anunciado pelo lema de Husserl, "de volta às coisas mesmas!". Porque a fenomenologia "coloca entre parênteses" ou suspende a crença em todos os construtos metafísicos para se concentrar exclusivamente naquilo que se mostra *como* se faz presente em nossa experiência, seus resultados são supostamente apodíticos, para além de toda dúvida possível.

Segundo a história padrão, o jovem Heidegger surgiu e levantou questões sobre a viabilidade da fenomenologia husserliana, fazendo uma virada "interpretativa". O que é mais importante na ontologia hermenêutica de Heidegger, conforme tal história, é seu reconhecimento da significância da finitude, mundanidade e historicidade de nossa condição humana – o reconhecimento de que nosso acesso às coisas é sempre marcado e prefigurado pelo sentido que as coisas têm em nossa cultura histórica. A história, então, termina com pensadores pós-estruturalistas e vários pensadores pós-modernos detectando uma nostalgia pela metafísica, mesmo em conceitos heideggerianos como mundanidade, finitude e história. Jacques Derrida, em especial, aponta que Heidegger ainda parece estar preso ao essencialismo e à totalização, pecados gêmeos da própria "metafísica da presença" que sua abordagem hermenêutica supostamente iria substituir.

Crítica para esta história é a suposição de que a hermenêutica ontológica de Heidegger conseguiu minar a fenomenologia de Husserl. No entanto, uma análise mais detalhada da obra inicial de Heidegger sugere que a história real não é tão simples. Pensadores como Hans-Georg Gadamer e Paul Ricoeur, que se baseiam na hermenêutica heideggeriana, deixam claro que seu próprio pensamento pressupõe a fenomenologia.[1] E o próprio Heidegger, que se supõe ter rompido com Husserl, fundamenta sua hermenêutica em uma abordagem do tempo que não apenas se assemelha em muitos aspectos à de Husserl, mas parece ter sido alcançada através do mesmo método fenomenológico usado por este. A abordagem fenomenológica do tempo para a filosofia continental recente é tão importante que até a bem conhecida crítica de Derrida à metafísica da presença foi inicialmente formulada por meio de uma reflexão sobre a abordagem husserliana da temporalidade.[2] A fenomenologia do tempo, então, pode servir como chave para entender não apenas a relação entre Husserl e Heidegger, mas também o desenvolvimento do pensamento continental ao longo deste século. As diferenças entre Husserl e Heidegger são significativas, mas se não percebermos em que medida a fenomenologia husserliana fornece o enquadramento para a abordagem

1 Em *Truth and Method* (Nova Iorque: Seabury Press, 1973), Gadamer nos afirma que um de seus objetivos era avaliar a "consciencialidade da descrição fenomenológica que Husserl tornou um dever a todos" (p. xv). Ele também diz que "é verdade que meu livro é fenomenológico em seu método" (p. xxiv). Em seu ensaio "Fenomenologia e hermenêutica" [disponível em *Hermeneutics and the Human Sciences*, edição e tradução inglesa de John B. Thompson (Cambridge: Cambridge University Press, 1981), p. 101-128], Ricoeur afirma explicitamente que a hermenêutica pressupõe a fenomenologia. Além disso, o tempo é um tema central tanto para Ricoeur quanto para Gadamer. Note-se a recente obra de Ricoeur *Time and Narrative*, em três volumes (Chicago: University of Chicago Press, 1988). Demonstrei o sentido de uma compreensão da temporalidade para a hermenêutica de Gadamer em meu ensaio *Philosophical Discourse and the Ethics of Hermeneutics*, disponível em *Festivals of Interpretation*, ed. Kathleen Wright (Albany: State University of New York Press, 1990), p. 63-88.

2 Veja-se *Speech and Phenomena*, tradução inglesa de David Allison (Evanston, IL: Northwestern University Press, 1973).

de Heidegger, não seremos capazes de apreciar a natureza exata do projeto deste em *Ser e tempo* ou por qual razão ele o deixou inacabado.

Neste ensaio, vou me concentrar na primeira abordagem fenomenológica do tempo feita por Heidegger, bem como em suas raízes na obra de Husserl. Foi o próprio Husserl quem primeiro empreendeu o projeto da ontologia fenomenológica – isto é, a tentativa de esclarecer o ser do ente em geral e, como veremos, encarou a abordagem fenomenológica do tempo como central para este projeto. *Ser e tempo*, de Heidegger, com sua tarefa explícita de relacionar o ser ao tempo, segue os passos do projeto de Husserl. Ao mostrar a relação do pensamento de Heidegger ao de Husserl e as semelhanças de ambos com a filosofia transcendental de Kant, espero demonstrar por que o tempo tem um papel tão central no pensamento continental. Mas também ficará evidente que graves problemas surgem para as abordagens do tempo tanto em Husserl quanto em Heidegger. Esses problemas podem nos ajudar a compreender por que *Ser e tempo* nunca foi concluído. Porém, eles também apontam para questões profundas sobre a possibilidade da fenomenologia, em geral, e podem evidenciar a motivação para alguns dos recentes movimentos feitos por filósofos pós-estruturalistas, pós-modernistas e (para usar o oxímoro autodescritivo de Richard Rorty) pós-filosóficos.

Husserl e o tempo

Em primeiro lugar, vamos examinar brevemente o projeto de Husserl. Ele esperava fornecer uma ontologia formal vinculada às ontologias materiais de diferentes regiões ou tipos de entes. Ontologia, como já observamos, significa a abordagem do ser, em geral, e diz respeito às essências e categorias fundamentais. Uma ontologia "formal" trata das "formas" ou estruturas fundamentais do ser em geral, enquanto uma ontologia "material" considera como essas formas mais gerais são preenchidas "materialmente", por assim dizer, nos vários tipos principais de entes. Husserl usa a metáfora geográfica de "região" para essas principais divisões ônticas – daí a expressão "ontologia regional", que é intercambiável com "ontologia material". Em *Lógica formal e transcendental* (1929), Husserl escreve que a tarefa da ontologia formal consiste em "declarar o que é válido para quaisquer objetos, quaisquer âmbitos de objetos, com universalidade formal, em quais formas eles existem ou meramente podem existir".[3] O que o fenomenólogo afirma na ontologia formal deve ser verdadeiro para qualquer ente. Às vezes, Husserl fala da ontologia formal como tratando de conceitos fundamentais (*Grundbegriffe*) ou categorias da objetividade enquanto tal. Ele pensa no ser como objetividade. A noção de "objeto" e "objetividade" é ampla, pois "objeto" significa mais do que os objetos da percepção. Para Husserl, existem objetividades mais elevadas, como aquelas estabelecidas na matemática ou nas ciências sociais.

Husserl também se refere ao seu projeto de ontologia fenomenológica como transcendental. Acabamos de notar que a fenomenologia descreve "objetos" (em um sentido amplo). Para justificar essas descrições e para nos compreendermos como aqueles que descrevem, a descrição fenomenológica requer, além de uma descrição cuidadosa e metódica, uma consideração do que é a descrição e como ela se torna possível – ou seja, a fenomenologia considera a condição de possibilidade não apenas dos objetos, mas da descrição dos objetos. Assim, a fenomenologia husserliana é "transcendental" no mesmo sentido em que este termo é definido na introdução à *Crítica da razão pura*, de Immanuel Kant, obra que inaugura a tradição da filosofia transcendental: "chamo de *transcendental* todo conhecimento que se ocupa não tanto com objetos quanto com o modo de nosso conhecimento dos objetos, na medida em que este modo de conhecimento é possível *a priori*".[4] Entende-se por *a priori* o conhecimento obtido dos objetos, bem como daquele que conhece ou sujeito, por meio de uma reflexão filosófica rigorosa e não através das ciências empíricas ou

---

3 HUSSERL, Edmund. *Formal and Transcendental Logic*. Tradução inglesa de Dorion Cairns. The Hague: Nijhoff, 1969, p. 120. Para a análise da ontologia formal na obra inicial de Husserl de 1913, *Ideas I*, veja-se o §10, "Região e categoria". Em inglês, tal obra está disponível como o vol. 2 de *Edmund Husserl: Collected Works*, tradução de F. Kersten (The Hague: Nijhoff, 1982).

4 KANT, Immanuel. *The Critique of Pure Reason*. Tradução inglesa de Norman Kemp Smith. Nova Iorque: St. Martin's Press, 1965, p. 59 (B25, de acordo com a paginação padrão da segunda edição da *Crítica*).

da generalização da experiência cotidiana. Literalmente, *a priori* significa "antes da experiência". Esse conhecimento, diz Kant, é "necessário", enquanto Husserl o chama de "essencial". De acordo com a citação acima, a filosofia transcendental está particularmente ocupada com o si mesmo ou o sujeito que leva a cabo essa reflexão rigorosa. Kant se interessou tanto pelas condições subjetivas do conhecimento objetivo que chegou a afirmar que nunca podemos conhecer as coisas como elas são em si mesmas, mas apenas como se apresentam a nós, condicionados que somos por certas estruturas cognitivas subjetivas. Aqui encontramos a mais importante discordância de Husserl com Kant, pois Husserl pensa que podemos conhecer as coisas como são em si mesmas. Como Husserl concilia essa proposta com sua própria versão de "idealismo transcendental" é algo que não podemos tratar aqui. Muitos de seus alunos mais próximos não achavam que ele pudesse; outros defenderam sua tentativa. De qualquer forma, para uma filosofia plenamente justificada, é importante notar que não apenas a objetividade, mas também a subjetividade deve ser examinada. O simples si mesmo ou ego racional, considerado apenas em termos de suas estruturas (ou formas) cognitivas fundamentais, é chamado de "ego transcendental" tanto por Kant quanto por Husserl.

Outra comparação com a *Crítica da razão pura* de Kant pode ser útil aqui. A ontologia formal corresponde ao que Kant tentou realizar na analítica transcendental, ou seja, o conhecimento *a priori* de um "objeto em geral". Para Husserl e Kant, a chave para a descoberta das formas fundamentais da objetividade é a lógica formal. Kant, na dedução metafísica, sustentava que qualquer lei lógica formal pode ser convertida em uma lei ontológica formal equivalente. Assim como Kant, na *Crítica*, Husserl, em *Lógica formal e transcendental*, inicia com a lógica formal e passa para a "lógica transcendental", que é a ontologia formal, embora Husserl queira evitar o que ele acredita ser a aceitação ingênua de Kant da lógica tradicional como base a partir da qual derivam as formas de objetividade. Para Husserl, a lógica formal funciona mais como um ponto de partida e uma pista para o desenvolvimento de uma ontologia formal. Para Kant, a ontologia regional ou material, baseada na "ontologia formal" da

Crítica, seria a metafísica da natureza. De acordo com *Ideias II* e *Ideias III*, de Husserl, a tarefa se configura como um pouco mais variada, já que existem três regiões primárias: natureza material, natureza animada e almas (ou pessoas); e, consequentemente, três ontologias regionais: física, somatologia e psicologia.[5]

Se prosseguirmos com a analogia kantiana, descobriremos que a obra *Lógica formal e transcendental*, de Husserl, também requer uma estética transcendental suplementar e um esquematismo, dois outros componentes importantes da *Crítica*, de Kant. O aspecto inteligível da experiência, tratado na lógica formal e transcendental, precisa ser relacionado ao aspecto sensível da experiência. Na conclusão desta sua obra, Husserl reconhece essa necessidade. Lembre-se de que a analítica transcendental da *Crítica* é precedida pela estética transcendental, que é uma abordagem do espaço e do tempo. Lembre-se ainda que após o argumento das deduções metafísica e transcendental estabelecendo as categorias fundamentais, segue-se uma seção intitulada "Esquematismo", que mostra como cada uma das categorias, inicialmente apresentadas independentemente do tempo, é, no fim das contas, nada mais do que uma forma ou configuração do tempo. As categorias são temporalizadas, embora não sejam "espacializadas", porque, para Kant, toda experiência é temporal, mas nem toda experiência é espacial. Para Kant, o tempo tem prioridade, como também para Husserl e, como veremos, para Heidegger. Outra forma de expressar isso é dizer que as categorias não são nada além de regras de configuração temporal (ou esquematização). Para dar dois exemplos kantianos, a categoria "substância" é a "permanência do real no tempo" e a categoria "causa" é "sucessão sujeita a uma regra".[6]

Husserl já estava há muito envolvido na tentativa de fornecer uma consideração fenomenológica do espaço e do tempo, do espacial e do

---

5 *Ideas II* e *Ideas III* estão disponíveis, em inglês, em *Edmund Husserl: Collected Works*, respectivamente, como vol. 3 (tradução de Richard Rojcewicz e André Schuwer) e vol. 1 (tradução de Ted Klein e William Pohl). Esses dois volumes nunca foram publicados por Husserl e, em alemão, surgiram em 1952 e 1971 (*Husserliana*, vol. 4 e 5 [The Hague: Nijhoff]). Em *Ser e tempo*, em uma nota de rodapé, Heidegger reconhece com gratidão sua familiaridade com esse manuscrito até então inédito (BT, 489).

6 Veja-se o final do capítulo sobre o esquematismo na *Crítica da razão pura*, p. 184-187.

temporal, mas essas considerações nunca foram adequadamente integradas ao projeto maior.[7] Como acabamos de notar, o tempo tem a primazia por razões semelhantes às apresentadas por Kant. Husserl, no entanto, nunca nos mostra como suas objetividades ou categorias formais são temporalizadas. Porém, ao longo de sua vida, ele regressa inúmeras vezes ao tema do tempo, porque ele se convence de que o tempo é a forma fundamental de toda experiência. Pode-se não inferir a importância desse tópico para Husserl a partir de suas publicações, uma vez que sua única publicação a esse respeito é *A fenomenologia da consciência interna do tempo*, preleções de 1905 com adendos. Essas preleções apareceram, pela primeira vez, em 1928 (no ano seguinte à publicação de *Ser e tempo*) sob a edição de Heidegger. Husserl havia pedido para Heidegger publicar suas preleções de 1905 algum tempo antes e Heidegger concordou com a condição de primeiro concluir *Ser e tempo*. Parece que esta foi a última tentativa de Husserl de recordar Heidegger acerca da abordagem husserliana do tempo e da dívida de Heidegger, como fenomenólogo, com esta abordagem. Na introdução à primeira tradução inglesa dessas preleções (1964), Calvin Schrag comenta que os materiais do volume foram "compilados e publicados" por Heidegger.[8] Embora Heidegger tenha editado e publicado, ficou evidente que ele não "compilou" os materiais. A assistente de Husserl, Edith Stein, compilou o manuscrito e Heidegger fez relativamente pouco, apenas encaminhando-o para o editor. Após 1928, a única publicação posterior do trabalho de Husserl sobre o tempo foi a republicação dessa edição junto com extensos adendos que dobraram o tamanho do volume.[9] Todavia, a partir de aproximadamente 1917,

7 A respeito da abordagem de Husserl do espaço e da espacialidade, veja-se suas preleções de 1907, *Ding and Raum*, vol. 16, de suas obras reunidas, *Husserliana* (The Hague: Nijhoff, 1973) – indisponíveis em tradução inglesa.

8 Veja-se a introdução de Schrag a *The Phenomenology of Internal Time Consciousness*, tradução inglesa de James S. Churchill (Bloomington: Indiana University Press, 1964), p. 12.

9 HUSSERL, Edmund. *Husserliana*, vol. 10: *Zur Phänomenologie des inneren Zeitbewusstseins (1893-1917)*. Ed. Rudolf Boehm. The Hague: Nijhoff, 1966. Este volume foi recentemente traduzido por John Brough (com uma nova tradução completa das preleções de 1905) como o vol. 4 de *Edmund Husserl: Collected Works – On the Phenomenology of the Consciousness of Internal Time (1893-1917)* (The Hague: Nijhoff, 1991). Veja-se a excelente introdução de Brough a respeito da história da edição.

Husserl, em sua escrita, retornou repetidamente ao tempo como seu tema central e mais fundamental. Nos anos 1920, Stein compilou outro manuscrito dedicado ao tema do tempo e Husserl o considerou, em certa altura, como sua obra mais importante. Ele tentou, sem sucesso, fazer com que primeiro Roman Ingarden e depois Eugen Fink o publicassem.[10] Este manuscrito, geralmente referido como manuscritos "Bernauer" ou "L", permanece inédito, assim como uma coletânea posterior de manuscritos sobre a fenomenologia do tempo do final dos anos 1920 e início dos anos 1930, denominada de manuscritos "C".

A fenomenologia do tempo requer, é claro, que ignoremos nossas suposições ordinárias ou científicas sobre o tempo e nos atentemos rigorosamente à vivência do tempo. Devemos pôr entre parênteses o tempo "objetivo", como Husserl o chama nessas preleções, para ver como o tempo se constitui de forma imanente na experiência – daí o título "consciência interna do tempo". De acordo com esta abordagem, experienciamos o tempo principalmente como o presente "agora". No entanto, é importante perceber quão fundamentalmente significativa é, para Husserl, a rejeição da concepção "objetiva" do tempo como uma fileira pontilhada de "agoras" que se estendem para trás e para frente até o infinito e constituem uma linha unidimensional, a linha objetiva do tempo. Em contraposição a essa concepção unidimensional do tempo, Husserl nos oferece uma concepção tridimensional. Para ele, o presente não é o ponto não-dimensional do agora imediato. Pelo contrário, podemos dizer que o presente é "denso" na medida em que, *no* presente, encontramos tanto o passado quanto o futuro; isto é, encontramos todas as três dimensões do tempo. Segundo Husserl, qualquer instante presente possui o que ele chama de aspectos "retentivos" e "protentivos". Em outras palavras, qualquer instante é o que é em virtude do que retém do passado (retenção) e do que antecipa do futuro (protensão). Cada instante presente carrega esses dois aspectos como essenciais para ser o que é *como* presente. De maneira simplificada, eles são parte do presente. O passado é retido *como* passado no presente e o futuro é antecipado *como* futuro

10 Veja-se Karl Schumann, *Husserl Chronik* (The Hague: Nijhoff, 1977), p. 325.

no presente. Husserl afirma que essas três dimensões constituem o presente. À medida que o tempo passa, cada presente (este presente "denso" com três dimensões internas) é retido no instante sucessivo – de forma retentiva. Em nossa experiência cotidiana, esta retenção e antecipação é inconsciente, mas a reflexão filosófica mostra que ela é constitutiva da estrutura de qualquer instante. Husserl distingue retenção de memória, pois, na memória, o instante passado é experienciado simplesmente como passado e não como parte do presente. De maneira semelhante, ele distingue protensão de esperanças e expectativas, o foco consciente em algum evento futuro imaginado como futuro e não como aspecto constitutivo do presente. Há uma certa simetria na constituição da vivência do tempo; tanto a retenção quanto a protensão são essenciais para tal abordagem e ambas são distinguíveis, respectivamente, da memória e da esperança. No entanto, há pelo menos um outro importante elemento na abordagem de Husserl: o fluxo do tempo é direcional. O tempo flui inexoravelmente em direção ao futuro; não é reversível. Esta compreensão do presente como constituído por retenção e protensão é o cerne da contribuição de Husserl para uma filosofia do tempo.

A centralidade do "presente", para esta análise, levou à crítica de Derrida à fenomenologia de Husserl como uma "metafísica da presença". O ponto principal dessa crítica é que a abordagem husserliana suprime a ausência. Rudolf Bernet, que desenvolveu a crítica de Derrida, escreve, por exemplo, que a ausência não pode ser tão facilmente descartada e que ela retorna para assombrar Husserl – em suas palavras, "o elemento reprimido retorna".[11] Eu sugeriria, pelo contrário, que a ausência não é ignorada na abordagem de Husserl, mas é considerada um elemento essencial do presente. Retenção e protensão são modos da presença do ausente (o passado e o futuro) assim como da ausência do presente (o passado não mais presente e o futuro ainda não presente). Argumentaria que o adensamento husserliano do instante é apenas a tentativa de representar o caráter temporal da experiência humana como a interação inevitável entre presença e ausência.

11 Veja-se seu artigo "Is the Present Ever Present?", disponível em *Research in Phenomenology*, 12 (1982): 85-112, p. 87.

Quando, em *Ideias I*, de 1913, Husserl reflete sobre a abordagem fenomenológica das preleções sobre o tempo e de sua inovadora obra anterior, *Investigações lógicas* (1900/1901), ele defende seu método nos termos problemáticos do "idealismo transcendental". Aqui, como antes, Husserl distingue o tempo fenomenológico e o tempo objetivo (ou cósmico). O tempo fenomenológico, ele escreve, é "a forma unitária de todas as vivências (*Erlebnisse*) no interior de *um* fluxo de vivência (*Erlebnisstrom*), isto é, no interior de *um* ego puro".[12] O tempo interno "fenomenológico" ou subjetivo ganha precedência metodológica sobre o tempo "cósmico" ou "objetivo", que se diz ser constituído no tempo interno.

A forma husserliana de idealismo decorre da precedência metodológica da subjetividade. Nas palavras de *Lógica formal e transcendental*: "toda a fenomenologia não é nada mais do que a autoanálise por parte da subjetividade transcendental".[13] Nas seções conclusivas desta obra, Husserl afirma que apenas a subjetividade transcendental existe "em e para si mesma". E também afirma que "o fundamento último de toda verdade é um ramo da autoanálise universal que, quando conduzida radicalmente, é absoluta. Em outras palavras, trata-se de uma autoanálise [...] que me leva à apreensão de meu si mesmo absoluto, meu ego transcendental".[14] A essa autointerpretação egológica da fenomenologia Husserl chama de a via cartesiana para a fenomenologia.[15]

Quando nos voltamos para a questão do tempo, descobrimos que, em vez de o tempo ser apenas outro objeto constituído no campo temático da subjetividade transcendental, a subjetividade é em si mesma radicalmente temporal. Frequentemente, Husserl simplesmente identifica o tempo

12 *Ideas I*, p. 192; tradução revista.

13 Husserl, *Formal and Transcendental Logic*, p. 273.

14 *Ibidem*, p. 274.

15 Veja-se o §13 de *Meditações cartesianas*, de Husserl (1931), tradução inglesa de Dorion Cairns (The Hague: Nijhoff, 1960): "Estamos encarando uma ciência que é absolutamente subjetiva [...] Ela começa na egologia pura". Deve-se também observar aqui, no entanto, que a abordagem cartesiana não é o único caminho para a fenomenologia. O "caminho" tentado em *Crise das ciências europeias* (1936) se dá através da experiência cotidiana, o que Husserl chama de "mundo da vida". Mesmo quando adota o modo cartesiano, Husserl é substancialmente crítico de Descartes.

com a subjetividade (assim como, às vezes, Kant identifica "sentido interno" com o sujeito). Em outros casos, parece que Husserl sustenta que o ego, como absoluto, não é ele mesmo temporal, mas a fonte da temporalidade. Ele fala do ego como a origem (*Ursprung*) e a fonte (*Quelle*) do tempo.[16] Como *Quelle*, que também significa "nascente", o ego é a nascente do fluxo do tempo. A fonte mesma não flui, mas está constantemente no mesmo lugar. Assim, nestes mesmos manuscritos, Husserl frequentemente se refere ao ego, que é esta fonte ou nascente, como *nunc stans* ou o "agora atual", uma frase que remonta à escolástica medieval. Trata-se do agora que origina o fluxo do tempo, não estando ele mesmo no tempo – daí seu caráter "atual". O agora atual é a forma originária de ser do ego. Como "atual", ele constitui o fluxo do tempo.

Acabamos de notar como uma das abordagens de Husserl consiste em afirmar que a subjetividade (ou o ego) é radicalmente temporal. Visto dessa forma, trata-se apenas do fluxo do tempo. Uma segunda abordagem vê o ego como estando de alguma forma fora do tempo, constituindo o tempo. Mas, à medida que Husserl desenvolve sua apreciação do tempo nos manuscritos tardios C, ele começa a pensar no tempo em relação ao sujeito de uma terceira maneira – ou seja, nem (1) como subjetivo, nem (2) como originado na subjetividade atemporal, mas (3) de alguma forma anterior à distinção entre sujeito e objeto. Nesse terceiro modo, o próprio tempo passa a ser compreendido como aquela fonte originária (*Ursprung*) da qual emergem os polos ego e objeto. O fundamento do ego é o tempo; o próprio tempo é "radicalmente pré-egológico". Trata-se

16 Há muitos exemplos disso nos manuscritos C não publicados. Por exemplo, no número 71, p. 5 da transcrição tipografada, Husserl escreve que "o ego, em sua originalidade mais original, não existe no tempo". E no número 7 II, p. 11-12, ele discute o ego absoluto como a fonte ou nascente (*Quelle*) de todos os fenômenos. Husserl escrevia quase diariamente em estenografia, sempre retornando ao tema do tempo. Esses manuscritos do final dos anos 1920 e início dos anos 1930 são repetitivos e às vezes contraditórios, já que Husserl está realizando experiências de pensamento tentando descobrir para onde diferentes abordagens poderiam levá-lo. Por exemplo, Husserl às vezes chega perto de identificar esse "agora atual" com Deus – o Deus de Leibniz – como uma forma de considerar a subjetividade de maior grau, que não é temporal, mas constitui a temporalidade da subjetividade. Em outros contextos, ele considera a possibilidade de um inconsciente último por trás da consciência – por exemplo, em *On the Phenomenology of the Consciousness of Internal Time*, p. 394.

de "um acontecer originário [*Urgeschehen*] temporalizante temporal que não surge de fontes egológicas (*aus Quellen des Ichs*); portanto, acontece sem a participação do ego".[17] Novamente, Husserl aqui se ocupa com a noção de "agora atual e que originariamente perdura", que em si não está no tempo, mas o temporaliza – o que significa que é a fonte do tempo. O que está fluindo e é efêmero está fundamentado no que é permanente. O agora atual permanente é o absoluto, que tem em si seu próprio fundamento e não é fundamentado em mais nada. Husserl diz que ele é sem fundamento (*grundlos*); como constituinte, não é ele mesmo constituído. Visto dessa maneira, poderíamos dizer do tempo o que Heidegger disse posteriormente: "a temporalidade temporaliza" (BT, 377).[18]

Com isso, podemos entender que, quando Husserl desenvolve sua apreciação do tempo, ele é ambivalente a respeito da relação entre subjetividade transcendental e temporalidade. Subjetividade e temporalidade são idênticas? Ou a temporalidade é anterior à subjetividade e seu correlato objetivo, ou seja, trata-se de uma fonte pré-egológica da qual sujeitos e objetos são constituídos no tempo? Se for, então não é mais apropriado caracterizar o nível mais importante da análise fenomenológica como egologia. O projeto egológico se desintegra. O paradoxo da subjetividade (ser tanto um sujeito para o mundo quanto um objeto no mundo) torna-se o paradoxo do tempo (ser tanto uma fonte não-temporal do mundo quanto uma característica objetiva temporal do mundo). Além disso, somos levados a perguntar se a fenomenologia pode resolver essas questões. Husserl ainda mantém um ponto de vista fenomenológico quando discute o ego originário como uma mônada ou quando desenvolve o conceito de agora atual? Ou seja, trata-se ainda de uma descrição do que é imanente na consciência? Outra maneira de ver essa dificuldade é lembrar o título das primeiras preleções sobre o tempo: "consciência interna do tempo".

17 Manuscrito C, n. 10, p. 25.

18 "*Die Zeitlichkeit* [...] *zeitig sich*" (SZ, 328). Importante observar que o sujeito e o agente aqui é a temporalidade, não o ego (como por vezes acontece em Husserl) ou o *Dasein* (como para Heidegger, nas preleções *Prolegômenos para uma história do conceito de tempo*). Nesse mesmo contexto relativo à *Zeitlichkeit* [temporalidade], Heidegger afirma que "a temporalidade originária" é anterior ao *Dasein* (BT, 380-382).

Na abordagem posterior já discutida, o tempo não é nem "interno" nem uma função da "consciência". Esses dois tipos de perguntas intimamente relacionadas – a ontológica e a metodológica – são dois aspectos do que poderia ser chamado de problema profundo de Husserl com o tempo.

Há um segundo importante complexo de problemas ontológicos a respeito do tempo que devemos observar aqui, mesmo que brevemente. Não se trata da questão profunda da natureza do próprio tempo, mas da questão "de último nível" da constituição temporal de diferentes tipos de entes. Como vimos, Husserl está engajado com a tese de que a experiência humana é radicalmente temporal. Todos os aspectos da experiência têm uma gênese temporal – daí a importância da fenomenologia *genética* (em oposição à estática). Mas quais são as relações entre (1) o tempo enquanto tal, (2) o tempo natural (que Husserl às vezes chama de "espaço-tempo" [*Raum-Zeit*]) e (3) o tempo histórico? Husserl nunca aborda extensivamente essa questão, embora distinga tempo natural e histórico como diferentes modos de tempo. Às vezes, Husserl parece trabalhar em direção a uma concepção de tempo natural e histórico que os tornaria igualmente fundamentais, cada um com sua própria base na temporalidade da subjetividade transcendental. Com maior frequência, parece trabalhar na concepção de que o tempo histórico se funda no tempo natural. O que media os dois é a corporeidade humana. Nós, seres históricos, também somos seres naturais e corporais.

Em síntese, vimos como a fenomenologia transcendental de Husserl foi confundida pelo problema do tempo de, pelo menos, duas maneiras. O problema ontológico mais profundo do tempo diz respeito à relação entre temporalidade e subjetividade e nos leva aos limites de uma fenomenologia egológica. A maior dificuldade concerne à relação entre tempo natural e histórico e ao tempo enquanto tal. Podemos encontrar problemas paralelos relativos ao tempo na ontologia de Heidegger, problemas tanto metodológicos quanto substantivos.

O período inicial de Heidegger e o tempo

Alguns dos desacordos entre Husserl e seu protegido Heidegger resultam de um mal-entendido fundamental por parte de Husserl quanto à natureza do projeto de Heidegger. Husserl havia estabelecido um programa de investigação fenomenológica no início dos anos 1920 em Friburgo. Com base em seu método, este programa de investigação deveria ser cooperativo. Husserl, como fundador do método, entendia sua própria tarefa como o trabalho pioneiro em ontologia formal e metodologia, esperando que seus discípulos e alunos desenvolvessem as ontologias regionais. Seu periódico, o *Anuário de filosofia e investigação fenomenológica*, publicaria os resultados de suas pesquisas.[19] Ele esperava que Heidegger, a quem considerava seu discípulo mais competente, estabelecesse a ontologia regional para a história e as ciências históricas.[20] Por vezes, Heidegger apresentava seu próprio projeto dessa forma, mas, na verdade, o que ele escolheu fazer foi perseguir a ontologia do próprio tempo (o que chamei de questão ontológica mais profunda) em vez da ontologia regional do âmbito histórico. Da perspectiva de Husserl, no entanto, Heidegger afirma, do próprio tempo e do ser enquanto tal, o que poderia ser apropriado para a região histórica. Para Husserl, tal movimento historiciza o ser de tal maneira que só nos resta a antropologia, o historicismo e o relativismo. Parece que ele entende Heidegger assim porque o ponto de partida deste é o *Dasein*, definido como ser-no-mundo, um ser-no-mundo que é completamente histórico.

Qualquer que seja a avaliação de Husserl acerca da tentativa de Heidegger, uma análise cuidadosa do projeto inicial deste mostra que ele se envolve em problemas metodológicos e ontológicos semelhantes aos de Husserl. Heidegger nunca concluiu este projeto e posteriormente o abandonou. Podemos encontrá-lo desenvolvido em *Ser e tempo* (1927) e nos primeiros trabalhos publicados que imediatamente o seguem: *Kant e o problema da metafísica* (1929) e *Sobre a essência do fundamento* (1928), bem como nas preleções recentemente publicadas proferidas quando ele estava

19 *Ser e tempo* surgiu pela primeira vez no vol. 8 (1927) desse anuário, junto à análise fenomenológica da matemática feita por Oskar Becker, que era outro assistente de Husserl.

20 Nos anos 1920, Husserl comentou diversas vezes com Heidegger: "você e eu somos a fenomenologia". Veja-se Dorion Cairns, *Conversations with Husserl and Fink* (The Hague: Nijhoff, 1976), p. 9.

em Marburgo, entre 1922 e 1928. Embora aqui não possamos examinar os problemas e os paralelos detalhadamente, podemos traçar um breve esboço.

O projeto inicial de Heidegger: ontológico, fenomenológico, transcendental e hermenêutico

A questão de *Ser e tempo* é a do ser. Na *Introdução*, Heidegger nos diz que busca esclarecer o sentido do ser (BT, 31). Esta é sua questão, pois, conforme nos diz mais adiante, trata-se da questão mais fundamental. Todas as outras questões pressupõem que há ser e todas as ciências fazem pressuposições sobre o ser. Como a obra aborda o ser e não este ou aquele tipo de ser ou ente, sua tarefa é, em primeiro lugar, ontológica. Heidegger chama a obra de "ontologia fundamental" porque está relacionada à questão mais fundamental e porque as ontologias dos vários tipos de entes pressupõem necessariamente isso:

> A questão do ser visa, portanto, a determinação das condições *a priori* não apenas para a possibilidade das ciências, que examinam entes como entes desse ou daquele tipo e, ao fazê-lo, já operam com uma compreensão de ser, mas também para a possibilidade daquelas próprias ontologias que antecedem as ciências ônticas e fornecem seus fundamentos (BT, 31).

Encontramos aqui um paralelo nítido com o projeto de Husserl. A ontologia fundamental diz respeito ao sentido do ser enquanto tal. Ela estabelece a base para as ontologias das várias regiões do ser, que, por sua vez, fornecem a base filosófica para as ciências, evidenciando os pressupostos e conceitos fundamentais delas. Por "ôntico", no trecho de Heidegger supracitado, entende-se o que, a princípio, está relacionado com o ente e não com o ser enquanto tal. As regiões que Heidegger tem em mente são as da história e da natureza. A ontologia regional de cada uma forneceria a base filosófica apropriada, respectivamente, para as ciências humanas e para as ciências da natureza. Não está claro se Heidegger já pretendia desenvolver as ontologias regionais, mas é óbvio que é em relação às ontologias regionais possíveis que Heidegger concebeu sua tarefa, em *Ser e tempo*, como ontologia fundamental.[21]

Ser e tempo também é um trabalho de fenomenologia transcendental, no mesmo sentido da filosofia de Husserl. Heidegger escreve na *Introdução* que fenomenologia "significa fundamentalmente um *conceito metodológico*. Essa expressão não caracteriza o *quê* dos objetos da investigação filosófica como conteúdo, mas sim o *como* dessa investigação" (BT, 50). Trata-se de um método descritivo que permite que as coisas se mostrem como são. Chamá-lo de "transcendental" é adotar a terminologia de Kant e Husserl, o que significa, como vimos antes, conhecimento "*a priori*" ou necessário. Como a citação precedente afirma, a ontologia fundamental espera estabelecer as condições *a priori* ou necessárias para as ontologias regionais e as ciências. Em outras palavras, a ontologia fundamental desenvolveria o fundo necessário para que as ontologias regionais avançassem. Deveria estabelecer os conceitos fundamentais e os pressupostos dessas áreas, tornando evidentes as estruturas fundamentais ou "formais" do ser. Heidegger expressa sua dívida com Husserl em uma nota de rodapé sobre o *a priori*, na qual escreve que "Husserl nos deu as ferramentas necessárias" (ou seja, um método) para descobrir o *a priori*. Aqui, Heidegger afirma: "o *a-priorismo* é o método de toda filosofia científica que compreende a si mesma" (BT, 490).

O método fenomenológico de Heidegger também é transcendental no sentido mais amplo discutido anteriormente: tal método está relacionado tanto com as estruturas da subjetividade quanto com a estrutura da objetividade. Na *Introdução*, usando conscientemente a linguagem kantiana, Heidegger critica Kant por não abordar adequadamente a "subjetividade do sujeito" (BT, 45). Heidegger propõe lidar com esse aspecto

21 Note-se o comentário sobre a possibilidade de desenvolver uma antropologia filosófica com base em *Ser e tempo* (BT, 169-170). A antropologia filosófica deve ser compreendida como uma ontologia regional. Veja-se a discussão a esse respeito em *Kant e o problema da metafísica*, §37. Em *Prolegômenos para uma história do conceito de tempo*, preleções de 1925 que são uma versão inicial de *Ser e tempo*, Heidegger inicia e termina com uma discussão da distinção entre natureza e história. O subtítulo da edição publicada e o título anunciado para a série de preleções é *Prolegômenos para uma fenomenologia da história e da natureza*.

de melhor maneira do que seus predecessores Kant e Husserl. Importante para a abordagem aprimorada de Heidegger é abandonar a linguagem de sujeito e subjetividade, objeto e objetividade. Quando Heidegger usa esses termos, eles estão quase sempre entre aspas para indicar que ele está se referindo à maneira como as coisas foram discutidas na tradição filosófica. Uma das principais razões pelas quais Heidegger evita essa linguagem é que começar com essa dualidade de sujeito e objeto parece levar inevitavelmente a uma lacuna intransponível entre eles, de modo que o resultado lógico é o subjetivismo de alguma forma. Uma forma proeminente de subjetivismo relacionada à questão do conhecimento é o representacionalismo, a visão de que o sujeito torna o mundo disponível para si por meio de representações. Como essas representações são inevitavelmente feitas por ele mesmo, não há como saber, no final, se as representações espelham a natureza de maneira verdadeira ou são "meras" ficções úteis. A negação de Kant de qualquer conhecimento sobre a maneira como as coisas são em si mesmas é um bom exemplo de tal concepção. Para Kant, nem o ego transcendental nem as coisas em si existem no tempo. Pelo contrário, o tempo é uma função de nossa capacidade subjetiva de representar as coisas para nós mesmos, de modo que as coisas que experienciamos são moldadas por nossa atividade de representação. Apesar de Heidegger não considerar a fenomenologia husserliana como uma forma de representacionalismo, ele acreditava que a linguagem de Husserl, especialmente a linguagem de subjetividade e objetividade, traía muitas vezes as melhores percepções dele.

Assim, Heidegger prepara o terreno para sua própria tentativa de evidenciar o sentido do ser ao abordar o que ele chama de *Dasein*, o "aí" (*Da*) onde o ser (*Sein*) se mostra. Antes de adentrar diretamente o tema central, o ser, devemos primeiro considerar onde é que o ser se mostra. E isso significa examinar a nós mesmos, já que, para nós, o ser é "um assunto" de uma maneira que não é para outros entes. Considerar isso é considerar as condições que garantem que o aí tenha sentido. *Ser e tempo* delega para si a tarefa de estabelecer o sentido do ser e aborda a questão do sentido antes de abordar diretamente o ser. Assim como a filosofia transcendental kantiana, a ontologia fundamental de Heidegger pergunta sobre as condições de possibilidade de conhecer o objeto da investigação antes de abordá-lo, apesar de Heidegger se centrar em "compreender" em vez de "conhecer", com sua relação implícita de um sujeito com um objeto.

Importante notar que o trabalho de Heidegger sobre o *Dasein* é sobre nós *na medida em que* podemos compreender o ser. O trabalho ou a abordagem fenomenológica de Heidegger é sobre o *Dasein*, o ser-aí, e não sobre o ser humano ou a natureza humana. Portanto, não se trata de uma tentativa de oferecer uma explicação completa do que significa ser humano. De acordo com Heidegger, em *Ser e tempo*, sua análise deveria fornecer a base ou o fundo apropriado para tal abordagem, mas este trabalho objetiva ser uma ontologia fundamental, não uma antropologia filosófica.

O fato singular mais importante sobre *Ser e tempo* é o de ser inacabado. Esta obra, como planejada no final de sua introdução (BT, 63-64), deveria ter duas partes, cada uma com três seções. O texto publicado traz apenas as duas primeiras seções da Primeira Parte, o que significa que apenas a análise preparatória do *Dasein* está concluída. A terceira seção, intitulada "Tempo e ser", que deveria elucidar diretamente o conceito de ser, nunca foi satisfatoriamente completada. No final, temos apenas a abordagem do *Dasein*.

O tempo e a análise do *Dasein*

Vamos analisar o que contém o texto publicado, ou seja, a análise do *Dasein*, e observar a centralidade do tema do tempo. Na *Introdução*, Heidegger declara:

> em contraste com tudo isso [a história da filosofia], nossa abordagem da questão do sentido do ser deve nos capacitar para mostrar que *o problema central de toda ontologia se radica no fenômeno do tempo, se visto e explicado corretamente*, e devemos mostrar *como* esse é o caso (BT, 40).

Heidegger mostra "como" o tempo é central por meio da descrição, ou "interpretação", do *Dasein*. Por sermos entes temporais, nossa capacidade de encontrar as coisas *como* isso e aquilo também é temporal. O *Dasein* é completamente temporal e, portanto, a compreensão do *Dasein* também é temporal. E assim deve ser nossa compreensão do ser. Portanto, citando novamente a *Introdução*, "a interpretação do *Dasein*" deve se realizar "em termos de temporalidade (*Zeitlichkeit*)" (BT, 63). Dessa forma, o tempo passa a servir "como o horizonte [ou contexto] transcendental para a questão do ser" (BT, 63). Consequentemente, fica evidente que a fenomenologia do tempo está no cerne do projeto ontológico de Heidegger.

A primeira metade do texto ("Análise preparatória fundamental do *Dasein*") fornece o que poderia ser chamado de uma abordagem "estática" ou "formal" do *Dasein*. A segunda metade ("*Dasein* e temporalidade") então mostra como essas estruturas devem ser compreendidas como estruturas temporais. O próprio Heidegger chama a análise de formal, mas explicitamente rejeita chamá-la de categorial. As categorias, como veremos mais tarde, pertencem à natureza, mas não ao *Dasein*. Heidegger nomeia as estruturas formais e os conceitos que definem o *Dasein* como "existenciais". O *Dasein*, como já observado, é definido como ser-no-mundo. Os hifens, quase tão desajeitados em alemão quanto em inglês, indicam o fato de que, como *Dasein*, o si mesmo e o mundo são uma unidade. O mundo não é algo externo, mas é constitutivo do *Dasein*. Nascemos em um mundo cuja história e cultura nos ajudam a ser quem somos. A visão cristã de que "estamos no mundo, mas não somos do mundo" se transforma. Somos tanto no quanto do mundo. A "mundanidade" é uma propriedade ontológica do *Dasein*; trata-se de nosso contexto de conjunturas.

A análise preparatória do *Dasein* se ocupa sobretudo com uma explicação do que significa ser no mundo, de como nos encontramos em relação às coisas no mundo na "cotidianidade mediana". Este "ser em relação" é a nossa mundanidade. Entende-se o ser-em como tendo duas estruturas principais: compreensão e estado de espírito. Compreendemos a nós mesmos e ao nosso mundo em termos de nossas conjunturas práticas e de nossos projetos. Na compreensão, antecipamo-nos em relação a nós mesmos, diz Heidegger. O estado de espírito é a maneira como nos encontramos já dispostos desta ou daquela maneira em relação às coisas. ("Disposição" [*Disposition*] pode ser uma tradução melhor para *Befindlichkeit* do que "estado de espírito" [*state of mind*].) A análise se conclui com uma tentativa de mostrar como ambos são aspectos do cuidado (*Sorge*), que abarca não apenas um aspecto do *Dasein*, mas o *Dasein* em sua totalidade. Heidegger define o cuidado com "ser-antecipado-a-si-mesmo--já-sendo-no-(mundo)-como ser-junto-a-(entes que vêm ao encontro no mundo)" (BT, 237). Esta é uma definição tripartida que diz que o *Dasein* tem as seguintes estruturas: (1) antecipado em relação a si mesmo (compreensão), (2) já em (disposição), e (3) junto a. Heidegger frequentemente se refere a essas três estruturas como existencialidade, facticidade e queda.

Para nossos propósitos aqui, o mais importante é notar que esses três aspectos do *Dasein* recebem uma interpretação temporal na segunda metade de *Ser e tempo*: "a unidade originária da estrutura do cuidado reside na temporalidade" (BT, 375). Os três aspectos do cuidado correspondem às três dimensões do tempo: o futuro (antecipado em relação a si mesmo), o passado (facticidade) e o presente (queda). A unidade do *Dasein* se fundamenta no cuidado, cuja unidade, por sua vez, se funda na temporalidade. Todos os instantes da experiência humana têm essas três dimensões. Heidegger fala sobre essa tridimensionalidade da vivência do tempo como a unidade "ekstática" do tempo. Com isso, ele quer dizer como cada uma dessas três dimensões se distingue e é distinguível das outras duas, ou seja, como cada dimensão "se situa fora" das outras. "Situar-se fora" é o sentido literal de "ekstase". Pelo caráter ekstático do tempo, Heidegger também quer descrever como qualquer instante consiste em um ponto de cruzamento do passado e do futuro. O presente suporta em si o passado e o futuro. Passado e futuro o compõem. Por vezes, Heidegger se refere a essa conectividade e unidade ekstática como a "transcendência" do tempo e a transcendência do *Dasein*, que é essencialmente temporal precisamente dessa maneira. O instante presente vai além, ou "transcende", o meramente presente no sentido de que, como presente, é concomitantemente futuro e passado. Dessa forma, Heidegger recupera e mantém no contexto de seu próprio trabalho a percepção husserliana sobre o que chamei de unidade densa do tempo. Ele também segue Husserl ao criticar a concepção do tempo que o considera como uma série infinita de pontos, de agoras – o que Heidegger chama de "tempo-agora" (*Jetzt-Zeit*; veja-se: BT, §81).[22]

O que mais obviamente distingue a abordagem de Heidegger da de Husserl é o modo como, segundo Heidegger, o *Dasein* pode viver sua temporalidade de forma autêntica ou inautêntica. Assim, há modos autênticos e inautênticos de compreensão e disposição.[23] Em grande parte, de acordo com Heidegger, o *Dasein* é inautêntico e decaído, preso e perdido no presente de uma forma que o separa de seu futuro autêntico (sua "possibilidade mais própria") e de seu passado. O que o futuro reserva para todo e qualquer *Dasein* é a morte. Surge, com isso, outra definição de *Dasein*: ser-para-a-morte. No instante autêntico, reconhecemos e aceitamos nossa mortalidade. A narrativa de Heidegger sobre o *Dasein*, nesse sentido, não é tão diferente da narrativa cristã da natureza humana em queda (embora Heidegger negue que sua narrativa seja apenas outra versão do pecado original). Enquanto o presente é prioritariamente inautêntico, o futuro tem a primazia para a vida autêntica. Note-se que isso prioriza a compreensão sobre a disposição, uma vez que Heidegger vincula a compreensão com o futuro e a disposição com o passado.

O tempo e o sentido do ser

Ser e tempo, como já observamos, nunca chega a abordar diretamente o sentido do ser, mas, ao invés disso, conclui com a pergunta: "existe

22 Em *Princípios metafísicos da lógica* (preleções de 1928), Heidegger reconhece a importância da análise de Husserl para sua própria concepção do tempo e da temporalidade: "no que diz respeito a todas as interpretações precedentes, foi Husserl quem observou estes fenômenos [a unidade do tempo e seus vários aspectos] pela primeira vez" (MFL, 204).

23 O leitor atento fica justificadamente confuso sobre os modos do *Dasein* em *Ser e tempo*. Geralmente, Heidegger escreve como se existissem dois modos do *Dasein*, autêntico e inautêntico, mas às vezes sugere que há três. O terceiro não é autêntico nem inautêntico, mas indiferente. Discuto essa confusão em "The Problem of *Indifferenz* in *Sein und Zeit*", disponível em *Philosophy and Phenomenological Research*, 43 (setembro de 1982): 43-58. Mostro como a ambivalência de Heidegger entre dois ou três modos está relacionada aos problemas metodológicos do método fenomenológico que são brevemente discutidos posteriormente.

um caminho que leva do *tempo* originário ao sentido do *ser*?" (BT, 488). Cerca de um ano após a conclusão do texto de *Ser e tempo*, nas preleções do semestre de verão de 1927, *Problemas fundamentais da fenomenologia*, Heidegger explicitamente se propõe a encontrar esse caminho do tempo ao sentido do ser e, assim, completar a Primeira Parte de *Ser e tempo* com uma ontologia plenamente desenvolvida.[24] No entanto, o leitor (e o aluno na sala de aula) fica desapontado, porque as preleções terminam antes da análise referida.[25] Nessas preleções, contudo, podemos encontrar indicações da abordagem que Heidegger levava a cabo e dos problemas que enfrentava. Como imaginado, ele aborda a questão do ser por meio do tempo. A mudança da análise da temporalidade do *Dasein* para a temporalidade do ser é marcada terminologicamente pela mudança do alemão padrão *Zeitlichkeit* (temporalidade) para a *Temporalität* latina (temporaneidade). A temporalidade do *Dasein* é *Zeitlichkeit*; a temporaneidade do ser é *Temporalität*. Uma questão que o texto não responde diz respeito às consequências dessa mudança. A análise da temporaneidade do ser é apenas uma extensão da análise do tempo em *Ser e tempo* ou há diferenças importantes entre as duas análises? O comentário de Heidegger, na *Carta sobre o humanismo*, nos faz questionar sobre a mudança quando ele afirma sobre a terceira seção da Primeira Parte, "Tempo e ser": "aqui tudo se inverte" (BW, 208). No entanto, esse comentário vem após a grande virada no pensamento de Heidegger e seu abandono do projeto da ontologia fundamental. Não há menção de "inversão" em *Problemas fundamentais da fenomenologia*.

Em *Problemas fundamentais da fenomenologia*, o que Heidegger oferece é uma análise do ser em termos de suas regiões, o que é consistente

24 Uma nota de rodapé à primeira frase das preleções afirma: "uma nova elaboração (*Ausarbeitung*; literalmente, 'desenvolvimento') da Terceira Seção da Primeira Parte de *Ser e tempo*".

25 As linhas gerais das preleções planejadas na introdução têm três partes, cada uma com quatro capítulos: Parte 1, uma introdução histórica; Parte 2, a discussão direta do ser; e Parte 3, uma abordagem da fenomenologia e seu método. As preleções vão apenas até o primeiro capítulo da Parte 2, que discute a diferença ontológica. O capítulo seguinte (não proferido e não publicado) tinha por título "O problema da articulação fundamental do ser". E os dois capítulos subsequentes tratariam da unidade do ser e da verdade do ser.

com o projeto declarado de desenvolver uma ontologia fundamental e regional. As regiões se dividem de acordo com seu tipo de temporalidade. Existem duas regiões principais, cada uma com duas subdivisões: (1) aquela intratemporal (*das Innerzeitige*; subdivisões: natureza e história) e (2) a atemporal (*das Unzeitige*; subdivisões: extratemporal e supratemporal). Podemos estar inclinados a objetar essas divisões do ser e a noção do atemporal, uma vez que Heidegger rejeitou verdades eternas e afirmou que devemos compreender o ser apenas através da temporalidade. No entanto, a discussão aqui em *Problemas fundamentais da fenomenologia* não nega a temporalidade de toda compreensão. Pelo contrário, tal discussão insiste que o atemporal só pode ser compreendido em termos de temporalidade. Ser e tempo não são simplesmente equivalentes, embora o sentido compreendido do ser deva ser temporal, de alguma forma.

Desenvolver essas divisões e, ao mesmo tempo, manter a unidade do ser apresentou claramente sérios problemas para Heidegger. Indica-se isso diretamente no título do conjunto de preleções, *Os problemas fundamentais da fenomenologia*, e pelo delineamento introdutório das preleções, que indica que a Parte II se ocuparia com problemas temáticos na exposição das estruturas fundamentais do ser, enquanto a Parte III se ocuparia com os problemas metodológicos da abordagem fenomenológica de Heidegger à questão do ser. A indicação feita por Heidegger desses problemas para sua ontologia fundamental nos lembra do que chamamos de problemas ontológicos "profundos" de tema e método em Husserl. Apesar de podermos distinguir os problemas dessa maneira, ou seja, como problemas temáticos e metodológicos, eles estão intimamente relacionados. Sua íntima relação pode ser melhor percebida se perguntarmos como o método nos permite fazer essa distinção temática de regiões no ser. O método nos conduz para fora de ambas as regiões, de forma que, da perspectiva do ser, vemos essas regiões e as diferenciamos? Em outras palavras, a distinção é feita "externamente"? Contudo, se falamos a partir da perspectiva do *Dasein*, não fazemos a distinção a partir do "intratemporal"?

Em *Problemas fundamentais da fenomenologia*, bem como em *Princípios metafísicos da lógica*, preleções de um ano depois (as últimas palestras em

Marburgo, semestre de verão de 1928), Heidegger claramente se ocupa com a metodologia da fenomenologia e seu caráter especificamente científico. Segundo Heidegger, como científica, a fenomenologia é necessariamente neutra e indiferente em relação ao seu objeto ou temas.[26] Em outros termos, a metodologia fenomenológica é inevitavelmente objetivante. No contexto de sua discussão sobre as regiões do ser de acordo com o tempo como "no tempo", "fora do tempo" e "acima do tempo", devemos refletir sobre a justificação das distinções e como essas regiões se tornam objetos de estudo. Isso é particularmente problemático se lembrarmos a frequentemente mencionada crítica de Heidegger ao objetivismo e sua abordagem da "indiferença", em *Ser e tempo*, como uma qualidade inautêntica do *Dasein*. Se seguíssemos simples e diretamente a sugestão de Heidegger de que a indiferença é inautêntica, pareceria que a fenomenologia deve ser inautêntica. Óbvio que isso é um absurdo no contexto do projeto de Heidegger. Ficamos nos perguntando se ele, na parte final projetada de *Problemas fundamentais da fenomenologia*, onde deveria ter abordado essas questões metodológicas detalhadamente, não teria reinterpretado a indiferença para a atitude filosófica. Talvez a indiferença e a neutralidade da filosofia sejam significativamente diferentes da indiferença da experiência cotidiana inautêntica. Mas em nenhum lugar da primeira fase da obra de Heidegger encontramos uma explicação satisfatória.

A diferença ontológica entre natureza e história

Outro considerável problema no projeto de *Ser e tempo* que se torna bastante aparente em *Problemas fundamentais da fenomenologia* diz respeito à distinção na região temporal do ser, a que referimos como sendo entre natureza e história. Anteriormente, referimo-nos à abordagem desta distinção feita por Husserl como sua "maior dificuldade". Qualquer um que tenha se atentado a Heidegger sabe quão importante para sua obra – inicial,

26 Veja-se a discussão sobre a tematização e a objetificação na ciência em *Ser e tempo* (BT, 412-415). Em *Ser e tempo*, Heidegger nunca discute o estatuto "científico" e objetivo da ontologia fundamental, mas aborda isso brevemente em *Problemas fundamentais da fenomenologia* (BP, 281-282, 320-324). Veja-se também "The Problem of *Indifferenz*", de minha autoria.

do meio e tardia – é a diferença ontológica (*ontologische Differenz*), a diferença entre ser e ente. Mas há outra diferença ontológica que desempenha um papel igualmente significativo, porém sistematicamente bastante diferente para Heidegger, em seu período inicial. Em alemão, ele chama isso de *Unterschied* [distinção] ontológica, em oposição à *Differenz* ontológica. Esta diferença menos discutida, a *Unterschied*, é aquela entre natureza e história, já mencionada. Heidegger acusa a tradição filosófica de indiferença em relação a esta diferença ontológica (*Unterschied*) e baseia muito de sua própria reivindicação de originalidade filosófica apenas nesta distinção.

Obviamente, ele reconhece que algo semelhante a esta distinção tem sido comumente feito na filosofia moderna. A distinção kantiana entre pessoa e natureza é o exemplo mais pertinente por causa da influência duradoura de Kant na filosofia. Heidegger discorda do modo como Kant lida com a distinção, porque, segundo Heidegger, a distinção implicitamente colapsa na medida em que as pessoas (entes históricos para Heidegger) são abordadas muito como entes naturais. Segundo Heidegger, apesar de Kant pretender apresentar a pessoa como bastante diferente dos entes naturais (uma diferença importantíssima, já que as pessoas são livres e moralmente responsáveis), ele não sustenta adequadamente a distinção. No final, a pessoa é abordada como um tipo diferente de ente natural. Vale ressaltar aqui que Heidegger quase nunca é crítico da análise kantiana da natureza. Na verdade, às vezes, ele a afirma. O erro que ele vê sendo cometido se refere à predominância da abordagem da natureza sobre a das pessoas. Para Heidegger, a primeira *Crítica* de Kant é uma ontologia regional da natureza, e as pessoas são apresentadas neste âmbito. Assim, para Heidegger, a análise kantiana debilita o caráter distinto do *Dasein*, mesmo esperando afirmá-lo. Heidegger teria sucesso onde Kant falhou. A diferença (*Unterschied*) entre história e natureza, como Heidegger espera desenvolvê-la, é tão grande que, conforme ele afirma, é muito maior do que a tradicional diferença ontológica delineada entre Deus e o homem, entre criador e criação.[27] Sua

27 "Existência [*Existenz*] e subsistência [*Vorhandensein*] são mais díspares que as determinações do ser de Deus e do ser do homem na ontologia tradicional" (BP, 176).

distinção é tão radical que obviamente negaria a compreensão husserliana de nós mesmos como entes naturais.

Na medida em que esta distinção entre duas regiões ônticas é desenvolvida e preparada na ontologia fundamental, isto é, na abordagem do sentido do ser, poderíamos dizer que, com esta distinção ontológica, Heidegger tenta levar a distinção kantiana de pessoa e natureza (implicitamente até mesmo na distinção de Descartes entre *res cogitans – res extensa*) de volta à própria análise do ser enquanto tal. Mas se a diferença entre os dois é tão grande, então elaborar um conceito unitário de ser se tornará excepcionalmente difícil. E Heidegger explicitamente se propôs a tarefa de elaborar um conceito unitário de ser, embora nunca tenha conseguido desenvolvê-lo. O "maior" problema da relação entre *Dasein* e natureza, em termos de temporalidade, se configura, ao mesmo tempo, como um problema "profundo" na análise fundamental do sentido do ser enquanto tal. Devemos lembrar que o contexto imediato para estabelecer este conceito unitário de ser é a análise da temporalidade, que Heidegger dá início nas preleções *Problemas fundamentais da fenomenologia*. Vejamos com mais atenção esta distinção, que é tão importante para o projeto de Heidegger.

Em primeiro lugar, devemos notar que Heidegger abandona, em grande parte, o termo "natureza", provavelmente porque tanto no uso ordinário quanto no filosófico o termo recebe interpretações que encobrem a distinção que Heidegger deseja estabelecer. Assim, a distinção que ele estabelece na região "intratemporal" do tempo é aquela entre *Dasein* (que usamos aqui como um termo técnico e não traduzido) e *Vorhandensein* (traduzido como "ser-simplesmente-dado", em *Ser e tempo*, e "ser-subsistente", em *Problemas fundamentais da fenomenologia*). De acordo com o esboço de Heidegger a respeito da distinção em *Problemas fundamentais da fenomenologia* (para o qual podemos encontrar o fundamento estabelecido em *Ser e tempo*), *Dasein* é um "quem", não um "o que". As estruturas formais apresentadas na análise fenomenológica do *Dasein* são "existenciais" (um termo cunhado por Heidegger) e não "categorias". O ser-simplesmente-dado (ou subsistência) é apropriadamente considerado um "o que" e a apropriada abordagem filosófica que se faz dele é por meio de categorias. Ou seja, a filosofia da natureza foi abordada apropriadamente na filosofia moderna (e especialmente em Kant) por meio de categorias.[28] Metodologicamente, as considerações das duas regiões são paralelas (quem/o que; existencial/categoria), mas podemos questionar a respeito de sua interseção. Ou seja, como é que o *Dasein* conhece ou utiliza o subsistente? Em termos mais tradicionais, podemos nos perguntar como é que nós, como pessoas, nos encontramos em um mundo constituído não apenas de pessoas (e história), mas também de natureza.

Seria útil aqui recordar a análise da subsistência presente no §15 de *Ser e tempo* (e depois no §69b), onde Heidegger aborda nosso encontro com as coisas no mundo mediante o exemplo do trabalho em uma oficina. Em primeiro lugar, de acordo com a análise aí efetuada, experienciamos as coisas de maneira prática como utensílio (*Zeug*). O utensílio do lugar de trabalho está ou não "à mão" (*zuhanden*, traduzido como "disponível-à--mão", em *Ser e tempo*). Somente quando a ferramenta quebra ou não pode ser encontrada é que "teoricamente" a consideramos como estando de certa forma presente ou como não estando presente de forma alguma. Heidegger reitera aqui que "a manualidade é o modo pelo qual os entes, como eles são 'em si mesmos', são definidos ontológica e categoricamente" (BT, 101). Com essa afirmação, ele também rejeita a indicação de que a manualidade seja compreendida apenas como "um modo de compreendê-los, [...] um matiz subjetivo". No entanto, ele também diz que "ainda é somente por causa de algo simplesmente dado [ou "subsistente"] que 'existe' algo à mão" (BT, 101). Então, ele coloca uma pergunta que não responde: "segue-se [...] que a manualidade é ontologicamente fundamentada no ser-simplesmente-dado?". Está aí em jogo a questão sobre o que é ontologicamente originário – nossa abordagem prática ou teórica das coisas.

É significativo que a imagem de abertura de *Ser e tempo* seja a do artesão em sua bancada de trabalho cercado por suas ferramentas e não uma cena em um ambiente mais "natural". Ferramentas, como o martelo ou as setas de um automóvel (exemplos de Heidegger), são construções

28 Veja-se a análise das categorias e dos existenciais em *Ser e tempo*, §9.

humanas e são definidas, como Heidegger destaca, por uma rede de conjunturas (humanas). Porém, quando Heidegger se volta para outro exemplo e outra imagem, a de um fazendeiro na Suábia (onde Heidegger nasceu e cresceu) observando o céu em busca de sinais de chuva, parece ser um exemplo de um tipo diferente, já que devemos perguntar se o vento pode ser compreendido como utensílio do mesmo modo que o martelo. Se não pode, é difícil aceitar a afirmação que Heidegger faz aqui: "somente pela circunvisão com que se leva em consideração as coisas na agricultura é que o vento sul é descoberto em seu ser", ou seja, como o arauto da chuva e das boas colheitas (BT, 112).

A oficina e os campos são parte do mundo do *Dasein*. Ontologicamente, o *Dasein* é definido como mundano, como já vimos; é ser-no-mundo. Por outro lado, Heidegger nos diz que a natureza, ou subsistência, não pertence ontologicamente ao mundo. A mundanidade (*Weltlichkeit*) não é uma propriedade ontológica da natureza. No entanto, o *Dasein* encontra a natureza apenas no mundo. Por conseguinte, Heidegger chama a natureza (ou o subsistente), conforme vem ao encontro no mundo, de "intramundano" (*innerweltlich*). Porém, citando Heidegger mais uma vez: "a intramundanidade não pertence ao ser da natureza" (BP, 169). Perguntamos, então, se a natureza vem ao encontro apenas como intramundana, mas a intramundanidade não pertence ao ser da natureza, encontramos a natureza como ela é em si mesma? Esta pergunta é fomentada pelo próprio Heidegger quando, com o exemplo do vento sul na Suábia, reitera que apenas por meio da agricultura o descobrimos "em seu ser". Sendo essa diferença entre *Dasein* e natureza tão grande, como a natureza pode ser o que é "em seu ser" no mundo do *Dasein*?

Essa grande diferença entre *Dasein* e natureza se acentua em termos de tempo no parágrafo final das preleções *Prolegômenos para uma história do conceito de tempo*, onde Heidegger simplesmente afirma que "eles [os movimentos da natureza] são enquanto tais completamente *livres-de-tempo*". Afirma aí ainda, em conformidade com o que já observamos, que a natureza é "encontrada 'no' tempo que nós mesmos somos" (HCT, 320). Porém, devemos lembrar a designação da natureza como uma subdivisão da região "intratemporal" em *Problemas fundamentais da fenomenologia*.

A natureza é "intratemporal" apenas *quando vem ao encontro* no mundo do *Dasein*. Quando vem ao encontro, ela se torna parte da história e da cultura. Assim, em *Ser e tempo*, Heidegger afirma que "até mesmo a natureza é histórica". Ele rapidamente acrescenta, no entanto, que "*não* é histórica, certamente, na acepção em que falamos de 'história natural'" (BT, 440). Os exemplos da natureza como histórica são culturais: o campo de batalha e o lugar de um culto. É no sentido referido como "história natural" que, posteriormente, em *Problemas fundamentais da fenomenologia*, Heidegger afirma que "a cultura não *é* o modo como a natureza é" (BP, 169). Interrogamo-nos como Heidegger, em *Problemas fundamentais da fenomenologia*, pode afirmar que a natureza (ou o subsistente), se é de fato "livre-de-tempo" e tão diferente do *Dasein*, pode junto com *Dasein* constituir a região do ser que é intratemporal.

A diferença entre natureza e *Dasein* é enfatizada de outra forma em *Prolegômenos para uma história do conceito de tempo*, onde Heidegger utiliza a distinção de Wilhelm Dilthey entre compreensão e explicação ao dizer que a natureza é explicável (*erklärbar*) mas não compreensível (não *verständlich*). A natureza é "o incompreensível [*Unverständliche*] puro e simples" (HCT, 217). No entanto, afirmar que a natureza não pode ser compreendida contraria a afirmação de que o fazendeiro suábio conhece o vento sul "em seu ser". Podemos nos perguntar sobre o conhecimento menos prático e mais teórico das condições meteorológicas nas ciências naturais. Provavelmente, a meteorologia é derivada da experiência mais originária de viver com as condições climáticas. Claramente, para Heidegger, tanto as ciências naturais quanto a agricultura são aspectos da cultura, têm seu lugar no mundo e são históricas. Contudo, a natureza não é "mundana", como vimos. Isso fica evidente quando Heidegger afirma que, embora não haja mundo sem o *Dasein*, haveria natureza sem o *Dasein*: "a natureza também pode existir quando nenhum *Dasein* existe" (BP, 170). A natureza, então, não é meramente uma projeção das ciências naturais ou de nossas conjunturas práticas com ela. Mas parece que nossa compreensão dela, tal como ela é, provém de nossas conjunturas práticas. Isso levanta a questão de se a natureza, para Heidegger, pode ser encontrada apenas instrumentalmente. Isso também sugere um paralelo com a visão kantiana de que não podemos conhecer as coisas em si mesmas, mas apenas na medida em que elas se apresentam a nós.

Com essa leitura das afirmações de Heidegger, é tentador separar a questão do ser (ontologia) da questão do conhecimento (epistemologia). No entanto, a razão central da fenomenologia tanto para Husserl quanto para Heidegger era superar essa ruptura e afirmar que, em certo sentido, podemos conhecer as coisas em si. Heidegger acredita que o idealismo transcendental de Husserl não é bem-sucedido e que Husserl recai em uma versão do idealismo de Kant. Por isso, Heidegger propôs desenvolver uma fenomenologia que não desse precedência ao sujeito do modo como Kant e Husserl (em sua abordagem egológica) fizeram. Porém, ele se encontra em uma posição com significativos paralelos com Husserl e Kant. Em certo sentido, o problema de Heidegger é maior do que o de Husserl, na medida em que a diferença entre *Dasein* e natureza é muito maior. Enquanto Husserl pensa que somos entes naturais, esse não parece ser o caso, de acordo com Heidegger.

Conclusão

Nossa discussão pode parecer ter nos afastado do tema do tempo. No entanto, devemos lembrar que Heidegger (como Husserl antes dele) distingue entre subsistência (ou natureza) e *Dasein* no contexto de uma análise da temporaneidade do ser. As fronteiras das regiões do ser são, em primeiro lugar, temporais e os problemas que isso cria são paralelos ao que chamei de o "maior" problema de Husserl em relação ao tempo. Tanto o *Dasein* quanto a subsistência são "intratemporais", mas acabamos de ver alguns dos problemas que Heidegger enfrenta a esse respeito.

Talvez a indicação mais nítida da orientação inicial de Heidegger e de seus problemas esteja na afirmação, presente na conclusão das preleções *Prolegômenos para uma história do conceito de tempo*, de que "o *Dasein* [...] temporaliza" (HCT, 319). Isso se assemelha à forma como Husserl atribui tempo à função da subjetividade transcendental. O *Dasein* (no caso de Heidegger) ou o ego transcendental (no caso de Husserl) dá origem ao tempo. No entanto, em *Ser e tempo*, Heidegger escreve que "a temporalidade (*Zeitlichkeit*) temporaliza" (BT, 377). E, além disso, em *Ser e tempo*, ele sintetiza sua posição com a afirmação: "o tempo é originário como a temporalização da temporalidade e, enquanto tal, ele possibilita a constituição da estrutura do cuidado" (BT, 380). Podemos notar novamente aqui a linguagem husserliana de "constituição" e "estrutura". Mas, mais importante, vemos que é o tempo que torna possíveis o cuidado e o *Dasein*. De alguma forma, o tempo é anterior ao *Dasein*. Nos manuscritos tardios de Husserl, somos lembrados da primazia do tempo sobre a subjetividade. Em *Problemas fundamentais da fenomenologia*, Heidegger fala de forma semelhante sobre a temporalização da temporalidade (BP, 319).

Poderíamos considerar uma última observação que parece exigir uma reapreciação fundamental da abordagem de Heidegger, apesar de não podermos abordá-la totalmente aqui. Na conferência tardia *Tempo e ser* (1962), Heidegger nos diz que "a tentativa de, em *Ser e tempo*, §70, derivar a espacialidade humana a partir da temporalidade é insustentável" (TB, 23). O que Heidegger quer dizer com esse comentário inexplicado não é totalmente evidente. Porém, na medida em que desafia o precedente kantiano, seguido tanto por Husserl quanto por Heidegger em seu período inicial, de priorizar metodológica e ontologicamente a temporalidade do sentido interno, esse comentário desafia substancialmente a fenomenologia também tanto de Husserl quanto de Heidegger em seu período inicial. Husserl considerava a consciência da temporalidade como o fundamento de toda experiência de nós mesmos e do mundo. Heidegger, em seu período inicial, rejeita a linguagem da consciência, mas segue Husserl, considerando o tempo como originário. Se a espacialidade fosse igualmente originária, usando o termo heideggeriano, o projeto fenomenológico exigiria uma revisão substancial. Em seu período inicial, Heidegger claramente prioriza o tempo e, nas palavras do Heidegger tardio citado anteriormente, tenta "derivar a espacialidade humana a partir da temporalidade". É difícil imaginar qual forma teria uma ontologia baseada tanto na espacialidade quanto na temporalidade. Talvez em seu período tardio, Heidegger esteja tentando isso de um ou outro modo. Noções como "região" (*Gegend*, não *Region*) e "proximidade" são claramente proeminentes e o conceito de *Zeit-Spiel-Raum* [jogo de tempo-espaço] dá igual destaque ao espaço e ao tempo.

Assim, podemos afirmar que a tentativa fenomenológica inicial de Heidegger de partir do *Dasein* e não da subjetividade transcendental não resolve adequadamente os problemas que Husserl enfrentou em relação à temporalidade, mas leva a problemas correlatos. Metodologicamente, sua abordagem do ser parece exigir uma indiferença que é injustificável em sua própria descrição do *Dasein*. Tematicamente, sua tentativa de desenvolver um conceito unitário de ser se torna terrivelmente difícil em função da grande diferença entre *Dasein* e subsistência. Essa dificuldade se relaciona à primeira, na medida em que a primazia metodológica do *Dasein* torna difícil dar sentido ao subsistente como independente do *Dasein*, embora tal independência seja ontologicamente, se não epistemologicamente, necessária. Talvez sejam essas as dificuldades que levaram Heidegger a escrever posteriormente que "a temporalidade ekstática-horizontal, delineada em *Ser e tempo*, não é de forma alguma já o atributo mais próprio do tempo que deve ser buscado em resposta à questão do ser".[29]

Como consequência, a mudança ou reversão planejada da temporalidade do *Dasein* (*Zeitlichkeit*) à temporaneidade do ser (*Temporalität*) não pode ser satisfatoriamente levada a cabo. Outra virada se faz necessária – uma que deixe para trás o projeto de uma fenomenologia que seja transcendental, ontológica e hermenêutica. Em seus escritos tardios, Heidegger abandona a defesa planejada do apriorismo necessário da filosofia "científica". Troca "filosofia" por "pensamento".

No entanto, é precisamente o papel central dado ao tempo por Husserl e Heidegger que trouxe nossa atual percepção acerca da historicidade e da finitude de toda experiência humana e de toda investigação filosófica. Quer se veja isso como base para posteriores reflexões filosóficas quer, tal qual Heidegger em seu período tardio, como nos conduzindo a um projeto pós-filosófico de "pensamento", quer como uma garantia para

---

29 Veja-se a carta de 1962 a William Richardson, publicada como prefácio da obra dele, *Heidegger: Through Phenomenology to Thought* (The Hague: Nijhoff, 1963), p. xiii.

uma nova postura de "jocosidade" e "descentralização" pós-modernas, é claro que a fenomenologia do tempo, com todos os seus problemas, redefiniu nossa compreensão do que a filosofia pode ser.

5 Fundamentando a metafísica: a apropriação de Kant por Heidegger

William Blattner

> Uma filosofia alcança verdadeira validade quando seu próprio poder é liberado e lhe é dada a possibilidade de causar impacto e fazer a diferença (PIK, 3).[1]

Heidegger e a "revolução copernicana" de Kant

No §4 de *Ser e tempo*, Heidegger propõe que, para responder à pergunta sobre o que ser significa, devemos primeiro investigar a natureza de nossa própria existência. Mas por que isso deveria ser assim? À primeira vista, isso é altamente contraintuitivo. Afinal, o ser é, nas palavras de *Ser e tempo*, "o que determina os entes como entes" (SZ, 6).[2] O ser é o que é característico de qualquer coisa simplesmente porque *é*. A ontologia consiste em uma explicação geral do ser. Para fazer ontologia, então, poderíamos pensar naturalmente que devemos investigar a gama completa de entes e generalizar uma explicação do que todas eles têm em comum. Em outras palavras, a ontologia poderia ser uma disciplina racional paralela à biologia e à filologia: um estudo direto de algum domínio de objetos. Enquanto a biologia estuda objetos na medida em que estão vivos, a ontologia os estudaria na medida em que tão simplesmente *são*. Entretanto, não temos de fazer uma investigação preliminar em nossa

1 Alterei sistematicamente algumas das escolhas terminológicas das traduções inglesas de *Interpretações fenomenológicas da "Crítica da razão pura" de Kant*, e de *Kant e o problema da metafísica*.

2 Todas as traduções de *Ser e tempo* são de minha autoria, embora tenha consultado a tradução de Macquarrie e Robinson.

própria existência para fazer biologia; então, por que tal procedimento seria necessário no caso da ontologia?

Para entender as motivações de Heidegger aqui, devemos explorar seu encontro com o pensamento de Immanuel Kant ao longo dos anos 1920. Afinal, foi Kant quem primeiro defendeu uma "revolução copernicana" na filosofia: "portanto, devemos avaliar se não teremos mais sucesso nas tarefas da metafísica, se supusermos que os objetos devem se conformar ao nosso conhecimento".[3] Em suma, se pressupusermos que os objetos devem se conformar ao nosso conhecimento, então podemos desenvolver uma explicação geral deles, uma ontologia, explorando a natureza de nosso conhecimento a respeito deles. De fato, Heidegger caracteriza a intenção da *Crítica da razão pura* de Kant como a tentativa de "fundamentar a metafísica": "a investigação a seguir se dedica à tarefa de interpretar a *Crítica da razão pura* de Kant como fundamentação da metafísica e, assim, como colocação do problema da metafísica como uma ontologia fundamental" (KPM_2, 1). Com isso, podemos ver que a estratégia ontológica anunciada por Heidegger no §4 de *Ser e tempo* é fundamentalmente kantiana: explorar o sentido do ser desenvolvendo uma abordagem de nossa compreensão dele.

Grosso modo, tal abordagem de nossa compreensão do *ser* pode ser oferecida *a priori* ou empiricamente. Considere primeiro uma versão amplamente empírica e/ou sociológica de uma ontologia "copernicana". Podemos nos perguntar, por exemplo, qual compreensão do ser está implícita na física moderna. A ontologia poderia procurar expressar essa compreensão do ser inserida na prática e na teoria científica, colocando-a em palavras de forma hermenêutica. Assim procedendo, além disso, percebemos que há indubitavelmente uma *história* para a compreensão do ser implícita na física, que, ao longo dos séculos, os físicos têm concepções diferentes e incompatíveis do que é ser uma coisa física. Ademais, pode-se argumentar plausivelmente que nossa compreensão comum do ser está mais próxima do tipo de ontologia apresentada por Aristóteles, segundo a qual o mundo é composto de substâncias com potências e propriedades, em vez dos

3 KANT, Immanuel. *Critique of Pure Reason*. Tradução inglesa de Norman Kemp Smith. Nova Iorque: St. Martin's Press, 1966, p. Bxvi (daqui em diante, neste capítulo, citada como CPR).

postulados obscuros da física contemporânea. Refletindo cuidadosamente sobre todas essas distintas e, de certa forma, rivais compreensões do ser, podemos estabelecer um catálogo de compreensões do ser. O trabalho do filósofo, então, poderia muito bem ser organizar e editar este catálogo, introduzindo nele qualquer coerência que possa encontrar.

Ao longo de toda a empreitada, observe, quem leva a cabo a ontologia de forma empírica ou sociológica está sujeito à compreensão do ser implícita nas teorias e práticas que investiga. O filósofo não pode entrar no debate e introduzir sua própria ontologia. Não pode afirmar ter descoberto o sentido do ser a partir de suas próprias fontes. Em suma, não pode proceder *a priori*. Para ser capaz de fazer isso, precisaria estar em posição de argumentar que sua própria ontologia, de alguma forma, vence ou supera as compreensões de ser implícitas na ciência, no senso comum, na teologia, na historiografia e assim por diante. O filósofo teria que afirmar que sua própria contribuição à ontologia é de certa forma imune à refutação empírica.

Ora, Heidegger parece reivindicar precisamente essa autoridade *a priori* para suas reflexões ontológicas.

> Os conceitos fundamentais da filologia não podem ser esclarecidos com a ajuda de métodos filológicos; e os conceitos fundamentais da história não podem ser determinados investigando as fontes, muito menos ser apreendidos por tal investigação. [...] Latente em toda ciência de um âmbito ôntico, sempre há uma ontologia regional que pertence a essa ciência, mas que, a princípio, nunca pode ser desenvolvida por essa ciência (PIK, 25).

Em *Ser e tempo*, Heidegger acrescenta:

> Tal fundamentação das ciências é fundamentalmente distinta da "lógica" que segue mancando posteriormente, que investiga a condição contingente de uma ciência em relação a seu "método". Ela [a saber, a reflexão ontológica de Heidegger] consiste em uma lógica produtiva no sentido de que salta à frente de uma determinada região do ser, abrindo-a pela primeira vez em sua constituição ontológica e colocando à disposição das ciências as estruturas obtidas enquanto

> diretrizes transparentes para a investigação. Assim, por exemplo, o que é filosoficamente primário não é uma teoria da formação dos conceitos da história, nem uma teoria do conhecimento histórico, nem mesmo uma teoria da história como objeto da disciplina da história, mas sim a interpretação dos entes autenticamente históricos em sua historicidade. Por isso, os resultados positivos da *Crítica da razão pura* de Kant repousam sobre uma abordagem com vistas a desenvolver o que pertence a uma natureza em geral e não sobre uma "teoria" do conhecimento. Sua lógica transcendental é uma lógica material *a priori* da região do ser da natureza (SZ, 10-11).

Observe que, de acordo com esses dois trechos, Heidegger não apenas diz que dar expressão hermenêutica a uma compreensão do ser implícita em uma ciência requer uma metodologia específica. Ele reitera enfaticamente que a ontologia não está sujeita à "condição contingente" de uma ciência, que os resultados da investigação ontológica são normativos para ou reguladores das ontologias implícitas na prática científica corrente. Os fundamentos ontológicos da ciência empírica não são científicos, mas *a priori* e filosóficos. O que poderia justificar tal presunçosa pressuposição?

Se nos voltarmos para a interpretação de Kant feita por Heidegger para responder a essa pergunta, como Heidegger mesmo sugere no trecho supracitado de *Ser e tempo*, encontraremos um obstáculo imediato: a principal expressão da interpretação heideggeriana de Kant, *Kant e o problema da metafísica* (1929), é um texto imensamente obscuro. Além disso, deu a muitos leitores imparciais a impressão de ser não tanto uma interpretação, mas um abuso de Kant. Leva-se Kant a afirmar muitas doutrinas que Heidegger mesmo sustentava, embora esteja longe de ser evidente que Kant as tenha abraçado. Para complicar ainda mais as coisas, Heidegger estava lidando com mais de um problema com seu trabalho sobre Kant. De fato, ele estava explorando possibilidades kantianas para fundamentar a empreitada da ontologia, mas também travava uma guerra com o neokantismo.[4] Felizmente, desde 1977, temos acesso às preleções de Heidegger

---

4 FRIEDMAN, Michael. *A Parting of the Ways: Carnap, Cassirer, and Heidegger*. Chicago: Open Court, 2000.

do semestre de inverno de 1927/1928, *Interpretações fenomenológicas da "Crítica da razão pura" de Kant*. Essas preleções são muito mais lúcidas e diretas do que *Kant e o problema da metafísica* e, ao examiná-las de perto, podemos esperar reconstruir a resposta de Heidegger à nossa pergunta.

Tempo e ser

Vimos que a estratégia "copernicana" de Kant serviu como pista orientadora para Heidegger, enquanto ele se propunha desenvolver e fundamentar sua própria abordagem da ontologia. Além disso, Heidegger não limitou sua apropriação de Kant à metodologia copernicana; ele também adotou um aspecto fundamental das doutrinas ontológicas de Kant: que o *ser* deve ser articulado em termos de tempo. O resultado da "analítica do entendimento" de Kant é que o mundo se constitui de substâncias que interagem de maneira causal no tempo.[5] A temporalidade é uma característica essencial de tudo aquilo que possa ser um objeto de nosso conhecimento. Já vemos aqui uma necessária conexão entre ontologia e tempo. Para Kant, no entanto, a conexão é mais profunda: não apenas qualquer objeto do entendimento humano deve existir no tempo, mas o que significa para tal objeto *ser* um objeto é articulado *em termos de tempo*.

Grosso modo, *ser* significa ser uma substância que interage de forma causal, segundo Kant.[6] Mas o que significa ser uma substância? Ser uma substância, argumenta Kant, significa ser algo que necessariamente perdura através da mudança. Conteúdos da experiência que mudam são propriedades de substâncias subjacentes que não mudam. Por exemplo, a

5 Todos os objetos do conhecimento humano existem no tempo e alguns necessariamente existem no espaço. Objetos "fora de nossas mentes" (mesas, cadeiras, matéria newtoniana) existem no espaço, enquanto objetos "dentro de nossas mentes" (nossos estados mentais) existem apenas no tempo. Esta é uma complexidade da explicação de Kant com a qual não precisamos nos preocupar aqui. Iremos nos atentar à análise kantiana sobre o espaço de forma breve mais adiante.

6 O sentido no qual o sujeito pensante existe é claramente problemático. Trata-se de um "'eu' constante e invariável" (CPR, A123). Com base nisso, Heidegger acusa Kant de ter interpretado erroneamente a subjetividade como sendo praticamente substancial, modelada nas coisas naturais. Veja-se: BP, §§13–14.

cor de uma moeda muda de cobre para verde. A cor é uma propriedade da moeda, porque enquanto a cor muda, a moeda perdura. Ou, pelo menos, é o que diz nossa ontologia do senso comum. Aqui, Kant adota a análise fundamental, mas argumenta que a única coisa que perdura através de todas as mudanças é a matéria newtoniana. Assim, as coisas que povoam nossa ontologia do senso comum, como moedas, cadeiras, mesas, corpos humanos e afins, não são, em última análise, candidatos viáveis para a substancialidade. A única coisa que sobrevive ao escrutínio, que passa no teste de persistência, para se qualificar como uma substância genuína, é a matéria newtoniana, que se conserva em todas as mudanças materiais, de acordo com a ciência da época de Kant. Observando os detalhes, podemos ver que a substancialidade, para Kant, é definida em termos de tempo: uma substância é algo que *perdura através da mudança.*

Para apresentar tal ontologia orientada pelo tempo, deve ficar claro que devemos ter alguma razão para confiar que tudo que é existe no tempo. Se ser significa ser uma substância e se ser uma substância significa *perdurar através da mudança*, então, para ser, algo deve existir no tempo. Ser significa, em parte, ser no tempo. Na linguagem de *Ser e tempo*, "o tempo é o horizonte para a compreensão do ser" (SZ, 15-19). Isso chama nossa atenção para o aspecto doutrinal da apropriação de Kant feita por Heidegger. Assim como Kant, Heidegger acredita que o tempo é o horizonte para a compreensão do ser. Portanto, Heidegger também deve ter a convicção de Kant de que tudo que é existe de certa forma no tempo.[7]

No entanto, por que devemos confiar tanto nisso? De maneira um pouco diferente, como podemos saber *a priori* que tudo o que é existe no tempo? O modo kantiano de formular a afirmação é esta: "o tempo é uma representação *a priori*". De forma um pouco mais coloquial, podemos dizer: "sabemos *a priori* que todos os objetos são temporais". Como sabemos disso?

7 Uma diferença crucial na doutrina oficial entre Kant e Heidegger é que Kant afirma apresentar apenas uma análise da objetividade, isto é, da estrutura que qualquer coisa que possa ser um objeto para a consciência humana, e não uma análise do ser em geral. Trata-se de algo particularmente evidente quando Kant evita "o orgulhoso nome de uma Ontologia" em favor do "modesto título de uma mera análise do entendimento puro" (CPR, A247/B303). A restrição de Kant à objetividade depende de forma crucial de sua doutrina do idealismo transcendental, que Heidegger rejeita decisivamente em *Interpretações fenomenológicas da "Crítica da razão pura" de Kant*, §6.

Tempo, intuição e aprioridade em Kant

Para explorar o argumento kantiano da aprioridade da representação do tempo, primeiro devemos nos perguntar: afinal, para uma representação, o que significa ser *a priori*? Segundo um entendimento comum e tradicional do assunto, o conhecimento (ou uma afirmação de conhecimento) é *a priori* apenas se não depender dos dados da experiência para sua justificação. Os dados da experiência não nos dão *razões para acreditar* no que sabemos *a priori*. Chamemos isso de *aprioridade epistemológica*. Geralmente, a matemática é considerada epistemologicamente *a priori*, porque, por exemplo, contar moedas nem confirma nem possivelmente refuta verdades aritméticas, tais como 4 + 4 = 8. Sabemos que 4 + 4 = 8, mas não com base nos dados da experiência. Veremos que essa aprioridade epistemológica *não* é a chave para compreender a representação do tempo. No entanto, devemos continuar com a aprioridade epistemológica por um pouco mais de tempo para esclarecer como devemos compreender a aprioridade da representação do tempo.

A aprioridade epistemológica caracteriza uma parte do conhecimento em virtude da natureza de sua justificação. Portanto, para ser epistemologicamente *a priori*, uma parte do conhecimento deve ter uma justificação (ou de alguma forma se justificar a si próprio). A justificação é uma relação entre crenças, na qual uma crença ou conjunto de crenças, a(s) justificadora(s), garante a *razão* para acreditar em outra crença, a justificada. A crença justificadora deve implicar a justificada ou, de alguma outra forma, tornar mais provável que a crença justificada seja verdadeira. Por exemplo, minha crença de que li no jornal desta manhã que Barry Bonds acertou mais um *home run* na noite passada torna mais provável que seja verdade que ele fez isso. As crenças que estão em relações de justificação devem ser capazes de ser *verdadeiras* ou *falsas*, caso contrário não poderiam implicar uma à outra ou tornar uma à outra mais provável de ser verdadeira. Na linguagem de Kant, isso significa que as representações que estão em relações de justificação são *juízos* ou são *objetivamente válidas* (CPR, B140, §19).[8] Segue-se que, para uma representação ser candidata à aprioridade epistemológica, ela deve ser um juízo.[9]

Para entender o que Kant quer dizer com o termo "juízo", podemos considerar uma analogia linguística (extraída do próprio Kant: A69/B94). A forma mais fundamental de expressão linguística que pode ser verdadeira ou falsa é uma sentença completa. Embora às vezes consideremos fragmentos de sentença como verdadeiros ou falsos, isso ocorre apenas porque os interpretamos como elípticos para sentenças completas. Podemos pensar em sentenças completas como análogas linguísticas aos juízos kantianos. Além disso, toda sentença completa (fundamental) tem um predicado, seja ele uma simples atribuição de propriedade (por exemplo, "... é verde"), um tipo particular (por exemplo, "... é um gato") ou uma relação mais complexa (por exemplo, "... está a um metro e meio à esquerda de..."). Conceitos são predicados e são utilizados pelo entendimento quando este os aplica a ou os predica de algum objeto. Tais atos de predicação são juízos e, assim como as sentenças completas nas quais são modelados, podem ser verdadeiros ou falsos.[10]

---

8 Quando Kant usa o termo "validade objetiva" dessa maneira, ele não o utiliza como sinônimo de "verdadeiro" ou mesmo "justificado". Ele quer dizer que a representação é válida (*gültig*) para ou se aplica a um objeto. Ele contrapõe essa validade objetiva com a validade meramente subjetiva, cujo paradigma é a associação. Quando associo meu gato à brancura, na verdade não estou pensando *sobre* meu gato. Quando penso *que meu gato é branco*, estou. Juízos são objetivamente válidos, associações humeanas não. No entanto, observe que, em outros lugares, Kant usa o termo "validade objetiva" de forma ligeiramente diferente. Por exemplo, em *Prolegômenos a toda metafísica futura*, ele escreve: "portanto, validade objetiva e validade universal necessária (para todos) são conceitos equivalentes [...]". KANT, Immanuel. *Prolegomena to Any Future Metaphysics*. Tradução inglesa de Paul Carus, revisado por James W. Ellington. Indianápolis, IN: Hackett, 1977, p. 42.

9 E se uma representação se *auto*justificar? Então, ela não precisaria ser justificada por outra representação e, nesse caso, poderia parecer que não precisaria estar em uma relação para se tornar mais provável de ser verdadeira. O problema com essa linha de raciocínio é que, a menos que uma representação autojustificada possa estar em relações justificatórias, ela será *a priori* em detrimento de ser inerte: não será capaz de implicar mais nada e, assim, será inútil para o desenvolvimento do edifício do conhecimento humano. Veja-se Wilfrid Sellars, "Empiricism and Philosophy of Mind", disponível em *Science, Perception and Reality* (Atascadero, CA: Ridgeview, 1991), p. 127-196.

10 Deve-se notar que há uma série de dificuldades com a análise de Kant. A abordagem dos juízos aqui apresentada ignora tanto as sentenças logicamente compostas (por exemplo, "o gato está no tapete e o tapete é azul" e "se você sair, vai se molhar") quanto

Até o momento, vimos que o conhecimento epistemologicamente *a priori* se constitui de juízos justificados independentemente dos dados da experiência. Então, para a representação do tempo ser epistemologicamente *a priori*, ela deve ser um juízo que pode ser justificado independentemente dos dados da experiência. No entanto, deparamo-nos aqui com um problema, pois Kant *nega* que a representação do tempo seja um juízo, o que, dada a análise conduzida até agora, a desqualificaria de ser *a priori*. Portanto, vamos explorar a natureza da representação do tempo para determinar se e de que maneira ela pode ser *a priori*.

É claro que, em certo sentido, Kant nega que a representação do tempo seja um juízo. Ele a classifica oficialmente, junto com a representação do espaço, como "intuições *a priori*", e intuições não são juízos. Em uma intuição, um objeto nos é "dado" ou apresentado. Por essa razão, Kant caracteriza nossa capacidade geral de ter intuições como "receptividade", uma forma de passividade cognitiva. Um juízo, por outro lado, consiste em uma representação reflexiva que predica um conceito de um objeto. A capacidade de julgar pertence ao entendimento ou à espontaneidade, não à receptividade.

No entanto, a questão não é tão simples, pois Kant também reitera que as intuições são juízos *implícitos*: "a mesma função que dá unidade às várias representações *em um juízo* também dá unidade à mera síntese de várias representações em *uma intuição*" (CPR, A79/B104-105).[11] Nossa experiência dos objetos é conceptualmente mediada. Eu não experiencio um "isto" bruto, mas um "isto-assim". Experiencio, por exemplo, um gato branco diante de mim. Nesta experiência, assumo esta coisa diante de mim *como* um gato, o que significa que implicitamente predico "... é um gato", implicitamente julgo que é um gato. Por isso, podemos falar de nossas experiências visuais (nossas intuições) como enganosas ou falsas. Os

as sentenças quantificadas (por exemplo, "há um rei do *home run*"). Além disso, os juízos podem ser formados não apenas ao predicar algo de um objeto, mas também ao predicar algo de outro conceito (por exemplo, "vermelho é uma cor"). Parte do trabalho de explicitar a abordagem de Kant sobre o juízo consiste em trabalhar todos esses detalhes.

11 Para uma interessante discussão a respeito desse assunto, veja-se Wilfrid Sellars, *Science and Metaphysics: Variations on Kantian Themes* (Atlantic Highlands, NJ: Humanities Press, 1968), capítulo 1.

juízos que elas implicam podem estar errados; a coisa que vejo diante de mim pode não ser um gato. Em suma, intuições não são nem conceitos nem juízos, mas elas se utilizam de conceitos e implicitamente fazem um juízo. Ademais, se isso for assim, então as intuições podem ser epistemologicamente *a priori* em um sentido indireto: os juízos que elas implicam podem não exigir dados da experiência para serem justificados.

É possível defender uma interpretação da abordagem kantiana da representação do tempo ao longo dessas linhas. Kant classifica as intuições como uma espécie de "conhecimento" (*Erkenntnis*), o que significa que são objetivamente válidas, ou seja, que são sobre objetos. Elas são, então, pelo menos, implicitamente juízos (CPR, A319-320/B376). Além disto, ele diz que "tempos diferentes são apenas partes de um e mesmo tempo; e a representação que só pode ser dada por meio de um único objeto é a intuição" (CPR, A31-32/B47). Isso significa que a representação do tempo nos apresenta um único objeto, a saber, o tempo como um todo, e por esse motivo, ela é uma intuição. Uma vez que a presentação do tempo para nós, em nossa experiência, não pode ser entendida literalmente como um juízo, Kant teria que afirmar que se trata de um juízo implícito, assim como a presentação de meu gato para mim se trata de um juízo implícito.

No entanto, também é possível insistir em uma interpretação segundo a qual a representação do tempo não é nem mesmo implicitamente um juízo; e é isso o que Heidegger faz, de fato. Por vezes, Kant caracteriza a representação do tempo como uma intuição, mas em outros lugares a classifica como uma "forma de intuição". A respeito das formas da intuição, ele escreve: "estas são algo, de fato, como formas da intuição, mas não são em si objetos que são intuídos" (CPR, A291/B347). As formas da intuição *não* apresentam objetos; portanto, elas não são em si intuições. Por sua vez, isso implica que a representação do tempo não é epistemologicamente *a priori*. Lembre-se, para ser epistemologicamente *a priori*, uma representação deve ser (explícita ou implicitamente) um juízo. No entanto, Kant diz que a representação do tempo é *a priori*. Como pode ser? Obviamente, para evitar contradição aqui, devemos encontrar um sentido não-epistemológico de aprioridade em funcionamento na *Crítica*.

Qual é o sentido não-epistemológico de *a priori* em Kant, de acordo com Heidegger? As representações de espaço e tempo funcionam na experiência de um modo particular: elas *possibilitam* a experiência. "Filosoficamente frutífero é aquele sentido de *a priori* segundo o qual *a priori* significa 'possibilitar'" (PIK, 73). As formas da intuição (espaço e tempo) possibilitam a intuição ao "determiná-la". Ele escreve: "[...] o termo *forma* designa *o que determina* (*determinante*)" (PIK, 86). Em que sentido as representações de espaço e tempo determinam a experiência? Ao servirem como seu "fundamento". Então, quando Kant descreve as representações de espaço e tempo como representações "necessárias" que "subjazem a todas as intuições" (CPR, A24/B38, A31/B46), Heidegger comenta o seguinte:

> Positivamente, isso significa que o espaço e o tempo subjazem ao que é simplesmente dado como seu "fundamento". [...] Para Kant, este é um termo distinto e significa servir como fundamento, isto é, possibilitar que as coisas, como tais, se mostrem e apareçam como simplesmente dadas *aqui*, *ali*, *agora* e *depois* (PIK, 79, tradução modificada).

De que maneira as representações de espaço ou tempo determinam ou fundamentam a experiência empírica? Falando do espaço, Heidegger escreve:

> Na intuição empírica de certas coisas que estão ordenadas e são simplesmente dadas em relações espaciais, há necessariamente uma visão prévia das relações espaciais puras do espaço como tal, que é livre de objetificação. Essa visão prévia do espaço aberto não-objetivamente possibilita a intuição empírica do que é simplesmente dado espacialmente. Isso significa que é esse "visualizar" que *orienta* a intuição empírica previamente, *a conduz e, nesse sentido, a determina*. Esse "visualizar o espaço", que ocorre previamente e é não-objetivo, consiste em uma estrutura fundamental desse encontro, o qual permite que o que é simplesmente dado espacialmente venha ao encontro. Como tal, esse "visualizar" *determina* a intuição empírica e, por essa razão, pode ser chamada de "forma" (PIK, 89).

E segue:

> Somente em uma visão prévia das relações espaciais *como tais* – por exemplo, as três dimensões – é que algo se abre a nós previamente *em que*, ou *em vista de que*, o que vem ao encontro pode ser encontrado como ordenado por esse próximo a, antes ou em frente de, e atrás *que define* (PIK, 88).

Para explicar essa linha de pensamento, Heidegger usa o seguinte exemplo:

> Dado um conjunto de bolas de diferentes cores, pesos, tamanhos e materiais, e, no que diz respeito a cada propriedade, há respectivamente vários exemplares – todos espalhados de forma confusa, caótica e desordenada. Agora, podemos ordenar essas bolas relativamente à cor, peso, composição material ou tamanho. Para podermos ordenar essas bolas, devemos olhar previamente para a conexão íntima segundo a qual elas devem ser reunidas. Devemos ver a unidade em relação à qual o caos deve ser separado e reunido (PIK, 88).

Um modo natural, mas, como veremos, ilusório de explicar o exemplo oferecido seria este: para ordenar o conjunto de bolas, devemos ter uma preconcepção do princípio de ordenação, de acordo com o qual as bolas devem ser ordenadas. Assim, se vamos ordená-las por cor, precisamos de um princípio de ordenação como este: "por cor na ordem do arco-íris". Ora, tal princípio é essencialmente articulado em conceitos: envolve, pelo menos, os conceitos de cor e arco-íris. Assim, o exemplo sugere que, para ordenar um conjunto, precisamos de um princípio articulado conceitualmente pelo qual ordená-lo.

Espaço e tempo são objetos formais?

Se este fosse o modo de entender o exemplo de Heidegger, sua interpretação estaria em sérias dificuldades. Considere o que o parágrafo anterior implica. Espaço e tempo são formas da intuição que determinam a experiência ao servir como princípios de ordenação da experiência. Como vimos, princípios de ordenação como "por cor na ordem do arco-íris" são articulados conceitualmente: são regras ou diretrizes para ordenar um conjunto de dados, de acordo com uma certa *concepção* de como estes devem ser organizados. Embora um princípio como "por cor na ordem do arco-íris" não seja em si um conceito, ele *é* uma diretiva para ordenar dados *de modo que* um conceito ou construção conceitual se aplique a ele. Agora, de que maneira as representações de espaço e tempo seriam *a priori*, se esse modelo de sua função determinante estivesse correto? Presumivelmente, dizer que tais princípios são *a priori* equivale a dizer que podemos saber independentemente da experiência que os dados dela podem ser ordenados, de acordo com o espaço e o tempo, ou mais coloquialmente, ordenados *no* espaço e *no* tempo, ordenados espacial e temporalmente.

Essa abordagem indica, então, que espaço e tempo, com efeito, são tipos especiais de objeto, grosso modo, objetos formais. Considere, por analogia, o conceito de um time de beisebol. Logo antes do início de um jogo de beisebol, podemos pegar os dez jogadores titulares do Baltimore Orioles e ordená-los de várias maneiras diferentes. Podemos fazê-los se alinhar por altura, idade, peso e assim por diante. Também podemos fazê-los se alinhar por posição. As relações entre as posições são uma estrutura formal que pode ser ocupada, a princípio, por qualquer uma das dez pessoas (em um time da Liga Americana!). Quando pensamos em um time de beisebol, ou seja, em *qualquer* time de beisebol *arbitrário*, estamos pensando nesta estrutura formal. De forma similar, talvez, espaço e tempo sejam estruturas formais desse modo. São sistemas de relações entre posições, agora posições no espaço e no tempo, que podem ser ocupadas, a princípio, por quaisquer objetos dados.

Heidegger rejeita essa análise das representações de espaço e tempo. Compreender como e por que ele faz isso é crucial para entender o que ele pensa ter aprendido com Kant. Para seguir esse ponto, temos que introduzir mais uma distinção. Alguns objetos formais são inteiramente de natureza conceitual: são construções lógicas a partir de conceitos. Considere como exemplo o conceito genérico de xadrez. Como se aponta repetidamente na literatura contemporânea, o conceito genérico de xadrez é aquele que pode ser levado a cabo em uma grande variedade de objetos concretos. A concepção padrão do xadrez, como um jogo disputado em um tabuleiro de tamanho médio com peças de formas típicas, trata-se *apenas* da concepção padrão.

Genericamente, o xadrez pode ser jogado sem um tabuleiro (por exemplo, eletronicamente), caso em que as peças e posições são algo ao longo das linhas de dados eletrônicos ou cerebrais. Em suma, o conceito genérico de um jogo de xadrez não implica nada em particular sobre o modo como o jogo se apresenta aos nossos sentidos ou mesmo que isso ocorra de alguma forma. Espaço e tempo não são estruturas puramente conceituais e abstratas dessa forma. Uma linha numérica pode muito bem ter as mesmas propriedades formais que o tempo e isso pode nos permitir inferir fatos sobre a estrutura do tempo a partir de uma análise dos números reais. Porém, o *tempo* é uma estrutura concreta, uma ordenação concreta de itens "intuitiva" ou concretamente presentes na mente. Por essa razão, Kant precisa introduzir um tipo especial de representação para capturar nossa apreensão de tal estrutura concreta, ainda que formal: intuição formal. As representações de espaço e tempo, concebidas como objetos formais, são intuições formais, porque estão, ao mesmo tempo, concretamente presentes na mente e definidas por suas estruturas formais.

Para negar que as representações de espaço e tempo, que determinam a experiência, sejam intuições formais dessa maneira, Heidegger atribui grande importância a um trecho no qual Kant distingue precisamente as intuições formais das formas da intuição (CPR, B160n). Intuições formais são estruturas concretas que são organizadas conceitualmente por princípios formais. As formas da intuição deveriam ser de alguma forma mais fundamentais do que tais estruturas formais. *Não* se espera que sejam explicadas por princípios formais. Antes de explorarmos o que exatamente isso significa, vamos lembrar o que está em jogo nessa indicação. Se Heidegger estiver certo ao afirmar que as formas espaciais e temporais de intuição não são intuições formais, então elas não são diretivas para ordenar os dados da experiência de modo que eles se conformem a um conceito ou construção conceitual. E isso implica que o modo como explicamos o exemplo das bolas coloridas acima estava incorreto.

Heidegger, neokantismo e o papel da lógica na metafísica

Este é um bom momento para pausar e refletir sobre outra implicação da alegação negativa de Heidegger, de que as representações *a priori* do espaço e do tempo não são princípios para ordenar estruturas formais. Que importância filosófica mais abrangente adviria da conclusão de que as representações *a priori* do espaço e do tempo não são intuições formais? Por que estamos tão interessados pelas representações *a priori* do espaço e do tempo, afinal? Lembremos que, segundo Heidegger, "o tempo é o horizonte para a compreensão do ser". Em outras palavras, o ser faz sentido em termos de tempo, o tempo é o sentido do ser. Agora, se o tempo fosse um objeto formal da maneira como consideramos, então as principais ferramentas para analisar ou explicar o tempo seriam a lógica e a física.

Se refletirmos sobre a representação do tempo como uma intuição formal, podemos distinguir duas fontes de conteúdo presentes nela. Há, por um lado, a estrutura formal exibida pelo tempo. Por outro lado, há o conteúdo que é organizado por essa estrutura formal. É bastante difícil saber o que dizer sobre este último, assim como é difícil saber o que dizer sobre os elementos fundamentais de nossa experiência da cor. Nossa experiência da cor é organizada pela estrutura formal do espectro de cores ou, talvez, por vários modelos de cores propostos, mas os dados brutos organizados pelas estruturas são fundamentalmente inarticulados. O mesmo pode ser dito sobre espaço e tempo: em grande aspecto, podemos analisar as estruturas formais de espaço e tempo, mas quando se trata de dizer algo sobre os dados brutos organizados pelas estruturas formais, ficamos sem palavras. Além disso, vimos que a principal indicação que temos a respeito de como a representação do tempo desempenha um papel na ontologia é esta: explicitamos o que significa para algo ser em termos da *estrutura* temporal do ente. Por exemplo, ser no sentido de substancialidade significa perdurar através da mudança e a persistência é exatamente uma estrutura formal como a que consideramos. Para analisar tal estrutura formal, portanto, precisamos das ferramentas que são mais bem designadas para explicitar relações conceituais, a saber, ferramentas lógicas. Ademais, uma vez que o tempo é uma estrutura experiencial concreta, também devemos recorrer às ferramentas que são mais bem designadas para explorar a estrutura do fenômeno concreto do tempo, a saber, a física moderna.

Se esta linha de pensamento fosse fundamentalmente sólida, então seríamos levados à conclusão de que os principais meios para desenvolver e justificar uma ontologia temporal, do tipo que Heidegger concebe, são a lógica e a física. No entanto, é justamente essa conclusão que Heidegger rejeita; e ela constitui o ponto nevrálgico de sua discordância com os neokantianos que dominaram os estudos de Kant na sua época. Hermann Cohen, Paul Natorp e Ernst Cassirer foram as principais figuras do neokantismo. Todos concordavam que a lógica e a física eram as ferramentas próprias da ontologia. Como Michael Friedman mostrou, isso alinha os neokantianos bem amplamente com Carnap e a tradição lógico-empirista da filosofia, também ajuda a explicar o abismo que se abriu entre Heidegger e aqueles que lhe eram simpáticos, por um lado, e a tradição empirista, em grande parte anglófona, por outro.[12]

Para criar espaço para uma alternativa à orientação lógica compartilhada por Carnap, pelos neokantianos e pela tradição lógico-empirista dominante no mundo de língua inglesa, Heidegger deve explicar como a representação *a priori* do tempo não é uma intuição formal.

As formas da intuição

Vimos que se as formas da intuição não são intuições formais, deve ser porque elas não são fundamentalmente princípios formais para organizar os dados da experiência. Princípios formais são diretrizes para ordenar os dados de forma que se conformem a um conceito ou construção conceitual. Se as formas da intuição, as representações *a priori* do espaço e do tempo, não são articuladas conceitualmente, então elas não podem ser tais princípios formais. Dito de forma um pouco diferente, se as formas da intuição são pré-conceituais, se fazem sentido antes da aplicação de conceitos, então elas não são princípios formais. Mas por que Heidegger pensa que as representações *a priori* do espaço e do tempo são pré-conceituais? Para responder a essa pergunta, é útil primeiro explorar uma linha de raciocínio equivocada.

Em *Interpretações fenomenológicas da "Crítica da razão pura" de Kant*, há fortes indícios de que a linha de raciocínio de Heidegger pode muito

---

12 Friedman, *Parting of the Ways*.

bem seguir assim: as formas da intuição são pré-conceituais, porque não precisamos articular os conceitos de espaço e tempo para nós mesmos a fim de sermos orientados pelas formas da intuição. A ênfase aqui está em saber se *articulamos* ou *explicitamos* os princípios pelos quais ordenamos os dados da experiência. Na medida em que já tornamos os princípios de ordenação explícitos, esses princípios são conceitualmente articulados. Na medida em que ainda não tornamos os princípios de ordenação explícitos, ou seja, na medida em que permanecem implícitos, eles não são conceitualmente articulados. Para desenvolver essa linha de raciocínio mais detalhadamente, faz-se necessário explorar a abordagem de Heidegger a respeito da *formação de conceitos.*

Como Heidegger entende a formação de conceitos em *Interpretações fenomenológicas da "Crítica da razão pura" de Kant*? Ele parece adotar uma abordagem intuitiva ou comum da formação de conceitos como abstração. Para ilustrar e motivar essa abordagem, ele recorre à apresentação de Kant sobre a abstração.[13] Considere a explicação de Kant sobre a formação do conceito de uma árvore por abstração. Primeiro, tenho experiências de um pinheiro, um salgueiro e um limoeiro. Em seguida, comparo essas experiências e abstraio ou removo as diferenças para abstrair ou isolar o elemento comum. Note que a capacidade de fazer isso pressupõe que eu já seja capaz de apreender o que as árvores têm em comum. Somente se eu tiver essa apreensão prévia ou esse domínio sobre o que é comum, posso remover as diferenças para isolar o elemento comum. Assim, argumenta Heidegger,

> Perceber as diferenças [entre árvores diversas] já pressupõe a referência norteadora, no âmbito e à vista da qual podemos olhar para muitos objetos de maneira prévia e apreender a unidade específica na qual os objetos concordam. Somente mantendo isso [o aspecto unificador] em vista podemos desconsiderar tudo aquilo em que os objetos, em vista deste aspecto unificador, por exemplo, o tronco, são diferentes de certo modo (PIK, 158).

---

13 KANT, Immanuel. *Logic*. Tradução inglesa de Robert S. Hartman e Wolfgang Schwarz. Nova Iorque: Dover, 1974.

Consigo desconsiderar o que diferencia os objetos apenas sendo capaz de experienciá-los em vista do que eles têm em comum. Desconsiderar o que os diferencia é o passo crucial pelo qual dou à minha cognição a *forma* de um conceito. A unidade apreendida ou representada por esse conceito, no entanto, já está, por assim dizer, sob meu controle, mas não no *modo* de um conceito.

De acordo com esta análise abstracionista da formação de conceitos, um conceito, em primeiro lugar, *não* é a capacidade de reconhecer a unidade ou o que há de comum em uma amostra de objetos. Não é o que Heidegger descreve como "a referência norteadora" por meio da qual "apreendemos a unidade específica na qual os objetos concordam". Pelo contrário, um conceito é uma representação explícita dessa unidade formada de maneira reflexiva, desconsiderando tudo o que não é comum à amostra de objetos. Quando os conceitos "surgem explicitamente", "trazemos à concepção" formas de unidade já implícitas na experiência (PIK, 272). Assim, um conceito é uma representação explícita que articula uma capacidade, até então inarticulada, que já possuímos.

Com essa teoria abstracionista da formação de conceitos em mente, podemos reconstruir uma interpretação do exemplo heideggeriano das bolas coloridas no §8 de *Interpretações fenomenológicas da "Crítica da razão pura" de Kant*, uma interpretação que, no entanto, se mostrará insatisfatória. Ao organizarmos uma amostra de bolas por cor na ordem do arco-íris, recorremos a um princípio de ordem que não é, de acordo com a teoria que estamos considerando, conceitualmente articulado. Pelo menos, não precisa ser. Pode-se muito bem ter encontrado a ordenação do arco-íris por ter sido exposto a arcos-íris e prismas e ter "absorvido" o princípio que eles exibem, sem nunca ter articulado explicitamente esse princípio para si mesmo. Pode-se ainda ser capaz de aplicar o princípio de maneira irrefletida, ordenando um conjunto de bolas coloridas, novamente sem nunca pensar explicitamente sobre o princípio em questão. Ou seja, pode-se apreender implicitamente o princípio do arco-íris, sem tê-lo "trazido à concepção", sem tê-lo deixado "surgir explicitamente". Assim, pode-se argumentar, segundo Heidegger, que recorremos a uma apreensão pré-conceitual das relações de ordenação para dar ordem à amostra de bolas.

O argumento de Heidegger, tal como reconstruído, no entanto, é profundamente falho. Primeiro, ele se baseia em uma teoria superficial de conceitos, afinal, a mente já apreende de maneira "pré-conceitual" exatamente as mesmas formas de unidade que posteriormente são explicitadas em conceitos. O argumento assegura que, antes de explicitar o princípio de ordenação em um conceito articulado, o apreendemos, temos um domínio sobre ele, que, para todos, parece ser uma apreensão implícita, embora *conceitual*, um uso implícito da mesma forma de domínio exibida em um conceito explícito. Em outras palavras, identificamos duas formas de compreensão, uma explícita, outra implícita. O que se compreende em ambos os casos é o mesmo, no entanto: o que há de comum ou a unidade que pode ser articulada em uma representação reflexiva. Não parece haver muita diferença entre o que é implícito e o que é explícito. Em ambos os casos, o conjunto apropriado de instrumentos para analisar o princípio de ordenação será lógico e científico.

Em segundo lugar, o argumento, conforme apresentado, não é útil no contexto mais amplo em que ocorre, pois determina demais.[14] O argumento funciona tão bem para ordenar as bolas por cor quanto para ordenar informações sensoriais por relações espaciotemporais. Heidegger está tentando explicar o que ele entende ao interpretar Kant, onde este argumenta que as formas da intuição são formas no sentido de representações que orientam a ordenação dos dados intuitivos. Porém, o argumento, conforme apresentado, implicaria que o princípio "por cor na ordem do arco-íris" é igualmente uma forma da intuição. Assim, essa reconstrução da interpretação de Heidegger do argumento de Kant, a respeito da aprioridade da representação do tempo, resulta em uma imagem bastante insatisfatória: um argumento falho baseado em uma teoria superficial de conceitos.

Há uma maneira alternativa de reconstruir a interpretação de Heidegger das formas da intuição? Heidegger oferece uma linha de raciocínio mais promissora no §9 de *Interpretações fenomenológicas da "Crítica da razão pura" de Kant*:

14 Para uma constatação relacionada, veja-se D. P. Dryer, *Kant's Solution for Verification in Metaphysics* (Toronto: University of Toronto Press, 1966), p. 173.

> [...] mas *visualizar* as relações espaciais como tais não é uma *objetificação* delas. Na visão prévia, essas relações não são compreendidas, mas nos são dadas de forma não-objetiva. Na medida em que existimos, já sempre existimos no espaço, sem transformá-lo em um objeto ou mesmo em um tema. Ser e estar orientado no espaço ainda está livre da objetificação deste. Precisamos de uma ciência particular, a geometria, para descobrir a plenitude do que jaz no espaço como tal. [...] Porém, agora também foi mostrado em que medida o que é intuído [previamente nas formas da intuição] não é algo *simplesmente dado* nem qualquer tipo de *objeto* compreendido em si de maneira propriamente dita (PIK, 89).

O que Heidegger quer dizer ao negar que as representações *a priori* do espaço e do tempo são *objetificações*? Uma representação que objetifica é aquela que representa um objeto (PIK, 19) ou, na linguagem que estávamos usando anteriormente, uma representação que objetifica é objetivamente válida. As formas da intuição, no entanto, "[...] são algo, de fato, como formas da intuição, mas não são elas próprias objetos que são intuídos" (CPR, A291/B347, citado anteriormente). As formas da intuição *permitem* a representação objetiva, mas não são elas mesmas objetivas. Em outras palavras, as formas da intuição nos permitem representar o mundo por meio de conceitos, mas não são elas mesmas conceituais. Por quê?

A apercepção e a representação *a priori* do tempo

O argumento de Heidegger a respeito do caráter não-objetivo da representação *a priori* do tempo[15] atravessa uma de suas teses centrais e mais controversas sobre Kant, a saber, que Kant implicitamente adota uma forma pré-conceitual de unidade imaginativa, que está na fundação de todo o conhecimento. "*Antes da* unificação conceitual, a diversidade deve ser 'percorrida, assumida e conectada'" (PIK, 184). Esse processo de síntese

15 Neste ponto, a representação do espaço simplesmente desaparece da imagem. Isso é uma falha na interpretação de Heidegger sobre Kant? Não é algo óbvio, já que se trata de uma peculiaridade do argumento de Kant que o espaço desaparece da imagem de qualquer maneira. Heidegger poderia argumentar que Kant nunca deveria ter afirmado que a representação do espaço é *a priori* no sentido relevante.

é uma função da imaginação produtiva pura. Trata-se de uma doutrina central da interpretação heideggeriana de Kant que o termo "síntese", na primeira *Crítica*, é sistematicamente ambíguo entre (a) uma síntese conceitual pertence ao entendimento e explica como abstraímos um conceito explícito a partir de nosso domínio implícito do que há de comum ou de uma unidade, por um lado, e (b) uma síntese pré-conceitual que pertence à imaginação produtiva pura, por outro. Segundo Heidegger, a imaginação produtiva pura é uma faculdade ou capacidade da mente humana mais fundamental do que nossa receptividade passiva aos dados sensoriais ou nossa capacidade reflexiva de reconhecer a unidade conceitualmente articulável nesses dados (PIK, 95 e §21).

De acordo com Heidegger, tanto a conceptualização quanto a intuição requerem um "âmbito prévio", "uma dimensão na qual posso me mover enquanto" intuo ou formo conceitos:

> Esse "apreender de *uma só vez*" não pode de modo algum ser idêntico a ver representações previamente dadas juntas a fim de alcançar a "unidade do conceito". Esse "apreender de uma só vez" não é de forma alguma o ato lógico de reflexão que forma o conceito, mas, na verdade, é o ato da mesma síntese, a partir da qual uma diversidade de coisas é previamente dada como *uma* diversidade para um ver pensante. Vejo um pinheiro *e* um salgueiro *e* um limoeiro. Não os vejo sucessivamente, perdendo de vista o que vi antes. Em vez disso, essa diversidade deve ser dada a mim *de uma só vez*, para que eu tenha uma dimensão na qual possa me mover enquanto comparo. O que vem ao [meu] encontro deve, de certa forma, pertencer *a mim*, deve estar diante de mim em um *âmbito* [*Umkreis*] de visibilidade. A unidade desse âmbito, que, por assim dizer, mantém previamente a diversidade unida, é o que, em última instância, significa "apreender de uma só vez" (PIK, 187).

A formação de conceitos exige que representações de uma amostra de objetos sejam capazes de surgir na mente, para que suas diferenças possam ser excluídas à luz do que têm em comum. Há muito a dizer sobre como esse processo funciona – e nem Kant nem Heidegger dizem algo que seja mesmo esclarecedor a respeito disso, já que ambos recorrem ao abstracionismo –, mas Heidegger pensa que pelo menos isto esteja pressuposto: as representações que são comparadas e processadas devem todas, como Heidegger diz, *me* pertencer e estar disponíveis *para mim*. Assim, o "âmbito de visibilidade" ao qual Heidegger se refere é o da minha autoconsciência, o que Kant chama de "apercepção transcendental".

Heidegger argumenta que esse "âmbito" de disponibilidade é a forma pura do tempo. Para aprender a ver a unidade em uma amostra de dados da experiência, devo ser capaz de os manter juntos ao longo do tempo.[16] Isso requer as habilidades para "apreender" os dados em sequência, "reproduzi-los" ou retê-los através do fluxo do tempo e "reconhecer" ou identificar sua unidade. Essas habilidades, por sua vez, requerem que o fluxo temporal de minha própria experiência possua unidade. A menos que o passado permaneça disponível para mim, não como um objeto explícito de recordação, mas como um repositório retido de informações, eu não poderia "retroceder" aos dados uma vez presentes para mim a fim de identificar a regularidade específica ou o que há de comum que estou aprendendo a ver. Esse fluxo temporal unitário da experiência é uma condição necessária para minha capacidade de conhecer conceitos. Em poucas palavras: *seja como for que aprendemos ou chegamos a identificar padrões conceituais na experiência*, essa identificação pressupõe a unidade temporal do fluxo da experiência, o que Heidegger chama de "temporalidade" (*die Zeitlichkeit*).

A unidade da temporalidade, portanto, viabiliza ou torna possível a formação de conceitos, pois é somente em virtude da unidade da temporalidade que posso mesmo *ter* uma amostra de dados em que identifico um padrão de unidade. Como a formação de conceitos, por mais exata que seja, pressupõe a unidade temporal prévia da experiência, todas

---

16 Aqui, reitero a análise heideggeriana da "síntese tripla" na Dedução A (CPR, A98-104). Veja-se *Interpretações fenomenológicas da "Crítica da razão pura" de Kant*, §24. Ela é obviamente modelada na análise da consciência do tempo de Husserl, cuja versão publicada Heidegger editou durante o período em que estava investigando Kant. Veja-se Edmund Husserl, *The Phenomenology of Internal Time-Consciousness*, tradução inglesa de James S. Churchill (Bloomington: Indiana University Press, 1966).

as capacidades que são construídas sobre a posse de conceitos também pressupõem a unidade da temporalidade, e isso inclui tanto a experiência intuitiva ordinária ou sensorial (por exemplo, ver um gato), a experiência formal-matemática (por exemplo, construir um triângulo euclidiano) e o raciocínio lógico abstrato (por exemplo, analisar uma estrutura formal abstrata). Note que esse argumento não depende da teoria abstracionista da formação de conceitos, nem da associada compreensão superficial de conceitos, discutida acima. Podemos entender, assim, como a unidade da forma temporal da intuição (aqui compreendida como a unidade temporal do "âmbito prévio") se constitui como um tipo diferente da unidade fornecida pelo princípio "por cor na ordem do arco-íris". Precisamente porque o princípio da cor é articulado conceptualmente, ele depende da unidade da temporalidade. Toda conceptualidade depende dessa unidade. Porém, essa unidade não retribui o favor; a unidade da temporalidade é possível sem o princípio da cor. Portanto, a unidade da temporalidade é mais fundamental do que *qualquer* princípio conceptualmente articulado.

Avaliação da adequação exegética da reconstrução heideggeriana de Kant

Como uma interpretação da *Crítica*, o argumento de Heidegger é altamente problemático, pois, de acordo com Kant, a apercepção transcendental é o princípio mais elevado da faculdade do *entendimento* ou dos *conceitos*, não uma forma do tempo (CPR, B139). A representação *a priori* do tempo pertence à faculdade da intuição, enquanto a apercepção é um princípio lógico do entendimento. O entendimento e a intuição são os dois "troncos" do conhecimento, as duas fontes distintas de conteúdo ou de sentido na experiência humana. Heidegger parece ter confundido os dois, unindo de maneira ilegítima o tempo, como uma forma de intuição, com a apercepção, como a forma mais geral do entendimento. Portanto, é altamente improvável que Kant tenha pretendido indicar essa interpretação da aprioridade da representação do tempo.

Óbvio que Heidegger está ciente dessa dificuldade e a enfrenta. Podemos analisar sua resposta em dois níveis. Em um nível exegético,

Heidegger se baseia em certas passagens da *Crítica da razão pura* que indicam que, sob os dois troncos do conhecimento (o entendimento e a intuição), há uma "raiz comum" da qual ambos crescem (ver KPM_2, 24; CPR, A15/B29 e A835/B863). Além disso, Kant às vezes identifica a imaginação, ou mais precisamente, a imaginação "produtiva pura", ao lado do entendimento e da intuição, como uma terceira fonte ou faculdade do conhecimento. Heidegger, indo além do que é indicado pelo texto, identifica a terceira faculdade, a imaginação, com a raiz comum não nomeada. Finalmente, Kant indica, pelo menos uma vez, que a apercepção se fundamenta na imaginação (CPR, A118) e descreve, uma única vez, as formas da intuição como *entia imaginaria* ou produtos da imaginação (cf. PIK, 84; CPR A291/B347). Unindo tudo isso à força, Heidegger conclui que a imaginação produtiva pura, na forma da unidade temporal da apercepção, é a raiz comum que está na fundação tanto da experiência intuitiva quanto da reflexão conceitual.

Como exegese de Kant, isso é, no mínimo, uma interpretação forçada. Dieter Henrich argumentou veementemente que Kant não pode ter entendido assim, pois isso contradiz os limites que Kant impõe à capacidade da mente de conhecer as fontes últimas de suas operações.[17] Postular uma "raiz comum" para os dois troncos do conhecimento é tentar conhecer algo sobre como a mente é em si mesma, algo que não está presente em nossa experiência de nós mesmos. Por essa razão, Kant apenas indica que *pode* haver uma raiz comum; ele nem argumenta que *há*, nem tenta caracterizá-la. Tentar fazê-lo seria buscar conhecer o âmbito das coisas em si mesmas, algo para sempre e em princípio inacessível à cognição humana. Heidegger responde que Kant compreendeu mal sua própria implicação de que a intuição e a conceptualização têm sua "raiz comum" na imaginação pura como uma tese *psicológica*, ou seja, como uma tese factual sobre a constituição de um objeto do conhecimento, a saber, a mente. Assim, ao reescrever a *Crítica* para a segunda edição, Kant excluiu uma referência

17 HENRICH, Dieter. "On the Unity of Subjectivity", disponível em *The Unity of Reason: Essays on Kant's Philosophy*, organizado por Richard L. Velkley. Cambridge, MA: Harvard University Press, 1994, p. 17-54.

crucial à imaginação pura e a substituiu por uma crítica ao psicologismo.[18] Heidegger argumenta, no entanto, que Kant estava se aproximando de uma abordagem *fenomenológica* do problema (que, para nossos propósitos, não precisamos identificar com nada mais do que nossa análise da apercepção e da representação *a priori* do tempo) e, se Kant a tivesse encontrado, teria sido capaz de aceitar a análise de Heidegger. Assim, Heidegger assegura, na prática, que a leitura de Kant feita por Henrich é exegeticamente mais precisa, mas filosoficamente menos penetrante.

Em *Interpretações fenomenológicas da "Crítica da razão pura" de Kant*, Heidegger afirma repetidamente que Kant se compreendeu de forma equivocada.

> Não apenas deixaremos Kant dizer o que ele queria dizer; mas até deixaremos ele dizer mais, mesmo que esse "mais" se baseie apenas em interpretação filosófica. Com base na compreensão filosófica que alcançamos, fica fácil posteriormente retirar o excedente. No entanto, é difícil, senão impossível, mirar diretamente no que Kant queria dizer, a menos que simplesmente repetíssemos suas sentenças (PIK, 64, tradução modificada).

O desprezo de Heidegger por uma exegese mais direta, do tipo praticado por Henrich, como meramente a "repetição das sentenças de Kant", é ridículo, obviamente. É digno de nota, além disso, que os neokantianos, contra os quais Heidegger argumenta, não apenas repetiram as sentenças de Kant; eles também argumentaram que o pensamento de Kant seguia uma certa direção, a saber, a da subordinação da metafísica à lógica. A verdadeira disputa não é uma batalha entre as palavras de Kant e a direção de seu pensamento, mas entre duas leituras da *adequada* direção de seu pensamento.[19]

18 Kant, *CPR* B127-129 substituído por A94-95. Veja-se: PIK, 215-216.

19 Cohen deixa isso bastante claro em sua inovadora obra sobre Kant, na qual escreve: "na medida em que a história da filosofia não deve ser entendida como história filológica da literatura, mas, na verdade, como a forma ideal do conhecimento, que ajuda a levar a própria filosofia à completude, assim, com respeito a Kant, estamos historicamente em um ponto de vista superior àquele em que ele estava" (COHEN, Hermann. *Kants Theorie der Erfahrung*. Editado por Geert Edel. Disponível em *Werke*, editado por Helmut Holzhey, vol. 1. Hildesheim: Georg Olms, 1987, p. 7, tradução minha; veja-se também o prefácio

A leitura de Heidegger, então, é que Kant levantou questões que não poderia dominar completamente e que ele assumiu posições inconsistentes em sua tentativa de trabalhar tais questões. *Nós*, leitores de Kant, devemos resolver essas tensões e inconsistências, tomando uma posição *filosófica* a respeito das questões e voltando ao texto a partir do ponto de vista mais lúcido assim obtido.

Fundamentando a metafísica

Como a reconstrução filosófica de Kant feita por Heidegger ajuda a fundamentar a ontologia? Podemos ver como seria, se a unidade fundamental do âmbito prévio da temporalidade gerasse uma compreensão do ser. De fato, esta é a abordagem sugerida por Heidegger em *Interpretações fenomenológicas da "Crítica da razão pura" de Kant*:

> *Mas se a síntese do entendimento*, como síntese do reconhecimento no conceito, *está relacionada ao tempo e se as categorias emergem justamente* dessa *síntese como atividade do entendimento*, isto é, se as três sínteses estão inter-relacionadas com base no tempo, *então a origem das categorias é o próprio tempo* (PIK, 247).

Juntas, as categorias compõem "o conceito do objeto em geral". Note que o "conceito do objeto em geral" não é um conceito único e simples. Antes, trata-se de uma construção complexa elaborada a partir das categorias kantianas. Em vez de "conceito do objeto em geral", provavelmente é mais claro dizer "concepção da objetividade em geral". Esta concepção da objetividade em geral é o correlato, em Kant, da ontologia, em Heidegger. A "analítica dos princípios" de Kant, na *Crítica da razão pura*, é uma análise da estrutura temporal de qualquer objeto simplesmente na medida em que é um objeto, assim como a terceira divisão prometida (mas nunca completada) da Primeira Parte de *Ser e tempo* pretendia ser uma análise temporal de qualquer ente na medida

---

da primeira edição). No entanto, observe que Heidegger pode muito bem superestimar a conexão entre a sua interpretação e a intenção autoral, quando tenta conectar sua leitura com as "próprias intenções de Kant". Veja-se Heidegger, PIK, 49.

em que é. Assim, quando, na interpretação que faz de Kant, Heidegger escreve (acima) que "a origem das categorias é o próprio tempo", ou seja, a origem da concepção da objetividade é o próprio tempo, ele indica que, para ele, a origem da ontologia é o próprio tempo.

De que maneira a interpretação de Heidegger do tempo, como a verdadeira natureza da apercepção transcendental, mostra que a origem da ontologia é o tempo? Vimos que os conceitos que compõem uma ontologia *requerem* a unidade temporal da experiência. Mas, para estabelecer que o tempo é a *origem* ou *fonte* da ontologia, precisamos dizer algo mais robusto, a saber, que a unidade da temporalidade é rica o suficiente para *gerar* a compreensão do ser *por si só*. Porém, como os recursos da forma pura do tempo podem ser ricos o suficiente para gerar tal compreensão do ser? A forma pura do tempo não é rica o suficiente, ao que parece, para gerar nada! Afinal, a forma pura do tempo é o fluxo original do tempo mantido unido como passado-presente-futuro.

Para começar a resolver essa dificuldade, primeiro observe que o "ser-simplesmente-dado" se constitui como a região ôntica cuja forma temporal é o fluxo contínuo de instantes indistinguíveis do tempo. O que está no futuro pode ou deve tornar-se presente; o que está presente pode ou deve tornar-se passado. O fluxo puro do tempo que subjaz à nossa compreensão do ser-simplesmente-dado é "neutro em conteúdo". Este é o núcleo conceitual do que Heidegger, em *Ser e tempo,* chama de "concepção ordinária do tempo":

> Os agoras [da concepção ordinária do tempo] são, por assim dizer, separados dessas relações [de databilidade e significância, que dão aos agoras seu conteúdo distintivo] e organizados, na condição de separados, um após o outro, a fim de compor a sequência [do tempo] (SZ, 422).

Em *Interpretações fenomenológicas da "Crítica da razão pura" de Kant,* Heidegger faz alusão à mesma ideia, quando escreve:

> Mas assim como a apreensão é necessariamente aberta ao que já foi retido, da mesma forma e inversamente tudo que pode ser

> retido como algo que pode ser trazido à tona deve ser capaz de ser exibido em cada período atual do agora da apreensão (PIK, 239).

O fluxo puro do tempo é neutro em conteúdo e constitui uma pura sucessão de passado-presente-futuro. Além do mais, isso é tudo o que há para a ontologia do ser-simplesmente-dado. Ser no modo do ser-simplesmente-dado é acontecer no tempo ordinário.

Pode-se objetar que apenas esta concepção comparativamente estreita da ontologia do ser-simplesmente-dado não é densa o suficiente para sustentar tudo o que Heidegger deseja que a ontologia faça. Como vimos, Heidegger não visava apenas fundamentar essa ontologia abstrata e geral do ser-simplesmente-dado, mas, mais especificamente, garantir uma fundação *a priori* para as ciências. As ontologias regionais subjacentes às ciências são abordagens da natureza fundamental dos entes investigados pelas respectivas ciências. Como tais ontologias regionais, específicas das ciências, podem ser extraídas de algo tão abstrato quanto o fluxo puro do tempo explorado acima? Elas não podem.

De fato, o fluxo puro do tempo é muito estreito para gerar *a priori* essas ontologias regionais, específicas das ciências. Mas este é um bom resultado, não um insucesso. Cristina Lafont argumentou[20] que a insistência de Heidegger no fato de a ciência se fundamentar em ontologias regionais *a priori* torna sua abordagem da ciência agressivamente antiempírica. Porque os conceitos fundamentais de uma ciência são descobertos *a priori* pela filosofia, em vez de estarem simplesmente no centro de um projeto de investigação empírica em curso, eles não podem ser desacreditados através da investigação. Se a biologia chega a uma nova concepção da vida, isso não pode ser graças à pesquisa empírica no campo da biologia, mas deve ser o produto de uma reflexão essencialmente filosófica. Embora os conceitos fundamentais da ciência empírica mudem – de modo que são, nas palavras de Hamman, conforme explorado por Lafont, "*a priori* arbitrários e indiferentes, mas *a posteriori* necessários e indispensáveis" –,[21] seu desenvol-

20 LAFONT, Cristina. *Heidegger, Language, and World-Disclosure*. Tradução inglesa de Graham Harman. Cambridge: Cambridge University Press, 2000.

21 Hamman, citado por Lafont, p. 3.

vimento ao longo da história da ciência não é racional e empírico, mas, na verdade, o produto de alterações inexplicáveis na "verdade do ser".

Se abandonarmos a visão agressivamente antiempírica de Heidegger a respeito das fundações ontológicas das ciências, então não precisamos mais defender sua visão igualmente antiempírica da investigação científica fundamental. Assim, Heidegger *deveria* dizer que tudo aquilo que vai além da estreita ontologia do ser-simplesmente-dado, como o que ocorre no fluxo puro de agoras sem conteúdo, não é propriamente *a priori*. A compreensão do que compõe a vida, por exemplo, não é *a priori* e externa à investigação biológica empírica. Além disso, e mais central a nossos interesses no Kant de Heidegger, este projeto ontológico mais estreito é tudo o que o argumento de Heidegger autoriza em *Interpretações fenomenológicas da "Crítica da razão pura" de Kant*. Heidegger quer algo mais denso, tanto em *Ser e tempo* quanto mesmo nas preleções sobre Kant, mas ele não o conquistou. Talvez precisemos compreender Heidegger melhor do que ele mesmo se compreendeu. Talvez devêssemos olhar para frente em direção a uma posição implicada pela argumentação de Heidegger, mas que ele próprio não captou claramente.

De outro ângulo, no entanto, fundamentar nossa estreita ontologia *a priori* de objetos no fluxo puro do tempo pode parecer não muito restrito, mas muito irrestrito. Se o fluxo puro do tempo gera uma ontologia que descreve especificamente o ser-simplesmente-dado, então parece que estamos comprometidos com a conclusão de que todos os entes possuem o caráter do ser-simplesmente-dado. Então, o que acontece com os outros modos de *ser* analisados por Heidegger, como o disponível-à-mão e o existente (seres humanos)? Se nossa ontologia *a priori* se fundamenta no fluxo puro do tempo, de modo que se trata necessariamente de uma ontologia do ser-simplesmente-dado, isso não nos obriga a conceber o disponível-à-mão e o ser humano como ser-simplesmente-dado também?

A solução para essa inquietação é reconhecer que a unidade temporal do âmbito prévio da autoconsciência constitui meramente a forma *a priori* do *conhecimento isolado*. O conhecimento isolado se volta para o ser-simplesmente-dado. No entanto, também interagimos com os entes por meio do manejo operante e por meio do próprio engajamento (ao viver nossas vidas). De acordo com a análise do último quarto de *Ser e tempo*, esses outros modos de interação têm suas próprias formas puras de tempo (a "temporalidade da circunspeção" e a "temporalidade originária" ou "primordial"). Esses modos do tempo geram ontologias alternativas à do ser-simplesmente-dado.[22] Kant (o Kant *de Heidegger*) argumenta que o fluxo puro de agoras sem conteúdo compõe a forma temporal da autoconsciência e, assim, gera uma ontologia da objetividade. Heidegger aceita a afirmação de que os vários modos de interação ou engajamento humano com os entes são estruturados pelo tempo. Mas, ao contrário de Kant, mesmo o de Heidegger, ele sustenta que nossos modos de interação não se limitam ao conhecimento isolado. Pelo contrário, o impulso central da fenomenologia de *Ser e tempo*, um impulso que Heidegger não atribui a Kant, é que o conhecimento isolado constitui apenas uma forma de engajamento, e uma forma relativamente superficial. Heidegger, portanto, assume como seu projeto, em *Ser e tempo*, descrever e analisar esses outros modos de interação e, em última instância, revelar sua estrutura temporal. Apesar de tudo, a estratégia permanece constante: localizar a forma temporal de nosso acesso aos entes. Essa estratégia ele aprendeu com Kant.

Começamos perguntando o que seria necessário para que o filósofo estivesse em posição de oferecer sua própria distintiva contribuição à ontologia, em vez de apenas catalogar, esclarecer e organizar as ontologias regionais implícitas na atual prática científica. Vimos que Heidegger pretende apropriar-se de Kant para estabelecer um fundamento para a metafísica, com vistas a mostrar como o filósofo pode fazer precisamente isso. De acordo com Heidegger e sua reconstrução de Kant, nosso encontro ou experiência com os entes sempre se estrutura por uma forma temporal, que o filósofo traz à tona fenomenologicamente. Essa ontologia fenomenológica é independente da e imune à refutação por parte das ciências empíricas, porque explora a forma de nossa experiência de todo e qualquer ente. Ela impõe forma às ciências. Em vista dessas aspirações

---

22 Explorei isso mais detalhadamente em William D. Blattner, *Heidegger's Temporal Idealism* (Cambridge: Cambridge University Press, 1999).

ambiciosas, a apropriação de Kant por Heidegger não é inteiramente bem-sucedida. O argumento que emerge da reconstrução heideggeriana da apercepção transcendental não mostra como os conceitos fundamentais particulares das ciências, como a física, a biologia, a história e a teologia, pertencem originariamente à reflexão filosófica e são, portanto, *a priori*. Ao longo de seu encontro com Kant, Heidegger não desenvolve nenhum argumento para justificar essa postura agressivamente antiempírica em relação à ciência. O filósofo pode gerar ontologias *a priori* de várias regiões muito gerais do ser, talvez até do ser em geral, a partir de seus próprios recursos fenomenológicos, mas não pode fazer muito mais do que isso. Ele não pode reivindicar compreender a vida ou a matéria melhor do que o biólogo ou o físico. A revolução copernicana de Kant pode nos mostrar como o filósofo tem título para seu próprio domínio *a priori* de investigação, mas não pode demonstrar qualquer reivindicação filosófica para exercer autoridade incontestada sobre os conceitos fundamentais das ciências.[23]

23 Gostaria de agradecer particularmente a Charles Guignon, cujos comentários detalhados a respeito de uma versão anterior e mais técnica deste capítulo o transformaram significativamente. Quero também agradecer a Bert Dreyfus, Sean Kelly, Jay Reuscher, Mark Wrathall, aos participantes do segundo encontro anual da *International Society for Phenomenological Studies*, em Asilomar, CA, em julho de 2000, bem como aos debatedores em minha apresentação durante o encontro anual da *Society for Phenomenology and Existential Philosophy*, em State College, PA, em outubro de 2000, por seus úteis comentários sobre versões anteriores deste artigo.

6 Heidegger e a virada hermenêutica

David Couzens Hoy

As últimas décadas deste século foram marcadas por uma ampla exploração multidisciplinar da teoria da interpretação e suas implicações práticas. Talvez seja exagero falar de uma revolução na história do pensamento, mas certamente houve um movimento geral que pode ser chamado de "virada hermenêutica". Essa virada assumiu várias formas, incluindo estudos culturais pós-estruturalistas, estudos literários desconstrutivistas, antropologia interpretativa e ciências sociais, bem como estudos críticos sobre direito. Obviamente, as viradas específicas em cada uma dessas áreas são reações a formas mais antigas de pôr em prática cada disciplina. Mas, em cada caso, utiliza-se a ênfase na interpretação como um antídoto, geralmente contra concepções objetivistas dos métodos da disciplina. No entanto, nenhuma dessas viradas particulares seria imaginável sem uma mudança drástica ocorrida no início deste século, a mudança causada na filosofia por Martin Heidegger, em 1927, em *Ser e tempo*. A virada hermenêutica de Heidegger se expressa explicitamente nos §§31 e 32 dessa obra, nos quais o autor faz da compreensão interpretativa o modo central da existência humana (ou *Dasein*).

Em 1927, o próprio Heidegger não poderia prever os diversos efeitos que sua teoria teria sobre o pensamento posterior, e, na última seção deste ensaio, descreverei sua influência sobre as filosofias hermenêutica e desconstrutivista que surgiram na segunda metade do século. Contudo, na época, Heidegger viu sua abordagem da compreensão como uma ruptura revolucionária em relação à tradicional ênfase filosófica em problemas acerca do conhecimento e da dicotomia entre subjetividade e objetividade. Para explicar essa ruptura, começarei analisando os detalhes da abordagem de Heidegger relativa à compreensão e à interpretação em *Ser e tempo*, situando esse material no contexto da hermenêutica tradicional, assim como no da filosofia cartesiana e kantiana.

A virada meta-hermenêutica na própria concepção da filosofia

Hans-Georg Gadamer, que, em *Verdade e método* (1960), foi o primeiro filósofo a desenvolver a abordagem de Heidegger sobre a interpretação no sentido de uma hermenêutica geral, define a hermenêutica como a empreitada filosófica para a qual a questão central é: como a compreensão é possível?[1] Essa formulação é uma forma razoavelmente direta de caracterizar a filosofia hermenêutica, tendo o próprio Gadamer contribuído para o pensamento do século XX. No entanto, antes de Heidegger ou para quem nunca o leu, a pergunta seria equivocada, uma vez que a hermenêutica poderia parecer meramente um braço da filosofia, aquele que analisa o fenômeno da compreensão em contraste com outras atividades humanas, como o conhecimento ou a linguagem. Os filósofos hermenêuticos anteriores a Heidegger pensavam na compreensão desta forma, distinguindo, assim, as disciplinas que poderiam adquirir conhecimento objetivamente, como nas ciências naturais, daquelas que não poderiam oferecer explicações normativas, mas interpretações, como nas humanidades (ou *Geisteswissenschaften*).

Assim classificadas, as disciplinas humanistas, como história, direito, estudos literários e culturais (e, talvez, a própria filosofia), parecem ser parentes distantes na família do conhecimento, uma vez que raramente ou nunca dão explicações que imitam as leis causais da ciência da natureza. Uma das defesas destas *Geisteswissenschaften* consiste em reivindicar um estatuto distinto para tais ciências e as assumir como exemplos de uma operação cognitiva distinta chamada compreensão. Esse movimento, que perpassou a hermenêutica tradicional de Friedrich Schleiermacher (1768-1834) a Wilhelm Dilthey (1833-1911), tem um ponto fraco, pois parece deixar a compreensão como uma subespécie derivada e deficitária do conhecimento.

1 GADAMER, Hans-Georg. *Truth and Method*, 2 ed. rev. Tradução inglesa de Joel Weinscheimer e Donald G. Marshall. Nova Iorque: Crossroad, 1989, p. xxx.

Uma parte central do legado de Heidegger deriva de sua concepção notavelmente diferente de hermenêutica. A análise de Heidegger do *Dasein* como ser-no-mundo muda nosso entendimento a respeito da compreensão: de um fenômeno derivado para a característica central, a pedra fundamental da experiência humana. Como Gadamer observa: "a analítica temporal do *Dasein* feita por Heidegger, penso eu, mostrou de forma convincente que a compreensão não é apenas um dos vários comportamentos possíveis do sujeito, mas o modo de ser do próprio *Dasein* [...] e, portanto, abarca toda a sua experiência do mundo".[2] Quando a compreensão se torna o fenômeno central para a filosofia, a hermenêutica não é mais concebida como um simples ramo menor da filosofia. Em vez disso, a própria filosofia torna-se hermenêutica. Ou, pelo menos, agora se pode falar de uma abordagem distintamente hermenêutica à filosofia, em contraste com a abordagem tradicional que vai de Descartes a Kant e Husserl. Essa abordagem tradicional concebia o ser humano como um "sujeito", um conhecedor desvinculado do mundo e da atividade prática no mundo.

A virada hermenêutica de Heidegger é mais radical do que a filosofia anterior, então, pois ela evita o modelo tradicional do sujeito como o conhecedor que está em oposição ao que deve ser conhecido, o mundo objetivo. Sua virada hermenêutica mostra tanto que o vocabulário mentalista do modelo sujeito-objeto não é o único ponto de partida possível para a filosofia quanto que esse vocabulário é derivado do ponto de partida mais fundamental, no qual *Dasein* e mundo coexistem na compreensão. Heidegger concebe *Dasein* e mundo como formando um círculo, alargando, assim, o tradicional círculo hermenêutico entre um texto e sua leitura ao nível mais originário da existência humana. Tradicionalmente, o paradigma para o círculo hermenêutico é a leitura de um texto, na qual as partes não podem ser interpretadas sem uma compreensão do todo, mas o todo não pode ser apreendido sem uma compreensão das partes. Como explicarei, na aprofundada concepção heideggeriana do círculo hermenêutico como uma característica da existência humana em geral, a relação entre conhecimento e compreensão não é de antagonismo nem de indiferença,

2 *Ibidem*.

mas uma em que a tarefa legítima de adquirir conhecimento se configura como uma *subespécie* do fenômeno mais geral da compreensão humana.

Heidegger inicia sua radicalização da virada hermenêutica no §31 de *Ser e tempo* ao distinguir entre a sua concepção de compreensão e uma concepção diferente de como um filósofo poderia se interessar por analisar a compreensão: "a 'compreensão', no sentido de *um* possível modo de conhecer entre outros (por exemplo, como distinto do 'explicar'), deve ser interpretada, igual ao explicar, como um derivado existencial dessa compreensão primordial, que é um dos constituintes do ser do 'aí' em geral" (BT, 182). A hermenêutica tradicional, pré-heideggeriana, fazia uma distinção entre a compreensão humanista e a interpretação das explicações normativas das ciências naturais, colocando-se, assim, em uma posição debilitada quando se levantou a metaquestão: qual é o estatuto do conhecimento reivindicado pela própria filosofia hermenêutica? A própria filosofia hermenêutica é a única explicação válida ou se trata apenas de uma interpretação possível? Obviamente, a hermenêutica não oferece, por si só, explicações causais, então, parece ser, no máximo, apenas uma interpretação possível, não a explicação definitiva, da investigação e da existência humana. Com isso, a hermenêutica tradicional, e Dilthey especialmente, foi assombrada pela ameaça do relativismo, particularmente pelo relativismo de seu próprio estatuto filosófico.

Ora, Heidegger também quer afirmar que *Ser e tempo* é uma interpretação. Porém, porque Heidegger possui uma concepção aprofundada do que é compreensão, ele terá uma concepção diferente de interpretação, bem como uma análise distinta de como a interpretação decorre da compreensão. O que ele entende por compreensão não é simplesmente uma forma de cognição entre outras, mas nossa possibilidade mais fundamental de viver e lidar habilmente com nosso mundo. Óbvio que essa possibilidade deve levar em consideração que os modos como os aspectos do mundo se mostram mudam constantemente, e que essa constante mudança requer que formemos interpretações específicas. Conforme nossos projetos e necessidades mudam, mudaremos nossas interpretações. Por exemplo, às vezes devemos nos interpretar como estudantes, às vezes como membros da família, às vezes como consumidores e, talvez, às vezes como filósofos. No entanto, Heidegger sugere que todas essas interpretações pressupõem uma compreensão primordial do mundo que as atravessa. Nosso deslocamento de uma interpretação para outra no momento apropriado é um sinal de que realmente compreendemos o mundo. Assim, uma mudança na interpretação não é necessariamente um sinal de falta de compreensão, pois nesses casos a mudança de interpretação mostra que podemos lidar com as diversas demandas que o mundo nos impõe.

Heidegger está descrevendo a "compreensão primordial" que perpassa nossos diversos modos de existir no mundo e interpretá-lo. Qual é, então, o estatuto dessa atividade filosófica de descrição? A descrição filosófica é ela própria uma interpretação, mas está em um plano diferente das interpretações que fluem naturalmente de nossos modos cotidianos de lidar com o mundo. Com isso, Heidegger distingue entre *Auslegung* e *Interpretierung*. *Auslegung*, cuja tradução padrão é "interpretação" com "i" minúsculo, inclui os fenômenos cotidianos de possibilidades ordinárias, como martelar, digitar ou dirigir. *Interpretierung*, traduzido como "Interpretação" com "I" maiúsculo, inclui a articulação tematizada e discursiva, bem como a teorização. Diz-se que *Interpretierung* é ela mesma uma forma derivada da *Auslegung*, mas Heidegger obviamente não pretende desprestigiar *Interpretierung*, já que é isso que *Ser e tempo* é. Uma *Interpretierung* é um trabalho reflexivo sobre fenômenos, tal como feito na filosofia e na filologia. Assim, Heidegger reivindica o estatuto de *Interpretierung* filosófica e não de "conhecimento" ou "explicação" como uma descrição de seu trabalho.

Enquanto as interpretações habituais são mais ou menos automáticas, a Interpretação filosófica dessas interpretações habituais é reflexiva em dois sentidos. Primeiro, ela é reflexiva porque deve articular ou tematizar explicitamente o que acontece de forma mais imediata e menos explícita na lida cotidiana. Segundo, ela é logicamente autorreflexiva, porque ela mesma deve ser uma possível manifestação dentre outras da compreensão primordial; ela não será uma representação de algo que se situa em uma ordem diferente dela, mas será do mesmo tipo do que ela apreende. A

Interpretação filosófica pode ser "fiel" à atividade fenomênica das interpretações mundanas habituais porque ela mesma é uma forma do mesmo fenômeno, apesar de ser uma forma mais articulada ou explícita. Assim, a Interpretação filosófica não é simplesmente arbitrária, nem ameaçada pelo problema do relativismo, porque é uma expressão da compreensão primordial que ela tenta apreender. A Interpretação filosófica pode ser refinada ou substituída por redescrições posteriores do que a filosofia deveria ser, mas se for acordado que há uma compreensão primordial do mundo, então a articulação filosófica dessa compreensão será obrigatória na medida em que for adequada às manifestações fenomênicas da compreensão, que incluem a própria filosofia.

Há algum modo de *pôr à prova* a Interpretação filosófica de Heidegger? Tal Interpretação não visa apenas esclarecer os usos habituais de termos como "compreensão", "explicação" e "conhecimento", mas irá *reinterpretá*-los ou *reordená*-los. Essa reordenação é o que acontece quando Heidegger argumenta que algo é *derivado* de outra coisa. Se Heidegger, com sucesso, pode sustentar que o conhecimento explicativo consiste em um caso derivado da compreensão, ele estará em uma posição filosófica mais robusta do que a hermenêutica tradicional, na qual a compreensão é simplesmente um modo alternativo de conhecimento. As "derivações" de Heidegger lembram a "dedução transcendental" de Kant na *Crítica da razão pura*, onde Kant afirma demonstrar e justificar nossa suposição de que nossas experiências não são simplesmente subjetivas, mas objetivas. Heidegger aponta o §31 como uma tentativa de ir mais fundo do que Kant, explicando o que Kant deixou sem explicação (BT, 184). Um metaproblema existente na tentativa kantiana de explicar a possibilidade de nosso conhecimento científico da natureza é o estatuto do conhecimento sintético *a priori* reivindicado pela própria *Crítica*. Ou seja, acusa-se frequentemente Kant de tentar dar explicações filosóficas a respeito da explicação científica sem refletir suficientemente sobre se o conhecimento filosófico proposto na primeira *Crítica* tinha as mesmas condições que o conhecimento científico.

Heidegger pode evitar esse problema afirmando consistentemente que *Ser e tempo* é uma Interpretação. Essa Interpretação não elimina operações racionais como explicar, deliberar, refletir e decidir, mas as situa em um contexto mais geral de como elas se encaixam em uma compreensão primordial, que também inclui nossas interações cotidianas no e com o mundo. A abordagem de Heidegger conta uma história sobre como a explicação cognitiva é sempre inerente a um contexto de compreensibilidade projetado na compreensão. Com isso, entende-se adequadamente a abordagem de Heidegger não como um único argumento transcendental decisivo, mas como uma Interpretação, isto é, uma reconstrução razoavelmente completa e plausível das condições que prevalecem se as coisas do mundo fizerem sentido e se entes como nós também forem parte do mundo. A compreensão está entre essas condições e é a projeção de um contexto inclusivo ou padrão de compreensibilidade como o pano de fundo contra o qual as circunstâncias específicas de criação de sentido têm sucesso.

Em suma, contrariamente a Kant e à hermenêutica tradicional, Heidegger tenta nos mostrar que não precisamos considerar o "conhecimento" como primordial e entender a "compreensão" e a "interpretação" como derivados, mas que podemos reverter essa derivação. Mesmo que a inversão seja bem-sucedida, no entanto, surge outro problema, caso esse resultado nos diga simplesmente que qualquer direção de derivação é igualmente válida. Toda a estratégia de reordenação ou derivação seria minada se essa fosse a única conclusão, ressurgindo a ameaça do relativismo. Porém, Heidegger acredita que, uma vez que a filosofia tradicional se deparou com antinomias insolúveis e dicotomias intransponíveis, sua reordenação adquire maior plausibilidade na medida em que evita tais dificuldades. Além disso, Heidegger pode alegar que, partindo do fenômeno mais primordial da compreensão, ele pode entender, melhor do que a tradição, como o conhecimento é realmente possível. A filosofia tradicional, de Descartes a Kant, queria oferecer não apenas uma definição de conhecimento (por exemplo, como representação adequada do mundo real), mas também uma explicação de como quem conhece está conectado àquilo que é conhecido. A estratégia de Heidegger se difere da cartesiana, que parte do pressuposto de uma desvinculação ontológica fundamental (por exemplo, entre substância mental e física) e, então, busca por situações de vinculação epistemológica não passíveis de dúvida (por exemplo, o conhecimento da existência de um sujeito pensante). A estratégia de Heidegger consiste em entender o *Dasein* como já sendo no mundo, o que sugere que aquilo que tem de ser explicado não é o vínculo, que é a base, mas, na verdade, a desvinculação. Situações de vinculação ocorrem óbvia e frequentemente, como quando os seres humanos cometem erros, não apenas cognitivamente, mas também na prática. A estratégia cartesiana encontra dificuldades quando falha em explicar (por exemplo, para os céticos) a vinculação. A estratégia heideggeriana deve mostrar que não enfrenta problemas semelhantes ao tentar explicar como as desvinculações aparentes poderiam surgir, como quando quebra uma ferramenta disponível-à-mão e ela se transforma em um objeto simplesmente dado ou em um pedaço de sucata. Uma parte crucial da consideração de Heidegger sobre a vinculação do *Dasein* e do mundo está presente no parágrafo sobre a compreensão como projeção de possibilidades. A seguir, vou me concentrar em como os detalhes desse parágrafo contribuem para a virada hermenêutica.

Compreensão, projeto e possibilidade

Uma questão que surge se a filosofia é ela mesma um modo de interpretação é: como pode uma tal Interpretação ser considerada melhor do que outras? Ela é "verdadeira"? Existem outras interpretações que poderiam ser "verdadeiras" no mesmo sentido? Para esclarecer essas questões, Heidegger distingue dois sentidos de verdade. Um é o habitual sentido filosófico de verdade, em que uma afirmação descobre algum fato sobre o mundo. Heidegger geralmente descreve a verdade nesse sentido como sendo sobre coisas que não têm o caráter de *Dasein*, usando o termo *Entdecktheit* (ser-descoberto). O termo contrastante, "abertura" (*Erschlossenheit*), indica que o contexto total se abre por meio da compreensão. Portanto, a compreensão não consiste apenas em fazer afirmações sobre o mundo, mas também em apreender todo o modo de ser-no-mundo. A compreensão, sem a qual a descoberta de características particulares do mundo não seria possível, apreende o mundo enquanto tal. No entanto, a compreensão apreende não apenas o mundo, mas também o modo de ser do *Dasein* no mundo. Por isso, uma compreensão do mundo é sempre também uma compreensão de si mesmo.

Falar de compreensão de si mesmo pode ser um equívoco, no entanto, se isso indicar um ego cartesiano ou kantiano, o qual está separado do mundo objetivo, como se ocupasse um mundo subjetivo diferente. Em vez disso, Heidegger afirma que o descerramento envolve concomitantemente o mundo e o *Dasein*. A compreensão do *Dasein* de seu mundo, portanto, não se distingue de sua compreensão de si mesmo, mas é, ao mesmo tempo, uma interpretação de si mesmo. Essa interpretação de si mesmo, por conseguinte, não descobre fatos sobre as propriedades de uma substância mental ou um eu numênico, mas descerra como o *Dasein* lidou e está lidando com a questão ou o "problema" de sua própria existência. Um estudante de física, por exemplo, não está simplesmente aprendendo alguns fatos sobre o mundo físico, mas está aprendendo a como fazer física. Assim, o estudante está se tornando um físico, pelo menos até certo ponto. Geralmente, a melhor descrição do que significa ser estudante não consiste nem em encontrar habilidades inatas em si mesmo, nem em adquirir um conjunto de fatos sobre o mundo. Em vez disso, na concepção de Heidegger, ser estudante significa aprender como se mover no mundo de uma certa maneira, por exemplo, como físico ou filósofo, uma maneira na qual quem se é e o que se faz são inseparáveis.

A compreensão envolve, portanto, mais do que a descoberta de fatos sobre características específicas do mundo. A compreensão consiste mais primordialmente no descerramento do que Heidegger chama de possibilidades. Heidegger propõe que o descerramento de possibilidades não poderia se derivar da descoberta de características factuais. Sua interpretação filosófica tenta mostrar que tanto a descoberta quanto o descerramento são necessários para a atividade humana. Focar apenas na descoberta de fatos (por exemplo, como os filósofos empiristas podem fazer) tornará obscura a dimensão do descerramento. Assim, a interpretação de Heidegger mostra que, se a dimensão do descerramento for reconhecida, então tanto a descoberta quanto o descerramento podem ser abordados, já que o descerramento torna o fenômeno da descoberta compreensível. A descoberta isolada e atomística de um fato após outro não geraria uma compreensão de um mundo significativo e compreensível, mas apenas de um agregado desconectado. Uma interpretação não é precisamente um amontoado de fatos, mas um relato de como esses fatos são *possíveis*.

Para Heidegger, possibilidade não é simplesmente possibilidade lógica, uma vez que a compreensão é de relações e situações reais. Possibilidade também não significa ainda-não-real, já que o *Dasein* é ele próprio, de maneira corrente, um modo possível de existir e compreender. O *Dasein* existe enquanto possibilidades "definidas" ou concretas (BT, 183), as quais ele não escolhe arbitrariamente. O *Dasein* se percebe como já possuindo essas possibilidades. Retomando meu exemplo do que significa ser estudante, podemos começar a entender o que Heidegger pretende. Heidegger não está descrevendo o processo de planejamento explícito para ser, digamos, um físico ou um filósofo, e as possibilidades não são os pensamentos abstratos que um estudante pode ter a respeito de como seria ser um físico ou um filósofo. As possibilidades são reconhecidas apenas na atividade concreta de fazer física ou filosofia e são o que limita o alcance do que faz sentido fazer ou tentar fazer nessas atividades. O que é sensato fazer em uma situação particular já está previamente delineado em uma compreensão autêntica das possibilidades concretas. O *Dasein* pode não estar explicitamente ciente das possibilidades que deixou escapar ou mesmo das que o caracterizam atualmente. O *Dasein* também pode se equivocar a respeito de suas possibilidades, por exemplo, tentando estabelecê-las tão rigidamente que as assume como necessidades ao invés de como possibilidades, compreendendo-se, assim, de forma equivocada e se desvinculando de uma compreensão mais originária de si mesmo (BT, 183).

A compreensão do *Dasein* a respeito de si mesmo como possibilidade e seu "conhecimento" dessas possibilidades das quais é capaz, portanto, se tratam de uma questão de grau. Muitas vezes, esse "conhecimento" significa mais um "saber" tácito do que um saber explícito, sendo mais um entendimento da situação mundana do que uma virada reflexiva para dentro. Na medida em que o *Dasein* se encontra já lançado em uma situação que não é criada por ele, ele "já se perdeu e falhou em se reconhecer" (BT 184). Dessa forma, o *Dasein* não "se conhece" desde o início, mas se quiser se reaver ou "se encontrar", ele deverá compreender o que poderá fazer, dadas suas próprias possibilidades em sua situação mundana particular.

A compreensão envolve, portanto, possibilidades, que não são simplesmente fenômenos subjetivos ou inerentes, mas estão sempre ligadas a situações mundanas. Heidegger pretende se distanciar da ideia tradicional de que essas possibilidades devem ser pensadas como escolhas espontaneamente livres, rejeitando a "liberdade de indiferença" (BT, 183). Assim, ele evita fazer da "escolha" o ponto de partida para sua análise da compreensão primordial, começando, em vez disso, pelo que chama de "projeto". O projeto implica uma compreensão do que importa, havendo sempre dois lados a respeito disso que importa. Primeiro, deve haver um contexto de significância, de sentidos que são realmente possíveis no "mundo real". Segundo, nada poderia importar ou fazer a diferença a menos que importasse ou fizesse a diferença para um ente que se importa, então Heidegger propõe que o próprio ser do *Dasein* também se projeta como aquilo "em-virtude-de-que" qualquer coisa importa ou faz a diferença.

O projeto não consiste em simplesmente deliberar a partir de uma lista de todas as escolhas possíveis particulares que se tem, tampouco a partir dos prós e contras para cada escolha, para alguma decisão. Listar todos os "fatos" a respeito de si mesmo e da própria situação seria um processo interminável e a ideia de especificar tudo o que poderia se conhecer sobre qualquer coisa pode até ser incompreensível. Além disso, os "fatos" sobre o ser humano já estão sempre carregados de sentido e são sempre interpretativos. Com isso, Heidegger distingue entre "fatualidade" e "facticidade". A fatualidade diz respeito a coisas não-humanas, fatos distintos que poderiam ser compilados em uma lista. Tentar elaborar uma lista desses fatos em vista de qualquer circunstância particular do *Dasein* seria sempre insuficiente para caracterizar esse *Dasein*, de modo que o próprio *Dasein* é sempre algo "mais" do que é (factualmente). Todavia, um dos objetivos centrais da abordagem heideggeriana sobre a compreensão consiste em mostrar a inerência do *Dasein* no mundo, o que significa que o *Dasein* não é um espírito errante que transcende sua situação material. Como um projeto (*Entwurf*, da raiz alemã "lançar"), o *Dasein* se encontra "lançado" em um mundo, encontrando-se como já projetado ou "lançado" em uma situação com possibilidades concretas. As possibilidades concretas (ou definidas, *bestimmte*) diferem das possibilidades puramente lógicas, dado que são acompanhadas por limitações concretas. Assim, Heidegger fala dessas limitações como a "facticidade" do *Dasein*, em contraposição ao outro tipo de fato que ele chama de "fatualidade".

Ora, exatamente *por qual razão* algo importa ou faz a diferença pode ser difícil de dizer ou explicar, seja para si mesmo, seja para os outros. Então, Heidegger pretende distanciar seu conceito de compreensão projetiva não apenas da escolha espontânea, mas também de decisões deliberadas, planejamento consciente ou a ponderação de alternativas. Ele nega que o projeto consiste em explicitar planos ou em apreender suas possibilidades "tematicamente" como conteúdos explícitos da mente. O planejamento explícito ou a ponderação consciente de alternativas e decisões *nunca* entra na ação humana? Em *O ser e o nada*, Jean-Paul Sartre adota a forte posição de que a reflexão consciente (ou a deliberação) tem pouco a ver com a escolha real, de tal forma que alguém está realmente apenas se enganando com tal reflexão, a fim de adiar a necessidade inevitável de agir. Como Sartre diz, "uma deliberação voluntária é sempre uma decepção", uma que realmente adia uma escolha que já foi feita; então, a decisão consciente sempre chega tarde demais, de modo que "*les jeux sont faits*" (os dados estão lançados).[3]

Heidegger não precisa fazer uma afirmação tão forte, precisamente porque ele tem uma Interpretação diferente do que é a compreensão. A compreensão envolve uma projeção holística de um contexto no qual possibilidades particulares se tornam compreensíveis pela primeira vez. Muito do que compreendemos, portanto, permanece amplamente implícito. No entanto, não se conclui que, quando Heidegger diz que a compreensão não apreende suas possibilidades "tematicamente", ele deve estar negando que a compreensão seja temática de qualquer modo. Ao contrário de Sartre, ele não precisa afirmar que o tematizar (deliberar

---

3 SARTRE, Jean-Paul. *Being and Nothingness*. Tradução inglesa de Hazel E. Barnes. Nova Iorque: Washington Square Press, 1965, p. 581.

e decidir) serve apenas para adiar a necessidade de agir e, portanto, é ineficaz. Em vez disso, a questão é que operações mais reflexivas, como explicar, deliberar ou decidir, só seriam possíveis mediante a sucessão de um amplo pano de fundo de características que nunca poderiam ser tematizadas explicitamente, mas que, mesmo assim, fazem parte da compreensão e, por isso, das possibilidades concretas.

Em contraste com a afirmação de Sartre de que "*les jeux sont faits*", o argumento de Heidegger se concentra em uma reivindicação diferente: "torne-se o que você é" (BT, 186). Este lema tem uma tradição antiga, remetendo aos gregos, mas também aparece notoriamente em Nietzsche. O imperativo de que se deveria se tornar quem se é parece paradoxal, pois alguém aparentemente só poderia se tornar o que (ainda) não era, de modo que um ser que já era o que era nem mesmo poderia tentar se tornar dessa maneira. A solução de Heidegger consiste em dizer que o paradoxo pode, de fato, se aplicar a entes que não têm o caráter de *Dasein*. Porém, ele afirma que não só o *Dasein* pode se tornar o que é, mas também pode falhar em se tornar o que é. A distinção facticidade-fatualidade, portanto, evidencia como o "torne-se o que você é" expressa um autêntico imperativo. O *Dasein* não é sua fatualidade, então não é o que é *factualmente*. No entanto, porque o *Dasein* é compreensão e esta envolve o projetar-se em um "mundo real" concreto, o *Dasein* é o que é *faticamente*. Mas porque o projeto também envolve possibilidades concretas, o *Dasein* pode *se tornar* o que é ao se tornar o que já é possível para ele ser. Há uma verdadeira alternativa aqui, pois o *Dasein* também pode igualmente falhar ao encarar essas possibilidades, podendo, assim, se tornar alheio a si mesmo ao deixar de se apropriar de tudo o que foi e pode ser.

Interpretação

Tornar-nos quem somos requer interpretação por duas razões. Primeiro, não podemos nos tornar quem somos a menos que tenhamos uma interpretação tanto de quem somos quanto de como podemos continuar a ser quem queremos ser. Segundo, aquilo que interpretamos já é interpretativo. O modo como conseguimos ser quem somos se alcança por meio de interpretações, não apenas de nós mesmos, mas também das possibilidades inerentes ao mundo público, que já é significativamente interpretado por nós. No entanto, uma questão que incomoda a hermenêutica é: o que faz de algumas interpretações melhores do que outras? Algumas interpretações são verdadeiras e outras falsas?

Uma vez que as interpretações envolvem possibilidades e não apenas fatos, a distinção verdadeiro-falso pode não ser a mais pertinente para julgar as interpretações. Se uma interpretação de qualquer tipo pode ser considerada "verdadeira", tem-se de usar a verdade em um sentido distinto daquele em que se diz que uma afirmação é verdadeira. As interpretações geralmente contêm ou implicam muitas afirmações, então, ao falar da verdade do conjunto de afirmações, o sentido de verdade é estendido. Pode-se dizer que uma interpretação é verdadeira apenas se todas as suas proposições forem verdadeiras, mas essa alegação redutiva parece distorcer o que se pretende ao chamar uma interpretação de verdadeira. Uma interpretação pode consistir em mais do que simplesmente aqueles enunciados que são proferidos, pois uma boa interpretação levanta a possibilidade de proferir muitos outros enunciados significativos. Também não há razão para pensar que o conjunto de enunciados possíveis gerados por uma interpretação esteja completo. Além disso, duas interpretações podem entrar em conflito uma com a outra em algumas afirmações centrais, enquanto cada uma contém muitas outras considerações que qualquer interpretação reconheceria como verdadeiras. Em suma, a compreensão interpretativa pode ser melhor julgada por outras classificações de verdadeiro ou falso, de modo que Heidegger invoca termos normativos contrastantes como autêntico ou inautêntico, genuíno ou não genuíno, transparente ou opaco.[4]

Ao tentar compreender a abordagem de Heidegger, até mesmo essa tradicional obsessão filosófica com a verdade ou a falsidade das afirmações interpretativas pode estar no caminho errado. No §32 de *Ser e tempo*, Heidegger não está primariamente interessado na Interpretação

---

4 Para uma análise detalhada desse tema, veja-se Hubert L. Dreyfus, *Being-in-the-World: A Commentary on Heidegger's "Being and Time", Division I* (Cambridge, MA: MIT Press, 1991), capítulo 11.

(*Interpretierung*) explícita e deliberada, mas no fenômeno da *Auslegung*, ou seja, na interpretação de um tipo prático que nem sempre envolve juízos articulados ou tematizações. Contrariamente às atuais tendências de pensar na leitura de textos como o paradigma da interpretação, os casos paradigmáticos de Heidegger são atividades cotidianas, como abrir uma porta ou martelar. Mesmo a Interpretação filosófica conduzida por ele se trata de uma interpretação não de um texto, mas do *Dasein*. Porém, esses casos são análogos aos textos, na medida em que o argumento de Heidegger é que até mesmo os objetos cotidianos mais óbvios, tomados por si só, não têm suas características inscritas neles. Em vez disso, as características dos utensílios vêm a ser na interpretação concreta, manifestada em sua utilização.

Contrariamente a uma epistemologia empirista, que pressupõe que primeiro "percebemos" objetos com suas propriedades particulares e apenas secundariamente os aplicamos ou usamos, a proposta de Heidegger é que esse tipo de percepção não é originária. Ver não é simplesmente perceber as propriedades dos objetos externos com os olhos do corpo (BT, 187). Em vez de conceber o ver como ver *que* um objeto tem essa ou aquela propriedade, Heidegger concebe o ver como já interpretando algo *como* algo (por exemplo, vendo algo como um martelo, como uma porta ou como uma mesa). Outro exemplo desse "ver-como" (um exemplo que não é de Heidegger) se encontra no fenômeno hermenêutico da leitura. Quando lemos um texto, não percebemos primeiro marcas pretas em uma página branca e depois concebemos seu sentido. Em vez disso, o sentido do texto, e, de fato, o próprio texto, vem a ser apenas na leitura. Logo, para a teoria hermenêutica posterior, o texto e a leitura formam o paradigma do círculo hermenêutico. Embora Heidegger, em sua primeira fase, não enfatize a textualidade no mesmo grau, sua abordagem sublinha a mudança da atenção filosófica do modelo epistemológico de percepção para o modelo hermenêutico de leitura.

Como a leitura envolve a compreensão do sentido do texto, é apropriado que Heidegger caracterize a noção de sentido (*Sinn*) de maneira central. Ele o faz de um modo que seja congruente com esse modelo hermenêutico e que bloqueie alguns tradicionais problemas que surgem da concepção dos sentidos como estados mentais privados e internos. Para Heidegger, o sentido não é algo que se impõe a um objeto, tampouco um distinto objeto da percepção ou algo intermediário entre o sujeito e o objeto. Estritamente falando, diz Heidegger, o que é compreendido não é o sentido, mas o ente. Portanto, há um modo em que Heidegger elimina a tradicional noção filosófica de sentido de seu vocabulário. Ele acredita que apreendemos os entes enquanto entes em suas redes de relações com outros entes, não como uma soma de qualidades perceptuais. Assim, não vemos primeiro algumas cores ou ouvimos alguns sons e apenas depois inferimos que estamos vendo ou ouvindo uma motocicleta. Em vez disso, primeiro nos deparamos com uma motocicleta, abstraindo apenas posteriormente (se é que o fazemos) suas propriedades (talvez, para ouvir seu "barulho").

Para Heidegger, então, "sentido" abarca o modo holístico no qual algo pode se tornar compreensível *como* algo em uma rede de relações (BT, 193). Fora da rede de sentidos, os entes não têm sentido (neste caso particular). Uma vez que essa rede de sentido reivindica o *Dasein*, apenas o *Dasein* pode ser considerado como tendo ou sendo desprovido de sentido, como Heidegger entende essas concepções. Em outras palavras, a menos que os objetos estejam contidos em um contexto de interpretação, eles não poderiam ser compreendidos. Portanto, não se pode dizer que haja sentidos que sejam anteriores e independentes de seus usos interpretativos.

Com isso, o contexto de significância é o que torna possível interpretar algo *como* algo. No mais das vezes, esse contexto não é explícito, mas compõe o pano de fundo da compreensão ou o que Heidegger chama de "estrutura prévia" da compreensão. Para que uma interpretação explícita de algo como algo ocorra (por exemplo, ao pegar o martelo e martelar), há três níveis neste pano de fundo pelos quais a compreensão deve passar. Primeiro, deve haver uma apreensão geral de toda a situação (por exemplo, da oficina como um todo). Heidegger chama isso de "ter prévio" (*Vorhabe*), no qual, antes de tornar explícito qualquer objeto específico, *temos* uma apreensão de fundo da totalidade das práticas possíveis envolvidas. Contudo, ter uma compreensão do todo ainda não é tornar explícita qualquer característica específica, então, o segundo nível necessário antes que qualquer coisa possa se tornar explícita é a "visão prévia" (*Vorsicht*), em que *vemos* antecipadamente o modo adequado no qual as coisas podem aparecer. Porém, para que algo se torne totalmente explícito em um ato de interpretação, teria que haver alguns conceitos particulares, por meio dos quais seria apropriado, de fato, começar a interpretá-lo. Então, o terceiro nível requerido antes que uma interpretação explícita possa ocorrer é a "concepção prévia" (*Vorgriff*), na qual apreendemos conceitual e antecipadamente o modo adequado de interpretar algo.

Cada um desses níveis aproxima a interpretação de ser explícita, mas nenhum deles é totalmente explícito. A partir dessa insistência na estrutura prévia da compreensão, devemos inferir que ela é "anterior" à articulação explícita de uma interpretação, seja genética ou logicamente? Que Heidegger poderia estar dando prioridade aos níveis pré-reflexivos e pré-linguísticos talvez seja algo reforçado por seus exemplos, que, por sua vez, são oriundos de atividades cotidianas, como usar martelos e abrir portas, e não de atividades mais explicitamente cognitivas, como ler textos. Heidegger nos adverte, no entanto, para não partir a interpretação "em pedaços" (BT, 192) e que não devemos inferir que os níveis implícitos da estrutura prévia da compreensão funcionariam independentemente de interpretações explícitas. A estrutura prévia da compreensão caminha junto com a estrutura-enquanto da interpretação, estando em jogo simultaneamente, em qualquer ato de interpretação, os níveis *Vorhabe*, *Vorsicht* e *Vorgriff*.

Além disso, apesar de Heidegger querer mostrar que a interpretação acontece em âmbitos distintos daqueles que envolvem a linguagem, ele não precisaria afirmar que a compreensão é, por essência, mais pré-linguística do que linguística. Ainda que nem toda interpretação implique a articulação de sentenças ou a formulação de enunciados, o intuito de Heidegger não é negar, mas sustentar que enunciar é propriamente uma prática interpretativa. Em parágrafos posteriores, ele apresentará um argumento isolado, que, apesar de nem toda interpretação implicar tematização linguística explícita, o ser que é o *Dasein* e é capaz de interpretar também precisaria ser um *ser* que pudesse tematizar e enunciar. Neste parágrafo, ademais, ele inclui a interpretação textual como um caso de interpretação. Se ele diz que a Interpretação filológica é um caso derivado, ele não está fazendo uma afirmação pejorativa sobre a interpretação textual (BT, 194). Pelo contrário, ele se opõe à tendência filosófica de contrastar as disciplinas "textuais", como a historiografia e os estudos literários, com as ciências da natureza e concluir que as primeiras são "menos rigorosas" do que as últimas. Mesmo reconhecendo que a ciência da natureza se trata de uma "tarefa legítima" (BT, 194), como vimos, ele acredita que a ciência é uma subespécie da compreensão. Portanto, em vez de pensar que a ciência é um âmbito separado do conhecimento e depois questionar se a história e a literatura deveriam ser consideradas como conhecimento, Heidegger está oferecendo uma explicação da compreensão humana que acomodará essas diferentes disciplinas como subespécies. Assim, ele não as entende nem como empreitadas desconexas nem como uma família na qual as humanidades são parentes distantes das ciências da natureza.

Para demonstrar isso, Heidegger não precisa privilegiar as disciplinas textuais em detrimento das ciências. Então, ele não inverte a hierarquia e privilegia a historiografia sobre a matemática. A matemática é "mais restrita", ele diz (BT, 195), o que não quer dizer que seja mais pobre, mas simplesmente que definiu seus limites de uma maneira diferente das humanidades. Em seu modelo, a historiografia não é criticada por ser incapaz de realizar definições precisas e demonstrações rigorosas. Em vez disso, quando praticada adequadamente, ela pode destacar as possibilidades da ação humana e não apenas as consequências factuais. A compreensão historiográfica é circular, mas esse círculo não é o círculo vicioso de uma suposta dedução rigorosa que só obteve sucesso provando o que já pressupunha. Ao contrário, toda compreensão é circular, diz Heidegger, no sentido de que "qualquer interpretação que pretenda contribuir para a compreensão deve já ter compreendido o que está sendo interpretado" (BT, 194). Esse "círculo hermenêutico", assim, caracteriza toda compreensão, pois já deve haver um contexto de compreensibilidade para que qualquer descoberta seja feita ou para que qualquer conclusão seja provada.

Essa insistência na circularidade da compreensão levanta o problema de se estamos sempre presos em nossas próprias pressuposições ou se há algum modo de sair do círculo. A solução para esse problema dependerá de como se concebe "sair". Óbvio que Heidegger acredita que interpretações podem fazer descobertas e que podem corrigir suas próprias inadequações. Heidegger admite que não nos limitamos a simplesmente provar coisas que já conhecemos ou nos limitamos a "concepções populares". A compreensão *genuína* e *originária* perceberá que essas concepções populares ou pressuposições padrão são obstáculos para formas mais bem elaboradas de interpretação (BT, 195). No entanto, a maneira de Heidegger explicar como interpretações fantasiosas e concepções populares devem ser evitadas pode confundir alguns leitores. Ele diz que a tarefa consiste em verificar nossa compreensão prévia do assunto em contraste com "as coisas mesmas" (BT, 195). Essa frase, "as coisas mesmas", pode indicar que há um âmbito fora do círculo contra o qual nossas crenças podem ser testadas. No entanto, o intuito principal de Heidegger é minar essa forte proposição filosófica de um "exterior" radicalmente independente. Ao contrário, o que ele quer dizer é que as crenças só podem ser verificadas em relação a outras crenças. A compreensão é holística e inclui um denso padrão de crenças interligadas e um hábil saber tácito, então a ideia de "sair" do círculo não é realmente compreensível. Heidegger reitera, portanto, que a interpretação nunca é uma "apreensão sem pressupostos" de algo *dado* (BT, 191).

Mesmo que se esteja disposto a abandonar a ideia de um dado independente "fora" do círculo da compreensão, ainda assim se pode objetar ao holismo na tese de que toda compreensão é interpretativa.[5] Ou seja, pode-se pensar que a compreensão é *anterior à* interpretação. Essa afirmação poderia significar que há uma compreensão de algo e que essa compreensão é depois "interpretada", por exemplo, aplicando-a a uma situação específica (como quando um juiz interpreta um estatuto aplicando-o a um caso não explicitamente coberto pela linguagem

5 Ou, pelo menos, toda compreensão é interpretativa no sentido da *Auslegung*, não necessariamente no sentido da *Interpretierung*. Richard Shusterman levanta a objeção contra a discussão aqui em pauta em seu artigo "Beneath Interpretation: Against Hermeneutic Holism", *Monist*, 73, n. 2 (1990): 181-204.

jurídica abstrata). Ou a afirmação poderia ser que, quando realmente compreendemos algo, não nos descrevemos como o interpretando, já que dizer que estávamos interpretando sugeriria que havia características que ainda não tínhamos apreendido correta ou adequadamente. Ambos os modos expressam a sensação de que deve haver algo "por baixo" da interpretação, de tal forma que esta não é um círculo, mas um "arco" firmemente fundamentado em seu objeto.[6] Por trás dessa insistência na primazia da compreensão sobre a interpretação estaria uma intuição *epistemológica*, uma vez que a preocupação seria que a compreensão precisa ser adequada ao seu objeto, o qual, de alguma forma, respalda a interpretação.[7]

Apesar de muitos filósofos anteriores a Heidegger terem partido dessa preocupação epistemológica, seu próprio projeto consiste em mostrar que esse problema só pode surgir *no* círculo da compreensão. Partir do problema já é desvincular a interpretação e aquilo que está sendo interpretado, a tal ponto que se torna impossível reconectá-los. A persistência de Heidegger no círculo nota um determinado mal-entendido que surge apenas em relação a um pano de fundo tácito de compreensão compartilhada. Embora qualquer interpretação possa envolver pontos específicos de mal-entendido, seria um erro inferir que todas as leituras são equivocadas ou que, como Jonathan Culler caracteriza as teorias literárias de Paul de Man e Harold Bloom (mas não de Jacques Derrida), "a compreensão é um caso específico de mal-entendido".[8] Geralmente, a compreensão deve ser uma prática bem-sucedida antes que aspectos específicos da compreensão interpretativa possam sequer surgir como erros ou mal-entendidos. Óbvio que, no processo de compreensão interpretativa, o intérprete tem a sensação de que

6 Paul Ricoeur recorre à metáfora do arco em "Qu'est-ce qu'um Texte? Expliquer et comprendre", disponível em *Hermeneutik und Dialetik: Aufsätze II*, ed. Rüdiger Safranski, Konrad Cramer e Reiner Wiehl (Tübingen: Mohr, 1970), p. 181-200.

7 A respeito da crítica heideggeriana ao fundacionalismo epistemológico, veja-se Charles Guignon, *Heidegger and the Problem of Knowledge* (Indianápolis, IN: Hackett, 1983), p. 150-182, especialmente.

8 CULLER, Jonathan. *On Deconstruction: Theory and Criticism after Structuralism* (Ithaca, NY: Cornell University Press, 1982), p. 176. Jacques Derrida rejeita explicitamente essa tese em *Limited Inc* (Evanston, IL: Northwestern University Press, 1988), p. 157.

há algo "lá fora" que deve ser compreendido. O próprio Heidegger reitera esse fenômeno e dá a seguinte explicação do que realmente acontece: "se, quando se está envolvido em um determinado tipo concreto de interpretação, no sentido da Interpretação textual exata, se compraz em recorrer ao que 'está aí', então percebe-se que o que 'está aí', em primeiro lugar, não é nada além da óbvia (*selbstverständliche*) pressuposição (*Vormeinung*) indiscutida do intérprete, que necessariamente está presente em cada abordagem interpretativa como aquilo que já foi 'dado como certo' na interpretação enquanto tal, ou seja, como aquilo que é preliminarmente dado através do ter-prévio, da visão-prévia e da concepção prévia" (BT, 192; tradução modificada). Portanto, Heidegger não nega que as interpretações incluem alguns dados aparentes, convenções ou pontos de partida. No entanto, esses pontos não estão fora do círculo da compreensão, mas já estão em jogo no círculo como aspectos tácitos de nossa compreensão prévia de nosso mundo e de nós mesmos. O próprio mundo está no círculo, tanto em geral, na condição de seu horizonte, quanto também concretamente, como os comprometimentos de qualquer prática bem-sucedida de compreensão. Qualquer pressuposição específica pode se tornar problemática e, portanto, passar de tacitamente dada como certa para ser explicitamente questionada. Então, a pressuposição pode se mostrar apenas como uma concepção popular equivocada ou uma glosa fantasiosa e superficial das dificuldades. Contudo, qualquer desafio a qualquer pressuposição particular só pode ser feito recorrendo a outros comprometimentos que a interpretação não está disposta a abandonar. Assim, o desafio pertence ao círculo e não se dirige a algum dado independente, "externo" ou "por baixo" do círculo.

Se não há nada fora do círculo, a própria compreensão não deve ser considerada como uma operação mental distinta da interpretação. A própria compreensão sempre se realiza na interpretação e não se trata de uma operação separada, anterior, que então é reprocessada em uma operação secundária de interpretação. A compreensão funciona concretamente apenas como interpretação: "na interpretação, a compreensão não se torna algo diferente, mas, ao invés disso, ela se torna ela mesma" (BT, 188). A interpretação é a elaboração concreta das possibilidades projetadas pela compreensão. Ou seja, o contexto de compreensibilidade que é tacitamente compreendido fornece o pano de fundo contra o qual as ações interpretativas específicas fazem sentido. O tácito pano de fundo e a ação interpretativa explícita são funções integrais de qualquer exemplo de compreensão interpretativa.

Depois de Heidegger

Se as peças da análise de Heidegger acerca da compreensão e da interpretação agora estão no lugar, algumas reflexões conclusivas são necessárias a respeito do resultado da virada hermenêutica no final do século XX. Hans-Georg Gadamer e Jacques Derrida são dois pensadores da segunda metade do século XX, cuja obra não teria sido possível sem esses parágrafos de *Ser e tempo*. No entanto, a teoria hermenêutica desenvolvida por Gadamer e o movimento desconstrutivista iniciado por Derrida levam a análise heideggeriana em direções diferentes e aparentemente opostas. Para os desconstrutivistas, a hermenêutica gadameriana parece abrigar a pressuposição oculta de que o texto possui uma unidade interna de sentido e que o sentido se trata de uma coisa isolada que a interpretação deve visar *reconstruir*. Os desconstrutivistas entendem essa fé na unidade e na coerência do texto como um vestígio de fé metafísica, que eles pretendem *desconstruir*. Em contraste com o movimento hermenêutico de recuperar e reconstruir *o* sentido do texto, a desconstrução consiste na operação de questionar essa fé no sentido do texto, encontrando na retórica e no estilo da linguagem do texto momentos em que a pressuposição da unidade de sentido falha.

Levantam-se pelo menos dois problemas a partir desses dois distintos modos de desenvolver a análise heideggeriana do círculo de compreensão. Um problema é se a interpretação, em sua intenção, deve ser reconstrutiva ou desconstrutiva. O outro consiste em saber se a análise da interpretação a respeito do sentido do interpretado implica uma metacrença de que a interpretação se aproxima do ideal da interpretação correta. Denominarei de *monismo* a corrente que acredita que esse ideal está presente em toda interpretação e de *pluralismo* a negação do monismo.

O debate acerca da desconstrução é muito complexo para ser resumido aqui e, por isso, vou me limitar à questão do que, para esta controvérsia, decorre diretamente dos §§31-32 de *Ser e tempo*. A questão tem dois lados: um metodológico e outro político. O metodológico gira em torno da questão se a insistência de Heidegger no círculo de compreensão não nos aprisiona simplesmente em nossa própria perspectiva, impedindo-nos de reconhecer a outridade ou a alteridade do texto. A questão política surge da outra insistência de Heidegger, de que a estrutura prévia da compreensão forma nossas interpretações *previamente*. Assim, os intérpretes herdam de sua tradição grande parte do pano de fundo de suas leituras. Do ponto de vista desconstrutivista, a posição hermenêutica que aceita a análise de Heidegger é muito tradicionalista e, portanto, politicamente suspeita, pois parece incapaz de desafiar o *status quo* cultural e político.

As contra-acusações relativas à desconstrução são fáceis de imaginar. Metodologicamente, a desconstrução parecerá fantasiar uma fuga do círculo de compreensão através de seu devaneio, com um "exterior" impossível, onde o sentido é impossível de ser decidido e, portanto, irremediavelmente múltiplo e despedaçado. Politicamente, sua crítica parecerá sem sentido, pois a fantasia de uma ruptura completa com a tradição não levará a lugar nenhum. A desconstrução parecerá estar negligenciando a insistência de Heidegger de que já nos encontramos lançados em uma situação social, que tem possibilidades concretas específicas, mas também limitações reais. A própria fé da desconstrução de que qualquer construção pode ser desconstruída levará a uma resistência indireta, que será ineficaz devido à sua incapacidade de gerar uma construção positiva de si própria.[9]

Infelizmente, essas acusações e contra-acusações podem obscurecer o alcance da original análise heideggeriana do círculo hermenêutico. Essa análise não imaginou a controvérsia específica que esbocei. Sem minimizar essa controvérsia, que muito estimula o trabalho atual na teoria

9 Jürgen Habermas lança essa linha de ataque à desconstrução no capítulo 7 de *The Philosophical Discourse of Modernity: Twelve Lectures*, tradução inglesa de Frederick Lawrence (Cambridge, MA: MIT Press, 1987). Para uma resposta, veja-se meu artigo "Splitting the Difference: Habermas's Critique of Derrida", *Praxis International*, 8, n. 4 (1989): 447-464.

literária e na filosofia social, esboçarei alguns caminhos pelos quais a análise heideggeriana pode acomodar características centrais tanto das empreitadas reconstrutivas quanto das desconstrutivas.

No entanto, antes que essa reconciliação possa começar, a questão do monismo *versus* pluralismo deve ser esclarecida. Parte da preocupação desconstrutivista com a recuperação hermenêutica do sentido pode ser causada por uma suspeita de que essa recuperação pressupõe o ideal monista da interpretação última, correta. Muito se pode dizer sobre esse ideal; todavia, na exposição que fiz da análise de Heidegger, enfatizei deliberadamente os elementos nela contidos que considero apontarem para um pluralismo antimonista. A análise heideggeriana do "sentido", em termos técnicos, pode parecer monista, porque postula um todo, uma totalidade de conjunturas, um único contexto no qual a interpretação pode ocorrer. Minha insistência na natureza holística do sentido, neste modo particular, indica, no entanto, que o contexto é sempre passível de revisão e que a revisão virá de dentro do próprio contexto de crença. Esse holismo implica, portanto, que, apesar de a tarefa da compreensão se esforçar para ser coerente e unificada, ela deve sempre reconhecer que há elementos nela que não foram trabalhados explicitamente e que podem ser inconsistentes com outros comprometimentos centrais. Logo, o contexto pode sempre incluir elementos inadequados. Então, o impulso da compreensão em direção a uma posição única e coerente é compatível com sua tolerância à inevitabilidade de erros e vieses ocultos, bem como com o reconhecimento de que nenhuma interpretação é final.

Outros aspectos da análise de Heidegger que sustentam a metaposição do pluralismo incluem sua revisão da concepção habitual de verdade e sua descrição da estrutura prévia da compreensão projetiva. Embora as interpretações contenham afirmações verdadeiras, não se pode julgar entre duas interpretações conflitantes simplesmente considerando as afirmações verdadeiras que cada uma contém. Outros critérios (como profundidade, relevância para o presente, genuinidade ou autenticidade) entram em jogo e essas considerações mais normativas podem nos levar a preferir algumas interpretações a outras. Porém, os próprios critérios são interpretáveis e não sustentam de forma óbvia a crença monista em uma única interpretação exclusiva. Além disso, a análise heideggeriana da compreensão como projeto propõe que as interpretações explícitas sempre surgem de necessidades implícitas. O surgimento de uma nova interpretação provavelmente gerará novas necessidades e estas, por sua vez, estimularão outra interpretação. O fato de que o círculo da compreensão nunca se fecha não precisa levantar o espectro do relativismo epistemológico. A conclusão niilista de que nossas interpretações hodiernas são, na maioria, falsas, não decorre do raciocínio pluralista de que elas serão alteradas por gerações futuras, para quem o contexto e as condições de fundo terão mudado.

O próprio Heidegger pode não ter aceitado completamente essa conclusão pluralista sobre sua própria teoria do *Dasein* em *Ser e tempo*. Notei o desejo aparente de Heidegger de superar Kant por meio de sua própria proposta de que o §31 rivaliza com a dedução transcendental de Kant. Mas também apontei outra leitura da empreitada de Heidegger, uma que leva a sério sua afirmação de que a análise do *Dasein* tem o metaestatuto de uma interpretação, no sentido de uma *Interpretierung*. Assumir seriamente essa metaposição de pluralismo interpretativo nos permite imaginar maneiras pelas quais a análise heideggeriana da compreensão pode ser expandida e modificada. Uma maneira de modificá-la é adotar a virada hermenêutica de forma mais radical do que Heidegger fez em 1927, permitindo que a linguagem desempenhe um papel mais central, modelando a análise da compreensão de forma mais explícita na leitura, como Gadamer fez em 1960. Outra maneira seria reconhecer mais explícita e estrategicamente como a compreensão pode desafiar de forma direta o sentido e quão mais consciente pode se tornar o jogo retórico da linguagem. Esta última maneira foi a consecução de Derrida e do movimento desconstrutivista do final dos anos 1960 até o presente.

Se essas modificações forem asseguradas, também deve ser reconhecido que elas são prefiguradas na própria obra *Ser e tempo*. Seja qual for a escolha política pessoal de Heidegger, o texto de *Ser e tempo* permite a suspeita desconstrutivista de simplesmente recuperar a tradição.

Heidegger insiste que talvez se precise ser crítico à tradição, bem como nos lembra que a "tradição" não é simplesmente o "passado". O passado está finalizado e não faria sentido criticá-lo, já que a crítica não poderia ter efeito sobre o passado. O que nós (e os pós-estruturalistas, como Derrida e Michel Foucault) talvez precisemos criticar é o presente ou, mais especificamente, a interpretação do presente de como ele veio a ser o que é, que é o que a "tradição" é. A crítica do "tradicional" no presente não precisa ser apresentada como uma ruptura completa com a tradição, mas, mais razoavelmente, como uma ruptura com uma compreensão prevalente, porém equivocada, das possibilidades da tradição. Assim, uma crítica eficaz perceberá lugares nos quais o presente interpretou mal as possibilidades herdadas da tradição, bem como também chamará nossa atenção para possibilidades concretas na tradição que atualmente se perderam de vista.[10]

No entanto, se a crítica política, social e histórica deve ser genuinamente possível na abordagem heideggeriana, então deve haver alguma resolução da questão metodológica que levantei a respeito de se não estamos sempre aprisionados em nosso próprio ponto de vista cognitivo e normativo. Esse problema parece decorrer da afirmação geral de Heidegger de que podemos compreender algo apenas dentro de um contexto que já trazemos conosco. Se o círculo da compreensão fosse estático, essa preocupação seria justificada. Contudo, uma análise pormenorizada do texto de Heidegger mostra que ele considera o círculo como um processo dinâmico de tornar explícitos os aspectos do implícito pano de fundo e, em seguida, pôr à prova as pressuposições padrão para ver se elas realmente se sustentam, dado o restante daquilo que acreditamos e fazemos. Portanto, ele fala de pôr à prova as pressuposições contra as "coisas mesmas" para tornar "o tema científico seguro" (BT, 195).

A própria teoria de Gadamer, em *Verdade e método* (veja-se p. 254-271 da tradução inglesa) se constrói em torno de uma explicação destes parágrafos de *Ser e tempo*. Gadamer responde à acusação de que, na

10 Veja-se o §74 de *Ser e tempo*, especialmente BT, 438, bem como meu artigo "History, Historicity, and Historiography in *Being and Time*", disponível em *Heidegger and Modern Philosophy: Critical Essays*, ed. Michael Murray (New Haven, CT: Yale University Press, 1978), p. 329-353.

abordagem hermenêutica, a compreensão está sempre aprisionada em seu próprio ponto de vista, apontando que, ao interpretar um texto, nossas próprias preconcepções frequentemente falham. O texto pode nos chocar ao nos mostrar um lado da questão que não tínhamos previsto. Então, o círculo da compreensão consiste em um círculo dinâmico no qual preconcepções terão êxito ou falharão. Heidegger mesmo falou da compreensão genuína como aquela que vai além de "fantasias" e "concepções populares", sendo estas as que precisamente resultam em nada quando o intérprete tenta explicitamente desenvolvê-las.

Por isso, Gadamer reitera que é falso concluir que o círculo hermenêutico não pode reconhecer a alteridade do texto. Eu acrescentaria que a desconstrução, de fato, pode ser um momento crucial no círculo da interpretação, pois suas técnicas poderiam ser usadas para garantir que a alteridade do texto seja levada suficientemente a sério. O círculo da compreensão não deve ser puramente reconstrutivo, se por isso se entende que o intérprete lê apenas o que já é familiar no texto ou que, no esforço para encontrar uma unidade de sentido, o intérprete deve ignorar as tensões e contradições que também estão em jogo. Porém, o círculo também não pode ser puramente desconstrutivo, uma vez que primeiro deve haver um sentido presumido que é desconstruído; a própria descoberta de tensão e contradição, por sua vez, configura-se como um projeto de uma compreensão do que realmente acontece no texto.

O modelo heideggeriano de compreensão projetiva, portanto, pode reconhecer tanto a reconstrução quanto a desconstrução como momentos necessários da interpretação. A forma como estes são equilibrados em casos específicos se trata de uma questão de julgamento e pode fazer parte do que torna as interpretações interessantemente diferentes. O que faz algumas interpretações mais interessantes ou elucidativas do que outras é algo que sugeri no início deste ensaio e que é apropriado para concluir. Embora a questão seja ampla, há pelo menos o esboço de uma resposta nestes parágrafos de *Ser e tempo*. Pelo menos um aspecto central do que faz uma interpretação melhor será se ela compreende não apenas seu objeto e tema, mas também a si mesma. Interpretações metodologicamente mais autoconscientes são, portanto, melhores se trouxerem à luz características não percebidas não apenas do objeto de interpretação, mas também das condições e procedimentos de interpretação. No modelo heideggeriano, uma boa interpretação mostrará algo sobre as possibilidades da interpretação enquanto tal. Uma interpretação pressupõe uma compreensão de si mesma, de modo que trazer à luz características cruciais dessa autocompreensão implícita fará com que a interpretação seja esclarecedora (no específico sentido heideggeriano de visão, que não é apenas a percepção de objetos simplesmente dados, mas o descerramento de todo o pano de fundo ou contexto).

Entretanto, como sugeri, a compreensão de si mesmo não deve ser assumida no sentido tradicional, que poderia sugerir a apreensão de algum si mesmo interior, privado. Em alemão, "compreensão de si" (*Sichverstehen*) se relaciona a conhecer o que está ao entorno. Assim, para Heidegger, que concebe o *Dasein* como ser-no-mundo, a compreensão de si está relacionada com conhecer o que está ao entorno no mundo ou em algum conteúdo mundano específico. O fato de Heidegger interpretar o *Dasein* e não simplesmente um texto não significa um conflito com a teoria hermenêutica posterior. Em vez disso, sua *Interpretierung* do *Dasein* destaca uma dupla possibilidade de interpretação. Por um lado, uma interpretação genuína refletirá o ser de quem interpreta. Portanto, deve haver alguma dimensão do contexto do intérprete que também seja trazida à luz. Por outro lado, quem é esse ser também dependerá de suas interpretações do mundo, incluindo suas crenças e atividades. Então, na análise heideggeriana, qualquer boa interpretação deve descerrar algo a respeito tanto do *Dasein* quanto do mundo. A interpretação é, afinal, o modo como tanto a existência humana carregada de sentido quanto um mundo significativo se tornam o que são.

7 Ação engajada e contexto em Heidegger

Charles Taylor

I

A importância de Heidegger reside, em parte, no fato de que ele talvez seja a principal figura dentre aquele pequeno grupo de filósofos do século XX que nos ajudaram a emergir, de modo árduo e com dificuldade, do domínio do racionalismo moderno. Outros nomes nesta pequena lista seriam Wittgenstein e Merleau-Ponty. Contudo, pode-se reivindicar certa preeminência para Heidegger, pois ele foi pioneiro nisso. No caso de Merleau-Ponty, o avanço claramente se baseou no trabalho de Heidegger.

A saída que esses filósofos nos ajudaram a encontrar, infelizmente, foi apenas parcial e ainda é muito contestada; de fato, ela está sempre ameaçada de ser revertida – o que justifica a relevância contínua de suas obras, algumas das quais surgiram há mais de meio século.

Neste ensaio, discutirei Heidegger, embora ocasionalmente mencione os outros filósofos. Tentarei formular o modo como seu pensamento nos leva para fora da epistemologia tradicional, usando as noções de ação engajada e contexto.

Meu uso do termo "racionalismo" no início deste ensaio poderia ser contestado, mesmo por pessoas que, de forma geral, simpatizam com a corrente de pensamento que tento articular. Há vários modos de formular a perspectiva, mais como um conjunto de pressuposições semi-articuladas, que Heidegger ajudou a "desconstruir". Ela possui várias características e podemos discutir quais são as mais fundamentais. Ao falar de "racionalismo", suponho que certa concepção de razão desempenhou um papel determinante. Em suma, minha percepção é que a concepção dominante do agente pensante que Heidegger precisava superar foi moldada por uma espécie de ontologização do modo de proceder racional. Ou seja, o que era visto como os adequados modos de proceder do pensamento racional foi integrado à própria constituição da mente e se tornou parte intrínseca de sua estrutura.

O resultado foi uma imagem do agente pensante humano como alheio, como ocupando uma espécie de protovariante da "visão de lugar nenhum", para usar a sugestiva frase de Nagel.[1] Heidegger precisou lutar contra essa imagem para recuperar uma compreensão do agente como participativo, como imerso em uma cultura, uma forma de vida, um "mundo" de conjunturas e, em última instância, para compreender o agente como dotado de corpo.[2]

O tema da ação engajada merece discussão, pois ainda é difícil e controverso. O que significa "engajamento" aqui? Trata-se de dizer algo como: o mundo do agente é moldado por sua forma de vida, história ou existência corporal. Mas, o que significa ter seu "mundo moldado" por algo? Esta se configura como sendo uma relação sutilmente diferente do vínculo causal comum com o qual às vezes é confundida.

Consideremos um aspecto particular do engajamento, a saber, o ser dotado de corpo; isto é, concentremo-nos no modo como nosso mundo é moldado pelo fato de sermos agentes corporificados do tipo que somos. Isso é algo distinto do modo como algumas de nossas funções como agentes são determinadas por causas físicas. Por exemplo, como agente dotado de percepção, não posso ver a parede atrás de mim agora. Isso pode ser explicado por certas relações causais em termos físicos: a luz refratada da superfície da parede atrás de mim não pode alcançar minha retina. O comportamento da luz e a minha constituição física estão dispostos de tal forma a tornar isso impossível. Nesse sentido, minha corporeidade molda indubitavelmente minha percepção e, portanto, em certo sentido, meu "mundo".

Porém, essa relação é bastante diferente do exemplo a seguir. Enquanto estou aqui sentado e observo o cômodo à minha frente, isso tem uma estrutura complexa. Ele está orientado verticalmente, algumas

---

1 Veja-se T. Nagel, *The View from Nowhere* (Nova Iorque: Oxford University Press, 1983).

2 Merleau-Ponty, quem considero outro destes grandes "desconstrutores" do século XX, concentrou-se mais que qualquer um neste tema da ação corpórea. Veja-se especialmente *La phénoménologie de la perception* (Paris: Gallimard, 1945).

coisas estão "para cima", outras "para baixo"; e, em profundidade, algumas estão "perto", outras "longe". Alguns objetos "estão à mão", outros estão "fora de alcance"; alguns constituem "obstáculos intransponíveis" ao movimento, outros são "facilmente deslocáveis". Minha posição atual não me dá uma "boa visão" do cômodo; para isso, eu teria que me mover mais para a esquerda. E assim por diante.

Aqui está um "mundo moldado" pela corporeidade no sentido de que o modo de experienciar ou "viver" o mundo é essencialmente o de um agente com esse tipo de corpo. Trata-se de um agente que atua para manter o equilíbrio ereto, que pode lidar com coisas próximas imediatamente e precisa se mover para alcançar coisas mais distantes, que pode apreender certas coisas facilmente e outras não, que pode remover determinados obstáculos e outros não, que pode se mover para tornar uma cena mais perspicaz e assim por diante. Dizer que este mundo é, essencialmente, o desse agente significa que os termos através dos quais descrevemos essa experiência – por exemplo, aqueles citados no parágrafo anterior – fazem sentido apenas confrontados com o contexto desse tipo de corporeidade. Para compreender o que significa "estar-à-mão", precisa-se compreender o que significa ser um agente com as capacidades corpóreas específicas que os humanos têm. Alguma criatura de outro planeta pode ser incapaz de entender isso como um termo projetivo. Óbvio que a criatura poderia elaborar algumas descrições que fossem aproximadamente equivalentes em extensão. Todavia, para projetar esse termo do modo como fazemos, é preciso compreender o que significa ser humano.

Portanto, há dois tipos bastante diferentes de relação que podem ser expressos ao dizer que nossa experiência é moldada por nossa constituição corporal. No primeiro – o caso da parede atrás de mim –, observamos algumas consequências dessa constituição para nossa experiência, seja como for caracterizada. No segundo, destacamos como a natureza dessa experiência é formada por essa constituição e como os termos, através dos quais essa experiência é descrita, recebem seu sentido apenas em relação a essa forma de corporeidade. Afirma-se o primeiro tipo de relação em uma declaração comum de causalidade contingente. O segundo, ao contrário, diz respeito às condições de compreensibilidade de certos termos. Recorro a essa segunda relação ao falar de nosso "mundo sendo moldado" pelo corpo, pela cultura, pela forma de vida. Os modos pelos quais nosso mundo é moldado definem os contornos do que estou chamando de ação engajada – o que Heidegger às vezes referiu como a "finitude" do agente que conhece.[3]

Ora, a outra metade da minha afirmação diz que a visão racionalista dominante excluiu essa participação ativa, oferecendo-nos um modelo de nós mesmos como pensadores alheios, desengajados. Ao falar da visão "dominante", penso não apenas nas teorias proeminentes na filosofia moderna, mas também em uma perspectiva que, até certo ponto, colonizou o senso comum de nossa civilização. Isso nos oferece a imagem de um agente que, ao perceber o mundo, absorve "pedaços" de informação de seu entorno e, então, os "processa" de alguma forma, a fim de emergir com a "imagem" do mundo que tal agente tem, posteriormente agindo com base nessa imagem para cumprir seus objetivos, por meio de um "cálculo" de meios e fins.

A popularidade dessa visão compõe aquilo que torna tão plausíveis os modelos computacionais da mente para leigos de nossa época. Esses modelos se adaptam perfeitamente a categorias já estabelecidas. A concepção baseada em "processamento de informação" se apoia em uma concepção anterior amplamente defendida, segundo a qual "ideias" atômicas se combinam na mente e servem de base para um cálculo que fundamenta a ação. Epistemologias cartesianas e empiristas clássicas

3 Esses dois sentidos da experiência moldada pela corporificação ajudam a explicar o diálogo de surdos entre críticos e defensores de teorias da mente inspiradas na inteligência artificial. Os primeiros, como Hubert Dreyfus e John Searle, insistem frequentemente que o computador oferece um modelo de consciência "desincorporada". Veja-se *What Computers Can't Do* de Dreyfus (Nova Iorque: Harper & Row, 1979) e "Minds, Brains and Programmes" de Searle, disponível em *Behavioural and Brain Sciences*, 3 (1980): 417-457. Defensores do modelo de inteligência artificial, ofendidos no cerne de seu comprometimento materialista, geralmente consideram essa acusação incompreensível. Mas é fácil entender por que a crítica não é compreendida. Os defensores da inteligência artificial forte pensam no primeiro tipo de relação. O segundo tipo ainda não entrou em seu horizonte conceitual e, por isso, eles têm muita dificuldade em entender do que estão sendo acusados.

forneceram variantes anteriores dessa concepção, variantes que combinam um atomismo de entrada com uma imagem computacional da função mental. Esses dois aspectos, em conjunto, ditam uma terceira característica: a informação "factual" se distingue de seu "valor", ou seja, sua relevância para nossos propósitos. Essa separação é ditada pelo atomismo, uma vez que as características meramente "factuais" podem ser distinguidas de sua contribuição para nossos objetivos. Porém, ela também é fomentada por outra motivação subjacente, a ser discutida adiante. Seja como for, a concepção tradicional composta tem essa terceira característica, que poderíamos chamar de "neutralidade", segundo a qual a entrada original de informação é destituída de sua relevância avaliativa, sendo meramente o registro do "fato".

Ora, em alguns aspectos, essa concepção tem raízes no senso comum (em qualquer caso) de nossa civilização, remontando a épocas anteriores à era moderna. Mas, em outros importantes aspectos, essa concepção foi moldada e consolidada na época moderna. E um dos fatores que a moldaram foi a razão moderna – ou assim quero propor com meu termo, talvez tendencioso, de "racionalismo".

Há dois aspectos relevantes da razão moderna aqui. O primeiro é que a concepção moderna, começando com Descartes, se concentra no modo de proceder. A razão não é aquela faculdade em nós que nos vincula a uma ordem das coisas no universo, a qual, por sua vez, pode ser chamada de racional. Na verdade, a razão é aquela faculdade por meio da qual pensamos adequadamente. Em seu emprego teórico, a razão serve para construir uma imagem do mundo. A racionalidade requer que analisemos com cuidado essa construção e não deixemos nossa visão das coisas se formar de maneira distraída, complacente ou seguindo os preconceitos de nossa época. A racionalidade implica um escrutínio cuidadoso por meio do pensar a respeito de seus próprios processos. Isso determina a virada reflexiva do racionalismo moderno. A construção cuidadosa de nossa imagem das coisas requer que identifiquemos e sigamos um confiável modo de proceder. Os pensadores modernos divergem em relação ao que isso significa, havendo uma diferença crucial e bastante contestada no século XVII entre, por exemplo, aquele modo definido pela percepção clara e distinta de Descartes e aquele organizado em torno das regras de evidência confiável de Locke. Ambas as concepções, contudo, exigem o policiamento reflexivo de si mesmas em nome de um modo de proceder canônico.

Mais especificamente, ambos os modos de proceder exigem que desconstruamos nossas crenças adquiridas demasiado apressadamente em seus componentes e analisemos sua composição para verificar sua confiabilidade. Ambos os modos de proceder exigem que consideremos as crenças candidatas, nesse sentido, de forma atomística. Ora, em determinadas áreas, um "método" como esse corresponde a um avanço incontestável em relação a anteriores modos de proceder. O passo decisivo não foi tanto sua formulação, mas o que antes chamei de sua ontologização, ou seja, a interpretação do método ideal como parte integrante da própria constituição da mente. Uma coisa era decompor nossas crenças em seus componentes possivelmente separáveis, outra bem diferente era pensar que a informação primária que entra na mente deve fazer isso em pedaços atômicos. As "ideias simples" de Locke são um exemplo clássico de tal reificação do modo de proceder, despejando-o, por assim dizer, em concreto teórico e edificando-o na própria constituição da mente.

Porém, essa reificação foi imensamente influente, conferindo ao resultante modelo da mente todo o prestígio e toda a indiscutível força que os modos de proceder da razão adquiriram em nossa civilização. Quanto mais aprendemos a considerar as coisas de maneira racionalista, mais inclinados estamos a aceitar a visão correspondente de como "realmente" procedemos. A visão atomista-computacional deve parte de sua poderosa influência ao senso comum a respeito disso.

"As ideias simples" resultam da reificação do modo de proceder que desafia interpretações e inferências demasiado apressadas com vistas a retornar aos dados fundamentais. Contudo, havia outro importante aspecto do pensamento correto e científico, conforme concebido na revolução do século XVII, que também influenciou fortemente nossa ontologia do sujeito. Este é o aspecto que Nagel chama de "objetividade". Nosso pensamento é objetivo quando escapa das distorções e perspectivas limitadas de nosso tipo de subjetividade e apreende o mundo como ele é. Os pensadores do século XVII se impressionaram com o modo como nossa experiência corpórea e nosso modo habitual de ser no mundo (para usar a linguagem contemporânea) podiam nos enganar. Descartes destacou de que forma o modo como assumimos nossa experiência cotidiana nos leva a atribuir, por exemplo, a cor ao objeto ou a situar a dor no dente. Essas localizações estavam corretas para a teoria aristotélica, mas o novo mecanicismo mostrava que eram ilusórias. Apenas as propriedades "primárias" estavam realmente "nos" objetos; as propriedades "secundárias", como a cor, eram efeitos produzidos na mente por concatenações de propriedades primárias nas coisas. Ver as coisas como realmente coloridas era um daqueles efeitos distorcidos de nossa constituição peculiar como união substancial de alma e corpo. O que vem a ser chamado de "objetividade" requer uma fuga disso.

Novamente, devido à nossa situação no mundo, tendemos a "ver" o sol "nascendo" e "se pondo", "sentimos" de forma direta que os objetos param quando não são mais empurrados, e assim por diante. Um dos temas recorrentes das descobertas científicas do século XVII era a lacuna que tais descobertas mostravam entre a verdadeira constituição subjacente das coisas e o modo como elas apareciam para o senso comum. Às vezes, a aparência comum "se deformava" sob o impacto da descoberta: antes de Galileu, as pessoas "viam" que as balas de canhões eram disparadas em linha reta para a frente e depois caíam no chão. Mais tarde, era "óbvio" que sua trajetória era curva. Mas, em muitos casos, ainda não podemos deixar de ver as coisas como antes. O desenvolvimento da ciência, desde então, apenas fortaleceu essa sensação de estranheza, da distância entre a verdade subjacente e nossos modos habituais de ver. Uma experiência euclidiana do espaço cotidiano coexiste com nossas convicções estabelecidas a respeito da curvatura do espaço.

Tudo isso nutriu a aspiração à objetividade, conforme Nagel a define:

> A tentativa consiste em ver o mundo não de um lugar dentro dele, nem do ponto de vista de um tipo específico de vida ou consciência, mas de nenhum lugar específico e de nenhuma forma de

vida em particular. O objetivo é desconsiderar as características de nossa perspectiva pré-reflexiva que fazem as coisas surgirem como surgem, alcançando, assim, uma compreensão das coisas como elas realmente são.[4]

Não há nada de errado com essa aspiração tal como ela se apresenta – exceto, talvez, pela forma hiperbólica em que é aqui afirmada. Se a formularmos mais modestamente, tendo como objetivo nos desengajar daquelas características de nossa perspectiva pré-reflexiva da realidade, que descobrimos ser distorcivas, então esse objetivo não será apenas aceitável, mas uma condição indispensável para alcançar, digamos, a física moderna. Novamente, o movimento decisivo foi a ontologização dessa perspectiva alheia, desengajada, lendo-a na constituição profunda da própria mente e relegando as distorções para a periferia, seja como resultado de erro, falta de atenção, meros lapsos ou como uma característica apenas da entrada bruta pré-processada, não tocando os próprios modos de proceder do processamento.

Assim, os autores da *Port Royal Logic* descrevem como sendo uma fraqueza culpável em nós o fato de tendermos a atribuir cor, calor e aspectos semelhantes às coisas que experienciamos.[5] Eles e os outros pensadores fundadores da epistemologia do século XVII poderiam concordar que a entrada em nossas mentes era extremamente limitada e lacunar, mas a constituição da mente como uma ação pensante não foi afetada por tais limitações, que não ofereciam verdadeiras justificativas para as distorções às quais normalmente sucumbimos, mesmo que ajudassem a explicar sua prevalência. A perspectiva desengajada, que talvez devesse ser concebida

4 NAGEL, Thomas. *Mortal Questions*. Cambridge: Cambridge University Press, 1979, p. 208.

5 A alma "*e s'est pas content ´ee de juger qu'il y avoit quelque chose hors d'elle quiétoit cause qu'elle avoit ses sentiments, en quoi elle ne se seroit pas trompée; mais elle a passé plus outre*" [não se contentou em julgar que havia algo fora dela que era a causa de seus sentimentos, no que não se enganaria; mas foi além]. "*Et comme ces idées ne sont point naturelles, mais arbitraires, on y a agi avec une grande bizarrerie*" [E, como essas ideias não são naturais, mas arbitrárias, elas foram postas em prática com grande estranheza]. ARNAUD, A. e NICOLE, P. *La logique ou l'art de penser*, Parte I, Capítulo 9. Paris: Flammarion, 1970, p. 103.

como uma consecução rara e regional de um agente cognoscente, cuja atitude habitual era engajada, foi interpretada como a própria natureza da mente. Essa foi a maior motivação à qual aludi anteriormente, sustentando a terceira principal característica na concepção "senso comum" moderna da mente, a "neutralidade" da entrada original.

Essa ontologização da perspectiva desengajada assumiu duas formas principais. Uma delas foi o dualismo, como o de Descartes. Esse desengajamento pode ser entendido como o estar livre da perspectiva da experiência corpórea. Essa perspectiva é a responsável por atribuirmos a cor ao objeto; ela é que nos faz dar importância desproporcional aos sentidos e à imaginação em nossa explicação do conhecimento. O fato de a atividade pensante da mente ser realmente, em sua essência, livre de tais meios distorcidos mostra que a mente é essencialmente não-corpórea – conforme argumenta Descartes na célebre passagem sobre o pedaço de cera que encerra a segunda *Meditação*.

Todavia, o que parece ser uma ontologia totalmente antitética poderia servir igualmente bem – a do mecanicismo monista: o pensamento consiste em um acontecimento concretizado em um corpo, compreendido mecanicamente. Essa ideia recebe sua forma moderna em Hobbes e, portanto, tem uma origem tão antiga quanto a alternativa cartesiana. O mecanicismo pode funcionar tão bem quanto o dualismo para sustentar a perspectiva desengajada, porque a crença subjacente era que precisamos alcançar tal perspectiva para fazer jus a um universo mecanicista. Essa é uma premissa comum para Descartes e seus críticos empiristas ou mecanicistas. Mas, na medida em que compreendemos nosso pensamento mecanicamente, temos que compreendê-lo fora de qualquer contexto de engajamento. A própria relação com algo que define uma "modelação do mundo" e, portanto, identifica uma forma de ação como engajada, não pode ser afirmada em uma perspectiva mecanicista. A outra relação, a da dependência causal da experiência de algumas condições físicas, pode obviamente figurar em tal explicação. De fato, ela constitui a essência desse estilo de abordagem. Porém, nada se pode dizer a respeito das condições de compreensibilidade. Por essa razão, os mecanicistas constantemente compreendem de forma equivocada as descrições da experiência como engajada como sendo afirmações de dependência causal, e ficam perplexos quando elas são descritas como negando tal engajamento. Mas, na verdade, sua negação é do tipo mais eficaz, o de não deixar espaço ontológico para uma formulação coerente de uma tese rival.

Na medida em que explicamos o pensamento de maneira mecanicista, como na atual onda de teorias da mente baseadas em computadores, o que significa dizer que o agente considera a entrada compreensível só pode ser descrito em termos das operações que ele pode realizar sobre esta entrada. O incompreensível é o que não pode ser processado. Porém, essas operações são explicadas mecanicamente. Por isso, qualquer afirmação de algo como "condições de compreensibilidade" para determinada entrada teria que assumir a forma de alguma afirmação a respeito de como o mecanismo está programado, seja de forma necessária ou contingente, isto é, a respeito das relações causais entre a entrada e a série de etapas que ela pode desencadear. A relação de "modelação do mundo", conforme definida anteriormente, não pode ser enunciada.[6]

---

6 Óbvio que isso é o que subjaz ao mal-entendido mencionado na nota 3 a respeito da questão da "corporeidade". Os mecanicistas não podem formular a questão sem transcender sua linguagem explicativa favorita. É estranho que eles tenham tanta dificuldade em perceber que essa linguagem está tão estruturada a ponto de excluir o pensamento engajado, porque com outra parte de suas mentes eles estão cientes disso, e muitas vezes o dizem. Assim, uma das motivações originais para a construção de implementações computacionais de raciocínio era que a implementação em um programa era considerada um bom critério de rigor formal. Uma prova formalmente rigorosa é aquela em que as transições dependem puramente da forma das expressões, independentemente do seu "significado" semântico. Porém, uma prova pode às vezes parecer rigorosa nesse sentido, não sendo realmente válida, porque podemos inconscientemente estar "suprindo" alguns dos passos que faltam através dos saltos intuitivos que damos ao verificá-la. A compreensibilidade "subjetiva" preenche as lacunas do argumento formal. Mas, se tal prova pode ser automatizada, isto é, executada em uma máquina, então *sabemos* que não pode haver tal entrada sub-reptícia da compreensibilidade subjetiva e a prova deve ser válida. Veja-se o "princípio de automação" de John Haugeland: "onde quer que os movimentos legais de um sistema formal sejam totalmente determinados por algoritmos, então esse sistema pode ser automatizado" (disponível em *Artificial Intelligence: The Very Idea* [Cambridge, MA: MIT Press, 1985], p. 83). Também Marvin Minsky: "se o modo de proceder puder ser levado a cabo por alguma máquina muito simples, de modo que não haja dúvida ou necessidade de 'inovação' ou 'inteligência', então podemos ter certeza de que a especificação está

Tanto o dualismo quanto o mecanicismo são, portanto, ontologias de desengajamento. Com o declínio ao longo dos séculos na credibilidade do primeiro, o segundo ganhou terreno. Contudo, o que ajudou a sustentar a credibilidade de ambos, ou melhor, da concepção que os entende como as únicas duas alternativas viáveis, é o poder do modelo desengajado da mente, que se baseia no prestígio dos modos de proceder do desengajamento, canalizando sua autoridade, por assim dizer, em uma imagem da mente e em sua constituição, que possui as três características já mencionadas. O que chamei de movimento de ontologização provoca essa transferência (duvidosamente legítima). A imagem desengajada da mente, então, fortalece o mecanicismo; e como as explicações mecanicistas possuem grande prestígio por causa de sua associação com os sucessos espetaculares da ciência natural, o suporte também pode fluir igualmente no sentido contrário. Assim, uma imagem da mente e uma teoria subjacente de sua explicação estão presas em uma postura de apoio mútuo, aprofundando ainda mais esse complexo no senso comum de nossa era. Quando um encontra problemas, o outro vem em seu socorro. Se a imagem puder parecer implausível no nível fenomenológico (e isso não é difícil de fazer), pode-se ficar tranquilo com a reflexão de que tudo precisa ser explicado de forma mecânica em um nível mais fundamental, onde essa imagem *deve* estar correta. Reciprocamente, a força de convincentes argumentos contrários ao mecanicismo é neutralizada pela ideia de que, de certa forma, "sabemos" que o pensamento é todo e qualquer processamento de informações, logo, certamente alguma explicação baseada em computador deve ser válida, em última análise.

Quando digo que esse modelo racionalista se introduziu no senso comum, quero dizer, em parte, que a primeira reação da maioria das pessoas, quando solicitadas a teorizar sobre o pensamento, assume a forma desse modelo, mas também que ele se beneficia do ônus do argumento. Ou seja, ele se apresenta como a posição padrão. Argumentos filosóficos convincentes têm que ser mobilizados para persuadir as pessoas a

completa e que temos um 'modo de proceder efetivo'" (disponível em *Computation: Finite and Infinite Machines* [Englewood Cliffs, NJ: Prentice-Hall, 1967], p. 105).

pensarem de maneira diferente a respeito dessas questões, para tirá-las do que parece óbvio. Mas, na ausência de tal desafio, o modelo em si parece não precisar de defesa.

II

Aqui, afirmo que Heidegger é uma das principais fontes desses convincentes argumentos que ajudaram a nos distanciar do racionalismo. Em parte, isso se realizou porque fomos levados a apreciar o papel do contexto, em um sentido amplamente utilizado deste termo.

O sentido para o qual aponto aqui é aquele que surge inevitavelmente em conexão com qualquer abordagem de ação engajada. A ação engajada, como a descrevi anteriormente, é aquela cuja experiência se torna compreensível apenas quando colocada no contexto do tipo de ação que é. Assim, nossa corporeidade torna compreensível nossa experiência do espaço como orientado para cima ou para baixo. Nessa relação, o primeiro termo – a forma da ação (por exemplo, a corporeidade) – está para o segundo – nossa experiência – como um contexto que confere compreensibilidade. Quando consideramos uma determinada experiência compreensível, o que estamos atentamente observando, explícita e expressamente, é essa experiência. O contexto funciona como o horizonte inexplícito no qual – ou, para variar a imagem, como o ponto de vista a partir do qual – esta experiência pode ser compreendida. Usando a linguagem de Michael Polanyi, o contexto é subsidiário do objeto focal da consciência; ele é aquilo de onde "partimos" ao nos atentarmos à experiência.[7]

Então, este é o sentido que uso para o termo "contexto". Trata-se daquilo a respeito de que não estou simplesmente inconsciente (tal como não estou consciente do que acontece agora do outro lado da lua), porque torna compreensível aquilo de que estou ciente de forma incontestável; mas, ao mesmo tempo, não posso dizer que estou explícita ou plenamente ciente dele, porque essa condição já está ocupada pelo que o torna compreensível. Outro modo de afirmar a primeira condição – de que não

---

7 Veja-se Michael Polanyi, *Personal Knowledge* (Chicago: University of Chicago Press, 1958) e *The Tacit Dimension* (Garden City, NY: Doubleday, 1966).

estou simplesmente inconsciente disso – é dizer que o contexto consiste naquilo que sou capaz de articular, ou seja, o que posso trazer à tona da condição de mero facilitador contextual implícito e não verbalizado, tornando-o explícito em outras palavras. Nessa atividade de articulação, baseio-me em minha familiaridade com esse contexto. O que trago à articulação é o que "sempre soube", como poderíamos dizer, ou aquilo que tinha uma "noção" de saber, mesmo que não o "conhecesse". Não sabemos o que dizer exatamente aqui, pois tentamos ser justos ao fato de não estarmos simplesmente inconscientes.

Mas, se se traz o contexto à articulação, ele não perde a segunda característica, a de não ser o explícito objeto focal? Porém, essa inferência aparentemente plausível se baseia em um mal-entendido.

Anteriormente, mencionei como a relação de "modelação do mundo", que se situa entre um tipo de ação e certa forma de experiência, se confunde facilmente com uma relação causal psicofísica. Entretanto, aqui percebemos que ela também pode ser confundida com outro tipo de relação, uma entre sentenças, proposições ou pensamentos. O argumento de alguém, por exemplo, pode se "tornar mais compreensível" fornecendo premissas adicionais, se inicialmente tal argumento foi afirmado de maneira muito elíptica. Meu entimema pode não ser totalmente plausível para você, mas se torna plausível quando enuncio as premissas. Há uma relação de tornar compreensível que se estabelece entre atos de linguagem – por exemplo, quando lhe explico "sobre" o que eu falava antes –, que se baseia, em última análise, em relações lógicas entre as sentenças que tais atos colocam em jogo.

Ora, a relação de "modelação do mundo" não é nenhuma destas. Não se trata de uma relação psicofísica situada entre estados de coisas ou eventos; nem de uma relação de tornar compreensível situada entre sentenças. Um dos grandes obstáculos para o reconhecimento dessa relação em nosso mundo filosófico é que essas duas habituais formas de vinculação são pensadas para esgotar o espaço de possibilidades. Mais especificamente, muitas vezes dá-se como certo que se uma relação implica conferir compreensibilidade, ela deve se situar entre sentenças ou, pelo menos, entre *representações* de algum tipo. As razões por trás dos meus pensamentos confusos e lacunares no exemplo anterior são *pensamentos* posteriores.

Contudo, o modo como minha forma de corporeidade torna descrições, como "manejável" ou "difícil de manejar", compreensíveis para um objeto é completamente diferente. O primeiro termo não é uma representação, nem é composto de representações. Trata-se de um agente realmente existente no mundo. Mas, pode-se objetar, isso certamente não é toda a história. Se minha corporeidade humana torna "manejável" compreensível para mim, é porque tenho alguma "noção" dessa ação corpórea. Esta foi a palavra a que recorri bem naturalmente há alguns parágrafos. Trata-se de algo perfeitamente verdadeiro. Ser esse tipo de agente significa ter uma compreensão implícita, o que Heidegger, a certa altura, chama de "compreensão prévia" do que significa agir, do que significa se mover no mundo, do jeito que fazemos.

Porém, isso não é uma questão de representações. A epistemologia racionalista nos induz a chegar a essa conclusão porque, como descrevi acima, ela explica toda a nossa compreensão como composta de pedaços representacionais. Todavia, isso não tem nada a ver com a compreensão prévia. "Conhecer o nosso modo de..." não é uma capacidade que pode ser analisada em um conjunto de imagens, de um lado, e uma realidade retratada, de outro. Uma análise como essa, decerto, é estranha à nossa vivência, como Merleau-Ponty mostrou.[8] "Conhecer o seu modo de..." significa realmente se mover, manejar as coisas, lidar com elas, com a compreensão. O que se descreve nas últimas duas palavras não é uma camada extra de representações que refletem as ações eficazes; na verdade, isso comunica o modo como habitamos essas ações, diferenciando-as de certos processos autônomos no corpo – digestão, por exemplo – ou do que podemos fazer em determinados momentos de distração cega. Uma teoria da ação corporal baseada em inteligência artificial pode reconstruir uma explicação na qual estados representacionais internos e cálculos sobre eles desempenham um papel ao nos permitir nos movimentar, mas isso não tem nada a ver com o modo como vivenciamos essa capacidade.

Esse sentido contextual de realidade é não-representacional, porque se trata de algo que possuímos em – que é inseparável de – nossas lidas

8 Veja-se Merleau-Ponty, *La phénoménologie de la perception*.

reais com as coisas. Esse é o argumento que às vezes se utiliza ao dizer que tal sentido se trata de uma espécie de "saber como" em vez de um "saber que". O último tipo de conhecimento é entendido como a posse de representações corretas. Não podemos fazer justiça à nossa capacidade habitual de nos mover se a concebermos no modelo de mente em oposição a um mundo que ela espelha.

E isso também é algo que permite o que chamei de "articulação". Posso me tornar consciente de onde estou colocando meus pés; ou posso dizer que estava entendendo suas palavras de uma forma ao invés de outra. Não se trata de fixar ou dizer explicitamente o que já estava formulado, nem se trata de uma descoberta totalmente nova. Estou me baseando em meu sentido das coisas para fazer tais formulações ou chegar a essa consciência explícita. A articulação é um processo totalmente diferente do que a descrição de realidades independentes, pois exige habilidades, disciplinas e até mesmo qualidades de caráter bastante distintas. Pense na diferença entre articular como você se sente em relação a alguém e descrever uma cena envolvendo essa pessoa. Óbvio que uma pode afetar a outra, mas considera-se isso um vício. As tarefas são distintas.

Nosso sentido das coisas pode ser mais ou menos articulado. Contudo, agora podemos perceber por que a suposição de que ele poderia ser totalmente articulado é equivocada em sua própria natureza. Disse que uma forma de ação engajada é aquela cujo mundo é moldado por seu modo de ser. Esse modo de ser fornece o contexto no qual a experiência desse agente é compreensível, ou seja, faz sentido para o agente, além de ser compreensível para um observador. A modelação do mundo é uma questão de formação de sentido. Contudo, a forma só pode determinar o "sentido" das coisas para o agente, porque o agente possui algum "sentido" dessa forma. A palavra entre aspas nesta frase aparece em dois usos intimamente relacionados. "Para cima" e "para baixo", para mim, têm sentido por causa do meu senso do que significa ser uma criatura dotada de corpo como sou. Agentes engajados são criaturas com um sentido contextual das coisas.

Por que nem tudo pode ser totalmente articulado, entretanto? Porque não se trata de representações, mas de um contexto real que confere sentido. Como um contexto real que confere sentido, nossa forma de vida também é o contexto essencial para qualquer articulação ser significativa. A resposta curta à razão, pela qual a articulação completa é uma quimera, se deve ao fato de que qualquer articulação em si mesma precisa do contexto para ser bem-sucedida. Cada nova articulação, por sua vez, busca sua compreensibilidade em um sentido contextual, fora do qual ela não teria sentido. Cada nova articulação ajuda a nos redefinir e, assim, pode abrir novos caminhos para potenciais articulações posteriores. Por sua própria natureza, o processo é incompleto, pois não há limite para os aspectos ou facetas de nossa forma de vida que se pode tentar descrever ou dos pontos de vista a partir dos quais se pode tentar descrevê-la.

A suposição de uma articulação completa surge da perspectiva procustiana do racionalismo moderno. Nossa compreensão é supostamente composta por um número finito de representações ainda não expressamente colocadas em primeiro plano, e que, de alguma forma, já estão aí. Desse ponto em diante, não há espaço para mudança. De fato, perde-se completamente a irredutível estrutura conteúdo-contexto da ação engajada.

Uma das distorções cruciais da tradicional epistemologia racionalista foi justamente que não havia lugar para essa estrutura de conteúdo-contexto. As ideias, os conteúdos reificados da mente, eram consideradas como pedaços de informação. A compreensão contextual na qual elas faziam sentido precisava ser totalmente ignorada ou ser tratada como outros pedaços de informação. Às vezes, isso leva a consequências quase cômicas, como na alegação de Hume de que não consegue encontrar nenhuma ideia correspondente ao si mesmo. A mesma incapacidade impacta os herdeiros contemporâneos dessa perspectiva, que propõem modelos de pensamento baseados em computador.

Pode-se apreciar, então, a condição paradoxal do contexto. Ele pode ser explicitado, porque não estamos completamente inconscientes dele. Mas a própria explicitação pressupõe um contexto. O próprio modo como atuamos sendo agentes engajados nesse contexto torna incoerente a prospectiva de uma total explicitação. Nesse sentido, não se pode pensar, em hipótese alguma, o contexto quantitativamente.

Uma das características que distingue entre a concepção da ação humana como engajada e a imagem desengajada é que a primeira tem espaço para esse tipo de contexto. Na concepção desengajada, e em particular na teoria mecanicista que muitas vezes a sustenta, não há, é claro, uma rejeição explícita dessa noção, mas toda a questão à qual ela fornece alguma resposta não surge. Assume-se a compreensibilidade desde o início, não necessitando de um contexto para fornecê-la. Entende-se que os pedaços de informação de entrada são tomados como tais desde o início e que as operações que se seguem equivalem ao processamento dessa informação. No caso das teorias da mente baseadas em computador, essa leitura de entrada e processo está presente na própria definição do que ocorre como a realização de um programa. Ser descritível enquanto tal é uma condição suficiente para ser considerado enquanto tal.[9]

Assim, não é surpreendente que todas as filosofias que desafiaram a imagem desengajada guardaram algum espaço para uma noção de contexto. Já me referi à noção de Heidegger de compreensão prévia ou uma compreensão pré-tematizada de nosso mundo. Wittgenstein usa uma noção semelhante – por exemplo, quando mostra o que deve estar pressuposto como já compreendido quando tentamos definir algo ostensivamente ou nomear alguma coisa.

III

Todavia, o contexto não figura apenas nessas filosofias como uma doutrina. Ele também desempenha um papel crucial em sua estratégia argumentativa. Essas filosofias revertem a imagem desengajada através de uma articulação do contexto que tal imagem também deve pressupor. Fazendo isso, elas podem ser entendidas como oferecendo uma resposta a um desafio potencial que um defensor da concepção desengajada poderia lançar de volta a seu crítico: se você está certo e sempre nos baseamos em uma compreensão contextual que confere compreensibilidade à nossa experiência, então até mesmo minha abordagem do agente cognoscente,

9 Veja-se Daniel Dennett, *The Intentional Stance* (Cambridge, MA: MIT Press, 1988), capítulos 2 e 7.

nos termos da imagem desengajada, deve se basear em tal contexto para ser compreensível para mim. Pois, de acordo com você, o que estou realmente descrevendo é a postura desengajada, que você entende como uma consecução específica e regional por parte de um agente, cuja experiência como um todo só é compreensível a partir de um contexto do tipo que você invoca. Na condição de uma postura específica, uma entre muitas possibilidades desse agente, tendo um lugar determinado em seu mundo, isso também deve ser compreensível por alguma compreensão contextual. Então, articule para mim a compreensão implícita na qual supostamente estou me baseando, mostre-me a compreensão prévia sem a qual não poderia estar agindo. Então, terei que acreditar em você. Caso contrário, pare de palavrear sobre eu estar preso a uma imagem, pego por uma armadilha ou sofrendo de *Seinsvergessenheit* [esquecimento do ser].

A linha de argumentação dos principais "desconstrutores" da imagem desengajada poderia servir como resposta a esse desafio. Tal linha de argumentação mina a imagem ao trazer à tona o contexto de que precisamos para que as operações descritas na imagem façam sentido, tornando evidente que esse contexto não pode se acomodar nos limites que a concepção desengajada prescreve. Uma vez compreendida em relação ao seu contexto, a abordagem se mostra como sendo insustentável.

Kant é o pioneiro nesse tipo de argumentação e todos os desconstrutores se consideram seguidores de seus passos. Não que ele tivesse em vista refutar a concepção desengajada enquanto tal. Mas ele conseguiu desmantelar uma de suas principais características, pelo menos em uma variante anterior. Os argumentos da dedução transcendental podem ser entendidos de várias maneiras. Porém, uma forma de os entender é como um enterro definitivo de um certo atomismo de entrada, defendido pelo empirismo. Como isso chegou a Kant através de Hume, parecia sugerir que o nível original do conhecimento da realidade (seja lá o que isso viesse a ser) vinha em pedaços, "impressões" individuais. Este nível de informação poderia ser isolado de um estágio posterior em que tais pedaços eram conectados – por exemplo, em crenças sobre relações de causa e efeito. Deparamo-nos formando tais crenças, mas podemos, ao adotar uma postura de escrutínio reflexivo (que, como vimos anteriormente, é fundamental para a epistemologia moderna), fazer a separação entre o nível fundamental e as nossas conclusões demasiado apressadas. Essa análise supostamente revela, por exemplo, que nada no campo fenomênico corresponde à conexão necessária que interpolamos muito facilmente entre "causa" e "efeito".[10]

Kant põe abaixo toda essa forma de pensar ao demonstrar que ela pressupõe que, para cada impressão particionada, esta é assumida como um pedaço de informação potencial. Ela tem a intenção de ser sobre alguma coisa. A distinção primária entre as impressões de sensação e as de reflexão reconhecida pelos empiristas equivale a um reconhecimento disso. O zumbido na minha cabeça é diferente do ruído que ouço dos bosques vizinhos, de modo que o primeiro se trata de um componente de como me sinto e o segundo parece me dizer algo sobre o que está acontecendo lá fora. Assim, mesmo uma "sensação" particionada, para ser realmente sensação (no sentido empirista, ou seja, em oposição à reflexão), deve ter essa dimensão de "ser sobre alguma coisa". Posteriormente, isso será chamado de "intencionalidade", mas Kant fala da relação necessária com um objeto de conhecimento. "Descobrimos, entretanto, que nosso pensamento da relação de todo conhecimento com seu objeto traz consigo um elemento de necessidade".[11]

Com este ponto assegurado, Kant sustenta que essa relação com um objeto seria impossível se realmente considerássemos a impressão como um conteúdo totalmente isolado, sem nenhum vínculo com outros conteúdos. Entendê-la como sendo sobre alguma coisa significa colocá-la em algum lugar, no mínimo lá fora no mundo, ao contrário de em mim, dando-lhe uma localização em um mundo que, apesar de ser indeterminado em muitos aspectos e desconhecido para mim, não pode ser totalmente assim. A unidade deste mundo é pressuposta por tudo o que poderia se apresentar como um pedaço particular de *informação*, de modo que,

10 HUME, David. *An Enquiry Concerning Human Understanding*. Oxford: Oxford University Press, 1966, capítulo 7.

11 "*Wir finden aber, dass unser Gedanke von der Beziehung aller Erkenntniss auf ihren Gegenstand etwas von Notwendigkeit bei sich führe*". KANT, Immanuel. *Critique of Pure Reason*. Tradução inglesa de N. K. Smith. Londres: Macmillan Press, 1963, A104.

com isso, qualquer coisa que signifiquemos com tal pedaço particular não poderia estar totalmente sem relação com todos os outros. A condição contextual para essa suposição favorita da filosofia empirista, a impressão simples, nos proíbe de lhe dar o sentido radical que Hume parecia lhe propor. Tentar violar essa condição contextual é cair na incoerência. Ser bem-sucedido em romper todos os vínculos entre impressões individuais seria perder todo o sentido de consciência do que quer que seja. "Essas percepções, então, não pertenceriam a nenhuma experiência, consequentemente, estariam sem um objeto, sendo apenas um jogo cego de representações, menos até do que um sonho".[12]

A dedução transcendental, bem como argumentos relacionados presentes na *Crítica da razão pura*, podem ser entendidos como um ponto de virada na filosofia moderna. Retrospectivamente, podemos considerá-los como a primeira tentativa de articular o contexto que a própria imagem moderna desengajada requer para que as operações que descreve sejam compreensíveis. Essa articulação, por sua vez, pode ser usada para minar a imagem. Uma vez que se passa por essa transição, todo o panorama filosófico muda, porque a questão da compreensão contextual se abre. Um aspecto decisivo das concepções reificadas, que surgem da ontologização dos modos canônicos de proceder da epistemologia moderna, consiste no fato de que elas tornam essa questão invisível. As condições de compreensibilidade são incorporadas aos elementos e processos da mente como propriedades internas. A impressão isolada *é* informação capaz de ser compreendida por si só, assim como a casa é vermelha ou a mesa é quadrada. Ela possui toda a existência particionada e separável de um objeto externo. Locke considera as ideias simples como análogas aos materiais de construção.[13] Essa perspectiva esquece que para algo ser compreensivelmente X ele deve *ser considerado como* compreensivelmente X, sempre existindo condições contextuais para que algo seja considerado como algo.

---

12 *"Diese [sc. Wahrnehmungen] würden aber alsdann auch zu keiner Erfahrung gehören, folglich ohne Objekt und nichts als ein blindes Spiel der Vorstellungen, d.i. weniger als ein Traum sein"*. *Ibidem*, A112.

13 LOCKE, John. *An Essay Concerning Human Understanding*. Oxford: Oxford University Press, 1975, 2.2.2.

Em sua forma kantiana original, essa revolução varre o atomismo da epistemologia moderna. Nesse aspecto, todos aqueles que vieram depois seguem Kant de perto. De certa forma, o próprio movimento que desreifica nossa abordagem do agente cognoscente tem uma inclinação holística inerente. O que antes estava incorporado nos elementos agora é atribuído ao contexto que todos compartilham.

Heidegger segue essa pioneira forma kantiana de argumentação. Em *Ser e tempo*, ele argumenta que as coisas primeiro são descobertas como parte de um mundo, ou seja, como os correlatos da conjuntura em questão, e em uma totalidade de tais conjunturas. Isso mina o primeiro e o terceiro aspectos da imagem desengajada e, portanto, torna o segundo aspecto inoperante. O primeiro aspecto, o atomismo de entrada, é negado pela noção de uma totalidade de conjunturas. O terceiro aspecto, a neutralidade, é minado pela tese fundamental de que as coisas são primeiramente descobertas em um mundo como disponíveis-à-mão (*zuhanden*). Pensar nesse aspecto como algo que projetamos sobre as coisas percebidas inicialmente de forma neutra é cometer um erro fundamental.[14]

Em *Ser e tempo*, a discussão de Heidegger às vezes é considerada por leitores não simpatizantes como uma interessante discussão da existência cotidiana que é irrelevante para as questões filosóficas de ontologia que ele afirma discutir. Então, normalmente, tratamos as coisas, em sua relevância, como ferramentas ou obstáculos para nossas atividades – o que isso mostra a respeito da primazia da informação neutra? Óbvio que, na maior parte do tempo, não estamos *cientes* das coisas como sendo objetos neutros, mas isso não mostra que a análise desengajada não está correta. Nossa consciência cotidiana deve ser vista como um constructo. Não devemos cometer o erro pré-galileano de pensar que as coisas são como

14 "O modo de ser pertencente a esse ente é o caráter de ser disponível-à-mão. Porém, essa característica não deve ser compreendida como uma mera forma de apreendê-lo, como se tais 'aspectos' fossem atribuídos ao 'ente' que de imediato vem ao encontro, ou como se algum material-do-mundo, de imediato simplesmente dado, fosse 'subjetivamente colorido' dessa maneira" (ST, 101). "*Die Seinsart dieses Seienden ist die Zuhandenheit. Sie darf jedoch nicht als blosser Auffassungscharakter verstanden werden, als würden dem zunächst begegnenden 'Seienden' solche 'Aspekte' aufgeredet, als würde ein zunächst an sich vorhandener Weltstoff in dieser Weise 'subjektiv gefärbt*'" (SZ, 71).

aparecem, mesmo em questões da mente – assim circula uma acusação comum de defensores da concepção desengajada contra a "fenomenologia".

Porém, a intenção de Heidegger é nitidamente outra do que apenas nos lembrar de como é viver no mundo cotidianamente. O propósito do argumento é o mesmo que o de Kant e poderia ser invocado como o dele na condição de uma resposta ao desafio que coloquei anteriormente. O objetivo é demonstrar que apreender as coisas como objetos neutros se trata apenas de uma de nossas possibilidades em relação ao contexto de um modo de ser no mundo. Um contexto no qual as coisas são descobertas como disponíveis-à-mão. Apreender as coisas de forma neutra requer modificar nossa postura em relação a elas, uma postura que inicialmente tem que ser de envolvimento. Heidegger, assim como Kant, sustenta que o comportamento em relação às coisas, descrito na concepção desengajada, requer, para sua compreensibilidade, que esteja situado em uma postura de enquadramento e contínua relação com o mundo que lhe é antitética. Portanto, esse comportamento não poderia ser original e fundamental. A sua própria condição de possibilidade nos proíbe de dar a essa postura neutralizante o lugar paradigmático e fundamental em nossas vidas que a imagem desengajada supõe.

Este argumento a respeito das condições de possibilidade – as condições de levar a cabo a postura de forma compreensível – é sustentado pelo uso que Heidegger faz do termo *ursprünglich* ("originário"). Este termo não significa apenas "anterior no tempo", mas algo mais forte. Nossa postura *ursprünglich* precede, mas também como uma condição do que a segue e a modifica. O argumento a respeito das condições de possibilidade também se apoia no repetido uso da frase *zunächst und zumeist* ("de partida e na maioria das vezes", de acordo com a tradução padrão). Uma vez mais, isso soa enganosamente fraco. Porém, aplica-se a um modo de ser que não apenas existe antes e com mais frequência, mas que também fornece o contexto para o que não o é.

Neste ensaio, tentei mostrar como Heidegger nos ajudou a nos libertar do domínio da epistemologia racionalista moderna. Formulei sua linha de pensamento nos termos da noção de ação engajada. Isso, por sua vez, nos conduz à noção de contexto. Porém, a ideia de um contexto que podemos articular não figura apenas como parte de uma nova *imagem* do agente cognoscente. O conjunto de argumentos filosóficos da analítica existencial conduzida por Heidegger é, por si só, uma tal articulação. A imagem se põe em movimento. Essa confirmação pragmática de si mesma é o que concede à analítica existencial sua força peculiar – uma força que é muito necessária para contrapor-se ao domínio da compreensão desengajada da ação em nossa cultura.

8 A morte, o tempo, a história: a Segunda Seção de *Ser e tempo*

Piotr Hoffman

> Essa certeza de que "eu mesmo existo porque irei morrer" é a *certeza fundamental do próprio Dasein.* [...] O MORIBUNDUS é o que *primeiro* dá ao SUM seu sentido (HCT, 316 317).
>
> Em certo sentido, apenas ao morrer posso dizer absolutamente: "eu sou" (HCT, 318).

A filosofia moderna se afasta das coisas do mundo e se concentra no si mesmo humano que as apreende em pensamento e as transforma em ação. O si mesmo se torna o repositório tanto de sua verdade quanto de seus principais propósitos. Em decorrência disso, o si mesmo humano recebe a posição de fundamento da realidade que autojustifica. Nessa nova e elevada posição, o si mesmo deixa de ser visto como parte integrante de uma ordem independente das coisas. A partir do *cogito* de Descartes, o si mesmo se distancia do mundo e se recolhe em suas próprias experiências e pensamentos. A subjetividade do si mesmo fornece tanto o ponto de partida quanto a validação para as diversas tentativas filosóficas de reconstruir nosso conhecimento do mundo.

Em *Ser e tempo*, um dos objetivos de Heidegger foi questionar e superar essa tradição subjetivista da filosofia moderna. No entanto, espero mostrar que, na Segunda Seção de *Ser e tempo*, Heidegger se revela um herdeiro dessa tradição e de seu modelo de si mesmo humano.

O si mesmo humano

No parágrafo inicial da Segunda Seção (BT, 274-278), Heidegger faz duas afirmações cuja importância é inestimável para todo o projeto filosófico de sua *opus magnum*. Em primeiro lugar, uma vez que o objetivo deste projeto é investigar o sentido do ser em geral, o qual, por sua vez, é descerrado pelo *Dasein*, a clarificação fundamental do sentido do ser exige uma interpretação apropriadamente fundamental ("originária") do *Dasein*. Em outras palavras, não podemos nos satisfazer com este ou aquele entendimento parcial ou aproximado do *Dasein*; devemos alcançar a compreensão do *Dasein como um todo*. Em segundo lugar, como veremos mais nitidamente adiante, a partir do presente ponto de vista, "uma coisa se tornou inconfundível: *até agora, nossa análise existencial do Dasein não pode reivindicar originariedade*. Seu ter-prévio nunca incluiu mais do que o ser *inautêntico* do *Dasein*, e do *Dasein* não como um *todo* [*als unganzes*]" (BT, 276). Então, toda a Primeira Seção deve agora ser considerada profundamente incompleta, pois falhou em nos proporcionar a compreensão exigida tanto da *totalidade* quanto da *autenticidade* do *Dasein* (BT, 276).

Mesmo neste estágio ainda provisório e bastante genérico da análise de Heidegger, pode-se justificar a aparição conjunta de "totalidade" e "autenticidade", pois a vida autêntica (em contraposição à vida inautêntica) é aquela em que se manifesta não apenas este ou aquele aspecto do *Dasein*, mas o *Dasein como um todo*. E se, como logo ficará claro, a autenticidade do *Dasein* requer a aceitação lúcida da própria morte, é precisamente porque a totalidade do *Dasein* só pode ser revelada em seu ser-para-a-morte.

Inicialmente, pode-se entender esta última afirmação em seu sentido óbvio e menos controverso. Enquanto um indivíduo humano está vivo – enquanto continua a se posicionar a respeito do que significa ser –, sua identidade não é um assunto resolvido, pois está aberta a constante revisão e reinterpretação. Em cada época de minha vida, posso sempre escolher esta ou aquela opção disponível para mim – e, ao fazer isso, não apenas determino qual será o curso de minha vida a partir de agora, mas também remodelo e redefino o sentido do que minha vida foi até então.

Isso acontece porque as opções que escolho lançam luz sobre o que era importante para mim o tempo todo, sobre a persistência e o vigor dos meus compromissos (ou a falta deles), e assim por diante. Retornando à terminologia de Heidegger: enquanto o *Dasein* é, ele pode escolher suas possibilidades; portanto, enquanto não for extinto esse aspecto de "antecipado-a-si-mesmo" na estrutura do *Dasein*, o *Dasein* será caracterizado por uma "falta de totalidade" (BT, 279). E como a morte extingue em última instância e de maneira irrevogável – a capacidade do ser humano de escolher suas possibilidades, a morte põe fim ao processo contínuo de remodelar e redefinir a identidade de um indivíduo. O que sua vida foi, afinal, se torna um assunto resolvido.

Até agora, no entanto, essa caracterização da morte foi apresentada em terceira pessoa e, para Heidegger, isso não pode ser o bastante. Devemos perguntar sobre "o sentido ontológico do morrer da pessoa que morre, como uma possibilidade-de-ser pertencente ao *seu* ser" (BT, 283). Em outro texto (HCT, 308-309), Heidegger detalha melhor tanto o pensamento por trás dessa exigência quanto a dificuldade a que ela imediatamente conduz. Como se define o *Dasein* como a cada vez *meu*, a emergência da morte, enquanto totalizadora de minha vida, deve se manifestar a partir de *mim mesmo*, de meu ponto de vista em primeira pessoa. Porém, essa exigência parece impossível de ser satisfeita, pois à medida que visualizo as coisas a partir de meu próprio ponto de vista, ainda *não* alcancei minha totalidade; e, inversamente, quando a *tiver* alcançado, não haverá ponto de vista a partir do qual obter a experiência dessa totalidade. Em síntese, se minha identidade, a princípio, é incompleta enquanto estou vivo, então não posso ver o que *significaria* dizer "isso é, afinal, o que minha vida foi", a menos que eu conceba minha morte como um evento testemunhado e interpretado por outras pessoas. Mas, ao fazer isso, eu *eo ipso* abandono a narrativa de minha própria morte em primeira pessoa.

Contudo, o dilema observado – *ou* eu existo, sendo qualquer fala sobre a completude de minha identidade, a partir de meu próprio ponto de vista, algo desprovido de sentido, *ou* tal fala é significativa, embora não seja conduzida a partir de meu próprio ponto de vista – trata-se de uma falsa alternativa. Tal dilema resulta inteiramente de nossa concepção da morte como um aspecto simplesmente dado, ou seja, como um acontecimento intramundano (BT, 280). Para alcançar o sentido em primeira pessoa do que significaria dizer (irrevogavelmente) "isso é, afinal, o que minha vida foi", assumi que teria que *esperar* até esse acontecimento de minha morte realmente acontecer; então, a alternativa insustentável que vimos surgir é uma conclusão preestabelecida. Mas isso não precisa ser assim. Certamente, não consigo apreender exatamente *qual* será minha identidade completa. Porém, mesmo assim, sei, a partir de meu próprio ponto de vista, *como* ver minha vida como sendo algo que tenho o potencial de realizar.

Na verdade, não preciso esperar até que minha vida chegue ao fim para alcançar uma sensação de estar exposto ao e ser definido pelo poder da morte. Pois o *cogito sum*, lembremos da epígrafe, deve ser reafirmado como *moribundus sum*: eu *existo* apenas porque me encontro, a cada instante da minha vida, incapaz de escapar da possibilidade de morrer exatamente naquele momento específico (e não apenas amanhã ou depois de amanhã etc.). Como se mostrará adiante, *esta* é a única verdade da qual não posso duvidar, embora possa tentar escondê-la e encobri-la. Conforme ainda veremos, minha capacidade de duvidar de todas as verdades depende dessa verdade inabalável a respeito de meu ser sempre totalmente vulnerável ao poder da morte.

Ao mesmo tempo – e devido à mesma circunstância de minha total vulnerabilidade à morte –, a identidade completa que visualizo como possível para mim permanece sendo a *minha* identidade. Pois a percepção da morte que tenho em primeira pessoa determina minha vida não apenas como uma *totalidade*, mas também como única e exclusivamente *minha* – ou seja, não como uma interseção de papéis sociais e naturais com funções que compartilho ou posso compartilhar com outros.

A justificativa de Heidegger para essa importante conexão – a morte confere à minha vida sua "totalidade", bem como o "ser-cada-vez-meu" (*Jemeinigkeit*) – é simples (BT, 283-284). Sendo parte do mundo público, posso ser facilmente substituído ("representado") por outra pessoa. Outro alguém poderia ocupar a posição que ocupo na sociedade; outra pessoa poderia ser o marido da mulher com quem me casei, o pai de seus filhos, e assim por diante. Contudo, essa possibilidade de ser "representado" por outro indivíduo não é válida em apenas um único caso: o de minha morte. Quando falamos de forma genérica, podemos facilmente apontar para uma série de outros casos nos quais, aparentemente, nossa presença pessoal é indispensável; parece que ninguém pode me substituir naquela mesa cirúrgica quando o médico está prestes a me operar; ou naquela imponente sala do decano, que espera de mim uma explicação para as minhas repetidas faltas no meu trabalho na universidade, e assim por diante. Porém, também é fácil perceber por que tais contraexemplos não têm nenhuma relevância para a análise de Heidegger sobre a morte, pois sempre posso evitar as experiências que acabei de descrever: posso decidir assumir os riscos sem a cirurgia ou deixar de comparecer à sala do decano etc. Minha presença ou ausência nessas ocasiões é uma questão de escolha própria: se eu achar que já vivi o suficiente ou se não me importar muito em manter meu emprego, não acharei difícil, e certamente não impossível, perder meus compromissos tanto com o cirurgião quanto com o decano. Em nenhum caso, no entanto, posso evitar comparecer diante do tribunal da morte. Em todos os outros casos, nos quais parece que ninguém pode me substituir, mudar meus próprios objetivos me tornará capaz de evitar essas experiências. Porém, não há objetivo nem estratégia que me permita escapar de meu encontro com a morte.

Podemos entender, então, por que Heidegger atribui à morte *ambos* os poderes: o de totalizar e o de individualizar o *Dasein*. A morte me totaliza, pois, devido a ela, minha identidade se tornará completa. A morte me individualiza, pois impõe sobre mim a única experiência que é inevitavelmente minha. Assim, "se o 'findar', como morrer, constitui a *totalidade* do *Dasein*, então o próprio ser desta totalidade deve ser concebido como um fenômeno existencial que é, em cada caso, *próprio*" (BT, 284, ênfase minha). Contudo, embora essas duas atribuições da morte – *completar* minha identidade e estabelecê-la como unicamente *minha* – sejam inseparáveis, elas permanecem distintas. Uma vez que outra pessoa poderia me substituir em cada uma das experiências que compõem minha história de vida, todas essas experiências só são exclusivamente minhas porque essa história de vida, como um todo, é individualizada, *independentemente* delas, por sua condição final: a morte. A respeito da morte, só se pode dizer que ela é "a cada vez minha na medida em que é" (BT, 284). Assim, nosso encontro em primeira pessoa com a ameaça da morte exige a *rejeição do princípio da identidade dos indiscerníveis*: sou *esta* pessoa, em específico, não em razão da totalidade das determinações que me são atribuíveis, mas devido ao "ser-cada-vez-meu" da morte, onde o "ser-cada-vez-meu" em questão é um termo não-derivado e originário, distinguível apenas por seu puro "ser-o-que-é", e não por qualquer propriedade ou conjunto de propriedades.

Com isso, podemos ver mais nitidamente a dependência de Heidegger da ideia moderna de subjetividade, de fato, sua profunda proximidade com Descartes. Para ambos os filósofos, o indivíduo humano é lançado de volta ao *seu próprio* si mesmo por uma sensação de *total impotência e vulnerabilidade* diante de uma ameaça derradeira (respectivamente, do gênio maligno e da morte). Voltarei a essa ideia adiante.[1] Contudo, há uma dificuldade imediata que se coloca nesse paralelo entre Descartes e Heidegger. Em Descartes, se a ameaça do gênio maligno parece, de fato, inevitável (pelo menos antes da descoberta de Deus pelo si mesmo), é porque o gênio me engana constantemente.[2] Assim, o gênio maligno não me dá trégua e nenhuma escapatória; seu poder me mantém completamente sob seu controle. E parece igualmente óbvio, pelo menos para o senso comum, que a morte *não* tem esse tipo de poder sobre mim. Posso dizer que estou sob a ameaça real da morte quando acordo em uma cama de hospital, após uma cirurgia complicada e perigosa. Porém, não pareço enfrentar nenhuma ameaça como essa quando, pelo meu *check-up* médico anual, estou saudável, vigoroso e forte e me encontro caminhando tranquilamente pela praia. A morte não parece me ameaçar

1 Para mais detalhes, consultar minha obra *Doubt, Time, Violence* (Chicago: University of Chicago Press, 1986).

2 DESCARTES, R. *Meditations on First Philosophy*, disponível em *The Philosophical Works of Descartes*, 2 volumes. Ed. E. S. Haldane e G. R. T. Ross. Cambridge: Cambridge University Press, 1972, vol. 1, p. 150.

"constantemente". E, assim, conclui-se que o "ser-cada-vez-meu", que supostamente conquisto através da exposição à ameaça da morte, não pode ser uma das características centrais da identidade humana. No entanto, essa foi a condição precisamente atribuída a tal característica no início da analítica de Heidegger sobre o *Dasein*.[3]

A dificuldade é genuína, mas decorre de um equívoco da interpretação conduzida por Heidegger sobre a morte. Levanta-se tal dificuldade devido à concepção de *senso comum* sobre a morte, enquanto para Heidegger, tal concepção se trata de uma grande distorção da constituição real das coisas. Quando essa constituição real das coisas – ou seja, a verdadeira face da morte – é trazida à tona e articulada, a ameaça da morte se revela como sendo constante e impregnante, de fato.

A analítica de Heidegger sobre a morte se inicia com um lembrete de que "o cuidado é a constituição fundamental do *Dasein*" (BT, 293). Pois, se a morte deve ter a constância e a impregnância exigidas por sua função de individualizar o ser humano, essa condição da morte deve ser esclarecida em termos da constituição fundamental do *Dasein*. De fato, este é o caminho que Heidegger agora segue. Nas etapas anteriores de sua analítica da finitude humana, ele já definiu o cuidado como sendo formado por "existência", "facticidade" e "queda". Agora, ele mostrará como todos esses três aspectos do cuidado revelam a constância e a impregnância da exposição do ser humano à ameaça da morte.

Porém, o vínculo essencial entre o cuidado e a morte também pode ser compreendido em um nível mais genérico. O *Dasein* é cuidado, pois o *Dasein* está sempre ocupado com seu ser. Minha vida (tanto em seu "fato" quanto em sua "essência") não me é algo indiferente, algo que me deixa apático, por assim dizer; pelo contrário, ela é algo que me *importa*. Ora, minha vida importa para mim – de fato, *deve* me importar – apenas porque estou consciente de que não a tenho "para sempre" e "de uma vez por todas", a vida importa só porque estou consciente de que ela pode ser arrancada de mim pelo poder da morte. E, assim, o cuidado é a

3 "Nós mesmos somos os entes a serem analisados. O ser de cada ente é *em cada caso meu*" (BT, 67).

constituição fundamental do *Dasein* apenas porque o *Dasein* é, e se compreende como sendo, uma criatura mortal: "sou este 'eu posso morrer a qualquer momento'. [...] *Eu mesmo sou esta possibilidade constante e absoluta de mim mesmo*, a saber, não ser mais. O cuidado, que essencialmente se configura como cuidado do ser do *Dasein*, em seu âmago, não é nada além deste ser-antecipado-a-si-mesmo na mais absoluta possibilidade do seu próprio poder-ser" (HCT, 313). Em contrapartida, assim como a constituição (fundamental) do cuidado do *Dasein* depende do sentido de o *Dasein* ser uma criatura mortal, então também "*em relação à sua possibilidade ontológica, morrer se fundamenta no cuidado*" (BT, 296). Em outras palavras, a mera concepção de uma criatura mortal que permaneceria intacta e indiferente em relação à sua própria perecibilidade não é, de forma alguma, logicamente contraditória. Se a morte nos leva a nos preocupar com nossa vida, é porque a "constituição fundamental" do ser humano é, de fato, o cuidado – e não algum modo de total esquecimento relativo à sua própria finitude. Em síntese, se não fôssemos ameaçados pela morte, nossa constituição fundamental não seria o cuidado; mas, se nossa constituição fundamental não fosse o cuidado, nossa morte não seria sentida como ameaçadora. Assim, o cuidado e a própria mortalidade são "co-originários", para usar um dos termos favoritos de Heidegger.

Então, uma vez que o cuidado é a constituição *fundamental* do *Dasein* – ou seja, o estado no qual o *Dasein sempre* se encontra, a condição que subjaz a *todas* as experiências do *Dasein* – e uma vez que o cuidado implica a própria exposição à ameaça da morte, essa exposição deve ser tão constante e impregnante quanto o próprio cuidado. Pois, se eu pudesse remover a ameaça da morte de determinado período de minha vida, então, pelo menos *neste* período, não teria que me preocupar com minha vida sendo arrancada de mim (poderia dizer: "vou pensar em resolver essa situação quando me deparar com ela – quando ficar doente, velho, e assim por diante") e, com isso, o cuidado deixaria de permear *todas* as minhas experiências. Se, assim, o cuidado deve se manter como a "constituição fundamental" do *Dasein*, a ameaça da morte deve ser constante para este.

A constância da ameaça da morte ao *Dasein* se revela agora com uma clareza específica no primeiro e mais fundamental aspecto do cuidado: no ser-antecipado-a-si-mesmo do *Dasein*, projetado em direção ao âmbito de suas possibilidades. A morte é constante na medida em que consiste a única possibilidade *pura* do *Dasein*, ou seja, o tipo de possibilidade livre de qualquer mistura de realidade (e de necessidade também). Heidegger argumenta (BT, 305-307) que, habitualmente, carecemos de qualquer compreensão de tal possibilidade pura – incluindo a possibilidade de nossa própria morte –, pois nossa postura controladora em relação ao mundo está inclinada a reduzir cada possibilidade a um acontecimento ou processo previsível e controlável. Devido a essa postura, a possibilidade perde seu caráter de possibilidade e se torna possível apenas "relativamente" a certas circunstâncias e condições. Portanto, uma possibilidade cuja ocorrência depende da *realidade* dessas ou daquelas condições torna-se tudo menos uma possibilidade, na medida precisa em que se torna mais vinculada à realidade. Por isso, para aparecer em toda a pureza de seu caráter *qua* possibilidade, uma possibilidade deve ser igualmente possível sob quaisquer condições que sejam.

Entretanto, isso não significa que tal possibilidade se transforme em uma *necessidade*. Há dois tipos de necessidade a serem considerados e rejeitados neste vínculo. Se tentarmos vincular (ou, pior ainda, reduzir) a possibilidade de morrer a alguma necessidade *real* resultante de leis causais em nosso universo, estamos novamente a caminho de privar a possibilidade de sua qualidade de possibilidade, tornando-a dependente de algo que lhe é estranho e externo. Se for necessário que eu morra em algum momento, dados determinados fatos e certas leis da biologia humana, então, pelo mesmo motivo, não morrerei a menos e até que todas as condições necessárias tenham realmente acontecido. Mas, com isso, posso antecipar (pelo menos em algum grau) quando e como é provável que eu morra e posso fazer meus planos adequadamente. Assim, se a morte for vista como acontecendo devido a uma necessidade real, ela não será sempre igualmente possível – e, por essa razão, seu caráter de possibilidade pura será ignorado mais uma vez. Por outro lado – e este é o segundo sentido de necessidade a ser aqui considerado e rejeitado –, a constância e a impregnância da ameaça da morte para nós também não é uma questão de necessidade *lógica*. Dados certos fatos gerais sobre a condição humana, a ameaça da morte deve, de fato, pairar sobre cada indivíduo em qualquer etapa de sua vida. Porém, não é logicamente necessário que esses fatos gerais sobre a condição humana sejam como são.

A impregnância e a onipresença da ameaça da morte a um indivíduo são captadas por Heidegger pelo termo "indeterminação" (*Unbestimmtheit*). A possibilidade da morte é indeterminada, pois não está confinada a nenhum momento ou período específico. A possibilidade da morte pode se materializar a qualquer momento. Além disso, uma vez que Heidegger argumenta (no §70 de *Ser e tempo*) que o espaço é encontrado a partir do projeto temporal do *Dasein*, a indefinição do "quando" da morte (BT, 302) implica sua falta de vínculo com qualquer "aqui" ou "ali" específico. Por isso, a ameaça descerrada na angústia – a ameaça da morte (BT, 310) – é percebida como vinda "*de lugar nenhum*" (BT, 231). Então, dada sua indeterminação, a possibilidade da morte se descerra para nós como uma "ameaça constante" (BT, 310), de modo que se valida o paralelo que traçamos entre a ameaça do gênio maligno, em Descartes, e a ameaça da morte, em Heidegger. Ambas as ameaças são, de fato, constantes e impregnantes; ambas as ameaças revelam ao indivíduo a impotência e a vulnerabilidade de sua condição.

Entretanto, há uma afinidade ainda mais forte a ser descoberta entre o *cogito sum* de Descartes e o *moribundus sum* existencial de Heidegger. Na medida em que me vejo à luz da possibilidade de ser enganado pelo gênio maligno, suspendo minha confiança nas verdades da vida cotidiana; mas, ao mesmo tempo, descubro a verdade inabalável da minha subjetividade: "há algum enganador, muito poderoso e muito astuto, que sempre emprega sua engenhosidade em me enganar. Então, sem dúvida, existo inclusive se ele me engana; e mesmo ele me enganando tanto quanto quiser, nunca pode fazer com que eu não seja nada enquanto eu pensar que sou algo".[4] De modo similar, meu confronto com a possibilidade (indeterminada) da

4 Descartes, *Meditations*, vol. 1, p. 150.

morte não apenas me força a abandonar a compreensibilidade e a verdade cotidianas, mas, ao mesmo tempo, me leva a descobrir a certeza e a verdade inabaláveis do meu *sum*. Analisemos esses dois passos.

Em primeiro lugar, na medida em que a angústia conduz um indivíduo a um confronto com a indefinição da ameaça da morte, seu mundo público é subitamente descoberto como em queda, pois o mundo público não pode proteger um indivíduo contra a morte, logo, este mundo, *como um todo*, se prova inconfiável. O elo entre o indivíduo e seu mundo público se quebra; o indivíduo não se "encontra" neste último; os sentidos e as verdades que compõem o mundo se tornam estranhos para o indivíduo: "a angústia [...] retira do *Dasein* a possibilidade de se compreender, como decaído, a partir do mundo e do modo como as coisas foram interpretadas publicamente" (BT, 232).

Em segundo lugar, entretanto, à medida que o indivíduo assim retira seu assentimento à compreensibilidade e à verdade da interpretação pública da realidade, ele descobre e retorna à evidência inabalável do *moribundus sum* existencial. Não apenas esta evidência é subjetivamente "certa" (BT, 309), mas – assim como no caso do *cogito* cartesiano – ela também possui "verdade" (BT, 309). Heidegger nos adverte explicitamente (BT, 309) para não atribuir à certeza e à verdade da morte o caráter de "evidência apodítica", porém, é ainda mais importante prestar atenção ao que ele quer dizer com este aviso, bem como o justifica. Vale a pena citar o trecho na íntegra:

> Para alcançar a objetividade pura – isto é, a indiferença – da evidência apodítica, o *Dasein* deve primeiro se perder nas circunstâncias factuais [*Sachverhalte*] (o que pode ser uma das próprias tarefas e possibilidades do cuidado). Se ter certeza em relação à morte não tem esse caráter, isso não significa que seja de um grau inferior, mas que *não pertence, de forma alguma, à ordem graduada dos tipos de evidência que podemos ter sobre o ser-simplesmente-dado*. Sustentar a morte como verdadeira (a morte *é* apenas a sua própria) mostra outro tipo de certeza, sendo mais originária do que qualquer certeza que se relacione a entes que vêm ao encontro de

> forma intramundana ou a objetos formais; pois se trata da certeza do ser-no-mundo. Como tal, sustentar a morte como verdadeira não reivindica apenas *um* determinado modo de comportamento do *Dasein*, mas reivindica o próprio *Dasein* na plena autenticidade de sua existência (BT, 309-310).

Neste importante trecho, Heidegger claramente explicita várias coisas. Em primeiro lugar, enquanto a certeza e a verdade da morte não devem ser confundidas com a "evidência apodítica" que caracteriza nossa apreensão mental de "objetos formais" – ou seja, de objetos da matemática pura ou das essências puras das coisas –, a ameaça onipresente da morte, para nós, não tem, por essa razão, uma evidência e verdade "inferiores". Pelo contrário, como Heidegger nos leva a entender na última parte da citação, nosso "sustentar a morte como verdadeira" permeia *todas* as nossas atitudes e posturas, enquanto a verdade atribuída, por exemplo, aos axiomas e teoremas da matemática é a de uma atitude "teorética" específica, a qual – conforme Heidegger argumenta em *Ser e tempo* – não é nem fundamental nem originária ao *Dasein*. Em outras palavras, sob certas circunstâncias, o *Dasein pode* não endossar a compreensibilidade e a verdade de "objetos formais", enquanto, sob nenhuma circunstância, lhe é possível se libertar da sensação aflitiva de sua mortalidade.[5] E, na verdade, a mesma angústia que afasta o *Dasein* dos sentidos e das verdades do mundo público – e, portanto, também do sentido e da verdade dos "objetos formais" – leva o *Dasein* a se confrontar com seu *moribundus sum*. A evidência e a verdade dessa proposição são únicas, pois todas as outras formas de evidência e verdade são objetos de assentimento ou dúvida executados por uma pessoa que, através de todos esses atos, continua a reconhecer (autêntica ou inautenticamente) sua própria mortalidade.

Na medida em que se interpreta a evidência do *cogito* cartesiano como um caso de "evidência apodítica" que acompanha nossa apreensão mental de algo simplesmente dado – do nosso próprio ego –, não pode haver, de fato, analogia entre o *cogito* de Descartes e o *moribundus sum* de

5 Apenas por essa razão, a nossa certeza da morte não pode ser uma certeza *empírica* (BT, 301-302).

Heidegger. Ademais, não pode restar dúvida de que é assim que as afirmações de Descartes foram frequentemente entendidas e desenvolvidas; e também é verdade que há amplo suporte para esse tipo de interpretação nos próprios escritos de Descartes. Não apenas se interpreta o "ego" do *ego cogito* como uma substância (mental), mas também o nosso modo cognitivo de acesso a essa substância frequentemente exibe o caráter de uma "evidência apodítica" desfrutada por entes matemáticos.

Mas há outro, e mais correto, modo de analisar o *cogito* de Descartes, de forma que essa análise se aproxima bastante do pensamento de Heidegger sobre o *sum*. Jaakko Hintikka argumentou que, em Descartes, o princípio fundamental e autofundante tem, de fato, um *caráter performativo*.[6] O "eu sou" não é deduzido do "eu penso", tampouco é logicamente verdadeiro por si só. Na verdade, quando digo "eu não existo", esta frase (ou pensamento) é "existencialmente inconsistente" com o ato de eu proferir esta frase ou ter esse pensamento.[7] O que implica minha existência, então, não é o pensamento em si, mas minha execução do ato de pensar aquele pensamento específico (ou qualquer outro pensamento negando meu ser). Da mesma forma, se estivermos preparados para concordar com o lema de Heidegger, "o MORIBUNDUS é o que *primeiro dá* ao SUM *seu sentido*", então cada atitude e postura de minha parte – incluindo minhas próprias tentativas de negar, de qualquer maneira, minha mortalidade – testemunha minha existência como mortal. A estrutura do argumento é a mesma em Descartes e em Heidegger.

O tempo e a história

Nossa concordância a respeito daquela máxima heideggeriana, "o MORIBUNDUS é o que *primeiro dá* ao SUM o *seu sentido*", permite-nos entender por que a instantaneidade do *cogito* cartesiano deve ser substituída pelo caráter temporal, intrínseco ao *Dasein*. Minha existência é finita, limitada – o tipo de existência que, inevitavelmente, deve encontrar o seu

6 HINTIKKA, J. "Cogito, Ergo Sum: Inference or Performance". *Philosophical Review*, 71 (janeiro de 1962): 3-32.

7 *Ibidem*, p. 25.

fim último. Trata-se de outro modo de dizer que estou consciente de ter um destino definido à minha frente. Além do mais, minha percepção desse destino futuro é instrumental, porque me coloca frente a frente com meu passado. Pois quando digo que minha vida está destinada a chegar ao fim, infiro que sou um si mesmo *determinado*, um si mesmo dotado de uma história de vida específica, com certo contexto social e cultural, e assim por diante. Todos esses aspectos remetem ao meu passado e, para mim, todos eles ganham vida, como parte de minha identidade, quando confronto o futuro finito. Por isso, minha percepção de meu passado depende de minha percepção desse futuro finito (BT, 373, 435).

Uma vez que a morte se revela na angústia e que minha percepção da morte como meu fim último impõe às minhas experiências sua estrutura temporal, é de se esperar que esta última também tenha suas raízes na angústia. E, de fato, Heidegger fala explicitamente da *temporalidade da angústia*, que ele cuidadosamente distingue das formas inautênticas e autênticas da temporalidade:

> Em contraposição com este tornar-presente que não se sustenta [este é o presente inautêntico, o presente em que o *Dasein* se perde e se dispersa], o presente da angústia se *mantém* [...]. Mas, embora o presente da angústia *seja mantido*, ele ainda não tem o caráter do instante, que se temporaliza em uma resolução (BT, 394).
>
> Este trazer-de-volta não tem nem o caráter de um esquecimento evasivo nem o de uma lembrança. A angústia, no entanto, tampouco implica um retomar a existência em uma resolução por meio de uma repetição (BT, 394).

No primeiro trecho, Heidegger opõe tanto o presente inautêntico (o "tornar-presente") quanto o presente autêntico (o "instante") ao presente da angústia. No segundo trecho, ele faz uma comparação semelhante entre o passado inautêntico (esquecimento evasivo, lembrança) e o passado autêntico (repetição), por um lado, e o passado da angústia, por outro lado.

A temporalidade da angústia é o fundamento que subjaz tanto à temporalidade autêntica quanto à inautêntica. Enquanto a temporalidade inautêntica expressa a fuga do *Dasein* de sua angustiada antecipação da morte, a temporalidade autêntica se constrói sobre uma postura na qual o indivíduo confronta o que se revela na temporalidade da angústia e expressa isso em sua atitude em relação à sua vida inteira, do nascimento à morte.

Tentemos entender alguns conceitos fundamentais por meio dos quais Heidegger busca articular a estrutura da temporalização humana. Comecemos com a temporalidade inautêntica, pois tal forma de temporalização representa a compreensão do tempo característica do *Dasein* mediano, comum. Uma vez que todo o modo comum de viver expressa a tentativa do *Dasein* de se afastar da ameaça sempre presente da morte, o futuro inautêntico assume a forma de um "aguardar" e "esperar" (esperançoso, temeroso etc.) (BT, 386-387). Na estratégia geral de um *Dasein* inautêntico, nosso senso de vulnerabilidade radical e de impotência se torna difuso e manuseável ao ser projetado no mundo. Quaisquer ameaças à nossa existência são agora vistas como nos ameaçando a partir *do* mundo. Em conformidade com esta estratégia geral, todo o nosso futuro é visto como uma busca por uma aceitação segura por parte do mundo do "impessoal" (*das Man*). Esta compreensão do futuro implica uma atitude seletiva, altamente utilitária, em relação ao nosso passado. Uma vez que os sucessos e os fracassos no caminho do futuro inautêntico são definidos pelas tendências e pressões do mundo público, o passado de um *Dasein* inautêntico será descoberto através do "esquecimento". Um indivíduo reprimirá e relegará ao esquecimento partes de seu passado que possam ser prejudiciais à sua busca pelo sucesso no mundo inconstante do "impessoal", com todas as tendências, modas e clichês deste mundo. Em contraposição, o que quer que este tipo de indivíduo recorde, será lembrado com base no esquecimento (BT, 389). Uma vez que um indivíduo inautêntico retém de seu passado apenas o que serve à sua busca por uma aceitação segura por parte do mundo público, ele só se lembra de *A* na medida em que esquece *B*, *C* ou *D*. Finalmente, a atitude geral de "esperar" o próprio futuro e de "esquecer" o próprio passado molda a postura inautêntica de cada indivíduo em relação ao presente, a postura de "tornar-presente". A busca do *Dasein* inautêntico por segurança se reflete em um conjunto de entes – pessoas, coisas, bens, e assim por diante – com os quais esse modo de *Dasein* se cerca (e, assim, "torna presente" esses entes) para obter uma sensação de pertencer ao tranquilizador mundo do "impessoal".

Na temporalidade autêntica, a temporalidade da angústia se incorpora à interpretação que o *Dasein* faz de si mesmo. No futuro "antecipado" (autêntico), um indivíduo enfrenta a ameaça constante da morte como sendo o sentido do que está por vir. Ao assim confrontar o limite e a finitude de sua existência, ele se vê remetido ao seu passado. Esse sentido autêntico de reconhecimento do próprio passado se obtém na "repetição". Finalmente, no "instante" (*Augenblick*) do presente autêntico, um indivíduo pode se abrir para as realidades presentes de sua vida, já que o abandono da busca obstinada pela aceitação social lhe permite adotar uma atitude livre e não-manipulada em relação à sua situação presente.

Considerados meramente como elementos na temporalidade do *Dasein*, o futuro, o passado e o presente se mostram em "ekstases" – nos modos pelos quais o *Dasein* se volta para sua morte, suas raízes e seu entorno. A *ordem* dessas ekstases é anterior a e independente de qualquer cronologia temporal (BT, 375-376). O futuro ekstático não é "posterior" ao presente ekstático, pois, a qualquer instante de minha vida, sou igualmente vulnerável ao poder da morte, de modo que essa vulnerabilidade é sempre uma questão atual e viva para mim. Meu passado também não é algo que simplesmente passou e agora ficou para trás, algo que existe "não mais agora – mas antes" (BT, 375). Isso acontece porque meu passado não é nada além do que meu "ser-lançado" – ou seja, meu pertencimento a uma cultura, minhas preferências já estabelecidas, habilidades, hábitos, e assim por diante –, sendo precisamente em relação a esse "ser-lançado" que minhas experiências presentes são organizadas e dotadas de sentido. Nem a ekstase do presente deve seu nome à sua posição em uma ordem cronológica. Nesta ekstase, neste "ser-junto-a (entes que vem ao encontro de forma intramundana)", estou "presente" para tais entes e, portanto, permito que "se façam presentes" para mim – no sentido de estarem disponíveis para mim, de estarem à minha disposição.

Assim como a *ordem* das ekstases independe de quaisquer relações cronológicas, também o *tornar-se* das ekstases (por isso, o presente se torna passado, o futuro se torna presente etc.) não se trata de uma alteração cronologicamente determinável. De fato, a "essência da temporalidade consiste em um *processo* de temporalização na unidade das ekstases" (BT, 377, ênfase minha). E esse caráter dinâmico da temporalidade, semelhante a um processo, precede e condiciona todas as nossas noções de fluxo temporal, conforme compreendida cronologicamente.

Contudo, como Heidegger pode deduzir nossa noção mediana e cronologicamente compreendida de tempo da temporalidade do *Dasein*? Já vimos como a temporalidade da angústia se deturpa em temporalidade inautêntica – na temporalidade de um *Dasein* relutante em confrontar sua impotência e vulnerabilidade ontológicas. Essa forma de temporalidade reside na origem do tempo, como geralmente compreendido: "o 'tempo', como geralmente compreendido, [...] decorre da temporalidade inautêntica" (BT, 374). Devemos agora tentar entender essa afirmação detalhadamente.

Em geral, a temporalidade humana se estrutura no mundo por meio dos *esquemas horizontais* das três ekstases temporais. Já observamos que as ekstases são os modos de ser do *Dasein* "fora de si mesmo". Esta última expressão inclui uma referência implícita à estrutura esquemático-horizontal das ekstases: "a cada ekstase pertence um 'para onde' em direção ao qual se é levado" (BT, 416). Esse "para onde" não é outra coisa senão o correspondente mundano de cada ekstase. Por exemplo, o esquema horizontal do passado se define como "aquilo *diante de que*" o *Dasein* foi lançado. Isso significa que minha relação com meu passado pressupõe uma referência a uma determinada condição do mundo: à sociedade e às instituições nas quais nasci e fui criado, ao meu ambiente familiar, aos meus amigos de infância e assim por diante. Com isso, meu passado é espelhado no passado do mundo. Heidegger oferece uma explicação semelhante a respeito do vínculo entre as ekstases do presente e do futuro, por um lado, e seus próprios correspondentes mundanos, por outro.

Por se fundamentar na temporalidade humana, o mundo recebe uma estrutura temporal própria. No entanto, ainda falta um passo para explicar o surgimento da cronologia temporal. Por exemplo, "aquilo *diante de que* o *Dasein* foi lançado" (o esquema horizontal do passado) ainda não significa "anterior" ao esquema horizontal do presente. Porém, essa lacuna ainda não resolvida se torna irrelevante no contexto da analítica existencial do *Dasein*, pois a temporalidade deste é esquematizada no mundo devido à absorção prática e cotidiana do *Dasein* no mundo, de tal modo que essa postura prática e cotidiana do *Dasein* lhe impõe a necessidade de "contar" com o tempo, de o levar em consideração em todos os nossos planos e projetos diários (BT, 456-457). E, para responder a essa necessidade de contar com o tempo, devemos *datar* ações e acontecimentos que se passam nele. Por isso, os horizontes e os esquemas das ekstases devem receber uma posição cronológica em relação uns aos outros. Também por isso, a origem da cronologia temporal deve ser procurada na temporalidade mediana e inautêntica do *Dasein*. "No 'então', a ocupação se expressa como espera [ou seja, como o futuro inautêntico], no 'naquela ocasião anterior', como retenção [como o passado inautêntico]" (BT, 458). Somente agora os horizontes e os esquemas da temporalidade podem receber a significância cronológica que lhes tem faltado: "o horizonte da retenção, que se expressa no 'naquela ocasião anterior', é o '*anterior*'; o horizonte do 'agora' é o '*hoje*'" (BT, 459). A partir deste ponto, quando penso nas circunstâncias e condições diante das quais fui lançado (o esquema horizontal do passado), penso nelas como sendo "anteriores" a certas circunstâncias e condições que enfrento agora ou estou prestes a enfrentar no futuro próximo, e assim por diante.

A substituição do *moribundus sum* pelo *cogito sum* de Descartes provou ser instrumental na substituição da instantaneidade do *cogito* cartesiano pela temporalidade do *Dasein*. Outra implicação dessa substituição é a redescoberta da dimensão *histórica* do ser humano. Trata-se ainda da mesma razão: quando antecipo e enfrento a ameaça da morte, descubro-me como um si mesmo limitado e determinado, o que significa também um si mesmo com certas raízes históricas definidas, um si mesmo com uma "herança" e um "destino" (BT, 435). Mas, ao impor ao *Dasein* uma dimensão histórica, a morte opera conjuntamente com vários outros aspectos na estrutura do *Dasein*. "Somente se a morte, a culpa, a consciência, a liberdade e a finitude estiverem juntas co-originariamente no ser de um ente como o fazem no cuidado, esse ente pode existir no modo do destino, ou seja, somente então ele pode ser histórico nas profundezas de sua existência" (BT, 437).

Falemos algo, então, sobre o "chamado da consciência" (*Ruf des Gewissens*), que impõe ao *Dasein* mediano uma "exigência" (BT, 311) de se afastar dos conformismos do "impessoal" e viver de acordo com sua autenticidade e integridade. O que o *Dasein* mediano e cotidiano *ouve* na mensagem entregue no chamado da consciência? A resposta a esta pergunta representa o próximo estágio no aprofundamento na hermenêutica da consciência conduzida por Heidegger. Nesta mensagem, o *Dasein* mediano é informado sobre sua própria *culpa*.

Porém, enquanto o *Dasein*, como destinatário e portador dessa mensagem de culpa, é, de fato, o *Dasein* mediano, a culpa em questão não é uma culpa mediana. Esta última é sempre específica e determinada: sou culpado por ter cruzado o sinal vermelho, culpado por não ter cumprido meus deveres administrativos na universidade, e assim por diante. Porém, a culpa dirigida ao *Dasein* mediano no chamado da consciência é geral e incondicional. Ela não se refere a isso ou aquilo, não é condicional ao fato de eu ter (ou não ter) feito esse ou aquele ato. Então, do que sou culpado, de acordo com a acusação levantada contra mim através do chamado da consciência?

Esse "sentido existencial originário" (BT, 326) de minha culpa pode ser deduzido "do fato de que esse 'culpado' aparece como predicado do 'eu sou'" (BT, 326). Se o "culpado" deve ser assumido como o predicado do simples "eu sou", é porque minha mera existência é descoberta como me fazendo culpado. Se fosse de outra forma, teria que me referir a mim mesmo (pelo menos implicitamente) através de alguns outros predicados; teria que dizer: "eu, *como* pai de uma criança, sou culpado por não pagar pensão alimentícia" ou "eu, *como* motorista, sou culpado por violar leis de trânsito", e assim por diante. Nessas circunstâncias, o predicado "culpado" não se aplicaria a mim *qua* meramente sendo, mas *qua* sendo apenas isso ou aquilo. Mas o chamado da consciência me diz que sou culpado na medida em que (apenas) sou.

Então, o *Dasein* é culpado em seu (mero) ser, pois, em primeiro lugar, "o *Dasein* não é ele mesmo o fundamento do ser" (BT, 330). Enquanto posso alcançar certo domínio e controle sobre várias coisas que constituem meu entorno, não posso alcançar nenhum domínio e controle sobre o fundamento de minha vida. Assim, para o *Dasein*, existir significa: "*nunca* se apoderar de seu ser mais próprio em seu fundamento. Esse '*não*' pertence ao sentido existencial de 'ser-lançado'" (BT, 330); e, portanto, nosso ser-lançado é permeado pela "nulidade" [*Nichtigkeit*]. Esse vínculo entre ser-lançado e nulidade também é descoberto através da angustiante antecipação da morte: "o 'nada', com o qual a angústia nos confronta, desvela a nulidade pela qual se determina o *fundamento* do *Dasein*; e esse fundamento, por sua vez, se configura como ser-lançado na morte" (BT, 356).

Na verdade, para me reconhecer como lançado em direção à morte, preciso me entender como um si mesmo finito, limitado e, portanto, *determinado*. O que me torna um si mesmo concreto e determinado é meu contexto social e histórico, minha história de vida pessoal, meus hábitos e assim por diante. O ser-lançado engloba todas essas características estabelecidas que me constituem, ou seja, todo o meu passado (BT, 373). Se meu ser-lançado é a fonte da culpa, devo ser culpado por ter adotado uma atitude equivocada em relação a todo o meu passado. Isso não significa que haja algo *específico* em meu passado que me torne culpado (se fosse esse o caso, estaríamos voltando ao sentido vulgar de culpa); implica que sou culpado não como uma forma vazia de um si mesmo mortal "em geral", mas como um si mesmo determinado.

Porém, como meu ser-lançado *pode* representar uma fonte de culpa para mim? Onde falhei – onde *posso* falhar – ao assumir uma posição em relação ao meu ser-lançado?

Todavia, *posso* falhar e, como um *Dasein* mediano, *falhei* em minha atitude em relação ao meu ser-lançado. "O si mesmo, que, como tal, deve pôr seu próprio fundamento, *nunca* pode se apoderar desse fundamento; e ainda assim, existindo, deve assumir o ser-fundamento" (BT, 330). A acusação de culpa, compreendida nesse "sentido ontológico originário", se dirige a mim na medida em que falho em responder àquela tarefa de moldar minha vida em um ser-lançado que nunca poderei dominar e controlar.

Com isso, o terreno está preparado para que o ser humano aceite suas raízes históricas. Novamente e de forma bem previsível, a estratégia de negação – a estratégia do *Dasein* inautêntico – será levada a cabo pelo encontro angustiante do *Dasein* com a mesma ameaça da morte:

> Como um modo de ser do *Dasein*, a história tem suas raízes tão essencialmente no futuro que a morte, enquanto essa possibilidade do *Dasein* que já caracterizamos, lança a existência antecipadora de volta ao seu ser-lançado *fático*, e assim, pela primeira vez, confere ao ter sido sua posição privilegiada na histórica. *O ser-para-a-morte autêntico – isto é, a finitude da temporalidade – é o fundamento velado da historicidade do Dasein* (BT, 438).

O que ainda se exige é a resposta ativa do ser humano – em resolução antecipadora – ao chamado da consciência, à sua *culpa* em relação ao seu ser-lançado. Através de uma resposta ativa como essa, um indivíduo se situa no contexto histórico de sua vida. Além disso, esse contexto histórico – a "herança" do indivíduo – deixa de ser visto como aberto a tentativas de controle ou justificação ("independentes" e "objetivas"). A partir de agora, o indivíduo está pronto para aceitar sua herança em toda a sua contingência e carência de fundamento ("nulidade"). Essa postura em relação ao próprio passado histórico é sua "repetição".

Então, para se encontrar livre *para* uma repetição de sua herança, um indivíduo deve primeiro se libertar *do* conformismo e *das* pressões do mundo do "impessoal". Nesse aspecto, a morte também desempenha um papel crucial. Em primeiro lugar, a morte "destroça toda a tenacidade que se tenha alcançado em relação a qualquer existência" (BT, 308): na medida em que me vejo exposto à ameaça indeterminada e constante da morte, todos os meus laços e apegos habituais deixam de me oferecer segurança e, assim, perdem seu domínio sobre mim. Em segundo lugar, a morte me dá uma "liberdade que foi libertada das ilusões do impessoal" (BT, 311), pois, devido à minha apreensão angustiante da morte, percebo o mundo cotidiano como um palco dominado por pressões e conformismo impessoais.

A repetição permite ao *Dasein* ter um "destino" (*Schicksal*), um "destino comum" (*Geschick*), assim como um "herói" (*Held*). Ao repetir minha herança, descubro que tenho um destino, pois reconheço que minha vida só pode se expressar em um certo espectro de valores e tradições. Então, percebo que não posso ser "tudo e qualquer coisa", já que minha vida está vinculada a essas (e não outras) raízes históricas. Por essa mesma razão, tenho um destino comum: minha vida faz parte de um fluxo mais amplo de vida da comunidade histórica à qual pertenço. E já que tanto meu destino quanto meu destino comum devem ser vividos em uma possibilidade concreta da existência, meu passado histórico me proporcionará um conjunto de modelos ("heróis") para escolher. Enquanto tiver um destino, um destino comum e um herói, posso agir com *lealdade* em relação ao meu passado histórico, ao passo que o *Dasein* inautêntico – um *Dasein* inclinado a encontrar aceitação nas tendências inconstantes do mundo do "impessoal" – permanecerá desleal ao seu passado e incapaz de resistir à tirania do "impessoal".

Porém, o vínculo do *Dasein* com uma comunidade histórica não remove de sua estrutura sua dimensão de subjetividade. Pelo contrário, o *Dasein* se revela radicado em sua comunidade histórica apenas explorando toda a profundidade de sua própria subjetividade – de sua finitude, sua liberdade, sua culpa, e assim por diante. E esses temas – os temas-chave da Segunda Seção de *Ser e tempo* – podem ser encontrados não apenas nos autores clássicos da tradição subjetivista (em Descartes, Kant, Fichte), mas, de fato, em sua última e mais radical versão, no existencialismo. Por isso, é perfeitamente legítimo estabelecer paralelos entre Heidegger e autores radicalmente subjetivistas como Kierkegaard, Sartre e Camus. Com efeito, uma das tarefas dos estudos a respeito de Heidegger continua sendo a de lidar com a tensão entre esses aspectos individualistas e subjetivistas da filosofia de Heidegger, por um lado, e sua ênfase simultânea no caráter inevitavelmente público da compreensibilidade e da significância, por outro.[8]

---

8 Aqui, eu gostaria novamente de indicar a leitura de minha obra *Doubt, Time, Violence*. Veja-se também o artigo de Charles B. Guignon, "Heidegger's 'Authenticity' Revisited", *Review of Metaphysics*, 37 (dezembro de 1984): 321-339.

9 A verdade e a essência da verdade no pensamento de Heidegger[1]

Mark A. Wrathall

Um tema central no pensamento heideggeriano, tanto em seu período inicial quanto tardio, é a natureza da verdade e seu fundamento no que Heidegger chama de "essência da verdade" ou de "não-encobrimento". Heidegger afirma que o não-encobrimento ou *aletheia* (a palavra grega para verdade) é "*o* problema do pensamento", ou seja, "o que deve ser pensado em primeiro lugar, [mas] pensado como liberto da perspectiva da representação metafísica da 'verdade' no sentido de corretude".[2]

---

1 A leitura de Heidegger que apresento neste capítulo foi profundamente influenciada por inúmeras conversas com Bert Dreyfus, bem como por artigos que ele escreveu sobre temas relacionados (por exemplo, seu "How Heidegger Defends the Possibility of a Correspondence Theory of Truth with Respect to the Entities of Natural Sciences", disponível em *The Practice Turn in Contemporany Theory*, organizado por Theodore R. Schatzki, Karin Knorr Cetina e Eike von Savigny [Londres: Routledge, 2001], p. 151-162). Agradeço-lhe por toda a ajuda que me deu para refletir sobre esses tópicos, bem como pelos comentários específicos que fez sobre este capítulo. Charles Guignon apresentou uma série de sugestões úteis e de comentários instigantes a respeito deste capítulo, pelos quais lhe agradeço. Agradeço também pelas bem formuladas perguntas e pelos úteis comentários feitos quando apresentei versões preliminares deste capítulo ao BYU Philosophy Club e na Universidade de Södertörn. A este respeito, Hans Ruin merece distintos agradecimentos. Por fim, gostaria de agradecer a Thomas Sheehan por me disponibilizar generosamente uma cópia antecipada da tradução de GA 21.

2 Martin Heidegger, "Hegel e os gregos" (P, 335, tradução modificada). Heidegger se refere à verdade através do termo "corretude" como uma abreviação das concepções tradicionais de verdade proposicional. Nessas concepções, a verdade consiste na correspondência ou concordância de um enunciado ou crença a um fato ou estado de coisas: "o que torna cada uma dessas afirmações verdadeira? Isto: que aquilo que ela diz corresponde às coisas e aos estados de coisas a respeito dos quais ela diz algo. O ser verdadeiro de um enunciado significa, portanto, tal correspondência. O que é, então, a verdade? A verdade é correspondência. Tal correspondência existe porque o enunciado se orienta [*sich richtet*] de

Como propõe este excerto, o pensamento de Heidegger sobre a verdade envolve tanto uma crítica às abordagens tradicionais da verdade quanto uma investigação sobre o não-encobrimento, que é anterior à verdade como corretude. Em sentido crítico, Heidegger sustenta que a tradição compreendeu equivocadamente a natureza da relação entre os conteúdos intencionais e o mundo. Quando uma crença ou um enunciado é verdadeiro, significa que o portador da crença ou o proponente do enunciado conseguiu dirigir seus pensamentos ou palavras ao mundo de tal maneira que eles captam o modo como as coisas[3] realmente são. Mas, para uma proposição, o que significa captar o modo como as coisas realmente são? E como enunciados e crenças podem realizar tal feito? O pensamento de Heidegger sobre a verdade proposicional como descoberta oferece uma alternativa aos modos tradicionais de explorar tais questões. Na primeira seção deste capítulo, reviso sua abordagem a respeito de uma forma de correspondência não-representacional como sendo a descoberta de um estado de coisas.

Tão importante quanto as questões filosóficas relativas à verdade proposicional possam ser, no entanto, elas nunca são o principal problema de Heidegger. Em vez disso, seu interesse pela verdade surge do reconhecimento de que a questão da verdade proposicional, devidamente levantada, se desdobra em algumas das questões mais fundamentais abordadas na filosofia contemporânea – questões como a natureza da linguagem e a realidade do mundo ou a independência dele em relação à mente. Isso ocorre

---

acordo com aquilo sobre o que fala. Verdade é corretude [*Richtigkeit*]. Portanto, a verdade é a correspondência, fundada na corretude, entre o enunciado e a coisa" (GA 34, 2). Como indica o jogo de palavras em torno de *Richtigkeit*, a corretude de um enunciado consiste, para Heidegger, em sua própria orientação para o estado de coisas.

3 Nos textos e preleções de Heidegger sobre a verdade, o termo "coisa" (*Ding*) não possui o sentido específico que carrega em obras posteriores sobre "as coisas coisificarem". Para este sentido posterior, veja-se "Construir, habitar, pensar" e "A coisa". Nas obras sobre a verdade, "coisa" é ontologicamente um termo neutro, uma forma de se referir a um ente específico sem estabelecer quaisquer pressupostos sobre o ser desse ente. Heidegger normalmente (mas nem sempre) se refere a um ente assim como ele se mostra em estados proposicionais como um "objeto" (*Gegenstand*). "Entes" ou "aquilo que é" (*Seiende*) é o termo heideggeriano genérico mais abrangente para qualquer coisa que exista e o termo que Heidegger normalmente usa para se referir aos entes como eles figuram na experiência pré-reflexiva. Meus agradecimentos a Charles Guignon por me orientar a esclarecer este ponto.

porque a discussão filosófica sobre a verdade só pode se desenvolver à luz de pressupostos sobre a natureza da mente (em específico, como estados mentais e seus derivados, tal qual o significado linguístico, podem ser constituídos de forma a serem capazes de ser verdadeiros ou falsos) e a natureza do mundo (em específico, como o mundo pode ser constituído de forma a tornar estados mentais e seus derivados verdadeiros). Em suas discussões sobre a essência da verdade, a ênfase de Heidegger no não-encobrimento visa trazer tais pressupostos de fundo para o primeiro plano. A afirmação de que o não-encobrimento é a essência da verdade é motivada pelo reconhecimento de que precisamos entender a verdade no contexto de uma abertura mais geral do mundo, ou seja, no contexto de uma abertura ao mundo e um comportamento em relação às coisas no mundo que é mais fundamental do que pensar e falar sobre elas. Na segunda parte deste capítulo, explorarei o pensamento de Heidegger sobre o não-encobrimento como sendo a fundamentação da verdade como corretude.

Como a análise do não-encobrimento consiste em uma análise do fundamento da verdade proposicional, deve ficar claro que o não-encobrimento não deve ser assumido como uma (re)definição da verdade proposicional.[4] Por conseguinte, é essencial observar que as análises do não-encobrimento do ente e da clareira do ser não são apresentadas como definições da verdade proposicional. E, tão importante quanto, a verdade proposicional não pode dar conta do não-encobrimento do ente e da

4 Heidegger enfatizou esse ponto tanto em sua fase "inicial" quanto "tardia". Compare-se, por exemplo, os comentários das preleções de 1931 sobre a essência da verdade em GA 34, 11 ("o significado da palavra grega para verdade, não-encobrimento, a princípio, não tem nada a ver com o enunciado e com o contexto factual, estabelecidos na definição costumeira da essência da verdade: com correspondência e corretude") com o ensaio de 1964 "O fim da filosofia e a tarefa do pensamento", disponível em BW, 389: "levantar a questão da *aletheia*, do não-encobrimento enquanto tal, não é o mesmo que levantar a questão da verdade". Veja-se também os comentários em BT, 262 ("a tradução desta palavra [*aletheia*] por 'verdade' e, acima de tudo, as definições conceituais teóricas desta expressão, encobre a compreensão pré-filosófica que os gregos tornaram fundamento 'evidente' para o uso terminológico de *aletheia*"); e o ensaio de 1960, "Hegel e os gregos", P, 335 ("se a essência da verdade que imediatamente passa a reinar como corretude e certeza só pode subsistir no âmbito do não-encobrimento, então a verdade, de fato, tem a ver com *Aletheia*, mas não *Aletheia* com a verdade").

clareira do ser: "a correspondência ou concordância do nexo [isto é, a proposição][5] *com* o ente, bem como sua consequente conformidade, não tornam *enquanto tais* e em primeiro lugar o ente acessível. Em vez disso, o ente, como aquilo que interessa a qualquer determinação predicativa, deve já estar manifesto *antes* de tal predicação e *para* ela".[6] Embora o não-encobrimento, a "essência" da verdade, não seja a verdade proposicional, Heidegger considera que uma compreensão do não-encobrimento é essencial para estabelecer um conceito de verdade que possa resistir ao antirrealismo e ao antiessencialismo.

A verdade proposicional e a linguagem

A verdade proposicional é a corretude de coisas que possuem como conteúdo uma proposição – coisas como enunciados e crenças. No que diz respeito à verdade proposicional, Heidegger admite, de maneira tradicional, que "um enunciado é verdadeiro se o que ele significa e diz corresponde àquilo sobre o que afirma" (GA 9, 178). A verdade de uma crença, de forma similar, "significa, agora e há muito tempo, a conformidade do conhecimento com o fato. [...] A verdade proposicional é sempre, exclusivamente, essa corretude" (PLT, 176-177). Isso não quer dizer que Heidegger aceita *teorias* tradicionais de correspondência. Porém, ele aceita a correspondência como correto ponto de partida para uma análise da verdade: em suas preleções de 1937/38 sobre a verdade, ele observa que "estamos nos baseando precisamente na concepção corrente, tanto que estamos buscando uma fundamentação para essa base e, consequentemente, queremos confirmá-la ainda mais" (BQP, 36). A "definição antiga de verdade, no fundo, é, de fato, correta", mas "se trata meramente de uma aproximação ao problema de perguntar o que fundamenta, em geral, a possibilidade da conformidade com algo" (FCM, 342, tradução modificada).

---

5 Um "nexo" consiste em uma vinculação entre sujeito e predicado – ou seja, uma proposição. Veja-se "Sobre a essência do fundamento", disponível em P, 102 ou GA 26, 30 & 40ss.

6 "Sobre a essência do fundamento", disponível em P, 103. Veja-se também BQP, 23 (a representação "não cria primeiro a abertura das coisas e a abertura do homem para o que ele pode encontrar").

Heidegger aceita, com isso, que (pelo menos muitas) proposições são verdadeiras por corresponderem ou concordarem com o modo como as coisas são. Ele não acredita, no entanto, que a concepção da verdade como correspondência foi devidamente fundamentada. Por um lado, ele questiona o pressuposto de que a verdade proposicional seja o núcleo ou exemplo paradigmático da verdade – um pressuposto que caracteriza, por exemplo, abordagens analíticas da questão da verdade. Heidegger propõe que esse pressuposto é parcialmente responsável pelo modo como o não-encobrimento foi negligenciado como sendo o fundamento da verdade.[7] Segundo Heidegger, como as proposições são pensadas como entes ideais, meras representações, isso também conduziu a uma tendência de entender a correspondência como uma relação na qual uma representação espelha ou retrata a realidade. Os medievais, no entanto, de quem herdamos a terminologia da correspondência, acreditavam que as coisas também são verdadeiras por corresponderem a algo.[8] Dar atenção a esse fato poderia ter ajudado a tradição a evitar problemas na explicação da verdade

7 Por um lado, a noção de correspondência – a ideia de que um enunciado é verdadeiro somente se corresponde a um fato (ou seja, a um objeto em uma condição específica) – funciona de forma precária para enunciados negativos. A qual objeto, em qual condição, corresponde o enunciado "não existem deuses olímpicos"? Heidegger propõe que se os enunciados negativos fossem assumidos como paradigmáticos, seríamos obrigados a perceber que todo enunciado é capaz de ser verdadeiro ou falso somente com base em uma capacidade prévia, não-proposicional, de lidar com a situação prática como um todo. Veríamos que, "em cada enunciado particular, não importa o quão trivial ou complicado seja, sempre falamos *a partir de entes que se manifestam como um todo*, e esse próprio 'como um todo' [...] não [é], por sua vez, o resultado de uma indicação enunciativa" (FCM, 345). Da mesma forma, ao focar nos enunciados em detrimento do modo como predicamos a verdade das coisas, Heidegger sustenta que ficamos cegos à forma como a verdade se fundamenta no não-encobrimento do ente. "O que é originariamente verdadeiro, isto é, não encoberto, não é precisamente o enunciado sobre um ente, mas o próprio ente – uma coisa, um fato. Compreendido à maneira grega, um ente é verdadeiro se se mostra como aquilo e naquilo que é: ouro verdadeiro. O ouro falso, por outro lado, se mostra como algo que não é. Ele esconde, encobre seu ser-o-que-é, encobre-se como o ente que realmente é. O verdadeiro, portanto, é primariamente uma característica dos próprios entes" (GA 34, 118). Em outras palavras, tanto os enunciados negativos quanto a verdade material nos obrigam a enfrentar a primazia do não-encobrimento sobre a verdade proposicional.

8 Veja-se a discussão de Heidegger a respeito da *adaequatio rei ad intellectum*, "Sobre a essência da verdade", disponível em P, 138.

proposicional – nomeadamente, explicando em que sentido um ente ideal (o conteúdo de uma crença ou enunciado) pode ser afirmado como correspondente a um estado de coisas real (um fato no mundo). Heidegger propõe que se entendêssemos a verdade proposicional como um modo mais geral de verdade, isso lançaria luz sobre a natureza da correspondência.

Por exemplo, Heidegger observa que predicamos verdade não apenas de enunciados e crenças, mas também de coisas (como em "um amigo verdadeiro", "o Deus verdadeiro" ou "ouro verdadeiro").[9] Ele ainda observa que quando predicamos verdade de um enunciado, podemos querer dizer tanto que o que ele declara é verdadeiro quanto que o próprio enunciado é uma verdade. Ou, às vezes, usamos "verdade" para nos referirmos a "um conjunto de proposições verdadeiras" (GA 21, 9). Conforme propõe Heidegger, se perguntarmos em qual sentido todos esses diferentes usos do predicado "verdade" nomeiam um tipo de correspondência, veremos que a estrutura da correspondência se configura como uma relação "*assim como*" ou "*do mesmo modo que*".[10] Em outras palavras, podemos dizer que uma correspondência acontece sempre que nossa orientação no mundo deixa a situação aparecer "assim como" ela é. Ou seja, uma afirmação é verdadeira quando nos direciona a um estado de coisas tal como ele é, de fato. Uma coisa é verdadeira se ela aparece como de fato é (GA 21, 9-10).

Examinemos detalhadamente a abordagem de Heidegger sobre como a correspondência funciona para entes proposicionais. Aqui, a questão é: em que consiste uma correspondência de pensamentos ou palavras com o mundo? Para Heidegger, o primeiro passo para dar sentido a uma relação de correspondência é abandonar uma concepção representacionalista da natureza dos estados proposicionais. Conforme afirma Heidegger, uma análise fenomenológica de como os enunciados funcionam demonstra que a teoria representacionalista é, de fato, infundada. Ao refletir sobre nossa experiência ao ouvir um enunciado, reconhecemos que nunca somos direcionados para ou por meio de um conteúdo representacional,

9 Veja-se, por exemplo, GA 21, 9; GA 34, 3; P, 138.

10 "Supõe-se que o conhecimento 'dá' a coisa *assim como* ela é. A correspondência tem caráter relacional: '*assim como*'", BT, 259 (tradução modificada). Veja-se também GA 21, 10: "a verdade tem a estrutura formal do *assim como*".

mas, ao invés disso, somos direcionados diretamente para o ente indicado pelo enunciado. Enunciados e crenças não *representam* entes no mundo, mas sim os *apresentam*; enunciados e crenças são um modo de se orientar no mundo para que um estado de coisas possa se mostrar.

Heidegger propõe que essa concepção dos enunciados tem implicações para a verdade, implicações que podemos rastrear ao olhar para o contexto de demonstração, ou seja, o contexto no qual verificamos que uma proposição é verdadeira. Para evitar confundir o entendimento de verdade proposto por Heidegger com o verificacionismo, popular entre pragmatistas e alguns membros da tradição analítica, deve-se enfatizar que a referência à verificação dos enunciados não tem como objetivo definir a própria verdade como verificação.[11] Em vez disso, Heidegger deixa perfeitamente claro que aborda a questão da demonstração da verdade de um enunciado porque, "no contexto fenomênico da demonstração, a relação de correspondência deve se tornar visível" (BT, 260, tradução modificada). A análise fenomenológica se apresenta como uma alternativa a uma análise conceitual, pois, na fenomenologia de um caso de correspondência bem-sucedida, pode-se visualizar a própria correspondência. Nessa análise, descobrimos que a verdade de um enunciado consiste em nos orientar para o estado de coisas tal como é em si mesmo. Isso confirma que a relação de correspondência entre enunciado e mundo não é mediada por representações e, portanto, não pode consistir na representação que retrata ou espelha o estado de coisas.

A análise de Heidegger se concentra no seguinte enunciado: "o quadro na parede está torto" (*ibid.*). Confirmamos que este enunciado corresponde à forma como as coisas são ao "perceber[mos] o quadro pendurado torto na parede." O enunciado nos direciona para uma situação no mundo, o que não acontece apenas quando nos propomos a confirmar o enunciado, mas também quando apenas o consideramos em pensamento: "se quem enuncia julga o quadro, sem percebê-lo, mas

11 Cf. as interessantes interpretações verificacionistas de Heidegger oferecidas por Cristina Lafont, *Heidegger, Language, and World-Disclosure* (Cambridge: Cambridge University Press, 2000), bem como Mark Okrent, *Heidegger's Pragmatism* (Ithaca, NY: Cornell University Press, 1988).

'apenas representando-o' para si mesmo, a que essa pessoa se refere? Às 'representações', diríamos? Certamente não" (*ibid.*). Ou seja, fenomenologicamente, não é correto dizer que, mesmo quando apenas pensamos sobre uma afirmação, estamos nos referindo a ou por meio de uma representação. "De fato, a afirmação que 'apenas representa' faz referência ao quadro real na parede, naquele sentido que lhe é mais próprio. O que se tem em mente é o quadro real e nada mais. Qualquer interpretação que introduza algo mais como sendo o que supostamente se tem em mente em uma afirmação que apenas representa, distorce o fato fenomênico a respeito do qual a afirmação é feita" (*ibid.*). A partir desta consideração fenomenológica sobre como a linguagem funciona, emerge que "enunciar é um modo de ser para a própria coisa que é" (*ibid.*). Por conseguinte, ao demonstrar a verdade de um enunciado por meio de uma percepção do estado de coisas ao qual ele corresponde, a demonstração consiste em entender que o enunciado nos direciona para as coisas como elas são de fato:

> E o que a percepção demonstra? Nada mais que o próprio ente que está em questão no enunciado. O que se alcança pela confirmação é que o ser que enuncia é, em relação ao que é enunciado, um apontar o ente, que ele descobre o ente para o qual é. Ao realizar tal demonstração, o conhecimento permanece referido unicamente ao próprio ente. Neste ente, a confirmação, por assim dizer, se efetiva (BT, 260-261).

Porque os enunciados indicam em vez de representarem, não há por que se preocupar com a adequação da representação em corresponder ao estado de coisas – uma coisa pode indicar outra sem espelhá-la ou representá-la de outra forma. Óbvio que uma correspondência entre um enunciado e aquilo que o torna verdadeiro não se trata apenas de uma indicação de alguma coisa ou de uma referência a algo. Como observa Heidegger, "um sinal aponta para o que é indicado. Tal indicação não é uma correspondência do sinal com o que é indicado" (BT, 258, tradução modificada). Além de nos direcionar para uma coisa, então, uma proposição corresponderá somente se mostrar a coisa *em sua condição*:

> O próprio ente que se tem em mente se mostra assim como é em si mesmo; ou seja, ele mostra que, em sua mesmidade, é assim como o enunciado o mostra como sendo – assim como é descoberto como sendo. Representações não são comparadas, nem entre si nem em relação à coisa real. O que se deve demonstrar não é uma concordância do conhecer com seu objeto, muito menos do psíquico com o físico; mas também não se trata de uma concordância entre "conteúdos da consciência" entre si. O que se deve demonstrar é apenas o ser-descoberto [*Entdeckt-sein*] do próprio ente – esse ente no "como" de seu desencobrimento [*uncoveredness*]. Esse desencobrimento se confirma quando aquilo que se apresenta no enunciado (ou seja, o próprio ente) se mostra como sendo exatamente a mesma coisa (BT, 260-261, tradução modificada).

Em outras palavras, um enunciado nos orienta para um estado de coisas. Mais do que um mero apontar para algo, o enunciado suscita uma antecipação da coisa nesta ou naquela determinada condição ou estado. O que torna a indicação uma relação de *correspondência*, então, é o fato de ela ser bem-sucedida ou falhar não somente em nos direcionar para a coisa indicada, mas em nos direcionar de tal forma que a coisa pode (ou não) se mostrar como ela é em alguns (ou muitos) de seus aspectos. Um enunciado corresponde simplesmente ao nos direcionar para o estado de coisas, "de forma a permitir que este apareça no enunciado como ele é" (BQP, 15). Com isso, evidencia-se que a relação de correspondência não se trata de uma relação na qual uma representação é apropriadamente como a coisa representada, mas, na verdade, uma relação que demonstra ou desencobre um fato – uma coisa em uma condição específica. "Dizer que uma afirmação '*é verdadeira*'", conclui Heidegger, "significa que ela desencobre o ente como ele é em si mesmo. O enunciado afirma, aponta, 'deixa' o ente 'ser visto' (*apophansis*) em seu desencobrimento. O *ser-verdadeiro* (*verdade*) do enunciado se deve compreender como *ser-descobridor*" (BT, 261, tradução modificada). Assim, em uma abordagem não-representacionalista da linguagem, o enunciado é um modo de nos orientarmos em um engajamento com o mundo – um "ser que enuncia em relação ao que é enunciado" – e a correspondência equivale a desencobrir.

Um enunciado verdadeiro desencobre um estado de coisas elevando-o à relevância ou proeminência, permitindo assim que seja visto: "a consecução fundamental da fala", afirma Heidegger, "consiste em mostrar ou revelar aquilo sobre o que se fala, aquilo sobre o que há discussão. Nesse revelar, a coisa abordada se torna manifesta. Ela se torna perceptível e, na discussão, a coisa percebida é definida" (GA 21, 6).

Além disso, Heidegger considera que os entes só se manifestam desse modo particular, a saber, como objetos com propriedades determinadas, através do enunciado. O enunciado, explica Heidegger, "'se' relaciona com a coisa na medida em que a representa e diz da coisa representada como ela está ordenada de acordo com a perspectiva particular que guia o enunciado. [...] Aqui, representar significa deixar a coisa se contrapor como objeto" (P, 141). Para desencobrir o ente desse modo, o enunciado deve surgir em meio a um fundo condizente a uma capacidade não-predicativa de lidar com as coisas: "para ser possível, a predicação deve ser capaz de se radicar em um tornar-manifesto, que possui caráter *não predicativo*" (P, 103, ênfase no original). Em uma orientação proposicional voltada para algo, o "'sujeito' *recebe um caráter definido* pelo 'predicado'" (BT, 196, ênfase no original). "Sujeito" e "predicado" estão colocados entre aspas para indicar o fato de que, em nossa experiência pré-predicativa do mundo, as coisas não são compreendidas em termos de objetos com propriedades. Heidegger entende que o modo como a predicação "dá um caráter definido" se trata de um "estreitamento de conteúdo" – ou seja, uma redução de nossa compreensão pré-predicativa das coisas em termos de nossos modos práticos de lidar com elas:

> O ser-simplesmente-dado, bem como a manifestação do que vem ao nosso encontro em um mundo-compartilhado, são bem conhecidos (*hexis* [estado de posse, hábito], *aletheia* [verdade, desencobrimento]), e não no sentido de ter conhecimento deles e sobre eles, mas no sentido de que eles são o 'onde' em que *impessoalmente* alguém, correspondendo ao que e a quem deve vir ao encontro, se orienta, conhece a si mesmo. A cotidianidade domina completamente as relações definidas nesses contextos de referência. Cada um se orienta

> por um tempo determinado, conhece os outros, assim como também esses outros o conhecem. Esse conhecimento no mundo-compartilhado é um conhecer mediano, prosperando na cotidianidade e se desenvolvendo no que lhe é suficiente (OHF, 77).

Tais coisas constituídas pragmaticamente estão implicadas em uma ampla e complexa variedade de conjunturas com outros objetos, práticas, propósitos e objetivos.[12] No comportamento pré-predicativo, portanto, as coisas são articuladas com base em nossas formas práticas de lidar com elas. Em tal articulação, as coisas se mostram *como* o que elas são, mas em toda a complexidade de suas conjunturas.[13] Na predicação, em contraposição, nossa experiência sofre uma "restrição explícita de nossa visão", de modo que "reduzimos" toda a situação ricamente articulada à nossa frente com vistas a nos concentrarmos em algum aspecto específico da situação (BT, 197). Essa redução é o que primeiro confere a algo um caráter conceitual ao descobrir o tipo de conteúdo determinado que permite estabelecer conexões conceituais, extrair inferências e justificar um estado intencional subsistente com base em outro.[14]

---

12 Abordei mais detalhadamente a análise de Heidegger sobre essa estrutura em "The Conditions of Thuth in Heidegger and Davidson", *Monist*, 82 (1999): 304-323.

13 Em *Ser e tempo*, Heidegger traça a distinção entre uma experiência pré-predicativa e outra predicativa do ente em termos de *como* hermenêutico e *como* apofântico. Veja-se BT, 201, 260.

14 Seguindo Bert Dreyfus e John Haugeland, entre outros, traduzo o termo heideggeriano *Vorhanden* por "ocorrente" [*occurrent*] [N.T.: aqui traduzido por "subsistente", conforme justificado na nota de rodapé 14 do capítulo 1]. *Vorhanden* significa literalmente "em frente à mão" e, no alemão coloquial da época de Heidegger, algo está *vorhanden* quando *existe* ou está *presente*, ou seja, quando pode *ser encontrado* ou *vir ao encontro*. A tradução de Macquarrie e Robinson apresenta isso como "presente-à-mão" [*present-at-hand*], tentando capturar o sentido literal de algo estar à mão. Porém, considero essa tradução um tanto quanto complicada. Ela também pode causar confusão com as discussões de Heidegger sobre presença e o presente (uma preocupação que Macquarrie e Robinson reconhecem em BT, 48, n. 1). A tradução feita por Stambaugh de *Vorhanden* por "objetivamente presente" somente intensifica o perigo de confusão ao enfatizar a qualidade de presente do que é *vorhanden* e oferecer uma interpretação do modo de presença que *Vorhanden* possui. Na melhor das hipóteses, tais traduções causam um curto-circuito ou pelo menos confundem as conclusões que Heidegger deseja extrair dos entes ocorrentes. O termo inglês para "ocorrente", desde que entendido em um sentido coloquial, capta exatamente as conotações que desejamos – algo é ocorrente quando é real, encontrável, existente.

Heidegger apresenta sua explicação mais clara dessa ideia em um conjunto de preleções oferecidas em 1925 e 1926.[15] Nessas preleções, Heidegger desenvolveu uma explicação do enunciado no contexto de uma reflexão sobre a estrutura da percepção natural – nossa percepção das coisas no decorrer de nossa lida cotidiana com o mundo. Ele observou que quando enunciamos algo a respeito do que percebemos em nossa lida constante com o mundo, o "enunciado faz com que certas relações se destaquem em relação à coisa percebida, que, por sua vez, é inicialmente apreendida direta e simplesmente em sua totalidade inarticulada" (HCT, 57). Então, na percepção natural, normalmente percebemos um contexto inteiro que carece da estrutura lógica das categorias linguísticas. No entanto, quando apreendemos as coisas de uma maneira que nos permita expressá-las em um enunciado, o ato de percepção é submetido às categorias da compreensão. O enunciado, afirma Heidegger, "extrai" ou "acentua" "um estado de coisas", permitindo que o ente "se torne explicitamente visível precisamente naquilo que é" (HCT, 63). Ao assim proceder, o enunciado "descerra novamente" o que está presente inicialmente de maneira não conceitualmente articulada, para que essas coisas "cheguem à apreensão explícita precisamente no que são" (HCT, 62). O enunciado, contudo, manifesta as coisas de forma diferente de como elas se dão à percepção natural. Na percepção natural, as coisas são definidas ou determinadas "como isso e aquilo" – como possuindo uma propriedade ou característica específica.[16] Não é o caso de essas propriedades ou características não estarem presentes no ente antes, mas, através do enunciado, elas são isoladas e separadas de seu contexto, sendo assim destacadas ou elevadas à proeminência. Como resultado, vemos um objeto com uma clareza temática que não está presente em nossa percepção natural que temos dele, porém, não somos mais capazes de lidar com ele naturalmente – para isso, precisamos vê-lo em sua imediaticidade (GA 21, 144-147).

Como os modos proposicionais de comportamento (acreditar, enunciar, e assim por diante) funcionam determinando e destacando certos aspectos de nossa experiência pré-proposicional das coisas, eles são uma forma derivada de nos comportarmos em relação às coisas no mundo.

15 Veja-se GA 20 e GA 21.

16 Veja-se, por exemplo, GA 21, 66, 133-134.

Heidegger explica que a compreensão pré-predicativa do mundo é anterior a qualquer predicação, "tornando a estrutura da predicação possível em primeiro lugar" (GA 21, 145). Assim, podemos entender a afirmação de Heidegger de que a correspondência depende de uma manifestação prévia dos objetos, a respeito dos quais pensamos e enunciamos: "o ente, como aquilo que interessa a qualquer determinação predicativa, deve já estar manifesto *antes* de tal predicação e *para* ela. [...] A verdade proposicional está radicada em uma verdade *mais originária* (não-encobrimento), na manifestação pré-predicativa *do ente*, que pode ser chamada de *verdade ôntica*" (P, 103, tradução modificada). Isso ocorre não apenas porque os enunciados funcionam só no contexto de uma manifestação pré-predicativa das coisas, mas também porque as coisas podem servir como um padrão para julgar a adequabilidade da proposição somente se estiverem presentes para nós antes e independentemente da proposição.

Exploraremos esse último ponto com mais detalhes na próxima seção. Mas antes de prosseguir, podemos resumir as concepções de Heidegger da seguinte maneira. Nossas formas mais fundamentais de comportamento não são articuladas de modo conceitual, mas prático. Com base nessa articulação prática, as coisas se apresentam como exigindo algo de nós, restringindo a forma como podemos usá-las. Através da linguagem, no entanto, somos capazes de nos orientar em direção aos objetos de modo a articulá-los de forma conceitual, em vez de prática. Quando essa orientação nos permite ver um estado de coisas tal como ele é – quando ela desencobre um objeto em sua condição –, dizemos que ela corresponde aos fatos ou ao estado de coisas.

Dado o quase consenso entre filósofos da tradição analítica de que, nas palavras de Strawson, "a teoria da correspondência não exige purificação, mas eliminação",[17] vale perguntar como a crítica de Heidegger à concepção da verdade como correspondência se posiciona a respeito desse consenso.

A objeção de Strawson à teoria da correspondência foi à ideia de que existe uma relação de correspondência entre entes independentes

17 STRAWSON, P. F. "Truth". *Proceedings of the Aristotelean Society* (1950), suplemento 24: 129-156.

– afirmações, de um lado, e fatos ou estados de coisas, de outro. Ele sustenta que, como só podemos especificar um fato através de um enunciado, afirmações e fatos não são independentes uns dos outros. Com isso, Strawson conclui que "correspondência" não nomeia uma relação genuína e, consequentemente, que não é esclarecedor notar que fatos "correspondem a" afirmações.

A interpretação de Heidegger sobre a correspondência como desencobrimento, em certo sentido, está muito em sintonia com a crítica de Strawson. Como não há ente, como não há nenhuma representação, que precise estar relacionado ao fato ou estado de coisas que o torna verdadeiro, "correspondência" não nomeia uma relação genuína. Ela nomeia uma espécie de "orientação" em direção a um ente – a saber, uma orientação que permite que ele se manifeste como o que é. Assim que o ente aparece, não há necessidade de comparar uma representação com um estado de coisas para ver se concordam entre si. Em vez disso, o estado de coisas se torna manifesto no e através do enunciado. Portanto, de fato, Heidegger concordaria com Strawson que não há como distinguir um fato independentemente de uma sentença, já que a sentença é o que primeiro desencobre o fato. Se correspondência significasse "uma aproximação real e concreta entre coisas distintas" (P, 114), então Heidegger concordaria que ela precisa ser eliminada. Compreendida adequadamente, no entanto, ela é uma noção esclarecedora na medida em que nos permite nomear o que distingue atos e estados proposicionais bem-sucedidos de malsucedidos. Mais importante ainda, para os interesses de Heidegger, ela nos aponta para o não-encobrimento como aquilo que, antes de tudo, precisa ser pensado.

O não-encobrimento do ser e a "essência" da verdade

Até agora, vimos que a crítica de Heidegger à noção tradicional de verdade como correspondência tem como objetivo, em grande parte, a defesa de uma abordagem não-representacionalista da correspondência, bem como a exploração das condições sob as quais é possível uma correspondência entre pensamentos ou palavras e o mundo. Esta última questão leva ao reconhecimento de que os modos proposicionais de comportamento se fundamentam em uma familiaridade pré-predicativa com o mundo. Heidegger explora a natureza dessa familiaridade pré-predicativa sob o título de "não-encobrimento", que abrange tanto o mostrar ou o desencobrir um ente quanto a abertura de um espaço no qual é possível mostrar um ente. Na seção anterior, vimos que Heidegger aborda a correspondência como uma espécie de primeiro tipo de desencobrimento. Nesta seção, examinaremos mais de perto o que está implicado no segundo tipo.

Já tocamos no fato de que a compreensão pré-predicativa do mundo inclui uma abertura pré-predicativa do mundo. Nossa capacidade de desencobrir de forma mental e linguística como as coisas são exige que os objetos se tornem disponíveis para nosso pensamento e nossa fala, bem como que nosso pensamento e nossa fala se mantenham abertos a e responsáveis pelos objetos no mundo ao nosso redor. O não-encobrimento do ente é o que nos dá objetos para os quais podemos ser direcionados e a respeito dos quais somos responsáveis, captando-os corretamente. Heidegger explica: "se nossas representações e enunciados [...] devem se conformar ao objeto, então este ente [...] deve ser acessível de maneira prévia para se apresentar como padrão e medida para a conformidade com ele" (BQP, 18). Em outras palavras, o não-encobrimento do ente fundamenta uma noção objetiva de verdade, porque cria a possibilidade para as próprias coisas tornarem nossos pensamentos e enunciados verdadeiros: "se o conhecimento e a proposição que o forma e o expressa devem poder se conformar àquilo de que se trata, então isso de que se trata deve se mostrar como tal; caso contrário, isso de que se trata não pode se tornar vinculante para a proposição. Como isso de que se trata pode se mostrar, se ele mesmo não pode sair do encobrimento, se não está ele mesmo posto na condição de não-encoberto? Uma proposição é verdadeira ao se conformar ao não-encoberto, ao que é verdadeiro".[18]

Isso pode parecer um ponto trivial, mas compreender como as coisas podem se abrir para nós está longe de ser algo simples. Não basta termos

18 "The Origin of the Work of Art", disponível em Martin Heidegger, *Basic Writings* (2 ed.). Editado por David F. Krell. São Francisco: Harper, 1993, p. 176-177.

uma ideia ou representação do objeto para que ele se abra para nós. Para que se manifeste verdadeiramente em si mesmo e, portanto, se torne um padrão para a verdade, deve haver um modo como o mundo realmente é, de forma que ele também deve se mostrar para nós como realmente é. Assim, Heidegger conclui que nossos pensamentos e enunciados a respeito das coisas não podem ser nem verdadeiros nem falsos a menos que as coisas sobre as quais pensamos e falamos tenham uma essência, um modo de ser – ou seja, os próprios objetos devem possuir propriedades em virtude das quais eles pertencem ou não à extensão dos termos da proposição. A menos que existam limitações sobre o que está implicado em uma coisa ser uma coisa, nossos pensamentos e enunciados sobre ela correm o risco de perder contato com qualquer coisa sobre a qual poderiam ser um enunciado ou pensamento. Por exemplo, se não houver características essenciais de uma mesa, então minha afirmação "há uma mesa na sala" poderia se referir a qualquer coisa, sendo incapaz, portanto, de ser verdadeira ou falsa. Assim, trata-se de uma condição da verdade proposicional que o ente se apresente diante de nós como objeto dotado de propriedades determináveis.

Ademais, é preciso que quem enuncia considere a disposição das coisas no mundo como a medida de seu enunciado. Este ponto é simplesmente a consequência do primeiro – a saber, o que dizemos ser verdadeiro ou falso somente se algo específico no mundo satisfaz ou não a crença ou o enunciado: "de acordo com sua natureza, as 'verdades' – os enunciados verdadeiros – assumem uma relação com algo *em razão do que* são capazes de estar em conformidade" (P, 102). Isso significa que devemos ter alguma compreensão da essência das coisas; caso contrário, não há meio para podermos considerar o mundo como medida do sucesso ou fracasso de nossas proposições. Todos os nossos comportamentos em relação aos objetos – usá-los, refletir sobre eles, referir-se a eles –, "interpretados como pré-predicativos ou como predicativos, seriam incapazes de tornar o ente acessível *em si mesmo*, se seu se tornar manifesto não fosse sempre antecipadamente iluminado e conduzido por uma compreensão do ser (a constituição ontológica: o-que-é e como-é) do ente. *O desvelamento do ser* [*Unveiledness of being*] *torna possível, pela primeira vez, a manifestação do ente*" (P, 103, algumas ênfases minhas). Heidegger explica que "desvelamento do ser" significa "o descerramento do ente graças ao qual uma abertura se essencializa [*west*]" (P, 146, tradução modificada). O não-encobrimento do ser fundamenta a verdade ao abrir um mundo de coisas com propriedades essenciais, um mundo sobre o qual faz sentido dizer que falamos e pensamos correta ou incorretamente.

O problema é que, quando se trata de determinar a verdade das definições essenciais, encontramos algo paradoxal. Heidegger compara estes dois enunciados:

(1) Nesta sala, agora, as luzes estão acesas

(2) A verdade é a corretude de um enunciado,

onde o enunciado (2) pretende especificar a essência da verdade (BQP, 69ss.). A verdade do enunciado (1) parece, de forma direta e indiscutível, consistir em sua relação com um fato ou estado de coisas específico – nomeadamente, a condição das luzes na sala de aula agora. E quanto à verdade do enunciado (2)? Heidegger faz duas observações importantes sobre tal enunciado. Primeiro, embora ele possa corresponder satisfatoriamente aos fatos (os fatos relevantes incluiriam todas as verdades particulares), sua correspondência a eles não é o que o torna verdadeiro. Pelo contrário, seu ser verdadeiro é o que garante que corresponderá aos fatos. Podemos perceber isso se pensarmos em que fatos poderíamos possivelmente apresentar para (2) corresponder a.... Se a noção de um fato ou estado de coisas é significativa, ela deve ser alguma condição real (passada, presente ou futura) de um objeto ou estado de coisas. Mas as afirmações essenciais vão além de qualquer afirmação sobre condições passadas, presentes ou futuras para incluir todas as condições possíveis. Isso ocorre porque a essência de algo não é identificada por uma mera regularidade empírica, mas também deve ser mantida diante de situações contrafactuais. Se eu afirmasse que a essência de uma mesa é ser feita de madeira e ser parte da mobília, por exemplo, isso não tornaria tal afirmação verdadeira simplesmente por demonstrar que todas as mesas passadas, presentes e futuras são feitas de madeira e são parte da mobília (mesmo que eu pudesse, de fato, ter certeza de que não há, nunca houve e nunca haverá, por exemplo, um objeto em forma de mesa feito de plástico). Além disso, teria que considerar que um objeto de plástico com exatamente a mesma forma, resistência, função, e assim por diante, não seria uma mesa. Isso significa que, para definições essenciais, a correspondência aos fatos é uma condição necessária, mas não suficiente para que sejam verdadeiras.

Em segundo lugar, as definições essenciais não podem ser baseadas em fatos, uma vez que, para identificar de forma determinada o fato ou os fatos aos quais corresponde, precisamos assumir que a definição é verdadeira. Para melhor entender, compare duas outras definições essenciais – desta vez a respeito do ouro:

(3) O ouro é o mais nobre dos metais

(4) O ouro é um elemento com número atômico 79.

Quando se trata de fundamentar de forma precisa simples afirmações factuais como no enunciado (1), começamos procurando o fato ao qual corresponde, podendo fazer isso encontrando primeiro o objeto mencionado na posição de sujeito da frase – as luzes – e depois verificando sua condição. E como proceder a respeito do enunciado (3)? Parece que começaríamos localizando o objeto mencionado na posição de sujeito da frase – o ouro. Na verdade, se o enunciado (3) for uma definição essencial, o único modo de determinar que o ouro é o mais nobre dos metais é primeiro encontrando ouro, e fazemos isso procurando exemplares do metal mais nobre. Assim, vemos que, para estabelecer a verdade da especificação essencial, primeiro temos que assumir que ela é verdadeira. E isso significa que nunca estamos em posição de provar empiricamente que ela está correta. Suponha, por exemplo, que estamos tentando decidir entre os enunciados (3) e (4). Os defensores do enunciado (3) reuniriam todos os metais mais nobres para pôr à prova sua definição. Os defensores do enunciado (4) reuniriam todos os elementos com número atômico 79 para pôr à prova a deles. Nenhum dos dois lados poderia persuadir o outro de que sua definição essencial estava correta, porque, com base em suas respectivas definições, cada um rejeitaria exatamente aquelas substâncias específicas que o outro considerasse evidências decisivas a favor de sua definição. Como Heidegger resume a situação: "sempre que tentamos provar uma determinação essencial por meio de fatos singulares, ou até pelo conjunto deles, reais e possíveis, resulta o notável estado de coisas do qual já pressupusemos a legitimidade da determinação essencial; de fato, devemos pressupô-la apenas para apreender e produzir os fatos que devem servir como prova" (BQP, 71).

Contudo, parece que ambas as definições não podem estar corretas. Mesmo que aconteça de os enunciados (3) e (4) concordarem em sua extensão, poderíamos imaginar casos ou mundos possíveis nos quais as definições se apliquem a alguma substância de maneira distinta. Isso significa que temos razões para acreditar que pelo menos uma delas nomeia, no máximo, uma propriedade acidental do ouro.

Se o mundo não nos dá base para decidir qual das definições essenciais concorrentes está correta, então talvez tenhamos que concluir que não há essências genuínas no mundo. Em vez disso, o que encontramos no universo é o que projetamos (arbitrariamente) nele. E se concluirmos isso, também poderíamos ser obrigados a concluir que não há como o universo ser independente de como o concebemos, porque parece que somos livres para esculpi-lo da maneira que quisermos. Tais perspectivas antiessencialistas e antirrealistas ameaçam a possibilidade de nossos pensamentos e afirmações serem sobre o mundo, ameaçando, com isso, a possibilidade de tais pensamento serem verdadeiros ou falsos.

Podemos resumir a situação da seguinte forma: parece que nossa capacidade de termos crenças verdadeiras e fazermos enunciados verdadeiros sobre o mundo depende de as coisas terem uma essência e de apreendermos essa essência. Isso porque não podemos ter êxito na referência linguística a coisas no mundo a menos que tenham uma essência. No entanto, se uma compreensão da essência consiste em uma apreensão de uma definição proposicional, então nada no mundo pode tornar a definição essencial verdadeira, porque nada no mundo poderia estabelecer uma definição em oposição a qualquer outra. Assim, parece se concluir que nada no mundo pode tornar nossas crenças ou afirmações verdadeiras.

Heidegger, de fato, rejeita esta argumentação, pois ele nega que nossa compreensão da essência consista em uma apreensão de uma definição proposicional. O "conhecimento da essência", ele afirma, "não pode ser comunicado no sentido da transmissão de uma proposição, cujo conteúdo é simplesmente apreendido sem que sua fundação e sua aquisição sejam concretizadas novamente" (BQP, 78). Isso porque o conhecimento da essência que lhe interessa é um modo de estar afinado com o mundo; para isso, precisamos ser apresentados às práticas que eventualmente nos ensinarão a ter uma sensibilidade e disposição específicas em relação ao mundo. Assim, "o conhecimento da essência deve se concretizar novamente por cada um que deseja compartilhá-lo" (BQP, 78). Segundo Heidegger, esta última compreensão de nosso conhecimento da essência – entendê-la como consistindo em sermos afinados pelo mundo para considerar certas propriedades ou características das coisas como determinadas – é o que nos permite ver o caminho livre do antiessencialismo e do antirrealismo. O não-encobrimento do ser, ou *aletheia*, é precisamente o modo como uma certa compreensão pré-cognitiva da essência prevalece em uma afinação. Heidegger afirma que, através do não-encobrimento do ser, "o comportamento humano é afinado do início ao fim pela manifestação do ente como um todo" (P, 147).

Antes de explicar essa proposta com mais detalhes, no entanto, penso que é válido comparar a solução de Heidegger para o problema com aquela oferecida por Kripke. Enquanto Heidegger nega que nossa compreensão da essência seja uma apreensão cognitiva de uma definição essencial, Kripke nega a suposição de que nossa capacidade de nos referir a uma coisa depende de nosso conhecimento sobre o que essa coisa é. Em vez disso, Kripke propõe que, por exemplo, podemos nos referir a algo como ouro, mesmo se não soubermos exatamente o que ele é, por meio de uma espécie de "ostensão" ou apontamento. O "conceito original" de ouro, então, não tem como conteúdo nenhuma definição essencial. Pelo contrário, o conceito original é "*aquele tipo de coisa*, onde o tipo pode ser identificado por exemplares paradigmáticos. Não é algo identificado por qualquer definição [...] qualitativa".[19] Em certo sentido, apesar de ser bastante contingente o

19 KRIPKE, Saul. *Naming and Necessity*. Cambridge: Harvard University Press, 1980, p. 122.

que decidimos referir com nossas palavras, uma vez que a referência tenha sido estabelecida, não cabe mais a nós decidirmos qual será a essência do referente – a coisa à qual nos referimos. O referente da palavra "ouro" foi estabelecido pelo modo (contingente) que alguém inicialmente identificou o ouro. A partir desse ponto, no entanto, não cabe mais a nós, mas à estrutura do universo, decidir quais propriedades são essenciais ao ouro. As propriedades essenciais serão justamente aquelas necessárias para explicar o modo como identificamos o ouro inicialmente.[20]

No caso do ouro, por exemplo, em algum lugar no passado, as pessoas começaram a identificar um tipo de coisa maleável, amarela, metálica, que não se oxidava, e assim por diante. Kripke sustenta que essas propriedades não determinam a essência desse material; em vez disso, talvez elas sejam propriedades contingentes da coisa identificada – digamos, uma pepita específica de ouro. A essência do ouro, ao contrário, será tudo aquilo sobre o ouro que o torne aquela coisa específica que identificamos. Para ajudar a reforçar nossas intuições a respeito disso, Kripke propõe o seguinte experimento sobre a característica de o ouro ser amarelo – sendo essa característica de ser amarelo uma das propriedades pelas quais identificamos o tipo de coisa que o ouro é. Kripke pergunta: "poderíamos descobrir que o ouro não é, de fato, amarelo?". Ele explica sua resposta afirmativa da seguinte forma:

> Suponha que uma ilusão de ótica prevalecesse devido a propriedades peculiares da atmosfera na África do Sul, na Rússia e em outras determinadas regiões nas quais as minas de ouro são comuns. Suponha que houvesse uma ilusão de ótica que fizesse a substância parecer amarela; mas, na verdade, uma vez que as propriedades peculiares da atmosfera fossem removidas, veríamos que a substância é realmente azul. Talvez até mesmo um gênio corrompesse a visão de todos que entrassem nas minas de ouro (obviamente, suas

20 Cabe aqui uma nota esclarecedora. No sentido tradicional, adotado por Kripke, a essência de uma coisa é aquela propriedade da coisa que explica todas as outras propriedades que consideramos importantes sobre ela. Para Heidegger, a essência de uma coisa é tudo o que nos dispõe a considerar certas propriedades como importantes.

> *almas* já estavam corrompidas) e, assim, os fizesse acreditar que essa substância era amarela, embora não fosse. Com base nisso, haveria uma manchete nos jornais: "descobriu-se que não há ouro. O ouro não existe. O que assumimos como ouro não é, de fato, ouro"? Apenas imagine a crise financeira mundial nessas condições! [...] Parece-me que não haveria tal manchete. Pelo contrário, o que seria anunciado é que, embora parecesse amarelo, o ouro, na verdade, se mostrou não ser amarelo, mas azul. A razão, penso eu, é que usamos "ouro" como um termo para um certo *tipo* de coisa.[21]

Penso que Heidegger aceitaria as intuições de Kripke a respeito disso.[22] Ele diria que, embora seja contingente em nossas práticas, disposições e interesses, quais coisas acabamos identificando com nossa linguagem e em nossos pensamentos, a natureza das coisas que identificamos geralmente não depende de nós. Consequentemente, se se verificar que estamos enganados sobre muitas das coisas em que acreditamos a respeito do ouro, isso não significa que não haja nada no mundo que tenhamos identificado. O ouro está aí e tem uma natureza que não pode ser alterada apenas pelo fato de concordarmos em usar nossas palavras de forma diferente do que fazemos.

Também acredito que Heidegger aceitaria a afirmação de Kripke de que nossa capacidade de fazer referência não depende de conhecermos antecipadamente qual é a essência de uma coisa. Na verdade, uma versão mais fraca dessa afirmação é um corolário da proposta de Heidegger de que muitas vezes nos falta uma compreensão cognitiva da essência da coisa. "Abordar algo *como* algo", observa Heidegger, "não implica necessariamente *compreender em sua essência* tudo o que é assim abordado. A *compreensão* do ser (*logos*, em um sentido bastante amplo) que guia e ilumina antecipadamente

---

21 Kripke, *Naming and Necessity*, p. 118.

22 Hubert Dreyfus demonstrou que Heidegger, com a sua noção de "indicação formal", antecipa a ideia kripkeana de designação rígida. Veja-se "How Heidegger Defends the Possibility of a Correspondence Theory of Truth with Respect to the Entities of Natural Science", disponível em *The Practice Turn in Contemporary Theory*, p. 151-162. Dreyfus entende a indicação formal como base para o anti-antiessencialismo de Heidegger – um argumento que aceito, mas que não desenvolverei neste capítulo.

todo comportamento em relação ao ente não se trata nem de uma apreensão do ser enquanto tal, *nem de uma compreensão conceitual do que é assim apreendido*".[23] Portanto, em alguns aspectos, suas posições são bastante similares. Porém, como este excerto evidencia, há uma diferença importante. Heidegger, em específico, não acredita que nós normalmente fazemos referência sem *nenhuma* compreensão da essência, mas que podemos fazê-lo sem uma apreensão *conceitual* da essência. Assim, ele rejeitaria como infundamentada e insustentável um aspecto da posição de Kripke.

Como Kripke acredita que há um modo de fazer referência que não requer compreensão prévia da essência, ele acredita que há um modo de decidir conclusivamente entre afirmações essenciais concorrentes. Se o que designamos ostensivamente não depende de forma alguma do que compreendemos ou conhecemos sobre a coisa, então parece que todos aqueles que definem ostensivamente irão escolher exatamente a mesma coisa. Para retornar ao exemplo discutido acima, Kripke argumenta que o enunciado (4) é a definição correta. O ouro é e sempre foi o elemento com número atômico 79. Sabemos disso agora, porque nossa ciência pode demonstrar como todas as (mais importantes) propriedades superficiais do ouro são produzidas por sua estrutura atômica. Consequentemente, até que a ciência moderna descobrisse a estrutura atômica do ouro, ninguém que falasse sobre ouro sabia do que estava falando.

Façamos uma breve revisão para esclarecer este ponto. Anteriormente, parecia que, na medida em que uma descrição essencial determinava o que uma coisa é, nunca estávamos em posição de decidir entre descrições essenciais concorrentes. Isso porque, em primeiro lugar, não podíamos identificar a coisa sem ter alguma noção do que ela é e, assim, nunca podíamos encontrar evidências que contradiriam a descrição essencial que

23 P, 104 (algumas ênfases adicionadas). Veja-se também BQP, 73: "estamos acostumados com a 'essência' das coisas que nos rodeiam: casa, árvore, pássaro, estrada, carro, homem etc., e ainda assim não temos conhecimento da essência. Pois aterrissamos imediatamente no incerto, mutável, controverso e infundado quando tentamos determinar mais de perto e, acima de tudo, tentamos fundamentar o ente certamente 'conhecido', embora ainda indeterminadamente, em sua determinação: a saber, o ser-casa, o ser-árvore, o ser-pássaro, o ser-humano".

adotamos arbitrariamente. Kripke rompe o impasse ao propor que, na verdade, uma descrição essencial não é necessária para identificar um tipo de coisa. Pelo contrário, podemos fazer isso por uma ostensão – apontando para aquela coisa *ali*. Então, estamos em posição de pôr à prova uma definição essencial; começamos encontrando ouro ("é *aquele* tipo de coisa") e depois o verificamos para ver que propriedade subjacente explica todas as notórias propriedades superficiais. Ao fazer isso, podemos ser essencialistas e realistas, porque cabe ao mundo, não a nós, decidir se o material que ostensivamente identificamos realmente possui a propriedade. Kripke evita o antiessencialismo e o antirrealismo negando que precisamos apreender a essência de uma coisa para nos referirmos a ela. O resultado é que obtemos um realismo robusto – tão robusto, na verdade, que podemos estar quase completamente equivocados em todas as coisas que dizemos ou acreditamos a respeito das coisas às quais nos referimos.

Em vez de negar que precisamos apreender a essência de uma coisa para nos referirmos a ela, Heidegger nega que nossa apreensão da essência consista em uma compreensão de uma *proposição*. "A essência das coisas", observa Heidegger, é habitualmente algo "que sabemos e ainda não conhecemos" (BQP, 73). Ela "não é, a princípio, capturada em uma 'definição' e disponibilizada para o conhecimento" (BQP, 101). Isso porque, como Heidegger explica, o conhecimento da essência se manifesta originalmente no modo como "todo agir e criar, todo pensar e falar, todo fundar e proceder foi determinado pelo e completamente de acordo com o não-encobrimento do ente como algo não apreendido" (BQP, 101).

A partir da perspectiva de Heidegger, então, os problemas do antiessencialismo e do antirrealismo são gerados pela nossa crença de que devemos fundamentar todo o nosso conhecimento das coisas em uma proposição que, para ser verdadeira, teria que corresponder a algo no mundo. Como as definições essenciais não podem corresponder a nada no mundo, todo o nosso conhecimento do mundo fica radicalmente desprovido de fundamento. Heidegger pensa que a solução consiste em perceber que nosso conhecimento das coisas não se fundamenta em uma proposição, mas em um modo de nos dispormos em relação ao mundo.

Uma disposição é verdadeira não por corresponder aos fatos, mas por nos proporcionar uma boa visão[24] existencial do mundo. E só temos uma boa visão existencial do mundo na medida em que o próprio mundo nos afinou com as coisas que vêm ao encontro nele.

Novamente, essa posição de Heidegger fica bem ilustrada ao compará-la com a de Kripke. Se Kripke está certo a respeito das essências depende de se, de fato, toda a sociedade se refere da mesma forma – por exemplo, se todos sempre identificaram o mesmo tipo de coisa que identificamos quando nos referimos ao ouro. Posso facilmente imaginar isso e considero que Heidegger sustenta que habitantes de diferentes épocas poderiam olhar para o mesmo exemplar específico de ouro e ainda assim identificá-lo *como* um tipo diferente de coisa. Então, eles adotariam diferentes paradigmas como base para desencobrir a essência do ouro (no sentido tradicional de "essência").

Da perspectiva de Heidegger, esse fato deveria nos levar à pergunta: o que fundamenta uma definição ostensiva? Ele observaria que mesmo uma definição ostensiva exige que o objeto indicado na definição seja manifesto antes da ostensão. O que o torna manifesto? A reflexão sobre tais questões mostra que Kripke também depende de um modo de acesso pré-predicativo ou pré-linguístico ao mundo, sem esclarecer a natureza do próprio modo de acesso pré-linguístico. E, assim, antes de impormos a outras culturas nosso modo de permitir que as essências se manifestem, devemos perguntar se, de fato, compartilhamos o modo pré-linguístico de não-encobrimento do ente, para usar a terminologia heideggeriana. De acordo com Heidegger, na verdade, não compartilhamos. O que distingue cada época histórica de outra, afirma Heidegger, é que cada uma tem um estilo diferente de "visão produtiva", de perceber as coisas antecipadamente de tal forma que lhes são permitidas se destacar como essencialmente estruturadas.[25]

Podemos ilustrar isso voltando ao que Kripke chamou de "conceito original" de ouro – um conceito determinado para sempre por um ou alguns

24 Por "boa visão existencial", quero expressar simplesmente a capacidade de nos comportarmos com sucesso no mundo em que nos encontramos.

25 Veja-se especialmente o §24 de BQP.

poucos exemplares paradigmáticos de coisas douradas. Observe, a princípio, que aquelas coisas específicas – talvez pepitas de ouro – que foram descobertas em um determinado momento e local específico não poderiam ter sido identificadas se estivessem completamente desprovidas de características distintivas. Quem as identificou pela primeira vez só o *pôde* fazer porque estava reagindo a elas de um modo específico, ou seja, porque estava reagindo a alguma propriedade ou propriedades evidentes que elas possuíam. Aquelas pepitas de ouro já se mostravam significativas de alguma forma.

Na verdade, devemos observar que existe um número indefinido, senão infinito, de maneiras de caracterizar as propriedades de qualquer coisa. Uma pepita de ouro, por exemplo, tem uma cor, um peso, uma textura e uma forma, mas também todas as outras propriedades, como ser boa (ou ruim) para a confecção de joias, brilhar de uma maneira que parece divina, estando diretamente na frente da minha cadeira favorita e assim por diante. Quando decidimos que tipo de coisa é este objeto específico, o faremos com base apenas nas propriedades particulares às quais estamos reagindo, e essas propriedades serão algum subconjunto de um conjunto indefinido ou infinito de propriedades às quais poderíamos reagir.

Tendo isso em vista, parece que precisamos revisar a história que contamos acima. Kripke está certo: não precisamos de uma definição essencial para identificar uma coisa em primeiro lugar. Porém, identificamos as coisas apenas em relação ao contexto de um específico modo de ser no mundo, de encontrar certas propriedades e relações notórias e outras irrelevantes. Consequentemente, embora não esteja em nosso poder definir quais serão as propriedades essenciais de uma coisa, qual coisa estamos identificando *é* resultado de nossos modos de comportamento pré-linguísticos. Ou, mais precisamente, é resultado de uma forma de disposição ou disponibilidade em relação ao mundo que nos leva a entender certas características como mais importantes do que outras.

Heidegger nos lembra que qualquer definição essencial funciona nomeando uma propriedade que vale para todos os exemplares específicos daquele tipo. No entanto, porque a definição precisa ser válida de forma contrafactual, a essência não é realmente a propriedade, mas aquilo que faz a propriedade valer para todos os exemplares.[26] Isso leva Heidegger a utilizar o termo "essência" de uma maneira pouco familiar à tradição filosófica; para Heidegger, a essência de algo é sempre aquilo que nos leva a reconhecer uma propriedade essencial como essencial – o que "interessa e move" ou "o que importa para nós em todas as coisas" (OWL, 95). Assim, todas as definições essenciais surgem com base em uma disposição de fundo relacionada ao mundo. Segundo Heidegger, nós descobrimos as essências que efetivamos porque o modo como somos movidos pelas coisas ou nos dispomos em relação a elas permite que uma determinada "característica do ser [...] seja predominante" (BQP, 112).

No não-encobrimento do ser, então, uma compreensão do ser passa a prevalecer de tal forma que trazemos antecipadamente um certo modo de nos dispormos em relação aos objetos: "o comportamento humano é afinado do início ao fim pela manifestação do ente como um todo" (P, 147).

Podemos ilustrar essa ideia através do exemplo do ouro. Podemos imaginar que, devido ao modo como diferentes culturas estão dispostas em relação ao mundo, pode haver diferentes maneiras de ostensivamente identificar objetos no mundo. Certo modo de nos dispormos pode nos levar a encontrar o verdadeiro ser de uma coisa na medida em que ela se aproxima de Deus por ser como Ele. Outro modo de nos dispormos pode nos levar a encontrar o verdadeiro ser de uma coisa em sua capacidade de se transformar em um recurso, flexível e eficientemente disponível para uso. Quando alguém disposto em relação ao mundo daquele primeiro modo aponta para uma pepita de ouro e a define como "aquele *tipo* de coisa", considerará como essencial sua proximidade com Deus. Quando alguém disposto em relação ao mundo daquele segundo modo define o ouro ostensivamente, entenderá sua essência como aquilo que permite transformá-lo em um recurso, modificá-lo e ordená-lo de forma flexível.

Como resultado, podemos notar que não há mais necessidade de ver os enunciados (3) e (4) como incompatíveis. Pode haver uma cultura cujas sensibilidades para o mundo a levem a identificar um exemplar

26 Veja-se BQP, 55 ("o que é essencial na essência [...] [é] aquilo que admite ou exige que a essência seja válida para os muitos indivíduos").

de ouro como tendo exatamente as propriedades essenciais especificadas no enunciado (4) – na verdade, Heidegger provavelmente argumentaria que essas são precisamente as propriedades essenciais que encontraríamos em uma pepita de ouro se estivéssemos orientados para o mundo de uma maneira técnica. Não precisamos entender o enunciado (4) como verdadeiro *a priori*, porque se ele é verdadeiro depende do mundo. Pelo contrário, usaremos nossa disposição técnica para identificar objetos como exemplares *desse tipo de recurso*; a partir daí, trata-se de uma questão empírica quais de suas características o tornam esse tipo de recurso. Em nossa época, parece plausível dizer que as características essenciais (no sentido tradicional) se encontram em sua estrutura atômica, porque o conhecimento da estrutura atômica nos dá o melhor entendimento de como transformar ouro em um recurso. Desta forma, garantimos a possibilidade da verdade ao assegurarmos que o mundo esteja aberto ou não-encoberto de alguma forma, podendo servir, então, como um padrão para nossos pensamentos e palavras.

Em síntese, a afirmação de que o não-encobrimento é a essência da verdade equivale à afirmação de que a verdade das crenças e dos enunciados depende de o mundo se abrir para nós de um modo específico, antes e independentemente da linguagem predicativa. O não-encobrimento do ente constitui o "encontro antecipatório", o qual destaca certas propriedades e relações como relevantes (cf. BQP, 121). Isso significa que as propriedades de uma coisa que consideramos ser as mais importantes para ela – as propriedades que determinam sua "essência" – são uma função da época histórica. Habitantes de distintos mundos históricos considerarão diferentes características de objetos como essenciais, porque suas disposições para o mundo são moldadas de maneiras diferentes. Como resultado, o que as coisas são, como elas realmente se manifestam, difere de acordo com o mundo histórico ao qual uma pessoa pertence.

Esse entendimento histórico da essência certamente suscitará preocupações. Pode soar novamente como se Heidegger estivesse perigosamente próximo de afirmar que se trata de algo arbitrário e compete a nós como identificaremos as coisas. Mas essa não é a forma como experienciamos as coisas. Hoje, por exemplo, consideramos a narrativa contada pela química moderna sobre o ouro particularmente convincente e poucos seriam tentados a afirmar que o número atômico se trata de uma propriedade acidental da nobreza do ouro. Além disso, não é realmente o caso que poderíamos simplesmente decidir, por consenso, começar a identificar outra coisa como referência de nossa palavra "ouro". Como identificamos as coisas é contingente, mas realmente não nos compete. Por qual razão? Por que estamos tão inclinados a concordar que a química está certa sobre o que falamos quando nos referimos ao ouro?

A resposta é que nossa disposição em relação à essência não é inteiramente de nossa responsabilidade, mas nos é incumbida, em grande parte, pelo modo como nosso mundo e nossas práticas para lidar com ele estão organizadas. Como Heidegger observa com razão, aquilo que nos interessa, nos move, nos importa se determina historicamente. Nós, ocidentais da época da técnica, somos movidos por considerações bastante diferentes do que um cristão medieval ou um grego antigo, por exemplo. Heidegger chega até mesmo a apresentar uma caracterização geral do que mobiliza nossa época – ele afirma que é a flexibilidade e a eficiência que "nos importam em todas as coisas". Na época da técnica, sustenta Heidegger, tudo se mostra como algo a ser "desvendado" (ou seja, removido de suas condições naturais), "exposto" (ou seja, reduzido a algo à disposição e prontamente disponível para uso) e "constantemente modificado" (ou seja, flexivelmente empregável em uma variedade indefinida de atividades).[27] Se isso está certo, então a razão pela qual consideramos a essência científica moderna tão convincente como uma explicação do que as coisas realmente são consiste no fato de que temos uma sensibilidade de fundo em relação ao mundo, uma sensibilidade que nos mobiliza a buscar flexibilidade e eficiência, de modo que a explicação científica moderna identifica aquela propriedade da coisa que, quando compreendida, nos permite desvendar, expor e modificar todos os entes naturais.

Nesse sentido, o fato de nossas disposições serem históricas não significa, no entanto, que as essências sejam criadas por nós. Heidegger

27 Veja-se QCT, especialmente 14ss.

sustenta que uma essência "não é fabricada, mas também não é simplesmente encontrada como uma coisa simplesmente dada" (BQP, 77). Na concepção heideggeriana, então, temos direito a um essencialismo e a uma espécie de realismo. O universo existe independente de nós e não nos compete inteiramente decidir que tipo de coisas encontraremos nele. Este é um essencialismo histórico, um essencialismo que nega que haja qualquer vocabulário definitivo, correto, que cada época histórica precise aceitar, porque vê que a maneira como identificamos *tipos* de coisas depende de uma sensibilidade de fundo em relação ao mundo, uma sensibilidade que está sujeita a mudanças históricas. Na medida em que somos lançados em um modo de ser no mundo, herdamos uma sensibilidade de fundo em relação às coisas. E isso, por sua vez, significa que não estamos realmente livres para decidir *como* qualquer objeto em particular se manifestará. Consequentemente, as propriedades essenciais que descobrimos serão historicamente contingentes, no sentido de que uma cultura diferente teria sido movida por distintos aspectos ou propriedades do objeto, e, portanto, teria compreendido a essência do objeto de maneira bastante diversa. Dada a particular sensibilidade de fundo que habito, não é de modo algum arbitrário o que considero convincente em uma coisa. No entanto, não há nada fora das práticas humanas que nos faça ver a estrutura atômica de uma coisa como lhe sendo essencial – como aquilo sem o qual não seria a coisa que é. Uma vez que a coisa me interessa com base em meu impulso técnico por flexibilidade e eficiência, a estrutura atômica da coisa é a sua propriedade mais importante. Porque entender a estrutura atômica me permite desvendá-la, expô-la e modificá-la, entenderei sua estrutura atômica como aquilo sem o qual não seria a coisa que é.

A maneira como uma compreensão do ser molda nossas disposições, então, determina a verdade da essência das coisas no mundo moderno. E o fato de elas possuírem uma verdadeira essência garante a possibilidade e, portanto, é a própria essência de todas as verdades proposicionais que possuímos.

10 Autenticidade, valores morais e psicoterapia

Charles B. Guignon

A psicoterapia e a questão do bem viver

No mundo de língua inglesa, a influência de Heidegger na psicoterapia seguiu um caminho complexo. O médico e terapeuta suíço Medard Boss nos diz que Heidegger externalizou a expectativa de que "seu pensamento ultrapassaria os limites do estudo do filósofo e se tornaria benéfico para círculos mais amplos, em específico para um grande número de seres humanos em sofrimento".[1] A partir de 1946, sua participação nos seminários de Boss para estudantes de medicina e terapeutas foi motivada por essa preocupação.[2] Contudo, quando seus escritos se tornaram mais amplamente conhecidos entre os profissionais da área, foi menos por esse caminho do que pelo impacto do existencialismo nas décadas de 1950 e 1960. Como resultado, apesar de o pensamento de Heidegger ser frequentemente considerado como a pedra angular da psicoterapia existencial,[3] o que geralmente se encontra é um Heidegger refratado através da lente dos escritos muito mais acessíveis de Sartre, Beauvoir e Camus.

---

1 BOSS, Medard. "Martin Heidegger's Zollikon Seminars". Tradução inglesa de Brian Kenny. Disponível em *Heidegger and Psychology*, número especial de *Review of Existential Psychology and Psychiatry*. Ed. Keith Hoeller. Reimpressão de 1988 do v. 16, n. 1, 2 e 3 (1978/79): 7-20, p. 7.

2 Um registro de sua colaboração está disponível como *Zollikoner Seminare: Protokolle, Gespräche, Briefe* [*Seminários de Zollikon: protocolos, diálogos, cartas*], ed. Medard Boss (Frankfurt: Vittorio Klostermann, 1987). Para uma excelente análise das ideias-chave dessa obra, veja-se Fred Dallmayr, *Between Freiburg and Frankfurt: Toward a Critical Ontology* (Amherst: University of Massachusetts Press, 1991), capítulo 8.

3 Em sua obra *Existential Psychotherapy* (Nova Iorque: Basic Books, 1980), Irvin D. Yalom descreve *Ser e tempo* como o "texto filosófico mais importante nessa área" (p. 16).

Na boca desse Heidegger "existencializado", retrata-se o ideal da autenticidade como a postura do individualista austero que, ao experienciar a angústia diante da absurdidade última da vida, vive intensamente no presente e cria seu próprio mundo através de saltos de liberdade radical.

À medida que o entusiasmo pelo existencialismo diminuiu nas últimas duas décadas, no entanto, também diminuiu a motivação inicial para pensar que Heidegger tem algo importante a contribuir para a terapia. Acredito que o declínio do existencialismo pode ser atribuído à crescente suspeita de que sua imagem da condição humana é muito limitada para capturar as realidades concretas da existência real. A concepção de "terrível liberdade", encontrada nos existencialistas franceses, por exemplo, parece encobrir a percepção que temos de estar imersos em um mundo onde nem todas as coisas são possíveis. Ao idealizar essa noção de liberdade, corre-se o risco de glorificar a mera arbitrariedade, o tipo de impulsividade do "faça-você-mesmo" que criou tamanha miséria para a "geração do eu". Além disso, quando a autenticidade é equiparada à visão existencialista de criar livremente a própria vida como uma obra de arte, conclui-se muito naturalmente que essa ideia consiste em um modo de vida amoral ou até imoral.[4] A psicologia existencialista, aliada a movimentos "humanistas" na década de 1960, deveria proporcionar uma "terceira força", que serviria como alternativa às abordagens freudiana e empírica.[5] Opondo-se ao que

4 Analiso essas críticas do existencialismo em meu texto "Existentialist Ethics", disponível em *New Directions in Ethics: The Challenge of Applied Ethics*, ed. J. P. DeMarco e R. M. Fox (Nova Iorque: Routledge & Kegan Paul, 1986), p. 73-91.

5 As obras clássicas de psicologia existencialista em inglês são: MAY, Rollo; ANGEL, Ernest e ELLENBERGER, Henri F. (orgs.). *Existence: A New Dimension in Psychiatry and Psychology*. Nova Iorque: Basic Books, 1958; BINSWANGER, Ludwig. *Being-in-the-World: Selected Papers of Ludwig Binswanger*. Ed. Jacob Needleman. Nova Iorque: Basic Books, 1963; e BOSS, Medard. *Psychoanalysis and Daseinsanalysis*. Tradução inglesa de L. B. Lefebre. Nova Iorque: Basic Books, 1963. Trabalhos mais recentes incluem: MAY, Rollo. *The Discovery of Being: Writings in Existential Psychology*. Nova Iorque: Norton, 1983; e *Existential Psycotherapy*, de Yalom. Trabalhos adicionais estão listados em Maurice Friedman (org.), *The Worlds of Existentialism: A Critical Reader* (Atlantic Highlands, N.J.: Humanities Press, 1991), parte 6 e p. xvii. Louis A. Sass apresenta uma bibliografia de obras recentes em psicologia humanista em "Humanism, Hermeneutics, and the Concept of the Subject", disponível em *Hermeneutics and Psychological Theory: Interpretive Perspectives*

percebia ser o mecanismo científico e o determinismo das teorias padrão, esse movimento buscou proteger a dignidade humana, insistindo na liberdade humana. Mas, no final, sua ideia exagerada de liberdade acabou parecendo tão irrealista e perniciosa quanto a visão que pretendia substituir.

Ao mesmo tempo, no entanto, muitos terapeutas e profissionais de saúde mental continuam sentindo que as teorias "científicas" tradicionais, destinadas a explicar e orientar a psicoterapia, não capturam grande parte do que realmente acontece na prática terapêutica. Uma maneira de descrever essa lacuna entre teoria e prática é dizer que as teorias padrão não conseguem dar sentido às formas ricas e complexas de discurso moral que caracterizam o diálogo terapêutico. Podemos entender por que o discurso moral é essencial à terapia se refletirmos, em primeiro lugar, sobre os eventos que criaram a necessidade da psicoterapia. Ira Progoff descreve como o surgimento da civilização tecnológica moderna *gerou*, antes de tudo, problemas psicológicos contemporâneos. Segundo Progoff, nas sociedades anteriores, pré-industriais, "os indivíduos experienciavam o sentido de suas vidas em termos de ortodoxias religiosas locais e de habituais modos de vida nacionais ou tribais" de suas comunidades. Essas práticas e instituições tradicionais "proporcionavam segurança psíquica adequada para o indivíduo". Porém, quando a fé nessas comunidades se desfez, o indivíduo ficou desprotegido. Sem poder recorrer a um passado espiritual compartilhado com outros, o indivíduo "ficou isolado e à deriva; e essa situação do indivíduo solitário, não mais sustentado pelos recursos culturais de seus ancestrais, constitui a principal raiz dos problemas psicológicos que surgiram nos tempos modernos".[6]

Como resultado dessas mudanças, solicita-se agora aos terapeutas que sirvam como autoridades morais, preenchendo o vácuo deixado pela perda de fontes mais antigas de orientação. C. Marshall Lowe observa: uma vez que "o sacerdócio teológico perdeu grande parte de sua autoridade, [...] o cientista que pratica o aconselhamento e a psicoterapia assume uma nova autoridade moral. Solicita-se a ele que faça pronunciamentos

---

on Personality, Psychotherapy and Psychopathology, ed. Stanley B. Messer, Louis A. Sass e Robert L. Woolfolk (New Brunswick, NJ: Rutgers University Press, 1988), p. 222-271.

6 PROGOFF, Ira. *The Death and Rebirth of Psychology*. Nova Iorque: McGraw-Hill, 1956, p. 5.

morais em nome da ciência, da mesma forma que o clérigo era chamado para diretrizes religiosas".[7] Devido a essa demanda feita aos terapeutas, uma parte central do que acontece ao ajudar as pessoas no mundo moderno consistirá em abordar questões sobre o que constitui o bem viver e como podemos nos sentir em casa no mundo. Evidentemente, essas são questões *morais*, em sentido amplo, onde "moralidade" inclui não apenas questões sobre ações corretas, mas "questões sobre como vou viver minha vida" – questões "que tocam no tema de que tipo de vida vale a pena viver, [...] ou no tema sobre o que constitui uma vida aprazível e significativa – em oposição a questões ocupadas com assuntos secundários ou triviais".[8]

A necessidade de orientação moral é ainda mais urgente devido aos tipos de problemas que os terapeutas precisam tratar hoje. Morris Eagle aponta que as pessoas que procuram ajuda profissional atualmente sofrem menos das neuroses clássicas para as quais a teoria freudiana foi projetada para tratar e mais frequentemente de problemas pessoais "experienciados como sentimentos de falta de sentido, vazio, depressão generalizada, falta de interesses duradouros, objetivos, ideais e valores, e sentimentos de isolamento". Frequentemente muito bem-sucedidas em suas carreiras, essas pessoas se sentem sem propósito, à deriva e profundamente insatisfeitas com a vida. Embora a causa imediata desses "distúrbios pessoais" possa ser a educação inadequada dada pelos pais, Eagle propõe que, em última instância, eles surgem de fatores sociais como "a falta de ideologias e valores estáveis [...] ou uma atmosfera de desilusão e cinismo na sociedade circundante". Esses distúrbios revelam mais do que nunca "a importância de objetivos e valores orientadores tanto como um reflexo quanto como um mantenedor da saúde psíquica".[9]

No entanto, os terapeutas podem se sentir mal equipados, por sua formação, para assumir essa tarefa, pois, na medida em que a psicoterapia se considera uma "ciência comportamental aplicada", ela parece

---

7 LOWE, C. Marshall. *Value Orientations in Counseling and Psychotherapy: The Meaning of Mental Health*. Cranston, R.I.: Carroll Press, 1969, p. 16-17.

8 TAYLOR, Charles. *Sources of the Self: The Making of the Modern Identity.* Cambridge, Mass.: Harvard University Press, 1989, p. 14.

9 EAGLE, Morris N. *Recent Developments in Psychoanalysis: A Critical Evaluation*. Nova Iorque: McGraw-Hill, 1984, p. 72-73.

incorporar pressupostos que turvam qualquer tentativa de pensar no terapeuta como uma "autoridade moral". Isso ocorre porque, de partida, a empreitada científica visa ser isenta de valores e objetivo, baseando suas descobertas apenas na observação e na explicação causal. O resultado é uma profunda desconfiança a respeito das declarações de autoridade e dos juízos de valor. Essa desconfiança se evidencia, por exemplo, na visão inicial de Freud sobre a psicanálise como uma ciência interessada principalmente em elaborar modelos explicativos para conflitos psíquicos. Para Freud, a moralidade é concebida como parte do funcionamento de um superego rígido e punitivo, mais uma fonte de conflito do que sua potencial cura. Apesar de abordagens mais recentes terem uma concepção menos pessimista da moralidade, elas ainda tendem a tratar os interesses morais como assunto pessoal do cliente ou como redutíveis aos princípios de justiça procedimental atualmente aceitos como "autoevidentes" em sua própria comunidade acadêmica e profissional.

Essa situação aponta para a necessidade de um modo de compreender a condição humana que possa dar sentido à sua dimensão moral irredutível. No que segue, irei propor que o conceito de autenticidade proposto por Heidegger em sua primeira fase de pensamento, entendido adequadamente, tem muito a oferecer para esse fim. Em primeiro lugar, esboçarei alguns dos pressupostos presentes na perspectiva científica moderna que tornam difícil compreender a dimensão moral da psicoterapia. O mais interessante aqui é o modo como até mesmo as primeiras abordagens influenciadas por Heidegger, apesar de suas esperanças de escapar do "cientificismo", tendiam a recair nos mesmos pressupostos e problemas. Ao desenvolver a visão alternativa de Heidegger sobre a existência humana e a autenticidade, espero mostrar que os interesses morais são uma parte inevitável de qualquer projeto de compreensão dos seres humanos e que, muito naturalmente, serão centrais em qualquer diálogo terapêutico significativo. Ao tentar demonstrar a dimensão avaliativa da psicoterapia, meu objetivo não é propor uma nova técnica, mas proporcionar uma base ontológica para compreender o que sempre acontece na terapia, embora nunca seja completamente compreendido nas teorias padrão.

Os pressupostos subjacentes às teorias da psicoterapia

Grande parte da teoria da psicoterapia contemporânea baseia sua concepção dos seres humanos em uma concepção da realidade moldada pelas ciências naturais, uma concepção agora comumente chamada de "naturalismo". O naturalismo, terreno comum tanto para abordagens freudianas quanto empíricas, sustenta que, como os seres humanos são parte da natureza, os compreendemos aplicando os mesmos critérios de explicação usados para outras partes da natureza. Podemos distinguir três pressuposições, derivadas do naturalismo, que subjazem à concepção dos seres humanos encontrada na maioria das teorias de psicoterapia. A primeira diz respeito à natureza do si mesmo. Parte das conquistas da nova ciência do século XVII foi a dispersão da imagem tradicional da realidade como um cosmo carregado de valores e significativo, em favor de nossa concepção naturalista moderna do "universo" como um vasto conjunto de objetos em interações causais. Correlacionada a essa concepção de objetificação do universo está uma imagem do si mesmo como uma *coisa* ou *objeto* de um tipo particular. Os seres humanos são objetos físicos entre outros na ordem natural, mas são distintos na medida em que têm uma consciência e, por isso, podem agir livremente no mundo. Apesar da presença da mente, no entanto, os seres humanos ainda são concebidos como objetos apenas relacionados de forma contingente a outras coisas no mundo. O si mesmo, compreendido como uma coisa – como um "sujeito da interioridade" ou um centro de ação que encapsula a si mesmo –, tem sido central na maioria das teorias de psicoterapia.

O segundo pressuposto diz respeito à natureza da ação e à adequada conduta da vida. Com o tremendo sucesso da razão instrumental em alcançar o controle técnico do mundo, uma concepção da ação, baseada em cálculos de meios e fins, tornou-se amplamente aceita. Através de um procedimento formalizável, parece que podemos agir sobre as coisas para alcançar nossos objetivos. Essa capacidade de cálculo estratégico e controle técnico se expandiu, naturalmente, para incluir uma psicotecnologia de desenvolvimento pessoal. Com a orientação de especialistas, deveríamos ser capazes de reestruturar nossas próprias vidas de acordo com um plano racional. Assim, encontramos, em programas de autoajuda e *workshops* populares, procedimentos de transformação pessoal descritos em um vocabulário de reformulação do si mesmo a fim de alcançar fins específicos – vocabulários de "fortalecimento do ego", "reestruturação de estratégias cognitivas", "fomento da resiliência", "aprendizagem de habilidades de enfrentamento" ou "controle do *stress*".

Óbvio que o que mais impressiona nessa abordagem calculista-instrumental é sua incapacidade de refletir sobre a questão de quais *fins* valem realmente a pena buscar. As concepções mais antigas da vida geralmente faziam uma distinção entre (1) a "mera sobrevivência", apenas subsistir e satisfazer necessidades, e (2) uma forma de existência "superior" ou "melhor", que poderíamos alcançar se realizássemos nosso propósito adequado na vida. Em contraposição, a perspectiva naturalista moderna tenta se libertar de tal concepção bipartida da vida. Nesse cenário, os objetivos da vida são pensados como a satisfação daquelas necessidades básicas ditadas por nossa constituição biossocial ou como assuntos de preferência pessoal. A psicoterapia, entendida como uma técnica destinada a ajudar as pessoas a alcançarem seus objetivos, permanece indiferente aos próprios fins, desde que sejam realistas e consistentes.

O terceiro pressuposto diz respeito à natureza das relações humanas. Dado o que se tem chamado de "individualismo ontológico" da modernidade – a concepção de que a realidade humana deve ser compreendida em termos de indivíduos que encapsulam a si mesmos, que estão reunidos em sistemas sociais apenas de forma contingente –, um modelo conflituoso de seres humanos parece inevitável. Quando me vejo como um calculador estratégico, competindo por recursos limitados, tendo a entender os outros como auxiliares ou obstáculos para minhas buscas. Então, as relações são experienciadas como alianças temporárias, feitas para garantir nosso benefício mútuo. O resultado é uma espécie de "contratualismo terapêutico" que trata o casamento, a amizade e as relações amorosas como meios para o aprimoramento individual, ou seja, como arranjos contratuais a serem mantidos apenas enquanto eu "continuar a crescer" ou "ainda me sentir bem comigo mesmo" na relação.[10]

As abordagens humanistas e existenciais das décadas de 1950 e 1960 surgiram como uma reação contra a objetificação e o instrumentalismo percebidos nas teorias naturalistas. Afastando-se da ciência, elas geralmente baseavam sua compreensão do si mesmo a partir das formas "expressivistas" de pensar que caracterizavam o romantismo do século XIX. De acordo com essa concepção expressivista, o si mesmo contém uma fonte interna de potencial que é capaz de autorrealizar-se através da criatividade artística, da comunhão com a natureza e de relações intensas com os outros. A imagem da autorrealização através da expressão dos sentimentos e das capacidades mais próprias apresentava uma alternativa aos efeitos "desumanizantes" da perspectiva naturalista. No entanto, à medida que essas abordagens ainda aceitavam as pressuposições do individualismo ontológico, elas tendiam a perpetuar a própria concepção da realidade humana que procuravam superar.

Alguns exemplos mostrarão como esse problema surge. As obras de Rollo May exibem uma sensibilidade moral refinada e um compromisso em tornar centrais os interesses morais na compreensão da existência humana. Podemos compreender quem somos, escreve May, apenas através de uma "busca por nossos valores e propósitos. [...] Sem valores, só haveria desespero estéril". A concepção bipartida da vida, com sua distinção entre "mera vida" e uma "vida superior", é indispensável para ser plenamente humano. Somente os seres humanos são os entes que tornam certos valores "mais importantes do que o prazer e até mais importantes do que a própria sobrevivência".[11] Porque a teorização predominante não consegue explicar o papel dos valores na vida humana, a psicoterapia corre o risco de se tornar "parte da neurose do nosso dia, em vez de parte da cura".[12]

---

10 BELLAH, Robert N.; MADSEN, Richard; SULLIVAN, William M.; SWIDLER, Ann; TIPTON, Steven M. *Habits of the Heart: Individualism and Commitment in American Life*. Nova Iorque: Harper & Row, 1985, p. 128-130.

11 May, *The Discovery of Being*, p. 10, 17.

12 *Ibidem*, p. 87.

Entretanto, May é menos convincente quando se trata de formular sua própria concepção positiva de valores morais. O único ideal que ele parece endossar é o *comprometimento*, ou seja, uma "atitude decisiva em relação à existência", "a atitude do [...] ser autoconsciente, levando sua própria existência a sério".[13] De fato, o comprometimento com valores se faz necessário para que se "alcance a integração", pois os valores são necessários para servir "como um centro psicológico, uma espécie de núcleo de integração que reúne as capacidades [de alguém] como o núcleo de um ímã atrai as linhas de força do ímã". Os valores tornam possível a liberdade e a maturidade: "a marca do homem maduro é que sua vida está integrada em torno de objetivos escolhidos por si mesmo"; tal pessoa "planeja e trabalha em direção a um relacionamento amoroso criativo ou em direção à realização profissional ou qualquer outra coisa".[14]

Não é preciso dizer, no entanto, que a questão aqui é precisamente esse "qualquer outra coisa". Quando os valores e objetivos são escolhidos apenas para alcançar integração e maturidade, eles são tratados como meros meios para fins. O resultado, então, é que os valores passam a ser considerados como fortuitos, presumivelmente dispensáveis em favor de outros meios (talvez, a brutalidade ou a destrutividade), se estes forem mais eficazes. Nesse aspecto, os trabalhos de May exibem um paradoxo comum a uma ampla gama de teorias de psicoterapia.[15] Por um lado, os teóricos reconhecem a profunda necessidade sentida no mundo moderno por valores de autoridade para orientar e dar um sentido de propósito à vida. Por outro lado, a profunda desconfiança da autoridade em nossa cultura os leva a sentir que os valores só podem ser justificados se forem tratados como meios para alcançar fins não-morais, como satisfação pessoal, realização ou "empoderamento". Quando visto dessa forma, no entanto, o discurso moral é reduzido ao próprio pensamento calculista-instrumental que May entende corretamente como tão debilitante. Além disso, essa concepção de valores como ferramentas à nossa

13 *Ibidem*, p. 166-167.

14 MAY, Rollo. *Man's Search for Himself*. Nova Iorque: Dell, 1953, p. 175-176.

15 RICHARDSON, Frank C. "Freedom and Commitment in Modern Psychoterapy". *Journal of Integrative and Ecletic Psychotherapy*, 8 (1989): 303-319.

disposição ameaça reforçar a visão objetificante do si mesmo que May pretende extinguir, pois quando os valores são pensados como coisas à nossa disposição para livre escolha, tenderemos a pensar em nós mesmos como pontos sem dimensão de pura vontade, não ligados antecipadamente a nada, podendo livremente escolher entre o vasto leque de valores colocado diante de nós.[16] Assim, embora May esteja certo ao dizer que "o grau de força interna e a integridade de um indivíduo dependerá de quanto ele próprio acredita nos valores pelos quais vive",[17] ele parece incapaz de explicar como o agente autônomo e descomprometido, o selecionador de valores, poderia chegar a considerar quaisquer valores como genuinamente obrigatórios em primeiro lugar.

Medard Boss e Ludwig Binswanger, dois teóricos profundamente influenciados por Heidegger, tentam nos apresentar um entendimento mais rico de nosso "ser-no-mundo" como algo que abrange uma ampla gama de possibilidades de autocompreensão e autoavaliação. Boss, por exemplo, rejeita a noção de "*sentimento* de culpa" de Freud, afirmando que ela encobre o fenômeno mais profundo da "culpa existencial". "A culpa existencial do homem consiste em sua falha em cumprir a ordem de levar a cabo todas as suas possibilidades", uma falha exacerbada pela tendência de seguir "conceitos morais adquiridos", a "mentalidade estranha e paralisante que seus educadores lhe impuseram". Para superar essa forma de inautenticidade, Boss visualiza o ideal de um indivíduo "autêntico" que, "aceitando todas as suas possibilidades de vida", pode "apropriar-se delas e as reunir em um si mesmo próprio, autêntico e livre, que não está mais preso à mentalidade reduzida de uma 'massa' anônima e inautêntica".[18] E Binswanger, embora menos crítico da "massa", concorda com Boss em considerar os problemas psicológicos como resultantes de um "projeto-de-mundo" excessivamente restrito. Os problemas surgem

16 Isso era parte da crítica de Heidegger à noção de "valores" (uma palavra importada pela filosofia moral alemã a partir da economia no século XIX). Uma vez que os valores normalmente são pensados como objetos simplesmente dados, Heidegger abandonou completamente o conceito.

17 May, *Man's Search for Himself*, p. 176.

18 Boss, *Psychoanalysis and Daseinsanalysis*, p. 47, 271.

quando o *Eigenwelt* (mundo próprio) do indivíduo "é reduzido e restringido a tal ponto [que] inclusive o si mesmo é restringido e impedido de amadurecer". O objetivo da terapia, então, consiste em ajudar as pessoas a recuperarem "a *liberdade* de deixar que o 'mundo' aconteça".[19]

Boss acredita firmemente que, uma vez alcançada a liberdade genuína, "a ética da humanidade se torna autoevidente" e seremos capazes de "definir a moralidade fundamental do homem".[20] Suspeito que por trás dessa firme confiança está a fé romântica de que temos algo profundo em nós, uma "criança interior", que é mais verdadeira, mais pura e, de alguma forma, "melhor" do que o si mesmo triste, inflexível e preso ao dever que nos foi imposto por nossa socialização. A crença nesse "si mesmo autêntico" – uma ideia que se tornou comum através dos escritos de teóricos como D. W. Winnicott, Alice Miller e John Bradshaw – é tremendamente atraente. Mas não é nada óbvio que "cumprir a ordem de levar a cabo todas as nossas possibilidades" ajudará a esclarecer nossa moralidade fundamental ou nos tornará pessoas melhores. Uma coisa que Freud nos ensinou é suspeitar de ideias como o "nobre selvagem" e a "criança interior". Hoje, não podemos evitar enfrentar o fato de que nossas "possibilidades" incluem não apenas amor e compaixão, mas também hostilidade, egoísmo e agressão. A "ordem de levar a cabo todas as nossas possibilidades" inclui estas também? E, se não, qual mapa moral nos orienta na distinção entre as possibilidades que devemos cumprir e aquelas que não devemos?[21]

A crença no que consiste o valor central do individualismo moderno é crucial tanto para Boss quanto para Binswanger: a liberdade negativamente compreendida como liberdade *de* restrições. Pode ser o caso, no entanto, que esse ideal de liberdade ilimitada se autodestrua. Pois onde todas as coisas são igualmente possíveis, nada é realmente obrigatório e, assim, nenhuma escolha

19 Binswanger, "The Existential Analysis School of Thought", disponível em *Existence*, May *et al.* (orgs.), p. 194, 204, ênfase minha.

20 Boss, *Psychoanalysis and Daseinsanalysis*, p. 271.

21 David Hiley e eu analisamos esses problemas em relação à glorificação ao "alargamento de si mesmo", de Richard Rorty, como o ideal de caráter pós-freudiano. Veja-se "Biting the Bullet: Rorty on Private and Public Morality", disponível em *Reading Rorty: Critical Responses to "Philosophy and the Mirror of Nature" (and beyond)*, ed. Alan R. Malachowski (Oxford: Blackwell, 1990), p. 339-364.

é superior a qualquer outra. A liberdade se torna, então, na clássica afirmação de Rieff, o "absurdo de ser livre para escolher e depois não ter escolha que valha a pena fazer".[22] O que essas críticas mostram é que as abordagens de "terceira força" tendem a recair nos mesmos pressupostos naturalistas a que se propuseram superar. Para ir além desses pressupostos, acredito que precisamos de um novo modo de pensar sobre a existência humana.

Cotidianidade e inautenticidade

Heidegger propõe que suspendamos os pressupostos do naturalismo moderno e nos voltemos diretamente para uma fenomenologia de nosso senso pré-teórico de nós mesmos, como somos na "cotidianidade mediana". Em nosso ordinário modo de agir, de acordo com a descrição de Heidegger, o si mesmo não é tanto um objeto quanto um *evento* ou *acontecimento* que se desdobra – o "movimento" do decorrer de uma vida "que se estende do nascimento à morte" (BT, 427). A partir deste ponto de vista, é errado pensar em si mesmo como uma mente ou um centro de consciência com seu próprio *Eigenwelt* [mundo próprio]: "até mesmo o próprio *Dasein* [é] algo que só pode 'se encontrar' de imediato quando *desvia o olhar* das 'experiências' e do 'centro de suas ações', ou nem mesmo os 'vê'. O *Dasein* se encontra 'de imediato' no que faz" (BT, 155). Como geralmente estamos fora de nosso "si mesmo", implicados em contextos instrumentais em um mundo compartilhado, Heidegger pode dizer que ser um "si mesmo" se trata "'apenas' [...] de *um modo de ser* desse ente" (BT, 153, ênfase minha).

Na visão de Heidegger, não há uma "natureza humana" previamente dada que determine o que somos. Pelo contrário, *somos* o que fazemos de nós mesmos ao vivermos nossas vidas ativas. Isso é o que significa dizer que a "*'essência' do Dasein reside em sua existência*" (BT, 67). Podemos esclarecer essa concepção dos humanos como entes que se constituem a si próprios ao contrastá-la com o tipo de concepção expressivista romântica encontrada nas teorias de psicoterapia de terceira força. Vimos que, para a concepção expressivista, cada pessoa é dotada de sentimentos, talentos

22 RIEFF, Philip. *The Triumph of the Therapeutic: Uses of Faith after Freud.* Nova Iorque: Harper, 1966, p. 93.

e potencialidades internas profundas que definem seu "verdadeiro eu". As ações de uma pessoa, então, são consideradas como uma exibição ou expressão mais ou menos genuína desta semente interior. As ações são movimentos físicos a serem explicados em termos de crenças, desejos e sentimentos internos. Aqui, há uma distinção nítida entre mente e corpo: o âmbito interno, mental, se distingue do mero movimento físico.

Quando olhamos para nossa "cotidianidade mediana", no entanto, somos levados ao que poderia ser chamado de uma concepção "manifestacionista" da ação humana. Para a concepção manifestacionista, não há como fazer uma distinção nítida entre um si mesmo interno, central, e o que constitui meramente uma exibição externa. Em vez disso, dizer que *somos* o que *fazemos* significa que nossa própria identidade como agentes – nosso *ser* – se define e realiza apenas por meio de nossos modos de nos manifestarmos no mundo. Podemos esclarecer essa concepção de ação humana considerando como encontramos uma pessoa que é particularmente franca e direta. Suas respostas rápidas, seu estilo sério, sua firmeza em situações confusas – suas maneiras de fazer as coisas – se apresentam diretamente como seu *ser* a pessoa franca e despretensiosa que ela é. Aquilo que ela *é* está "escrito na cara" das coisas; para ela, o que você vê é o que você tem. Não faz sentido aqui pensar nas ações de tal pessoa apenas como representações externas de alguns atos mentais internos ocultos, pois o que ela faz *apresenta* seu ser como a pessoa honesta e direta que é. Seu modo de agir constitui o "vir-à-presença" ou o "vir-a-ser" de sua identidade como uma pessoa de um tipo específico, assim como usar mocassins e moletons velhos *constitui* meu ser alguém que veste roupas casuais ou informais. Na maior parte do tempo, a ideia de uma fonte interna e mental de ações não tem função alguma aqui. As suspeitas sobre "o que realmente está acontecendo em sua mente" fazem sentido apenas quando há interrupções no fluxo geralmente tranquilo de seu modo de agir em contextos habituais.

A partir da perspectiva manifestacionista, o âmbito mental permanece incipiente e efêmero até ser moldado por meio da ação. Normalmente, até meus *próprios* sentimentos e crenças passam a ser definidos para mim apenas por meio dos modos como se manifestam no curso de minhas ações.

Por essa razão, Heidegger situa a existência humana não na mente, mas no "acontecimento" ou "evento" que se desdobra no transcurso de uma vida: como ele diz, "ser-um-si-mesmo *é* [...] só em seu processo de realização" (MFL, 139, ênfase minha). Entendido como um "acontecimento" que se desdobra ao longo de uma vida, a identidade de uma pessoa só pode ser apreendida em termos de sua história de vida como um todo. O desdobramento temporal da vida, como Ricoeur apontou, tem a estrutura de uma narrativa.[23] Podemos compreender quem uma pessoa *é* apenas em termos de onde essa pessoa vem e para onde vai. A partir de uma perspectiva narrativista, as ações no presente são totalmente inteligíveis apenas em termos de seu lugar no desdobramento narrativo da vida da pessoa – em termos do que aconteceu até este ponto e para onde as coisas se dirigem de forma geral.

Considerada como um desdobramento temporal com caráter cumulativo e com propósito, o transcurso de vida do *Dasein* exibe certas estruturas essenciais. Primeiro, o *Dasein* está sempre "à frente de si mesmo": ele é uma projeção para o futuro na medida em que suas ações envolvem um comprometimento quanto ao tipo de pessoa que será como uma totalidade. O que isso significa é que, ao assumir uma posição a respeito de sua própria vida, o *Dasein* assume algum conjunto de possibilidades como definidor de sua identidade – alguns traços de personalidade, estilos de vida, papéis ou atitudes – e existe como um "ser-para" a realização de uma configuração final de possibilidades para sua vida como um todo. Como só *seremos* algo de uma vez por todas no auge de nossas vidas, Heidegger chama essa futuridade de "trazer-se à fruição" (*sich zeitigen*) do *Dasein*. Somos "ser-para-o-fim" ou "ser-para-a-morte" não no sentido de enfrentar nossa morte ou realizar um potencial, mas no sentido de que tudo o que fazemos contribui para nos tornarmos pessoas de um tipo específico. Assim, quer eu perceba ou não, minhas formas de relacionamento com meus filhos envolvem um comprometimento com o futuro: através de minhas ações, torno-me um pai negligente, apoiador

---

23 RICOEUR, Paul. "Narrative Time", disponível em *On Narrative*. Ed. W. J. T. Mitchell. Chicago: University of Chicago Press, 1980, p. 169-190; *Idem*, *Time and Narrative*. Tradução inglesa de K. MsLaughlin e D. Pellaner. Chicago: University of Chicago Press, 1984/86.

ou ausente. Embora eu sempre possa mudar a identidade que formei até agora através de uma mudança radical em minhas formas de agir, enquanto continuar agindo assim, me torno esse tipo de pai.

Quando o "projeto" apreende a direção futura de um acontecimento de vida, o "ser-lançado" se refere ao nosso ser já entrelaçado em um contexto específico. Como pai, por exemplo, me vejo preso a obrigações enraizadas em minhas realizações passadas que devo assumir em minhas ações atuais. Ao mesmo tempo, também me vejo entrelaçado em uma específica cultura histórica que predefine o conjunto de possibilidades de ação que farão sentido em minha situação. Na maior parte do tempo, diz Heidegger, o *Dasein* é o "impessoal" ou o "qualquer um". Nossas ações cotidianas fazem sentido apenas porque representam ou exemplificam os padrões e normas tacitamente aceitos do mundo da vida compartilhado. Nesse sentido, o contexto público propicia o meio de compreensibilidade que utilizamos ao fazer algo de nossas vidas. Ou, para reformular essa ideia no modo narrativista, chegamos a ver o que está em jogo nas situações, o que vale a pena buscar e quais ações serão apropriadas através das tramas tornadas acessíveis nas anedotas, contos e histórias que circulam em nossa linguagem pública. Esse enraizamento de nossas histórias pessoais no amplo drama da história de nossa comunidade se expressa na afirmação de que a "historicidade" do *Dasein* está envolta no "acontecimento conjunto" de uma "comunidade, de um povo" (BT, 436). Portanto, nossa participação em um contexto social constitui uma dimensão fundamental de nossa existência como seres humanos. Porque só podemos *ser* agentes humanos no cenário de tal meio de compreensibilidade compartilhado, Heidegger diz que o "impessoal" constitui "*um fenômeno originário* [que] *pertence à constituição positiva do Dasein*" (BT, 167).

Como se sabe, no entanto, o "impessoal", como Heidegger o descreve, possui uma dupla face. Por um lado, nossa participação no "impessoal" é uma condição possibilitadora, uma condição que, em primeiro lugar, nos abre para um mundo e nos dá os recursos de que precisamos para *sermos* humanos. De partida, o *Dasein* retira suas possibilidades de compreensão de si mesmo e de ação do modo como as coisas são interpretadas pelo "impessoal". Por outro lado, essa conjuntura com formas públicas de vida pode ter um efeito pernicioso. Isso ameaça nivelar todas as decisões ao denominador comum mais baixo do que é aceitável e bem ajustado; isso restringe "as hipóteses possíveis de escolha ao nível do habitual, do alcançável, do respeitável – aquilo que é adequado e correto" (BT, 239). Então, há uma tendência crônica de seguir com o fluxo, contente com "satisfazer as regras facilmente manuseáveis e as normas públicas do 'impessoal'", estando, com isso, livre de toda "responsabilidade" com nós mesmos (BT, 334). "O *Dasein*, como um si-mesmo-impessoal, é 'vivido' pela ambiguidade do senso comum do domínio público em que ninguém se resolve, mas no qual já tomou sua decisão" (BT, 345). O resultado é um "nivelamento para baixo da possibilidade enquanto tal" (BT, 239). O *Dasein* inautêntico se dispersa em uma multiplicidade de rotinas mundanas, seguindo as últimas tendências, tranquilamente seguro de que "tudo está 'em ordem' e todas as portas estão abertas" (BT, 222). Esse "nivelamento para baixo" de todas as possibilidades oblitera o tipo de sentido de vida bipartido que nos permite distinguir o elevado do inferior, o crucial do trivial, o central do periférico. Ao assumir as demandas habituais do mundo público como de importância consumada – como "a única coisa que importa" –, podemos nos tornar calculadores estratégicos altamente eficazes, convencidos de que tudo é possível, mas sem qualquer sentido abrangente do que torna a vida digna de ser vivida.

A inautenticidade se caracteriza pela "queda" e pelo "esquecimento". Na ocupação comum de lidar com assuntos do dia a dia, o *Dasein* tende a ficar preso em suas ocupações imediatas e a se deixar levar pelas práticas tacitamente aceitas da cotidianidade mediana. Escondemo-nos atrás de papéis sociais, atuando em dramas familiares e seguindo as regras dos jogos socialmente aceitas. Essa tendência a decair em atividades mundanas nos envolve na "turbulência" da vida e nos afasta da possibilidade de assumir nossa existência de forma coerente e integrada. Nossa absorção decadente no mundo público é acompanhada pelo "esquecimento". Embora algum grau de esquecimento seja inevitável se quisermos ser agentes no mundo – "o si mesmo deve esquecer de si próprio se, perdido no mundo instrumental, for 'realmente' capaz de agir e manusear algo" (BT, 405) –, o que é insidioso é o modo como esse esquecimento de primeira ordem é composto por um de segunda ordem no qual "não apenas se esquece o esquecido, mas se esquece o próprio esquecimento" (BP, 290). Em outras palavras, afundamo-nos tanto em tarefas comuns que esquecemos que somos chamados a assumir uma posição coerente em um mundo onde as coisas estão realmente em jogo. Esse esquecimento de si mesmo, paradoxalmente, tende a agravar nossa própria preocupação e absorção com nós mesmos. Constantemente preocupado em verificar seu desempenho em relação aos critérios públicos, o *Dasein* se torna "enredado em si mesmo", afundando-se na "mais exagerada 'fragmentação de si mesmo'" (BT, 222), em uma "busca extravagante em sua própria alma, que pode ser no mais alto grau falsificada" (BP, 160).

Uma vida inautêntica passa a ter a estrutura temporal distorcida que Heidegger chama de "tornar-presente". Absorvidos pelas demandas do momento, compreendemo-nos em termos do que "é determinado pelo sucesso ou fracasso, pela viabilidade ou inviabilidade, de [nossa] relação com as coisas" (BP, 289). A existência cotidiana se fragmenta em uma série de estratégias de meio e fim, governadas pelas últimas atitudes públicas sobre o que constitui o sucesso. O *Dasein* inautêntico "luta com as coisas, se enreda em si próprio e deixa-se levar pelas coisas", com o resultado de que "se perde em si mesmo, de modo que o passado se torna um esquecimento e o futuro uma mera expectativa do que está chegando" (BP, 287). O tornar-presente retém apenas aquilo que é relevante para o contexto atual e só aguarda os resultados esperados. Como uma série de estratégias para lidar com ocupações práticas, nossas vidas cotidianas são contraídas em uma sucessão de episódios – o "uma maldita coisa atrás de outra" do mero funcionamento ou do "deixar ir". Os fins da vida são vistos como fixados, sem estarem em questão. Eles são os prêmios bem-merecidos que esperamos por termos agido bem: o martíni no final do dia ou o fim de semana na frente da televisão. A vida é experienciada, na terminologia de Aristóteles, como *techne* em vez de como *praxis*: trata-se de uma questão de "produção", que tem seu fim fora de si mesma, em vez de uma questão de "atividade", cujo "fim é fazer bem a si mesma", e, por isso, trata-se de algo intrínseco à prática.[24] O resultado dessa maneira desarticulada de viver é a alienação de si mesmo, uma incapacidade de ver qualquer coisa como realmente importante, e sentimentos de futilidade apenas parcialmente aliviados por ocasionais "experiências de pico" intensas que supostamente "fazem tudo isso valer a pena". A forma inautêntica de vida, como a descreve Heidegger, parece ser um ambiente perfeito para os tipos de desmoralização e desordens pessoais encontrados entre os candidatos atuais à psicoterapia.

Autenticidade

O conceito heideggeriano de "autenticidade" pretende apontar para um modo de vida que é superior ao da cotidianidade mediana. Importante notar que a autenticidade não tem relação com ideais românticos, como estar em contato com um eu interior profundo ou elevar-se acima da multidão. Heidegger afirma que a autenticidade "não separa o *Dasein* de seu mundo"; o mundo "não se torna outro 'em seu conteúdo', nem o círculo dos outros é trocado por um novo" (BT, 344). De fato, uma vez que nossas próprias histórias de vida são inseparáveis do amplo texto de um mundo compartilhado, a autenticidade não pode ser nada além de uma forma mais completa e rica de participação no contexto público. Assim, descobrimos que a compreensão autêntica "está longe de se libertar do modo de interpretar o *Dasein* que nos chegou [do 'impessoal'], pois, em cada caso, é nos termos dessa interpretação, contra ela e, ainda assim, a favor dela, que qualquer possibilidade escolhida é apreendida em uma resolução" (BT, 435).

No entanto, conforme Heidegger descreve, o *caminho* para esse envolvimento mais profundo no mundo público passa por uma ruptura radical de nossa absorção complacente na cotidianidade. Em sua conhecida descrição da angústia, Heidegger sugere que nossas preocupações ordinárias nas ocupações do mundo são, na verdade, uma forma de

24 *Nicomachean Ethics*, tradução inglesa de Terence Irwin (Indianápolis, Ind.: Hackett, 1985), 1140b.

"evasão" ou "fuga". Lançamo-nos na turbulência das tarefas e nos papéis do dia a dia para evitar enfrentar algo que consideramos ameaçador. Aquilo de que estamos fugindo na cotidianidade é nosso próprio "ser-lançado para a morte": o fato de que somos finitos e que estamos "entregues a nós mesmos", no sentido de sermos responsáveis pela tarefa de fazer algo de nossas vidas. Na experiência da angústia, somos forçados a confrontar nossa própria finitude. Heidegger afirma que a angústia coloca o *Dasein* "frente a frente com o 'nada' da possível impossibilidade da existência" (BT, 310). Confrontados com nosso ser-para-a-morte, os papéis que desempenhávamos parecem anônimos, de repente, e nos deparamos com a necessidade de tomarmos conta de nossas vidas.

Se pudermos assumir nosso ser-para-a-morte, nossas vidas serão transformadas. Enfrentando a morte, somos retirados da dispersão, da distração e do esquecimento da cotidianidade. O resultado é a capacidade de viver com uma noção clara da continuidade temporal e da direção futura de nosso próprio transcurso de vida. Essa lucidez conduz a um modo de vida que podemos chamar de "autocentrado". O *Dasein* autêntico, reconhecendo que nem tudo é possível, é "retirado da multiplicidade infinita de possibilidades que se apresentam como as mais próximas" e se centra em um conjunto de possibilidades "que são determinadas pelo *fim* e, portanto, são compreendidas como *finitas*" (BT, 435, 308). Tal direcionamento para um conjunto coerente de possibilidades provoca uma mudança na forma como nos relacionamos com nosso ser-lançado e com nosso ser como projeto em direção ao futuro. Assumimos nossa situação com "resolução" – uma dedicação decisiva àquilo que queremos realizar em nossas vidas. E nossa postura em relação ao futuro é de "antecipação" ou de "direcionalidade-para-a-frente": um compromisso claro e inabalável com aqueles objetivos que se sobrepõem, tomados como definidores de nossa existência como um todo.

O autêntico aspecto autocentrado, compreendido como um avanço resoluto em direção a um conjunto finito de possibilidades, dá coerência, coesão e integridade à vida. A autenticidade se caracteriza por uma estrutura temporal distintiva. Onde a existência inautêntica se perde na dispersão do tornar-presente, uma vida autêntica é vivida como um fluxo unificado caracterizado pela cumulatividade e direção. Isso implica assumir as possibilidades tornadas acessíveis pelo passado e agir no presente para realizar algo no futuro. Ou, reformulando isso no modo narrativista, essa vida é vivida como uma história coerente. Trata-se de uma vida à qual é dado foco em função de sua direcionalidade futura – o que Hans-Georg Gadamer chama de "antecipação da conclusão" ou Frank Kermode chama de "sentido de um fim". Essa direcionalidade rumo à culminação de nossas vidas permite nos apropriarmos do que já aconteceu como recursos ou bens cujo significado latente se realiza por meio da ação no presente. Alcançar a continuidade narrativa da existência autêntica é o que, em primeiro lugar, torna possível a identidade pessoal, compreendida como a "constância do si mesmo" – sua "firmeza" e "estabilidade" – ao longo de um período de vida (BT, 369). Segundo Heidegger, ao assumir uma posição a respeito da própria vida como um todo, satisfazemos o conselho de Píndaro de "tornar-se o que se é" (BT, 186; cf. IM, 101).

A noção heideggeriana de "temporalidade autêntica" pode se tornar mais nítida se contrastarmos dois modos diferentes de entender a relação das ações com o todo da vida.[25] O primeiro modo se encontra na abordagem "instrumentalista" da vida que vimos ao analisar Rollo May. Essa postura aborda a vida como uma questão de encontrar meios para alcançar fins, onde os fins, geralmente, são bens externos às próprias atividades – os tais "reforços positivos" como aquilo que "faz bem" ou satisfaz uma necessidade. Nesse modo instrumentalista de viver, de meios e fins, as ações são realizadas *em vista de* obter algo; por exemplo, corro todos os dias para ficar saudável ou ajudo um amigo para deixá-lo em dívida comigo. Em contraposição a essa abordagem de meios e fins, o segundo modo de viver pode ser chamado de "constituinte-fins". Aqui, as ações não são apenas caminhos para alcançar fins extrínsecos, mas, ao contrário, são experienciadas como centrais para *constituir* um modo de vida específico, um modo de vida que é bom *porque* consiste nisso e em atividades comparáveis. A ação aqui é

25 Para elaborar essa distinção, baseei-me em David Wiggins, "Deliberation and Practical Reason", disponível em *Essays on Aristotle's Ethics*, ed. Amélie O. Rorty (Berkeley e Los Angeles: University of California Press, 1980), p. 221-240.

realizada *pelo bem de ser* isso e aquilo: corro como parte de ser uma pessoa saudável ou ajudo alguém pelo bem de ser um bom amigo.

Deveria ser óbvio que, embora as ações realizadas sejam as mesmas em ambos os casos, a *qualidade de vida* será bastante diferente. No caso dos meios e fins, a vida tende a ser vivida como uma sequência episódica de estratégias calculistas carentes de qualquer significado cumulativo ou propósito predominante. As próprias atividades podem parecer tediosas, atividades que eu preferiria evitar se pudesse encontrar outros meios para os mesmos fins. Por exemplo, correr pode parecer uma imposição deprimente, bem como a abordagem *quid pro quo* e contratual da amizade pode começar a parecer cínica e manipuladora. Em contraposição, o caso de constituinte-fins reflete uma experiência de vida na qual as ações de alguém são uma parte integral do *ser* uma pessoa de um certo tipo. Enquanto a atitude de meios e fins torna trivial o presente, mantendo-nos preocupados com a recompensa, a abordagem de constituinte-fins, ao nos levar a perceber que o que fazemos neste momento *é* simplesmente realizar os objetivos da vida, nos lança intensamente no momento presente como o espaço no qual nosso vir-a-ser se realiza. Correr e ser amigo não são apenas imposições das quais poderíamos muito bem abrir mão; eles me tornam a pessoa que sou. O importante é me edificar *como* esse tipo de pessoa e não o alcançar pontos ou obter recompensas "no futuro". Quando a vida é vivida como um processo contínuo de autoconstrução ou autorrealização, ela possui o tipo de cumulatividade e continuidade que compõem a temporalidade autêntica.

O si mesmo como um agente moral: implicações para a psicoterapia

De acordo com a descrição de Heidegger sobre a existência humana, saber o que *somos* significa, ao mesmo tempo, saber o que *podemos e devemos ser*, se quisermos alcançar coerência e unidade em nossas vidas. A ideia de que há uma lacuna intransponível entre fatos e valores, uma ideia ligada à perspectiva naturalista, parece menos óbvia nesta abordagem sobre os seres humanos. Pode muito bem ser verdade, como Hume afirmou, que não há como *deduzir* um "deveria" a partir de um "é" – nenhuma forma de derivar motivações a partir de declarações de fato. No entanto, as conexões às quais Heidegger aponta não são tanto questões de implicação lógica, mas conexões cuja plausibilidade total está enraizada em nossa compreensão mais profunda da própria vida. Na medida em que a compreensibilidade e um senso de direção estão ligados à unidade, coesão e direcionalidade para o futuro, torna-se difícil entender como alguém poderia desejar o primeiro e, ainda assim, não se importar com o último. Em contraposição às teorias naturalistas, então, a consideração de Heidegger a respeito da vida nos apresenta um modo de conceber questões morais substantivas como uma parte inevitável de qualquer tentativa de compreender os seres humanos.

Pode-se objetar, entretanto, que a abordagem de Heidegger, na verdade, não representa muito avanço sobre teorizações tradicionais, pois se pode afirmar que reconhecer simplesmente a presença inevitável de interesses morais ainda não nos dá nenhuma pista de *como* esses interesses devem ser abordados no contexto terapêutico. Na medida em que nossa cultura se dedica a respeitar a diversidade e a liberdade, a objeção segue: qualquer tentativa de defender algum conjunto específico de valores morais seria dogmática e, portanto, intolerável. No contexto terapêutico, assim como em uma sociedade aberta em geral, um relativismo de "vale tudo" parece preferível a *qualquer* forma de persuasão moral. E, mais uma vez, parece que a moralidade se trata de um assunto pessoal do cliente, fora dos limites do terapeuta.

A primeira coisa a se observar a respeito dessa objeção é que ela própria se baseia em um conjunto de pressupostos morais sobre o valor do pluralismo, da tolerância e dos direitos individuais que não são discutidos e, portanto, são "dogmáticos" pelos próprios padrões da objeção. Isso mostra que a psicoterapia e as ciências humanas, em geral, sempre operaram com um conjunto de pressupostos de valor, mantidos encobertos sob o disfarce de "neutralidade de valor". O mais importante a se notar, no entanto, é que o conjunto específico de pressupostos de valor subjacentes a essa objeção – a glorificação do individualismo do "faça-você-mesmo" com sua rejeição a toda autoridade vigente – é muitas vezes a *fonte* desses problemas que a terapia, por consentimento geral, supostamente deve curar. Se isso for verdade, contudo, então as abordagens padrão estão fadadas ao fracasso, em um sentido profundo: elas exacerbam as condições a que se propõem curar e ocultam antecipadamente quaisquer abordagens alternativas que possam ser capazes de fazer o que elas não conseguem.

Essas observações indicam que valerá a pena explorar a abordagem alternativa da vida feita por Heidegger para entender se ela consegue dar um sentido melhor àquilo que realmente acontece na terapia. Por isso, examinarei algumas das maneiras pelas quais a imagem heideggeriana da existência humana pode enriquecer nossa compreensão do papel do discurso moral no aconselhamento profissional. Em primeiro lugar, apesar de Heidegger não estar interessado em provar que uma única perspectiva moral é superior a todas as outras, sua descrição da autenticidade aponta para certos ideais de caráter – o que podemos chamar de "metavalores" –, que oferecem uma base para sermos capazes de assumir uma posição significativa em relação a quaisquer compromissos morais de primeira ordem que façamos. Diz-se que o autêntico aspecto autocentrado exige características como resolução, firmeza, coragem e, acima de tudo, clareza sobre a própria vida como um projeto finito e lançado. Exige integridade e uma abertura lúcida àquilo que é relevante para as ações de cada um. A postura autêntica em relação à vida nos faz encarar o fato de que, na medida em que construímos nossas próprias vidas em tudo o que fazemos, somos "responsáveis" pelas escolhas que fazemos. Heidegger tenta capturar isso ao dizer que a pessoa autêntica "escolhe escolher". Ao mesmo tempo, no entanto, ser autêntico significa reconhecer que podem surgir circunstâncias que nos forcem a rever nossas decisões fundamentais. Assim, o *Dasein* autêntico "decide continuar se repetindo" (BT, 355); isto é, ele continua renovando seus compromissos, sabendo que pode ter que mudar de rumo. A repetição confere "constância" à vida de cada um, deixando claro que, no fim, *somos* o que *fazemos*. Para uma pessoa autêntica, esconder-se a si próprio atrás de papéis e culpar os outros está descartado. Heidegger também fala da "alegria sóbria" de uma existência autêntica: quando alguém agarra sua vida com decisão e clareza, vive com intensidade, abertura e exuberância.

Em segundo lugar, a abordagem de Heidegger a respeito da existência humana aponta para um modo de compreender por que a reflexão moral substantiva deve desempenhar um papel crucial em nossa autocompreensão. Esse papel se evidencia apenas quando consideramos uma dimensão do pensamento de Heidegger geralmente negligenciada nas interpretações existencialistas mais antigas: seu conceito de "historicidade autêntica". O conceito de historicidade surge da descrição da inserção do *Dasein* em um contexto mais amplo. Vimos anteriormente que as possibilidades de autointerpretação e autoavaliação por parte do *Dasein* derivam do contexto de compreensibilidade do mundo público no qual ele é "lançado". Conforme somos iniciados nas práticas de nossa comunidade, absorvemos o sentido tácito do que é importante que circula em nosso mundo. Essa "afinação" com compromissos e ideais compartilhados não pode ser considerada simplesmente como uma questão de ter certas "opções de estilo de vida" à disposição para nossa escolha, pois essas compreensões e compromissos normativos são definidos para o tipo de pessoas que somos. Eles nos fornecem as possibilidades de avaliação e de aspiração que nos orientam em relação às nossas próprias vidas, além de nos proporcionarem uma visão do mundo. Dado que nos tornamos o tipo de pessoas que somos – pessoas que, por exemplo, cuidam de crianças e acreditam na justiça –, agora não há como abandonar esses compromissos sem deixarmos de ser quem somos.

Por isso, Heidegger quer que vejamos que essas essenciais e definidoras possibilidades de compreensão, incorporadas a nossas práticas cotidianas, são elas próprias produtos da história. Reagimos de maneira automática a crimes de ódio e à crueldade porque certos interesses se tornaram fundamentais para nós em nossa herança. Os compromissos com os direitos naturais e a dignidade das pessoas, tão caros ao Iluminismo humanista, por exemplo, foram desenvolvidos por tradições anteriores, greco-romanas e judaico-cristãs, que viam ordem no cosmos ou acreditavam que todas as almas eram iguais perante Deus. Nesse sentido, nossas vidas são, por assim dizer, comentários sobre a ampla "clareira" de histórias e interpretações transmitidas em nossa comunidade histórica. Muito antes de conseguirmos nos engajar em uma reflexão crítica imparcial, absorvemos um sentido tácito do que é a vida através da afinação com os padrões de vida em nosso entorno. Assim, embora todos estejamos compondo nossas próprias autobiografias ao longo de nossas vidas, fazemos isso nos ajustando ao sentido de realidade incorporado a nossas práticas. Nossa compreensão moral é moldada por essas práticas e pelas narrativas, histórias, anedotas e contos populares que articulam e sustentam essas práticas. Na condição de agentes, então, cada um de nós se apropria, transmite e transmuta um sentido do que é importante naquilo que herdamos de nossa tradição histórica.

O que se distingue na existência autêntica é o modo como ela assume essa inserção histórica. Onde o *Dasein* inautêntico apenas flutua, seguindo as últimas tendências, o *Dasein* autêntico "se recorda" de seu enraizamento no desdobramento mais amplo de sua cultura e vivencia sua vida como se estivesse em dívida em relação ao grande drama de uma história compartilhada. Como resultado, a autenticidade implica encontrar as próprias possibilidades como derivadas das "fontes" de uma "herança" e viver sua vida como parte da "missão" ou "destino comum" que define sua comunidade histórica como um todo (BT, 435-436). Portanto, a temporalidade de uma existência autêntica consiste em "recuperar" as possibilidades do "*Dasein* que veio antes". Por isso, Heidegger diz que o *Dasein* autêntico "escolhe seu herói" e está "livre para a luta de seguir lealmente os passos daquilo que pode ser repetido" (BT, 437). Ser autêntico, então, não é se elevar acima da multidão, descobrindo sua própria moralidade pessoal. Pelo contrário, ser autêntico exige "reverenciar a única autoridade que um existente livre pode ter, [...] as possibilidades repetíveis da existência" (BT, 443).

A ideia de escolher um herói, junto com o vocabulário de "lealdade", "reverência" e "autoridade", sugere que ser autêntico consiste em encontrar orientação para a condução de sua própria vida nos termos das vidas de modelos ou exemplares tirados da história. Ou, dizendo isso no modo narrativista, podemos dizer que o *Dasein* autêntico alcança seu aspecto autocentrado ao articular sua existência nos termos das diretrizes estabelecidas por certas histórias paradigmáticas que circulam em nosso mundo cultural – as histórias de tais heróis e heroínas como Abraham Lincoln, Martin Luther King, Madre Teresa de Calcutá, Helen Keller e

Malcolm X. As vidas desses exemplos culturais esboçam linhas de ação ou *mythoi* para cada um compor sua própria história de vida – para "seguir os passos" daqueles que vieram antes. Essas histórias paradigmáticas geralmente mostram como fortaleza e fraqueza, bens e obrigações, podem ser integradas em uma vida coerente, significativa e que consegue contribuir com algo para o mundo. Porque essas histórias já estruturam nossa autocompreensão, tornar explícitos os compromissos tácitos que todos temos em comum pode desempenhar um papel central no diálogo terapêutico.

O reconhecimento de nossa inserção e de nossa dívida para com o contexto mais amplo de nossa cultura leva a uma terceira observação sobre o significado moral do ideal de autenticidade. A historicidade autêntica traz consigo um forte sentido de nossa solidariedade com os outros. "Nossos destinos já estão previamente orientados antecipadamente em nossa convivência no mesmo mundo", diz Heidegger; "o envio do destino comum do *Dasein* em e com sua 'geração' constitui o acontecimento autêntico completo do *Dasein*" (BT, 436). A existência autêntica implica o nítido reconhecimento de que a realidade humana, no nível mais profundo, não consiste em indivíduos que se encapsulam a si mesmos em um conflito inevitável, mas em um "nós" ou um "co-*Dasein*" já afinado na busca compartilhada por bens que definem uma comunidade – tais bens, para nós, como justiça, honestidade, dignidade, benevolência, realização, e assim por diante. Porque, em primeiro lugar, nos encontramos e nos tornamos as pessoas que somos no espaço de aspiração e avaliação aberto por nossas práticas históricas compartilhadas, os bens que definem nossa comunidade não podem ser abordados como itens de luxo para serem levados a bordo ou deixados para trás a nosso critério. Pelo contrário, nossa própria capacidade de viver vidas coerentes e significativas pressupõe que operemos no interior do conjunto de possibilidades abertas por esse contexto de compreensibilidade compartilhada.

Conclui-se, então, que a verdadeira liberdade se encontra não na ausência de todas as restrições, mas na clareza e profundidade das histórias constitutivas, que delineiam as diretrizes ao longo das quais já moldamos nossas vidas. Somos livres na medida em que nos encontramos imersos em contextos de significatividade compartilhada, os quais nos possibilitam compreender o que as situações exigem de nós e quais opções fazem sentido. A linguagem heideggeriana de "lealdade" e "autoridade" mostra que seu conceito de liberdade autêntica, longe de apontar para alguma concepção existencialista de "terrível liberdade", pretende destacar o papel dessas lealdades e compromissos fundamentais que já *habitam* nossas vidas, embora muitas vezes de uma forma distorcida pelo individualismo ontológico.

Finalmente, a descrição da existência autêntica pode esclarecer e expandir a concepção, encontrada em certos teóricos recentes, da terapia como a renarratização da história de vida de uma pessoa.[26] Se for verdade, como vimos, que a ação faz sentido apenas no contexto de uma história em curso, e se uma continuidade narrativa mais elevada implica uma maior compreensibilidade, então grande parte do que acontece na terapia pode ser pensado como a composição conjunta de uma narrativa mais coerente e lúcida. Compreendida como narrativa, no entanto, a terapia deve envolver a reflexão moral, pois, na medida em que a composição de uma história sempre se baseia no contexto de histórias comunitárias de julgamentos, lutas, conquistas e derrotas, tal composição tem uma dimensão moral: as narrativas construídas têm uma "moral" na medida em que sua resolução implica a realização de alguns bens considerados normativos por nossa cultura histórica – o valor do sacrifício, por exemplo, ou a nobreza de grandes esforços. Por essa razão, Jerome Bruner diz que "as histórias devem necessariamente [...] se relacionar com o que é moralmente valorizado, moralmente apropriado ou moralmente incerto. [...] Contar uma história é inevitavelmente assumir uma posição moral".[27] Atribuir uma estrutura narrativa a uma vida implica entrelaçar eventos ao longo das diretrizes de um mapa moral de aspiração e avaliação

26 Os principais trabalhos são os de Roy Schafer: "Action and Narration in Psychoanalysis", *New Literary History*, 12 (1980): 61-85; "Narration in the Psychoanalytic Dialogue", disponível em *On Narrative*, ed. W. J. T. Mitchell, p. 29-53; e *Narrative Actions in Psychoanalysis* (Worcester, Mass.: Clark University Press, 1981). Veja-se ainda Donald Spence, *Narrative Truth and Historical Truth: Meaning and Interpretation in Psychoanalysis*. Nova Iorque: Norton, 1984.

27 BRUNER, Jerome. *Acts of Meaning*. Cambridge, Mass.: Harvard University Press, 1990, p. 50-51.

que se enraíza na compreensão tácita de fundo de nossa herança moral. Porque a narrativa tem essa dimensão moral inevitável, ela se diferencia das explicações encontradas em abordagens naturalistas. Stanley Hauerwas aponta a diferença entre histórias e explicações quando diz que não se conta uma narrativa "para explicar como uma teoria explica, mas para envolver o agente em um modo de vida. [...] Não posso tornar a história verdadeira pelo modo como a uso, mas a história deve me tornar verdadeiro para suas próprias demandas sobre como o mundo deveria ser".[28] Assim, as narrativas sempre têm uma dimensão normativa: elas surgem e respondem a uma compreensão do mundo não apenas como ele é, mas como pode e deve ser.

Iniciamos examinando como as teorias psicoterapêuticas naturalistas e de terceira força tendem a pressupor uma imagem do si mesmo como um indivíduo essencialmente isolado em um universo moralmente neutro e objetificado. O que é problemático a respeito de tais teorias é a possibilidade de que sua imagem do si mesmo possa ser uma grande *fonte* dos problemas emocionais e comportamentais que muitas pessoas trazem aos terapeutas hoje. Se isso for verdade, então a terapia moderna corre o risco de perpetuar o problema na cura. A concepção de autenticidade de Heidegger, por sua vez, pode nos ajudar a dar sentido a dimensões da prática terapêutica que não são totalmente consideradas na maioria das formas de teorização. Seu valor não está em oferecer receitas para novos tipos de técnica, mas em proporcionar uma base para compreender nossa inserção em um alargado contexto de sentido, o papel das restrições na liberdade genuína e o papel fundamental dos compromissos morais em nossa capacidade de sermos seres humanos em qualquer sentido significativo. Dessa forma, ela apresenta um contrapeso aos ideais terapêuticos convencionais de comportamento eficaz e de autorrealização, podendo abrir a prática terapêutica para uma compreensão da vida que é deixada ininteligível pelas teorias predominantes.[29]

---

28 HAUERWAS, Stanley. *Truthfulness and Tragedy: Further Investigations in Christian Ethics.* Notre Dame, Ind.: University of Notre Dame Press, 1977, p. 73, 80.

29 Agradeço a David Hoy, Frank Richardson e Peter Tumulty pelos úteis comentários a respeito de um primeiro esboço deste capítulo.

11 Heidegger, budismo e ecologia profunda

Michael E. Zimmerman

Muitos especialistas têm observado as afinidades entre o pensamento de Heidegger e as tradições do Leste Asiático, como Vedanta, budismo mahayana e taoismo.[1] Neste ensaio, examinarei criticamente alguns aspectos da aparente relação entre o pensamento de Heidegger e o budismo mahayana.[2] Uma razão para o interesse recente no pensamento

1 A melhor coletânea sobre a relação de Heidegger com o pensamento oriental é *Heidegger and Asian Thought*, ed. Graham Parkes (Honolulu: University of Hawaii Press, 1987). Segue-se abaixo uma bibliografia parcial de obras que tratam sobre Heidegger e o pensamento oriental: CHUNG-YUAN, Chang. *Tao: A New Way of Thinking* (tradução heideggeriana de *Tao Te Ching*). Nova Iorque: Harper & Row, 1975; WEI-HSUN FU, Charles. "Heidegger and Zen on Being and Nothingness: A Critical Essay in Transmetaphysical Dialetics", disponível em *Buddhist and Western Philosophy: A Critical Study*. Ed. Nathan Katz. Nova Delhi: Sterling, 1981; KREEFT, Peter. "Zen in Heidegger's *Gelassenheit*". *International Philosophical Quarterly*, 11 (dezembro de 1971): 521-545; HEIM, Michael. "A Philosophy of Comparison: Heidegger and Lao Tsu". *Journal of Chinese Philosophy*, 11 (1984): 307-335; OLSON, Carl. "The Leap of Thinking: A Comparison of Heidegger and the Zen Master Dogen". *Philosophy Today*, 25 (primavera de 1981): 55-61; *Philosophy East and West*, 20 (julho de 1970), edição completa; STEFFNEY, John. "Transmetaphysical Thinking in Heidegger and Zen". *Philosophy East and West*, 27 (julho de 1977): 323-335; *Idem*, "Man and Being in Heidegger and Zen Buddhism". *Philosophy Today*, 25 (primavera de 1981): 46-54; *Idem*, "Mind and Metaphysics in Heidegger and Zen Buddhism". *Eastern Buddhist*, 14 (primavera de 1981): 61-74; VON ECKARTSBERG, Rolf e VALLE, Ronald S. "Heideggerian Thinking and the Eastern Mind", disponível em *The Metaphors of Consciousness*. Ed. R. Valle e R. von Eckartsberg. Nova Iorque: Plenum Press, 1981, p. 287-311; MAY, Reinhard. *Heidegger's Hidden Sources: East Asian Influences on His Work*. Tradução inglesa de Graham Parkes. Nova Iorque: Routledge, 1996. Veja-se também o ensaio de J. L. Mehta, "Heidegger and Vedanta: Reflections on a Questionable Theme", *International Philosophical Quarterly*, 51 (junho de 1978): 121-144; e Medard Boss, *A Psychiatrist Discovers India*, tradução inglesa de H. Frey (Londres: Oswald Wolf, 1965).

2 Embora fosse preciso outro ensaio para explorar as afinidades entre o pensamento de Heidegger e o taoismo, mencionarei sempre que necessário tais afinidades devido à influência do taoismo no Zen chinês e japonês.

de Heidegger e no budismo é que ambos são críticos e afirmam oferecer uma alternativa ao antropocentrismo e ao dualismo que algumas críticas dizem ser responsáveis pela crise ambiental atual.[3] De acordo com tais críticas, a humanidade ocidental é particularmente antropocêntrica. Ao considerar a humanidade como a fonte de todo sentido, propósito e valor, os seres humanos justificam fazer o que desejarem com o mundo natural. A humanidade ocidental também pensa em termos de dualismos e oposições binárias, como mente *versus* corpo, razão *versus* sentidos, seres humanos *versus* natureza, masculino *versus* feminino. Aqueles que possuem as propriedades "privilegiadas" (mente, razão, humano, masculino) supostamente têm o direito de dominar aqueles que possuem as propriedades "inferiores" (corpo, sentidos, natureza, feminino). Em uma tentativa de obter seguridade e poder semelhantes aos de um deus para a humanidade, as ideologias ocidentais modernas clamam pela transformação da terra em uma fábrica titânica, ameaçando, com isso, destruir a biosfera da qual toda a vida depende.

Em minha análise crítica das supostas semelhanças entre Heidegger e o budismo mahayana, darei particular atenção à reivindicação proposta tanto por Heidegger quanto pelo budismo: que os seres humanos apenas podem aprender a "deixar o ente ser" ao conseguir compreender o nada que permeia todas as coisas. Conforme nos dizem, tal compreensão leva espontaneamente à superação do antropocentrismo e do dualismo. A seguir, em primeiro lugar, abordo as origens místicas da ideia heideggeriana de nada; na sequência, examino as abordagens sobre o papel do nada na existência humana autêntica, feitas nas fases inicial e tardia do pensamento de Heidegger. Após algumas observações preliminares sobre o interesse de Heidegger no pensamento oriental, examino a concepção budista da relação entre a iluminação e a revelação do nada. Depois, comparo o que

3 A respeito da crítica da ecologia profunda ao antropocentrismo, veja-se meus ensaios: "Toward a Heideggerian *Ethos* for Radical Environmentalism". *Environmental Ethics*, 5 (verão de 1983): 99-131; "Anthropocentric Humanism and the Arms Race", disponível em *Nuclear War: Philosophical Perspectives*. Ed. Michael Fox e Leo Groarke. Nova Iorque: Lang, 1985, p. 135-149; "The Crisis of Natural Rights and the Search for a Non-Anthropocentric Basis for Moral Behavior". *Journal of Value Inquiry*, 19 (1985): 43-53; "Implications of Heidegger's Thought for Deep Ecology". *Modern Schoolman*, 64 (novembro de 1986): 19-43.

Heidegger e o budismo mahayana têm a dizer sobre a relação entre a autenticidade ou iluminação e a compreensão sobre o nada próprio de cada indivíduo. Por fim, exploro brevemente em que medida essas ideias heideggerianas e budistas são congruentes com as reivindicações propostas pela ecologia profunda, uma versão do ambientalismo radical.

O nada nos primeiros escritos de Heidegger

O leitor pode estar se perguntando como pode haver qualquer importância filosófica na ideia de nada. Na maior parte das vezes, quando pensamos no nada, simplesmente pensamos em... coisa alguma! Para nossas mentes, o nada consiste apenas na ausência de qualquer coisa: pura falta, vazio em um sentido negativo. Os pensadores ocidentais que enfatizaram a importância do nada foram principalmente místicos, como Mestre Eckhart, que, por sua vez, influenciou profundamente os escritos de Heidegger. Eckhart afirmava que "Deus" está muito além de nossas categorias conceituais, que são apropriadas apenas para compreender *criaturas*. Em vez de falar de Deus em termos positivos, é melhor falar do Nada Divino.[4] O Divino não pode ser considerado como um ente superior que existe em algum outro lugar, mas, na verdade, constitui a abertura incondicionada ou o vazio no qual todas as coisas aparecem. Mestre Eckhart afirmou que os humanos estão em sintonia com essa abertura. Na verdade, a falta de distinção entre a alma e o Divino é tanta, que aquele que desperta para o Nada Divino se esquece completamente de Deus e vive uma vida de serenidade (*Gelassenheit*), movida pela compaixão para libertar as coisas do sofrimento.

O interesse de Heidegger em místicos como Eckhart se refletiu em suas expectativas de se tornar padre. Depois de essas expectativas terem sido frustradas por motivos de saúde, Heidegger se tornou um filósofo

4 Sobre Eckhart e sua importância para Heidegger, veja-se John D. Caputo, *The Mystical Element in Heidegger's Thought* (Athens: Ohio University Press, 1977), e Reiner Schürmann, *Meister Eckhart: Mystic and Philosopher* (Bloomington: Indiana University Press, 1978). Tanto Caputo quanto Schürmann incluem comparações entre Heidegger e o Zen. A respeito da perspectiva mística de São Tomás de Aquino, veja-se Caputo, *Heidegger and Aquinas* (Nova Iorque: Fordham University Press, 1982).

profissional. Apesar de ser cada vez mais antagonista em relação ao cristianismo, ele continuou se valendo das ideias dos místicos cristãos em seus escritos filosóficos. Em específico, sua concepção de que a existência humana é a abertura, a clareira ou o nada no qual as coisas podem se manifestar é profundamente influenciada pelo misticismo. Para os místicos, o "si mesmo" não é um ente que se opõe de forma dualista a outros entes. Pelo contrário, ele é a clareira na qual os entes (incluindo pensamentos, sentimentos, percepções, objetos, entre outros) aparecem. A ideia de que os seres humanos não são entes, mas a clareira na qual os entes aparecem, acabou ajudando Heidegger a superar não apenas o dualismo, mas também o antropocentrismo, a posição de que a humanidade constitui a fonte de todo valor e que todas as coisas devem servir aos interesses humanos. Ao afirmar que os seres humanos são autênticos apenas quando deixam uma coisa se manifestar de acordo com suas próprias possibilidades, não apenas de acordo com seu valor instrumental, Heidegger contrariou o antropocentrismo de grande parte do pensamento ocidental. Ao examinar sua concepção de nada, vamos nos voltar primeiro para seus primeiros escritos, particularmente *Ser e tempo* (1927). Posteriormente, consideraremos o papel do nada em seus escritos posteriores (pós-1935).

A noção mística de nada está presente em *Ser e tempo*, apesar do fato de estar disfarçada no complexo vocabulário de filósofos como Kant. Seguindo Kant, Heidegger colocou a seguinte pergunta: para os seres humanos, como é possível compreender os entes *como* entes? Para responder a essa pergunta, ele estabeleceu a distinção entre a compreensão humana das coisas e a compreensão que atribuímos aos animais. Os pássaros claramente são capazes de apreender os entes; caso contrário, não poderiam construir ninhos ou alimentar seus filhotes. Mas, como argumentou Heidegger, os pássaros e outros animais não são capazes de perceber explicitamente *que* as coisas *são*.[5] Obviamente, os pássaros não param o que estão fazendo para dizer: "que belo ninho estou construindo!". Além

5 Heidegger discute a questão da compreensão animal detalhadamente em *Die Grundbegriffe der Metaphysik: Welt-Endlichkeit-Einsamkeit* [*Os conceitos fundamentais da metafísica: mundo – finitude – solidão*], *Gesamtausgabe 29/30* (semestre de inverno, 1929/30), ed. Friedrich-Wilhelm von Herrmann (Frankfurt: Vittorio Klostermann, 1983).

disso, partimos do princípio de que os pássaros não têm crises de identidade; eles não perguntam: "por que estou aqui e o que será de mim? Quem sou eu?". Nós, seres humanos, compreendemos a nós mesmos e a outras coisas *como* entes, ou seja, como coisas que *são*. Na primeira fase de seu pensamento, Heidegger se concentrou na capacidade humana de compreender o *ser* dos entes, uma capacidade revelada em nossa habilidade de usar o verbo "ser" de tantas maneiras distintas.

Normalmente, os filósofos concebem a compreensão, o entendimento, como uma faculdade da mente, a coisa pensante que tenta compreender coisas extramentais. No entanto, Heidegger criticou severamente a tradição epistemológica cartesiana, que concebe os seres humanos como substâncias autoconscientes ou como sujeitos desprovidos de mundo em oposição aos objetos. Baseando-se em seu estudo sobre Eckhart e outros místicos, bem como em Kant, Heidegger defendeu que o ser humano não é uma coisa, mas, ao contrário, um tipo peculiar de nada: a clareira linguística temporal, a abertura, a ausência na qual as coisas podem se apresentar e assim "ser". Se os seres humanos não são coisas, então temos que definir "conhecimento" de maneira diferente do que antes. O conhecimento não é uma relação entre duas coisas, mente e objeto. Pelo contrário, o conhecimento acontece porque a abertura que constitui a existência humana se configura nos termos das três dimensões temporais: passado, presente, futuro. Essas dimensões mantêm abertos os horizontes nos quais os entes podem se manifestar de maneiras determinadas – por exemplo, como instrumentos, objetos ou pessoas. A fala de Heidegger sobre o caráter *a priori* dos horizontes temporais da existência humana é análoga à de Kant sobre as categorias *a priori* do entendimento humano.

A compreensão humana, então, não acontece dentro de uma mente enclausurada em um crânio. Em vez disso, ela acontece porque a temporalidade humana é receptiva a modos específicos nos quais as coisas podem se apresentar ou se manifestar. Aqui importa enfatizar que aquilo que normalmente consideramos como os constituintes decisivos da "mente" – pensamentos, crenças, enunciados e assim por diante – são, para Heidegger, fenômenos que ocorrem *na* clareira temporal constitutiva da compreensão humana. Portanto, não são as mentes que tornam os pensamentos possíveis; ao contrário, a compreensão humana *a priori* do ser nos possibilita encontrar e conceber a nós mesmos como mentes com pensamentos separados do mundo externo. Para Heidegger, os pensamentos não são radicalmente diferentes de entes supostamente externos, como árvores, carros e livros. Pensamentos e carros são ambos entes que se manifestam na clareira temporal da existência humana e, portanto, são compreendidos como entes nela.

Assim como no caso da compreensão, Heidegger definiu o "ser" de forma distinta da maioria dos outros filósofos. Tradicionalmente, os filósofos definem o ser de um ente como seu fundamento ou substância, aquilo que fornece o fundamento para a coisa. Platão chamava esse fundamento de forma eterna das coisas; Aristóteles de sua substância; os teólogos medievais, seu Criador. Recusando-se a conceber o ser como uma espécie de ente superior, um fundamento eterno, base, causa ou origem das coisas, Heidegger sustentou que algo "ser" significa se descerrar ou se apresentar. Para que essa presença (*Anwesen*) ou manifestação de si aconteça, deve haver uma clareira, uma abertura, um vazio, um nada, uma ausência (*Abwesen*). A existência humana constitui a abertura necessária para que a presença (ser) dos entes aconteça. Quando tal presença acontece através da abertura que sou, encontro um ente *como* um ente; ou seja, *compreendo* o que ele *é*. Heidegger usou o termo "*Dasein*" para nomear essa receptividade peculiar da existência humana ao ser (manifestação de si) dos entes. Em alemão, *da* significa "aqui" ou "aí", enquanto *sein* corresponde ao verbo "ser". Portanto, *Dasein* significa o lugar onde o ser acontece, a abertura na qual a presença se dá. Para Heidegger, nem a temporalidade (ausência, nada) nem o ser (presença, manifestação de si) são um "ente". Pelo contrário, temporalidade e ser são as condições necessárias para que os entes apareçam enquanto tais. Nunca "vemos" o tempo ou "tocamos" a presença das coisas; pelo contrário, vemos e tocamos as *coisas* que se manifestam ou se apresentam.

À luz destas observações, torna-se compreensível o significado do título da principal obra de Heidegger, *Ser e tempo*. Seu objetivo aí era analisar a relação interna entre ser e tempo. Porque ser e tempo, presença e ausência, manifestação e nada, não possuem quaisquer propriedades fenomênicas ou empíricas, parecem ser nada, no sentido meramente negativo de um "vapor vazio" (Nietzsche). Para Heidegger, no entanto, presença e ausência "são" aquilo que de mais valioso se pode pensar.

Poderíamos perguntar: qual evidência há para a afirmação de que os seres humanos são realmente este nada temporal através do qual os entes podem se manifestar e, assim, ser? Para responder a esta pergunta, Heidegger recorreu, em parte, a um argumento retirado de Kant: a melhor forma de abordar a possibilidade de nossa compreensão dos entes é postular que nós, seres humanos, simplesmente *somos* a abertura temporal ou o nada no qual os entes podem aparecer *como* entes. Além de tal argumento, no entanto, Heidegger sustentou que a disposição afetiva da angústia revela o nada que está no cerne da existência humana. Ao argumentar que a angústia talvez seja a disposição afetiva humana mais fundamental, ele também observou que ela constitui uma disposição afetiva tão perturbadora que passamos a maior parte de nossas vidas tentando impedi-la de nos dominar. Nossa absorção irrefletida nas práticas da vida cotidiana – as relações familiares, a escola, o emprego, o entretenimento – nos distrai o suficiente para que consigamos esconder de nós mesmos a estranheza de ser humano. A angústia nos arranca da absorção cotidiana nas coisas; ela as revela como vãs diante da mortalidade radical, da finitude e do nada no cerne da existência humana.

Por que a existência humana é estranha? Porque os humanos não são coisas, mas a clareira na qual as coisas aparecem. Embora não sejamos coisas determinadas, definimo-nos como se fôssemos simplesmente uma versão mais complexa das coisas que encontramos no mundo: animais racionais. Normalmente, identificamo-nos com nossos pensamentos, crenças, sentimentos, atitudes, memórias, corpos, posses materiais e assim por diante. Essa identificação nos dá uma sensação de estabilidade e permanência, que encobre o fundamento essencialmente sem fundo e o vazio da existência humana. Não há razão última para fazermos o que fazemos. Temos que postular nossas próprias razões para fazer o que fazemos; inventamos nossas próprias identidades, embora essas identidades sejam em grande medida determinadas antecipadamente por práticas sociais e normas que evoluíram historicamente. Além disso, como nada sem fundo, os humanos são essencialmente dependentes e receptivos, finitos e mortais. A disposição afetiva da angústia é tão perturbadora porque revela que, no fundo, somos nada, que nossa existência é fundamentalmente sem fundamento e que somos essencialmente finitos e mortais. Diante de tais revelações, não é de se admirar que a maioria das pessoas fuja da disposição afetiva da angústia.

Na primeira fase de seu pensamento, no entanto, Heidegger afirmou que se nos submetermos resolutamente àquilo que a disposição afetiva da angústia quer nos revelar, nos tornaremos autênticos (*eigentlich*), no sentido de assumir nossa existência mortal. Como autênticos, assumimos a responsabilidade por sermos a abertura mortal que já somos. Assumir tal responsabilidade é essencial para a liberdade humana. Em vez de existir de maneira restrita – como egos com identidades firmadas –, permitimos que a abertura temporal que somos se expanda. Essa expansão permite que as coisas e outros humanos se manifestem de modos mais complexos, completos e novos, em vez de serem meros objetos ou instrumentos para nossos fins.[6] Em contraposição, ao fugir da angústia nas práticas e distrações cotidianas, encobrimos a verdade sobre nosso próprio nada mortal e, assim, somos incapazes de permitir que as coisas se manifestem originariamente.

O que Heidegger diz sobre a autenticidade na primeira fase de seu pensamento pode ser comparado à famosa história Zen sobre os estágios da iluminação. Antes da iluminação acontecer, as montanhas são montanhas; no instante da iluminação, as montanhas deixam de ser montanhas, mas depois elas se tornam montanhas novamente. A iluminação Zen, *satori*, implica uma percepção direta de nossa radical falta de fundamento e niilidade. À luz de tal revelação, as práticas cotidianas (incluindo trabalhar e comer) perdem seu sentido. Posteriormente, porém, retornamos

---

6 Sobre o tema da autenticidade, veja-se Michael E. Zimmerman, *Eclipse of the Self: The Development of Heidegger's Concept of Authenticity*, 2 ed. (Athens: Ohio University Press, 1986). O último capítulo inclui uma comparação entre Heidegger e o budismo.

a essas práticas, mas de um modo não mais restringido pela ignorância sobre o que significa ser humano. Da mesma forma, para Heidegger, antes de nos tornarmos autênticos, existimos de acordo com as práticas cotidianas; ao permitir que a angústia mostre nossa completa falta de fundamento e niilidade, as práticas cotidianas se afastam em direção à insignificância; depois, retomamos as práticas cotidianas, mas não de maneira meramente conformista.[7]

Na verdade, ser autêntico significa ser livre para revitalizar e transformar práticas à luz da realização de sua completa falta de fundamento. Como desprovidas de fundamento, as coisas poderiam ser diferentes do que são no presente. No entanto, é importante notar que, para Heidegger, a liberdade não significava uma licença ilimitada para o ego, mas a capacidade de o *Dasein* humano "deixar as coisas serem" de outras maneiras que não como meros instrumentos para o ego. Como postula a tradição Zen, ser iluminado significa cortar lenha e carregar água – mas de forma afinada com a presença das coisas à medida que acontece para além do dualismo mente e corpo.

A concepção heideggeriana de que os humanos são mais livres quando "deixam as coisas serem" foi adotada como um lema por alguns ambientalistas radicais, que se opõem à consideração da natureza meramente como um instrumento para fins humanos. Na primeira fase de seu pensamento, Heidegger propôs que o descerramento instrumental das coisas desempenhava um papel primário na existência humana.[8] Posteriormente, no entanto, ele concluiu que tal instrumentalismo era, de fato, uma característica histórica da história ocidental que começou com os gregos e culminou no descerramento técnico das coisas como nada além de matéria-prima para fins humanos. Além disso, o instrumentalismo inicial de Heidegger

7 A respeito desse tema, veja-se Hubert L. Dreyfus e Jane Rubin, "You Can't Get Something for Nothing: Kierkegaard and Heidegger on How Not to Overcome Nihilism", *Inquiry*, 30 (1987): 33-76.

8 Veja-se Hubert L. Dreyfus, "Between *Techne* and Technology: The Ambiguous Place of Technology in *Being and Time*", disponível em *The Thought of Martin Heidegger*, ed. Michael E. Zimmerman, Tulane Studies in Philosophy, 32 (New Orleans, LA: Tulane University Press, 1984), p. 23-35. Veja-se também Michael E. Zimmerman, *Heidegger's Confrontation with Modernity* (Bloomington: Indiana University Press, 1990), capítulos 10 e 11.

estava intimamente ligado à sua dupla tentativa de superar o dualismo mente-corpo, o qual – especialmente em sua versão científica – deu origem à alienação no trabalho na sociedade moderna.

Uma das fases dessa tentativa envolvia conceber os seres humanos não como mentes em crânios, mas, na verdade, como a clareira temporal ou o nada no qual pensamentos e árvores, crenças e carros, podem aparecer como entes. A outra fase da superação do dualismo implicava desafiar aqueles que privilegiavam afirmações teóricas e conhecimento abstrato em detrimento da atividade prática. Em vez de conceber os humanos como intelectos desprovidos de mundo fazendo afirmações abstratas sobre objetos externos, Heidegger definiu os humanos como estando sempre já envolvidos em inúmeras práticas que fazem uso de muitas coisas diferentes. Essas coisas não se manifestam abstratamente como objetos, mas como ferramentas implicadas em um complexo conjunto de relações que constituem o mundo da existência humana. A existência humana, orientada temporalmente para o futuro, está sempre orientada para as possibilidades que se abrem no mundo. As conjunturas práticas e as práticas da vida cotidiana precedem e possibilitam o conhecimento teórico tão valorizado pelos filósofos. Heidegger enfatizou a dimensão prática da existência humana ao definir o próprio ser do *Dasein* como "cuidado". Ser humano significa estar ocupado com as coisas e ser solícito para com as outras pessoas.

Embora Heidegger, na primeira fase de seu pensamento, às vezes tenha falado como se as tendências de objetificação da modernidade fossem resultado da tendência intrínseca da humanidade de encobrir verdades mais profundas, ele posteriormente concluiu que a visão científica de objetificação não resultou de nenhuma decisão ou fraqueza humanas, mas, pelo contrário, ela era uma parte própria do descerramento técnico dos entes, um descerramento que era ele mesmo uma dimensão do "destino do ser". A famosa "virada" no pensamento de Heidegger ocorreu quando ele concluiu que não podia mais conceber o ser nos termos da compreensão humana, mas tinha que conceber a compreensão humana como um aspecto do próprio ser.

A concepção de nada no pensamento tardio de Heidegger

Seguindo Kant, Heidegger, na primeira fase de seu pensamento, às vezes falava da abertura temporal do *Dasein* como se fosse uma faculdade ou capacidade da humanidade. E frequentemente falava como se o ser do ente fosse de alguma forma uma função da compreensão do *Dasein* humano. Além disso, a princípio, ele descrevia a angústia como um fenômeno pessoal que chamava os indivíduos a uma forma menos restrita de compreensão das coisas. Na fase tardia de seu pensamento, Heidegger modificou essas concepções. Ao parar de falar sobre a temporalidade ou sobre o nada como uma dimensão da existência humana, ele deixou claro que a temporalidade humana surge em uma "abertura" ou "região" mais abrangente, a qual não pode ser reduzida a algo meramente humano. Em sua fase tardia, Heidegger enfatizou que a existência humana é apropriada como o local para o próprio descerramento ou ser do ente. Em vez de conceber o ser a partir da perspectiva do *Dasein* humano, então, Heidegger começou a pensar o ser nos termos do próprio ser. Essa mudança foi fundamental para a sua tentativa de abandonar qualquer antropocentrismo remanescente discernível em seu trabalho anterior. Nesse contexto, ele concluiu que a inautenticidade, ou seja, a compreensão das coisas de modo superficial e restrito, não era um problema dos indivíduos, mas um fenômeno social generalizado resultante do próprio encobrimento do ser. O descerramento técnico dos entes, então, não surgiu porque os indivíduos foram incapazes de suportar a angústia, mas, ao contrário, porque, desde os tempos de Platão, o ser enquanto tal se retirou cada vez mais da visão humana. Correlativamente, a humanidade ocidental se cegou para o fato de que a existência humana constitui o espaço para o ser dos entes. Portanto, a humanidade ocidental passou a se compreender cada vez mais como um ente peculiar – o animal inteligente – destinado a dominar todos os outros entes em busca de poder e seguridade. Heidegger afirmou que o surgimento da época tecnológica no século XX foi o resultado inevitável do desejo de poder dos animais inteligentes.

Do ponto de vista de Heidegger nos anos 1930, a humanidade ocidental só poderia ser salva do niilismo técnico se a Alemanha fosse agraciada com outro tão poderoso encontro com o ser e o nada quanto o concedido no início aos antigos gregos. Tal encontro, ele acreditava erroneamente, seria possível pelo Nacional-Socialismo, que revelava que a mais alta obrigação e possibilidade da humanidade não era ser o senhor dos entes, mas, ao contrário, a clareira histórica necessária para que os entes se manifestassem de outras maneiras que não apenas como matéria-prima maleável.[9] Heidegger reiterou que um novo início exigiria que a humanidade deixasse de se considerar como senhora e mestra ou o fundamento dos entes. Uma humanidade transformada reconheceria sua condição radicalmente receptiva, dependente, mortal e finita, permitindo-se ser apropriada (*ereignet*) como o local necessário para a presença ou ser dos entes acontecer. Apenas dessa forma a humanidade poderia aprender a "deixar o ente ser", ou seja, permitir que as coisas se manifestassem de acordo com seus próprios limites, em vez dos limites impostos por construtos científicos e projetos técnicos. Heidegger acabou concluindo que a realidade histórica do Nacional-Socialismo traiu sua "verdade interna e sua grandeza" ao promover uma versão particularmente virulenta do descerramento técnico das coisas, em vez de inaugurar uma nova fase da história ocidental. A contínua recusa de Heidegger em renunciar inequivocamente à sua própria versão autêntica do Nacional-Socialismo é fonte de interesse para os estudiosos de seu pensamento.

O fato de a humanidade moderna ter começado a se considerar como o fundamento ou o embasamento dos entes não foi consequência de uma decisão humana, Heidegger sustentava, mas do próprio encobrimento do ser. Platão concebeu o ser não como a presença dinâmica dos entes, mas como a forma (*eidos*) ou modelo eternamente presente, imutável, para as coisas no âmbito do vir a ser. Ao conceber o ser como o fundamento permanentemente presente do ente, Platão iniciou os 2500 anos da história da metafísica. Heidegger buscou transformar essa história ao mostrar que

---

9 Veja-se meus ensaios "The Thorn in Heidegger's Side: The Question of National Socialism", *Philosophical Forum*, 20 (verão de 1989): 326-365; e "Philosophy and Politics: the Case of Heidegger", *Philosophy Today*, 33 (verão de 1989): 3-19. A respeito da visão distorcida de Heidegger acerca da promessa do Nacional-Socialismo em apresentar uma alternativa ao niilismo industrial, veja-se minha obra *Heidegger's Confrontation with Modernity*.

não há "fundamento" eterno ou último para as coisas, que, na verdade, o que entendemos por "ser" é sempre moldado por fatores históricos.

Os romanos deram uma guinada crucial na tradição metafísica ao descreverem o fundamento metafísico como aquilo que causa as coisas, que as faz vir a ser. A partir de então, a metafísica se ocupou principalmente em contar a história da origem das coisas, como foram produzidas ou criadas. Apropriando se da tradição metafísica, os teólogos medievais afirmaram que algo "ser" significava ser criado (produzido) e preservado pelo ente supremo, o Criador da fé bíblica. No início dos tempos modernos, a razão humana arrogou para si o papel divino como o fundamento do ente. Com Descartes, a humanidade ocidental começou a descobrir os entes como objetos para o sujeito racional certo de si. Algo ser significava ser capaz de ser representado – medido, quantificado, conhecido – pelo sujeito. A ciência moderna levou os entes a se revelarem apenas de acordo com os pressupostos teóricos que sustentam o crescente direcionamento da humanidade ocidental para alcançar o controle de tudo. Enquanto na época industrial o alcance de tal controle poderia ser descrito como um meio com vistas a aperfeiçoar a condição humana, na época da técnica – que pode ser considerada como iniciada com os horrores da Primeira Guerra Mundial – a própria humanidade se tornou um meio para um fim sem propósito: a busca pelo poder por si só, que Heidegger descreveu como a pura Vontade de Vontade.

Na fase tardia de seu pensamento, Heidegger diferenciou suas próprias meditações sobre o ser de considerações teológicas e científicas que buscam as "causas" das coisas. Em vez disso, ele se concentrou na manifestação por meio da qual os entes podem ser primeiramente encontrados e apenas posteriormente interpretados em termos de categorias teóricas, como causa e efeito, fundamento e consequência. Ele reiterou que a razão humana não pode fundamentar ou explicar a mera presença das coisas. Seguindo o místico alemão Angelus Silesius, Heidegger abordou essa origem sem causa dizendo: "a rosa é sem porquê; ela floresce porque floresce" (SG, 101-102). Além disso, em sua fase tardia, Heidegger também concluiu que a "clareira" necessária para a própria manifestação dos entes não pode ser compreendida nos termos do modelo kantiano de ekstases temporais da existência humana. Ao contrário, ele sustentava que a clareira é constituída por uma coisa – seja natural, seja artificial – que reúne mortais e deuses, terra e céu, em uma espécie de dança cósmica que liberta a luminosidade intrínseca das coisas. O mundo se constitui em virtude da articulação espontânea ou apropriação mútua das aparências que surgem – não-causadas, de coisa-nenhuma – a cada instante. Em sua fase tardia, Heidegger usou o termo *logos* para nomear essa articulação mútua das aparências; donde sua afirmação de que a linguagem (*logos*) deixa as coisas serem. Essa abordagem da própria articulação de aparências não-causadas, que se aproxima do taoismo, também fornece a chave para a proximidade de Heidegger com o budismo mahayana.

Heidegger e o pensamento ocidental: observações preliminares

Sabemos da dívida de Heidegger para com Mestre Eckhart, cujos escritos mostram muitas congruências com o budismo e outras tradições do Leste Asiático.[10] E o próprio Heidegger se interessava pelo budismo e pelo taoismo. Em certo ensaio, por exemplo, ele notou ressonâncias entre o termo chinês *tao* e sua própria noção de *Ereignis*, o "evento de apropriação" que reivindica a humanidade como o local para a própria manifestação dos entes. Tal apropriação mudaria o curso da história ocidental ao libertar a humanidade de sua compulsão por dominar as coisas através de meios técnicos e ao permitir que a humanidade siga o "modo" de encobrimento das próprias coisas (OWL, 92; US, 198). De fato, Heidegger estava tão intrigado com o taoismo que passou a maior parte do verão de 1946 trabalhando com um estudante chinês, Paul Shih-yi Hsiao, traduzindo trechos do *Tao Te Ching*.[11] Otto Pöggeler, um dos

10 Veja-se, por exemplo, Rudolf Otto, *Mysticism East and West*, tradução inglesa de Bertha L. Cracey e Richenda C. Payne (Nova Iorque: Meridian Books, 1959); S. Radhakrishnan, *Eastern Religious and Western Thought* (Oxford: Oxford University Press, 1974); Daisetz T. Suzuki, *Zen and Japanese Culture* (Princeton, NJ: Princeton University Press, 1970).

11 HSIAO, Paul Shih-yi. "Heidegger and Our Translation of the *Tao Te Ching*", disponível em *Heidegger and Asian Thought*. Ed. Graham Parkes. Honolulu: University of Hawaii Press, 1987, p. 93-103.

melhores especialistas em Heidegger, relata que já em 1930, para ajudar a resolver uma disputa sobre a natureza da intersubjetividade, Heidegger citou um famoso trecho de Chuang-Tzu.[12] E William Barrett relata a possível história apócrifa de que, ao ler um dos livros de D. T. Suzuki sobre budismo, Heidegger exclamou que Suzuki expressava o que Heidegger tentava dizer o tempo todo.[13] O fato de os japoneses terem publicado sete traduções de *Ser e tempo* dá credibilidade à ideia de que há uma relação importante entre o pensamento de Heidegger e o budismo.[14]

Aqueles céticos em relação à influência do Leste Asiático no pensamento de Heidegger apontam sua insistência de que o novo começo vislumbrado para o Ocidente só poderia surgir do próprio Ocidente, uma vez que foi na Grécia Antiga que se deu o primeiro começo, que culminou no descerramento técnico de todas as coisas – incluindo os seres humanos – como matéria-prima maleável. Em 1966, Heidegger disse que a transformação do impulso técnico "não pode acontecer por causa de qualquer anuência ao Zen-budismo ou a qualquer outra experiência oriental do mundo [...]. O próprio pensar só pode ser transformado por um pensar que tenha a mesma origem e o mesmo chamado" (OGSU, 281; Sp 214-217).

Ao fazer tal distinção entre Oriente e Ocidente, Heidegger não só tendeu a minimizar o impacto do pensamento oriental na tradição filosófica alemã (começando com Leibniz e prosseguindo com Nietzsche), mas também pareceu pensar metafisicamente de acordo com uma oposição binária entre Oriente e Ocidente, uma oposição que parece privilegiar o Ocidente como a origem do descerramento técnico das coisas que agora permeia o planeta.[15] No entanto, ao convocar outro começo que

12 PÖGGELER, Otto. "West-East Dialogue: Heidegger and Lao-Tzu". Tradução inglesa de Graham Parkes. Disponível em *Heidegger and Asian Thought*, p. 53.

13 BARRETT, William. Introdução a D. T. Suzuki, *Zen Buddhism*. Garden City, NY: Doubleday, 1956, p. xi.

14 Em um ensaio não publicado, *Die Übersetzbarkeit Heideggers' ins Japanische*, Noriko Idada (Universidade Metropolitana de Tóquio) comentou as dificuldades de traduzir Heidegger para o idioma japonês.

15 Sobre esta questão, veja-se Evan Thompson, "Planetary Thinking/Planetary Building: An Essay on Martin Heidegger and Nishitani Keiji", *Philosophy East and West*, 36, n. 3 (1986): 235-252.

deslocaria a busca metafísica ocidental pelo fundamento último das coisas, Heidegger questionou a validade da reivindicação ocidental à superioridade cultural. A crença nessa superioridade depende da convicção de que a racionalidade ocidental, especialmente como manifestada na ciência e na técnica, constitui o fundamento das coisas: ser significa ser uma representação para o sujeito racional. Contudo, ao desconstruir o fundacionalismo metafísico, Heidegger mostrou a falta de fundamento não apenas da racionalidade, mas também do projeto histórico de dominação baseado nessa racionalidade.

Apesar das pretensões em contrário, Heidegger sustentou que a humanidade ocidental nunca teve controle sobre seu próprio destino comum, incluindo o surgimento da técnica planetária. Se tal técnica surge a partir de tendências na história ocidental, pode-se argumentar que ela pode ser pensada em termos de discurso ocidental. Embora Heidegger mesmo acreditasse que seu próprio pensamento pudesse ser enriquecido por seu encontro com o pensamento oriental, ele também sustentou que tipos radicalmente diferentes de linguagens obrigavam povos ocidentais e orientais a viver em diferentes "casas do ser". Seu diálogo com o pensador japonês e sua tradução incompleta do *Tao Te Ching* foram esforços para superar essa lacuna linguística. Antes de avançarmos em nossa análise da relação entre Heidegger e o budismo, devemos considerar as principais características do budismo mahayana, especialmente sua ideia de nada absoluto.

A concepção budista de nada

O budismo é um sistema cosmológico, psicológico e religioso que sustenta que a salvação surge da compreensão da verdadeira natureza da realidade. Um ensinamento central do budismo é o *anatman*, a afirmação de que o ser humano carece de um si mesmo substancial. Conforme descrito na literatura *Abhidharma*, a experiência humana é constituída pela interação de cinco *skandhas* (agrupamentos) impessoais: matéria/forma, sensação, percepção, elementos volitivos e mente. Os *skandhas* são compostos por unidades básicas chamadas *dharmas*, das quais existem cerca de oitenta tipos diferentes. Embora os *dharmas* surjam e desapareçam rapidamente em complexas relações causais, os primeiros budistas afirmavam que os *dharmas* são reais "por si mesmos" (*svabhava*). Portanto, os *dharmas* são a realidade primária da qual se constrói a realidade secundária dos *skandhas*. O quarto *skandha*, composto por muitos tipos de *dharmas* volitivos, motivacionais e afetivos, envolve ações cármicas, ou seja, ações que afetam o subsequente nascimento. Exemplos importantes de *dharmas* volitivos são aversão e desejo. Se estes não forem extintos na vida presente, influenciarão profundamente a composição do quarto *skandha* – e, com isso, o organismo psicofísico como um todo – na vida subsequente.

Para descrever os fatores totalmente inter-relacionados que geram o ciclo de nascimento e renascimento (*samsara*), os budistas falam de um processo de "coprodução condicionada" ou "cooriginação dependente" de doze passos, *pratitya samutpada*. A coprodução condicionada enfatiza a natureza meramente construída e, portanto, vazia (*sunya*) de todos os fenômenos secundários, ou seja, fenômenos compostos de *dharmas*. Apesar de parecerem contínuos e sólidos, os conteúdos da experiência humana são "construídos" de *dharmas* que estão constantemente surgindo e desaparecendo. Fluxo, não permanência, e condicionamento, não independência, caracterizam todos os fenômenos. *Nirvana* nomeia o único estado totalmente incondicionado, cujo caminho envolve a eliminação – passo a passo – dos processos implicados na coprodução condicionada. O grande avanço do budismo em relação às religiões indianas há 2500 anos foi explicar a salvação não em termos de sacrifícios feitos a divindades irracionais, mas em termos de compreensão e alteração dos processos causais fundamentais. Expresso sucintamente: se alguém faz isso, isso se segue; se alguém desfaz isso, isso se segue.

O grande filósofo budista Nagarjuna (aproximadamente 150 d.C.), comentando os *Sutras Prajnaparamita*, realizou uma importante mudança conceitual, central para o budismo mahayana. Ele concluiu que até mesmo os *dharmas* são caracterizados pelo vazio (*sunyata*). Em vez de serem a realidade primária que forma a base para os fenômenos construídos nos cinco *skandhas*, os próprios *dharmas* surgem e desaparecem junto com tudo o mais na coprodução condicionada. Todos os fenômenos, qualquer que seja, são vazios, porque carecem de existência independente e substancial, separada da totalidade dos fenômenos mutuamente condicionados que surgem e desaparecem conjuntamente. Ser vazio significa ser vazio da realidade que causa a si própria ou independente. Na linguagem cotidiana, podemos dizer que as coisas existem de uma ou outra maneira, mas na linguagem extraída da compreensão última, dizemos que nada existe de fato. Essa distinção entre modos cotidianos e derradeiros de ver os fenômenos é chamada de doutrina das Duas Verdades. Buscando superar todos os dualismos, incluindo *nirvana versus samsara*, Nagarjuna indicou que não há sujeito percipiente e nenhum objeto percebido.[16] Pelo contrário, pode-se inferir que a experiência é constituída de fenômenos que se iluminam a si próprios, fenômenos que não têm substância, origem ou destinação.[17] Isso pode equivaler a um fenomenalismo que carece de alguém que perceba.

A expressão metafórica mais famosa dessa concepção, desenvolvida pela escola Hua-yen, é a rede de joias do deus Indra. Nesta rede infinita, representando o universo, estão dispostas um número infinito de joias perfeitas, cada uma delas reflete a luz emitida por todas as outras joias em toda a extensão da rede. O jogo de luz refletida é codeterminado simultaneamente por todas as joias, nenhuma delas está em uma relação superior ou causal com as outras. O budismo mahayana afirma que o mundo fenomênico se assemelha a tal interação de aparências refletidas, em que cada coisa está ciente de sua relação com todas as outras coisas. Essas aparências não têm fundamento; não há nada por trás do que aparece, nenhum fundamento substancial ou essência para causá-las. Todas as coisas surgem juntas em um evento cósmico interno de reflexão, que é senciente, embora não seja normalmente autoconsciente. Com base na concepção de que todas as aparências são fundamentalmente vazias, os budistas mahayana concluem que a forma *é* vazia e o vazio *é* a forma, uma conclusão paradoxal cuja prova exige uma compreensão direta, que o argumento sozinho não pode fornecer.

16 Veja-se o excelente livro de David Loy, *Nonduality: A Study in Comparative Philosophy* (New Haven, CT: Yale University Press, 1988).

17 A respeito desse ponto, sou grato a David Loy.

Nagarjuna alertou contra transformar o vazio, a falta de si mesmo próprio, em uma nova realidade ou absoluto metafísico.[18] No entanto, alguns budistas seguiram nessa direção, sugerindo que o *sunyata* é de alguma forma gerador da manifestação fenomênica. Essa interpretação pode se ligar ao fato de a palavra *sunyata*, em sânscrito, derivar de um termo que significa "inflar". Algo que parece inflado é oco ou vazio por dentro. Certo comentador observou que "essa relação fica ainda mais evidente pelo fato de que o símbolo matemático para zero era originalmente nada mais do que o símbolo para *sunyata*".[19] Inflar também remete à gravidez, um fato que indica a interpretação de *sunyata* como, de alguma forma, a derradeira fonte geradora que, por transcender todas as condições, não pode ser dita nem causar nem *não* causar algo. Alguns especialistas às vezes falam de nada absoluto – que transcende as polaridades de ser e não ser, causa e efeito, sujeito e objeto, tempo e eternidade, finito e infinito – como o fundamento sem fundo. Essa concepção de *sunyata* tornou-se importante no budismo chinês, influenciado como estava pela noção do Tao como o fundamento sem fundo.

A doutrina do vazio radical de todas as formas, derivada da doutrina da coprodução dependente, indica que toda forma, todo fenômeno, tem igual valor. Como não há essências, não há hierarquia da realidade fenomênica; portanto, nenhuma coisa é subordinada ou inferior a qualquer outra. Cada coisa é unicamente ela mesma, como uma joia específica refletindo o jogo de todas as outras joias no jogo fenomênico cósmico. A percepção da interdependência de todas as coisas mostra a falsidade do antropocentrismo: os seres humanos não são radicalmente diferentes ou melhores do que outros entes, mas, ao contrário, são momentos no jogo de fenômenos.

Se todas as coisas estão internamente relacionadas, não há substância interna ou cerne dos entes, incluindo os humanos. O sofrimento humano (*dukha*) surge porque as pessoas postulam e se identificam com um ego substancial e inalterável no cerne do fluxo da experiência. Ao se identificar com este suposto si mesmo permanente, entramos no estado

---

18 David Loy, comunicação pessoal.

19 WALDENFELS, Hans. *Absolute Nothingness: Foundations for a Buddhist-Christian Dialogue*. Tradução inglesa de J. W. Heisig. Nova Iorque: Paulist Press, 1980, p. 19.

de ignorância, conhecido como dualismo sujeito-objeto. Esse dualismo se caracteriza pelo desejo, aversão e ilusão, que se combinam para produzir sofrimento. A partir de certa perspectiva, é óbvio que parece haver coisas individuais (incluindo o ego) aparentemente ligadas por relações causais. Portanto, falamos das leis de causa e efeito em funcionamento entre entes. De outra perspectiva, no entanto, como David Loy aponta, "cada instante e experiência é momentâneo, não causado, porque se trata de um fim em si mesmo, completo e não lhe falta nada". O nada aqui causa algo ali. As tentativas de explicar como qualquer coisa – incluindo o si mesmo ou o cosmos – se "origina" falham em compreender a radicalidade da coprodução dependente. Nem mesmo há um processo que faça com que se entre na ilusão e no sofrimento, nem se pode fazer algo para se libertar da ilusão, pois a ilusão já *é* iluminação. Não há um "lugar" melhor onde se deve ter a esperança de chegar. Em última análise, não há diferença entre *nirvana* e *samsara*: o nada do mundo fenomênico do sofrimento é o mesmo que o nada do *nirvana*. Ou seja, a forma é vazia, o vazio é a forma. Diz-se que o reconhecimento desse fato constitui a fonte do riso extraordinário que muitas vezes acompanha o *satori*, riso que ocorre quando se apreende que todas as tentativas de transcender o mundo fenomênico em vista de se iluminar estão profundamente equivocadas. O *nirvana* tão desejado não é outro senão o mundo da vida cotidiana, embora construtos teóricos nos impeçam de apreender diretamente essa concepção libertadora.

De acordo com o budismo, Gautama Buda se opôs à doutrina tradicional dos Upanishads e Vedas, segundo a qual o Atman eterno, o Eu Divino imutável, permeia e sustenta as coisas, constituindo sua derradeira essência, seu verdadeiro "eu". Para a tradição vedanta, o sofrimento termina apenas quando se supera o dualismo, deixando de se apegar ao ego ilusório e se identificando, em vez disso, com o Eu Absoluto; para o budismo mahayana, o sofrimento termina apenas quando se supera o dualismo, deixando de se apegar ao ego ilusório e reconhecendo que também não há um Eu Absoluto. A concepção do budismo como uma tradição de negação da vida pode ser atribuída àqueles adeptos do budismo hinayana que conceberam o *nirvana*, a cessação do sofrimento, como sendo possível apenas para aqueles poucos indivíduos que seguiram o árduo processo de desconstrução do ego, encontrando seu vazio e, assim, transcendendo as ilusões do mundo da aparência. O budismo mahayana afirma a possibilidade e a necessidade de salvar *todos* os entes, já que todos os "entes" estão internamente relacionados – daí o papel cada vez mais ativo desempenhado pelos budistas mahayana no movimento de proteção da natureza contra o abuso humano.[20]

A relação entre o pensamento de Heidegger e o budismo mahayana

O pensamento de Heidegger se aproxima do budismo mahayana, particularmente do Zen, em vários aspectos. Em primeiro lugar, ambos sustentam que a inautenticidade ou o sofrimento surgem da concepção do si mesmo de uma forma restrita: como um ego isolado que anseia por seguridade, evita a dor e busca distração. Ambos sustentam que o si mesmo não é uma coisa, mas a abertura ou o nada no qual o incessante jogo dos fenômenos pode acontecer. Ambos criticam a visão dualista do si mesmo como um ego pensante, separado do mundo "externo". Ambos enfatizam que a natureza não autoconsciente das práticas cotidianas mostra que as pessoas não estão separadas das coisas, mas estão diretamente conjuntas com elas. Mãos humanas, fraldas, o bebê sendo limpo, os sentimentos mistos de aversão e afeição – todos esses são instantes do mesmo evento fenomênico. Nenhum instante específico é privilegiado.

Em segundo lugar, o pensamento de Heidegger, de certa forma, é consistente com o ensinamento do *Sutra do Coração* de que a forma é o vazio e o vazio é a forma. A proximidade dessa afirmação com a noção de Heidegger de que ser e nada "são" virtualmente os mesmos ajuda a explicar por que pensadores japoneses influenciados pelo budismo têm sido tão atraídos pelo pensamento de Heidegger. Central a tais comparações, no entanto, está a semelhança entre *sunyata* (vazio) e *das Nichts* (nada).

20 Veja-se Allan Hunt Badiner (ed.), *Dharma Gaia* (Berkeley, CA: Parallax Press, 1990), e Mary Evelyn Tucker e Duncan Ryuken Williams (eds.), *Buddhism and Ecology* (Cambridge, MA: Harvard University Press, 1996).

Segundo Nagarjuna, como vimos, o vazio se refere ao fato de que todos os fenômenos são vazios de si (*atman*) ou de substância. Budistas posteriores, no entanto, propuseram que o vazio absoluto tinha significado ontológico gerador além da doutrina de *anatman*. Tais concepções do *sunyata*, como a "luz clara" geradora, se assemelham à ideia heideggeriana de que o nada se refere à clareira temporal na qual o aparecer (ser) acontece. Nem o ser nem a clareira são entes, mas, ao contrário, constituem as condições necessárias para a possibilidade de as coisas manifestarem *a si mesmas*. Apesar das diferenças entre a fase tardia do pensamento de Heidegger e o budismo mahayana, ambos propõem que as coisas, em certo sentido importante, se iluminam a si mesmas. Elas surgem e desaparecem não apenas na, mas *como* a luz absolutamente clara do nada. A forma ou o ser não é outra coisa senão o vazio ou o nada; o conhecido não é outra coisa senão o conhecedor. A não-dualidade absoluta constitui a realização última.

Em terceiro lugar, tanto Heidegger quanto a tradição Zen sustentam que uma vez libertos da restrita compreensão de si mesmo, associada ao egocentrismo dualista, outras pessoas e coisas no mundo não aparecem mais como radicalmente separadas e ameaçadoras, mas como fenômenos profundamente inter-relacionados. Ao renunciar à identidade restrita do ego e, portanto, transcender o dualismo, o indivíduo permite se tornar a compaixão (budismo) ou o cuidado (Heidegger) que já é. "Autenticidade" (Heidegger) e "iluminação" (Budismo), então, resultam da compreensão da não dualidade, do fato de que não há "dois", nem uma mente-ego aqui nem objetos lá.

Há uma diferença entre a concepção inicial e tardia de autenticidade proposta por Heidegger. Na primeira fase de seu pensamento, Heidegger propunha que o instante de autenticidade exigia resolução, uma decisão para permitir que a temporalidade humana se transformasse em uma abertura mais radical para a própria manifestação das coisas. Em sua fase tardia, no entanto, Heidegger diminuiu a dimensão voluntarista discernível na resolução e concebeu a autenticidade em termos de *Gelassenheit*, serenidade da vontade. Curiosamente, as semelhanças entre essas duas formas de conceber a autenticidade – como resolução e como serenidade

– são detectáveis nas tradições Rinzai e Soto Zen, respectivamente.[21] O Rinzai Zen enfatiza a resolução diante da resistência do ego à transformação, enquanto o Soto Zen sustenta que a iluminação nunca pode ser buscada pela vontade, mas apenas cultivada aprendendo a "deixar as coisas serem" na vida cotidiana. As diferenças entre o voluntarismo da primeira fase do pensamento de Heidegger e o Rinzai Zen, por um lado, e o "deixar ser" do Heidegger tardio e o Soto Zen, por outro, não devem obscurecer a crença compartilhada de que a iluminação implica se tornar o nada que já somos, de modo que estejamos abertos e responsivos aos fenômenos que surgem a cada instante na vida cotidiana.

No entanto, embora sustentem que nunca se pode *decidir* ser autêntico ou iluminado, tanto Heidegger quanto os mestres Soto Zen propõem que as práticas espirituais podem ajudar a colocar o indivíduo na posição de uma disposição paradoxal de não querer, preparando-o assim para a serenidade que o traz ao mundo apropriadamente pela primeira vez.[22] Apesar de estarmos familiarizados com a ênfase dada no Zen à meditação sentada, à respiração adequada e ao trabalho com *koans* [questões] paradoxais, podemos estar um pouco menos familiarizados com a afirmação de Heidegger, na fase tardia de seu pensamento, de que a serenidade pode ser cultivada por práticas meditativas, pela respiração adequada e pela contemplação de questões paradoxais ("*koans*" heideggerianos). Todas essas práticas visam levar ao silêncio total e à quietude, aspectos necessários para se afinar com a abertura ou com o nada que permeia todas as coisas.[23]

Em quarto lugar, tanto Heidegger quanto o budismo enfatizam a importância da existência humana, sem promover, com isso, um

21 Veja-se Zimmerman, *Eclipse of the Self*, capítulo 8.

22 Filósofos ocidentais, incluindo Nietzsche, frequentemente interpretaram o budismo como preferindo a "aniquilação" ou a "extinção" (*nirvana*) à própria vida. Em *Beiträge zur Philosophie* [*Contribuições à filosofia*] (GA 65, 170-171), Heidegger fez um comentário que indica que ele compartilhava da visão de Nietzsche, uma visão inconsistente com o budismo mahayana. A observação de Heidegger é um tanto enigmática: "quanto mais não-ente o homem [é], quanto menos se ancora no ente no qual se encontra, tanto mais próximo chega ao ser. (Nenhum budismo! O contrário)".

23 A respeito desses temas, veja-se meu ensaio "Heidegger and Heraclitus on Spiritual Practice", *Philosophy Today*, 27, n. 2 (1983): 87-103.

antropocentrismo restrito. Na primeira fase de seu pensamento, Heidegger propõe que apenas o *Dasein* humano pode ser autêntico (*eigentlich*), porque apenas o *Dasein* humano constitui a clareira através da qual as coisas podem se manifestar. Posteriormente, no entanto, ele pontuou que a clareira não pode ser compreendida como uma capacidade estritamente humana. Pelo contrário, o *Dasein* existe autenticamente na medida em que é apropriado (*vereignet*) como um parceiro na dança de abertura do mundo da quadratura que concede a todas as coisas seu lugar apropriado. Os primeiros ensinamentos budistas afirmam que a iluminação é possível apenas se se nasceu como ser humano. O budismo mahayana enfatiza, no entanto, que a sabedoria que acompanha a iluminação dá origem simultaneamente à compaixão por todas as coisas. Além disso, de acordo com a doutrina mahayana da natureza de Buda (*tathagatagarbha*), *todos* os entes sencientes são dotados da possibilidade de atingir a iluminação suprema como Budas.

Em quinto lugar, tanto Heidegger quanto os mestres Zen propõem que, quando autêntico ou iluminado, o indivíduo existe para além das restrições dualistas, incluindo aquelas impostas pela distinção entre bem e mal. Em muitas tradições diferentes, místicos disseram – de fato – "ame a Deus e faça o que quiser". É óbvio que o perigo aqui consiste no fato de que uma pessoa pode transgredir os limites morais quando estiver sob a ilusão de que se tornou iluminada ou autêntica. Heidegger parece ter sido dominado por tal ilusão durante o apoio ao Nacional-Socialismo, assim como muitos dos principais mestres Zen japoneses durante o apoio ao nacionalismo e militarismo japonês que antecedeu a Segunda Guerra Mundial.[24] O zelo pelo ideal místico de anarquia,[25] que supostamente traz consigo uma compaixão ilimitada, deve ser moderado pela compreensão da enorme capacidade da humanidade de se autoiludir.

---

24 Veja-se James W. Heisig e John C. Maraldo (eds.), *Rude Awakenings: Zen, the Kyoto School, and the Question of Nationalism* (Honolulu: University of Hawaii, 1995), e Brian A. Victoria, *Zen at War* (Nova Iorque e Tóquio: Weatherhill, 1997).

25 Em seu livro *Heidegger on Being and Acting: From Principles to Anarchy*, tradução inglesa de Christine-Marie Gros (Bloomington: Indiana University Press, 1987), Schürmann, a partir dos escritos de Heidegger, delineia a possibilidade de uma vida anárquica, uma vida levada "sem porquês".

Apesar das semelhanças, também há diferenças importantes entre o pensamento de Heidegger e o budismo mahayana. Membros da famosa Escola de Kyoto, como Keiji Nishitani[26] e Masao Abe,[27] proporcionaram as discussões budistas mais extensas sobre os limites do pensamento de Heidegger. Nishitani e Abe se interessam por Heidegger, em parte, porque a rigorosa meditação feita por ele sobre o nada pode ajudar a revigorar uma tradição Zen que se tornou intelectualmente fraca. Contudo, se os praticantes do Zen estão dispostos a aprender com Heidegger, Nishitani e Abe também propõem que os defensores ocidentais de seu pensamento aprendam com a experiência Zen sobre a futilidade da especulação metafísica.

Masao Abe argumenta que Heidegger, apesar de seu interesse no nada, nunca chegou ao nada absoluto, porque mesmo seu pensamento meditativo ainda estava muito ligado à tradição metafísica.[28] Supostamente, na tradição zen-budista alguém verdadeiramente iluminado não pensaria mais, nem mesmo no modo meditativo de Heidegger, mas viveria uma vida sem objetivo ou propósito, embora também de profunda compaixão. A insistência contínua de Heidegger na importância do pensar também o diferencia de Mestre Eckhart. Como aponta Reiner Schürmann, "para Mestre Eckhart, *gelâzenheit*, como uma atitude do homem, refere-se ao pensamento apenas de forma secundária. Primariamente, trata-se de uma questão de um modo de vida – uma vida sem representação de fins e propósitos".[29]

De acordo com Masao Abe, aquilo que se segue à experiência direta do nada absoluto pode ser chamado de Não-pensamento [*Nonthinking*], para distingui-lo da oposição usual entre pensar e não-pensar [*nonthinking*]. Apesar de sua crítica à adesão de Heidegger ao pensar, Masao Abe adverte que:

> por causa de seu ponto de vista a respeito do Não-pensamento, o Zen, de fato, não levou a cabo completamente os aspectos positivos

26 NISHITANI, Keiji. *Religion and Nothingness*. Tradução inglesa de Jan Van Bragt. Berkeley e Los Angeles: University of California Press, 1982.

27 ABE, Masao. *Zen and Western Thought*. Ed. William R. LaFleur. Honolulu: University of Hawaii Press, 1985.

28 *Ibidem*, p. 119.

29 Schürmann, *Meister Eckhart*, p. 204.

e criativos do pensamento e sua significação, que foram especialmente desenvolvidos no Ocidente. O conhecimento lógico e científico, fundamentado no pensamento objetivo substantivo, bem como os princípios morais e a realização ética, baseados no pensamento prático subjetivo, estão muito evidentes no Ocidente. Em contraposição, alguns desses aspectos estão vagos ou ausentes no mundo do Zen. [Portanto,] a posição [do Zen] no Não-pensamento sempre carrega o perigo de degenerar em mero não-pensar.[30]

Apesar das afirmações de Heidegger sobre o nada, Masao Abe acusa que o foco de Heidegger na existência humana "não o leva necessariamente à dimensão completamente cosmológica e não-antropocêntrica, na qual a impermanência de todas as coisas no universo é plenamente levada a cabo".[31] O próprio aluno de Heidegger, Karl Löwith, também argumentou que seu mentor permaneceu preso a um antropocentrismo que o cegou para o cosmocentrismo dos antigos pensadores gregos, como Heráclito.[32] No entanto, a concepção heideggeriana tardia de "evento de apropriação" (*Ereignis*), que reúne os mortais com deuses, terra e céu, na dança cósmica luminosa, apresenta importantes semelhanças com a coprodução dependente do budismo e com o *tao* de Lao Tsu, ambos não-antropocêntricos. *Ereignis, sunyata, tao*: estes podem ser nomes diferentes para o surgimento incausado, espontâneo e mutuamente apropriados do jogo dos fenômenos. Ao propor que *Ereignis* "dá" o tempo e o ser, Heidegger abre-se à crítica de que está inventando uma metafísica do nada. Todavia, Dogen (1200-1253 d.C.), fundador da doutrina Soto Zen, analisou a temporalidade do nada de uma forma que tem afinidades significativas tanto com a noção de temporalidade presente na primeira fase do pensamento de Heidegger, como a "clareira" para a presença, quanto com a posterior noção heideggeriana do jogo de apropriação mútua das aparências.[33]

30 Masao Abe, *Zen and Western Thought*, p. 119-120.

31 *Ibidem*, p. 67.

32 Veja-se, por exemplo, Karl Löwith, "Zu Heideggers Seinsfrage: Die Natur des Menschen und die Welt der Natur", *Aufsätze und Vorträge, 1930-1970* (Stuttgart: W. Kohlhammer, 1971), p. 189-203.

33 Sobre este tema, veja-se Steven Heine, *Existential and Ontological Dimensions of Time in Heidegger and Dogen* (Albany: State University of New York Press, 1985). Embora

Outra diferença aparente entre *Ereignis* e *sunyata*: o primeiro supostamente "envia" os diferentes modos de presença que moldaram a história do Ocidente em suas épocas grega, romana, medieval, moderna e técnica.[34] Alguns budistas mahayana pensam que *Ereignis*, entendido dessa maneira, se torna uma categoria metafísica inconsistente com o não-dualismo de Heidegger. Pode-se responder de várias formas. Em primeiro lugar, em vez de interpretar *sunyata* simplesmente como significando que todas as coisas são vazias de ser próprio ou de si mesmo, alguns mahayanistas – apesar do alerta de Nagarjuna – transformaram o *sunyata* em uma categoria metafísica, por exemplo, a matriz generativa de todos os fenômenos. Outros budistas, no entanto, em grande parte, evitaram essas tendências metafísicas e conseguiram interpretar o *sunyata* como a não-dualidade absoluta. Em segundo lugar, precisamente porque a tradição mahayana carece dos recursos conceituais necessários para confrontar a técnica planetária, Nishitani e outros membros da Escola de Kyoto recorreram ao pensamento de Heidegger em busca de um entendimento a respeito de uma alternativa à compreensão técnica do ser do ente.[35] Como veremos mais adiante, no entanto, longe de constituir uma alternativa protoambientalista ao descerramento técnico do ente, o pensamento de Heidegger pode afirmar a inevitabilidade da dominação da natureza pela humanidade.

Heidegger, o budismo e a ecologia profunda

A concepção heideggeriana de "deixar as coisas serem" tornou seu pensamento atraente para ambientalistas radicais interessados em transformar a atitude atualmente destrutiva da humanidade em relação à natureza. Tanto o pensamento de Heidegger quanto o budismo mahayana influenciaram a filosofia ambiental contemporânea, bem como uma forma radical de ambientalismo chamada "ecologia profunda".[36] Ao contrário do

---

seu livro seja informativo, Heine às vezes promove as concepções de Dogen em detrimento das de Heidegger.

34 Veja-se Charles Wei-hsun Fu, "The Trans-onto-theo-logical Foundations of Language in Heidegger and Taoism", *Journal of Chinese Philosophy*, 1 (1975): 130-161.

35 Veja-se, por exemplo, Nishitani, *Religion and Nothingness*, capítulo 6.

36 Veja-se especialmente Bruce V. Foltz, *Inhabiting the Earth: Heidegger, Environmental Ethics, and the Metaphysics of Nature* (Atlantic Highlands, NJ: Humanities Press,

ambientalismo reformista, que combate a poluição, mas permanece antropocêntrico, a ecologia profunda sustenta que apenas uma transformação do antropocentrismo ocidental e do dualismo humanidade-natureza pode salvar a biosfera da destruição. Seguindo Heidegger e os budistas mahayana, bem como outras tradições não-antropocêntricas, os adeptos da ecologia profunda convocam as pessoas a "deixarem as coisas serem".

O teórico mais importante da ecologia profunda, Arne Naess, enfatiza que o cerne do movimento de ecologia profunda consiste em uma plataforma de oito pontos, que pode ser derivada de uma ampla variedade de visões filosóficas e religiosas. No que se segue, comparo a abordagem filosófica *específica* de Naess à ecologia profunda com a discussão anterior a respeito de Heidegger e do budismo mahayana. Naess adverte que sua própria "ecosofia" (filosofia ecológica) *não* é definitiva para o movimento de ecologia profunda! Portanto, quando me refiro à "ecologia profunda de Naess", tenho em vista sua justificativa filosófica *específica* para aderir à plataforma de ecologia profunda de oito pontos.

Heidegger, o budismo e a ecologia profunda promovem, cada um, sua própria versão do fenomenalismo ontológico, a doutrina de que "ser" significa aparecer ou ser manifesto. O fenomenalismo não precisa ser subjetivista; em outras palavras, o evento de aparecimento não precisa ser restrito ou dependente da consciência humana. No fenomenalismo

---

1995). Veja-se também: CAVE, George S. "Animals, Heidegger, and the Right to Life". *Environmental Ethics*, 4 (1982): 249-254; FOLTZ, Bruce V. "On Heidegger and the Interpretation of Environmental Crisis". *Environmental Ethics*, v. 6, n. 4 (inverno de 1984): 323-338; WESTRA, Laura. "Let It Be: Heidegger and Future Generations". *Environmental Ethics*, v. 7, n. 4 (inverno de 1985): 341-350; THIELE, Leslie Paul. "Nature and Freedom: A Heideggerian Critique of Biocentric and Sociocentric Environmentalism". *Environmental Ethics*, v. 17, n. 2 (verão de 1995): 171-190; SCHALOW, Frank. "Who Speaks for the Animals? Heidegger and the Question of Animal Welfare". *Environmental Ethics*, v. 22, n. 3 (outono de 2000): 259-272. Sobre a relação entre Heidegger e a ecologia profunda, veja-se: LACHAPELLE, Dolores. *Earth Wisdom*. Los Angeles: Guild of Tutors Press, 1978, p. 80-86; ZIMMERMAN, Michael. "Toward a Heideggerian Ethos for Radical Environmentalism", *op. cit.*; *Idem*, "Implications of Heidegger's Thought for Deep Ecology", *op. cit.*; *Idem, Contesting Earth's Future: Radical Ecology and Postmodernity*. Berkeley e Los Angeles: University of California Press, 1994; *Idem*, "Rethinking the Heidegger-Deep Ecology Relationship". *Environmental Ethics*, v. 15, n. 3 (outono de 1993): 195-224.

cósmico, a consciência humana é considerada como um modo através do qual a manifestação pode acontecer. O budismo mahayana, com sua afirmação de que todas as coisas são vazias de si mesmas ou de substância, mas ainda assim intrinsecamente luminosas e totalmente inter-relacionadas com o jogo da aparência, é um exemplo desse fenomenalismo cósmico. O pensamento de Heidegger é um caso mais ambíguo desse fenomenalismo. Crítico do essencialismo platônico, Heidegger foi igualmente um forte oponente do idealismo subjetivo. No entanto, se combina-se seu antiessencialismo com suas afirmações (1) de que o evento ontológico do *aparecimento* é desprovido de causa e, portanto, é incapaz de ser explicado por qualquer narrativa (mítica, religiosa, metafísica, científica) sobre como as coisas podem ter sido *produzidas*, (2) que ser e aparecer são, de fato, o mesmo e (3) que as coisas se manifestam mutuamente em uma dança apropriativa, então se descobre uma posição que, de muitas maneiras, se aproxima de uma espécie de fenomenalismo.

Naess defende que nossa experiência cotidiana do que significa as coisas serem é moldada por *gestalts* [formas] que articulam os conteúdos ou fenômenos concretos. Não há qualidades originárias, substâncias ou essências das coisas; de fato, não há coisas, se por "coisas" quisermos dizer objetos materiais sólidos, imutáveis e isolados. As *gestalts* proporcionam alguma estabilidade aos fenômenos em constante mudança e internamente relacionados, fornecendo assim uma base para os nomes convencionalmente atribuídos às coisas. Naess diz que "há uma semelhança entre essa concepção e aquelas expressadas pela fórmula budista *sarvam dharmam nihsvabhavam*, nenhum elemento possui 'existência própria'".[37]

Segundo Naess, na medida em que todas as coisas, incluindo as pessoas, carecem de existência própria ou substância, não há uma divisão ontológica derradeira entre o si mesmo e o outro, entre mim e fungos, raposas ou floresta. Como Naess coloca, não há um meio ambiente, nem há

37 NAESS, Arne. "The World of Concrete Contents". *Inquiry*, 28 (dezembro de 1985): 417-428, p. 419. Para uma análise mais completa sobre as concepções de Naess, veja-se sua obra *Ecology, Community and Lifestyle: Outline of an Ecosophy*, tradução inglesa e revisão de David Rothenberg (Cambridge: Cambridge University Press, 1989).

pessoas que se encontram "nele".[38] Pessoas e meio ambiente são *abstrações* resultantes da atividade intelectual, que projeta esquemas interpretativos sobre conteúdos concretos, ou seja, sobre o jogo dos fenômenos. A crescente consciência de sua própria insubstancialidade traz consigo, espontaneamente, uma *identificação* crescente com todos os fenômenos. Conceber a natureza como nada mais do que uma totalidade de eventos de matéria-energia tem alguma validade, desde que não se façam reivindicações ontológicas absolutas sobre ela. Tal concepção, no entanto, carece do elemento da compaixão. Segundo Naess, Heidegger e os budistas mahayana, cada um à sua maneira, a concepção científica da natureza resulta da projeção de categorias abstratas – espaço e tempo, matéria e energia – sobre fenômenos que, em última instância, não podem ser considerados nos termos de tais categorias.

O raciocínio tenta em vão dar fundamento àquilo que é desprovido de fundamento: o fluxo inexaurível e entrelaçado de fenômenos que surgem juntos a cada instante. A compreensão da originação interdependente de todos os fenômenos elimina o apego à ideia de um si mesmo independente "aqui dentro", que busca se defender ou se engrandecer à custa das coisas "lá fora". Tal compreensão mostra o ego e seus objetos como *gestalts*, cujos conteúdos são constituídos por um número infinito de eventos fenomênicos que surgem por si mesmos. O despertar envolve uma consciência não-dual (1) desses conteúdos concretos, (2) da *gestalt* articuladora e (3) da luminosidade própria dos conteúdos.

Pode-se objetar que esse tipo de fenomenalismo inclui o que parece ser duas noções diferentes de "aparecimento": (1) o evento de aparecimento de uma coisa, sua presença, sua própria manifestação; e (2) a emergência de uma coisa na presença em virtude de sua própria capacidade de autogeração, como no caso de um animal nascendo ou uma planta brotando. O primeiro tipo de aparecimento parece exigir um local, a existência humana; o segundo tipo de aparecimento não.[39] No entanto, para Heidegger, o budismo e

38 *Ibidem*, p. 424.

39 Veja-se meu ensaio "On Vallicella's Critique of Heidegger", *International Philosophical Quarterly*, 30 (março de 1990): 70-100.

talvez Naess, tal distinção continua a pressupor que existem entes em um modo distinguível do que se entende acima por aparecimento de entes. A ontologia fenomenalista sustenta que a existência humana constitui uma modalidade específica da luminosidade que caracteriza todos os fenômenos.[40] A consciência humana traz essa luminosidade cósmica à autoconsciência. O budismo, Heidegger e Naess atribuem à existência humana o papel especial de apreender o jogo vazio e desprovido de fundamento dos fenômenos. Os seres humanos existem de forma mais apropriada quando sua abertura luminosa não é restringida pela consciência egoísta dualista. Livres desse dualismo, as pessoas podem estabelecer uma nova relação não-dominadora com todas as coisas. Os seres humanos podem encontrar pássaros e árvores, lagos e céu, humanos e montanhas não como entes independentes, substanciais e encerrados em si mesmos, mas como constelações temporárias de aparências: fenômenos que se dão, surgindo simultaneamente.

Para sustentar sua própria concepção de que o não-dualismo mostra a verdade sobre a realidade, alguns adeptos da ecologia profunda frequentemente recorrem a tendências científicas contemporâneas que vão além do atomismo, mecanicismo, dualismo humanidade-natureza e materialismo reducionista, e abrem caminho para compreender os processos naturais como eventos holísticos internamente relacionados. Contudo, Naess indica que os adeptos da ecologia profunda devem ter em mente que aquilo que os cientistas entendem por "relação interna" dos eventos não é necessariamente o mesmo que o budismo entende por fenômenos vazios e de geração espontânea.[41] Além disso, as descobertas científicas sobre a inter-relação das coisas não podem, por si só, levar à compaixão (budismo, Naess) ou ao cuidado (Heidegger) necessários para deixar as coisas serem. Tal compaixão ou cuidado reivindicam uma compreensão direta da inter-relação das coisas, uma compreensão que transforma a própria estrutura de quem é dotado de compreensão.

---

40 Observe-se que, para ser fiel à compreensão de que ser e nada, forma e vazio, são o "mesmo", eu deveria falar do nada *como aquilo* [*as which*] a partir do qual as coisas vêm à presença. No entanto, tal expressão desafia o bom uso do inglês.

41 Para uma análise de quais podem ser os contributos da ciência moderna para o desenvolvimento da consciência não-dualista, veja-se Ken Wilber (ed.), *The Holographic Paradigm and Other Paradoxes* (Boulder: Shambhala, 1982).

Ao tentar encontrar um âmbito comum entre Heidegger, o budismo e a ecosofia de Naess, expus que cada um adere a um fenomenalismo não-dual, segundo o qual não há sujeito perceptor e objeto percebido, mas fenômenos que se manifestam e que surgem e saem de cena de forma interdependente. Algumas diferenças entre esses três tipos de fenomenalismo podem ser observadas quando mostro como o budismo, Naess e Heidegger poderiam responder à seguinte pergunta: as três versões do fenomenalismo não-dual fornecem uma base para criticar e resistir à transformação técnica do ente natural?

Os budistas responderiam dizendo que, mesmo que todos os entes sejam apenas fenômenos temporários sem existência própria, eles são sencientes, no entanto. Trata-se de um erro causar dor aos entes sencientes, especialmente em conexão com a busca desesperada por tornar o ego permanente, todo-poderoso e seguro. Alguns entes aparentemente são mais sencientes do que outros, então os budistas enfatizam o alívio do sofrimento de humanos, animais e entes que habitam outros âmbitos. Causar alguma dor aos outros é inevitável para os entes encarnados. Ao aumentar sua sabedoria e compaixão, no entanto, as pessoas podem minimizar a ganância, a aversão e a ilusão que originam práticas que provocam sofrimento entre humanos e não-humanos. Budistas contemporâneos, tentando dar visibilidade e expandir essas ideias budistas, sustentam que proteger o habitat e reduzir a poluição são cruciais para aliviar o sofrimento.

Ao abordar a pergunta acima, Naess sustentaria que – apesar de meu argumento em contrário – sua ecosofia não é, de fato, um fenomenalismo. Ele está preocupado que tal designação levaria os ambientalistas não formados como filósofos a concluir que ele considera a natureza como uma mera aparência que carece de uma realidade substancial própria. Pelo contrário, Naess afirma concordar com o "realismo ontológico, no sentido de que temos acesso direto ao conteúdo da realidade em nossas experiências espontâneas. Tal conteúdo não é mera aparência ou fenômeno".[42] Pode ser que Naess concorde com alguma versão da Doutrina das Duas Verdades de Nagarjuna. Em termos de experiência cotidiana, é

42 NAESS, Arne. "Heidegger, Postmodern Theory and Deep Ecology". *The Trumpeter*, v. 14, n. 4 (outono de 1997): 181-183; citação a partir de p. 181.

verdade dizer que encontramos seres vivos que podemos e devemos proteger de danos injustificáveis. Em termos de sabedoria final, no entanto, percebemos que não existem entes que existem de forma independente. Segundo o budismo mahayana, o *bodhisattva* se compromete a salvar todos os entes, mesmo que (entendido em termos de sabedoria final) não existam tais entes a serem salvos.

Naess também me critica por atribuir a ele a concepção de que "as coisas são constructos úteis para lidar com fenômenos em constante mudança e internamente relacionados, fenômenos que constituem a 'experiência'".[43] Naess responde que "'constructos' me lembra muito o pós-modernismo e indica uma atividade de nossa parte que é muito pretensiosa. Nós não construímos coisas. Nós construímos conceitos de coisas – isso é o suficiente para mim".[44] Acredito que a distinção feita por Naess se dirige principalmente àqueles teóricos pós-modernos que afirmam que a natureza é uma construção social.[45] De acordo com essa ideia, não há natureza selvagem, definida como natureza intocada pelos humanos. Uma das principais missões do movimento de ecologia profunda, no entanto, consiste em proteger a natureza selvagem da exploração humana! Se não houver essa natureza selvagem, a ecologia profunda parece sem sentido. Naess reconhece que o fenomenalismo budista se liga ao ideal de compaixão por todos os entes; ele suspeita, no entanto, que o construtivismo pós-moderno carece desse ideal. Portanto, ele enfatiza a realidade relativa do ente natural, para resistir àqueles que dizem que, porque a natureza se trata de uma construção humana, podemos reconstruí-la de uma forma que sirva aos fins humanos. Alguns filósofos, no entanto, como Steven Vogel, argumentam que o construtivismo social impõe à humanidade uma responsabilidade maior pelo meio ambiente.[46]

Na versão tardia do fenomenalismo de Heidegger, a quadratura de terra e céu, deuses e mortais dá origem à própria manifestação dos entes.

43 Zimmerman, *Contesting Earth's Future*, p. 123.

44 Naess, "Heidegger, Postmodern Theory and Deep Ecology", p. 181.

45 Veja-se William Cronon, *Uncommon Ground: Rethinking the Human Place in Nature* (Nova Iorque: W. W. Norton University & Co., 1996).

46 VOGEL, Steven. *Against Nature: The Concept of Nature in Critical Theory*. Albany: SUNY Press, 1996.

Esta quadratura se diferencia de várias formas dos *dharmas* e *skandhas* budistas, bem como das *gestalts* de Naess. Embora às vezes pareça atribuir igual peso a esses quatro elementos, Heidegger enfatiza a importância da existência mortal. Os mortais autênticos cuidam dos entes, seja no sentido de permitir que se manifestem, seja no de protegê-los de danos. Heidegger frequentemente critica a modernidade técnica por descerrar todos os entes como matéria-prima maleável. Ele justifica a limitação do controle técnico sobre os entes naturais da seguinte maneira: primeiro, como Aristóteles, ele expõe que um ser vivo se desenvolve e se sustenta de acordo com suas próprias possibilidades internas, embora não se refira a estas como a essência do ser. Segundo, ele argumenta que os seres humanos têm a responsabilidade de respeitar essas possibilidades internas sempre que possível. Se a doutrina de Kant acerca do respeito às pessoas se fundamenta na compreensão do modo humano de ser, como propôs Heidegger, então o respeito aos animais, às plantas e até aos ecossistemas pode se fundamentar na compreensão de seus próprios modos de ser. O *Dasein* humano não tem licença para tratar os seres vivos arbitrariamente. Dotado de grande poder de descerramento, o *Dasein* também sente o peso de uma responsabilidade incomparável de cuidar do ser.

Heidegger sempre indicou que o cuidado mais profundo advém da autenticidade, do próprio descerramento do nada temporal constitutivo da existência humana.[47] Apesar de gerar admiração e reverência, no entanto, tal descerramento não propicia compreensões necessariamente válidas a respeito da estrutura interna do ente, nem compreensões necessariamente válidas sobre questões políticas e éticas. Considerando que Heidegger usou seu pensamento para apoiar o Nacional-Socialismo, os esforços para usar seu pensamento como base para a ecologia profunda fornecem argumentos para aqueles que retratam este último como um ecofascismo incipiente.[48] No entanto, a ecologia profunda pode ser teorizada de formas consistentes

47 SAFRANSKI, Rüdiger. *Heidegger: Between Good and Evil*. Tradução inglesa de Ewald Osers. Cambridge: Harvard University Press, 1998, p. 163-170, 194-201.

48 Veja-se Zimmerman, "Ecofascism: A Threat to American Environmentalism?", disponível em *The Ecological Community*, ed. Roger S. Gottlieb (Nova Iorque: Routledge, 1997), p. 229-254.

com uma visão progressista da evolução humana.[49] Os teóricos da ecologia profunda podem criticar as tendências ecologicamente destrutivas da modernidade sem negar suas nobres conquistas. Indubitavelmente, a compaixão ou o cuidado por todos os entes só pode surgir depois que as pessoas atingirem níveis pós-convencionais de moralidade. A grande maioria das pessoas, como demonstram os acontecimentos mundiais contemporâneos, permanece em níveis convencionais, consistentes com o tribalismo religioso e o nacionalismo militante. A transformação global está séculos no futuro, se é que será alcançada.[50] Enquanto isso, os adeptos da ecologia profunda devem trabalhar para minimizar os danos ambientais ao mesmo tempo que maximizam formas construtivas de desenvolvimento humano.

Além de ser radicalmente antimodernista, o pensamento de Heidegger exibe pelo menos dois outros fatores que impedem sua interpretação como compatível com a ecologia profunda. Em primeiro lugar, Heidegger criticou veementemente o naturalismo e, com isso, fez uma distinção drástica entre humanos e animais, desafiando a teoria evolucionista darwiniana, assumida como certa pela maioria dos ecologistas profundos e outros ambientalistas.[51] Em segundo lugar, de acordo com Thomas J. Sheehan, os conceitos filosóficos mais fundamentais de Heidegger podem ser compatíveis com a inevitabilidade da dominação técnica da natureza.

Sheehan argumenta que a política conservadora, antiurbana e protoambientalista de Heidegger explica seu anseio por um "novo começo" para suplantar a modernidade técnica, mas tal anseio não pode se conciliar com a ideia central de Heidegger, a saber, que não há alternativa para o desenvolvimento histórico do suposto descerramento técnico niilista do ser. Se Sheehan estiver certo, então a declaração de Heidegger de que "apenas um deus pode ainda nos salvar" deve ser melhor analisada ironicamente.[52] Se o *Dasein* humano é a abertura para o ente, esse ente *tende* a se tornar acessível

49 Zimmerman, *Contesting Earth's Future*, capítulos 2 e 3.

50 Veja-se Ken Wilber, *Sex. Ecology. Spirituality: The Spirit of Evolution* (Boston: Shambhala Press, 1995).

51 Zimmerman, "Rethinking the Heidegger-Deep Ecology Relationship".

52 HEIDEGGER, Martin. "Only a God Can Save Us: *Der Spiegel*'s Interview with Martin Heidegger". Tradução inglesa de Maria P. Alter e John D. Caputo. *Philosophy Today*, v. 20, n. 4 (inverno de 1976): 267-284; citação a partir de p. 277.

aos humanos. Longe de oferecer um descerramento restrito do ente, como Heidegger às vezes afirma, a análise científica e a manipulação técnica possibilitam o descerramento mais completo possível do ente. Portanto,

> [nós] não estaríamos fazendo nenhum favor ao ser se simplesmente deixássemos os entes 'serem' no sentido de deixá-los imaculados e intocados, talvez até desconhecidos. Deixar os entes *serem* significa deixá-los *estarem presentes*, ou seja, tomá-los como incessantemente engajáveis. E fazemos isso engajando-os incessantemente [...], e sim, ao deixá-los serem submetidos à dominação do trabalhador na inevitável humanização da natureza e na naturalização do homem.[53]

Segundo Sheehan, o pensamento de Heidegger é consistente com as visões progressistas – marxista e liberal – de que a humanidade pode e deve se tornar um ser semelhante a deus, capaz de transformar a natureza de infinitas maneiras. Essa conclusão não é palatável nem para os heideggerianos, nem para os ambientalistas, que consideram a ideologia progressista como uma justificativa para a exploração da natureza. Criticando Heidegger por desenvolver sua própria versão da escatologia cristã, segundo a qual o ser retornará algum dia para nos salvar do niilismo da época da técnica, Sheehan argumenta, em vez disso, que a humanidade deve aceitar o poder, a insegurança e a responsabilidade impostos pela capacidade de descerramento e transformação do ente. Alguns filósofos e profetas podem avistar o nada que constitui a existência humana, mas a ciência e outros modos de investigação devem descerrar as estruturas das coisas, enquanto indivíduos e comunidades morais devem resolver questões relacionadas a como tratar os entes, humanos e não-humanos.

Há boas razões para interpretar o pensamento de Heidegger como simpático ao ideal do budismo mahayana de compaixão por todos os entes, e com o chamado de Naess para permitir que todos os entes realizem o seu próprio potencial. No entanto, também há boas razões para

---

53 SHEEHAN, Thomas J. "Nihilism: Heidegger/Jünger/Aristotle", disponível em *Phenomenology: Japanese and American Perspectives*. Ed. Bert C. Hopkins. Dordrecht: Kluwer Academic Publishers, 1998, p. 273-326; citação a partir de p. 297.

ser cauteloso a respeito das limitações de tais interpretações. Se tentarmos aplicar o pensamento de Heidegger aos movimentos contemporâneos, devemos ter em mente seus problemas, bem como suas potencialidades.[54]

54 Meus agradecimentos a Charles Guignon e David Loy por seus comentários críticos sobre uma primeira versão desse ensaio.

12 Heidegger e a teologia

John D. Caputo

O pensamento de Heidegger esteve desde o princípio profundamente entrelaçado com questões religiosas e teológicas. Recentemente, a partir das investigações históricas de Hugo Ott, passamos a conhecer os detalhes da educação básica e da formação religiosa de Heidegger na Igreja católica. Heidegger nasceu nas terras católicas e conservadoras do sul, na Alemanha central, e seu pai era sacristão na Igreja de São Martinho, que ficava do outro lado de um pequeno e peculiar pátio, a não mais de cinquenta metros da casa de Heidegger. A família Heidegger foi firmemente leal à igreja na controvérsia que se seguiu ao Concílio Vaticano I, quando os católicos "liberais" rejeitaram a proclamação da infalibilidade papal. O jovem Heidegger, brilhante e piedoso, estava desde o início destinado ao sacerdócio católico. Através de uma série de bolsas de estudo financiadas pela Igreja, uma das quais destinada a estudantes que buscavam desenvolver trabalhos de doutorado sobre Tomás de Aquino, o jovem pobre, mas talentoso, saiu dessas terras agrícolas rurais para a eminência de uma carreira universitária na Alemanha. Hugo Ott descobriu que as primeiras publicações de Heidegger surgiram em 1910-1912 no *Der Akademiker*, um periódico católico ultraconservador que seguia a linha do Papa Pio X. Ali, em uma série de recensões literárias, o jovem Heidegger, ainda no início de seus vinte anos, manifestou-se contra o perigo do "modernismo" para a sabedoria eterna da tradição católica. Heidegger cita com aprovação o dito do "grande [Josef von] Görres": "cave mais fundo e você se encontrará em solo católico".

Forçado a interromper seus estudos para o sacerdócio católico em 1911 por motivos de saúde, Heidegger voltou-se primeiro para a matemática e as ciências naturais e depois para a filosofia, onde era abertamente identificado com a confissão católica. Seu primeiro cargo de ensino foi como substituto temporário na Cátedra de Filosofia Católica em Friburgo. E seu primeiro grande desapontamento profissional foi não ter obtido uma nomeação permanente para essa cátedra em 1916.[1]

Os primeiros interesses filosóficos e teológicos de Heidegger naquela época se centravam em uma nova e promissora apropriação da filosofia escolástica medieval à luz de sua investigação sobre os fundamentos da lógica moderna e na refutação de Husserl do psicologismo. Como filósofo, Heidegger rejeitou o psicologismo – a tentativa de fundamentar a lógica e a matemática na constituição psicológica da mente humana – como uma forma de empirismo e relativismo, mesmo enquanto se opunha teologicamente ao modernismo como uma forma de relativismo histórico que ameaçava minar a verdade teológica eterna. Heidegger via uma continuidade entre as "investigações lógicas" de Husserl, que colocavam a lógica e a matemática sobre o fundamento da fenomenologia pura, e a tradição escotista da "gramática especulativa" no final da Idade Média. De acordo com essa tradição, profundamente antirrelativista e antipsicologista, as formas da gramática e da linguagem (*modus significandi*) são uma função e refletem as formas puras e universais de pensamento (*modus intelligendi*), que são elas próprias reflexos do próprio ser (*modus essendi*).

Porém, Heidegger também viu outro lado da tradição medieval, podemos dizer, seu lado "vivo" em oposição ao seu lado lógico e logocêntrico. Esse lado "vivo" se encontra na vida religiosa que animava o que ele chamava, seguindo Dilthey, a "experiência de vida" medieval (*Lebenserfahrung*). No posfácio de sua dissertação de habilitação, Heidegger pontuou que devemos entender as abstratas e difíceis teorias dos filósofos e teólogos medievais como decorrentes de uma experiência concreta de vida, que tais teorias dão expressão conceitual à "relação da alma com Deus" conforme é experienciada na vida medieval. Para acessar essa dimensão da tradição medieval, Heidegger diz que devemos nos atentar à teologia moral medieval

1 OTT, Hugo. *Martin Heidegger: Unterwegs zu seiner Biographie*. Frankfurt: Campus, 1988, p. 44-104; a citação de Görres, p. 64; a bolsa para estudar o tomismo, p. 79; preterido para a cátedra, p. 91-92. Para mais informações sobre o catolicismo inicial de Heidegger, veja-se minha obra *Heidegger and Aquinas: An Essay on Overcoming Metaphysics* (Nova Iorque: Fordham University Press, 1982), capítulo 1.

e à mística medieval, em específico a de Mestre Eckhart (GA 1, 404, 410), pois é a concepção mística de que a alma pertence totalmente a Deus, que ela é constituída por uma espécie de transcendência em direção a Deus, que vemos em grande medida na concepção metafísico-conceitual correspondente de que o intelecto tem uma harmonia interna com o ser e um pertencimento (*convenientia*) ao ser. Essa concepção de que o pensar "pertence" (*gehört*) ao ser é aquela que Heidegger sempre manteria de alguma forma como parte de suas próprias concepções posteriores.[2]

Ao evocar o significado vivo da mística medieval, Heidegger faz sua primeira tentativa de "destruição" da tradição – o que não significa nivelar ou destruir, mas romper a superfície conceitual da metafísica tradicional para "resgatar" ou recuperar (*wieder-holen*; BT, 437) suas raízes vivas e suas experiências vivificantes. Este é um gesto que Heidegger repetiria inúmeras vezes ao longo de sua vida, de modo que a famosa "destruição/desconstrução" da metafísica ou da "história da ontologia" em *Ser e tempo* deve sempre ser compreendida como uma operação fundamentalmente "positiva", não negativa (BT, 44).

Os escritos iniciais

Em 1919, aos trinta anos, na época do batismo de seu primeiro filho, Heidegger rompeu com a fé católica. Em uma carta dirigida a Engelbert Krebs, o jovem padre que havia casado Martin e Elfride em 1917 e que realizaria o batizado, Heidegger disse:

> Perspectivas epistemológicas que perpassam a teoria do conhecimento histórico tornaram o *sistema* do catolicismo problemático e inaceitável para mim – mas não o cristianismo e a metafísica (esta última, é claro, em um novo sentido).[3]

2 A dissertação de habilitação está disponível em GA 1, não tendo sido traduzida para o inglês. Analisei-a com mais detalhes em "Phenomenology, Mysticism, and the Grammatica Speculativa", *Journal of the British Society for Phenomenology*, 5 (1974): 101-117. Veja-se também Roderick Stewart, "Signification and Radical Subjectivity in Heidegger's 'Habilitationsschrift'", *Man and World*, 12 (1979): 360-386.

3 Esta carta está disponível em *Heidegger and Aquinas*, p. 60; cf. p. 56.

Esta é a primeira "virada" no pensamento de Heidegger e sua importância não pode deixar de ser enfatizada, pois, com a mudança do catolicismo para o protestantismo, os interesses filosóficos do jovem pensador passaram de questões de lógica para as de história, da fenomenologia pura (husserliana) para o que ele chamou de "hermenêutica da facticidade" (ou seja, a vida concreta), e da teologia dogmática para a teologia do Novo Testamento. Ele não se inspirou nos teólogos escolásticos como Tomás de Aquino, Duns Scotus e Francisco Suárez, mas em Pascal, Lutero e Kierkegaard, os quais, por sua vez, o levaram de volta a Agostinho e Paulo. Entre 1919 e 1922, Heidegger – que se identificou, em 1921, a Karl Löwith, como teólogo cristão[4] – desenvolveu um estudo intensivo a respeito da "experiência fática da vida" das comunidades do Novo Testamento (em específico, de sua experiência do tempo) em uma tentativa de recuperar a experiência cristã autêntica. Nesse projeto, o modelo de Heidegger foi a crítica de Lutero a Aristóteles e à escolástica aristotélica medieval. Como foi apontado por um recente historiador desses assuntos, Lutero até usou a palavra "destruição" para descrever seu projeto de restauração de um cristianismo autêntico e das escrituras sob a estrutura conceitual da teologia medieval.[5] Não é exagero dizer que a tentativa de Heidegger de formular uma "hermenêutica da facticidade", ou o que veio a ser chamado em *Ser e tempo* de uma "analítica existencial" (cf. BT, 490, nota 1), que marcaria os traços distintivos da "vida fática"

4 LÖWITH, Karl. "The Political Implications of Heidegger's Existentialism". *New German Critique*, 45 (1988): 117-134, e p. 121-122. Para um comentário, veja-se Theodore Kisiel, "War der frühe Heidegger tatsächlich ein 'christlicher Theologie'?", *Philosophie und Poesie: Otto Pöggeler zum 60. Geburtstag*, ed. Annemarie Gethmann-Siefert (Berlim: Frommann-Holzboog, 1988), p. 59-75. A própria carta pode ser encontrada em D. Papenfuss e O. Pöggeler (eds.), *Zur philosophischen Aktualität Heideggers*, vol. 2: *Im Gespräch der Zeit* (Frankfurt: Klostermann, 1990).

5 VAN BUREN, Edward John. "The Young Heidegger" (tese de doutorado). McMaster University, 1988, uma versão revista do que será publicado pela Indiana University Press. Veja-se o seguinte trabalho de Van Buren: "The Young Heidegger: Rumor of a Hidden King (1919-1926)", *Philosophy Today*, 33 (verão de 1989): 99-108. Veja-se também Löwith, "Political Implications", bem como Otto Pöggeler, *Heidegger's Path of Thought*, tradução inglesa de D. Magurshak e S. Barber (Nova Iorque: Humanities Press, 1988), p. 24-32; e Otto Pöggeler, "Being as Appropriation", *Philosophy Today*, 19 (1975): 152-178, e p. 156-158.

– do *Dasein* –, se inspirou na crítica de Lutero à teologia metafísica medieval e na crítica de Kierkegaard ao cristianismo especulativo hegeliano. O registro dessas investigações agora está disponível, à medida que as primeiras preleções de Friburgo são publicadas na *Gesamtausgabe*. Uma das preleções mais interessantes, cuja publicação foi prometida para um futuro próximo (GA 59/60), são as de Heidegger sobre Santo Agostinho, nas quais tenta resgatar a experiência cristã do tempo que está encoberta sob a superestrutura da metafísica neoplatônica nos escritos de Agostinho.

O protótipo mais próximo da "destruição da história da ontologia" em *Ser e tempo* e do que posteriormente se chamou de "superação da metafísica" foi esse projeto essencialmente teológico de 1919, no qual Heidegger se propôs a recuperar as categorias originais da vida fática cristã. Ao mesmo tempo, Heidegger também desenvolvia um projeto paralelo relativo a Aristóteles. Ao contrário de Lutero, o jovem filósofo não estava preparado para admitir que Deus enviara Aristóteles ao mundo "como uma praga sobre nós por causa de nossos pecados".[6] Pelo contrário, Heidegger procurou romper com o sistema aristotélico de conceitos metafísicos, o trecho das obras de Aristóteles que a teologia medieval havia apreendido, para descobrir suas fontes na "vida fática". Aristóteles tinha as maiores sensibilidades fenomenológicas no mundo antigo, pensava Heidegger (BP, 232; GA 24, 328-329), e a tarefa da interpretação de Aristóteles que ele se propusera era a de recuperar as experiências vivas, as vivências – as estruturas fáticas da existência grega e aristotélica – que tinham tomado forma conceitual na filosofia aristotélica. Naquela época, as interpretações de Heidegger sobre Aristóteles eram tão ricas e inovadoras que inspiraram uma geração de estudiosos aristotélicos e foram diretamente responsáveis pela nomeação de Heidegger em Marburgo, onde começou a lecionar em 1923 em estreita colaboração com Rudolf Bultmann, o grande teólogo protestante do Novo Testamento.

O trabalho que resultou na publicação de *Ser e tempo* – trabalho profundamente entrelaçado com questões teológicas – consistia em

6 *Selected Writings of Martin Luther* (1517-1520), ed. T. G. Tappert (Philadelphia: Fortress Press, 1967), p. 337.

uma dupla recuperação: de Aristóteles, por um lado, e da vida do Novo Testamento, por outro. Parece-me que Heidegger pensava que essas duas tarefas eram uma só, a saber, que a recuperação desconstrutiva das categorias da vida fática alcançaria os mesmos resultados, quer se tratasse de recuperar a vida grega ou cristã primitiva, quer se estivesse lendo a *Ética a Nicômaco* de Aristóteles ou o Novo Testamento, pois as categorias da vida fática – as categorias de cuidado e existência, de ocupação e instrumentalidade, de temporalidade e historicidade – são o que são, onde quer que sejam encontradas. Há um tipo peculiar de a-historicismo em Heidegger neste ponto, inspirado muito provavelmente por sua ligação com a fenomenologia como ciência universal e com o ideal husserliano das estruturas universais do mundo da vida que seriam as mesmas, não importa onde fossem concretizadas. O objetivo de *Ser e tempo* – um objetivo, de fato, muito husserliano e neokantiano – era "formalizar" essas estruturas fáticas, dar-lhes uma conceituação ontológico-formal que fosse ontologicamente neutra em relação a sua exemplificação concreta. Isso é o que está por trás da famosa distinção entre o "existencial" e o "existentivo" ou o "ontológico" e o "ôntico", tão fundamental para a analítica existencial. O objetivo de Heidegger era apresentar estruturas *a priori* universais da vida existencial, do *Dasein* existente, sem levar em consideração se tais estruturas eram de fato – ou seja, como uma questão existentiva – gregas ou cristãs.

O intuito de *Ser e tempo* era manter a analítica existencial livre de qualquer "ideal existentivo", qualquer forma concreta e fática de ser – como a vida cristã ou grega: até este ponto nos escritos de Heidegger, não há indicação de que a existência grega fosse mais ou menos "originária" do que a existência cristã. Pelo contrário, ambos os modos de existência representavam "ideais existentivos" dos quais a analítica existencial prescindia, dos quais a analítica existencial representava a formalização ontológica (BT, 311; SZ, 266).

Ora, precisamente porque *Ser e tempo* era, em parte, o resultado de uma tentativa de formalizar as estruturas da vida fática cristã, ele foi recebido com tanto entusiasmo por teólogos protestantes, como Bultmann (com quem tinha sido parcialmente elaborado). Quando teólogos cristãos examinaram as páginas de *Ser e tempo*, encontraram-se olhando para sua própria imagem – formalizada, ontologizada ou, como Bultmann disse, "demitologizada". Bultmann disse que o que *Ser e tempo* descobriu era a própria estrutura da existência religiosa e cristã, mas sem a visão de mundo ôntico-mítica, que era uma característica idiossincrática das cosmologias do primeiro século. Para Bultmann, a tarefa de demitologizar o cristianismo consistiu em isolar a estrutura existencial-universal da existência religiosa em geral. A demitologização separa estruturas existenciais como cuidado, decisão, temporalidade e autenticidade diante da morte de mitos cosmológicos sobre o céu "acima", o inferno "abaixo" e a terra no meio, mitos sobre mensageiros celestiais que vão e vêm entre essas regiões. Sobre o próprio Jesus "histórico" e o que ele realmente ensinou, não sabemos nada. Sobre as comunidades históricas que se formaram logo após sua morte, e que deram uma formulação mitológica às suas memórias coletivas de Jesus, sabemos muito, e estas contêm a essência da mensagem cristã, a verdade salvífica. A tarefa da teologia, armada agora com a analítica heideggeriana da existência, consiste em desconstruir e demitologizar os Evangelhos canônicos para recuperar seu *kerygma*, a mensagem cristã existencial-viva, uma mensagem de conversão existencial (*metanoia*), de tornar-se autêntico diante de nossa finitude e culpa, uma tarefa que todo ser humano enfrenta.[7]

Quando Bultmann "aplicou" *Ser e tempo* à teologia cristã, ele estava "des-formalizando" a analítica existencial e a articulando em termos de um ideal existentivo historicamente específico, a saber, o cristianismo histórico. A razão pela qual essa desformalização resultou tão bem foi que a analítica existencial era, em primeiro lugar e em grande medida, o resultado de uma formalização da vida fática cristã. Em sentido amplo, Bultmann estava revertendo o processo que, a princípio, levou à criação de *Ser e tempo*. Acredito que algo muito semelhante pode ser dito de Paul

7 Veja-se Rudolf Bultmann, *Kerygma and Myth* (Nova Iorque: Harper & Row, 1961). Sobre Heidegger e Bultmann, veja-se: MACQUARRIE, John. *An Existentialist Theology: A Comparison of Heidegger and Bultmann*. Nova Iorque: Harper Torchbooks, 1965; GADAMER, Hans-Georg. "Martin Heidegger and Marburg Theology", disponível em *Philosophical Hermeneutics*. Tradução inglesa de D. Linge. Berkeley e Los Angeles: University of California Press, 1976, p. 198-212.

Tillich – também um colega de Heidegger em Marburgo –, cuja teologia existencial inicial se baseia em temas de *Ser e tempo* que são, eles próprios, originalmente extraídos de uma análise do Novo Testamento.[8]

Heidegger expôs suas considerações sobre a relação entre a ciência fenomenológica universal e a teologia em uma de suas últimas conferências em Marburgo, "Fenomenologia e teologia".[9] A filosofia, como a ciência do próprio ser, difere "absolutamente" da teologia, que é uma ciência "ôntica" de uma região específica do ente, não do ser universal. A teologia é uma ciência "positiva" porque lida com um ente positivo, postulado (um *positum*), o que a torna mais semelhante à química do que à filosofia (PT, 6-7; GA 9, 48-49). O *positum* da teologia cristã é a "cristicidade" (*Christlichkeit*), pela qual Heidegger entende o modo factual de existir como um cristão crente, um modo factual de existir na história que é posta em movimento pela Cruz, pelo Crucificado, por Cristo na cruz (PT, 10; GA 9, 53-54). (Essas formulações refletem o interesse de Heidegger, no início dos anos 1920, na teologia da cruz de Lutero.)[10] A teologia consiste no trabalho de trazer o renascimento existencial, que vem pela fé, à forma conceitual. A teologia é uma ciência da fé, da existência na fé, do existir historicamente como cristão. A teologia não facilita a fé, mas a torna mais difícil – porque não lhe dá uma base racional, porém mostra que isso é exatamente o que a teologia não pode fazer.

A teologia se fundamenta na fé e a fé não precisa da filosofia; mas a teologia, como ciência positiva, precisa (PT, 17; GA 9, 61). A "cruz" e o "pecado" só podem ser vivenciados na fé, mas só podem ser conceituados com o auxílio da filosofia, pois a fé é um renascimento a partir do pecado, mas o pecado é uma determinação ôntico-existentiva da estrutura ontológica da culpa, trabalhada em *Ser e tempo*. O conceito cristão de pecado

---

8 Veja-se, por exemplo, Paul Tillich, *The Courage to Be* (New Haven, CT: Yale University Press, 1952).

9 "Phenomenology and Theology", disponível em Martin Heidegger, *The Piety of Thinking*, tradução inglesa de J. Hart e J. Maraldo (Bloomington: Indiana University Press, 1976), p. 3-22.

10 Veja-se Alister E. McGrath, *Luther's Theology of the Cross: Martin Luther's Theological Breakthrough* (Oxford: Blackwell Publisher, 1985). Veja-se a obra de Van Buren citada na nota de rodapé 5.

depende de uma adequada elucidação do conceito "pré-cristão" (ontológico universal) de culpa. Essa dependência não é uma questão de "dedução" da culpa, mas, na verdade, de receber um auxílio e uma direção conceitual – ou melhor, um "codirecionamento" e uma "correção" – da ontologia. O conceito teológico de pecado surge da experiência da fé, mas alcança a *forma* conceitual apenas com a ajuda da filosofia. Nada disso nega, pensa Heidegger, a concepção paulina da oposição mortal entre fé e filosofia. De fato, é essa luta, essa loucura mesmo que a filosofia e a fé parecem ser uma para a outra, que mantém cada uma delas forte (PT, 20-21; GA 9, 66-67). A fé é inimiga existentiva da filosofia, mas ela deve se relacionar com a inimiga se quiser assumir uma forma teológica conceitual.

Os anos de guerra

"Fenomenologia e teologia" foi o adeus de Heidegger à teologia cristã como um assunto de interesse explícito e pessoal. Após seu retorno a Friburgo como sucessor de Husserl em 1928, seu pensamento passou por outra mudança fundamental, uma mudança que novamente estava ligada a uma atitude teológica modificada. Este é o início dos dias mais sombrios da vida e obra de Heidegger, que culminou em sua horrível adesão ao Nacional-Socialismo e seus esforços fervorosos para nazificar a universidade alemã. Ele se tornou um leitor entusiasta de Nietzsche, enquanto Kierkegaard, Lutero e Aristóteles desapareceram de seu horizonte. Profundamente influenciado pela bizarra obra de Ernst Jünger, seu pensamento tornou-se excessivamente voluntarista e heroico, muito além do que se encontrava em *Ser e tempo*. Ele falava de um niilismo abusivo, pelo qual entendia os efeitos indesejados da modernidade e das instituições democráticas liberais modernas, entendendo-as todas como uma brandura burguesa e como o amor pelo conforto que ele simplesmente identificava com a "teoria do valor". Em oposição a essa "imagem de uma cultura moribunda",[11] Heidegger argumentava a favor do amor ao perigo,

---

11 HEIDEGGER, Martin. "The Self-Assertion of the German University" [A auto-afirmação da Universidade alemã]. Tradução inglesa de K. Harries. *Review of Metaphysics*, 38 (1985): 467-502, p. 480.

da necessidade de se expor ao abismo do ser, de se aventurar nos limites externos da falta de fundamento do ser. Apenas isso daria grandeza e força ao "espírito alemão" – toda a noção de "*Dasein*" e de estruturas *a priori* universais agora foi reduzida a um modo de ser especificamente alemão.[12] Essa dureza de espírito, por sua vez, manteria o Ocidente a salvo do "ilimitado *et cetera*" do consumismo americano, por um lado, e do comunismo russo, por outro (IM, 46; GA 40, 49). Tudo isso atingiu um ápice filosófico, primeiro no famoso "Discurso do reitorado" de 1933 e depois nas preleções de 1935, *Introdução à metafísica*.

Este infeliz desenvolvimento no pensamento de Heidegger está intimamente relacionado a uma atitude teológica em mudança. Se começara como um católico ultraconservador e se, após 1917, se envolvera profundamente em um diálogo com a teologia histórica protestante liberal, ele, após 1928, tornou-se profundamente antagonista ao cristianismo em geral e ao catolicismo de Friburgo em específico, dando indícios de ter se tornado pessoalmente ateu. Em sua conduta pessoal em Friburgo, ele se tornou um oponente hostil ao cristianismo. Ele não aceitaria como seus estudantes de doutorado os jovens jesuítas que vinham a Friburgo, além de tratar outros estudantes católicos, como Max Müller, extremamente mal. Quando suas dissertações foram submetidas – sob a orientação de Martin Honecker, que ocupava a Cátedra de Filosofia Católica –, Heidegger as tratou com distância e até mesmo desdém. (Depois de 1945, Heidegger afirmou que eles foram seus alunos.) Quando Honecker faleceu inesperadamente em 1941, Heidegger conseguiu abolir essa cátedra, aquela mesma à qual ele próprio havia aspirado vinte e cinco anos atrás.[13]

Seu trabalho filosófico, sempre "metodologicamente" ateu, perdeu sua neutralidade ontológica e tornou-se hostil ao cristianismo. Se, até 1928, ele pensava que tanto a existência grega quanto a cristã, tomadas em sua concretude histórica, exemplificavam as estruturas universais da existência fática, sua posição durante os anos 1930 era que o cristianismo

12 Jacques Derrida abordou o nacionalismo presente no uso de Heidegger do termo "espírito" em *Of Spirit: Heidegger and the Question*, tradução inglesa de G. Bennington e R. Bowlby (Chicago: University of Chicago Press, 1989), capítulo 5.

13 Ott, *Martin Heidegger*, p. 259-267.

constituía um decadente afastamento da originariedade da experiência grega. Por "grega", ele queria dizer os primeiros gregos, considerando Platão e Aristóteles como representantes do começo do esquecimento metafísico do ser. A hostilidade que invadiu a imagem de Heidegger a respeito da relação entre o questionamento filosófico e a fé cristã, entre seu ateísmo metodológico e um ateísmo mais agressivo, pode ser vista de forma bem nítida no seguinte contraste. Em 1922, ele escreveu:

> A questionalidade não é religiosa, mas, na verdade, pode realmente levar a uma situação de decisão religiosa. Não me comporto religiosamente ao filosofar, mesmo que eu, como filósofo, possa ser um homem religioso. "Mas a arte reside nisso": filosofar e, assim, ser genuinamente religioso, ou seja, assumir faticamente sua tarefa mundana, histórica, no filosofar, na ação e num mundo de ação, não em uma ideologia e fantasia religiosa. A filosofia, em sua questionalidade radical, que se coloca sobre si mesma, deve ser em princípio *a-teísta* (GA 61, 197).

O truque é manter-se em "questionalidade" radical, ou seja, a capacidade de levantar questões radicais, enquanto responde ao chamado da fé. O questionamento filosófico não é e não pode se tornar fé sem deixar de ser questionamento, mas o crente pode manter sua fé aberta e mantê-la livre da ideologia dogmática apenas sustentando a vida de questionamento. Porém, em *Introdução à metafísica*, lemos:

> Aquele para quem a Bíblia é a revelação divina e a verdade já tem a resposta para a pergunta "por que existe o ente em vez do nada" mesmo antes de ela ser feita [...]. Aquele que sustenta tal fé pode, de certa forma, participar do questionamento de nossa pergunta, mas ele não pode realmente questionar sem deixar de ser crente e assumir todas as consequências desse passo. Ele só poderá agir "como se" (IM, 6-7; GA 40, 5).

Mais adiante no texto, Heidegger critica uma obra intitulada *O que é o homem?*, do teólogo cristão Theodore Haecker, cuja recente conferência em Friburgo havia sido fortemente contestada pelos estudantes nazistas:[14]

> Se um homem acredita nas proposições do dogma católico, isso é seu problema individual; não discutiremos isso aqui. Mas como podemos pretender levar a sério quem escreve "O que é o homem?" na capa de seu livro, embora *não* questione, pois *não* quer e *não* é capaz de questionar? [...] Por que falo de tais irrelevâncias em conexão com a exegese do dito de Parmênides? Em si, esse tipo de rabiscos é insignificante e sem importância. O que não é sem importância é a paralisia de toda a paixão pelo questionar que há muito tempo nos acompanha (IM, 142-143; GA 40, 151).

Heidegger agora claramente sustenta que há uma contradição existencial (se não lógica) entre o verdadeiro questionamento filosófico e a fé religiosa. O crente não tem a paixão – ou a honestidade – para mergulhar no abismo da questionalidade do ser. No entendimento que ele tinha na época, isso também torna a fé cristã uma força contrarrevolucionária do ponto de vista da "renovação" nacional-socialista. A fachada de questionamento que o crente apresenta terá sempre uma espécie de qualidade fraudulenta "como se". Os trabalhos desonestos de autores cristãos não devem ser mencionados juntamente com a grandeza de pensadores gregos como Parmênides.

Ironicamente, e como testemunho do poder de seu pensamento em oposição à pequenez e perversidade do ser humano, Heidegger exerceria enorme influência sobre a teologia católica precisamente durante esse período. Um conjunto de ilustres católicos ouviu essas preleções durante os anos 1930, incluindo, além de Müller, Gustav Siewerth, Johannes Lotz e, sobretudo, Karl Rahner, todos jesuítas alemães. Rahner desenvolveu a problemática do questionamento na direção de um "tomismo transcendental", levantado pela primeira vez pelo jesuíta belga Maréchal. Rahner afirmou que o questionamento, como a abertura radical do pensar ao ser,

---

14 *Ibidem*, p. 255-259.

representava o dinamismo ou o impulso da mente em direção a Deus. Ele abordou o ter-prévio do ser pela compreensão como uma pré-compreensão de Deus na medida em que Deus é o ser que é procurado em todos os nossos pensamentos e ações. Em sua segunda principal obra, *Ouvintes da Palavra*, Rahner se apropriou das temáticas do falar e ouvir, chamar e ser chamado, que Heidegger começou a desenvolver pela primeira vez nos anos 1930 em conexão com suas leituras dos gregos antigos. Rahner utilizou as reflexões de Heidegger para um fim teológico, argumentando que o crente está ontologicamente aberto à revelação, que há uma espécie de estrutura ontológica no *Dasein* pela qual seu próprio ser é abordado pelo próprio ser. Essa estrutura ontológica, desenvolvida nos escritos filosóficos de Heidegger, articula a condição de possibilidade de ser chamado pela própria Palavra que o Pai fala à humanidade. (Rahner também fez significativo uso da concepção heideggeriana de ser-para-a-morte em um breve tratado intitulado *A teologia da morte*.)[15]

Novamente, pode-se perguntar se esses jovens teólogos católicos consideraram o pensamento de Heidegger tão propício à aplicação teológica apenas porque tal pensamento foi, em primeiro lugar, significativamente inspirado por fontes teológicas. Heidegger apresentava uma interpretação dos gregos antigos que é impossível acreditar que não tenha sido o resultado de uma transferência das categorias do cristianismo para textos gregos antigos. Em termos quase proféticos, ele clamou por um "outro começo" que se assemelhasse a uma espécie de *metanoia* (conversão) e à vinda do reino, ou mesmo à Segunda Vinda [de Cristo]. Ele entendeu a relação entre ser e pensar em Parmênides e Heráclito em termos *kerygmáticos*,

15 Rahner disse ter tido muitos bons mestres (*Schulmeister*), mas apenas um professor (*Lehrer*); veja-se *Martin Heidegger in Gespräch*, ed. R. Wisser (Freiburg: Alber, 1970), p. 48-49. Veja-se as seguintes obras de Rahner: *Spirit in the World*, tradução inglesa de William Dych (Nova Iorque: Herder & Herder, 1968); *Hearers of the Word* (Nova Iorque: Seabury Press, 1969); *On the Theology of Death* (Nova Iorque: Seabury Press, 1971). Ele também analisou *Ser e tempo* em "The Concept of Existential Philosophy in Heidegger", tradução inglesa de A. Tallon, *Philosophy Today*, 13 (1969): 126-137. Sobre Heidegger e Rahner, veja-se Thomas Sheehan, *Rahner: The Philosophical Foundations* (Athens: Ohio University Press, 1985). Para uma análise de Heidegger e Lotz, Siewerth e Müller, veja-se minha obra *Heidegger and Aquinas*, capítulo 7.

defendendo que esses primeiros pensadores gregos consideravam o ser como "dirigido" ao homem, que o ser reivindicava o homem, e que os gregos concebiam o ser do homem em termos de responsividade e capacidade de resposta a esse chamado. Heidegger continuou afirmando que sua concepção profundamente histórica do ser, que incluía até mesmo uma concepção "escatológica" da "história do ser", era fundamentalmente de inspiração grega. Entretanto, está evidente para todos, exceto para os discípulos mais fanáticos de Heidegger, que ele está claramente helenizando e secularizando uma concepção bíblica fundamental da história da salvação. Em sentido literal, ele estava construindo uma *Heilsgeschichte* [história da salvação] rival à bíblica, tendo-a descoberto em seus estudos sobre o Novo Testamento.

Pode-se objetar a esta interpretação que Heidegger estava simplesmente demitologizando a história da salvação e dando-lhe um sentido ontológico, o que não é diferente do que ele fazia em *Ser e tempo*. De meu ponto de vista, a diferença consiste em que a posterior "história do ser" é, em todos os seus aspectos, tão mítica e tão necessitada de demitologização quanto a história da salvação que ela pretende demitologizar.[16]

Como Kierkegaard havia dito um século antes: a descoberta do tempo e da história foi uma descoberta judaico-cristã[17] – como também foi, podemos acrescentar, toda a temática do falar e do responder, do chamar e do ser chamado. Heidegger se apropriou grosseiramente dos conceitos *kairológicos* – o *kairós*, o tempo propício, o "instante" (*Augenblick*) de verdade e decisão em *Ser e tempo* (§67a) – e das concepções *kerygmáticas* da existência humana que ele aprendeu do cristianismo em primeiro lugar e que eram bastante estranhas aos gregos. Foram esses elementos em seu pensamento que os jovens teólogos católicos encontraram tão compatíveis com seu próprio trabalho teológico. Isso não é surpreendente. Assim como Bultmann e os teólogos existenciais protestantes antes deles, quando olharam para os textos de Heidegger, contemplaram sua própria imagem.

---

16 Veja-se meu artigo "Demythologizing Heidegger: *Aletheia* and the History of Being", *Review of Metaphysics*, 41 (março de 1988): 519-546.

17 KIERKEGAARD, Sören. *The Concept of Anxiety*. Tradução inglesa de Reidar Thomte. Princeton, NJ: Princeton University Press, 1980, p. 89-90.

Os escritos tardios

Após a guerra, Heidegger foi muito bem-sucedido em encobrir seu envolvimento passado com o Nacional-Socialismo. Um fluxo constante de novas publicações forjou a imagem do Heidegger "tardio", anteriormente conhecido apenas por um pequeno número de pessoas que foram capazes de acompanhar suas preleções durante os anos de guerra. Toda uma nova onda de pensamento heideggeriano varreu a filosofia continental, encorajada especialmente pela recepção entusiástica de Heidegger pelos franceses, que começou com o "mal-entendido" existencialista francês e continua hoje com os pós-modernistas franceses. A "carta" de 1947 aos franceses (para Jean Beaufret e para o mundo filosófico) estabeleceu os limites "humanistas" do existencialismo e as verdadeiras demandas do "pensamento do ser" (BW, 206-209). Ficou evidente para todos que o pensamento de Heidegger havia tomado novamente outra direção, uma que hoje sabemos remeter ao manuscrito de 1936/38, intitulado *Contribuições à filosofia*, publicado apenas recentemente (GA 65).[18]

Esse pensamento tardio se tornou radicalmente antivoluntarista, antinietzschiano. Tal pensamento considerava a "metafísica" clássica ocidental, desde Platão até o presente, como o "esquecimento" e o "afastamento" do próprio ser (e não um erro humano). Esse pensamento interpretava a metafísica da "vontade de poder", cuja expressão máxima é a tecnização contemporânea do mundo e do ser humano, como o ápice dessa história de esquecimento. A tarefa do "pensamento", então, se identificava precisamente como não querer, primeiro querendo *não* querer e depois não querendo de forma alguma (DT, 59-60; GA 13, 38-39). Aqui, "querer" era entendido em sentido geral, significando não apenas escolher e querer em sentido estrito, mas todo o pensar conceitual ou "representacional", que vai à essência mesma da tradição filosófica e científica ocidental. Os tons heroicos da poderosa "luta" entre ser e humanidade – o *polemos* de

---

18 O único comentador que teve acesso ao texto de *Contribuições* foi Otto Pöggeler. Então, aconteceram três viragens: 1917-1919, do catolicismo para o protestantismo; por volta de 1928, em direção ao voluntarismo heroico extremo nietzschiano; 1936-1938, para além do voluntarismo em direção ao "pensamento do ser".

Heráclito, que Heidegger gostava de traduzir durante meados dos anos 1930 como *Kampf* [luta] (IM, 61-62; GA 40, 66) – desapareceram. Em vez de querer, Heidegger falava de "deixar ser", usando nesse momento a palavra *Gelassenheit* [serenidade], uma das mais antigas e reverenciadas partes do vocabulário dos místicos da Renânia, em particular Mestre Eckhart. O ser não é algo que o pensamento humano possa conceber ou "apreender" (*be-greifen, con-capere*), mas algo que só pode ser "concedido" ao pensamento. Os pensamentos vêm até nós; não os pensamos (PLT, 6; GA 13, 78). Pensar é um dom ou uma graça, um evento que nos sobrevém, um discurso que nos é enviado. No entanto, o papel dos seres humanos não é de completa passividade, mas de cooperação com a chegada do ser, mantendo-se "aberto" a ela. O trabalho que o ser humano pode fazer não é querer, mas não-querer, preparar uma clareira e uma abertura na qual o ser possa surgir. Isso não é quietismo, mas ascetismo, o árduo trabalho de uma espécie de pobreza de espírito. Um debate iniciado e que perdura até hoje sobre o lugar da "ação" e da ética no pensamento de Heidegger, um debate que repete disputas presentes na literatura clássica sobre mística e ação ética, que regressa à história bíblica de Maria e Marta e às disputas medievais sobre os méritos relativos da *vita activa* e da *vita contemplativa*.[19]

Aconteceu outra vez uma mudança fundamental no pensamento de Heidegger e novamente com conotações religiosas evidentes. O veemente antagonista do cristianismo durante os anos de guerra – ele próprio às vezes protestante e às vezes católico fervoroso – assumiu um ar místico. Com essa última virada, Heidegger estava retornando ao seu início teológico, como ele mesmo disse (OWL, 10; US, 76). Devemos lembrar que ele era bastante interessado na mística medieval quando jovem e pretendia escrever uma obra sobre Mestre Eckhart. Ele também havia anunciado preleções sobre a mística medieval para 1919, mas os preparativos para o curso foram aparentemente interrompidos pela Primeira Guerra Mundial e ele nunca foi ministrado.[20]

---

19 CAPUTO, John D. *The Mystical Element in Heidegger's Thought*. Athens: Ohio University Press, 1978; reimpressão: Nova Iorque: Fordham University Press, 1986, p. 137-139.

20 Käte Oltmanns, uma aluna de Heidegger desde 1925, publicou uma obra sobre Eckhart em 1935, que se tratava de uma tese desenvolvida sob a orientação de Heidegger;

No período pós-guerra, as relações de Heidegger com teólogos católicos e protestantes foram drasticamente revertidas. Nos julgamentos de desnazificação realizados imediatamente após a guerra, um Heidegger sitiado (ele, eventualmente, teve um colapso nervoso) procurou ajuda primeiro de seu velho amigo e conselheiro, o arcebispo de Friburgo, Conrad Gröber, que ganhara amplo respeito por manter sua posição contra os nazistas durante a guerra (algo que Heidegger dificilmente aprovara naqueles anos).

Isso de forma alguma significa que o pensamento tardio de Heidegger tenha retornado à fé de sua juventude. A dimensão mística do pensamento tardio se trata estritamente de uma questão estrutural, de uma certa proporcionalidade: a relação do "pensar" com o "ser" é estruturalmente semelhante à relação da alma com Deus na mística religiosa. O pensar se direciona ao ser, não a Deus. O ser não é Deus, mas o evento de manifestação, o acontecimento da verdade do ser, o acontecimento da passagem da história das manifestações epocais do ser – desde os primeiros gregos até a vontade de poder. O ser significa muito do que, de outra forma, poderíamos chamar de história, mas com duas diferenças importantes: (1) a história é compreendida como uma história da verdade ou da manifestação, das diversas formas que o ser assume ao longo das épocas (como *eidos* em Platão, como "espírito" em Hegel, como "vontade de poder" na modernidade tardia), em oposição a uma história política, militar, social ou econômica;[21] (2) a história não é a história humana, mas a própria história do ser, desdobrando-se sob a "iniciativa" do dar-se e do afastar-se do ser ao pensamento.

O estatuto de Deus no pensamento tardio mais religioso e misticamente orientado de Heidegger é muito debatido. Heidegger fala sobre Deus (e os deuses), mas trata-se de um Deus que, do ponto de vista judaico-cristão, perdeu sua soberania sobre a história e se tornou uma função da história do ser.[22] Assim, o envio epocal dos deuses, a época do

veja-se Käte Oltmanns, *Meister Eckhart*, 2 ed. (Frankfurt: Klostermann, 1957). Para uma abordagem completa sobre esse tema, veja-se minha obra *Mystical Element*.

21 É exatamente por essa razão que Charles Taylor, em um ensaio não publicado, critica Heidegger acertadamente por uma concepção "monomaníaca" da história do Ocidente.

22 CAPUTO, John D. "Heidegger's God and the Lord of History". *New Scholasticism*, 57 (1983): 439-464. Para uma discussão interessante sobre esse ponto, veja-se Hans Jonas,

Sagrado, já passou e agora aguardamos um novo deus, um novo e imprevisível envio da graça do Sagrado, que parece ser uma função do envio do ser, não da vontade de Deus (BW, 210). Em certa altura, Heidegger identificou a época perdida do Sagrado como o tempo da religião dos gregos, do Antigo Testamento e da pregação de Jesus, indicando uma espécie de historicismo a respeito das várias maneiras como o Sagrado pode se manifestar ou assumir várias formas históricas, não sendo nenhuma delas absoluta (PLT, 184; VA, 183). No entanto, nesses textos, Heidegger mostra uma preferência resoluta pelo mundo dos gregos antigos, pela experiência grega do ser como *physis* e *aletheia*, e por uma experiência dos "deuses" como parte da "quadratura". A quadratura – terra e céu, mortais e deuses – é uma concepção profundamente hölderliniana que Heidegger retirou de sua leitura da poesia de Hölderlin acerca do mundo grego. Assim, o deus que emerge no trabalho tardio de Heidegger é um deus profundamente poético, uma experiência poética do mundo como algo sagrado e digno de reverência. Esse deus é um deus muito mais pagão-poético e muito menos judaico-cristão, ético-religioso. Esse deus não tem praticamente nada a ver com o Deus a quem Jesus chamava de *abba* ou com a religião da cruz que Heidegger encontrou em Lutero. Na verdade, os escritos tardios de Heidegger indicam mais uma espécie de budismo, de reverência silenciosa e meditativa em relação ao mundo, do que de judaísmo ou cristianismo.[23]

Compreensivelmente, os teólogos cristãos mostraram um interesse notável e foram muito influenciados pelos escritos tardios de Heidegger. Esses escritos são marcados pelo discurso profundamente – embora genericamente – religioso de Heidegger sobre dar e receber, graça e bondade, salvação e perigo, envio e resposta, pobreza e abertura, fim dos tempos e novo começo, mistério e afastamento, e por uma nova temática do

---

"Heidegger and Theology", *The Phenomenon of Life* (Nova Iorque: Harper & Row, 1966), p. 244-249; e William Richardson, "Heidegger and God – and Professor Jonas", *Thought*, 40 (1965): 13-40.

23 Há uma vasta literatura sobre Heidegger e a religião oriental. O melhor trabalho é *Heidegger and Asian Thought*, ed. Graham Parkes (Honolulu: University of Hawaii Press, 1987). Veja-se também minha obra *Mystical Element*, p. 203-217.

verdadeiramente divino Deus. Surgiu uma nova onda de teólogos protestantes pós-bultmannianos que foram além da "teologia existencial" de Bultmann e adotaram uma posição que refletia a própria virada heideggeriana para além da analítica existencial. Esses teólogos apreciavam profundamente a historicidade e a linguagem do "pensamento do ser" desenvolvidas por Heidegger, sendo isso o que eles trouxeram para o seu trabalho teológico.

A figura-chave nesse movimento pós-bultmanniano é Heinrich Ott. Em sua obra de 1959, intitulada *Denken und Sein* (Pensamento e ser), Ott, um aluno de Karl Barth, que também estudou extensivamente com Bultmann, mostrou, na verdade, que a rejeição do humanismo pelo Heidegger tardio abriu novas possibilidades para a teologia. Isso confirmou as antigas objeções de Karl Barth a Bultmann (e ao Heidegger de *Ser e tempo*) e mostra que a teologia de Barth sobre a primazia de Deus está de fato em acordo com a virada tardia de Heidegger em direção ao ser. Para Ott, a teologia surge da experiência da fé e não é uma questão de objetificação teológica científica, mesmo que, para Heidegger, o pensar fale "a partir da experiência do pensamento" (PLT, 1-14), da experiência do pensamento do ser. Ott continuou interpretando a história da salvação como uma história de revelação, comparável à história de Heidegger acerca do descerramento do ser, e ele usou a concepção de Heidegger sobre a linguagem como "chamado" na interpretação da linguagem bíblica. As frases do Novo Testamento sobre a ressurreição, por exemplo, não devem ser interpretadas como enunciados proposicionais de fatos, mas como um chamado a um novo modo de ser. O trabalho de Ott, e todo o impacto do Heidegger tardio na reflexão teológica, chegou aos Estados Unidos em um volume intitulado *The Later Heidegger and Theology* [*O Heidegger tardio e a teologia*].[24]

---

24 OTT, Heinrich. *Denken und Sein: Der Weg Martin Heideggers und der Weg der Theologie*. Zollikon: Evangelischer Verlag, 1959; *Idem*, "The Hermeneutic and Personal Structure of Language", disponível em *On Heidegger and Language*. Ed. Joseph Kocklemans. Evanston, IL: Northwestern University Press, 1972, p. 169-193; *Idem*, *Theology and Preaching*. Tradução inglesa de Harold Knight. Philadelphia: Westminster, 1965. Veja-se também J. Robinson e J. Cobb (eds.), *The Later Heidegger and Theology* (Nova Iorque: Harper & Row, 1963).

Em 1959, em um encontro com os antigos alunos de Marburgo, Heidegger liderou uma discussão de um dia sobre a relação entre seu "pensamento" tardio e a fé cristã, na qual ele afirmou que, se seu pensamento descartasse o Deus da metafísica, isso de modo algum seria inconsistente com uma relação não metafísica com Deus (PT, 22-31; GA 9, 68-79). Para a teologia, o resultado do "pensamento" consiste em deixar de pensar em Deus como *causa sui*, como a força causal que cria e sustenta o cosmos, e voltar-se para o Deus diante de quem se pode dançar ou dobrar o joelho. Ele chama isso de o verdadeiramente "divino Deus" (ID, 72), e nos lembra da conjuntura de Pascal de deixar de lado o Deus dos filósofos em favor do Deus de Abraão e Isaac. Esta foi uma formulação muito livre do pensar em relação à fé religiosa, e era precisamente esse o caminho que Ott estava seguindo.

Do lado católico, esta indicação também foi adotada de forma contundente e interessante pelo teólogo de Friburgo, Bernard Welte, que sustenta que a concepção de Heidegger a respeito da história do ser fala de um ocultamento técnico da terra, no qual a ilusão do domínio humano obscurece a aparição de Deus. O "outro começo", do qual Heidegger fala, sinaliza uma nova época do Sagrado, uma época na qual Deus pode ser Deus, de fato. Welte também escreveu de maneira cuidadosa sobre Mestre Eckhart e a noção de *Gelassenheit*, produzindo um excelente ensaio comparando o Heidegger tardio, Mestre Eckhart e Tomás de Aquino (cuja cátedra dominicana em Paris Mestre Eckhart ocupou posteriormente).[25]

Martin Heidegger morreu em 1976, aos 86 anos. Foi enterrado no cemitério católico em Messkirch entre sua mãe e seu pai. A pedido de

---

25 WELTE, Bernard. "The Question of God in the Thought of Heidegger". *Philosophy Today*, 26 (1982): 85-100; *Idem*, "La Métaphysique de Saint Thomas d'Aquin et la pensée de l'histoire de l'être de Heidegger". *Revue des Sciences Philosophiques et Théologiques*, 50 (1966): 601-614. Uma boa abordagem a respeito do Heidegger tardio e a teologia católica está disponível em Richard Schaeffer, *Frömmgkeit des Denkes: Martin Heidegger und die Katholische Theologie* (Darmstadt: Wissensachftlische Buchgesellschaft, 1978). Veja-se também *Heidegger et la question de dieu*, ed. R. Kearney e Joseph O'Leary (Paris: Grasset, 1980). O melhor trabalho recente desenvolvido por um teólogo cristão com uma influência heideggeriana indiscutível é o de Joseph O'Leary, *Questioning Back: The Overcoming of Metaphysics in Christian Tradition* (Minneapolis, MN: Winston Press, 1985).

Heidegger, uma missa católica foi celebrada por Bernard Welte na igreja de São Martinho, onde o pai de Heidegger havia sido sacristão, na dispensa da qual, no porão da igreja, o jovem Martin costumava brincar. Welte, que também era conterrâneo de Heidegger, fez o discurso fúnebre, afirmando, com toda razão, que o pensamento de Heidegger havia abalado este século, que se tratava de um pensamento que estava sempre buscando, sempre em movimento. Welte relacionou esse "estar a caminho" com a concepção dos Evangelhos de que quem busca encontrará:

> "Aquele que busca" – esse poderia muito bem ser o título para toda a vida e o pensamento de Heidegger. "Aquele que encontra" – essa poderia ser a mensagem secreta de sua morte.[26]

Heidegger teria completado o círculo, confirmando o que disse em *A caminho da linguagem*, que seu futuro estava em seu começo teológico (OWL, 10; US, 76)? Este fim católico foi a repetição de seu começo católico? Era essa a virada final no caminho do pensamento?

26 "Seeking and Finding: The Speech at Heidegger's Burial", disponível em *Heidegger: The Man and the Thinker*. Ed. Thomas Sheehan. Chicago: Precedent, 1981, p. 73-75. Veja-se também o útil trabalho biográfico sobre os primeiros anos de Heidegger desenvolvido por Sheehan (capítulo 2 deste compêndio).

13 Heidegger acerca da relação entre niilismo, arte, técnica e política

HUBERT L. DREYFUS

A principal obra de Martin Heidegger, *Ser e tempo*, é geralmente considerada a obra culminante de uma tradição chamada filosofia existencial. O primeiro a se autodenominar um pensador existencial foi Søren Kierkegaard e sua influência é nitidamente evidente no pensamento de Heidegger. O pensamento existencialista rejeita a concepção filosófica tradicional, que remonta pelo menos a Platão, de que a filosofia deve ser feita a partir de um ponto de vista distanciado e desinteressado. Kierkegaard defende que nosso acesso originário à realidade se dá através de nossa ação participativa. O modo como as coisas se mostram para um pensador distanciado é uma versão parcial e distorcida do modo como as coisas se mostram para um indivíduo comprometido.

Kierkegaard define o si mesmo como uma relação que se relaciona consigo mesma. Isso significa que quem eu sou depende da posição que assumo em ser um si mesmo. Além disso, o modo como me interpreto não é uma questão daquilo que penso, mas do que faço. Tenho que assumir aquilo que constitui a parte dada ou fática do meu si mesmo e, agindo sobre ela, definir quem sou. Entendo-me como sendo um estudante, um professor, o amante de uma pessoa específica ou o seguidor de uma determinada causa. Assim, o si mesmo se define assumindo seu passado por meio de ações presentes que fazem sentido em termos de seu futuro. Para Kierkegaard, então, o si mesmo pode ser compreendido como uma estrutura temporal.

Dada sua ênfase na conjuntura, Kierkegaard estava convencido de que a reflexão filosófica destruiu o comprometimento no Ocidente. Em sua obra *A época presente*,[1] escrita em 1846, ele apresentou uma descrição profética de como toda autoridade estava desaparecendo, todas as diferenças concretas estavam sendo niveladas, tudo estava se tornando indiferente, dando origem a rompantes alternados de letargia e excitação. Tal foi a vitória do distanciamento crítico sobre o comprometimento participativo. Todo o seu trabalho foi dedicado à pergunta: como podemos trazer sentido e comprometimento de volta às nossas vidas, uma vez que adotamos a atitude reflexiva e desapaixonada em que estamos agora?

Heidegger nomeia a estrutura fundamental do ser humano – que o modo de ser de cada ser humano é um problema para ele – de *Dasein*. Em sua fase "existencialista", durante os anos 1920, Heidegger estava interessado nas estruturas a-históricas e transculturais da experiência prática cotidiana. Ele elaborou uma interpretação de três modos fundamentais de ser (disponibilidade, ou "disponível-à-mão"; subsistência, ou "ser-simplesmente-dado"; assim como *Dasein*) e sua estrutura geral (temporalidade) fundamentada na capacidade do *Dasein* de assumir uma posição a respeito de seu próprio ser. Heidegger demonstrou que essas estruturas existenciais forneciam as condições de possibilidade de todos os modos de compreensibilidade. Ele também investigou como a conformidade às normas, necessária para a compreensibilidade, abre a possibilidade de queda no conformismo, que nivela todas as distinções significativas.

Porém, enquanto Kierkegaard pensava que o nivelamento e a falta de comprometimento se acentuaram a proporções niilistas pelos meios de comunicação, Heidegger, em *Ser e tempo*, afirma que se o nivelamento está com a humanidade tanto quanto as ferramentas estão, então ele não vê nada de especial na época presente. Por volta de 1930, no entanto, Heidegger começou a investigar a compreensão do ser própria à cultura ocidental moderna. Como ele formulou: em *Ser e tempo*, "a 'fenomenologia' e todas as questões hermenêutico-transcendentais ainda não tinham sido pensadas em termos da história do ser" (EP, 15). Seu interesse inicial na estrutura existencial do si mesmo havia mudado para outra preocupação kierkegaardiana – a falta de sentido e de seriedade na época presente.

---

1 KIERKEGAARD, Søren. *The Present Age*. Tradução inglesa de Alexander Dru. Nova Iorque: Harper & Row, 1962.

Niilismo

Em 1936, em suas preleções sobre Nietzsche, Heidegger cita com aprovação a condenação kierkegaardiana da época presente feita por Nietzsche:

> Por volta de 1882, (Nietzsche) diz sobre seu tempo: "a nossa época é uma época agitada e, precisamente por isso, não é uma época de paixão; ela se aquece continuamente, porque sente que não está aquecida – basicamente está congelando. [...] Em nosso tempo, é apenas por meio de um eco que os acontecimentos adquirem sua 'grandeza' – o eco do jornal" (N_1, 47).

Heidegger concorda com Nietzsche que "já não há mais nenhum objetivo no qual e através do qual todas as forças da existência histórica dos povos possam coagir e na direção do qual possam se desenvolver" (N_1, 157).

Niilismo é o nome que Nietzsche dá a essa perda de sentido ou de orientação. Tanto Kierkegaard quanto Nietzsche concordam que, se o niilismo fosse completo, não haveria questões privadas ou públicas significativas. Nada teria autoridade para nós, nos faria uma reivindicação, nos exigiria um compromisso. Em uma época não-niilista, há algo em jogo; há questões que todos podem concordar que são importantes, mesmo que discordem violentamente quanto às respostas a tais questões. Mas em nossa época, tudo está em processo de se tornar igual. Há cada vez menos diferença entre partidos políticos, entre comunidades religiosas, entre causas sociais, entre práticas culturais – tudo está em pé de igualdade, todas as diferenças significativas estão sendo niveladas.

Kierkegaard pensava que a resposta ao niilismo era cada um levar a cabo seu próprio comprometimento absoluto individual. Se você puder se comprometer incondicionalmente – no amor, por exemplo –, então isso se torna um foco para todo o seu senso de realidade. As coisas se destacam ou perdem importância com base nesse interesse último. Você não descobre um significado que já está lá. Não há fundamento no cosmos para esse comprometimento. De fato, tal comprometimento é exatamente o oposto da crença em uma verdade objetiva. Você é convocado por algum interesse concreto – seja uma pessoa ou uma causa – e quando você se define por sua dedicação a esse interesse, seu mundo adquire seriedade e significado.

O único modo de ter uma vida significativa na época presente, então, é deixar que sua conjuntura se torne definidora da realidade que é a sua. E o que define a sua realidade não é de forma alguma algo provisório– embora certamente seja vulnerável. Por essa razão, quando uma sociedade como a nossa se torna racional e reflexiva, tais comprometimentos totais começam a parecer uma espécie de dependência perigosa. O indivíduo comprometido é identificado como um viciado em trabalho ou uma mulher que ama demais. Isso indica que, para ser reconhecido e apreciado, o comprometimento individual requer uma compreensão compartilhada do que vale a pena perseguir. Mas à medida que nossa cultura passa a celebrar cada vez mais o distanciamento crítico, a autossuficiência e a escolha racional, há cada vez menos comprometimentos compartilhados. Assim, o próprio comprometimento começa a parecer loucura.

Heidegger entende o recente enfraquecimento do comprometimento não tanto como uma falha do indivíduo, mas como uma falta de algo no mundo moderno que pudesse solicitar comprometimento de nossa parte e nos sustentar nele. As coisas que antes evocavam comprometimento – deuses, heróis, o homem-Deus, os atos de grandes estadistas, as palavras de grandes pensadores – perderam sua autoridade. Por conseguinte, os indivíduos se sentem isolados e alienados. Eles sentem que suas vidas não têm sentido porque o mundo público não contém diretrizes.

Quando tudo aquilo que é material e social se tornou completamente plano e monótono, as pessoas se retiraram para suas experiências privadas como o único lugar restante para encontrar significado. Heidegger entende essa mudança em direção à experiência privada como característica da época moderna. Arte, religião, sexo, educação – tudo se torna variações da experiência. Quando todos os nossos interesses forem reduzidos ao denominador comum da "experiência", teremos alcançado o último estágio do niilismo. Então, entende-se "a queda na loucura e a desintegração em pura sensação como redentoras. A 'vivência' como tal se torna decisiva"

(N_1, 86). Ou seja, quando não há exemplos compartilhados de grandeza que enfatizem interesses públicos e suscitem compromisso social, as pessoas se tornam espectadoras de modismos e de vidas públicas apenas pela emoção. Quando não há práticas religiosas que invoquem sacrifício, terror e temor, as pessoas consomem tudo, desde drogas até práticas de meditação, para se proporcionarem algum tipo de máxima experiência. A máxima experiência substitui o que antes era uma relação com algo fora do si mesmo que definia o real e, portanto, era sagrado. Como Heidegger pontua: "A perda dos deuses está tão longe de excluir a religiosidade, que apenas através dessa perda a relação com os deuses se transforma em mera 'experiência religiosa'" (QCT, 117; GA 5, 76). Óbvio que a experiência privada parece atraente apenas quando o mundo público compartilhado perdeu seu sentido e sua realidade. Então, pensamos (como se de alguma forma sempre tivesse sido assim e tivéssemos acabado de descobrir) que, afinal, é a experiência que importa. Mais cedo ou mais tarde, entretanto, descobrimos que, embora a experiência privada possa ter "energia", "espontaneidade" ou "vigor", ela não oferece nada em termos daquilo que pode dar consistência, sentido e seriedade à vida.[2] Nas palavras de Nietzsche, "Deus está morto, e nós o matamos".

No entanto, Nietzsche, ao contrário de Heidegger, considera a morte de Deus libertadora. Ele prevê um novo estágio de nossa cultura, o qual ele chama de "niilismo positivo" e no qual cada "espírito livre" irá positivar, ou seja, criar seus próprios valores. Heidegger não é tão otimista. Ele se propõe a investigar a história da compreensão do ser no Ocidente para entender como fizemos o terrível ato de matar Deus. Uma das formas como ele narra a história da perda de sentido é traçando a história da própria ideia de valores, assumida acriticamente por Nietzsche. Heidegger defende que pensar no niilismo como um estado no qual esquecemos ou traímos nossos valores constitui parte do problema. Pensar que uma vez tivemos valores, mas que agora não temos mais, e que devemos recuperar

---

2 Como prova de que Heidegger está certo neste ponto, veja-se Robert N. Bellah, Richard Madsen, William M. Sullivan, Ann Swindler e Steven M. Tipton, *Habits of the Heart* (Berkeley e Los Angeles: University of California Press, 1985).

nossos valores ou escolher novos, é apenas outro sintoma do problema. Heidegger afirma que pensar a respeito de nossos interesses mais profundos como valores *é* niilismo.

A essência de um valor é que ele é algo completamente independente de nós. Ele é percebido e, em seguida, escolhido ou rejeitado. Os valores têm uma história interessante. Platão começa com a afirmação de que eles são o que nos mostra o que é bom para nós, independente de nossos interesses e desejos. A ideia de bem brilha sobre nós e nos atrai para ela. Somente com o Iluminismo chegamos à noção de que os valores são objetivos – objetos passivos que estão diante de nós – e devemos *escolher* nossos valores. Esses valores não exercem influência sobre nós até que *decidamos* quais queremos adotar. Quando entendemos que há uma pluralidade de valores e que escolhemos quais exercerão influência sobre nós, estamos prontos para a ideia moderna, encontrada primeiramente nas obras de Nietzsche, especialmente em *Assim falou Zaratustra*, de que *positivamos* nossos valores – ou seja, que valorar se trata de algo que fazemos e o valor consiste no resultado disso. Porém, quando percebemos que positivamos valores, também percebemos que podemos igualmente "despositivá-los". Com isso, eles perdem toda autoridade para nós. Portanto, longe de dar sentido às nossas vidas, pensar no que é importante para nós em termos de valores nos mostra que nossas vidas não têm sentido intrínseco. Enquanto pensarmos em termos de positivação de valores em vez de sermos tomados por interesses compartilhados, não encontraremos nada que suscite nosso comprometimento. Como Heidegger diz: "Ninguém morre por meros valores" (QCT, 142; GA 5, 102).

Quando percebemos como pensar no problema do niilismo em termos de falta de valores perpetua o problema, em vez de combatê-lo, estamos prontos para diagnosticar e buscar uma cura para nossa condição. De acordo com Heidegger, nossos problemas começam com a afirmação de Sócrates e Platão de que o verdadeiro conhecimento moral, como o conhecimento científico, deve ser explícito e desinteressado. Heidegger questiona tanto a possibilidade quanto a desejabilidade de tornar nossa compreensão cotidiana totalmente explícita. Ele introduz a ideia de que nos integramos socialmente por meio de habilidades, interesses e práticas cotidianas compartilhadas, que fornecem as condições necessárias para as pessoas darem sentido ao mundo e às suas vidas. Toda compreensibilidade pressupõe algo que não pode ser totalmente articulado – uma espécie de saber tácito em vez de explícito. No nível mais profundo, esse saber está incorporado em nossas habilidades sociais em vez de em nossos conceitos, crenças e valores. Heidegger defende que nossas práticas culturais podem direcionar nossas atividades e dar sentido às nossas vidas apenas na medida em que permanecem inarticuladas, ou seja, enquanto permanecem o solo do qual vivemos. Se houver seriedade, ela deve se basear nessas inarticuladas práticas de fundo. Como Heidegger propõe em *A origem da obra de arte*, "toda decisão [...] se baseia em algo não dominado, algo encoberto, confuso; caso contrário, nunca seria uma decisão" (PLT, 55; GA 5, 43). A reflexão crítica se faz necessária em algumas situações em que nosso modo ordinário de lidar é insuficiente, mas tal reflexão não pode e não deve desempenhar o papel central que desempenhou na tradição filosófica. O que é mais importante e significativo em nossas vidas não é e não deve ser acessível à reflexão crítica.

O tácito saber cultural que incorpora nossos interesses certamente não é consciente, mas também não parece ser inconsciente. Para ter uma ideia do que significa esse saber tácito, vamos considerar um caso muito simples. Em várias culturas, as pessoas mantêm distâncias diferentes de alguém íntimo, de um amigo, de um estranho. Além disso, as distâncias variam quando essas pessoas estão conversando, fazendo negócios ou namorando. Cada cultura, incluindo a nossa, incorpora um padrão compartilhado incrivelmente sutil de distanciamento social. No entanto, ninguém nos ensinou explicitamente esse padrão. Nossos pais não poderiam ter nos ensinado conscientemente, pois eles não conhecem o padrão mais do que nós. Nem mesmo sabemos que temos esse saber tácito até entrarmos em contato com outra cultura e descobrirmos, por exemplo, que no norte da África os estranhos parecem estar excessivamente próximos, enquanto na Escandinávia os amigos parecem ficar muito distantes. Isso nos deixa desconfortáveis e não podemos deixar de nos afastar ou nos aproximar. É através dessas respostas que adquirimos esse saber tácito em primeiro lugar. Quando éramos crianças pequenas e começamos a interagir com outras pessoas, às vezes errávamos as distâncias. Isso deixava nossos pais e amigos desconfortáveis, e eles recuavam ou se aproximavam gradualmente para que, aos poucos, entendêssemos todo o padrão. Ele nunca se tornou explícito. Como uma habilidade ou *savoir-faire*, não se trata de algo como um conjunto de regras que poderia se tornar explícito.[3] No entanto, ele incorpora elementos iniciais de uma compreensão do que significa ser um ser humano – indícios de como o contato corporal é importante e da importância relativa da intimidade e da independência.

Ora, práticas como qual distância manter das pessoas não é tudo o que é transmitido por treinamento e imitação. Nosso tácito saber cotidiano abarca uma compreensão do que significa ser uma pessoa, uma coisa, um objeto natural, uma planta, um animal e assim por diante. Hoje, nossa compreensão dos animais, por exemplo, está presente, em parte, em nossa habilidade de comprar pedaços deles, tirar a embalagem de plástico e cozinhá-los em fornos de micro-ondas. Em geral, lidamos com as coisas como recursos a serem utilizados e depois descartados quando não são mais necessários. Um copo de plástico é um exemplo perfeito. Quando queremos uma bebida quente ou fria, ele exerce sua função, e quando terminamos, o jogamos fora. Essa compreensão de um objeto é muito diferente da que podemos supor ser a compreensão japonesa de uma xícara de chá delicada e pintada, que não mantém tão bem a temperatura e que precisa ser lavada e protegida, mas que é preservada de geração em geração por sua beleza e seu significado social. Ou, para dar outro exemplo, um antigo bule de cerâmica, admirado por sua simplicidade e sua capacidade de evocar memórias de ofícios antigos, tal como é utilizado em uma cerimônia de chá japonesa, incorpora uma compreensão única das coisas. É difícil imaginar uma cerimônia de chá em torno de um copo de plástico.

Note-se que um aspecto da compreensão japonesa do que significa ser humano (passivo, contente, gentil, social etc.) se ajusta com uma compreensão do que significa ser uma coisa (evocativa de tempos mais simples,

3 Veja-se H. L. Dreyfus e Stuart Dreyfus, *Mind over Machine* (Nova Iorque: Free Press, 1982).

puro, natural, simples, bonito, tradicional etc.). Não faria sentido para nós, que somos ativos, independentes e agressivos – constantemente lutando para cultivar e satisfazer nossos desejos –, nos relacionarmos com as coisas da maneira como os japoneses fazem; ou para os japoneses (antes que sua compreensão do ser fosse interferida pela nossa) inventarem e preferirem xícaras plásticas de chá. Na mesma linha, *nós* tendemos a pensar na política como a negociação de desejos individuais, enquanto os japoneses buscam o consenso. Em síntese, as práticas que contêm uma compreensão do que significa ser humano, aquelas que contêm uma interpretação do que significa ser uma coisa e aquelas que definem a sociedade se ajustam. Portanto, as práticas sociais transmitem não apenas uma compreensão implícita do que significa ser um ser humano, um animal ou um objeto, mas, finalmente, uma compreensão do que significa ser para qualquer coisa.

Além disso, as práticas compartilhadas por meio das quais nos inserimos socialmente fornecem uma compreensão de fundo do que importa e do que faz sentido fazer, com base na qual podemos direcionar nossas ações. Essa compreensão do ser cria o que Heidegger chama de *clareira*, na qual as coisas e as pessoas podem se mostrar como importantes e significativas para nós. Não produzimos a clareira. Ela nos produz como o tipo de seres humanos que somos. Heidegger descreve a clareira da seguinte maneira:

> Para além do ente, não longe dele mas anterior a ele, algo mais acontece. No meio do ente como um todo ocorre um lugar aberto. Há uma clareira, uma iluminação. [...] Este centro aberto [...] não está envolvido pelo ente; ao invés disso, o próprio centro iluminado circunda todo o ente. [...] Somente esta clareira concede e garante aos seres humanos uma passagem para aqueles entes que nós mesmos não somos e o acesso ao ente que nós próprios somos (PLT, 53; GA 5, 39-40).

Como observamos, nossas práticas culturais e a compreensão do ser que elas incorporam nos permitem orientar nossas atividades e dar sentido às nossas vidas apenas na medida em que são e permanecem inarticuladas, ou seja, permanecem o ambiente no qual vivemos. Como Heidegger nos diz, essas práticas de fundo são as que estão encobertas e não dominadas, aquelas que dão seriedade às nossas decisões. A importância não está no que escolhemos, mas no "com base em que" escolhemos. Quanto mais se formula e objetifica nosso saber tácito como um saber explícito, mais ele é convocado ao questionamento crítico, mais ele perde seu controle sobre nós. Isso compõe o que Kierkegaard viu em seu ataque à reflexão crítica moderna e Heidegger em seu ataque ao pensamento dos valores.

Mas isso não pode ser toda a história sobre o niilismo, pois deve sempre haver uma clareira – práticas de fundo contendo uma compreensão do ser – para que as coisas e as pessoas sejam compreensíveis. E essas práticas de fundo nunca serão totalmente acessíveis à reflexão. Logo, deve haver um problema mais profundo ao qual Heidegger está apontando. Deve haver algo errado com nossas práticas de fundo atuais que nos leva a ignorá-las, fazendo-nos buscar sentido ao escolher valores objetivos e, finalmente, postulando valores pessoais para nós mesmos. Assim, Heidegger levanta novas questões: o que significa ter uma clareira niilista? Como chegamos a ter uma? E o que podemos fazer a respeito disso? Ele defende que somente quando tivermos respondido a essas questões podemos perguntar: ainda restam em nossas práticas alguns resquícios de interesses compartilhados dotados de sentido? Se sim, onde esses remanescentes podem ser encontrados? O principal argumento de que algumas práticas significativas devem ter sobrevivido é que, sem algum resquício delas, não seríamos afligidos pelo niilismo. Mas antes de podermos responder a essas questões, devemos colocar uma pergunta anterior: como as práticas dão sentido compartilhado às vidas daqueles que as praticam?

A obra de arte (mundo e terra)

Para que as práticas cotidianas deem sentido às nossas vidas e nos unam em uma comunidade, elas devem ser focalizadas e apresentadas aos praticantes. Clifford Geertz e Charles Taylor abordaram esse importante fenômeno. Geertz, por exemplo, descreve o papel da rinha de galos na sociedade balinesa:

> Ela fornece um comentário metassocial sobre toda a questão de classificar seres humanos em ordens hierárquicas fixas e então organizar a maior parte da existência coletiva em torno dessa classificação. Sua função, se quiser chamá-la assim, é interpretativa: trata-se de uma leitura balinesa da experiência balinesa, uma história que eles contam a si mesmos sobre si mesmos.[4]

Heidegger chama essa função interpretativa de "verdade se pondo em obra", e qualquer coisa que desempenhe essa função ele chama de obra de arte. Como ilustração de uma obra de arte, Heidegger toma o templo grego. O templo apresentava aos gregos o que era importante, e assim deixava existir diferenças significativas, tais como vitória e desgraça, desastre e bênção:

> É a obra do templo que pela primeira vez articula e ao mesmo tempo reúne à sua volta a unidade daqueles caminhos e relações em que o nascimento e a morte, o desastre e a bênção, a vitória e a desgraça, a perseverança e o declínio adquirem a forma de destino para os seres humanos. A vastidão vigente desse contexto relacional aberto é o mundo desse povo histórico (PLT, 42; GA 5, 29).

Os gregos, cujas práticas eram manifestadas e focalizadas pelo templo, viviam em um espaço moral de deuses, heróis e escravos, um espaço moral que dava orientação e sentido às suas vidas. Da mesma forma, a catedral medieval tornava possível ser um pecador ou um santo e mostrava aos cristãos as dimensões da salvação e da perdição.[5] Em ambos os casos, sabia-se onde se estava e o que se tinha que fazer. Heidegger diria que a compreensão do que significa ser muda cada vez que uma cultura recebe uma nova obra de arte. Com isso, diferentes tipos de seres humanos e coisas se mostram. Para os gregos, o que se mostrava eram heróis e escravos e coisas maravilhosas; para os cristãos, santos e pecadores, recompensas e tentações. Não poderia haver santos na Grécia Antiga. No máximo, só

4 GEERTZ, Clifford. *The Interpretation of Cultures*. Nova Iorque: Harper Colophon Books, 1973, p. 448.

5 Para uma descrição das dimensões e orientações do espaço moral, veja-se Charles Taylor, *Sources of the Self* (Cambridge, MA: Harvard University Press, 1989).

poderiam ter existido pessoas fracas que deixavam todos pisarem nelas. Da mesma forma, não poderiam existir heróis no estilo grego na Idade Média. Tais pessoas seriam consideradas pagãs – pecadores orgulhosos que corrompiam a sociedade ao negar sua dependência de Deus.

Generalizando a ideia de uma obra de arte, Heidegger sustenta que "deve sempre haver neste aberto (a clareira) algum ente no qual a abertura toma seu lugar e alcança sua constância" (PLT, 61; GA 5, 48). Chamemos tais coisas especiais de paradigmas culturais. Falar de um paradigma focando as práticas parece quase inevitável. Compare-se com o que propõe Geertz: "É esse modo de trazer experiências diversas da vida cotidiana à luz que a rinha de galos [...] concretiza e, assim, cria o que poderia ser chamado, melhor do que típico ou universal, de um evento humano paradigmático".[6]

Um paradigma cultural reúne as práticas dispersas de um grupo, unifica-as em possibilidades coerentes de ação e as oferece às pessoas, que então podem agir e se relacionar nos termos desse modelo. As obras de arte, ao desempenharem essa função, não são meras representações ou símbolos, mas realmente produzem uma compreensão compartilhada. Como Geertz pontua: "Quartetos, naturezas-mortas e rinhas de galos não são apenas reflexos de uma sensibilidade pré-existente representados analogicamente; são agentes positivos na criação e manutenção da [...] sensibilidade".[7]

Charles Taylor pontua a mesma coisa quando distingue *sentidos compartilhados*, que ele chama de sentidos intersubjetivos, de *sentidos comuns* "cujo compartilhamento é um ato coletivo":

> Faz parte do sentido de uma aspiração, crença, celebração comum etc. que ela não seja apenas compartilhada, mas seja parte do mundo de referência comum. Ou, para dizer de outra forma, seu compartilhamento é um ato coletivo. [...] Os sentidos comuns são a base da comunidade. Os sentidos intersubjetivos dão a um povo uma linguagem comum para falar sobre a realidade social e uma compreensão comum de certas normas, mas apenas com o sentido comum

6 Geertz, *Interpretation*, p. 450.

7 *Ibidem*, p. 451.

> este mundo de referência comum contém ações, celebrações e sentimentos comuns significativos. Estes são objetos no mundo que todos compartilham. Isso é o que faz uma comunidade.[8]

Em *A estrutura das revoluções científicas*, Thomas Kuhn mostra que os cientistas envolvidos no que ele chama de ciência normal trabalham nos termos de tal modelo ou paradigma – um modelo exemplar de uma boa obra. Para a ciência moderna, o paradigma foi o *Principia* de Newton. Todos concordavam que Newton havia identificado problemas exemplares, dado soluções exemplares e produzido justificativas exemplares para suas afirmações. Assim, por mais de dois séculos, os cientistas da natureza sabiam que, na medida em que seu trabalho se assemelhava ao de Newton, estavam fazendo boa ciência.

O paradigma newtoniano foi posteriormente substituído pelo paradigma einsteiniano. Essa mudança de paradigma constitui uma revolução científica. Depois de tal revolução, os cientistas veem e fazem as coisas de maneira diferente. Como Kuhn coloca, eles trabalham em um mundo diferente. Eles também acreditam e dão valor a coisas diferentes, mas isso é menos importante. Kuhn é bastante heideggeriano ao afirmar que é o paradigma que guia as práticas dos cientistas e que o paradigma não pode ser explicado como um conjunto de crenças ou valores e, portanto, não pode ser estabelecido como um critério ou regra. Como observa Kuhn: "O fato de os cientistas não costumarem perguntar ou debater o que torna legítimo um problema específico ou solução nos leva a supor que, pelo menos intuitivamente, eles sabem a resposta. Mas isso pode apenas indicar que nem a pergunta nem a resposta são entendidas como relevantes para sua pesquisa. Os paradigmas podem ser anteriores, mais vigentes e mais completos do que qualquer conjunto de regras de pesquisa que possam ser inequivocamente abstraídas deles".[9] Kuhn ainda destaca que "a realização científica concreta, como um local de compromisso

---

8 TAYLOR, Charles. "Interpretation and the Sciences of Man". *In*: *Philosophy and the Human Sciences*. Cambridge: Cambridge University Press, 1985, p. 39.

9 KUHN, Thomas. *The Structure of Scientific Revolutions*, 2 ed. Chicago: University of Chicago Press, 1970, p. 46.

profissional, [é] anterior aos vários conceitos, leis, teorias e pontos de vista que podem ser abstraídos dela". Ele acrescenta que o paradigma não pode ser racionalizado: "O paradigma compartilhado [é] uma unidade fundamental para o especialista do desenvolvimento científico, uma unidade que não pode ser totalmente reduzida a componentes logicamente atômicos que poderiam funcionar em seu lugar".[10] O fato de o paradigma não poder ser racionalizado, mas apenas imitado, é crucial para a autoridade do paradigma. Isso exige que o paradigma funcione por meio das práticas de fundo, nos termos das quais os cientistas possuem um mundo. Isso também torna possível que os cientistas concordem entre si sem terem que explicitar seu acordo.

No momento de uma revolução científica, no entanto, Kuhn nos diz que o próprio paradigma se torna o foco de interpretações conflitantes, cada interpretação tentando racionalizar e justificar a si mesma. Da mesma forma, Heidegger sustenta que o pôr-se em obra da obra de arte é tão importante para uma comunidade que as pessoas devem tentar tornar a obra clara e coerente e fazer com que todos a sigam em todos os aspectos de suas vidas. Mas a obra de arte, assim como o paradigma científico, apresenta uma resistência a essa racionalização. Qualquer paradigma poderia ser parafraseado e racionalizado apenas se a coisa concreta que serve como modelo simbolizasse ou representasse um sistema subjacente de crenças ou valores abstraíveis do modelo particular. Mas toda a questão de precisar de um modelo é que não existe tal sistema, existem apenas práticas compartilhadas. Heidegger chama o modo como a obra de arte solicita à cultura que torne a obra de arte explícita, coerente e abrangente de aspecto *mundo* da obra. Ele chama o modo como a obra de arte e suas práticas associadas resistem a essa totalização de *terra*.

Heidegger pontua que mundo e terra são ambos necessários para o pôr-se em obra de uma obra de arte. O templo deve esclarecer e unificar as práticas – ele deve ser "vigente" –, mas, sendo uma coisa concreta, ele resiste à racionalização. Essa resistência se manifesta na própria materialidade da obra de arte. Essa materialidade não é acidental. O templo reivindica

10 *Ibidem*, p. 11.

a pedra da qual é feito para fazer seu trabalho de mostrar o lugar do ser humano no mundo natural, de modo que um templo feito de aço não resultaria. Da mesma forma, uma tragédia requer o som da poesia para criar um estado de espírito compartilhado e, assim, abrir um mundo compartilhado. Dado que é feita de rocha ou sons, a obra de arte mostra que o que está em jogo não pode ser capturado em um sistema de crenças e valores. Todos esses aspectos de um paradigma cultural, e as práticas que ele organiza que resistem a ser racionalizadas e totalizadas, estão incluídos na noção heideggeriana de terra. A terra não é matéria passiva, mas vem a ser precisamente aquilo que resiste à tentativa de abstrair e generalizar a afirmação do paradigma. E como nenhuma interpretação pode capturar completamente o que a obra significa, a obra de arte estabelece uma luta entre terra e mundo. Essa luta é um aspecto necessário do modo como o sentido se insere nas práticas humanas. Trata-se de uma luta frutífera, pois o conflito de interpretações que ela cria gera a história de uma cultura.

Na sequência, Heidegger generaliza a noção de um paradigma cultural a partir de uma obra de arte para qualquer ente na clareira que pode refocar e assim renovar as práticas culturais:

> Um modo essencial pelo qual a verdade se estabelece no ente aberto por ela é o pôr-se em obra da verdade. Outro modo pelo qual a verdade ocorre é o ato que funda um estado político. Ainda outro modo pelo qual a verdade vem à luz é a proximidade daquilo que não é simplesmente um ente, mas o ente que é mais que tudo. Ainda outro modo pelo qual a verdade se fundamenta é o sacrifício essencial. Ainda outro modo pelo qual a verdade vem a ser é o perguntar do pensador, que, como o pensar do ser, nomeia o ser em seu ser-digno-de-questionamento (PLT, 61-62; GA 5, 49).

Pode-se reconhecer uma alusão à aliança de Deus com os judeus e à Crucificação. Também há uma referência ao ato político que funda um Estado. Por exemplo, a Constituição dos Estados Unidos, como uma obra de arte, necessariamente se tornou o foco de tentativas de torná-la explícita e consistente e de aplicá-la a todas as situações, e, é claro, ela é fecunda apenas na medida em que nunca pode ser interpretada de uma vez por todas. A fundação de um Estado também poderia se referir ao ato de um líder carismático como Hitler. Essa possibilidade nos interessará mais adiante neste ensaio.

Técnica

Os paradigmas culturais, no entanto, nem sempre estabelecem diferenças significativas. Podem existir paradigmas niilistas. Tais paradigmas, em vez de manifestarem a terra com base na qual nossas ações podem nos importar, encobrem a luta entre terra e mundo e celebram nossa capacidade de esclarecer e controlar tudo. Assim, os paradigmas atuais que nos apresentam àquilo que nossa cultura está dedicada e no que é boa são exemplos de adaptabilidade e eficiência, não para algum fim posterior, mas apenas pela adaptabilidade e eficiência em si mesmas. Admiramos o modo como os computadores ficam concomitantemente cada vez mais rápidos e baratos, sem saber como usaremos o poder de computação incrivelmente adaptável que eles nos proporcionam. Da mesma forma, as redes de *fast-food* que nos oferecem serviço barato e instantâneo a qualquer hora do dia ou da noite destacam-se como triunfos técnicos de eficiência e adaptabilidade. O exemplo de Heidegger é a usina hidrelétrica do Reno:

> A usina hidrelétrica está instalada no curso do Reno. Ela faz com que o Reno forneça sua pressão hidráulica, que então aciona as turbinas. Esse acionamento coloca em movimento aquelas máquinas cujo impulso dá início à corrente elétrica para a qual estão preparadas a estação de energia de longa distância e sua rede de cabos para conduzir eletricidade [...] a energia encoberta na natureza é liberada, o que é liberado é transformado, o que é transformado é armazenado, e o que é armazenado, por sua vez, é distribuído, e o que é distribuído é comutado sempre de novo. No contexto dos processos interligados relacionados à encomenda de energia elétrica, até mesmo o próprio Reno parece algo sob nosso comando (QCT, 16; VA, 23).

Todos esses paradigmas negam que uma compreensão do ser implica necessariamente receptividade e mistério e, com isso, negam a seriedade heideggeriana.

Novamente, uma comparação com Kuhn pode nos ajudar a entender a afirmação de Heidegger. De acordo com Kuhn, uma ciência se torna normal quando os praticantes em uma determinada área concordam que um trabalho específico identifica os problemas importantes em um campo e demonstra como alguns desses problemas podem ser resolvidos com sucesso. Assim, um paradigma científico moderno estabelece a ciência normal como uma atividade de resolução de quebra-cabeças. É função da ciência normal eliminar anomalias mostrando como elas se ajustam à teoria completa que o paradigma esboça antecipadamente. De forma semelhante, o paradigma técnico incorpora e promove nossa compreensão técnica do ser, segundo a qual o que não se ajusta ao nosso paradigma atual – ou seja, o que ainda não está ao nosso dispor para ser usado de maneira eficiente (por exemplo, a natureza selvagem, a amizade e as estrelas) – finalmente será posto sob nosso controle e transformado em recurso. O contraste com o templo grego é óbvio. O templo não é um paradigma totalizante que torna tudo claro e promete pô-lo sob controle. O templo não mostra apenas às pessoas o que elas representam, mas também lhes mostra que há um aspecto terreno das coisas que se retira e que nunca pode ser articulado e dominado.

Diante da tendência totalizante da obra de arte técnica, a resistência da terra à ordenação total se manifesta como fonte do que Kuhn chama de anomalias. O que não pode ser ordenado é tratado como seres humanos recalcitrantes que são desviantes e precisam ser reformados, ou como forças naturais que ainda precisam ser compreendidas e dominadas. Todas as culturas incutem normas de comportamento humano e encontram alguma ordem na natureza, mas a nossa é a única cultura que tenta tornar a ordem social e natural total, transformando ou destruindo todas as exceções. Kierkegaard já viu que o individual ou o excepcional estava ameaçado pelo nivelamento. Heidegger vê que todas as nossas práticas marginais estão em risco de serem controladas e normalizadas. É claro que, para nós, parece que isso é para o nosso próprio bem.

Heidegger, contudo, vê nessas práticas marginais a única possibilidade de resistência à técnica. As práticas gregas como a amizade e o cultivo do erótico não são eficientes. Quando a amizade se torna uma rede de trabalho eficiente, ela não é mais a confiança mútua e o respeito que os gregos admiravam. Da mesma forma, o poder místico de união do erótico se perde quando nos voltamos para a experiência sexual privada. De maneira semelhante, o respeito grego pelo irracional na forma de música e de delírio dionisíaco não se ajusta a um mundo técnico eficientemente ordenado. Na verdade, tais práticas "pagãs" nem mesmo se ajustam à compreensão cristã do ser e foram marginalizadas em nome do amor desinteressado e da paz. Essas práticas cristãs, por sua vez, foram entendidas como triviais ou perigosas diante da ênfase dada pelo Iluminismo à maioridade, ao autocontrole e à autonomia do indivíduo.

Para combater o niilismo moderno, Heidegger tenta nos apontar os aspectos típicos e perigosos de nossa compreensão técnica do ser. Porém, Heidegger não se opõe à técnica. Em *A questão da técnica*, ele espera revelar a essência da técnica de uma maneira que "de modo algum nos aprisione a uma compulsão apática de prosseguir cegamente com a técnica ou, o que significa a mesma coisa, de nos rebelar impotentes contra ela". De fato, ele promete que, "quando nos abrimos explicitamente para a *essência* da técnica, nos encontramos inesperadamente tomados por uma reivindicação libertadora" (QCT, 25-26; VA, 33).

Teremos que explicar a abertura, a essência e a libertação antes de podermos entender Heidegger aqui. Mas o projeto de Heidegger já deveria nos alertar para o fato de ele não estar anunciando mais uma rebelião reacionária contra a técnica, embora muitos o considerem estar fazendo exatamente isso. Ele também não está fazendo o que pensadores progressistas gostariam de fazer: propondo uma maneira de controlar a técnica para que ela possa servir aos nossos fins racionalmente escolhidos. A dificuldade de localizar exatamente onde Heidegger se posiciona em relação à técnica não é acidental. Heidegger nem sempre foi claro sobre o que distingue sua abordagem e uma reação romântica à dominação da natureza. Quando finalmente chega a uma formulação clara de sua própria concepção original, ela é tão estranha que, para entendê-la, somos tentados a traduzi-la em chavões convencionais. Assim, os interesses ontológicos de Heidegger são erroneamente assimilados aos problemas ecologicamente conscientes sobre a devastação da natureza.

Aqueles que querem tornar Heidegger compreensível nos termos das atuais banalidades contrárias à técnica podem encontrar apoio em seus textos. Durante a guerra, ele atacou o consumismo: "A circularidade do consumo pelo consumo é o único modo de proceder que caracteriza distintivamente a história de um mundo que deixou de ser mundo" (EP, 107; VA, 96). E, em 1955, em um discurso aos camponeses da Floresta Negra, ele observou: "O mundo agora aparece como um objeto aberto aos ataques do pensamento calculador. [...] A natureza torna-se uma gigantesca bomba de gasolina, uma fonte de energia para a técnica e a indústria modernas" (DT, 50; G, 19-20). Nesse discurso, ele também lamentou o surgimento de antenas de televisão nas casas dos camponeses e apresentou sua própria versão de um ataque ao poder nivelador da mídia:

> A todas as horas e diariamente, eles estão acorrentados ao rádio e à televisão. [...] Tudo aquilo com o que as técnicas modernas de comunicação estimulam, atacam e conduzem o homem – tudo isso está muito mais próximo do homem hoje em dia do que seus campos ao redor de sua quinta, mais próximo do que o céu sobre a terra, mais próximo do que a mudança da noite para o dia, mais próximo do que as convenções e costumes de seu povoado, do que a tradição de seu mundo nativo (DT, 50; G, 17).

Essas citações fazem parecer que Heidegger é um ludita que gostaria de regressar do consumismo, da exploração da terra e dos meios de comunicação de massa ao mundo dos gregos pré-socráticos ou dos bons e velhos camponeses da Floresta Negra.

No entanto, embora Heidegger não negue que a técnica nos apresente problemas sérios, à medida que seu pensamento se desenvolve, ele chega à surpreendente e provocativa conclusão de que focar na perda e na destruição ainda é um comportamento técnico: "Todas as tentativas de avaliar a realidade existente [...] em termos de declínio e perda, em termos de sina, catástrofe e destruição, são meramente comportamentos técnicos" (QCT, 48; TK, 45-46). Entender nossa situação como um problema que deve ser resolvido por meio de uma ação apropriada também é um comportamento técnico: "A concepção instrumental da técnica condiciona toda tentativa de conduzir o homem à relação correta com a técnica. [...] A vontade de domínio se torna ainda mais urgente quanto mais a técnica ameaça escapar do controle humano" (QCT, 5; VA, 14-15). Heidegger está convencido de que essa abordagem não funcionará. Ele nos diz que "nenhum homem individual, nenhum grupo de homens, nenhuma comissão de proeminentes estadistas, cientistas e técnicos, nenhuma conferência de líderes do comércio e da indústria, pode frear ou orientar o progresso da história na época atômica" (DT, 54; G, 22).

A concepção de Heidegger é concomitantemente mais sombria e mais esperançosa. Ele pensa que o ser humano moderno enfrenta uma situação mais perigosa do que a destruição técnica da natureza e da civilização. No entanto, esta é uma situação sobre a qual algo *pode* ser feito – pelo menos indiretamente. O interesse de Heidegger é a *penúria* humana causada pela *compreensão técnica do ser*, em vez da *destruição* causada por *técnicas específicas*. Consequentemente, ele distingue os problemas atuais causados pela técnica – destruição ecológica, perigo nuclear, consumismo, e assim por diante – da devastação que resultaria se a técnica resolvesse todos os nossos problemas:

> O que ameaça o homem em sua própria natureza é [...] que o homem, pela libertação pacífica, transformação, armazenamento e canalização das energias da natureza física, poderia tornar a condição humana [...] tolerável para todos e feliz em todos os aspectos (PLT, 116; GA 5, 294).
>
> O "maior perigo" é que
>
> a maré da revolução técnica que se aproxima na época atômica possa capturar, encantar, deslumbrar e seduzir tanto o homem

que o pensamento calculador possa um dia ser aceito e praticado *como a única forma* de pensar (DT, 56; G, 27).

Então, o perigo não é a destruição da natureza ou da cultura, mas certos tipos totalizantes de práticas – um nivelamento de nossa compreensão do ser. Essa ameaça não é um *problema* para o qual devemos encontrar uma *solução*, mas uma *condição ontológica* que requer uma *transformação de nossa compreensão do ser.*

Qual é, então, a essência da técnica – isto é, a compreensão técnica do ser ou a clareira da época da técnica – e como nos abrir a ela nos proporciona uma relação livre com os dispositivos técnicos? A princípio, quando Heidegger pergunta sobre a essência da técnica, devemos entender que ele não está buscando uma definição. Sua pergunta não pode ser respondida definindo nosso conceito de técnica. A técnica é tão antiga quanto a civilização. Heidegger observa que ela pode ser corretamente definida como "um meio e uma atividade humana". Mas se perguntarmos sobre a *essência* da técnica (a compreensão técnica do ser), descobrimos que a técnica moderna é "algo completamente diferente e [...] novo" (QCT, 5; VA, 15). Ela é mais do que usar copos de plástico para satisfazer nossos desejos. A essência da técnica moderna, nos diz Heidegger, consiste em buscar ordenar tudo para alcançar cada vez mais adaptabilidade e eficiência: "A extração está desde o início sempre direcionada [...] rumo ao máximo rendimento com o mínimo de despesas" (QCT, 15; VA, 23). Ou seja, nosso único objetivo é ordenar da melhor forma, *como um fim em si*: "Em toda parte, tudo é ordenado para ficar de prontidão, para estar imediatamente à mão, de fato para ficar ali apenas para que possa ser convocado para uma nova ordenação. O que é ordenado dessa maneira tem sua própria posição. Chamamos isso de posição de reserva" (QCT, 17; VA, 24). Não temos mais sujeitos transformando a natureza em um objeto de exploração: "A relação sujeito-objeto alcança, pela primeira vez, seu caráter 'relacional' puro, ou seja, ordenador, no qual tanto o sujeito quanto o objeto são absorvidos como reservas" (QCT, 173; VA, 61). Heidegger conclui: "Tudo o que fica de prontidão no sentido dessa posição de reserva já não está posicionado diante de nós como objeto" (QCT, 17; VA, 24). Ele nos diz que um avião moderno, entendido em sua essência técnica, não é uma ferramenta que usamos; não é um objeto, mas uma peça adaptável e eficiente no sistema de transporte. Da mesma forma, não somos sujeitos que utilizam o sistema de transporte, mas, ao contrário, somos usados por ele para encher os aviões.

Nessa perspectiva técnica, os fins últimos como servir a Deus, à sociedade, aos nossos semelhantes ou até a nós mesmos não nos fazem mais sentido. Os seres humanos, nessa perspectiva, tornam-se um recurso a ser utilizado – mas, mais importante ainda, a ser aprimorado – como qualquer outro: "O homem, que já não esconde o seu carácter de ser a matéria-prima mais importante, também é arrastado para este processo" (EP, 104; VA, 90). No filme *2001*, o robô HAL, ao ser questionado se está feliz com a missão, diz: "Estou usando ao máximo todas as minhas capacidades. O que mais um ente racional poderia querer?". Esta é uma expressão brilhante do que diria qualquer pessoa que estivesse em contato com a nossa atual compreensão do ser. Buscamos o desenvolvimento do nosso potencial simplesmente em prol de um maior crescimento. Não temos objetivos específicos. O movimento potencial humano expressa perfeitamente essa compreensão técnica do ser, assim como a tentativa de melhor organizar o uso futuro de nossos recursos naturais. Com isso, tornamo-nos parte de um sistema que ninguém orienta, mas que se move em direção à mobilização total e ao aprimoramento de todos os entes, inclusive de nós. Por essa razão, Heidegger pensa que a sociedade perfeitamente ordenada, dedicada ao bem-estar de todos, não é a solução para os nossos problemas, mas o ápice da compreensão técnica do ser.

Heidegger, no entanto, entende que "seria insensato atacar a técnica cegamente. Seria míope condená-la como obra do diabo. Dependemos de dispositivos técnicos; eles até nos desafiam a avanços cada vez maiores" (DT, 53; G, 24). Em vez disso, Heidegger indica que há uma maneira de mantermos nossos dispositivos técnicos e ainda permanecermos autênticos a nós mesmos como destinatários de clareiras: "Podemos afirmar o uso inevitável de dispositivos técnicos e também negar-lhes o direito de nos dominar e assim distorcer, confundir e devastar nossa natureza" (DT, 54; G, 24-25). Para entender como isso pode ser possível, precisamos de uma ilustração da importante distinção feita por Heidegger entre técnica e compreensão técnica do ser. Podemos recorrer novamente ao Japão. No Japão contemporâneo, práticas tradicionais e desprovidas de caráter técnico ainda existem ao lado da mais avançada produção e consumo de alta tecnologia. O aparelho de televisão e os deuses domésticos compartilham a mesma prateleira – o copo de plástico coexiste com a xícara de porcelana. Assim, vemos que os japoneses, pelo menos, podem desfrutar da técnica e da tecnologia sem adotar a compreensão técnica do ser.

Heidegger sustenta que, para podermos fazer uma dissociação semelhante, precisamos repensar a história do ser no Ocidente. Então veremos que, embora uma compreensão técnica do ser seja nosso destino, não é nossa sina. Ou seja, embora nossa compreensão das coisas e de nós próprios como recursos a serem ordenados, aprimorados e usados eficientemente tenha se desenvolvido desde Platão, não estamos presos a essa compreensão. Embora a compreensão técnica do ser governe a maneira como as coisas têm que se mostrar para nós, podemos estar abertos a uma transformação de nossa atual clareira cultural.

Apenas aqueles que pensam em Heidegger como opositor da técnica ficarão surpresos com seu próximo ponto. Quando percebemos que a técnica é a nossa mais recente compreensão do ser, seremos gratos por ela. Nossa clareira técnica é a causa de nossa penúria, mas se não nos fosse dado encontrar as coisas e a nós mesmos como recursos, nada se mostraria *como* algo e nenhuma possibilidade de ação faria sentido. E quando percebemos – em nossas práticas, é claro, não apenas como uma questão de reflexão – que *recebemos* nossa compreensão técnica do ser, saímos dela, pois então vemos que o que é mais importante em nossas vidas não está sujeito ao aprimoramento eficiente – na verdade, o direcionamento para controlar tudo é precisamente o que não controlamos. Essa transformação em nosso senso de realidade – essa superação do pensar em termos de valores e cálculos – é precisamente o que o pensamento heideggeriano busca realizar. Heidegger procura nos fazer perceber que as nossas práticas são necessárias como o lugar onde uma compreensão do ser pode se estabelecer. Assim, podemos superar a nossa restrita clareira moderna ao reconhecer nossa receptividade essencial à compreensão do ser:

> O homem moderno deve, antes de mais nada, encontrar seu caminho de volta para a extensão total do espaço próprio à sua essência. Esse espaço essencial do ser essencial do homem recebe a dimensão que o une a algo para além dele [...] esse é o modo em que a salvaguarda do próprio ser é dada a pertencer à essência do homem como aquele que é necessário e usado pelo ser (QCT, 39; TK, 39).

Essa transformação em nossa compreensão do ser, ao contrário do lento processo de despoluição do ambiente, que obviamente também é necessário, aconteceria em uma mudança gestáltica súbita: "A virada do perigo acontece repentinamente. Nessa virada, a clareira pertencente à essência do ser se clarifica e se ilumina repentinamente" (QCT, 44; TK, 43). O perigo – ou seja, que temos uma compreensão nivelada e encoberta do ser –, quando apreendido *como* o perigo, torna-se o que nos salva. "O mesmo perigo é, quando entendido *como* o perigo, o poder que salva" (QCT, 39; TK, 39).

Essa afirmação notável dá origem a duas maneiras opostas de entender a resposta de Heidegger à técnica. Ambas as interpretações concordam que, quando se reconhece a compreensão técnica do ser pelo que ela é – uma compreensão histórica –, alcança-se uma relação livre com ela. Nem promovemos a eficiência técnica como nosso único objetivo, nem sempre resistimos a ela. Se estivermos livres do imperativo técnico, podemos, em cada caso, discutir os prós e os contras. Como Heidegger pontua:

> Deixamos dispositivos técnicos entrarem em nossa vida cotidiana e, ao mesmo tempo, os deixamos do lado de fora, [...] como coisas que não são nada absolutas, mas permanecem dependentes de algo superior. Eu chamaria esse comportamento em relação à técnica, que expressa "sim" e ao mesmo tempo "não", pela palavra antiga, *serenidade em relação às coisas*[11] (DT, 54; G, 25).

11 A razão pela qual Heidegger fala de "coisas" aqui é uma longa e interessante história. Em seu ensaio "A coisa", disponível em *Poetry, Language, Thought* [disponível em

Uma maneira natural de compreender essa proposta sustenta que, quando atingimos uma relação adequada com a técnica, ou seja, quando a reconhecemos como uma clareira, ela se revela tão boa quanto qualquer outra clareira.[12] A eficiência – obter o máximo de nós mesmos e de tudo o mais, "ser tudo o que podemos ser" – é boa, desde que vejamos que ela por si só não é o *único* fim para o ser humano, um fim ditado pela própria realidade, mas é apenas nossa atual compreensão. Heidegger parece apoiar essa aceitação da compreensão técnica do ser como um modo de viver com o niilismo técnico quando diz:

> Aquilo que se mostra e ao mesmo tempo se retira (ou seja, nossa compreensão do ser) é o traço essencial do que chamamos de mistério. Denomino o comportamento que nos permite permanecer abertos ao sentido velado na técnica de *abertura ao mistério*.
>
> A serenidade em relação às coisas e a abertura ao mistério pertencem uma à outra. Elas nos concedem a possibilidade de habitar no mundo de uma maneira totalmente diferente. Elas nos prometem um novo fundamento e uma nova fundação sobre a qual podemos assentar e resistir no mundo da técnica sem sermos ameaçados por ela (DT, 55; G, 26).

No entanto, tal aceitação do mistério do dom de uma compreensão do ser não pode ser toda a história de Heidegger sobre como superar o niilismo técnico, pois ele imediatamente acrescenta: "A serenidade em relação às coisas e a abertura ao mistério nos dão uma visão de um novo

---

português no volume intitulado *Ensaios e conferências*], Heidegger detalha como certos objetos, como uma jarra de vinho, podem preservar práticas e reunir as pessoas em torno delas. Essas coisas funcionam como obras de arte locais e temporárias, dando sentido às atividades humanas, mas não orientam toda uma cultura e, portanto, não se tornam o local de uma luta entre terra e mundo. Em vez disso, elas produzem um momento de quietude e harmonia. Albert Borgmann interpreta e desenvolve essa ideia em sua abordagem sobre as "práticas focais" (veja-se A. Borgmann, *Technology and the Character of Contemporary Life* [Chicago: University of Chicago Press, 1984]). Para uma discussão esclarecedora sobre a importância da "coisa" para Heidegger, veja-se também "Heidegger, Language and Ecology", de Charles Taylor, disponível em *Heidegger: A Critical Reader*, ed. H. Dreyfus e H. Hall (Oxford: Blackwell Publisher, 1992), p. 247-269.

12 Veja-se Richard Rorty, "Heidegger, Contingency and Pragmatism", disponível em *Heidegger: A Critical Reader*, ed. Dreyfus e Hall, p. 209-230.

enraizamento que *um dia* pode até ser adequado para recapturar de uma forma modificada o antigo enraizamento, que está agora rapidamente desaparecendo" (DT, 55; G, 26). Então, quando olhamos para a observação precedente, percebemos que a serenidade oferece apenas uma "possibilidade" e uma "promessa" de "habitar no mundo de uma maneira totalmente diferente"; isso por si só não nos permite fazer isso. A mera abertura à técnica deixa de fora muito do que Heidegger considera essencial para superar o niilismo: o enraizamento na natureza, ou o sentido de localização, e as novas diferenças significativas compartilhadas. A serenidade, embora nos apresente uma relação livre com a técnica e proteja nossa natureza de ser distorcida e afligida, por si só não pode nos dar nada disso.

Para Heidegger, então, há duas questões. Uma é evidente: "A questão é a salvaguarda da natureza essencial do homem. Portanto, a tarefa consiste em manter o pensamento meditativo vivo" (DT, 56; G, 27). Trata-se de uma tarefa de preservação de nosso sentido de nós mesmos como *destinatários* de compreensões do ser. Mas isso não é suficiente: "Se a serenidade em relação às coisas e a abertura ao mistério despertarem em nós, então deveremos chegar a um caminho que levará a um novo fundamento e a uma nova fundação" (DT, 56; G, 28). Por conseguinte, a serenidade constitui apenas um estágio, uma espécie de padrão de espera no qual podemos entrar enquanto aguardamos uma nova compreensão do ser, a qual daria um conteúdo compartilhado à nossa abertura – o que Heidegger chama de um novo enraizamento. Por essa razão, toda vez que Heidegger fala de serenidade e do poder de salvação de compreender a técnica como um dom, ele então fala do divino: "Somente quando o homem, no evento da visão pela qual ele mesmo é contemplado [...] renuncia à própria vontade humana [...] pode (ele), como o mortal, olhar em direção ao divino" (QCT, 47; TK, 45). Isso se reflete na famosa observação de Heidegger em sua última entrevista: "Apenas um deus pode agora nos salvar".[13] Mas o que isso significa?

A princípio, Heidegger sustenta que devemos aprender a apreciar práticas marginais – o que Heidegger chama de o poder salvador das coisas insignificantes –, como amizade, fazer trilhas na floresta e beber

13 "Only a God Can Save Us", *Der Spiegel*, 31 de maio de 1976.

vinho local com amigos. Todas essas práticas permanecem marginais precisamente porque resistem à eficiência. Óbvio que essas práticas também podem ser realizadas em prol da saúde e de maior eficiência. De fato, o maior perigo é que até mesmo as práticas marginais sejam mobilizadas como recursos. É por isso que devemos proteger essas práticas em perigo. Mas apenas proteger práticas desprovidas de caráter técnico, mesmo que pudéssemos ser bem-sucedidos nisso, ainda não nos daria o que precisamos, pois essas práticas por si só não constituem um espaço moral compartilhado de opções sérias e significativas.

É claro que não se pode legislar uma nova compreensão do ser. Mas algumas de nossas práticas poderiam se unir em um novo paradigma cultural que nos apresentasse um novo modo de fazer as coisas – um novo paradigma que abrisse um mundo no qual essas e outras práticas fossem centrais, enquanto a ordenação eficiente seria marginal. A um objeto ou evento que fundamentasse essa mudança de paradigma em nossa compreensão da realidade Heidegger chama de novo deus, e é por isso que ele sustenta que apenas um deus pode nos salvar.

O que podemos fazer para focar no que ainda é desprovido de caráter técnico em nossas práticas em um paradigma não-niilista? Quando se percebe o problema, percebe-se também que não há muito o que se possa fazer a respeito. Um novo senso de realidade não é algo que possa ser o objetivo de um programa intensivo como o voo à lua – outro paradigma do poder técnico moderno. Um novo paradigma teria que adotar práticas que nesse momento estão à margem de nossa cultura e torná-las centrais, enquanto desvaloriza práticas agora centrais para nossa autocompreensão cultural. Isso seria uma surpresa para as próprias pessoas que participaram de tal paradigma, e se funcionasse, se tornaria um exemplo de uma nova compreensão do que é importante e de como agir. Certamente, haveria forças poderosas tendendo a se apropriar dele e a mobilizá-lo para nossa ordem técnica, e se falhasse, seria necessariamente avaliado por nossa compreensão atual e pareceria ridículo.

Uma indicação de como esse novo deus poderia ser é oferecida pela música dos anos 1960. Bob Dylan, os Beatles e outros grupos de rock se tornaram para muitos os articuladores de uma nova compreensão do que realmente importava. Essa nova compreensão quase se uniu em um paradigma cultural no festival de música de Woodstock em 1969, no qual as pessoas realmente viveram por alguns dias em uma compreensão do ser na qual as principais preocupações contemporâneas com ordem, sobriedade, atividade voluntária e controle flexível e eficiente se tornaram marginais e subservientes a certas práticas pagãs, como a apreciação da natureza, a dança e o êxtase dionisíaco, junto de interesses cristãos negligenciados com a paz, a tolerância e o amor incondicional ao próximo. A técnica não foi destruída nem depreciada; pelo contrário, todo o poder das comunicações eletrônicas foi colocado a serviço da música, que focou nas preocupações acima mencionadas.

Se pessoas o bastante tivessem reconhecido em Woodstock o que mais lhes importava e reconhecido que muitos outros compartilhavam esse reconhecimento, uma nova compreensão do ser poderia ter se tornado central e estabelecida. Claro que, retrospectivamente, parece-nos que ainda estamos sob o domínio da compreensão técnica do ser, que as preocupações da geração de Woodstock não eram organizadas e totais o suficiente para sustentar uma cultura. Ainda nos resta uma indicação de como um novo paradigma cultural funcionaria. Isso nos ajuda a entender que devemos promover a receptividade humana e preservar as espécies em perigo de extinção de práticas anteriores à técnica que ainda existem em nossa cultura, na esperança de que um dia elas sejam reunidas em um novo paradigma, rico e resistente o bastante para dar uma nova orientação significativa às nossas vidas.

Política

O engajamento político de Heidegger se baseou em sua interpretação da situação no Ocidente como niilismo técnico e do Nacional-Socialismo como um novo paradigma que poderia oferecer uma nova compreensão do ser à nossa cultura. Mas essa mesma interpretação da história do ser que levou Heidegger a apoiar Hitler em 1933 forneceu o fundamento para sua ruptura decisiva com o Nacional-Socialismo entre 1935 e 1938. Entre 1933 e 1935, Heidegger pareceu pensar que seguir Hitler como um líder carismático era a única maneira de salvar e preservar as práticas locais e tradicionais diante da técnica global, exemplificada pela União Soviética e pelos Estados Unidos. Em 1935, ele afirma o seguinte em uma preleção:

> De um ponto de vista metafísico, a Rússia e a América são iguais; o mesmo furor técnico desolador. [...] Situada no centro, nossa nação está sujeita à pressão mais severa. [...] Se a grande decisão sobre a Europa não for trazer a aniquilação, essa decisão deve ser tomada em termos de novas forças espirituais que se desdobram historicamente a partir do centro (IM, 31-32).

Mas em 1938, em *A época da imagem do mundo*, Heidegger entende a técnica como o problema do *Ocidente*, e o Nacional-Socialismo, ao invés da URSS [União das Repúblicas Socialistas Soviéticas] e dos Estados Unidos, como a forma mais perigosa do que ele chama, em termos nazistas, de "mobilização total" (QCT, 137; GA 5, 97). Heidegger também criticou a crença em um *Führer*, como organizador de uma ordem total, como sendo um exemplo de fé na ordenação técnica.

> O ente entrou no caminho da errância no qual o vazio se expande, o que requer uma única ordem e garantia do ente. Inclusive, exige-se a necessidade de "liderança", isto é, do cálculo de planejamento [...] do todo do ente (EP, 105; VA, 93).

Depois de 1938, então, Heidegger considerou o Nacional-Socialismo não como a resposta à técnica e ao niilismo, mas como sua máxima expressão.

Isso nos leva a uma última questão: em que medida o apoio de Heidegger ao Nacional-Socialismo foi um erro pessoal, combinado com preconceitos conservadores, ambição pessoal e ingenuidade política? E em que medida seu engajamento foi ditado por sua filosofia? Vimos que Heidegger, assim como Charles Taylor e Robert Bellah mais recentemente, sustenta que podemos superar o niilismo apenas encontrando algum conjunto de interesses significativos compartilhados que possam dar um novo foco à nossa cultura. Além disso, Heidegger não vê qualquer esperança de superar o niilismo se aceitarmos a fé na autonomia central da razão própria do Iluminismo. De fato, ele entende a busca pela autonomia como a causa de nossa perigosa condição contemporânea. Ele contrapõe a visão do Iluminismo com uma versão não-técnica da mensagem cristã de que o ser humano não pode ser salvo apenas pela autonomia, maioridade, igualdade e dignidade. Heidegger sustenta que apenas alguns interesses significativos compartilhados que nos envolvem podem dar um foco à nossa cultura e nos permitir resistir à aceitação de um Estado que não tem outro objetivo superior senão fornecer bem-estar material para todos. Essa convicção subjaz à sua perigosa afirmação de que apenas um deus – uma figura carismática ou algum outro evento de renovação cultural – pode nos salvar do niilismo.

Para muitos, no entanto, a ideia de *um* deus que nos dará uma comunidade unificada mas aberta – um conjunto de interesses que todos compartilham, mesmo que apenas como ponto de discordância – parece irrealista ou perigosa. Heidegger provavelmente concordaria que sua versão democrática aberta parece cada vez mais inatingível e que certamente vimos que sua forma totalitária fechada pode ser muito perigosa. Porém, Heidegger defende que, dada a nossa essência histórica – o tipo de ente que nos tornamos na Grécia do século V a.C., quando nossa cultura ganhou sua identidade –, tal comunidade nos é necessária. Caso contrário, permaneceremos no niilismo. Heidegger pensa que essa é nossa única esperança ou, como ele pontua, nosso destino.

Para Heidegger, segue-se que nossas necessidades mais profundas serão satisfeitas e nossa penúria superada apenas quando nossa cultura encontrar um novo centro. Nossa condição atual é definida pela ausência de um deus:

> Esta época se define pela ausência de deus, pela "falta de deus". Mas a falta de deus [...] não nega que a relação cristã com Deus continue viva em indivíduos e igrejas; muito menos avalia essa relação negativamente. A falta de deus significa que já nenhum deus reúne em si os homens e as coisas, de maneira visível e inequívoca, e, ao fazer essa reunião, articule a história do mundo e a jornada do homem nele (PLT, 91; GA 5, 269).

O erro *pessoal* de Heidegger advém de ter pensado que Hitler ou o Nacional-Socialismo era tal deus. Contudo, em *A origem da obra de arte*, Heidegger já havia desenvolvido critérios que poderiam servir para determinar se um líder carismático ou um movimento merecia nossa obediência. Ele enfatiza que uma verdadeira obra de arte deve estabelecer uma luta entre terra e mundo. Ou seja, uma verdadeira obra de arte não torna tudo explícito e sistemático. Ela gera e sustenta a resistência à mobilização total. No entanto, Heidegger escolheu apoiar um líder totalitário que negava a verdade de todas as visões conflitantes e estava dedicado a colocar tudo sob controle. Sem dúvida, Heidegger interpretou Hitler como o desencadeamento de algum tipo de luta apropriada. Infelizmente, não há critério isento de interpretação para pôr à prova um novo deus, de modo que tais erros são sempre possíveis. A *filosofia* de Heidegger, então, é perigosa porque busca nos convencer de que apenas um deus – uma figura carismática ou algum outro evento de renovação cultural – pode nos salvar de cair no niilismo da satisfação. Isso nos expõe ao risco de nos comprometermos com algum evento ou movimento demoníaco que prometa renovação.

Que tipo de afirmação Heidegger está fazendo quando nos diz que o bem-estar e a dignidade do Iluminismo não são suficientes e que apenas um deus pode nos salvar? Como se pode justificar ou criticar Heidegger quando ele interpreta nossa situação atual como a ausência de um deus e nossa penúria atual como um sinal do maior perigo? Pois somente tal leitura da presente época justifica o risco de se comprometer com algum novo paradigma cultural.

A primeira resposta que podemos tentar oferecer diz que Heidegger apresenta uma interpretação genealógica. Ele irá se concentrar e aumentar nossa penúria e mostrar que ela pode ser explicada narrando uma história do estreitamento, nivelamento e totalização progressivos da compreensão do ser própria do Ocidente. Tal interpretação precisa considerar mais detalhes de nossa história e situação atual do que qualquer outra interpretação, e, por último, deve nos convencer por meio da luz que lança sobre nossa situação atual, especialmente sobre nosso senso de penúria ontológica ou vazio, se tivermos um.

Mas como poderíamos saber que nossa penúria se deve à ausência de um deus em vez de a problemas pessoais e sociais? Uma resposta pode ser que teremos que esperar pelo aperfeiçoado estado de bem-estar e então ver como nos sentimos. Se os defensores do Iluminismo estiverem certos, a penúria será eliminada, enquanto Heidegger, pode-se supor, esperaria que, à medida que a técnica fosse bem-sucedida, a penúria aumentará. Mas Heidegger não faz essa afirmação. Ele admite e teme a possibilidade de que todos possam simplesmente se tornar saudáveis e felizes e esqueçam completamente que são destinatários de compreensões do ser. Tudo o que Heidegger pode dizer é que tal esquecimento de nosso esquecimento do ser seria a mais escura noite do niilismo. Em tal "mundo sem mundo", Heidegger não poderia mais esperar ser compreendido. Apenas então e apenas enquanto ele pode despertar nossa penúria e nosso senso de nossa receptividade a uma fonte misteriosa de sentido que nos cria e nos sustenta, ele pode esperar que possamos ver a força de sua interpretação.

Esse pensamento está longe do "conhecimento infalível"[14] que muitos pensam que Heidegger reivindica. De fato, Heidegger faz questão de ressaltar que não pode reivindicar infalibilidade para sua interpretação. Ele escreve a um estudante que "esse pensamento nunca pode mostrar credenciais tal como pode o conhecimento matemático. Mas também não se trata de uma questão de arbitrariedade" (PLT, 184; VA, 183). Ele então continua repetindo sua leitura do Ocidente como tendo perdido contato com as práticas que salvam e que foram excluídas pela técnica totalizante – práticas que, no entanto, estão ao nosso redor:

> A falta de deus e das divindades é a ausência. Mas a ausência não se identifica com o nada; na verdade, trata-se precisamente da presença, que primeiro deve ser apropriada, da plenitude velada do que foi e do que, assim reunido, está presente, do divino no mundo dos gregos, no judaísmo profético, na pregação de Jesus (PLT, 184; VA, 183).

---

14 HABERMAS, Jürgen. "Work and Weltanschuung: The Heidegger Controversy from a German Perspective". *Critical Inquiry*, 15 (inverno de 1989): 431-456; reimpresso em *Heidegger: A Critical Reader*, ed. Dreyfus e Hall, p. 186-208.

E ele imediatamente acrescenta que não pode reivindicar autoridade especial: "Não posso apresentar provas para o que disse [...], [provas] que permitiriam uma verificação conveniente em cada caso de se aquilo que digo concorda com a 'realidade'" (PLT, 186; VA, 184). Este é um aviso apropriado, já que o próprio erro político de Heidegger nos lembra que quaisquer diretrizes devem sempre ser interpretadas e que caso se faça a opção pelo carismático, não se pode evitar o risco. Assim, a carta de Heidegger ao estudante se conclui de forma apropriada: "Qualquer caminho sempre corre o risco de se desviar. [...] Permaneça no caminho, em autêntica necessidade, e aprenda a arte de pensar, firme, mas errante" (PLT, 186; VA, 185).

14 A quadratura

Julian Young

No âmbito dos diversos enigmas que cercam "a quadratura", destaca-se a quase total ausência, por parte dos especialistas em Heidegger, de qualquer tentativa de elucidar o que ela significa. Observa-se que o tema usualmente sequer consta nos índices e, mesmo quando é mencionado, só o faz em termos como "essa concepção [de quadratura] é desenvolvida de uma maneira que só se pode chamar de mítica, de modo que sua importância filosófica está longe de ser evidente",[1] o que não é realmente muito útil. Perplexos com a brevidade poética de Heidegger, os comentadores relegaram o assunto à categoria do indecifrável.

No entanto, sem entender a quadratura – terra, céu, deuses e mortais –, não se pode compreender quase nada da fase tardia do pensamento de Heidegger, que afirma que "habitar", como ele nomeia, é a "essência" humana (QCT, 29; P, 257; PLT, 213ss). Mas habitar significa "pertencer à quadratura de céu e terra, de mortais e divindades" (QCT, 49; compare-se com PLT, 149). Ele também afirma que a quadratura é o que "chamamos de mundo" (PLT, 179). Sem entender a quadratura, portanto, não se pode entender nem a concepção de ser humano na fase tardia do pensamento de Heidegger nem sua concepção de "mundo".

Habitar é estar "em casa" (QCT, 49). Trata-se de ser e estar no mundo como em uma *Heimat* [terra natal], estar nele não como em um lugar estrangeiro, mas como em uma terra natal. Habitar é fazer com que o lugar se apresente como uma *morada*.

1 OLAFSON, Frederick A. "The Unity of Heidegger's Thought". *In*: GUIGNON, C. (ed.). *Cambridge Companion to Heidegger*. 1. ed. Cambridge: Cambridge University Press, 1993, p. 117.

Geviert (o termo heideggeriano traduzido como "quadratura") é uma palavra vaga para "quadra" ou "pátio" – por exemplo, o pátio de uma fazenda cercado por todos os quatro lados por construções da fazenda. Como tal, trata-se de uma noção essencialmente espacial. A quadratura é a explicação de Heidegger sobre o que torna um lugar ou espaço uma morada. Nosso lugar constitui uma morada (um *Te Papa*, como dizem os maori) apenas na medida em que se apresenta como *Geviert*. Para entender como isso acontece e no que consiste, devemos começar tentando entender cada um dos elementos que lhe pertencem.

A "terra", diz Heidegger, "é a sustentação da construção, alimentando com seus frutos, cuidando da água e da rocha, da planta e do animal" (PLT, 178). Os habitantes fazem morada "sobre" a terra (PLT, 149). O "céu", continua ele, "é o caminho do sol, o curso da lua, o brilho das estrelas, as estações do ano, a luz e o crepúsculo do dia, a escuridão e o brilho da noite, a benevolência e a crueldade do clima, as nuvens flutuantes e a profundidade azul do éter" (PLT, 178). Os habitantes fazem morada "sob" o céu (PLT, 149).

Pensando menos pictoricamente, a "terra" parece abarcar a totalidade das coisas, animais, vegetais e minerais, com as quais compartilhamos nosso mundo. E o "céu" abarca, além do céu em sentido literal, aquilo que é considerado como lhe pertencendo ou vindo dele – os ritmos previsíveis dos movimentos dos planetas, das estações, do dia e da noite, bem como as movimentações imprevisíveis do clima.

"Os deuses", *die Göttlichen*, literalmente "os divinos", são o elemento da quadratura mais difícil de entender. Heidegger afirma a respeito da tragédia grega que ela "trouxe a presença dos deuses, [ou seja] ela fez resplandecer o diálogo dos destinos divino e humano" (QCT, 34). Em certo sentido, portanto, os deuses *são* os "destinos divinos". O que isso significa?

Os destinos divinos, "leis" (HE, 312) ou "decretos" (I, 116), são o *ethos* fundamental de uma comunidade. De certa forma essencial "inexpressa", eles são aquilo a que a Antígona de Sófocles recorre ao resistir às leis injustas do Estado de Creonte (*ibid.*). (Creonte ordena que, como traidor, o corpo de Polinices seja deixado sem sepultura. Antígona, recorrendo a uma autoridade superior, sepulta o corpo de seu irmão e é condenada à morte.) E são as leis divinas que criam a possibilidade de uma crítica à "voz do povo", à opinião pública contemporânea (HE, 312).

Em sua primeira grande obra, *Ser e tempo*, o termo heideggeriano para os destinos divinos é "herança". E aí ele fala da herança como sendo incorporada em "heróis" (BT, 385, 391), figuras mais ou menos mitologizadas preservadas na memória coletiva de uma cultura, figuras que incorporam coletivamente o que significa viver propriamente como ateniense, alemão, neozelandês etc. Em uma palavra, os heróis são modelos de "atuação" ou – muito melhor – de "vida".[2] Os deuses do pensamento tardio de Heidegger, conforme proponho, são o reaparecimento dos heróis de *Ser e tempo*, repensados de maneira mais profunda e rica. É por isso que ele os chama de "os mensageiros da divindade que nos acenam" (PLT, 149, 179). Por serem quem são, eles dão voz àquilo que nos é mais sagrado. Como membros de uma determinada comunidade, seguindo ou não seu exemplo inspirador, vivemos nossas vidas à luz de nossos deuses. Assim como vivemos "sobre" a terra e "sob" o céu, vivemos "diante" das divindades (PLT, 149).

Os "mortais", aqueles "com" quem vivemos (*ibid.*), são seres humanos, é claro (PLT, 150). Por que Heidegger diz "mortal" em vez de apenas "ser humano"?

Acredito que, em parte, por razões pictóricas e metafóricas. Assim como "terra" contrasta com "céu", os habitantes "mortais" da terra contrastam com os habitantes "imortais" do *Himmel* – que, em alemão, significa tanto "céu" quanto "paraíso". No entanto, creio que Heidegger quer enfatizar sobretudo que morrer, ser "capaz da morte como morte", é uma característica que define os seres humanos. Enquanto os animais simplesmente "perecem", os seres humanos são capazes de se aproximar da morte com uma compreensão do que ela realmente é, a saber, "o santuário do nada", "o mistério do próprio ser" (PLT, 178). Se colocarem em

2 O que é importante sobre Edmund Hillary e Peter Blake para os neozelandeses, George Washington e Martin Luther King para os americanos, é que, enquanto mitificados, eles exemplificam, *por excelência*, não apenas as virtudes de ser um bom marinheiro ou político, mas, na verdade, as virtudes de um bom ser humano.

prática essa capacidade, Heidegger acrescenta, então se tornam capazes da "boa morte" (PLT, 151). Mostrar-se a si mesmo como um "mortal" é de alguma forma um marco da posse da adequada relação com o "ser". Tentarei elucidar brevemente essas afirmações enigmáticas.

Evidentemente, "céu" e "terra", em determinado sentido da palavra, fazem parte da natureza. E os indivíduos, mortais, reunidos por uma "herança" comum, por um panteão compartilhado de deuses, são claramente cultura ou comunidade: é por, e apenas por, habitarem "à vista dos deuses", diz Heidegger, que "os homens se tornam um povo (*Volk*)" (GA 39, 216). Então, a quadratura de terra, céu, deuses e mortais constitui realmente a dupla denominada de natureza e cultura (ou "história", como os alemães tendem a chamá-la).

Mas se isso é tudo o que a quadratura significa, o que justifica a linguagem elevada e poética presente nas próprias descrições de Heidegger sobre ela? Penso que não por hipérbole literária casual, mas para *mostrar* algo. Heidegger usa a linguagem poética para descrever como o mundo é experienciado quando este se apresenta como uma morada, porque quer mostrar que – como diz uma de suas linhas preferidas de Hölderlin – "poeticamente o homem habita" (PLT, 213ss).

O que a poesia tem a ver com habitar? O que *é* poesia?

A "compreensibilidade", a possibilidade de enunciados que são inequivocamente verdadeiros ou falsos, depende do que Heidegger chama de "horizontes de descerramento" (DT, 63). Para eu entender o seu ponto quando você diz, apontando para o rio, "você nunca mais vai se banhar nele", preciso compreender que, nesse momento, o horizonte de discussão é "algo concreto" em vez do habitual horizonte "coisa".[3]

Na vida cotidiana, o horizonte geral da experiência é o da "instrumentalidade", em um sentido amplo da palavra – um ponto enfatizado (na verdade, muito enfatizado) em *Ser e tempo*. Porque somos essencialmente

3 Uma discussão completa da abordagem feita por Heidegger a respeito da verdade está disponível em minha obra *Heidegger's Later Philosophy* (Cambridge: Cambridge University Press, 2002), capítulo 1.

agentes práticos, porque estamos entregues ao "trabalho" (PLT, 220), somos, em um sentido amplo da palavra, "trabalhadores" (não podemos deixar de promover mudanças intencionais no mundo), as coisas se mostram a nós de maneiras adequadas ao "trabalho". O objeto na minha frente, por exemplo, não se mostra como uma sutil sinfonia de brancos delicadamente variados refletindo em uma esfera alongada semi-abstrata, ao estilo Henry Moore, mas como, e apenas como, um mictório. Essa redução das coisas à única dimensão (horizonte) do instrumento reflete uma característica da linguagem da comunicação cotidiana: tal linguagem é (ou aspira a ser), diz Heidegger, *eindeutig* (GA 52, 15), "inequívoca", no uso habitual, mas aqui para ser entendida em seu sentido literal de "significado único", unidimensional.

Não há nada de errado com os horizontes de descerramento, em geral, ou com o horizonte da instrumentalidade, em específico. Não poderíamos nos engajar em uma comunicação bem-sucedida sem eles, não poderíamos sobreviver como agentes práticos sem o horizonte da instrumentalidade. (Este é um ponto que parece ser ignorado na paranoia universal dirigida às "epistemes" ou "regimes de sentido" exibidos por Foucault e Derrida, a demanda de que todos sejam "desconstruídos".)

O que pode facilmente acontecer, no entanto, é que perdemos de vista o fato de que o horizonte da instrumentalidade é apenas *um* horizonte, *um* descerramento do ser (realidade) entre indefinidamente muitos outros. O nosso horizonte cotidiano se calcifica *na* forma como a realidade se apresenta, de modo que perdemos de vista o fato de que os horizontes de descerramento sempre "encobrem" outros horizontes. Por exemplo, o horizonte da "coisa" encobre o horizonte do "algo concreto". Perdemos de vista o fato de que por trás de cada descerramento há uma "reserva" do "ainda-não-descerrado" (PLT, 60). Heidegger, talvez não de forma muito útil, chama de "metafísica" essa redução do ser multifacetado (PLT, 124) a um único aspecto.

Enquanto a prosa cotidiana, a linguagem na qual a experiência cotidiana acontece, é *eindeutig*, a linguagem da poesia é *vieldeutig* – usualmente traduzida por "ambígua", mas aqui, diz Heidegger, para ser lida literalmente como "de muitos sentidos", detentora de uma "multiplicidade" ou "riqueza de sentido", pois para cada palavra "verdadeiramente" poética pertence uma gama "inesgotável" de "espaços complexos de ressonância [semântica]" (GA 52, 15; compare-se com OWL, 192).

Em parte, isso é uma repetição da abordagem feita por Kant sobre a palavra poética (ou "ideia estética") como aquilo que "induz a muito pensamento, mas sem a possibilidade de qualquer pensamento definido, ou seja, *conceito*, ser completamente adequado a ela".[4] Porém, parece-me que, enquanto Kant pensa que todas essas ressonâncias de uma palavra poética pertencem ao nosso horizonte último – "transcendental" – de descerramento, Heidegger pensa que elas trazem à presença o sentido do significado da palavra como se estendendo para além do horizonte "transcendental" (DT, 63), constituído pela linguagem que falamos. Se nomear minha amada poeticamente, penso nela como um dote, uma bênção, uma graça, uma rosa, um dia de verão, um... O que importa aqui são os pontos. Para Kant, enquanto eles representam apenas o que podemos chamar de ressonâncias intramundanas, para Heidegger, eles trazem à presença experiencial o fato de que o ser multifacetado transcende, infinitamente, qualquer coisa de que nossa linguagem seja capaz.

Na experiência poética ou na experiência mediada pela poesia, portanto, "apreendemos" nossas vidas como vividas "diante do inapreensível" (I, 136), deparamo-nos com o "mistério" (QCT, 25) do ser, com a sua "imponência" (PLT, 68). Por essa razão, Heidegger afirma que a essência da poesia é "fundar o sagrado" (GA 52, 193; I, 138; GA 4, 148). Ao nos libertar do nivelamento da "metafísica", ela permite que experienciemos a realidade como aquilo diante do que devemos nos curvar em reverência.

Agora estamos em uma posição melhor para entender o que quer dizer "poeticamente o homem habita". O que isso significa é que os seres humanos habitam no, e apenas no, sagrado. Para se tornar uma morada, nosso mundo deve se mostrar – para empregar uma metáfora que Heidegger adota de Hölderlin – como possuindo a "dimensão" do sagrado, uma dimensão que só pode ser "medida" pelo poeta (PLT, 220-225). Além das, como podemos

4 KANT, Immanuel. *The Critique of Judgment*. Trad. J. C. Meridith. Oxford: Oxford University Press, 1952, p. 168-169.

as chamar, "dimensões" de terra, céu, deuses e mortais, a morada deve possuir a quinta dimensão: o sagrado. Vista desta forma, devemos dizer que a quadratura se constitui, na verdade, um lugar de cinco dimensões.

A expressão "poeticamente o homem habita" está de acordo com nossas intuições. Nada comove tanto o indivíduo geralmente prosaico para o lirismo quanto a pátria – particularmente a pátria em perigo ou a pátria vista de longe (a cidade de Auckland vista a partir de um fim de tarde de inverno chuvoso em Londres) –, um fato que indica uma interpretação da observação de Heidegger segundo a qual a poesia é "política no sentido mais nobre e autêntico" (GA 39, 214). Mas por que, filosoficamente, deveríamos acreditar que o ser humano habita apenas no espaço poético? O que, de fato, *é* habitar? O que é estar em casa na *Heimat*?

"O caráter fundamental do habitar", diz Heidegger, é "cuidar (*Schonen*)". Mas cuidar tem um duplo aspecto. Por um lado, quem habita é *objeto* do cuidar, é "preservado de danos e perigos... protegido... está em paz" (PLT, 149). A diferença entre o familiar (no sentido do alemão *heimisch*) e o estrangeiro é que quem habita se sente seguro no âmbito familiar de uma forma que não se sente no estrangeiro. Por outro lado, quem habita é *sujeito* do cuidar: trata-se daquele que "poupa e preserva" (*ibid.*) as coisas da morada, tornando-se, como Heidegger diz, seu "pastor" ou "guardião" (P, 252; PLT, 184). Estar em casa em um lugar é cuidar dele. As pessoas não sujam suas casas – se as têm – da mesma forma que sujam as estradas.

Qual é a relação entre esse duplo aspecto do cuidar e o sagrado? Por que apreender a pátria em sua misteriosa e impressionante "profundidade" (cf. BT, 152) me faz sentir "seguro" e "em paz", e por que, em segundo lugar, deveria me dispor a *manter* a pátria segura, a tornar-me seu cuidador?

A *última* ameaça à nossa seguridade é obviamente a morte. O medo da morte (em oposição ao medo do julgamento) é o medo do nada, o medo diante "do nada". Mas somente para aquele que sucumbiu à ilusão da "metafísica" sua manifestação neste mundo representa a totalidade de seu ser. Para aquele que superou a metafísica – aquele que intui a verdadeira natureza do ser e da verdade –, "a morte e o reino dos mortos" (aqui a discussão de Heidegger assume a forma de um pensar-com Rilke) são simplesmente "o lado da vida que é desviado de nós" (PLT, 124-125). É claro que, em certo sentido, a morte se configura como a entrada no nada; ela é, como já registrado, o "santuário do nada" (PLT, 178). Mas este constitui apenas o nada do "nada compreensível para nós", o nada que é "o mistério do próprio ser" (*ibid.*), tratando-se daquilo que está para além de nosso mais derradeiro horizonte de compreensibilidade. Não se trata do nada absoluto, "negativo-privativo" (GA 15, 363) do abismo, mas, na verdade, de algo "positivo" (PLT, 124). Superar a "metafísica" é tornar-se um "mortal", ser "capaz da morte como morte" em vez de como mera "extinção". Superar a metafísica é ser lançado na natureza misteriosa, mas acalentadora, da morte e assim tornar-se capaz da "boa morte" (PLT, 151).

Voltando-nos para o segundo aspecto do cuidar, por que o descerramento de meu mundo como lugar sagrado me transformaria em um "guardião do ser"? Porque, evidentemente, mostrar respeito, reverência, é o que significa apreender meu lugar como um lugar sagrado. Se não sou levado a respeitar o chão em que piso, não sei que se trata de chão sagrado.

Os guardiões, é claro, não podem evitar fazer mudanças na morada. Na medida do possível, no entanto, as mudanças que realizam estão em harmonia com a morada e não são um "ataque" contra ela (QCT, 16). Em vez de procurar assertivamente estabelecer uma nova ordem das coisas, eles procuram "trazer à tona" (QCT, 10-11) potencialidades já implícitas no próprio lugar. Por exemplo, se são arquitetos ou jardineiros, eles "ouvem o pedido feito pela terra", como o *Sakutei-ki*, o clássico manual de jardinagem japonesa do século XI, nos diz. Além de respeitar a ordem fundamental das coisas, eles permitem que o lugar se complete por meio de suas ações. Além de "deixar as coisas serem", no sentido de conservá-las, eles "deixam as coisas serem" no sentido ativo de, como Heidegger pontua, permitir que o que está "vindo" chegue (QCT, 10-11).

Isso é suficiente para a exposição da ideia fundamental de Heidegger. Quero agora propor algumas perguntas exploratórias na expectativa de que a tentativa de as responder forneça uma compreensão mais profunda da quadratura e, portanto, do habitar.

Minha primeira pergunta, feita com deliberada aspereza, é: qual o *tamanho* da quadratura? Quantas existem? Há mais de uma? Como observado, Heidegger identifica "quadratura" com "mundo" (PLT, 179). Mas como "mundo" é uma noção notoriamente elástica, isso dificilmente fornece uma resposta à pergunta.

Heidegger afirma que a pátria é aquilo que está "perto" de nós. Mas a proximidade implica distância; a proximidade não "aparece" se a "distância [...] permanece ausente" (PLT, 166). Se alguém não tem concepção do "estrangeiro", do que não é e de onde não pertence, então não pode ter concepção do que é e de onde pertence. (Óbvio que esse é o perigo da moderna tecnologia de informação, de TV e de internet. Ela ameaça destruir a possibilidade de pátria ao criar, como Heidegger pontua, uma "distância uniforme" [*ibid.*], na qual tudo está igualmente próximo e igualmente remoto. A metáfora de Marshall McLuhan, vale a pena lembrar, é apenas uma metáfora. A aldeia global não é uma aldeia.)

Assim, uma morada é um espaço *delimitado*. Trata-se de um espaço "arrumado e livre [...] dentro de um limite", sendo o limite "não aquilo em que algo termina, mas [...] aquilo de onde algo *começa a ser o que é*" (PLT, 154). Portanto, há *muitas* quadraturas. A quadratura na qual se habita, se se habita, é uma quadratura *local*. Isso significa, voltando-nos para o que poderia chamar de "ética do habitar", que há, em Heidegger, uma combinação de universalismo e localismo. Por um lado, estar na adequada relação com o ser, estar em uma relação baseada na "percepção daquilo que é" (QCT, 47) ao invés da ilusão da "metafísica", significa – universalmente – cuidar, tornar-se um "guardião" da morada. Por outro lado, como a morada é local em vez de universal, as implicações concretas da ética do habitar irão variar de lugar para lugar e de pessoa para pessoa. O objeto primário de minha guarda não é o universo ou o planeta, mas a quadratura particular à qual pertenço. (No atual cenário, é claro, uma vez que as principais ameaças tanto à minha natureza quanto à minha cultura são de caráter global, só posso cuidar do meu lugar cuidando do globo. Para pensar localmente, devo, como diz o ditado, agir globalmente.)

Minha segunda pergunta exploratória diz respeito ao que Heidegger chama de "unidade" ou "simples unicidade" da quadratura. Ele diz que a quadratura não é um mero conjunto de entes desconectados. Ao contrário, "cada um dos quatro espelha à sua própria maneira a presença dos outros". Eles "pertencem [...] uns aos outros", "são essenciais um em relação ao outro" (PLT, 178-180). O que Heidegger está tentando dizer aqui? Ele está correto?

O "espelhamento" mútuo entre terra, céu, deuses e mortais, diz Heidegger, "não retrata uma semelhança" (PLT, 179). Não é icônico, não é uma questão de retratar. Penso que, ao contrário disso, esse espelhamento se constitui mais como uma relação funcional. Dado qualquer elemento de uma quadratura, podemos "deduzir" os outros três (embora seja importante lembrar que não estamos fazendo matemática, então "deduzir", creio eu, deve ser entendido de uma forma relativamente livre e aproximada). "Quando dizemos terra [ou céu, ou deuses, ou mortais], já estamos pensando nos outros três junto com ela" (PLT, 178; veja-se também 149-150). Por quê?

Se lembrarmos que "terra" abarca a flora e a fauna e que "céu" abarca o clima, a ideia de um "espelhamento" mútuo entre ambos, a ideia de que da "terra", da morada, você pode "deduzir" seu "céu" e vice-versa não fica difícil de entender. Há uma simbiose óbvia entre clima e espécies de animais e plantas, mesmo entre clima e formação de relevos. Sob um céu ártico, encontram-se apenas desertos árticos, sobre florestas tropicais, o céu deve estar cheio de chuva.

De forma similar, a ideia de um espelhamento mútuo entre deuses e mortais não é difícil de entender – pelo menos não é difícil caso se esteja familiarizado com o pensamento inicial de Heidegger, com *Ser e tempo*.

De acordo com *Ser e tempo*, ser "autêntico" é uma questão de ser fiel aos valores fundamentais que constituem a "herança" da própria comunidade.[5] Ao contrário do existencialismo sartreano, que sustenta que meus valores fundamentais são inevitavelmente *escolhidos* por mim, Heidegger sustenta que meus valores fundamentais – quem eu sou fundamentalmente – são *dados* a mim como minha "herança". Segue-se que ser autêntico, ser verdadeiro em relação a mim mesmo, é ser verdadeiro em relação à herança recebida.[6] Mas "os deuses", como vimos, são as encarnações da herança. Então, a partir dos deuses de uma comunidade, pode-se deduzir o caráter fundamental dos "mortais", tanto como "povo" quanto como indivíduos. E vice-versa.

Céu e terra são natureza, deuses e mortais – mortais vivendo em comunidade "diante" de seus deuses – são, como dissemos, cultura. O que vimos até agora é que as ideias de um "espelhamento" intranatural e de um "espelhamento" intracultural são relativamente fáceis de entender. O que me parece problemático e difícil de entender, no entanto, é a ideia de um espelhamento entre natureza e cultura. Por que deveríamos acreditar que há um espelhamento mútuo entre os deuses de um povo, por um lado, e seu céu e terra, por outro?

Nietzsche diz que "uma vez que se tenha reconhecido a necessidade, a terra e o céu [...] de um povo, também se pode adivinhar a lei de suas superações",[7] adivinhar, isto é, dizer suas virtudes ou, na linguagem heideggeriana, seus "deuses". A afirmação de Nietzsche diz que virtudes específicas têm uma afinidade natural com ambientes específicos. Prudência, precaução e economia, virtudes essenciais em climas frios onde a comida deve ser armazenada para o inverno, não fazem sentido

5 Para uma exposição e defesa completa dessa abordagem da concepção de autenticidade em *Ser e tempo*, veja minha obra *Heidegger, Philosophy, Nazism* (Cambridge: Cambridge University Press, 1997), capítulo 2.

6 Note-se que isto não é o mesmo que dizer que ser autêntico é uma questão de ser fiel aos valores fundamentais da sociedade onde se nasceu – um ponto talvez esquecido em *Ser e tempo*. Pode-se, por exemplo, emigrar e – lentamente e sempre com dificuldade – vir a habitar outra quadratura. O que se mostra como sagrado e, portanto, autoridade para mim pode não ser o local de nascimento, mas a "segunda pátria". Se isso acontecer, porém, em um sentido forte, não serei mais a pessoa que era. Mudar de lugar – mudar de *morada* –, eu diria, é mudar o povo.

7 NIETZSCHE, F. *Thus Spoke Zarathustra*. *In*: *The Portable Nietzsche*. Edição e tradução inglesa de W. Kaufmann. Nova Iorque: Viking, 1954, I: 15.

em uma comunidade simples do Pacífico Sul onde a comida está disponível quase durante todo o ano. Poder-se-ia ser tentado a concluir que os "deuses" refletem a natureza, porque a natureza determina as virtudes.

Há uma objeção óbvia a essa conclusão, a saber: a história fornece muitos exemplos de duas ou mais culturas com panteões separados de "deuses" vivendo no mesmo "céu" e "terra". Por exemplo, considere as comunidades árabe e francesa na Argélia do século XX, e europeus e maori na Nova Zelândia.

A primeira resposta heideggeriana a essa objeção deve consistir, penso eu, em apontar que viver em uma região geográfica não é o mesmo que habitar em uma quadratura. *Bodenständigkeit*, o enraizamento da vida no solo, é um conceito heideggeriano fundamental. Em 1934, rejeitando um segundo convite para aceitar uma cátedra em Berlim, Heidegger explicou, em um programa de rádio intitulado "Por que permanecemos nas províncias?", que seu

> trabalho filosófico não acontece como os estudos isolados de alguns excêntricos. Ele pertence exatamente a este lugar, em meio ao trabalho dos camponeses. Quando o jovem camponês arrasta seu trenó pesado pela encosta e guia-o, cheio de troncos de faia, pela perigosa descida até sua casa, quando o pastor, perdido em pensamentos e a passos lentos, leva seu rebanho pela encosta, quando o camponês em sua cabana prepara as inúmeras telhas para o seu telhado, *meu trabalho é do mesmo modo. Ele está intimamente enraizado e relacionado com a vida dos camponeses.* [...] A intrínseca relação do meu próprio trabalho com a Floresta Negra e seu povo vem de um enraizamento centenário e insubstituível no solo alemânico-suábio.[8]

---

8 Citado em *Heidegger's Confrontation with Modernity*, de Michael Zimmerman (Bloomington: Indiana University Press, 1990), p. 71. Este discurso foi proferido em um contexto de anti-intelectualismo nazista e durante o período de envolvimento ativo de Heidegger com o nazismo. Mas, como Heidegger repetiu sentimentos semelhantes durante toda a sua vida, não há razão para duvidar da sua sinceridade.

A vida do filósofo está "enraizada" na vida do camponês da Floresta Negra,[9] e a vida do camponês está enraizada no caráter ralo e empobrecido do "solo" da Floresta Negra. Suas virtudes também se originam aí; a firmeza inabalável, inquebrantável como granito, com que Albert Schlageter enfrentou os rifles franceses (ele fora condenado à morte em 1923 por atos de sabotagem em protesto contra a ocupação francesa do Ruhr) está enraizada no "endurecimento da vontade" deste "filho de camponês" que cresceu em meio ao granito da Floresta Negra, sua "clareza de coração" desenvolvida pela "luz clara" com que "o sol de outono da Floresta Negra" banha as cordilheiras.[10] Heidegger diria que é óbvio que alguém pode *viver* em uma região sem que seus "deuses" sejam os nativos dela. Mas se não são, falta-lhe *Bodenständigkeit*, não *habita* este lugar, não faz morada aí.

Heidegger certamente tem razão aqui. Os britânicos na Índia, por exemplo, como mostra E. M. Forster, com apenas muito poucas (desprezíveis) exceções, não *fazem morada* lá. A incongruência entre seus "deuses" e a "terra" e o "céu" indianos – o *caráter absurdo* de suas roupas pesadas, disciplina rígida e maneiras pomposas – mostrava isso. De fato, eles não queriam *fazer morada* lá, achavam a ideia de, como chamavam, "se tornar nativo" profundamente ameaçadora. *Orgulhavam*-se de sua inadequação, assumindo a frase de Noël Coward, "cães loucos e ingleses saem ao sol do meio-dia", não como uma sátira, mas como uma *celebração* de si mesmos. Eles não queriam fazer morada lá porque, como a Sra. Moore percebe ao ouvir o terrível eco de Om nas cavernas de Marabar, o preço de fazer morada na Índia é a destruição da própria identidade europeia.

Mas isso de forma alguma significa que comunidades coloniais nunca possam fazer morada no lugar colonizado. A intensa e duradoura

---

9 Em uma visita ao vilarejo de Todtnauberg, na Floresta Negra (se me permitem uma anotação pessoal), pedi indicações para chegar à cabana de Heidegger. "Você conheceu os Heidegger?", perguntei aos moradores da casa do camponês. "É claro, eles apanhavam seu pão e leite de nós." "Como eles eram?" "*Ganz einfache Leute* (gente muito simples)", foi a resposta

10 WOLIN, Richard (ed.). *The Heidegger Controversy*. Cambridge, MA: MIT Press, 1993, p. 41. Isso foi retirado de um discurso político proferido em maio de 1933 em louvor a um ex-aluno da Universidade de Friburgo que se tornou um herói e mártir nazista. Mais uma vez, porém, não há razão para duvidar da sinceridade dos sentimentos expressos.

saudade de casa de Albert Camus pela Argélia é evidência disso. No entanto, o que acontece quando colonizadores começam a fazer morada na nova terra é que a cultura imigrante começa a adquirir *Bodenständigkeit* e, portanto, começa a convergir com a cultura nativa. Camus nota isso. Sob o sol de Argel, nas praias onde as pessoas não são "nudistas" – aqueles enfadonhos "protestantes da carne" –, mas simplesmente pessoas "confortáveis ao sol", em um lugar onde se diz "aproveitar" um mergulho ao invés de "dar" um mergulho, a vida, tanto para os franceses quanto para os árabes, não é mais algo a ser "construído", como em Paris, mas algo a ser "aproveitado".[11] Vê-se o mesmo fenômeno na Nova Zelândia. Em áreas predominantemente maoris, os estilos de vida e de fala pākehā (europeus) assumem inflexões maoris.

Dito tudo isso, no entanto, deve-se resistir à tentação, penso eu, de transformar a ideia de que o ambiente *influencia* a cultura na ideia de que o ambiente a *determina*. Apesar de a cultura europeia-argeliana talvez se aproximar da cultura islâmica dos árabes, nunca se tornou em lugar algum *idêntica* a ela. Embora a cultura pākehā do campo se aproxime da cultura maori, elas permanecem separadas. *Culturas diferentes, deuses diferentes, podem estar "enraizadas no solo" da mesma natureza* (o que se configura, é claro, como a razão de muitas tragédias pós-coloniais). Penso que o que é verdadeiro é que a natureza determina uma gama (ou, talvez melhor, uma família) de deuses como estando "em casa" em um determinado lugar. Nessa gama, porém, diferentes comunidades podem adorar diferentes panteões.

Duvido que alguma vez Heidegger tenha pensado sobre as comunidades do colonialismo que conviviam paralelamente – como a Alemanha não tinha colônias, teria sido um tanto surpreendente se ele o tivesse feito. Implicitamente, parece-me, ele sempre pensou na pressuposição tácita de uma correspondência direta entre comunidades étnicas e lugares naturais. Para Heidegger, a Floresta Negra é o "solo alemânico-suábio" desde os primórdios da história. Quando, em 1961, em um de seus momentos menos ponderados, Heidegger chamou toda arte moderna de inútil por "não surgir mais dos limites formadores de um mundo étnico

---

11 CAMUS, A. *The Myth of Sisyphus*. Trad. J. O'Brien. Londres: Penguin, 1975, p. 33.

ou nacional",[12] fica claro, penso eu, que ele entende a miscigenação de populações da modernidade simplesmente como a destruição do habitar. Claro que a ideia de diferentes comunidades compartilhando a mesma "terra" e "céu" simplesmente não passa por sua cabeça. O resultado, creio eu, é um exagero da rigidez com que os "deuses" de uma comunidade são determinados por sua terra e céu.

"As coisas", diz Heidegger, "reúnem" a quadratura (PLT, 153). "Permanecer junto às coisas é a única maneira pela qual se realiza a quádruple permanência junto à quadratura" (PLT, 151). O que isso significa? No uso especialmente elevado que Heidegger faz da palavra, o que é uma "coisa"?

Heidegger observa que o termo "*thing*", do antigo alto alemão – a origem do termo alemão moderno "*Ding*" (coisa) –, se referia a uma reunião do povo para discutir algum assunto de especial importância, uma espécie de parlamento ocasional (PLT, 175). Parece-me que essa ideia de uma reunião do povo nos indica a origem da posterior noção de "coisa" no pensamento anterior de Heidegger.

Em *A origem da obra de arte* (1935/36), Heidegger argumentou que o "mundificar-se do mundo", seu surgimento da obscuridade de fundo em direção à claridade e radiância do primeiro plano, poderia acontecer através, e só através, da "obra de arte" comunitária: o templo grego, os jogos olímpicos ou a catedral medieval (PLT, 41-43). Apenas através da comunidade ("povo") sendo reunida pela obra de arte na presença carismática dos "deuses" é que ela pode *ser* uma comunidade e ser preservada como tal. Heidegger não usa a linguagem da "morada" e do "habitar" em *A origem da obra de arte* (ainda seria necessária sua futura "educação"[13] hölderliniana para sua compreensão da natureza e importância do habitar), mas, na verdade, o que ele expõe é que, como o habitar requer ser-em-comunidade, habitar pressupõe a obra de arte comunitária.

12 Citado em minha obra *Heidegger's Philosophy of Art* (Cambridge: Cambridge University Press, 2001), p. 120. Heidegger tinha uma forte admiração por muitos artistas modernos e um envolvimento considerável no "mundo" da arte moderna. No capítulo 4 da obra supracitada, discuto a aparente contradição entre a sua vida, por um lado, e as suas muitas condenações à arte moderna como tal, por outro.

13 Veja *Heidegger's Philosophy of Art* (*op. cit.*), capítulos 2 e 3.

Acredito que, em seus trabalhos dos anos 1950, em seu pensamento sobre o habitar, a quadratura e a "coisa", Heidegger se deparou com o seguinte problema: nesta época pós-religiosa, da "fuga dos deuses", isto é, nesta época da ausência de uma "obra de arte" comunitária, como é possível habitar (se é que é possível)? Como posso ser em uma quadratura, e ser "apropriado" por uma (PLT, 179), onde não há "obra de arte" para trazê-la à presença carismática? A resposta de Heidegger é: através da "coisa".

O habitar não acontece apenas de uma maneira geral e difusa. Ele precisa de um meio ou foco através do qual aconteça. Ser tal foco é ser uma "coisa", no sentido elevado da palavra. Quando a coisa "coisifica" (PLT, 182), quando ela, por assim dizer, ressoa para mim, meu mundo ganha uma saliência carismática como a quadratura que é. Quando isso acontece, então, em um sentido pontual, eu habito; como diz Heidegger, eu "experiencio e assumo [meu] [...] habitar" (P, 257). Sem ter, "de tempos em tempos" (PLT, 182), tal experiência pontual do "mundificar-se do mundo" (PLT 117), não poderia ser alguém que habita. Para habitar em meu mundo, devo, "de tempos em tempos", "experienciar e assumir" meu habitar.

Mas, novamente, o que *é* uma "coisa"? O paradigma de Heidegger é o simples jarro camponês usado para servir vinho na reunião de amigos ao redor do *Stammtisch* (mesa reservada para os frequentadores assíduos) na taverna da vila, em algum lugar do sudoeste da Alemanha. No vinho – o vinho da região, é claro – estão "reunidos" a terra e o céu locais – o *terroir*, como os vinicultores franceses o chamam. E na reunião de "mortais", profundamente enraizada na riqueza de sua tradição ou "herança", estão reunidos também os deuses. Portanto, "no dom (*Schenk*, de *schenken*, que significa tanto dar quanto derramar) do derramamento habita a simples singularidade da quadratura" (PLT, 173).

Vamos tentar traduzir isso para algo mais próximo da experiência anglo-saxônica: a ceia de Natal, centrada no peru. Lá fora, a luz já fraca da tarde de Yorkshire se reflete tanto na neve, através das janelas baixas e com grades, quanto nos rostos e nas paredes. A família está reunida ao redor da mesa. No breve silêncio que acontece antes de começar o corte do peru, de repente, de uma forma "inexplicável e insondável" (PLT, 180), experiencia-se uma epifania, é-se visitado por um profundo senso de estar no lugar, de estar no lugar certo, de pertencer a uma unidade única e indissolúvel de terra, céu, divindades e mortais. O próprio mundo "mundifica-se", o que é o mesmo que dizer que a "coisa coisifica" (PLT, 180-181).

Em *Heidegger's Philosophy of Art* [*A filosofia da arte de Heidegger*] (*op. cit.*, capítulo 1), dado que a descrição da "obra de arte" oferecida em *A origem da obra de arte* é fortemente focada na Grécia, denomino essa descrição de "paradigma grego". As coisas que "coisificam" da maneira supramencionada podem ser chamadas de "mini obras de arte do paradigma grego". Embora elas não reúnam uma cultura inteira da mesma maneira que o templo grego ou a catedral medieval (a maneira como o Festival de Bayreuth e o encontro de Nuremberg tentaram reviver), o contexto no qual o mundo emerge da obscuridade de fundo para a relevância resplandecente é um contexto de reunião comunitária.

No final de *A coisa*, no entanto, Heidegger deixa claro que qualquer coisa, por mais "despretensiosa" (PLT, 182) que seja, pode se tornar uma "coisa", e que qualquer ocasião, seja comunitária ou solitária, pode ser uma ocasião de "coisificar": "o jarro e o banco, a ponte e o arado[14] [...] a árvore e a lagoa, o riacho e a colina [...] a garça e o cervo, o cavalo e o touro [...] a fivela, o livro e a imagem, a coroa e a cruz", "cada um à sua maneira [...], coisificando de tempos em tempos", são tudo "coisas" (PLT, 182). Na Grécia e na Idade Média, as "coisas" reuniam a quadratura, tornando-a presente para toda uma cultura. Nas épocas modernas, elas ainda podem se reunir para um *nós*, embora para um "nós" menor e mais privado do que no passado. Mas as coisas também podem se reunir apenas para mim.

A ideia de Heidegger a respeito da natureza e da importância da "coisa" está basicamente certa, penso eu. Habitar é estar disposto a epifanias do fazer morada. O indivíduo precisa que sua quadratura venha à presença explícita, "de tempos em tempos"; uma presença que, por ser "radiante" (PLT,

14 Para a compreensão do "coisificar" dos arados, veja-se a série extraordinariamente brilhante de estudos tardios sobre arados, levada a cabo pelo amigo de Heidegger, Georges Braque: *The Plough*, de 1959-1960, *The Belgian Plough*, de 1962, e *The Weeding Machine*, de 1961-1963, a última tela concluída por Braque.

181), "apropria" (PLT, 179) o indivíduo em sua quadratura, tornando a o lugar a que ele pertence. Mas tal apropriação só pode acontecer através de um foco de presentação. Quem compreendeu isso foi o escritor neozelandês Bruce Mason. "Considere, se quiser", ele convida o leitor, "Te Parenga: uma praia, com pouco mais de um quilômetro de comprimento, noventa metros de largura na maré baixa. [...] Esta é Te Parenga: minha herança, meu mundo".[15] Outro foi Camus. No ensaio *Retorno a Tipasa*, de 1952, ele retorna da cinzenta Paris pós-guerra para um dos "locais de sua [...] juventude", as ruínas romanas acima da Baía de Tipasa, na Argélia (agora um "patrimônio mundial"). Embora Camus saiba que se trata "de pura loucura, quase sempre punida", "tentar reviver aos quarenta o que se amou [...] aos vinte", ele revisita as ruínas "procurando por um certo alívio",[16] pois, quando "se teve uma vez a sorte de amar intensamente, a vida é gasta tentando recapturar esse ardor e essa iluminação". Sem isso,

> chega um dia em que, graças à rigidez, nada mais causa admiração, tudo é conhecido. [...] Estes são os dias de exílio, de vida dissecada, de almas mortas. Para voltar a viver, é preciso uma graça especial, o esquecimento de si ou uma pátria. Certas manhãs, ao virar uma esquina, um agradável orvalho cai sobre o coração e então evapora. Mas seu frescor permanece e é isso que o coração sempre requer.[17]

"Inexplicável e insondavelmente", na linguagem de Heidegger, o retorno a Tipasa resulta bem. A coisa coisifica, a quadratura de Camus resplandece:

> sob a gloriosa luz de dezembro, como acontece apenas uma ou duas vezes em vidas que a partir de então podem se considerar afortunadas ao máximo, encontrei exatamente o que tinha vindo procurar. [...] Da esplanada repleta de oliveiras podia-se ver o vilarejo lá embaixo. Não vinha som algum dele; fios de fumaças

15 MASON, Bruce. *The End of the Golden Weather: A Voyage into a New Zealand Childhood*. Wellington: Victoria University Press, 1970, p. 31. *Apud* MALPAS, Jeff. *Place and Experience*. Cambridge: Cambridge University Press, 1999, p. 183.

16 Camus, *Myth of Sisyphus*, p. 175, 177.

17 *Ibidem*, p. 178.

> subiam no ar límpido. O mar também estava silencioso, como se estivesse sufocado sob a chuva ininterrupta de luz deslumbrante e fria. Do Chenoua, apenas o distante canto do galo celebrava a frágil glória do dia. Na direção das ruínas, até onde a vista alcançava, não havia nada além de pedras crivadas e losna, árvores e colunas perfeitas na transparência do ar cristalino. Parecia como se a manhã estivesse estabilizada, o sol parado por um momento incalculável. Nesta luz e neste silêncio, anos de ira e noite se derreteram lentamente. Ouvi um som quase esquecido dentro de mim, como se meu coração, por tanto tempo parado, começasse calmamente a bater de novo. [...] Ouvi também as torrentes de felicidade crescendo dentro de mim. Pareceu-me que finalmente havia chegado ao porto, pelo menos por um momento, e que dali em diante aquele momento seria eterno.[18]

Um último tópico diz respeito ao tema do habitar e da cidade.

Vimos que habitar é ser na quadratura. Trata-se de estar "sobre a terra" – "se espalhando em rocha e água, erguendo-se em planta e animal" – e sob o "céu" – "as estações do ano e suas mudanças, a luz e o crepúsculo do dia, a escuridão e o brilho da noite, a benevolência e a crueldade do clima [...]". Na cidade, porém, não há rochas ou plantas; os centros comerciais cobertos bloqueiam a "benevolência e a crueldade do clima", enquanto a iluminação das ruas obscurece a "escuridão e o brilho da noite". Parece que as luzes das ruas "transformam a noite em dia", enquanto a vida na cidade em geral transforma "o dia em inquietação cansativa" (PLT, 150). Parece, então, que na cidade não se encontra nenhuma quadratura e que na cidade, portanto, não se pode habitar.

Em uma (hostil) revisão de minha obra *Heidegger, Philosophy, Nazism* [*Heidegger, filosofia, nazismo*] (*op. cit.*) (*Times Literary Supplement*, 1997), George Steiner endossa essa leitura do Heidegger tardio como fundamentalmente antimodernista, acusando-o de um "pastoralismo radical anti-industrial, antiurbano". Essa habitual interpretação – frequentemente acompanhada pela acusação de que a noção heideggeriana de habitar é pouco mais que estilo nostálgico – é reforçada pela biografia de

18 *Ibidem*, p. 179-180.

Heidegger: seu gosto por trajes camponeses, a cabana na Floresta Negra, a recusa da cátedra em Berlim, entre outros aspectos.

Como motivo para pelo menos refletir antes de aceitar essa leitura antimodernista, pode-se apontar que Heidegger, na verdade, não morava na cabana, mas nos subúrbios de Friburgo, e continuou morando lá mesmo após sua aposentadoria da universidade. Além disso, o discurso de rádio de 1934, mencionado anteriormente, defendia a vida nas "províncias", não a vida no "campo".

Ainda assim, não há dúvida de que Heidegger criticava grande parte da arquitetura moderna e a cidade em sua forma tipicamente moderna. A ponte da rodovia (PLT, 152) é o paradigma heideggeriano de construção que falha em se tornar uma "coisa", sendo comparada desfavoravelmente com a "velha ponte" em Heidelberg (PLT, 152, 156) e com a cabana da Floresta Negra (PLT, 160). (Note-se, no entanto, que a "velha ponte", como é conhecida localmente, na verdade é uma construção do século XIX, e a cabana é uma construção do século XVIII; ou seja, ambas obras da "modernidade", no sentido histórico.) Abordando explicitamente o habitar em um discurso para celebrar o aniversário de 700 anos de fundação de sua cidade natal, Messkirch, em 1961, Heidegger diz o seguinte:

> A pátria é mais possível e efetiva onde as forças da natureza ao nosso redor ["terra" e "céu"] e os vestígios da tradição histórica ["herança", "os deuses"] permanecem juntos, onde prevalecem uma origem e um estilo antigo, nutrido de existência humana. Hoje, para esta tarefa decisiva, talvez apenas as zonas rurais e as pequenas cidades sejam competentes – se reconhecerem novamente suas qualidades incomuns, se souberem traçar os limites entre si e a vida nas grandes cidades e as gigantescas áreas dos complexos industriais modernos.[19]

Para Heidegger, portanto, habitar na cidade é, no mínimo, problemático.

---

19 Citado na obra de Michael Zimmerman, *Heidegger's Confrontation with Modernity* (*op. cit.*), p. 71.

Poder-se-ia dizer, porém, que isso coloca em questão a conexão entre o habitar e "a quadratura", pois certamente há muitas pessoas que se sentem completamente "em casa" em um ambiente onde "terra" e "céu" mal se mostram. Sócrates é um exemplo – à acusação de Fedro de que ele nunca sai dos muros de Atenas, ele responde que é "um amante do conhecimento, e árvores e campo aberto não me ensinarão nada, enquanto homens na cidade sim" (*Fedro*, 230d). Outro é Sartre, que disse que nunca se sentiu em casa em nenhum lugar além de um apartamento no quinto andar em Paris. Há uma resposta heideggeriana para essa objeção? Deixando de lado os gostos pessoais e os preconceitos de Heidegger, há uma maneira de usar produtivamente a filosofia heideggeriana para pensar sobre o habitar na cidade?

A primeira consideração a ser feita é que a cidade de Sartre, pelo menos, não se parece em nada com uma "selva de concreto". É claro que há um "céu", refletido nos alternados humores dos terraços do século XVIII, como Pissarro, Sisley e Renoir notaram. E há uma "terra", o Sena, os jardins das Tulherias, de Luxemburgo, do Campo de Marte e dos palácios, a bela avenida de árvores ao longo da Champs-Élysées, e assim por diante.

Mas vamos deixar tudo isso de lado e supor que Sartre tenha vivido em uma pura selva de concreto. Sob essa suposição, por que ele não pode habitar?

Lembre-se que habitar é mais do que simplesmente estar sobre uma terra, sob um céu, diante dos deuses e entre mortais. Cabe ao lugar que eles constituem se mostrar como uma presença radiante e "apropriadora", para que se mostre como um lugar sagrado. Em um sentido pós-cristão da palavra, uma morada é um lugar onde Deus se revela.

Bismarck (entre todas as pessoas) aconselha a nunca confiar em um ser humano imune às maravilhas da natureza. E Heidegger diz que, para a humanidade moderna "sem deus", "vestígios dos deuses fugitivos" só podem aparecer "se houver algum lugar" no "local" de "terra e céu" (PLT, 93). Ambos expressam a ideia de que ser imune às maravilhas da natureza é ser imune ao sagrado.

Por que essa especial conexão? Por que, para a maioria de nós, é Pan quem fala conosco mais prontamente? Por que somos movidos por montanhas, florestas e rios de uma maneira que não somos por ruas e casas? Por que somos movidos pelas "construções" da natureza – pode-se lembrar que Heidegger chama de "terra" a "sustentação da construção" (PLT, 178) – de uma maneira que não somos pelas nossas próprias?

Penso que é apenas porque são construções da *natureza*. Deus, por assim dizer, é essencialmente o *outro* da humanidade, e, para a maioria de nós, se o experienciamos, a outridade nos fala apenas (ou pelo menos principalmente) na natureza. Se, como Camus, tivermos a sorte de encontrar a nossa própria Tipasa (de ter o que Heidegger chama de uma "experiência de *Ereignis*" [GA 65, 70]), então experienciaremos, com "gratidão" (GA 52, 197), o dom da natureza (do ser) de nosso mundo visível, celebrando "a maravilha de que à nossa volta um mundo se mundifica, que há algo em vez de nada, que há coisas e nós mesmos estamos no meio delas" (GA 52, 64). Na cidade, por outro lado, podemos nos orgulhar apenas de nossa própria esperteza. Na cidade estamos sozinhos, na natureza não.

Isso, é claro, se trata de uma simplificação retórica. A cidade pode ser construída com materiais que permitam que a "terra" local nos fale no meio da cidade, como se faz tão eloquentemente em Oxford. Ela pode ser dominada, como Hobart, pela presença sempre mutável mas inevitável de uma montanha. Ou pode, como Constance, ser animada a cada curva por vistas inevitáveis do lago. Ela pode, por sorte ou planejamento, ser como Wellington, uma cidade infiltrada pela "terra", uma "cidade jardim". Ela pode (certo dia) ser construída por arquitetos esclarecidos, como Frank Lloyd Wright, que permitem que a cidade seja, em suas palavras, "da" em vez de "sobre" a terra.

Sejam quais forem os preconceitos pessoais de Heidegger, o pensamento heideggeriano não é contrário à cidade, antimoderno. Usado produtivamente, trata-se de uma inspiração profundamente frutífera para pensar sobre como a cidade deve ser.[20] Arquitetos e urbanistas – que entenderam Heidegger muito melhor do que os filósofos – sabem disso há cinquenta anos.

---

20 Tento demonstrar esta afirmação detalhadamente – com especial referência à arquitetura – no capítulo 8 de *Heidegger's Later Philosophy* (*op. cit.*).

Bibliografia

Uma bibliografia completa e atualizada das obras de e sobre Heidegger seria um grande empreendimento. A bibliografia de Hans-Martin Sass, de 1975, que abarcou o período de 1917 a 1972, incluía capítulos inteiros denominados "Heidegger no Japão" e "Literatura sobre Heidegger na União Soviética" e já continha mais de 3700 entradas! Felizmente, existem algumas excelentes bibliografias disponíveis. Portanto, a bibliografia aqui oferecida é bastante seletiva, priorizando livros recentes e coletâneas em inglês que provavelmente serão úteis para estudantes e não-especialistas.

Bibliografias

FRANZEN, Winfried. *Martin Heidegger*. Stuttgart: J. B. Metzler, 1976. (Esse volume oferece uma visão geral da obra de Heidegger na Alemanha, com uma bibliografia cuidadosamente selecionada e organizada por tópicos.)

GROTH, Miles. *Translating Heidegger*. Amherst, NY: Humanities, 2004. (Professor Groth também oferece uma extensa bibliografia em seu site: http://www.wagner.edu/departments/psychology/grothpubs.)

NORDQUIST, Joan (ed.). *Martin Heidegger: A Bibliography*. Santa Cruz, CA: Reference and Research Service, 1990.

SASS, Hans-Martin. *Martin Heidegger: Bibliography and Glossary*. Bowling Green, OH: Bowling Green State University, Philosophy Documentation Center, 1982.

SHEEHAN, Thomas (ed.). *Heidegger: The Man and the Thinker*. Chicago: Precedent, 1981. (Essa valiosa coletânea contém, além de importantes obras de Heidegger e de especialistas sobre ele, uma bibliografia que relaciona os escritos originais às traduções e uma detalhada bibliografia dos trabalhos sobre Heidegger.)

Além disso, o periódico anual, *Heidegger Studies*, oferece uma lista atualizada dos volumes publicados na *Edição Integral* e suas traduções para o inglês. A mais completa bibliografia da literatura secundária sobre Heidegger – acessível em http://www.ub.uni-freiburg.de/referate/02/heidegger/heidgg90.html – contém cerca de 4 mil artigos publicados entre 1990 e 2005. Veja-se também: http://www.webcom.com/~paf/ereignis.html; http://www.heidegger.org/bibliographie.htm; http://www.freewebs.com/m3smg2.

Obras selecionadas em alemão

Em 1974, o editor alemão Vittorio Klostermann (Frankfurt am Main) iniciou os preparativos para a publicação das obras reunidas de Heidegger (*Martin Heidegger: Gesamtausgabe*). Estão planejados cerca de 100 volumes. A série será constituída de quatro divisões:

(I) escritos publicados, 1910-1976;
(II) preleções de Marburgo e Friburgo, 1923-1944;
(III) textos não publicados;
(IV) notas e fragmentos (incluindo notas sobre obras publicadas anteriormente, cartas, resumos, notas de seminários etc.).

Heidegger, que trabalhou extensivamente com os editores da *Edição Integral* durante o final de seus anos de vida, especificou a forma que ele desejava que os volumes tivessem (por exemplo, nenhum volume deveria incluir um índice). No entanto, há algumas dúvidas se esses volumes serão a edição definitiva para os estudiosos de Heidegger. Pessoas familiarizadas com o projeto indicaram que Heidegger fez revisões nos primeiros manuscritos, sem esse fato ser explicitamente percebido nos textos. Sobre esse assunto, veja Thomas Sheehan, "Caveat Lector: The New Heidegger" (*New York Review of Books*, 4 dez. 1980), p. 39-41.

Até 2005, o calendário de publicação para a *Edição Integral* era o seguinte (volumes já publicados têm a data de publicação entre colchetes; um asterisco denota uma data prevista de publicação):

Divisão I

1. *Frühe Schriften* (1912-1916). Editado por Friedrich-Wilhelm von Herrmann [1978].
2. *Sein und Zeit* (1927). Editado por Friedrich-Wilhelm von Herrmann [1977].
3. *Kant und das Problem der Metaphysik* (1929). Editado por Friedrich-Wilhelm von Herrmann [1991].
4. *Erläuterungen zu Hölderlins Dichtung* (1936-1938). Editado por Friedrich-Wilhelm von Herrmann [2. ed., 1996].
5. *Holzwege* (1935-1946). Editado por Friedrich-Wilhelm von Herrmann [2. ed., 2003].
6. Vol. 1, *Nietzsche I* (1936-1939) [1996]; Vol. 2, *Nietzsche II* (1939-46) [1997]. Editado por Brigitte Schillbach.
7. *Vorträge und Aufsätze* (1936-1953). Editado por Friedrich-Wilhelm von Herrmann [2000].
8. *Was heisst Denken?* (1951-1952). Editado por Paola-Ludovika Coriando [2002].
9. *Wegmarken* (1919-1961). Editado por Friedrich-Wilhelm von Herrmann [2. ed., 1996].
10. *Der Satz vom Grund* (1955-1956). Editado por Petra Jaeger [1997].
11. *Identität und Differenz* (1955-1957).
12. *Unterwegs zur Sprache* (1950-1959). Editado por Friedrich-Wilhelm von Herrmann [1985].
13. *Aus der Erfahrung des Denkens* (1910-1976). Editado por Hermann Heidegger [2. ed., 2002].
14. *Zur Sache des Denkens* (1962-1964).
15. *Seminare* (1951-1973). Editado por Curd Ochwadt [1986].
16. *Reden und andere Zeugnisse eines Lebensweges* (1910-1976). Editado por Hermann Heidegger [2000].

Divisão II

Preleções de Marburgo (1923-1928)

17. *Der Beginn der neuzeitlichen Philosophie* (semestre de inverno, 1923-1924). Editado por Friedrich-Wilhelm von Herrmann [1994].
18. *Grundbegriffe der aristotelischen Philosophie* (semestre de verão, 1924). Editado por Mark Michalski [2002].
19. *Platon: "Sophistes"* (semestre de inverno, 1924-1925). Editado por Ingeborg Schüssler [1992].
20. *Prolegomena zur Geschichte des Zeitbegriffs* (semestre de verão, 1925). Editado por Petra Jaeger [2. ed., 1988].
21. *Logik. Die Frage nach der Wahrheit* (semestre de inverno, 1925-1926). Editado por Walter Biemel [2. ed., 1995].
22. *Die Grundbegriffe der antiken Philosophie* (semestre de verão, 1926). Editado por Franz-Karl Blust [2. ed., 2004].
23. *Geschichte der Philosophie von Thomas v. Aquin bis Kant* (semestre de inverno, 1926-1927). Editado por Helmuth Vetter.
24. *Die Grundprobleme der Phänomenologie* (semestre de verão, 1927). Editado por Friedrich-Wilhelm von Herrmann [3. ed., 1997].
25. *Phänomenologische Interpretation von Kants Kritik der reinen Venunft* (semestre de inverno, 1927-1928). Editado por Ingtraud Görland [3. ed., 1997].
26. *Metaphysische Anfangsgründe der Logik im Ausgang von Leibniz* (semestre de verão, 1928). Editado por Klaus Held [2. ed., 1990].

Preleções de Friburgo (1928-1944)

27. *Einleitung in die Philosophie* (semestre de inverno, 1928-1929). Editado por Otto Saame e Ina Saame-Speidel [2. ed., 2001].
28. *Der deutsche Idealismus (Fichte, Hegel, Schelling) and die philosophische Problemlage der Gegenwart* (semestre de verão, 1929). Editado por Claudius Strabe [1997].

29/30. *Die Grundbegriffe der Metaphysik. Welt – Endlichkeit – Einsamkeit* (semestre de inverno, 1929-1930). Editado por Friedrich-Wilhelm von Herrmann [3. ed., 2004].

31. *Vom Wesen der menschlichen Freiheit. Einleitung in die Philosophie* (semestre de verão, 1930). Editado por Hartmut Tietjen [2. ed., 1994].

32. *Hegels Phänomenologie des Geistes* (semestre de inverno, 1930-1931). Editado por Ingtraud Görland [3. ed., 1997].

33. *Aristoteles, Metaphysik Theta 1–3. Von Wesen und Wirklichkeit der Kraft* (semestre de verão, 1931). Editado por Heinrich Hüni [2. ed., 1990].

34. *Vom Wesen der Wahrheit. Zu Platons Höhlengleichnis and Theätet* (semestre de inverno, 1931-1932). Editado por Hermann Morchen [2. ed., 1997].

35. *Der Anfang der abendländischen Philosophie (Anaximander und Parmenides)* (semestre de verão, 1932). Editado por Heinrich Hüni.

36/37. *Sein und Wahrheit 1. Die Grundfrage der Philosophie* (semestre de verão, 1933); *2. Von Wesen der Wahrheit* (semestre de inverno, 1933-1934). Editado por Hartmut Tietjen [2001].

38. *Logik als Frage nach dem Wesen der Sprache* (semestre de verão, 1934). Editado por Günther Seubold [1998].

39. *Hölderlins Hymnen "Germanien" und "Der Rhein"* (semestre de inverno, 1934-1935). Editado por Susanne Ziegler [3. ed., 1999].

40. *Einführung in die Metaphysik* (semestre de verão, 1935). Editado por Petra Jaeger [1983].

41. *Die Frage nach dem Ding. Zu Kants Lehre von den transzendentalen Grundsätzen* (semestre de inverno, 1935-1936). Editado por Petra Jaeger [1984].

42. *Schelling: Vom Wesen der menschlichen Freiheit (1809)* (semestre de verão, 1936). Editado por Ingrid Schüssler [1988].

43. *Nietzsche: Der Wille zur Macht als Kunst* (semestre de inverno, 1936-1937). Editado por Bernd Heimbüchel [1985].

44. *Nietzsches metaphysische Grundstellung im abendländischen Denken: Die ewige Wiederkehr des Gleichen* (semestre de verão, 1937). Editado por Marion Heinz [1986].

45. *Grundfragen der Philosophie. Ausgewählte "Probleme" der "Logik"* (semestre de inverno, 1937-1938). Editado por Friedrich Wilhelm von Herrmann [2. ed., 1992].

46. *Zur Auslegung von Nietzsches II. Unzeitgemässer Betrachtung "Vom Nutzen und Nachteil der Historie für das Leben"* (semestre de inverno, 1938-1939). Editado por Hans-Joachim Friedrich [2003].
47. *Nietzsches Lehre vom Willen zur Macht als Erkenntnis* (semestre de verão, 1939). Editado por Eberhard Hanser [1989].
48. *Nietzsche: Der europäische Nihilismus* (segundo trimestre, 1940). Editado por Petra Jaeger [1986].
49. *Die Metaphysik des deutschen Idealismus. Zur erneuten Auslegung von Schelling: Philosophische Untersuchungen über das Wesen der menschlichen Freiheit und die damit zusammenhangenden Gegenstände (1809)* (primeiro trimestre, 1941). Editado por Günter Seubold [1991].
50. *Nietzsches Metaphysik* (1941-1942). *Einleitung in die Philosophie–Denken und Dichten* (1944-1945). Editado por Petra Jaeger [2. ed., 1990].
51. *Grundbegriffe* (semestre de verão, 1941). Editado por Petra Jaeger [2. ed., 1991].
52. *Hölderlins Hymne "Andenken"* (semestre de inverno, 1941-1942). Editado por Curd Ochwadt [2. ed., 1992].
53. *Hölderlins Hymne "Der Ister"* (semestre de verão, 1942). Editado por Walter Biemel [2. ed., 1993].
54. *Parmenides* (semestre de inverno, 1942-1943). Editado por Manfred S. Frings [2. ed., 1992].
55. *Heraklit. 1. Der Anfang des abendländischen Denkens* (semestre de verão, 1943); *2. Logik. Heraklits Lehre vom Logos* (semestre de verão, 1944). Editado por Manfred S. Frings [3. ed., 1994].

Primeiras preleções de Friburgo (1919-1923)

56/57. *Zur Bestimmung der Philosophie. 1. Die Idee der Philosophie und das Weltanschaungsproblem* (semestre de emergência, 1919); *2. Phänomenologie und transzendentale Wertsphilosophie* (semestre de verão, 1919); *3. Anhang* (semestre de verão, 1919). Editado por Bernd Heimbüchel [1987].
58. *Grundprobleme der Phänomenologie* (semestre de inverno, 1919-1920). Editado por Hans-Helmuth Gander [1992].

59. *Phänomenologie der Anschauung und des Ausdrucks. Theorie der philosophischen Begriffsbildung* (semestre de verão, 1920). Editado por Claudius Strube [1993].

60. *Phänomenologie des religiösen Lebens. 1. Einleitung in die Phänomenologie der Religion* (semestre de inverno, 1920-1921); *2. Augustinus und der Neuplatonismus* (semestre de verão, 1921); *3. Die philosophischen Grundlagen der mittelalterlichen Mystik* (notas para preleções de um curso não ministrado 1918-1919). Editado por Claudius Strube [1995].

61. *Phänomenologische Interpretationen zu Aristoteles. Einführung in die phänomenologische Forschung* (semestre de inverno, 1921-1922). Editado por Walter Bröcker and Käte Bröcker-Oltmanns [2. ed., 1994].

62. *Phänomenologische Interpretationen ausgewählter Abhandlungen des Aristoteles zu Ontologie und Logik* (semestre de verão, 1922). Editado por Günther Neumann.

63. *Ontologie. Hermeneutik der Faktizität* (semestre de verão, 1923). Editado por Käte Bröcker-Oltmanns [2. ed., 1995].

Divisão III

64. *Der Begriff der Zeit* (1924). Editado por Friedrich-Wilhelm von Herrmann [2005].

65. *Beiträge zur Philosophie (Vom Ereignis)* (1936-1938). Editado por Friedrich-Wilhelm von Herrmann [3. ed., 2003].

66. *Besinnung* (1938-1939). Editado por Friedrich-Wilhelm von Herrmann.

67. *Metaphysik und Nihilismus. 1. Die Überwindung der Metaphysik* (1938-1939); *2. Das Wesen des Nihilismus* (1946-1948). Editado por Hans-Joachim Friedrich [1999].

68. *Hegel* (1938-1939, 1942-1943). Editado por Ingrid Schlüsser [1993].

69. *Die Geschichte des Seyns* (1938-1940); *Koinôn. Aus der Geschichte des Seyns* (1939). Editado por Peter Trawny [1998].

70. *Über den Anfang* (1941). Editado por Paola-Ludovika Coriando.

71. *Das Ereignis* (1941-1942). Editado por Friedrich-Wilhelm von Herrmann.

72. *Die Stege des Anfangs* (1944). Editado por Friedrich-Wilhelm von Herrmann.
73. *Zum Ereignis-Denken.*
74. *Zum Wesen der Sprache.* Editado por Thomas Regehly.
75. *Zu Hölderlin – Griechenlandreisen.* Editado por Curd Ochwalt [2000].
76. *Zur Metaphysik – Neuzeitlichen Wissenschaft – Technik.* Editado por Claudius Strube.
77. *Feldweg-Gespräche* (1944-1945). Editado por Ingrid Schlüsser [1995].
78. *Der Spruch des Anaximander* (1946). Editado por Ingeborg Schüssler.
79. *Bremer und Freiburger Vorträge.* Editado por Petra Jaeger [1994].
80. *Vorträge.* Editado por Hartmut Tietjen.
81. *Gedachtes.* Editado por Paola-Ludovika Coriando.

Divisão IV

82. *Zu eignen Veröffentlichung.*
83. *Seminare: Platon – Aristoteles – Augustinus.* Editado por Mark Michalski.
84. *Seminare: Leibniz – Kant.* Editado por Hans-Helmuth Gander.
85. *Seminar: Vom Wesen der Sprache. Die Metaphysik der Sprache und die Wesung des Wortes. Zu Herders Abhandlung "Über den Ursprung der Sprache".* Editado por Ingrid Schüssler [1999].
86. *Seminare: Hegel – Schelling.* Editado por Peter Trawny.
87. *Nietzsche Seminare 1937 und 1944. 1. Nietzsches metaphysische Grundstellung (Sein und Schein); 2. Skizzen zu Grundbegriffe des Denkens.* Editado por Peter von Ruckteschell [2004].
88. *Seminare: 1. Die metaphysischen Grundstellungen des abendländischen Denkens; 2. Einübung in das philosophische Denken.* Editado por Alfred Denker.
89. *Zollikoner Seminare.* Editado por Claudius Strube.
90. *Zu Ernst Jünger.* Editado por Peter Trawny [2004].
91. *Ergänzungen und Denksplitter.*
92. *Ausgewählter Briefe: I.*
93. *Ausgewählter Briefe: II.*
94. *Überlegungen II–IV.*

95. *Überlegungen VII–XI.*
96. *Überlegungen XII–XV.*
97. *Anmerkungen II–V.*
98. *Anmerkungen VI–IX.*
99. *Vier Hefte I – Der Feldweg; Vier Hefte II – Durch Ereignis zu Ding und Welt.*
100. *Vigilae I, II.*
101. *Winke I, II.*
102. *Vorläufige I–IV.*

As edições dos volumes publicados anteriormente à *Edição Integral* possuem a paginação das primeiras edições à margem.

Algumas obras especialmente importantes de Heidegger em alemão, disponíveis em volumes individuais, são as seguintes:

Gelassenheit. 2. ed. Pfullingen: Günther Neske, 1960.
Holzwege. 5. ed. Frankfurt am Main: Vittorio Klostermann, 1972.
Kant und das Problem der Metaphysik. 2. ed. Frankfurt am Main: Vittorio Klostermann, 1991.
Nietzsche. 2 vols. 2. ed. Pfullingen: Günther Neske, 1961.
Der Satz vom Grund. 4. ed. Pfullingen: Günther Neske, 1971.
Sein and Zeit. 11. ed. Tübingen: Max Niemeyer, 1963.
Die Technik and die Kehre. Pfullingen: Günther Neske, 1962.
Unterwegs zur Sprache. 3. ed. Pfullingen: Günther Neske, 1965.
Vorträge and Aufsätze. 3. ed. Pfullingen: Günther Neske, 1967.
Was heißt Denken? Tübingen: Max Niemeyer, 1954.
Wegmarken. Frankfurt am Main: Vittorio Klostermann, 1967.

Traduções para o inglês

O conjunto das obras de Heidegger, cartas e outros escritos estão sendo rapidamente traduzidos para o inglês. Uma excelente bibliografia das obras de Heidegger em inglês se encontra em Miles Groth, *Translating Heidegger* (Amherst, NY: Humanity, 2004), e em seu site. Algumas traduções particularmente importantes são as seguintes:

Basic Problems of Phenomenology. Trad. Albert Hofstadter. Bloomington: Indiana University Press, 1982.

Basic Questions of Philosophy: Selected "Problems" of "Logic". Trad. Richard Rojcewicz e André Schuwer. Bloomington: Indiana University Press, 1994.

Basic Writings. Editado por David F. Krell. Nova Iorque: Harper & Row, 1977 (revisado e ampliado, 1993).

Being and Time. Trad. John Macquarrie e Edward Robinson. Nova Iorque: Harper & Row, 1962; nova tradução de Joan Stambaugh. Albany: State University of New York, 1996.

The Concept of Time. Trad. William McNeill. Oxford: Blackwell, 1992.

Contributions to Philosophy (From Enowning). Trad. Parvis Emad e Kenneth Maly. Bloomington: Indiana University Press, 1999.

Discourse on Thinking. Trad. John M. Anderson e E. Hans Freund. Nova Iorque: Harper & Row, 1966.

"A Discussion between Ernst Cassirer and Martin Heidegger". Trad. Francis Slade. *In*: LANGIULLI, Nino (ed.). *The Existentialist Tradition: Selected Writings*. Garden City, NY: Doubleday, 1971.

Early Greek Thinking. Trad. David Farrell Krell e Frank Capuzzi. Nova Iorque: Harper & Row, 1975.

Elucidations of Hölderlin's Poetry. Trad. Keith Hoeller. Amherst, NY: Humanity, 2000.

The End of Philosophy. Trad. Joan Stambaugh. Nova Iorque: Harper & Row, 1973.

The Essence of Reasons. Trad. Terrence Malick. Evanston, IL: Northwestern University Press, 1969.

Existence and Being. Editado por Werner Brock. Chicago: Regnery, 1949.

The Fundamental Concepts of Metaphysics: World, Finitude, Solitude. Trad. William McNeill e Nicholas Walker. Bloomington: Indiana University Press, 1995.

Hegel's Concept of Experience. Trad. J. Glenn Gray. Nova Iorque: Harper & Row, 1970.

History of the Concept of Time: Prolegomena. Trad. Theodore Kisiel. Bloomington: Indiana University Press, 1985.

Identity and Difference. Trad. Joan Stambaugh. Nova Iorque: Harper & Row, 1969.

Introduction to Metaphysics. Trad. Ralph Manheim. New Haven, CT: Yale University Press, 1959; nova tradução por Gregory Fried e Richard Polt. New Haven, CT: Yale University Press, 2000.

Kant and the Problem of Metaphysics. Trad. James S. Churchill. Bloomington: Indiana University Press, 1962; retraduzido por Richard Taft. Bloomington: Indiana University Press, 1997.

Martin Heidegger and National Socialism: Questions and Answers. Editado por Gunther Neske e Emil Kettering. Trad. Lisa Harries. Nova Iorque: Paragon House, 1990 (contém "The Self Assertion of the German University" [o discurso da reitoria]; "The Rectorate 1933/34: Facts and Thoughts"; a entrevista do *Spiegel* ["Only a God Can Save Us"]; e "Martin Heidegger in Conversation" com Richard Wisser).

The Metaphysical Foundations of Logic. Trad. Michael Heim. Bloomington: Indiana University Press, 1984.

Nietzsche I: The Will to Power as Art. Editado e traduzido por David F. Krell. Nova Iorque: Harper & Row, 1979.

Nietzsche II: The Eternal Recurrence of the Same. Editado e traduzido por David F. Krell. Nova Iorque: Harper & Row, 1984.

Nietzsche III: The Will to Power as Knowledge and Metaphysics. Editado por David F. Krell. Trad. Joan Stambaugh. Nova Iorque: Harper & Row, 1987.

Nietzsche IV: Nihilism. Editado por David F. Krell. Trad. Frank A. Capuzzi. Nova Iorque: Harper & Row, 1982.

Off the Beaten Path. Trad. Julian Young e Kenneth Hayes. Cambridge: Cambridge University Press, 2002.

On Time and Being. Trad. Joan Stambaugh. Nova Iorque: Harper & Row, 1972.

On the Way to Language. Trad. Peter D. Hertz. Nova Iorque: Harper & Row, 1971.

Ontology: The Hermeneutics of Facticity. Trad. John van Buren. Bloomington: Indiana University Press, 1999.

Parmenides. Trad. André Schuwer e Richard Rojcewicz. Bloomington: Indiana University Press, 1993.

Pathmarks. Editado por William McNeill. Cambridge: Cambridge University Press, 1998.

The Piety of Thinking. Trad. James Hart e John Maraldo. Bloomington: Indiana University Press, 1976.

"Plato's Doctrine of Truth". Trad. John Barlow. *In*: BARRETT, William; AIKEN, Henry D. *Philosophy in the Twentieth Century*, vol. 3. Nova Iorque: Random House, 1962.

Poetry, Language, Thought. Trad. Albert Hofstadter. Nova Iorque: Harper & Row, 1971.

The Principle of Reason. Trad. Reginald Lilly. Bloomington: Indiana University Press, 1991.

The Question of Being. Trad. William Kluback e Jean T. Wilde. Nova Iorque: Twayne, 1958.

The Question Concerning Technology and Other Essays. Trad. William Lovitt. Nova Iorque: Harper & Row, 1977.

Schelling's Treatise on Human Freedom. Trad. Joan Stambaugh. Athens: Ohio University Press, 1985.

Supplements: From the Earliest Essays to "Being and Time" and Beyond. Editado por John van Buren. Albany: State University of New York, 2002.

Towards the Definition of Philosophy. Trad. Ted Sadler. Londres: Continuum, 2000.

"The Way Back into the Ground of Metaphysics" (Introduction to "What Is Metaphysics?"). Trad. Walter Kaufmann. *In*: KAUFMANN, Walter. *Existentialism from Dostoyevsky to Sartre*. Cleveland: World, 1965.

What is called Thinking? Trad. Fred D. Wieck e J. Glenn Gray. Nova Iorque: Harper & Row, 1968.

What is Philosophy? Trad. William Kluback e Jean T. Wilde. New Haven, CT: College and University Press, 1958.

What is a Thing? Trad. W. B. Barton e Vera Deutsch. Chicago: Regnery, 1969.

"Why Do I Stay in the Provinces?". Trad. Thomas Sheehan. *In*: SHEEHAN, Thomas. *Heidegger: The Man and the Thinker*. Chicago: Precedent, 1981.

Zollikon Seminars: Protocols – Conversations – Letters. Trad. Franz Mayr e Richard Askay. Evanston, IL: Northwestern, 2001.

Contextualização e biografia

ARENDT, Hannah; HEIDEGGER, Martin. *Letters: 1925–1975*. Trad. Andrew Shields. Nova Iorque: Harcourt, 2003.

BAMBACH, Charles R. *Heidegger, Dilthey, and the Crisis of Historicism*. Ithaca, NY: Cornell University Press, 1995.

______. *Heidegger's Roots: Nietzsche, National Socialism, and the Greeks*. Ithaca, NY: Cornell University Press, 2003.

CLARK, Timothy. *Martin Heidegger*. Londres: Routledge, 2001.

ELLIOTT, Brian. *Phenomenology and Imagination in Husserl and Heidegger. Routledge Studies in Twentieth Century Philosophy*. Nova Iorque: Routledge, 2004.

FRIEDMAN, Michael. *A Parting of the Ways: Carnap, Cassirer, and Heidegger*. Chicago: Open Court, 2000.

GADAMER, Hans-Georg. *Philosophical Hermeneutics*. Editado e traduzido por David E. Linge. Berkeley: University of California Press, 1976.

______. *Philosophical Apprenticeships*. Trad. Robert R. Sullivan. Cambridge, MA: The MIT Press, 1985.

______. *Heidegger's Ways*. Trad. John W. Stanley. Albany: State University of New York Press, 1994.

GORNER, Paul. *Twentieth-century German Philosophy*. Oxford: Oxford University Press, 2000.

GRONDIN, Jean. *Sources of Hermeneutics*. Albany: State University of New York Press, 1995.

HABERMAS, Jürgen. *Philosophical-Political Profiles*. Trad. Frederick G. Lawrence. Cambridge, MA: The MIT Press, 1983.

______. *The Philosophical Discourse of Modernity: Twelve Lectures*. Trad. Frederick G. Lawrence. Cambridge, MA: The MIT Press, 1987.

HOPKINS, Burt C. *Intentionality in Husserl and Heidegger: The Problem of the Original Method and Phenomenon of Phenomenology*. Dordrecht: Kluwer Academic Publishers, 1993.

HOY, David Couzens. *The Critical Circle: Literature, History, and Philosophical Hermeneutics*. Berkeley: University of California Press, 1978.

HUSSERL, Edmund. *Psychological and Transcendental Phenomenology and the Confrontation with Heidegger (1927–1931): The Encyclopaedia Britannica Article, the Amsterdam Lectures, "Phenomenology and Anthropology", and Husserl's Marginal Notes in* Being and Time *and* Kant and the Problem of Metaphysics. Editado e traduzido por Richard E. Palmer e Thomas Sheehan. Dordrecht: Kluwer Academic Publishers, 1997.

KISIEL, Theodore. "On the Way to 'Being and Time': Introduction to the Translation of Heidegger's *Prolegomena zur Geschichte des Zeitbegriffs*". *Research in Phenomenology*, 15 (1985): 193-226.

______. "Why the First Draft of 'Being and Time' Was Never Published". *Journal of the British Society for Phenomenology*, 20 (janeiro de 1989): 3-22.

______. *The Genesis of Heidegger's* Being and Time. Berkeley: University of California Press, 1993.

______. *Heidegger's Way of Thought: Critical and Interpretative Signposts*. Londres: Continuum, 2002.

KISIEL, Theodore; VAN BUREN, John (eds.). *Reading Heidegger from the Start*. Albany: State University of New York Press, 1994.

LÖWITH, Karl. *Martin Heidegger and European Nihilism*. Trad. Gary Steiner. Nova Iorque: Columbia University Press, 1995.

MAY, Reinhard. *Heidegger's Hidden Sources: East Asian Influences on His Work*. Trad. Graham Parkes. Nova Iorque: Routledge, 1996.

MEGILL, Allan. *Prophets of Extremity: Nietzsche, Heidegger, Foucault, Derrida*. Berkeley: University of California Press, 1985.

MISCH, Georg. *Lebensphilosophie and Phänomenologie. Eine Auseinandersetzung der Diltheyschen Richtung mit Heidegger and Husserl*. 3. ed. Darmstadt: Wissenschaftliche Buchgesellschaft, 1967.

MORAN, Dermot. *Introduction to Phenomenology*. Londres: Routledge, 2000.

NOREÑA, Carlos G. "Heidegger on Suárez: The 1927 Marburg Lectures". *International Philosophical Quarterly*, 23 (dezembro de 1983): 407-424.

OTT, Hugo. *Martin Heidegger: Unterwegs zur seiner Biographie*. Frankfurt am Main: Campus, 1988; traduzido como *Martin Heidegger: A Political Life* por Allan Blunden. Nova Iorque: Basic Books, 1993.

PETZET, Heinrich Wiegand. *Auf einen Stern zugehen: Begegnungen and Gespräche mit Martin Heidegger, 1929-1976*. Frankfurt am Main: Societäts-Verlag, 1983; traduzido como *Encounters and Dialogues with Martin Heidegger, 1929–1976* por Parvis Emad e Kenneth Maly. Chicago: University of Chicago Press, 1993.

PÖGGELER, Otto. *Heidegger and die hermeneutische Philosophie*. Freiburg: Alber, 1983.

______. *The Paths of Heidegger's Life and Thought*. Atlantic Highlands, NJ: Humanities Press, 1997.

RISSER, James. *Heidegger toward the Turn: Essays on the Work of the 1930s*. Albany: State University of New York Press, 1999.

ROCKMORE, Tom. *Heidegger, German Idealism and Neo-Kantianism*. Amherst, NY: Humanity Books, 2000.

SCHNÄDELBACH, Herbert. *Philosophy in Germany, 1831–1933*. Cambridge: Cambridge University Press, 1984.

SHEEHAN, Thomas. "The 'Original Form' of *Sein and Zeit*: Heidegger's *Der Begriff der Zeit* (1924)". *Journal of the British Society for Phenomenology*, 10 (maio de 1979): 78-83.

SHEROVER, Charles M. *Heidegger, Kant and Time*. Bloomington: Indiana University Press, 1971.

SOLOMON, Robert C. *From Rationalism to Existentialism: The Existentialists and Their Nineteenth-century Background*. Nova Iorque: Harper & Row, 1972.

SPIEGELBERG, Herbert. *The Phenomenological Movement: An Historical Introduction*. 2 vols. The Hague: Nijhoff, 1969.

STAPLETON, Timothy J. *Husserl and Heidegger: The Question of a Phenomenological Beginning*. Albany: State University of New York Press, 1983.

TAMINIAUX, Jacques. "Poiesis and Praxis in Fundamental Ontology". *Research in Phenomenology*, 17 (1987): 13-69.

TAMINIAUX, Jacques. "The Interpretation of Greek Philosophy in Heidegger's Fundamental Ontology". *Journal of the British Society for Phenomenology*, 19 (janeiro de 1988): 3-14.

Geral

BABICH, Babette E. (ed.). *From Phenomenology to Thought, Errancy, and Desire*. Dordrecht: Kluwer Academic Publishers, 1995.

BARASH, Jeffrey Andrew. *Martin Heidegger and the Problem of Historical Meaning*. Dordrecht: Nijhoff, 1985; edição revista e ampliada. Nova Iorque: Fordham University Press, 2003.

BERNASCONI, Robert. *The Question of Language in Heidegger's History of Being*. Atlantic Highlands, NJ: Humanities Press, 1985.

BLATTNER, William D. *Heidegger's Temporal Idealism*. Cambridge: Cambridge University Press, 1999.

BOURGEOIS, Patrick L.; SCHALOW, Frank. "The Integrity and Fallenness of Human Existence". *Southern Journal of Philosophy*, 25 (primavera de 1987): 123-132.

BRANDOM, Robert. "Heidegger's Categories". *Monist*, 66 (julho de 1983): 387-409.

BUCKLEY, R. Philip. *Husserl, Heidegger, and the Crisis of Philosophical Responsibility*. Dordrecht: Kluwer Academic Publishers, 1992.

CAPUTO, John D. *Radical Hermeneutics: Repetition, Deconstruction, and the Hermeneutic Project*. Bloomington: Indiana University Press, 1987.

______. *Demythologizing Heidegger*. Bloomington: Indiana University Press, 1993.

______ (ed.). *Heidegger*. American Catholic Philosophical Quarterly Expanded Special Edition, v. 69, n. 2 (primavera de 1995). Publicado pela American Catholic Philosophical Association, Washington, DC.

CARMAN, Taylor. *Heidegger's Analytic: Interpretation, Discourse and Authenticity in* Being and Time. Nova Iorque: Cambridge University Press, 2003.

CARR, David. *Time, Narrative, and History*. Bloomington: Indiana University Press, 1986.

CHANTER, Tina. *Time, Death, and the Feminine: Levinas with Heidegger*. Stanford, CA: Stanford University Press, 2001.

COLLINS, Jeff; SELINA, Howard. *Introducing Heidegger*. Nova Iorque: Totem Books, 1998.

COLTMAN, Rodney R. *The Language of Hermeneutics: Gadamer and Heidegger in Dialogue*. Albany: State University of New York Press, 1998.

COMAY, Rebecca; McCUMBER, John (eds.). *Endings: Questions of Memory in Hegel and Heidegger*. Evanston, IL: Northwestern University Press, 1999.

COOPER, David E. *Heidegger*. Londres: Claridge Press, 1996.

DAHLSTROM, Daniel. *Heidegger's Concept of Truth*. Cambridge: Cambridge University Press, 2001.

DALLMAYR, Fred. *Between Freiburg and Frankfurt: Toward a Critical Ontology*. Amherst: University of Massachusetts Press, 1991.

DASTUR, Françoise. *Heidegger and the Question of Time*. Trad. François Raffoul e David Pettigrew. Atlantic Highlands, NJ: Humanities Press, 1998.

DE BOER, Karin. *Thinking in the Light of Time: Heidegger's Encounter with Hegel*. Albany: State University of New York Press, 2000.

DENKER, Alfred. *Historical Dictionary of Heidegger's Philosophy*. Lanham, MD: Scarecrow Press, 2000.

DERRIDA, Jacques. *Margins of Philosophy*. Traduzido, com notas adicionais, por Alan Bass. Chicago: University of Chicago Press, 1982.

______. *The Gift of Death*. Trad. David Wills. Chicago: University of Chicago Press, 1995.

DICENSO, James. *Hermeneutics and the Disclosure of Truth: A Study in the Work of Heidegger, Gadamer, and Ricoeur*. Charlottesville: University of Virginia Press, 1990.

DOSTAL, Robert J. "The Problem of 'Indifferenz' in 'Sein and Zeit'". *Philosophy and Phenomenological Research*, 43 (setembro de 1982): 43-58.

DREYFUS, Hubert L. *Being-in-the-World: A Commentary on Heidegger's* Being and Time, *Division I*. Cambridge, MA: The MIT Press, 1991.

DREYFUS, Hubert L.; HALL, Harrison (eds.). *Heidegger: A Critical Reader*. Oxford: Blackwell, 1992.

DREYFUS, Hubert L.; WRATHALL, Mark A. (eds.). *Heidegger Reexamined*. 4 vols. Nova Iorque: Routledge, 2002.

______. *A Companion to Heidegger. Blackwell Companions to Philosophy*. Oxford: Blackwell Publishers, 2005.

FAULCONER, James E.; WRATHALL, Mark A. *Appropriating Heidegger*. Cambridge: Cambridge University Press, 2000.

FELL, Joseph P. *Heidegger and Sartre: An Essay on Being and Place*. Nova Iorque: Columbia University Press, 1979.

FØLLESDAL, Dagfinn. "Husserl and Heidegger on the Role of Actions in the Constitution of the World". *In*: SAARINEN, Esa *et al.* (eds.). *Essays in Honor of Jaakko Hintikka*. Dordrecht: Reidel, 1979.

FREDE, Dorothea. "Heidegger and the Scandal of Philosophy". *In*: DONAGAN, A.; PEROVICH, A.; WEDIN, M. (eds.). *Human Nature and Natural Knowledge*. Dordrecht: Reidel, 1986.

______. "Beyond Realism and Anti-Realism: Rorty on Heidegger and Davidson". *Review of Metaphysics*, 40 (junho de 1987): 733-757.

FRIED, Gregory. *Heidegger's Polemos: From Being to Politics*. New Haven, CT: Yale University Press, 2000.

FRIED, Gregory; POLT, Richard (eds.). *A Companion to Heidegger's Introduction to Metaphysics*. New Haven, CT: Yale University Press, 2001.

FRITSCHE, Johannes. *Historical Destiny and National Socialism in Heidegger's* Being and Time. Berkeley: University of California Press, 1999.

FYNSK, Christopher. *Heidegger, Thought and Historicity*. Ithaca, NY: Cornell University Press, 1993.

GELVEN, Michael. *A Commentary of Heidegger's* Being and Time. 2. ed. DeKalb, IL: Northern Illinois University Press, 1989.

GILLESPIE, Michael Allen. *Hegel, Heidegger, and the Ground of History*. Chicago: University of Chicago Press, 1984.

GOLOMB, Jacob. *In Search of Authenticity: From Kierkegaard to Camus*. Nova Iorque: Routledge, 1995.

GRONDIN, Jean. *Le tournant dans la pensée de Martin Heidegger*. Paris: Presses universitaires de France, 1987.

GUIGNON, Charles B. *Heidegger and the Problem of Knowledge.* Indianapolis: Hackett, 1983.

______. "Heidegger's 'Authenticity' Revisited". *Review of Metaphysics*, 38 (dezembro de 1984): 321-339.

______. "Philosophy after Wittgenstein and Heidegger". *Philosophy and Phenomenological Research*, 50 (junho de 1990): 649-672.

HAAR, Michel. *Martin Heidegger: Cahier a été dirige.* Paris: L'Heme, 1983.

______. *Heidegger and the Essence of Man.* Albany: State University of New York Press, 1993.

______. *The Song of the Earth: Heidegger and the Grounds of the History of Being.* Bloomington: Indiana University Press, 1993.

HALL, Harrison. "Love and Death: Kierkegaard and Heidegger on Authentic and Inauthentic Human Existence". *Inquiry*, 27 (julho de 1984): 179-197.

HARRIES, Karsten; JAMME, Christoph (eds.). *Martin Heidegger: Politics, Art and Technology.* Nova Iorque: Holmes and Meier, 1994.

HAUGELAND, John. "Heidegger on Being a Person". *Nous*, 16 (março de 1982): 6-26.

HEIM, Michael. "The Finite Framework of Language". *Philosophy Today*, 31 (primavera de 1987): 3-20.

HERRMANN, Friedrich Wilhelm von. *Subjekt und Dasein: Interpretationen zu "Sein and Zeit".* Frankfurt am Main: Klostermann, 1985.

HOFFMAN, Piotr. *The Human Self and the Life and Death Struggle.* Gainesville: University Press of Florida, 1983.

______. *Doubt, Time, Violence.* Chicago: University of Chicago Press, 1986.

HOLLAND, Nancy J.; HUNTINGTON, Patricia J. (eds.). *Feminist Interpretations of Martin Heidegger.* University Park: Pennsylvania State University Press, 2001.

HUNTINGTON, Patricia J. *Ecstatic Subjects, Utopia, and Recognition: Kristeva, Heidegger, Irigaray.* Albany: State University of New York Press, 1998.

INWOOD, Michael. *Heidegger*. Oxford: Oxford University Press, 1997.

IRIGARAY, Luce. *The Forgetting of Air in Martin Heidegger*. Austin: University of Texas Press, 1999.

JANICAUD, Dominique; MATTÉI, Jean-François. *Heidegger from Metaphysics to Thought*. Trad. Michael Gendre. Albany: State University of New York Press, 1995.

KEARNEY, Richard. *Poetics of Imagining: Modern to Post-Modern*. Nova Iorque: Fordham University Press, 1998.

KELLER, Pierre. *Husserl and Heidegger on Human Experience*. Cambridge: Cambridge University Press, 1999.

KING, Magda. *A Guide to Heidegger's* Being and Time. Editado por John Llewelyn. Albany: State University of New York Press, 2001.

KOCKELMANS, Joseph J. *On the Truth of Being: Reflections on Heidegger's Later Philosophy*. Bloomington: Indiana University Press, 1984.

______. *A Companion to Martin Heidegger's* Being and Time. Washington, DC: University Press of America, 1986.

KRELL, David Farrell. *Intimations of Mortality: Time, Truth, and Finitude in Heidegger's Thinking of Being*. University Park: Pennsylvania State University Press, 1986.

LAFONT, Christina. *Heidegger, Language, and World Disclosure*. Trad. Graham Harman. Cambridge: Cambridge University Press, 2000.

LEVIN, David Michael. *The Opening of Vision: Nihilism and the Postmodern Situation*. Nova Iorque: Routledge & Kegan Paul, 1988.

LÖWITH, Karl. *Heidegger: Denker in dürftiger Zeit: Zur Stellung der Philosophie im 20. Jahrhundert*. Stuttgart: J. B. Metzler, 1984.

MACANN, Christopher (ed.). *Critical Heidegger*. Londres: Routledge, 1996.

MAGNUS, Bernd. "Heidegger's Metahistory of Philosophy Revisited". *Monist*, 64 (outubro de 1981): 445-466.

MALPAS, Jeff; WRATHALL, Mark (eds.). *Heidegger, Authenticity, and Modernity: Essays in Honor of Hubert L. Dreyfus*, vol. 1. Cambridge, MA: The MIT Press, 2000.

______. *Heidegger, Coping, and Cognitive Science: Essays in Honor of Hubert L. Dreyfus*, vol. 2. Cambridge, MA: The MIT Press, 2000.

MALY, Kenneth; EMAD, Parvis (eds.). *Heidegger on Heraclitus: A New Reading*. Lewiston, NY: Mellen Press, 1986.

MANSBACH, Abraham. *Beyond Subjectivism: Heidegger on Language and the Human Being*. Westport, CT: Greenwood Press, 2002.

MARION, Jean-Luc. *Reduction and Givenness: Investigations of Husserl, Heidegger, and Phenomenology*. Evanston, IL: Northwestern University Press, 1998.

MARX, Werner. *Heidegger and the Tradition*. Trad. Theodore Kisiel e Murray Greene. Evanston, IL: Northwestern University Press, 1971.

___ (ed.). *Heidegger Memorial Lectures*. Trad. Steven W. Davis. Pittsburgh: Duquesne University Press, 1982.

MCCUMBER, John. *Metaphysics and Oppression: Heidegger's Challenge to Western Philosophy*. Bloomington: Indiana University Press, 1999.

MCNEILL, William. *The Glance of the Eye: Heidegger, Aristotle, and the Ends of Theory*. Albany: State University of New York Press, 1999.

MEHTA, Jarava Lal. *Martin Heidegger, the Way and the Vision*. Honolulu: University of Hawaii Press, 1976.

MILCHMAN, Alan; ROSENBERG, Alan (eds.). *Foucault and Heidegger: Critical Encounters*. Minneapolis: University of Minnesota Press, 2003.

MOHANTY, J. N. *The Possibility of Transcendental Philosophy*. Dordrecht: Nijhoff, 1985.

MUGERAUER, Robert. *Heidegger's Language and Thinking*. Atlantic Highlands, NJ: Humanities Press International, 1988.

MULHALL, Stephen. *On Being in the World: Wittgenstein and Heidegger on Seeing Aspects*. Londres: Routledge & Kegan Paul, 1990.

______. *Routledge Philosophy Guidebook to Heidegger and* Being and Time. Londres: Routledge, 1996.

______. *Inheritance and Originality: Wittgenstein, Heidegger, Kierkegaard*. Oxford: Oxford University Press, 2001.

MURRAY, Michael (ed.). *Heidegger and Modern Philosophy: Critical Essays*. New Haven, CT: Yale University Press, 1978.

NENON, Thomas J. (ed.). *Spindel Conference 1989: Heidegger and Praxis*. Memphis, TN: Memphis State University, 1990 (*Southern Journal of Philosophy*, 28, suppl.).

NICHOLSON, Graeme. *Illustrations of Being: Drawing upon Heidegger and upon Metaphysics*. Atlantic Highlands, NJ: Humanities Press, 1992.

OKRENT, Mark. *Heidegger's Pragmatism: Understanding, Being, and the Critique of Metaphysics*. Ithaca, NY: Cornell University Press, 1992.

OLAFSON, Frederick A. *Heidegger and the Philosophy of Mind*. New Haven, CT: Yale University Press, 1987.

______. *What is Human Being? A Heideggerian View*. Cambridge: Cambridge University Press, 1995.

PARKES, Graham (ed.). *Heidegger and Asian Thought*. Honolulu: University of Hawaii Press, 1987.

PIETERSMA, Henry. *Phenomenological Epistemology*. Oxford: Oxford University Press, 2000.

PIPPIN, Robert B. *Idealism as Modernism: Hegelian Variations*. Cambridge: Cambridge University Press, 1997.

PÖGGELER, Otto. *Martin Heidegger's Path of Thinking*. Trad. Daniel Magurshak e Sigmund Barber. Atlantic Highlands, NJ: Humanities Press International, 1987.

______ (ed.). *Heidegger: Perspektiven zur Deutung seines Werks*. Köln: Kiepenheuer & Witsch, 1969.

POLT, Richard. *Heidegger: An Introduction*. Ithaca, NY: Cornell University Press, 1999.

______. *The Emergency of Being: On Heidegger's "Contributions to Philosophy"*. Ithaca, NY: Cornell University Press, 2006.

______ (ed.). *Heidegger's* Being and Time: *Critical Essays*. Lanham, MD: Rowman & Littlefield, 2005.

RAFFOUL, François. *Heidegger and the Subject*. Trad. David Pettigrew e Gregory Recco. Atlantic Highlands, NJ: Humanities Press, 1998.

RAFFOUL, François; PETTIGREW, David (eds.). *Heidegger and Practical Philosophy*. Albany: State University of New York, 2002.

RÉE, Jonathan. *Heidegger*. Nova Iorque: Routledge, 1999.

RICHARDSON, John. *Existential Epistemology: A Heideggerian Critique of the Cartesian Project*. Oxford: Clarendon Press, 1986.

RICHARDSON, William J. *Heidegger: Through Phenomenology to Thought*. 3. ed. The Hague: Nijhoff, 1974.

RICOEUR, Paul. "Phenomenology and Hermeneutics". *In*: THOMPSON, John (ed.). *Hermeneutics and the Human Sciences*. Cambridge: Cambridge University Press, 1981.

______. *Time and Narrative*. 3 vols. Trad. K. McLaughlin e D. Pellaner. Chicago: University of Chicago Press, 1984-1986.

ROCKMORE, Tom. *Heidegger and French Philosophy: Humanism, Antihumanism, and Being*. Londres: Routledge, 1995.

RORTY, Richard. *Philosophy and the Mirror of Nature*. Princeton, NJ: Princeton University Press, 1979.

______. *Consequences of Pragmatism*. Minneapolis: University of Minnesota Press, 1982.

______. *Essays on Heidegger and Others: Philosophical Papers*, vol. 2. Cambridge: Cambridge University Press, 1991.

______ (ed.). *Heidegger and the History of Philosophy*. Número especial da *Monist*, 64 (outubro de 1981).

ROSEN, Stanley. *The Question of Being: A Reversal of Heidegger*. New Haven, CT: Yale University Press, 1993.

RUIN, Hans. *Enigmatic Origins: Tracing the Theme of Historicity through Heidegger's Works*. Estocolmo: Almqvist & Wiksell, 1994.

SALLIS, John. "End(s)". *Research in Phenomenology*, 13 (1983): 85-96.

______. "Heidegger/Derrida – Presence". *Journal of Philosophy*, 81 (outubro de 1984): 594-601.

______. *Echoes: After Heidegger*. Bloomington: Indiana University Press, 1990.

______. *Reading Heidegger: Commemorations*. Bloomington: Indiana University Press, 1993.

SCHALOW, Frank. *The Renewal of the Heidegger-Kant Dialogue: Action, Thought, and Responsibility*. Albany: State University of New York Press, 1992.

SCHMIDT, Dennis J. "Between Hegel and Heidegger". *Man and World*, 15 (1982): 17-32.

______. *The Ubiquity of the Finite: Hegel, Heidegger, and the Entitlements of Philosophy*. Cambridge, MA: The MIT Press, 1988.

SCHRIFT, Alan D. "Reading Derrida Reading Heidegger Reading Nietzsche". *Research in Phenomenology*, 14 (1984): 87-119.

SCHÜRMANN, Reiner. *Heidegger on Being and Acting: From Principles to Anarchy*. Trad. Christine-Marie Gros e Reiner Schurmann. Bloomington: Indiana University Press, 1987.

SCOTT, Charles E. *The Language of Difference*. Atlantic Highlands, NJ: Humanities Press, 1987.

SCOTT, Charles E. *et al.* (eds.). *Companion to Heidegger's Contributions to Philosophy*. Bloomington: Indiana University Press, 2001.

SEIFERT, Josef. "Is the Existence of Truth Dependent on Man?". *Review of Metaphysics*, 35 (1982): 461-482.

SEIGFRIED, Hans. "Against Naturalizing Preconceptual Experience". *Philosophy and Phenomenological Research*, 48 (março de 1988): 505-518.

SHAHAN, Robert W.; MOHANTY, J. N. (eds.). *Thinking about Being: Aspects of Heidegger's Thought*. Norman: University of Oklahoma Press, 1984.

SILVERMAN, Hugh J. *et al.* (eds.). *The Horizons of Continental Philosophy: Essays on Husserl, Heidegger, and Merleau-Ponty*. Dordrecht: Kluwer Academic Publishers, 1988.

STEWART, Roderick M. "Heidegger and the Intentionality of Language". *American Philosophical Quarterly*, 25 (abril de 1988): 153-162.

TAMINIAUX, Jacques. *Dialectic and Difference: Finitude in Modern Thought*. Atlantic Highlands, NJ: Humanities Press, 1985.

______. *Heidegger and the Project of Fundamental Ontology*. Trad. Michael Gendre. Albany: State University of New York Press, 1991.

______. *The Thracian Mind and the Professional Thinker: Arendt and Heidegger*. Albany: State University of New York Press, 1997.

TANZER, Mark Besil. *Heidegger: Decisionism and Quietism*. Amherst, NY: Humanity Books, 2002.

THEUNISSEN, Michael. *The Other: Studies in the Social Ontology of Husserl, Heidegger, Sartre, and Buber*. Trad. Christopher Macann. Cambridge, MA: The MIT Press, 1984.

THIELE, Leslie Paul. *Timely Meditations*. Princeton, NJ: Princeton University Press, 1995.

THOMÄ, Dieter (ed.). *Heidegger Handbuch: Leben – Wirk – Wirkung*. Stuttgart: J. B. Metzler, 2003.

THOMSON, Iain. *Heidegger on Ontotheology: Technology and the Politics of Education*. Cambridge: Cambridge University Press, 2005.

TUGENDHAT, Ernst. *Self-Consciousness and Self-Determination*. Trad. Paul Stern. Cambridge, MA: The MIT Press, 1986.

TUTTLE, Howard N. *The Dawn of Historical Reason: The Historicality of Human Existence in the Thought of Dilthey, Heidegger and Ortega y Gasset*. Nova Iorque: P. Lang, 1994.

______. *The Crowd Is Untruth: The Existential Critique of Mass Society in the Thought of Kierkeguard, Nietzsche, Heidegger, and Ortega y Gasset*. Nova Iorque: P. Lang, 1996.

VALLICELLA, William F. "Heidegger and the Problem of the Thing in Itself". *International Philosophical Quarterly*, 23 (março de 1983): 35-44.

VAN BUREN, John. *The Young Heidegger: Rumor of the Hidden King*. Bloomington: Indiana University Press, 1994.

VATTIMO, Gianni. *The Adventure of Difference: Philosophy after Nietzsche and Heidegger*. Baltimore: Johns Hopkins University Press, 1993.

WHITE, Carol J. *Time and Death: Heidegger's Analysis of Finitude. Intersections of Continental and Analytic Philosophy*. Aldershot: Ashgate Publishing, 2005.

WHITE, David A. *Logic and Ontology in Heidegger*. Columbus: Ohio State University Press, 1985.

WOOD, David. *Of Derrida, Heidegger, and Spirit*. Evanston, IL: Northwestern University Press, 1993.

WRATHALL, Mark. *How to Read Heidegger*. Londres: Granta, 2005.

YOUNG, Julian. *Heidegger's Later Philosophy*. Cambridge: Cambridge University Press, 2002.

ZIMMERMAN, Michael. "Heidegger's 'Existentialism' Revisited". *International Philosophical Quarterly*, 24 (setembro de 1984): 219-236.

ZIMMERMAN, Michael. *Eclipse of the Self. The Development of Heidegger's Concept of Authenticity* (edição revisada). Athens: Ohio University Press, 1986.

______. *Heidegger's Confrontation with Modernity: Technology, Politics, and Art*. Bloomington: Indiana University Press, 1990.

______ (ed.). *The Thought of Martin Heidegger. Tulane Studies in Philosophy*, vol. 32. New Orleans: Tulane University, 1984.

Ética e política

BEISTEGUI, Miguel de. *Heidegger and the Political.* Nova Iorque: Routledge, 1998.

BERNASCONI, Robert L. "'The Double Concept of Philosophy' and the Place of Ethics in *Being and Time*". *Research in Phenomenology*, 18 (1988): 41-57.

BERNSTEIN, Richard J. *The New Constellation: The Ethical-Political Horizons of Modernity/Postmodernity*. Cambridge, MA: The MIT Press, 1992.

BOURDIEU, Pierre. *The Political Ontology of Martin Heidegger*. Cambridge: Polity Press, 1996.

BRAINARD, Marcus; JACOBS, David; LEE, Rick (eds.). *Heidegger and the Political.* Edição especial da *Graduate Faculty of Philosophy Journal*, 14-15 (1991) [inclui uma abrangente bibliografia feita por Pierre Adler].

COLLINS, Jeff. *Heidegger and the Nazis*. Nova Iorque: Totem Books, 2000.

DALLMAYR, Fred R. "Heidegger, Hölderlin and Politics". *Heidegger Studies*, 2 (1986): 81-95.

______. *The Other Heidegger*. Ithaca, NY: Cornell University Press, 1993.

DAUENHAUER, Bernard P. "Heidegger's Contribution to Modern Political Thought". *Southern Journal of Philosophy*, 22 (inverno de 1984): 481-486.

DERRIDA, Jacques. *Of Spirit: Heidegger and the Question*. Trad. Geoffrey Bennington e Rachel Bowlby. Chicago: University of Chicago Press, 1989.

FARIAS, Victor. *Heidegger and Nazism*. Editado por Joseph Margolis e Tom Rockmore. Trad. Gabriel R. Ricci e Paul Burrell, com a colaboração de Dominic Di Bernardi. Philadelphia: Temple University Press, 1989.

FERRY, Luc; RENAUT, Alain. *Heidegger and Modernity*. Trad. Franklin Philip. Chicago: University of Chicago Press, 1990.

HATAB, Lawrence J. *Ethics and Finitude: Heideggerian Contributions to Moral Philosophy*. Lanham, MD: Rowman & Littlefield, 2000.

HODGE, Joanna. *Heidegger and Ethics*. Londres: Routledge, 1995.

LACOUE-LABARTHE, Philippe. *Heidegger, Art, and Politics: The Fiction of the Political*. Trad. Chris Turner. Oxford: Blackwell, 1990.

LANG, Berel. *Heidegger's Silence*. Ithaca, NY: Cornell University Press, 1996.

LYOTARD, Jean François. *Heidegger and "The Jews"*. Trad. Andreas Michel e Mark S. Roberts. Prefácio de David Carroll. Minneapolis: University of Minnesota Press, 1990.

MANNING, Robert. *Interpreting Otherwise than Heidegger: Emmanuel Levinas's Ethics as First Philosophy*. Pittsburgh: Duquesne University Press, 1993.

MARCUSE, Herbert; OLAFSON, Frederick. "Heidegger's Politics". *Graduate Faculty Philosophy Journal*, 6 (inverno de 1977): 28-40.

MARX, Werner. *Is There a Measure on Earth? Foundations for a Nonmetaphysical Ethics*. Trad. Thomas J. Nenon e Reginald Lilly. Chicago: University of Chicago Press, 1987.

MILCHMAN, Alan; ROSENBERG, Alan (eds.). *Heidegger and The Holocaust*. Atlantic Highlands, NJ: Humanities Press, 1996.

NICHOLSON, Graeme. "The Politics of Heidegger's Rectoral Address". *Man and World*, 20 (1987): 171-187.

OLAFSON, Frederick A. *Heidegger and the Ground of Ethics: A Study of Mitsein*. Cambridge: Cambridge University Press, 1998.

PÖGGELER, Otto. *Philosophie and Nationalsozialismus: Am Beispiel Heideggers*. Opladen: Westdeutscher, 1990.

ROCKMORE, Tom. *On Heidegger's Nazism and Philosophy*. Berkeley: University of California Press, 1992.

ROCKMORE, Tom; MARGOLIS, Joseph (eds.). *The Heidegger Case: On Philosophy and Politics*. Philadelphia: Temple University Press, 1992.

SCHALOW, Frank. *Imagination and Existence: Heidegger's Retrieval of the Kantian Ethic*. Lanham, MD: University Press of America, 1986.

______. *Language and Deed: Rediscovering Politics through Heidegger's Encounter with German Idealism*. Amsterdã: Rodopi, 1998.

SCHÜRMANN, Reiner. "Adventures of the Double Negation: On Richard Bernstein's Call for Anti-anti-humanism". *Praxis International*, 5 (outubro de 1985): 283-291.

SCOTT, Charles E. *The Question of Ethics: Nietzsche, Foucault, Heidegger*. Bloomington: Indiana University Press, 1990.

SHEEHAN, Thomas. "Heidegger and the Nazis". *New York Review of Books*, 16 jun. 1988, p. 38-47.

TYMIENIECKA, Anna-Teresa; SCHRAG, Calvin O. (eds.). *Foundations of Morality*. Boston: Reidel, 1983.

VILLA, Dana Richard. *Arendt and Heidegger: The Fate of the Political*. Princeton, NJ: Princeton University Press, 1996.

VOGEL, Lawrence. *The Fragile "We": Ethical Implications of Heidegger's* Being and Time. Evanston, IL: Northwestern University Press, 1994.

WARD, James F. *Heidegger's Political Thinking*. Amherst: University of Massachusetts Press, 1995.

WOLIN, Richard. *The Politics of Being: The Political Thought of Martin Heidegger*. Nova Iorque: Columbia University Press, 1992.

______. *Heidegger's Children: Hannah Arendt, Karl Löwith, Hans Jonas, and Herbert Marcuse*. Princeton, NJ: Princeton University Press, 2001.

______ (ed.). *The Heidegger Controversy: A Critical Reader*. Cambridge, MA: The MIT Press, 1993.

YOUNG, Julian. *Heidegger, Philosophy, Nazism*. Cambridge: Cambridge University Press, 1997.

ZIMMERMAN, Michael E. "Karel Kosik's Heideggerian Marxism". *Philosophical Forum*, 15 (primavera de 1984): 209-233.

______. "Philosophy and Politics: The Case of Heidegger". *Philosophy Today*, 33 (primavera de 1989): 3-20.

ZIMMERMAN, Michael E. "The Thorn in Heidegger's Side: The Question of National Socialism". *Philosophical Forum*, 20 (verão de 1989): 326-365.

Estética e teoria literária

BROGAN, Walter. "The Battle between Art and Truth". *Philosophy Today*, 28 (inverno de 1984): 349-357.

BRUNS, Gerald L. *Heidegger's Estrangements: Language, Truth, and Poetry in the Later Writings*. New Haven, CT: Yale University Press, 1989.

FÓTI, Véronique M. *Poiesis-Sophia-Techne: Between Heidegger and the Poets*. Atlantic Highlands, NJ: Humanities Press, 1991.

GOSETTI-FERENCEI, Jennifer A. *Heidegger, Hölderlin, and the Subject of Poetic Language: Toward a New Poetics of Dasein. Perspectives in Continental Philosophy*. Nova Iorque: Fordham University Press, 2004.

HARRIES, Karsten. *The Ethical Function of Architecture*. Cambridge, MA: The MIT Press, 1997.

KOCKELMANS, Joseph J. *Heidegger on Art and Art Works*. Dordrecht: Nijhoff, 1985.

SCHAEFFER, Jean-Marie. *Art of the Modern Age: Philosophy of Art from Kant to Heidegger*. Princeton, NJ: Princeton University Press, 2000.

SCHRIFT, Alan D. *Nietzsche and the Question of Interpretation: Between Hermeneutics and Deconstruction*. Nova Iorque: Routledge & Kegan Paul, 1990.

TYMIENIECKA, Anna-Teresa. *The Poetry of Life in Literature*. Dordrecht: Kluwer Academic Publishers, 2000.

______ (ed.). *The Philosophical Reflection of Man in Literature*. Boston: Reidel, 1982.

VATTIMO, Gianni. "Aesthetics and the End of Epistemology". *In*: MCCORMICK, Peter (ed.). *The Reasons of Art*. Ottawa: University of Ottawa Press, 1985.

WOOD, Robert E. *Placing Aesthetics: Reflections on the Philosophic Tradition*. Athens: Ohio University Press, 1999.

WRIGHT, Kathleen. "The Place of the Work of Art in the Age of Technology". *Southern Journal of Philosophy*, 22 (inverno de 1984): 565-582.

YOUNG, Julian. *Heidegger's Philosophy of Art*. Cambridge, UK: Cambridge University Press, 2001.

Ciência, técnica e tecnologia

BORGMANN, Albert. *Technology and the Character of Everyday Life: A Philosophical Inquiry*. Chicago: University of Chicago Press, 1984.

BORGMANN, Albert; MITCHAM, Carl. "The Question of Heidegger and Technology: A Critical Review of the Literature". *Philosophy Today*, 31 (verão de 1987): 99-194.

BOURGEOIS, Patrick L. "Fundamental Ontology, Scientific Methods, and Epistemic Foundations". *New Scholasticism*, 56 (outono de 1982): 471-479.

EMAD, Parvis. "Technology as Presence: Heidegger's View". *Listening*, 16 (primavera de 1981): 131-144.

FANDOZZI, Phillip R. *Nihilism and Technology: A Heideggerian Investigation*. Washington, DC: University Press of America, 1982.

FEENBERG, Andrew. *Heidegger and Marcuse: The Catastrophe and Redemption of History*. Nova Iorque: Routledge, 2004.

FEENBERG, Andrew; HANNAY, Alastair (eds.). *Technology and the Politics of Knowledge*. Bloomington: Indiana University Press, 1995.

GLAZEBROOK, Trish. *Heidegger's Philosophy of Science*. Nova Iorque: Fordham University Press, 2000.

KELLY, Michael. "On Hermeneutics and Science: Why Hermeneutics is not Anti-Science". *Southern Journal of Philosophy*, 25 (inverno de 1987): 481-500.

KOCKELMANS, Joseph J. *Heidegger and Science*. Washington, DC: University Press of America, 1985.

KOLB, David A. "Heidegger on the Limits of Science". *Journal of the British Society for Phenomenology*, 14 (janeiro de 1983): 50-64.

LOSCERBO, John. *Being and Technology: A Study in the Philosophy of Martin Heidegger*. The Hague: Nijhoff, 1981.

LOVITT, Harriet Brundage; LOVITT, William. *Modern Technology in the Heideggerian Perspective*. Lewiston, NY: Mellen Press, 1995.

ROUSE, Joseph. "Kuhn, Heidegger, and Scientific Realism". *Man and World*, 14 (1981): 269-290.

______. "Heidegger's Later Philosophy of Science". *Southern Journal of Philosophy*, 23 (primavera de 1985): 75-92.

Teologia e estudos de religião

BALLARD, Bruce W. *The Role of Mood in Heidegger's Ontology*. Lanham, MD: University Press of America, 1991.

BONSOR, Jack Arthur. *Rahner, Heidegger, and Truth*. Lanham, MD: University Press of America, 1987.

CAPUTO, John D. *Heidegger and Aquinas: An Essay on Overcoming Metaphysics*. Nova Iorque: Fordham University Press, 1982.

______. *The Mystical Element in Heidegger's Thought*. Nova Iorque: Fordham University Press, 1986.

CROWE, Benjamin. *Heidegger's Religious Origins: Destruction and Authenticity*. Bloomington: Indiana University Press, 2006.

GALL, Robert S. *Beyond Theism and Atheism: Heidegger's Significance for Religious Thinking*. Dordrecht: Nijhoff, 1987.

HEMMING, Laurence Paul. *Heidegger's Atheism: The Refusal of a Theological Voice*. Notre Dame, IN: University of Notre Dame Press, 2002.

KOVACS, George. *The Question of God in Heidegger's Phenomenology*. Evanston, IL: Northwestern University Press, 1990.

MACQUARRIE, John. *An Existentialist Theology: A Comparison of Heidegger and Bultmann*. Nova Iorque: Macmillan, 1955.

______. *Heidegger and Christianity: The Hensley Henson Lectures, 1993-1994*. Nova Iorque: Continuum, 1999.

SCHALOW, Frank. *Heidegger and the Quest for the Sacred: From Thought to the Sanctuary of Faith*. Dordrecht: Kluwer Academic Publishers, 2001.

SHEEHAN, Thomas. "Metaphysics and Bivalence: On Karl Rahner's 'Geist in Welt'". *Modern Schoolman*, 63 (novembro de 1985): 21-43.

SIKKA, Sonya. *Forms of Transcendence: Heidegger and Medieval Mystical Theology*. Albany: State University of New York Press, 1997.

WESTPHAL, Merold. *Postmodern Philosophy and Christian Thought*. Bloomington: Indiana University Press, 1999.

ZIMMERMAN, Michael E. "Heidegger and Bultmann: Egoism, Sinfulness, and Inauthenticity". *Modern Schoolman*, 57 (novembro de 1980): 1-20.

Psicologia e psicoterapia

COHN, Hans. *Heidegger and the Roots of Existential Psychotherapy*. Londres: Continuum, 2002.

CONDRAU, Gion. *Martin Heidegger's Impact on Psychotherapy*. Nova Iorque: Mosaic, 1998.

FAULCONER, James E. (ed.). *Reconsidering Psychology: Perspectives from Continental Philosophy*. Pittsburgh: Duquesne University Press, 1990.

HOELLER, Keith (ed.). *Heidegger and Psychology*. Edição especial da *Review of Existential Psychology and Psychiatry*. Seattle, 1988.

MCCALL, Raymond J. *Phenomenological Psychology: An Introduction, with a Glossary of Some Key Heideggerian Terms*. Madison: University of Wisconsin Press, 1983.

MEDINA, Angel. "Heidegger, Lacan and the Boundaries of Existence: Whole and Partial Subjects in Psychoanalysis". *Man and World*, 18 (1985): 389-403.

MESSER, Stanley B.; SASS, Louis A.; WOOLFOLK, Robert L. *Hermeneutics and Psychological Theory: Interpretive Perspectives on Personality, Psychotherapy, and Psychopathology*. New Brunswick, NJ: Rutgers University Press, 1988.

OLIVER, Kelly; EDWIN, Steve (eds.). *Between the Psyche and the Social: Psychoanalytic Social Theory*. Lanham, MD: Rowman & Littlefield, 2002.

THOMPSON, M. Guy. *The Truth about Freud's Technique: The Encounter with the Real*. Nova Iorque: New York University Press, 1994.

Índice remissivo

Esta obra foi composta em sistema CTcP
Capa: Supremo 250 g – Miolo: Pólen Natural 70 g
Impressão e acabamento
Gráfica Santuário